Waltermann
Speth

**Rechnungswesen**
Kaufmann/Kauffrau
für Bürokommunikation

## Vorwort

Das vorliegende Lehrbuch umfasst alle Lerninhalte, die die Ausbildungsordnung, der Ausbildungsrahmenplan und der Rahmenlehrplan für das Prüfungsfach Rechnungswesen im Ausbildungsberuf „Kaufmann/Kauffrau für Bürokommunikation" vorsehen. Außerdem werden alle Vorgaben der ZPA (Zentralstelle für Prüfungsaufgaben der Industrie- und Handelskammern), die die bundeseinheitlichen Prüfungsaufgaben erstellt, voll berücksichtigt.

Für Ihre Arbeit mit dem Lehrbuch möchten wir Sie auf Folgendes hinweisen:

- Alle Texte wurden durchgesehen, überarbeitet und aktualisiert.
- Das Bilanzrechtsmodernisierungsgesetz [BilMoG] und das Wachstumsbeschleunigungsgesetz von 2009 sind eingearbeitet.
- Die Werkstoff- und Warenbuchungen werden prüfungsgerecht nach dem aufwandsrechnerischen Verfahren vorgenommen. Im Anhang wird das bestandsrechnerische Verfahren vorgestellt.
- Grundlage für die Buchungen ist der von der ZPA entwickelte Kontenrahmen für das Modellunternehmen Heinrich KG (in Anlehnung an den IKR) mit vierstelligen Kontonummern.
- Als Finanzbuchhaltungsprogramm für den computergestützten Beleggeschäftsgang wird die Software „financial office" (Lexware pro), die von den Schulen kostenlos bezogen werden kann, herangezogen. Die Ausführungen zum Einsatz eines Finanzbuchhaltungsprogramms sind vom Grundsatz her auch auf andere Finanzbuchhaltungsprogramme übertragbar.
- Bei der Behandlung wichtiger Gesetze werden die Paragrafen angegeben, um den Schülern ein selbstständiges Arbeiten zu ermöglichen.
- Die Einführungskapitel im Buchführungsteil sind bewusst in kleine Lernschritte aufgeteilt worden. Wir wollen damit erreichen, dass der Schüler/die Schülerin behutsam in die Denkweise der Buchführung eingeführt wird und die Grundzusammenhänge genau erkennt. Aus unserer Praxis des Buchführungsunterrichts wissen wir, dass die Lernenden, die die Grundlagen nicht beherrschen, bei dem streng logischen Stoffaufbau der Buchführung stets Schwierigkeiten haben werden
- Als unterstützende Anschauungshilfe werden in der Einführungsphase im Buchführungsteil bei allen Beispielen folgende Farben beim Buchen verwendet: Aktivkonten: grün, Passivkonten: rot, Aufwendungen: violett, Erträge: blau. Ab dem Themenkreis 3 entfällt diese konsequente Farbzuordnung. Die verwendeten Farben dienen dann nur noch als Hervorhebung der Unterschiede.
- Zahlreiche Abbildungen, Schaubilder, Beispiele, Begriffschemata, Gegenüberstellungen und Zusammenfassungen erhöhen die Anschaulichkeit und Einprägsamkeit der Informationen.
- Fachwörter, Fachbegriffe und Fremdwörter werden grundsätzlich im Text oder in den Fußnoten erklärt.
- Da die Zentralstelle für Prüfungsaufgaben (ZPA) das Thema Wechsel aus dem Prüfungskatalog gestrichen hat (siehe IHK-Prüfungs-News 10/08), werden die Diskontrechnung und die Buchungen im Wechselverkehr in diesem Lehrbuch nicht mehr behandelt.
- Zur Vorbereitung auf die schriftliche Abschlussprüfung werden Beleggeschäftsgänge mit dem Modellunternehmen Heinrich KG bereitgestellt. Das Modellunternehmen Heinrich KG wird der schriftlichen Abschlussprüfung zugrunde gelegt.
- Ein ausführliches Stichwortverzeichnis hilft Ihnen, Begriffe und Erläuterungen schnell aufzufinden.

Wir wünschen Ihnen einen guten Lehr- und Lernerfolg!

Die Verfasser

# Inhaltsverzeichnis

## Themenkreis 1: Einführung in das Rechnungswesen



## Themenkreis 2: Einführung in das System der Buchführung

## Themenkreis 3: Funktionen eines Betriebes in der Praxis der Buchführung

## Themenkreis 4: Statistik



## Themenkreis 5: Arbeiten mit einem Finanzbuchhaltungsprogramm

## Anhang 1: Warenbuchungen nach dem bestandsrechnerischen Verfahren



## Anhang 2: Beleggeschäftsgänge zur Vorbereitung auf die schriftliche Abschlussprüfung

# Themenkreis 1: Einführung in das Rechnungswesen

## 1.1 Grundlegende Rechenverfahren

### 1.1.1 Dreisatzrechnung

#### 1.1.1.1 Einfacher Dreisatz mit geradem Verhältnis

**Beispiel:**

Der Verkaufserlös für 108 kg eines Artikels beträgt 345,60 EUR.

**Aufgabe:**
Wie viel EUR beträgt der Verkaufserlös für 42 kg?

**Lösung:**

| | | |
|---|---|---|
| **Gegebene Größen:** | 108 kg bringen einen Erlös von 345,60 EUR | ← Bedingungssatz |
| **Gesuchte Größen:** | 42 kg bringen einen Erlös von x EUR | ← Fragesatz |
| | $x = \frac{345{,}60 \cdot 42}{108} = \underline{\underline{134{,}40 \text{ EUR}}}$ | ← Bruchsatz |

**Ergebnis:** Der Verkaufserlös von 42 kg beträgt 134,40 EUR.

**Allgemeiner Lösungsweg**

1. Schreiben Sie den Bedingungssatz so auf, dass die gefragte Größe am Ende des Satzes steht.
2. Schreiben Sie den Fragesatz darunter. Achten Sie darauf, dass gleiche Bezeichnungen (z.B. kg, EUR, m usw.) immer untereinander stehen.
3. Bei der Erstellung des Bruchsatzes ist von dem gegebenen Wert **(Erlös für 108 kg)** auszugehen. Er ist dann immer auf den Wert **einer** Einheit zurückzuführen **(Erlös für 1 kg)**, und anschließend ist der Wert für die gesuchte Mehrheit zu berechnen **(Erlös für 42 kg** ≙ x EUR).

Die Erstellung des Bruchsatzes erfolgt über die folgenden drei Sätze:

| | | | |
|---|---|---|---|
| **1. Satz:** | 108 kg bringen einen Erlös von | 345,60 EUR | je weniger, desto weniger |
| **2. Satz:** | 1 kg bringt einen Erlös von | $\frac{345{,}60}{108}$ EUR | je mehr, desto mehr |
| **3. Satz:** | 42 kg bringen einen Erlös von | $\frac{345{,}60 \cdot 42}{108}$ EUR | |

**Beachten Sie:**

- Beim 2. Satz gilt im Verhältnis zum 1. Satz: **Je weniger, desto weniger**. (Je weniger verkauft wird, desto niedriger ist der Erlös.) Es handelt sich um ein **gerades Verhältnis**. Es wird dividiert.
- Beim 3. Satz gilt im Verhältnis zum 2. Satz: **Je mehr, desto mehr**. (Je mehr verkauft wird, desto höher ist der Erlös.) Es handelt sich um ein **gerades Verhältnis.** Es wird multipliziert.

## Übungsaufgabe

1 1. Eine Großhandlung bezieht eine Wagenladung Kartoffeln mit einem Gesamtnettogewicht von 785 kg zu 439,60 EUR.
Wie viel EUR kostet ein Beutel mit 2,5 kg Nettogewicht?

2. Ein Mitarbeiter im Außendienst erhält für den Verkauf von 180 Stück eine Provision von 992,00 EUR.
Wie viel EUR beträgt seine Provision bei einem Verkauf von 315 Stück?

3. Eine Aushilfskraft erhält für 26 Arbeitsstunden einen Bruttolohn von 364,00 EUR.
Wie viel EUR beträgt der Bruttolohn, wenn die Arbeitszeit 34 Stunden beträgt?

4. Bei der Herstellung von 78 $m^2$ Teppichfliesen beträgt der Abfall 4,5 $m^2$.
Wie viel $m^2$ Abfall fallen an, wenn 273 $m^2$ Teppichfliesen hergestellt werden?

5. Der Heizölvorrat von 8410 Litern reicht bei normalem Verbrauch 145 Tage.
Wie viel Tage reicht ein Vorrat von 5180 Litern?

6.

| Nr. | Menge der eingekauften Waren | Gesamte Kosten | Wie viel kosten ... |
|---|---|---|---|
| 6.1 | 42 $m^2$ | 1470,20 EUR | 18 $m^2$ |
| 6.2 | 184 Stück | 470,60 EUR | 265 Stück |
| 6.3 | 62 kg | 155,20 EUR | 78 kg |
| 6.4 | 310 Liter | 2720,00 EUR | 158 Liter |
| 6.5 | 48 Säcke | 245,00 EUR | 112 Säcke |

7. Ein Lebensmittelgroßhändler hat 1920 Gemüsedosen am Lager.
Wie viel Tage reicht der Vorrat, wenn wöchentlich (6 Tage) im Durchschnitt 480 Gemüsedosen verkauft werden?

8. Für eine Sendung verschiedener Rohstoffe im Gegenwert von 22000,00 EUR wurden Frachtkosten in Höhe von 1430,00 EUR gezahlt.
Wie viel EUR beträgt der Frachtanteil für eine Lieferung im Werte von 9000,00 EUR?

9. Ein Großhändler beliefert in regelmäßigen Abständen seine 5 Filialen. Er legt hierbei eine Strecke von 200 km zurück. Seine Durchschnittsgeschwindigkeit beträgt 50 km. Aufgrund einer Umleitung muss er einen Umweg von 30 km fahren.
Wie viel Minuten muss er früher abfahren, wenn er seine ursprüngliche Durchschnittsgeschwindigkeit beibehalten möchte?

### 1.1.1.2 Einfacher Dreisatz mit ungeradem Verhältnis

**Beispiel:**

Der Vorrat an einer bestimmten Warenart reicht bei einem täglichen Verkauf von 42 kg noch 18 Tage.

**Aufgabe:**

Wie viel Tage reicht der Vorrat, wenn es sich herausstellt, dass pro Tag nur 36 kg verkauft werden?

**Lösung:**

**Gegebene Größen:** 42 kg täglicher Verkauf → Verbrauchszeit 18 Tage ← Bedingungssatz
**Gesuchte Größen:** 36 kg täglicher Verkauf → Verbrauchszeit x Tage ← Fragesatz

$$x = \frac{18 \cdot 42}{36} = \underline{\underline{21 \text{ Tage}}}$$ ← Bruchsatz

**Ergebnis:** Bei einem täglichen Verkauf von 36 kg reicht der Vorrat 21 Tage.

**Allgemeiner Lösungsweg**

Für die Aufstellung der 3 Sätze gilt die gleiche Vorgehensweise wie beim Dreisatz mit geradem Verhältnis.

Die Erstellung des Bruchsatzes erfolgt über die folgenden drei Sätze:

**1. Satz:** Bei einem täglichen Verkauf von 42 kg beträgt die Verbrauchszeit 18 Tage
**2. Satz:** Wird täglich nur 1 kg verkauft, reicht der Vorrat $18 \cdot 42$ Tage
**3. Satz:** Werden täglich 36 kg verkauft, reicht der Vorrat $\frac{18 \cdot 42}{36}$ Tage

(1. → 2. Satz: je weniger, desto mehr; 2. → 3. Satz: je mehr, desto weniger)

**Beachten Sie:**

- Beim 2. Satz gilt im Verhältnis zum 1. Satz: **Je weniger, desto mehr.** (Je weniger an einem Tag verkauft wird, desto mehr Tage reicht der Vorrat.) Es handelt sich um ein **ungerades Verhältnis.** Es wird multipliziert.
- Beim 3. Satz gilt im Verhältnis zum 2. Satz: **Je mehr, desto weniger.** (Je mehr der Tagesverkauf zunimmt, desto weniger Tage reicht der Vorrat.) Es handelt sich um ein **ungerades Verhältnis.** Es wird dividiert.

## Übungsaufgaben

**2**

1. Der Vorrat an Gemüsedosen reicht bei einem täglichen Verkauf von 48 Stück 24 Tage.
   Wie viel Tage reicht der gleiche Vorrat, wenn aufgrund einer Werbeaktion der tägliche Verkauf auf 72 Stück ansteigt?
2. 20 Arbeiter brauchen für einen bestimmten Auftrag 15 Tage zu je 8 Stunden.
   Wie viel Arbeiter müssten noch hinzugezogen werden, wenn der Auftrag in 10 Tagen fertig sein soll, die tägliche Arbeitszeit jedoch nicht erhöht werden kann?
3. Die monatliche Spesenpauschale für einen Mitarbeiter reicht für 26 Tage, wenn er täglich 24,00 EUR ausgibt.
   Wie viel Tage reichen die Spesen, wenn er täglich nur 20,00 EUR ausgibt?

4. Zum Belegen der Geschäftsräume mit Teppichboden benötigen wir 32 Rollen mit einer Breite von 1,20 m.
   Wie viel Rollen braucht man, wenn die Breite 1,80 m beträgt?
5. Bei einem täglichen Bedarf von 140 Blatt reicht das Fotokopierpapier noch 66 Tage.
   Wie viel Tage reicht der Vorrat, wenn der Tagesbedarf auf 180 Blatt ansteigt?
6. Zum Auffüllen eines Ladenregals benötigen 4 Angestellte 6 Stunden.
   Wie viel Zeit wird benötigt, wenn nur 3 Angestellte für die Arbeit verfügbar sind?

## Dreisatzaufgaben mit geradem und ungeradem Verhältnis

3

1. Die Lederwaren Kuhn OHG bezahlte für ihre Geschäftsräume bei einem Mietpreis von 13,50 EUR je $m^2$ bisher monatlich 2767,50 EUR.
   Wie viel EUR beträgt die künftige Monatsmiete, wenn der Hauseigentümer die Miete um 0,80 EUR je $m^2$ erhöht?
2. Die Glasversicherung für die Schaufensterscheiben der Fritz Weber KG wird nach $m^2$ berechnet. Bei einer Glasfläche von 18 $m^2$ beträgt sie 225,00 EUR jährlich. Durch den Ladenausbau erweitert sich die Glasfläche um $4\frac{1}{2}$ $m^2$.
   Wie viel EUR beträgt die jährliche Versicherungssumme?
3. Die Farbengroßhandlung Franz Bunt e. Kfm. füllt 400 Liter Farbe in 2-l-Dosen ab und erhält somit 200 Dosen.
   Wie viel Dosen können abgefüllt werden, wenn der Doseninhalt $\frac{1}{2}$ l beträgt?
4. Der Weinvorrat einer Weingroßhandlung reicht bei einem täglichen Verkauf von 45 Litern 60 Tage.
   In wie viel Tagen ist der Vorrat erschöpft, wenn der Tagesverbrauch auf 50 Liter ansteigt?
5. Das Lederwarenhaus Heinz Schöne e. Kfm. hat bei einem Lieferer 25 Lederjacken zu je 270,80 EUR bestellt. Wegen schlechter Verarbeitung schickt er sie an den Lieferer zurück. Der Lieferer hat lediglich noch höherwertige Lederjacken am Lager, und zwar zum Stückpreis von 310,60 EUR.
   Wie viel Stück kann das Lederwarenhaus beziehen, wenn Heinz Schöne nicht mehr Geld als den ursprünglichen Rechnungsbetrag ausgeben will?
6. Ein Unternehmen bestellt 2430 Werbezettel und erhält hierfür eine Rechnung über 109,35 EUR. Zum gleichen Einzelpreis werden 1070 Werbezettel nachbestellt.
   Über wie viel EUR lautet die Rechnung für die Nachbestellung?
7. Zur Dekoration des Ausstellungsraumes benötigen wir 36 m Gardinenstoff, falls dieser 150 cm breit ist.
   Wie viel m brauchen wir, wenn der Stoff nur 120 cm breit ist?
8. Einer unserer Lkw verbraucht auf 100 km durchschnittlich 12,8 Liter Dieselkraftstoff.
   Wie viel Liter verbraucht er für eine Strecke von 420 km?

### 1.1.1.3 Zusammengesetzter Dreisatz (Vielsatz)

Der zusammengesetzte Dreisatz besteht aus mehreren Dreisätzen (mit geradem oder ungeradem Verhältnis), die in einem Rechenvorgang gelöst werden. Man löst den Vielsatz daher mit den gleichen Überlegungen und in der gleichen Darstellungsweise wie einzelne Dreisätze.

**Beispiel:**

Zum Umbau der Geschäftsräume werden 6 Aushilfskräfte an 8 Tagen täglich 5 Stunden beschäftigt.

**Aufgabe:**

Wie viel Stunden müsste täglich zusätzlich gearbeitet werden, wenn dieselbe Arbeit von 3 Aushilfskräften in 10 Tagen bewältigt werden soll?

**Lösung:**

**Gegebene Größen:** 6 Aushilfskräfte in 8 Tagen bei 5-stündiger Arbeitszeit ← Bedingungssatz

**Gesuchte Größen:** 3 Aushilfskräfte in 10 Tagen bei x-stündiger Arbeitszeit ← Fragesatz

$$x = \frac{5 \cdot 6 \cdot 8}{3 \cdot 10} = \underline{\underline{8 \text{ Arbeitsstunden}}}$$ ← Bruchsatz

**Ergebnis:** Es müssen täglich 3 Arbeitsstunden mehr geleistet werden.

### Erläuterungen zur Aufgabe

Der vorliegende Vielsatz ist aus zwei Dreisätzen zusammengesetzt. Diese sind darauf zu untersuchen, ob ein gerades oder ein ungerades Verhältnis vorliegt, und sie sind dann nacheinander, über einen Bruchstrich, zu lösen.

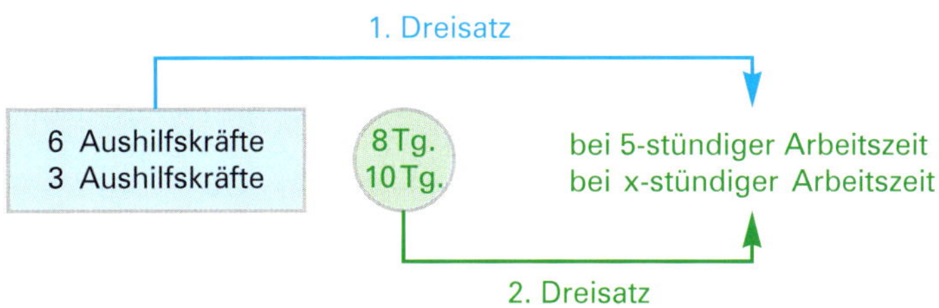


**1. Dreisatz:**

(1) Bei 6 Aushilfskräften werden 5 Arbeitsstunden je Tag benötigt.

(2) Bei 1 Aushilfskraft werden 5 · 6 Arbeitsstunden je Tag benötigt.

(3) Bei 3 Aushilfskräften werden $\frac{5 \cdot 6}{3}$ Arbeitsstunden je Tag benötigt.

**2. Dreisatz:**

(4) Bei 8 Tagen werden $\frac{5 \cdot 6}{3}$ Arbeitsstunden je Tag benötigt.

(5) Steht nur 1 Arbeitstag zur Verfügung, werden $\frac{5 \cdot 6 \cdot 8}{3}$ Arbeitsstunden je Tag benötigt.

(6) Erhöhen sich die zur Verfügung stehenden Arbeitstage auf 10, wird weniger Arbeitszeit je Tag benötigt: $\frac{5 \cdot 6 \cdot 8}{3 \cdot 10}$

### Allgemeiner Lösungsweg

1. Erstellung des Bedingungs- und des Fragesatzes.
2. Auflösung des erstellten Vielsatzes in die einzelnen Dreisätze.
3. Feststellung bei jedem Dreisatz, ob ein gerades oder ein ungerades Verhältnis zugrunde liegt.
4. Die Lösung der einzelnen Dreisätze auf einen Bruchstrich schreiben und in einem Rechenvorgang lösen.



2 Speth u.a. ISBN 978-3-8120-0260-8

## Übungsaufgabe

4 1. 20 Arbeiter brauchen für die Bearbeitung eines bestimmten Auftrags 15 Tage zu je 8 Stunden.

Wie viel Stunden täglich müssten 24 Arbeiter arbeiten, wenn der Auftrag in 12 Tagen ausgeführt werden soll?

2. Im Lager einer Früchtegroßhandlung werden mit 6 Maschinen in 5 Tagen bei einer täglichen Arbeitszeit von 8 Stunden 3500 Beutel mit Obst und Gemüse abgepackt.

Wie viel Stunden täglich müssten 9 Maschinen laufen, wenn 6300 Beutel in spätestens 8 Tagen abgepackt sein müssen?

3. Anlässlich einer Werbekampagne werden den Kunden Kostproben angeboten. Im Vorjahr wurden bei einer solchen Veranstaltung 5 kg Wurst benötigt. Die Veranstaltung dauerte 6 Stunden, wobei durchschnittlich 45 Kostproben je Stunde verteilt wurden. Die neue Werbekampagne dauert 14 Stunden, wobei geplant ist, durchschnittlich 50 Kostproben je Stunde zu verteilen.

Wie viel kg Wurst wird benötigt?

4. Eine Backwarenfabrik arbeitete bisher mit 8 Backöfen und stellte 6300 Brote bei 12-stündiger Arbeitszeit her. Die Fabrik erhöht die Zahl der Backöfen auf 10 und die tägliche Arbeitszeit wird auf 2 Schichten je 8 Stunden ausgedehnt.

Wie viel Brote können nach der Umstellung gebacken werden?

5. Zur Herstellung von 56 m Stoff von 160 cm Breite werden 42 kg Garn benötigt.

Wie viel m Stoff von 120 cm Breite können aus 114 kg Garn hergestellt werden?

6. Für Revisionsarbeiten sind alljährlich 6 Angestellte 30 Tage zu je 8 Stunden täglich beschäftigt. Krankheitsbedingt fallen 2 Revisoren kurzfristig vor Beginn der Arbeiten aus.

Wie viel Tage benötigen die einsatzfähigen 4 Angestellten, wenn sie 9 Stunden täglich arbeiten?

7. Um eine Warensendung von 100 Kartons versandfertig zu machen, benötigen 4 Versandarbeiter $2^1/_2$ Stunden. Für die Abfertigung eines Auftrages von 250 Kartons werden vorübergehend 2 Arbeiter zusätzlich eingestellt. Zur gleichen Zeit erkrankt jedoch ein Arbeiter. Der Auftrag soll möglichst in 3 Stunden erledigt werden.

Wie viele Kartons werden in dieser Zeit nicht fertig?

8. In einem Supermarkt mit 920 $m^2$ Einkaufsfläche putzen fünf Reinigungskräfte von 19:00 bis 23:00 Uhr. Die Verkaufsfläche wird auf 1127 $m^2$ ausgeweitet und die Arbeitszeit um 30 Minuten gekürzt.

Wie viel Reinigungskräfte müssen jetzt zusätzlich eingestellt werden?

9. Zur Bewältigung der Inventur waren im vergangenen Jahr 12 Mitarbeiter bei einer täglichen Arbeitszeit von 10 Stunden 2 Tage beschäftigt. In diesem Geschäftsjahr stehen nur 5 Mitarbeiter mit einer täglichen Arbeitszeit von 8 Stunden zur Verfügung.

Nach wie viel Tagen ist die Inventur beendet?

10. Im vorigen Geschäftsjahr benötigte ein Unternehmen während der Heizperiode von 5 Monaten 8400 Liter Öl für eine Gesamtfläche von 400 $m^2$. Die durchschnittliche Raumtemperatur lag bei 21° C.

Wie viel Liter Öl müssen bestellt werden, wenn die Gesamtfläche um 100 $m^2$ erweitert wurde, die Heizperiode voraussichtlich nur 4 Monate dauert und die Raumtemperatur um 1° C abgesenkt wird?

## 1.1.2 Währungsrechnen

### 1.1.2.1 Kurzinformation zur Einführung des Euro

Am 1. Januar 1999 wurde in elf europäischen Ländern der **Euro** als gemeinsame Währung eingeführt. Dadurch bilden diese elf Länder in währungspolitischer Hinsicht ein einheitliches Gebiet, die sogenannte **Europäische Währungsunion (EWU)** oder auch als Europäische Wirtschafts- und Währungsunion (EWWU) bezeichnet. Auch die Bezeichnung **Euroland** ist üblich. Sofern die Konvergenzkritierien (Aufnahmebedingungen) erfüllt werden, können auch weitere europäische Länder dieser Währungsunion beitreten. Diesen Schritt haben inzwischen Griechenland und Slowenien vollzogen sowie Malta, Zypern (griechischer Landesteil), die Slowakei und Estland, sodass sich die ursprüngliche Zahl von elf auf siebzehn Mitgliedstaaten erhöht.[1] Mit der Schaffung einer einheitlichen gemeinsamen Währung in diesen Staaten ist ein großer Schritt in Richtung einer europäischen Vereinigung getan. Dieser Schritt bedeutet für die Mitgliedstaaten die Übertragung der geld- und währungspolitischen Maßnahmen an eine unabhängige supranationale Institution, die **Europäische Zentralbank (EZB).**

Damit stellt das Gebiet dieser siebzehn Länder in währungspolitischer Hinsicht „Inland" dar. Dem Euro als Inlandswährung (Binnenwährung) dieser siebzehn Länder stehen die Währungen der übrigen Länder, die nicht diesem Währungsverbund angehören, als Fremdwährungen gegenüber.

| EWU | andere Länder (Nicht-EWU-Länder) |
|---|---|
| Binnenwährung (Euro) | Fremdwährung (z. B. US-Dollar, Schweizer Franken) |

### 1.1.2.2 Grundbegriffe zum Währungsrechnen

#### (1) Währung

**Merke:**

Unter der **Währung** versteht man das gesetzliche Zahlungsmittel eines Staates bzw. einer Staatengemeinschaft.

**Beispiele:**

| Staat/Staatengemeinschaft | Währung |
|---|---|
| Dänemark | Kronen |
| Großbritannien | Pfund |
| USA | Dollar |
| Europäische Wirtschafts- und Währungsunion | Euro |

#### (2) Wechselkurs

**Merke:**

Unter dem **Wechselkurs** versteht man das Austauschverhältnis zwischen verschiedenen Währungen.

---

1 Die siebzehn Länder der Europäischen Währungsunion sind (seit 2011): Belgien, Deutschland, Estland, Finnland, Frankreich, Irland, Italien, Luxemburg, Malta, Niederlande, Österreich, Portugal, Griechenland, Slowakei, Slowenien, Spanien und Zypern (griechischer Landesteil).

## (3) Kursnotierung

Die **Mengennotierung** ist die heute übliche Notierungsform in der Praxis der Kursnotierungen. Bei der Mengennotierung gibt der Kurs an, welchen Betrag an **Fremdwährung** man für einen bestimmten Betrag **inländischer Währung** erhält bzw. bezahlen muss. Bezogen auf die EWU (Inland) geht man bei der Mengennotierung jeweils von einem Euro aus. Die Frage lautet daher, welchem Wert ein Euro in der Fremdwährung entspricht.

**Beispiele:**

| Einheit | EWU-Länder | Währung | Nicht-EWU-Länder | Währung | Kurs |
|---|---|---|---|---|---|
| 1 | | Euro | USA | USD | 1,2845 |
| 1 | | Euro | Dänemark | DKK | 7,7754 |

Die Beispiele sagen aus, dass z.B. am Devisenmarkt ein Euro dem Wert von 1,2845 USD entspricht.

Oder kurz: Kurs für 1 Euro 1,2845 Dollar
Kurs für 1 Euro 7,7754 DKK

## (4) Ankaufskurs (Geldkurs), Verkaufskurs (Briefkurs)[1]

Die Bezeichnungen verstehen sich aus der Sicht einer im eigenen Währungsgebiet ansässigen Bank. Da die Bank genauso wie ein Warenhändler an dem Handel mit Fremdwährungen verdienen möchte, ist der **Verkaufskurs höher als der Ankaufskurs.** Der Betrag, der sich aus der Differenz beider Kurse ergibt (Kursspanne), ist der **Gewinn (Rohgewinn)** der Bank aus dem Handel mit Fremdwährungen.

Will z.B. ein Deutscher bei seiner Bank eine bestimmte Menge einer **Fremdwährung gegen Euro kaufen,** so berechnet ihm die Bank den **niedrigeren Ankaufskurs (Geldkurs),** denn die Bank kauft Euro an. Will der Deutsche einen bestimmten Betrag einer **Fremdwährung gegen Inlandswährung eintauschen,** dann legt die Bank den **höheren Verkaufskurs (Briefkurs)** zugrunde, denn die Bank verkauft Euro.

**Beispiel:**

| Einheit | EWU-Länder | Währung | Nicht-EWU-Länder | Währung | Ankauf | Verkauf |
|---|---|---|---|---|---|---|
| 1 | | Euro | USA | USD | 1,2845 | 1,3010 |

Das Beispiel besagt, dass der Ankauf von einem Euro 1,2845 USD kostet und der Verkauf von einem Euro 1,3010 USD kostet. Wenn die Bank USD verkauft, kauft sie Euro an. Daher gilt der Ankaufskurs.

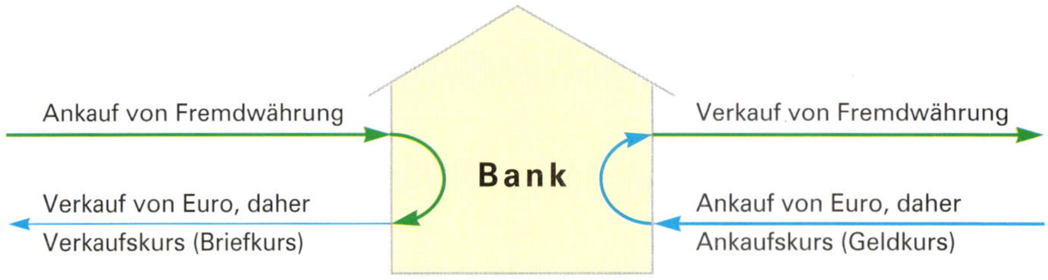


1 Im Sortenhandel werden in der Regel die Begriffe Ankauf und Verkauf verwendet, im Devisenhandel die Begriffe Geld und Brief.

### (5) Sorten und Devisen

#### Sorten

Als **Sorten** bezeichnet man **Banknoten und Münzen einer Fremdwährung.**

Sorten werden von den Banken für den privaten und geschäftlichen Reiseverkehr in Fremdwährungsgebiete bereitgestellt.

#### Devisen

Unter **Devisen** versteht man **fremde Zahlungsmittel in Form von Buchgeld** (z.B. Schecks, Wechsel, Zahlungsanweisungen).

Sie spielen insbesondere im Import- und Exportgeschäft mit Fremdwährungsländern eine Rolle. Die Kursbildung auf den Devisenmärkten vollzieht sich nach den gleichen Grundsätzen, wie die Preisbildung auf den Gütermärkten. Die täglich in den Wirtschaftsteilen der Zeitungen veröffentlichten Wechselkurse sind **Referenzkurse.** Sie werden von der EZB ermittelt. Die von den privaten Banken aufgrund des Devisenangebots und der Devisennachfrage ermittelten „Orientierungspreise" weichen nicht wesentlich von den Referenzkursen ab.

## 1.1.2.3 Sortenhandel und Sortenkurse

Die Mengennotierung führt zu der folgenden Sortenkursnotierung, wie sie auszugsweise aus einer Sortenkurstabelle einer Bank dargestellt wird.

**Ausschnitt aus einer Sortenkurstabelle**

| Land | Währung | 1 Euro | |
|---|---|---|---|
| | | Ankauf | Verkauf |
| USA | USD | 1,2220 | 1,3450 |
| Kanada | CAD | 1,4860 | 1,6360 |
| Großbritannien | GBP | 0,9028 | 0,9729 |
| Schweiz | CHF | 1,5610 | 1,6210 |
| Dänemark | DKK | 7,1200 | 7,7700 |
| Norwegen | NOK | 8,3100 | 9,2100 |
| Australien | AUD | 1,5720 | 1,7320 |
| Japan | JPY | 129,3000 | 137,5000 |

**Beispiel:**

Herr Reiter, Geschäftsführer der Josef Reiter GmbH, tauscht bei seiner deutschen Bank für eine Geschäftsreise in die Schweiz zu einer Verkaufsmesse 1250,00 EUR um.

**Aufgabe:**
Wie viel Schweizer Franken bekommt Herr Reiter lt. obiger Sortenkurstabelle ausbezahlt?

**Lösung:**

1,00 EUR ≙ 1,5610 CHF
1250,00 EUR ≙ x CHF

x = 1,5610 · 1250,00
x = 1951,25 CHF

**Ergebnis:** Für seine 1250,00 EUR erhält Herr Reiter 1951,25 CHF.

## Übungsaufgabe

5 1. Ein kanadischer Geschäftsmann befindet sich auf seiner Europareise in Deutschland. Sein nächstes Reiseziel ist die Schweiz. Vor Antritt seiner Reise in die Schweiz tauscht er bei einer deutschen Bank 1 000,00 kanadische Dollar in Schweizer Franken um. Die Notierungen lauten wie folgt:

| Land | Währung | 1 Euro | |
|---|---|---|---|
| | | Ankauf | Verkauf |
| Kanada | CAD | 1,2980 | 1,4010 |
| Schweiz | CHF | 1,5210 | 1,5940 |

Wie viel CHF erhält der kanadische Geschäftsmann ausbezahlt?

2. Herr Krause tauscht vor seiner Geschäftsreise nach Norwegen bei seiner Bank 3250,00 EUR in norwegische Kronen um.

   Es gilt folgender Kurs: NOK, Ankauf: 8,9562, Verkauf: 9,6721

   2.1 Wie viel NOK erhält Herr Krause?

   2.2 Bei seiner Rückkehr nach Deutschland hat Herr Krause noch 875,00 NOK, die er bei seiner Bank bei folgenden Kursen zurücktauscht:
   NOK, Ankauf: 8,9134, Verkauf: 9,6140
   Wie viel EUR erhält er?

3. Herr Fröhlich, Geschäftsführer der Fröhlich GmbH, beabsichtigt eine Geschäftsreise nach Skandinavien zu unternehmen. Vor seiner Abreise deckt er sich über seine Bank mit den entsprechenden Währungen dieser Länder ein.

   Er kauft: 3500,00 NOK und 5500,00 SEK.

   Es liegen die folgenden Kursnotierungen vor:

| Land | Währung | 1 Euro | |
|---|---|---|---|
| | | Ankauf | Verkauf |
| Norwegen | NOK | 7,8165 | 8,8165 |
| Schweden | SEK | 10,4907 | 11,3907 |

   Erstellen Sie für Herrn Fröhlich die Abrechnung der Bank!

4. Nach ihrer Rückkehr aus den USA tauscht Frau Becker bei ihrer Bank 2150,00 USD in EUR um. Es gilt folgender Kurs: USD, Ankauf 1,2480 Verkauf 1,3380.

### 1.1.2.4 Devisenhandel und Devisenkurse

#### (1) Allgemeines

Im geschäftlichen Verkehr mit dem Ausland werden keine Sorten, sondern Devisen gehandelt. Dementsprechend werden auch bei der Zahlungsabwicklung von Export- und Importgeschäften die entsprechenden Devisenkurse zugrunde gelegt.

**Ausschnitt aus einer Devisenkursnotierung**

| Währung | 1 Euro | |
|---|---|---|
| | Geld | Brief |
| USD | 1,2878 | 1,2884 |

**Erläuterung:**

Die Kursnotierung bedeutet, dass beim Ankauf von **einem** Euro der niedrige Geldkurs von 1,2878 USD und beim Verkauf von **einem** Euro der höhere Briefkurs von 1,2884 USD zugrunde gelegt wird.

## (2) Umrechnung von ausländischen Währungen in Euro auf der Grundlage der Devisenkurse

| Ausschnitt aus einer Notierung von Devisenkursen | | | |
|---|---|---|---|
| **Land** | **Währung** | **1 Euro** | |
| | | **Geld** | **Brief** |
| USA | USD | 1,2955 | 1,2985 |
| Japan | JPY | 114,5500 | 114,6800 |
| England | GBP | 0,9437 | 0,9442 |
| Schweiz | CHF | 1,5205 | 1,5213 |
| Kanada | CAD | 1,5298 | 1,5304 |
| Schweden | SEK | 10,6205 | 10,6213 |
| Norwegen | NOK | 9,0318 | 9,0614 |
| Dänemark | DKK | 7,4232 | 7,4632 |

**Beispiel 1: Export nach USA**

Ein deutscher Maschinengroßhändler liefert eine Maschine in die USA. Vereinbarungsgemäß erfolgt die Fakturierung in USD. Der Preis für die Maschine beträgt 45000,00 USD.

**Aufgabe:**

Welchen Eurobetrag schreibt die Bank (ohne Berücksichtigung von Bankgebühren) ihrem Kunden für den Ankauf der 45000,00 Dollar gut?

**Lösung:**

In diesem Beispiel verkauft die Bank EUR, da sie USD ankauft. Daher legt sie den höheren Briefkurs zugrunde.

1,2985 USD ≙ 1,00 EUR
45000,00 USD ≙ x EUR

x = 45000 : 1,2985 = 34655,37 EUR

**Ergebnis:** Die Bank schreibt dem Kunden 34655,37 EUR gut.

**Beispiel 2: Import aus USA**

Ein deutscher Importeur bezieht aus USA einen Spezialbagger. Der vereinbarte Preis beträgt 45000,00 USD.

**Aufgabe:**

Mit welchem Eurobetrag belastet die Bank ihren Kunden? Von Nebenkosten wird abgesehen.

**Lösung:**

In diesem Fall kauft die Bank EUR an, da sie USD verkauft. Daher legt sie den niedrigeren Geldkurs zugrunde.

1,2955 USD ≙ 1,00 EUR
45000,00 USD ≙ x EUR

x = 45000 : 1,2955 = 34735,62 EUR

**Ergebnis:** Die Bank belastet den Kunden mit 34735,62 EUR.

**Zusammenfassende Erkenntnis aus beiden Beispielen:**

- Beim Ankauf von 45000,00 USD (Verkauf von Euro) schreibt die Bank dem Kunden aufgrund des geltenden Briefkurses 34655,37 EUR gut.

- Beim Verkauf des gleichen Betrages belastet die Bank den Kunden aufgrund des notierten Geldkurses mit 34 735,62 EUR.
- Da die Bank dem Kunden einen höheren Betrag belastet als sie ihm gutschreibt, hat die Bank aus dem An- und Verkauf von Euro einen Ertrag (Rohgewinn) in Höhe der Differenz beider Beträge erzielt. Das sind 80,25 EUR.

**Merke:**

- Beim **Ankauf von Fremdwährung** verkauft die Bank EUR. Daher erfolgt die Gutschrift auf dem Kundenkonto zum Briefkurs.
- Beim **Verkauf von Fremdwährung** kauft die Bank EUR. Daher erfolgt die Lastschrift auf dem Kundenkonto zum Geldkurs.
- Die **Lastschrift** aufgrund des Geldkurses ist **immer höher als die Gutschrift** aufgrund des Briefkurses.

## Übungsaufgaben

**6**

1. Berechnen Sie aufgrund der vorliegenden Kurse von Seite 23 für einen deutschen Exporteur die Bankgutschriften für die folgenden in der jeweiligen Auslandswährung ausgestellten Rechnungsbeträge:

   1.1 1 875,00 USD

   1.2 74 980,00 CHF

2. Berechnen Sie aufgrund der Devisenkurse von Seite 23 für einen deutschen Importeur die einzelnen Banklastschriften für die folgenden in der jeweiligen Auslandswährung vorliegenden Rechnungsbeträge:

   2.1 34 000,00 CAD

   2.2 7 850,00 GBP

   2.3 46 850,00 DKK

3. Eine deutsche Möbelgroßhandlung bezieht aus der Schweiz 150 Bürostühle zu je 420,00 CHF. Vereinbarungsgemäß wird die Rechnung in CHF ausgestellt.

   Mit welchem Betrag wird die Möbelgroßhandlung aufgrund der vorliegenden Devisenkursnotierungen von Seite 23 auf ihrem Bankkonto belastet?

4. Wir haben an einen kanadischen Kunden eine Spezialmaschine verkauft und erhalten vereinbarungsgemäß einen Scheck über 16 580,00 CAD.

   Welchen EUR-Betrag schreibt uns die Bank aufgrund der vorliegenden Devisenkurse von Seite 23 gut?

5. Auf der Messe wurden Waren an einen Messebesucher aus der Schweiz und an einen aus England verkauft. Die Preise wurden jeweils in der ausländischen Währung vereinbart. Der Schweizer hat 9 800,00 CHF und der Engländer 26 500,00 GBP zu zahlen.

   Welcher EUR-Betrag wird unserem Bankkonto aufgrund der vorliegenden Kursnotierungen von Seite 23 gutgeschrieben?

6. Ein deutscher Textilgroßhändler bezieht Seide aus Japan. Als Rechnungspreis wurde ein Betrag von 1 350 000,00 JPY vereinbart.

   Mit welchem Betrag wird unter Zugrundelegung der Devisenkurse von Seite 23 der Großhändler von seiner Bank belastet?

7. Für einen gleichwertigen Artikel liegen einem Großhandelskaufmann zwei Angebote vor. Der Artikel kann bezogen werden aus Großbritannien für 392,00 GBP je Stück und aus Norwegen für 4793,60 NOK je Stück.

   Welches Angebot ist unter Berücksichtigung der vorliegenden Devisenkurse von S. 23 günstiger?

8.

GYSIN
ZAHNRÄDER UND GETRIEBE

Kern GmbH
Elektromotoren
Gutenbergstraße 1
D-88046 FRIEDRICHSHAFEN 1

**RECHNUNG NR.** 5100-04414 CH-4452 Itingen, 28.03.20..

| | |
|---|---|
| Kunden-Nr. 20717 | Unser Ref.: Fritz Sutter/tf MWSt-Nr. 115839 |
| Ihre Bestellung | Nr. 107543 vom 21.03.20.. I/Ref. A. Bucher |
| Lieferkonditionen | EXW ab Werk CH-4452 Itingen, unverpackt, unverzollt |
| Zahlungskonditionen | 30 Tage netto/15 Tage 2% Skonto |
| Lieferdatum | 25.03.20.. |

| POS. | BEZEICHNUNG | MENGE | PREIS | % | BETRAG CHF |
|---|---|---|---|---|---|
| 10 | GYSIN-Planetengetriebe<br>PLC 42-1<br>Untersetzung 3.5:1,<br>einstufig<br>Art. Nr. 300a-906<br>Standard-Ausführung<br>mit spez. Abgangswelle<br>PLC-Ausführung<br>Sonderflansch passend an Motor<br>Typ BLSM 40<br>Lieferfrist 14.00 | 1 Stk. | 493,00 | 15,00 | 419,05 |
| | TOTALBETRAG BESTÄTIGUNG | | | CHF | 419,05 |

GYSIN AG CH-4452 ITINGEN
ZELGLIWEG

TEL. 061 976 55 55 FAX 061 976 55
WWW.GYSIN.COM E-MAIL:INFO@GYSIN.COM

Mit wie viel EUR wird die Kern GmbH von der Bank belastet, wenn sie den Rechnungsbetrag unter Abzug von 2 % Skonto begleicht und die Bank 4,80 EUR Gebühren berechnet?

Legen Sie bei der Berechnung den Devisenkurs von S. 23 zugrunde!

7 1. Ein international tätiges deutsches Handelsunternehmen kauft in Norwegen Spezialbohrer zum Preis von 16 275,00 NOK je Stück.
Währung: NOK, Geld: 8,1683, Brief: 8,1763

Anschließend werden 10 Bohrer mit einem Preisaufschlag von 15% nach Singapur verkauft. Die Rechnung wird vereinbarungsgemäß in Singapur-Dollar ausgestellt.
Währung: SGD, Geld: 2,0435, Brief: 2,0475

1.1 Über welchen Betrag lautet die Rechnung an den Abnehmer in Singapur?

1.2 Wie viel verdient das Handelsunternehmen, wenn die Bank für die Abwicklung der Zahlung 12,68 EUR berechnet?

2. Eine Maschinengroßhandlung in Dresden hat an einem Tag folgende Zahlungseingänge:
aus Kanada 22850,00 CAD, aus Japan 820000,00 JPY,
aus der Schweiz 16480,00 CHF.

Berechnen Sie aufgrund der Devisenkurse von S. 23 die Bankgutschriften in EUR!

3. Welche Bankbelastung ergibt sich für eine Überweisung in die USA in Höhe von 36000,00 USD bei folgender Devisenkursnotierung:
Währung: USD, Geld: 1,2711, Brief: 1,2729

4. Ein englisches Unternehmen hat am 8. Januar des Jahres bei der Bamberger Maschinen AG eine Webmaschine bestellt. Als Rechnungspreis wurden 120500,00 GBP vereinbart, zahlbar bei Lieferung. Die Lieferung erfolgte am 28. Januar des Jahres. Am 28. Januar ergab sich folgende Devisenkursnotierung:
Währung: GBP, Geld: 0,8882, Brief: 0,8993

4.1 Welcher Eurobetrag wird der Bamberger Maschinen AG von ihrer Bank gutgeschrieben?

4.2 Welcher Gutschriftsbetrag würde sich ergeben, wenn vereinbart worden wäre, die Zahlung am Tag der Bestellung zu leisten, an dem sich folgende Notierung ergab:
Währung: GBP, Geld: 0,9142, Brief: 0,9184

5. Die Sparkasse Unna zahlt für 2180,00 EUR 2886,32 USD aus.
Errechnen Sie den Umtauschkurs!

## 1.1.3 Verteilungsrechnung

### 1.1.3.1 Verteilung nach ganzen Anteilen

**Beispiel 1:**

Ein Kaufmann hat für das Geschäftshaus eine monatliche Miete von 4032,00 EUR zu bezahlen. Um für die einzelnen Abteilungen eine genaue Kalkulation vornehmen zu können, teilt der Kaufmann die Geschäftsmiete auf die einzelnen Abteilungen nach folgendem Schlüssel auf: Warenabteilung I: 80 $m^2$, Warenabteilung II: 56 $m^2$, Büro: 48 $m^2$ und Lager: 72 $m^2$.

**Aufgabe:**

Welcher Mietanteil entfällt auf die einzelnen Abteilungen?

**Lösung:**

| Abteilungen | Größe in $m^2$ | gekürzte Anteile | Kostenanteile |
|---|---|---|---|
| Warenabteilung I | 80 → | 10 | 1 260,00 EUR |
| Warenabteilung II | 56 → | 7 | 882,00 EUR |
| Büro | 48 → | 6 | 756,00 EUR |
| Lager | 72 → | 9 | 1 134,00 EUR |

(Aufteilungsgrund → Abteilungen; Verteilungsschlüssel → Größe in $m^2$; Teile → gekürzte Anteile; Anteile → Kostenanteile)

10 · 126, 7 · 126, 6 · 126, 9 · 126

Summe der Teile: 32 Teile ≙ 4 032,00 EUR Miete (Gesamtwert)

1 Teil ≙ 4 032,00 EUR : 32 = 126,00 EUR

**Ergebnis:** Die verschiedenen Abteilungen werden durch die Miete wie folgt belastet: Warenabteilung I: 1 260,00 EUR, Warenabteilung II: 882,00 EUR, Büro: 756,00 EUR, Lager: 1 134,00 EUR.

**Probe:** Die Addition der Kostenanteile ergibt wiederum die Gesamtmiete: 1 260,00 EUR + 882,00 EUR + 756,00 EUR + 1 134,00 EUR = 4 032,00 EUR.

**Allgemeiner Lösungsweg**

1. Es ist zu überprüfen, ob sich der Verteilungsschlüssel durch Kürzen vereinfachen lässt.
2. Addition der Teile.
3. Über die Division des Gesamtwertes durch die Summe der Teile erhält man den Wert **eines** Teils.
4. Durch die Multiplikation der einzelnen Teile mit dem Wert eines Teiles erhält man den Wert für die Anteile. **Probe:** Die Addition der einzelnen Anteile muss wiederum den Gesamtwert ergeben.

**Beispiel 2:**

Bei der Liquidation (Auflösung) eines Unternehmens wird das Vermögen im Wert von 350 000,00 EUR aufgeteilt. Jeder der drei Gesellschafter A, B und C soll gleich viel erhalten. Der Gesellschafter B hat jedoch für eine private Investition schon 31 000,00 EUR entnommen. Gleiches gilt für C, der für den Kauf eines Grundstücks 90 000,00 EUR entnommen hatte.

**Aufgabe:**

Wie viel EUR erhält jeder Gesellschafter ausbezahlt?

**Lösung:**

| Gesellschafter | Teile | Vorleistungen | Auszahlungsbetrag |
|---|---|---|---|
| A | 1 | | 157 000,00 EUR |
| B | 1 | – 31 000,00 EUR | 126 000,00 EUR |
| C | 1 | – 90 000,00 EUR | 67 000,00 EUR |

1 · 157 000 EUR

1 · 157 000 EUR – 31 000 EUR

1 · 157 000 EUR – 90 000 EUR

3 – 121 000,00 EUR ≙ 350 000,00 EUR

3 Teile ≙ 471 000,00 EUR

1 Teil ≙ 157 000,00 EUR

**Erläuterungen zur Aufgabe**

Bei dieser Aufgabe haben 2 Gesellschafter schon vor der Liquidation Gelder (Anteile ihres Vermögens) erhalten. Diese Vorauszahlungen sind selbstverständlich zu dem zu verteilenden Vermögen zunächst **hinzuzurechnen.** Wären nämlich die Zahlungen nicht erfolgt, wäre das Vermögen *größer,* d.h., ohne Hinzurechnung der schon gezahlten Beträge würden diese gar nicht zur Verteilung kommen. Bei der Berechnung der einzelnen Auszahlungsbeträge sind die bisherigen Zahlungen dann abzuziehen, da der Gesellschafter diesen Teil des ihm zustehenden Betrages ja schon erhalten hat.

## Übungsaufgabe

**8**

1. Verteilen Sie die folgenden Kapitalien im angegebenen Verhältnis!

   1.1 7200,00 EUR Kapital im Verhältnis 3 : 4 : 2

   1.2 975,00 EUR Kapital im Verhältnis 2 : 5 : 7 : 1

   1.3 38000,00 EUR Kapital im Verhältnis 3 : 2 : 9 : 5

   1.4 2400,00 EUR Kapital im Verhältnis 3 : 4 : 5

2. Aus Anlass des 25-jährigen Geschäftsjubiläums zahlt der Geschäftsinhaber an seine Mitarbeiter 8 400,00 EUR. Der Betrag wird nach der Betriebszugehörigkeit der Mitarbeiter gezahlt.

   Mitarbeiter A arbeitet seit 25 Jahren, B seit 20 Jahren, C seit 9 Jahren und D seit 2 Jahren im Geschäft.

   Wie viel EUR erhalten die einzelnen Mitarbeiter?

3. An einem Unternehmen sind drei Geschwister beteiligt.

   A mit 144000,00 EUR    B mit 216000,00 EUR    C mit 360000,00 EUR

   Der Reingewinn beläuft sich auf 88560,00 EUR und wird entsprechend der Beteiligung verteilt.

   Wie viel EUR des Reingewinns erhält C?

4. Ein Kaufmann hat neben seinem Hauptgeschäft noch zwei Filialen. Im laufenden Geschäftsjahr wurden 37120,00 EUR für Werbeaktionen ausgegeben. Aus kostenrechnerischen Gründen sind diese Ausgaben auf die drei Geschäfte zu verteilen. Verteilungsgrundlage sind die Jahresumsätze.

   | | |
   |---|---|
   | Hauptgeschäft: | 720000,00 EUR |
   | Filiale I: | 480000,00 EUR |
   | Filiale II: | 540000,00 EUR |

   Wie viel EUR Werbekosten entfallen auf jedes Geschäft?

5. Ein Filialunternehmen hat aus Konkursbeständen 1419 Stück Baumwollhemden aufkaufen können. Die Ware soll entsprechend dem Umsatz auf die vier Filialen aufgeteilt werden. Für das vergangene Geschäftsjahr liegen folgende Umsatzzahlen vor:

   | | | | |
   |---|---|---|---|
   | Filiale 1: | 260000,00 EUR | Filiale 3: | 156000,00 EUR |
   | Filiale 2: | 390000,00 EUR | Filiale 4: | 312000,00 EUR |

   Wie viel Baumwollhemden erhalten jeweils die Filialen?

6. Aus den Betriebsunterlagen eines Unternehmens gehen folgende Beteiligungen hervor: Franz Abt ist mit 36400,00 EUR, Holger Bär mit 44800,00 EUR und Fritz Ceh mit 67200,00 EUR beteiligt. Ceh ist Geschäftsführer und erhält von dem auszuschüttenden Gewinn eine Zusatzleistung von 4200,00 EUR. Da Bär einen Großverkauf vermittelt hat, erhält er eine Zusatzprämie von 2500,00 EUR. Der Bilanzgewinn beläuft sich auf 88320,00 EUR. Verteilungsgrundlage sind die Kapitalanteile.

   Welchen Gewinnanteil erhält jeder Gesellschafter gutgeschrieben?

### 1.1.3.2 Verteilung nach Bruchteilen

**Beispiel:**

Aufgrund der guten Geschäftslage und der verstärkten Mitarbeit der 3 Angestellten verteilt der Geschäftsinhaber eine Prämie an seine Mitarbeiter. Adelheid erhält $^1/_5$, Berta $^1/_4$ und Cäcilie den Rest. Das entspricht 880,00 EUR.

**Aufgabe:**
Wie viel EUR Prämie erhalten die einzelnen Angestellten und welchen Gesamtbetrag schüttet der Inhaber aus?

**Lösung:**

| Angestellte | Verteilungs-schlüssel | Teile | Anteile | |
|---|---|---|---|---|
| Adelheid | 1/5 → | 4/20 = 4 | 320,00 EUR | ← 80 · 4 |
| Berta | 1/4 → | 5/20 = 5 | 400,00 EUR | ← 80 · 5 |
| Cäcilie | Rest → | 11/20 = 11 | 880,00 EUR | |
| | Summe der Teile: | | 1 600,00 EUR | ← 80 · 20 |
| | | → 11 Teile ≙ | 880,00 EUR | |
| | | 1 Teil ≙ | 880,00 EUR : 11 | = 80,00 EUR |

**Ergebnis:** Die Angestellten erhalten folgende Prämien: Adelheid 320,00 EUR, Berta 400,00 EUR und Cäcilie 880,00 EUR. Die gesamte Ausschüttungssumme beträgt 1 600,00 EUR.

**Probe:** Die Summe der Anteile ergibt wiederum die Gesamtprämie:
320,00 EUR + 400,00 EUR + 880,00 EUR = 1 600,00 EUR.

**Erläuterungen zur Aufgabe**

1. Da der Verteilungsschlüssel in ungleichnamigen Brüchen angegeben ist, muss zunächst der Hauptnenner gesucht werden. Er beträgt 20. Die Brüche werden auf den Hauptnenner 20 erweitert. Der Bruchanteil für Cäcilie (Restanteil) ergibt sich durch Subtraktion der einzelnen Teile von dem Ganzen (20/20). Da es hier nur um das Verhältnis der einzelnen Teile geht, kann der gemeinsame Nenner weggelassen werden.
2. Der Anteil für Cäcilie beträgt 880,00 EUR, was 11 Teilen entspricht. Durch Division erhält man den Wert eines Teils (880,00 : 11 Teile = 80,00 EUR). Durch Multiplikation mit den jeweiligen Teilen können nun die einzelnen Anteile errechnet werden. Die Summe der Anteile ergibt den Gesamtbetrag.

## Übungsaufgabe

**9**

1. Drei Kaufleute gründen eine Großhandlung. A bringt 4 100 000,00 EUR, B $^1/_4$ und C $^1/_3$ des Gesamtkapitals auf.
   1.1 Wie viel EUR betragen die Einlagen von B und C?
   1.2 Wie viel EUR erhält jeder Kaufmann, wenn der Reingewinn in Höhe von 492 000,00 EUR im Verhältnis der Kapitalanteile verteilt wird?

2. Die Brüder Franz, Fritz und Fabian Schlau sind die Gesellschafter der Schlau GmbH. Franz ist mit $^1/_5$, Fritz mit $^1/_7$ und Fabian mit 120 000,00 EUR beteiligt.

   Wie viel EUR betragen die Anteile der Gesellschafter Franz und Fritz?

3. Für eine Messe schließen sich drei Unternehmen zusammen und mieten gemeinsam einen Werbestand. Die anfallenden Kosten werden wie folgt aufgeteilt:

   A zahlt $^1/_3$, B zahlt $^2/_5$ des Gesamtbetrages und C zahlt 3 740,00 EUR.

   Wie viel EUR betragen die Gesamtkosten?

4. Ein Industrieunternehmen wird von drei Personen gegründet. A bringt eine Kapitaleinlage von 107 100,00 EUR auf. B übernimmt $^1/_3$ und C $^1/_5$ des Gesamtkapitals.

   4.1 Wie viel EUR beträgt jeweils die Kapitaleinlage von B und C?

   4.2 Im ersten Geschäftsjahr erzielen sie zusammen einen Gewinn von 147 000,00 EUR.

   Wie viel Gewinn erhält jeder, wenn die Gewinnverteilung nach der jeweiligen Einlage erfolgen soll?

5. Vier Einzelhandelsbetriebe bauten gemeinsam ein Parkhaus. Das Kaufhaus Abel war mit 430 700,00 EUR beteiligt. Die übrigen 3 Betriebe trugen folgende Anteile an den Kosten: Textilhaus Bauer $^1/_6$, Sporthaus Canz $^1/_8$, Uhren-Diehm $^1/_{10}$.

   5.1 Wie viel EUR mussten Bauer, Canz und Diehm jeweils an Baukosten aufbringen?

   5.2 Wie viel EUR betrugen die gesamten Baukosten des Parkhauses?

6. Ein Vermögen über 146 880,00 EUR soll unter vier Berechtigten aufgeteilt werden. Marion erhält $^1/_4$, Andreas $^2/_5$, Christoph $^1/_3$ und Ralf den Rest der Summe.

   Wie viel EUR bekommt jeder Berechtigte?

7. Agnes, Birgit und Manuela betreiben gemeinsam eine Boutique für junge Mode. Den erwirtschafteten Gewinn in Höhe von 37 230,00 EUR wollen sie wie folgt aufteilen:

   Agnes erhält $^2/_7$, Birgit $^1/_3$ und Manuela den Rest, wobei Agnes vorweg vom Reingewinn für die Erledigung der Verwaltungsaufgaben monatlich 250,00 EUR erhält.

   Welchen EUR-Betrag erhält jede der drei Damen ausbezahlt?

8. An einem Parkhaus sind fünf Kaufleute beteiligt: Merten mit $^1/_5$, Bary mit $^1/_{10}$, Fest mit $^1/_4$, Hertel mit $^2/_5$ und Schneider mit dem Rest. Der Reingewinn in Höhe von 42 540,00 EUR wird entsprechend den Anteilen verteilt.

   8.1 Welchen EUR-Anteil am Reingewinn erhält jeder?

   8.2 Wie viel EUR betragen die Gewinnanteile der Kaufleute Merten und Bary, wenn beide die Einlage von Schneider zu gleichen Teilen übernehmen?

### 1.1.3.3 Bezugskostenverteilung nach Mengen und Werten

Werden mehrere Warenarten in einer Lieferung bezogen und fallen hierbei gemeinsame Bezugskosten an, müssen diese, um eine genaue Kalkulation der einzelnen Waren zu ermöglichen, aufgeteilt werden. Dies geschieht entweder nach dem **Wert der einzelnen Waren** oder nach dem **Gewicht der einzelnen Waren.** Daher unterscheidet man:

| Gewichtspesen | Wertspesen |
|---|---|
| Sie werden nach dem Bruttogewicht der einzelnen Waren aufgeteilt.<br>**Beispiele:** Fracht, Anfuhr, Gewichtszoll, Auslade- und Wiegekosten, Hausfracht. | Sie werden nach dem Einkaufspreis der einzelnen Waren aufgeteilt.<br>**Beispiele:** Verpackungskosten, Wertzoll, Transportversicherung, Provisionen. |

Vom rechnerischen Ablauf her ist die Kostenverteilung nach Mengen und Werten eine Verteilungsrechnung.

**Beispiel:**

Ein Unternehmen bezieht zwei Sorten Rohstoffe in einer Lieferung: Rohstoff I: 610 kg zum Nettopreis von 5,10 EUR je kg (brutto für netto) und Rohstoff II: 450 kg zum Nettopreis von 1,40 EUR je kg (brutto für netto). An Fracht und Kosten der Zufuhr (Gewichtspesen) fallen 196,10 EUR und an Verpackungs- und Versicherungskosten (Wertspesen) 187,05 EUR an.

**Aufgabe:**

Verteilen Sie die Gewicht- und Wertspesen anteilig auf die Rohstoffarten!

**Lösung:**

**Verteilung der Gewichtspesen:**

| | Gewicht je Rohstoffart | | Gewichtspesen je Rohstoffart | |
|---|---|---|---|---|
| Rohstoff I | 610 kg | | 112,85 EUR | ← 610 · 0,185 |
| Rohstoff II | 450 kg | | 83,25 EUR | ← 450 · 0,185 |
| Gesamtgewicht | 1 060 kg | ≙ | 196,10 EUR | |
| | | | 196,10 EUR : 1 060 = 0,185 EUR | Gewichtspesenanteil je kg |

**Verteilung der Wertspesen:**

| | Gewicht je Rohstoffart | | Einzelpreis | | Wert je Rohstoffart | | Wertspesen je Einheit | |
|---|---|---|---|---|---|---|---|---|
| Rohstoff I | 610 kg | · | 5,10 EUR | = | 3 111,00 EUR | | 155,55 EUR | ← 3 111 · 0,05 |
| Rohstoff II | 450 kg | · | 1,40 EUR | = | 630,00 EUR | | 31,50 EUR | ← 630 · 0,05 |
| Gesamtwert der Rohstoffe | | | | = | 3 741,00 EUR | ≙ | 187,05 EUR | |
| | | | | | | | 187,05 EUR : 3 741,00 = 0,05 EUR | Wertspesenanteil je 1 EUR |

**Allgemeiner Lösungsweg**

- **Gewichtspesen** werden errechnet, indem man die Gewichte der einzelnen Rohstoffe addiert **(Gesamtgewicht).** Die Gesamtgewichtspesen werden durch das Gesamtgewicht dividiert und damit der Gewichtspesenanteil je Einheit ermittelt. Durch Multiplikation des Gewichts der einzelnen Rohstoffeinheiten mit dem Gewichtspesenanteil je Einheit erhält man die Gewichtspesen der einzelnen Rohstoffart.
- Bei den **Wertspesen** muss vor der Verteilung zunächst der Wert der einzelnen Rohstoffart errechnet werden (Menge · Preis). Die Wertspesenanteile werden sodann auf die gleiche Art und Weise wie die Gewichtspesen ermittelt.

## Übungsaufgabe[1]

10 1. Für eine Warensendung betragen die Frachtkosten 748,80 EUR und die Kosten für die Transportversicherung 457,60 EUR. Die Sendung besteht aus drei Warensorten:

Sorte I: 1440 kg zu 7,50 EUR je kg
Sorte II: 1280 kg zu 3,00 EUR je 0,5 kg
Sorte III: 400 kg zu 2,75 EUR je 0,25 kg

1.1 Welcher Anteil an den Frachtkosten entfällt auf jede Sorte, wenn die Frachtkosten nach dem Gewicht zu verteilen sind?

1.2 Welcher Anteil an den Versicherungskosten entfällt auf jede Sorte, wenn die Kosten für die Transportversicherung nach dem Wert zu verteilen sind?

2. Ein Kaufmann bezieht mit der gleichen Sendung drei Warengruppen:

Warengruppe I: 168 kg zum Einkaufspreis von 1750,00 EUR
Warengruppe II: 210 kg zum Einkaufspreis von 2250,00 EUR
Warengruppe III: 315 kg zum Einkaufspreis von 3250,00 EUR

Für die gesamte Sendung müssen dem Spediteur 118,80 EUR Fracht und Anfuhr gezahlt werden. Die Transportversicherung kostet 53,65 EUR.

Wie viel EUR betragen jeweils die Gewichtspesen und die Wertspesen für die einzelnen Warengruppen?

3. Ein Großhändler bezieht:

Ware I: 25 Sack, 1345 kg brutto 32,00 EUR je kg
Ware II: 40 Sack, 2670 kg brutto 40,00 EUR je kg

Die Tara beträgt je Sack ein kg. Verteilen Sie die Frachtkosten von 3011,25 EUR nach dem Gewicht, die Versicherungskosten von 1947,10 EUR nach dem Wert der Ware.

Wie viel EUR betragen die Gewichtspesen und die Wertspesen für die einzelnen Warengruppen?

4. Ein Unternehmen bezieht in einer gemeinsamen Sendung drei Arten von Rohstoffen. Fracht und Anfuhr betragen 163,80 EUR, die Versicherungskosten belaufen sich auf 237,50 EUR.

Rohstoff I: 144 kg zu insgesamt 720,00 EUR
Rohstoff II: 36 kg zu insgesamt 320,00 EUR
Rohstoff III: 72 kg zu insgesamt 480,00 EUR

4.1 Die Gewicht- und Wertspesen für den Bezug sind auf die drei Rohstoffarten zu verteilen!

4.2 Wie viel EUR beträgt der Einstandspreis (Einkaufspreis + Bezugskosten) jeder Rohstoffart?

1 Die angegebenen Waren- und Rohstoffpreise sowie die Werte für die Bezugskosten sind als Nettowerte (Wert ohne Umsatzsteuer) zu verstehen, da die Umsatzsteuer wegen ihrer Kostenneutralität nicht in die Kalkulation einbezogen werden darf.

## 1.1.4 Durchschnittsrechnung

### 1.1.4.1 Einfacher Durchschnitt

**Beispiel:**

Ein Kaufmann möchte am 30. Juni den durchschnittlichen Lagerbestand einer Warenart zu Einstandspreisen für die vergangenen 6 Monate ermitteln. Für die einzelnen Monate waren folgende Werte festgehalten worden:

| | | | |
|---|---|---|---|
| 30. Jan. | 142 500,00 EUR | 30. April | 142 090,00 EUR |
| 28. Febr. | 198 610,00 EUR | 31. Mai | 84 610,00 EUR |
| 31. März | 124 080,00 EUR | 30. Juni | 76 350,00 EUR |

**Aufgabe:**

Wie viel EUR beträgt der durchschnittliche Lagerbestand?

**Lösung:**

$$\varnothing \text{ Lagerbestand} = \frac{142\,500 + 198\,610 + 124\,080 + 142\,090 + 84\,610 + 76\,350}{6} = \underline{\underline{128\,040{,}00 \text{ EUR}}}$$

**Ergebnis:** Der durchschnittliche Lagerbestand beträgt 128 040,00 EUR.

**Allgemeiner Lösungsweg**

- In einem ersten Schritt werden die einzelnen Werte addiert.
- In einem zweiten Schritt wird die Summe der Werte durch die Anzahl der Werte geteilt.

$$\text{Einfacher Durchschnitt} = \frac{\text{Summe der Werte}}{\text{Anzahl der Werte}}$$

## Übungsaufgabe

**11** 1. Der Lagerbestand einer Ware beträgt im zweiten Halbjahr:

| Monat | Anzahl | Wert |
|---|---|---|
| Juli | 1 200 | 3 640,00 EUR |
| August | 940 | 2 020,00 EUR |
| September | 820 | 1 590,00 EUR |
| Oktober | 1 740 | 4 010,00 EUR |
| November | 1 020 | 2 110,00 EUR |
| Dezember | 742 | 1 620,00 EUR |

1.1 Welche durchschnittliche Anzahl an Waren war am Lager?

1.2 Wie viel EUR betrug der durchschnittliche Lagerbestand?



3 Speth u.a. ISBN 978-3-8120-0260-8

2. Ein Einzelhandelsgeschäft ermittelte in der vergangenen Woche die Kundenzahlen, um den durchschnittlichen Umsatz je Kunde zu errechnen.

| Tag | Kundenzahl | Tageslosung |
|---|---|---|
| Montag | 120 | 2980,40 EUR |
| Dienstag | 98 | 1770,80 EUR |
| Mittwoch | 105 | 5160,00 EUR |
| Donnerstag | 72 | 940,20 EUR |
| Freitag | 111 | 4320,00 EUR |
| Samstag | 142 | 8220,60 EUR |

2.1 Wie viel EUR betrug der Durchschnittsumsatz je Tag?

2.2 Berechnen Sie die durchschnittliche Kundenzahl je Tag!

2.3 Wie viel EUR betrug der Durchschnittsumsatz je Kunde in der vergangenen Woche?

3. Eine Winzereigenossenschaft stellt fest, dass für ihren Hauswein „Das Weinreberl" in den letzten 5 Jahren folgende Preise erzielt wurden: 1. Jahr: 7,10 EUR; 2. Jahr: 6,60 EUR; 3. Jahr: 7,90 EUR; 4. Jahr: 8,20 EUR; 5. Jahr: 6,30 EUR.

Welchen Durchschnittspreis erzielte die Winzereigenossenschaft für den Wein in den vergangenen 5 Jahren?

4. Ein Unternehmen hatte im vergangenen Geschäftsjahr folgende Monatsumsätze:

| Monat | Umsatz | Monat | Umsatz | Monat | Umsatz |
|---|---|---|---|---|---|
| Januar | 32400,00 EUR | Mai | 45380,00 EUR | Sept. | 29420,00 EUR |
| Februar | 25200,00 EUR | Juni | 51420,00 EUR | Okt. | 34370,00 EUR |
| März | 34150,00 EUR | Juli | 28410,00 EUR | Nov. | 38910,00 EUR |
| April | 28700,00 EUR | August | 27700,00 EUR | Dez. | 66720,00 EUR |

4.1 Wie viel EUR betrug der Jahresumsatz?

4.2 Wie viel EUR betrug der durchschnittliche Monatsumsatz?

4.3 Wie viel EUR betrug der durchschnittliche Tagesumsatz bei 295 Verkaufstagen?

4.4 Wie viel EUR betrug der Jahresumsatz je Mitarbeiter, wenn das Geschäft 3 Mitarbeiter beschäftigt?

5. Ein Mitarbeiter im Außendienst legte in der Woche vom 2. April – 6. April mit dem Pkw folgende Tagesstrecken für Kundenbesuche zurück:

| | | | | | |
|---|---|---|---|---|---|
| 2. April | 280 km | 4. April | 364 km | 6. April | 304 km |
| 3. April | 125 km | 5. April | 212 km | | |

Wie viele km ist er am Tag durchschnittlich gefahren?

6. Um sich ein Urteil über die Preisentwicklung auf dem Markt für Südfrüchte bilden zu können, notiert sich der Inhaber einer Früchtehandlung eine Woche lang die Preise für ein 5-kg-Netz Orangen auf dem Großmarkt. Die Preise an den verschiedenen Wochentagen betrugen:

| | | | |
|---|---|---|---|
| Montag | 10,50 EUR | Donnerstag | 9,70 EUR |
| Dienstag | 11,20 EUR | Freitag | 10,80 EUR |
| Mittwoch | 9,80 EUR | Samstag | 12,40 EUR |

Wie viel EUR betrug der durchschnittliche Großmarktpreis für 5 kg Orangen?

### 1.1.4.2 Gewogener Durchschnitt

**Beispiel:**

Ein Einzelhandelsgeschäft möchte am Eingang des Ladens einen großen Korb mit Sonderangeboten aufstellen. Die im Korb angebotenen Waren sollen zu einem Einheitspreis verkauft werden. Vorhanden sind:

| Anzahl | bisheriger Verkaufspreis je Einheit |
|---|---|
| 6 | 12,60 EUR |
| 12 | 27,80 EUR |
| 8 | 26,10 EUR |
| 20 | 16,40 EUR |

**Aufgabe:**

Mit welchem Durchschnittspreis muss der Einzelhändler die Waren auszeichnen, wenn der gesamte Verkaufserlös unverändert bleiben soll?

**Lösung:**

| | Einzelmenge | | Preis je Einheit | | Gesamtwert je Einzelmenge |
|---|---|---|---|---|---|
| | 6 | · | 12,60 EUR | = | 75,60 EUR |
| | 12 | · | 27,80 EUR | = | 333,60 EUR |
| | 8 | · | 26,10 EUR | = | 208,80 EUR |
| | 20 | · | 16,40 EUR | = | 328,00 EUR |
| Gesamtmenge → | 46 | | Gesamtwert → | | 946,00 EUR |
| | 1 | | | | x EUR |

$$x = \frac{946 \cdot 1}{46} = \underline{\underline{20{,}57\ \text{EUR}}}\ (\text{genau: } 20{,}565217)$$

**Probe:**

46 · 20,565217 EUR ergibt einen Gesamterlös von 946,00 EUR.

**Ergebnis:** Die Ware muss mit einem Preis von 20,57 EUR ausgezeichnet werden.

**Erläuterungen zur Aufgabe**

Die Preise für die einzelnen Waren dürfen nicht wie beim einfachen Durchschnitt nur zusammengezählt und dann durch die Anzahl der Sorten (in unserem Beispiel 4) geteilt werden. **Begründung:** Da von der Ware zu 27,80 EUR noch 12 Stück vorhanden sind, fallen diese stärker ins Gewicht als etwa die 6 Stück zu 12,60 EUR, d.h., unterschiedliche Einzelmengen müssen bei der Berechnung eines Durchschnittspreises berücksichtigt (gewichtet) werden.

Es ist der **Gesamtwert** der jeweiligen Warenart zu ermitteln (Einzelmenge · Preis je Einheit, z.B. 6 · 12,60 EUR = 75,60 EUR). Die Summe der Gesamtwerte ist dann durch die **Gesamtmenge** zu dividieren.

**Allgemeiner Lösungsweg**

- Die Einzelmengen und der jeweilige Preis je Einheit sind im Lösungsschema festzuhalten.
- Die Multiplikation von Einzelmenge · Preis je Einheit ergibt den Gesamtwert je Einzelmenge.
- Durch Addition der Einzelmengen und der Gesamtwerte je Einzelmenge sind die Gesamtmenge und der Gesamtwert zu errechnen.
- Der gewogene Durchschnittspreis je Einheit wird ermittelt durch Division des Gesamtwertes durch die Gesamtmenge.
- Die Proberechnung: Gesamtmenge · Durchschnittspreis ergibt wiederum den Gesamtwert.

## Übungsaufgabe

12 1. Ein Einzelhändler stellt einen Wühlkorb aus drei Warenarten zusammen, die zu einem Durchschnittspreis als Sonderangebot verkauft werden sollen.

12 Stück zum bisherigen Preis von 3,18 EUR je Stück
8 Stück zum bisherigen Preis von 3,40 EUR je Stück
20 Stück zum bisherigen Preis von 2,71 EUR je Stück

Zu welchem EUR-Betrag je Stück wird der Wühlkorb ausgezeichnet?

2. Eine Großhandlung mischt ihre beliebte Mischung „Hustenbonbons“. Dazu verwendet die Großhandlung fünf Sorten von Bonbons:

| | | |
|---|---|---|
| Salbeigeschmack: | 5 kg | Preis je kg 13,10 EUR |
| Malzgeschmack: | 8 kg | Preis je kg 12,40 EUR |
| Huflattichgeschmack: | 2 kg | Preis je kg 14,10 EUR |
| Kamillengeschmack: | 10 kg | Preis je kg 11,90 EUR |
| Honiggeschmack: | 12 kg | Preis je kg 11,85 EUR |

Wie viel EUR beträgt der Verkaufspreis für einen 125-g-Beutel?

3. Eine Textilfabrik hat einen Sonderposten Mäntel wie folgt verkauft: 120 Stück zum regulären Preis von 99,80 EUR, 65 Stück zu einem Sonderpreis von 79,90 EUR und den Rest von 30 Stück im Winterschlussverkauf zu 59,90 EUR.

Welchen Durchschnittspreis je Mantel erzielte die Textilfabrik?

4. Eine Kaffeerösterei mischt drei Sorten Kaffee:

Sorte I: 16 kg zu je 18,40 EUR
Sorte II: 24 kg zu je 16,20 EUR
Sorte III: 12 kg zu je 13,80 EUR

Beim Rösten entsteht ein Gewichtsverlust von 16 %.

Wie viel EUR kostet $^1/_4$ kg der Mischung, wenn für Arbeitslohn 26,80 EUR einkalkuliert werden?

5. Drei Getreidesorten sollen zu einer Müsli-Mischung gemischt werden. Dafür vorgesehen sind 6 kg Roggen zu 1,90 EUR/kg, 10 kg Weizen zu 2,60 EUR/kg und 4 kg Hafer zu 1,60 EUR/kg.

Wie viel EUR kosten 500 g dieser Mischung?

6. Ein Kaufhaus will am Ladeneingang Schüttkörbe mit Pralinenmischungen in Klarsichtbeuteln zu jeweils 125 g aufstellen. Folgende Mengen an Pralinen werden hierzu verwendet:

30 kg je 5,60 EUR für $^1/_2$ kg
16 kg je 13,20 EUR für 1 kg
14 kg je 7,80 EUR für $^1/_2$ kg

Für wie viel EUR kann der 125-g-Beutel angeboten werden, wenn an Verpackungsmaterial insgesamt 14,40 EUR anfallen?

## 1.1.5 Prozentrechnung

### 1.1.5.1 Einführung in die Prozentrechnung

Die Prozentrechnung ist dazu geeignet, Zahlenverhältnisse besser zu durchschauen und vergleichen zu können. Zum Vergleich benötigt man einen einheitlichen **Vergleichsmaßstab.** Beim Prozentrechnen ist es die Zahl 100. Bei der Promillerechnung ist es die Zahl 1 000.

**Prozent** bedeutet stets: bezogen auf 100

pro → für
centum → 100

**Beispiel:**

Einem Einzelhändler liegen 2 Rechnungen zur Zahlung vor:

Rechnung 1: Rechnungspreis 480,00 EUR
Rechnung 2: Rechnungspreis 1 440,00 EUR

Auf jede Rechnung wird ein Rabatt von 144,00 EUR gewährt. Obwohl der Rabatt betragsmäßig in beiden Fällen gleich hoch ist, ist der Rabatt auf der ersten Rechnung im Verhältnis zur zweiten Rechnung wesentlich höher.

**Aufgabe:**

Weisen Sie die Richtigkeit dieser Aussage nach!

**Lösung:**

Das **Verhältnis Rechnungsbetrag** zu Rabatt bei den beiden Rechnungen ist **direkt nicht vergleichbar,** da die Rechnungsbeträge unterschiedlich hoch sind. Ein Vergleich ist erst möglich, wenn der Rabatt auf einen **gleich großen Rechnungsbetrag (Vergleichszahl)** bezogen wird. Als Vergleichszahl wird zweckmäßigerweise die **Zahl 100** genommen. Daher ergibt sich folgende Fragestellung:

**Neue Aufgabenstellung:**

Wie viel EUR beträgt jeweils der Rabatt, bezogen auf 100,00 EUR?

Die **Lösung der Fragestellung** erfolgt mithilfe des **Dreisatzes:**

Bei 480,00 EUR Re.-Betrag 144,00 EUR Rabatt
Bei 100,00 EUR Re.-Betrag x EUR Rabatt

$$x = \frac{144 \cdot 100}{480} = \underline{\underline{30{,}00 \text{ EUR Rabatt}}}$$

Der Rabatt beträgt
30,00 EUR je 100,00 EUR Rechnungsbetrag
→ entspricht: 30 vom Hundert (pro centum)
→ kürzer: 30 v. H. → 30 Prozent → 30 %

Bei 1 440,00 EUR Re.-Betrag 144,00 EUR Rabatt
Bei 100,00 EUR Re.-Betrag x EUR Rabatt

$$x = \frac{144 \cdot 100}{1\,440} = \underline{\underline{10{,}00 \text{ EUR Rabatt}}}$$

Der Rabatt beträgt
10,00 EUR je 100,00 EUR Rechnungsbetrag
→ 10 vom Hundert (pro centum)
→ 10 v. H. → 10 Prozent → 10 %

**Ergebnis:** Verglichen mit einem Rechnungsbetrag von 100,00 EUR sind die beiden Rechnungsnachlässe verschieden hoch. Der Rabatt bei Rechnung 1 beträgt 30 %, bei Rechnung 2 nur 10 %.

**Merke:**

- Der **Prozentsatz** gibt an, wie hoch ein Wert ist, wenn man die Zahl 100 (1000) als Bezugsgrundlage wählt.
- Die **Prozentrechnung** ist damit eine **Vergleichsrechnung.** Verschiedene Werte (EUR-Beträge, kg, Liter, cm usw.) werden vergleichbar gemacht, indem man sie auf die **Vergleichszahl 100** bezieht.[1]

Die Prozentrechnung ist eine angewandte Dreisatzrechnung. Wir unterscheiden **drei Begriffe**:

**Beispiel:**

Ein Großhändler verkauft Waren an einen Einzelhändler im Wert von 480,00 EUR. Der Großhändler gewährt 30 % Wiederverkäuferrabatt. Das sind 144,00 EUR.

| Rechnungsbetrag 480,00 EUR | Rabattsatz 30 % | Rabattwert 144,00 EUR |
|---|---|---|
| ↓ | ↓ | ↓ |
| **Grundwert** | **Prozentsatz** | **Prozentwert** |
| ist der Ausgangswert, der das Ganze betrifft. In Prozenten ausgedrückt, muss er immer 100 % betragen. | gibt an, wie viel Teile vergleichsweise auf 100 entfallen (Anzahl der Hundertstel). | ist der wertmäßige (absolute) Betrag (EUR, kg, Liter usw.), der dem Prozentsatz entspricht. |

Von den **drei Größen** Prozentwert (bzw. Promillewert), Grundwert und Prozentsatz (bzw. Promillesatz) müssen stets **zwei Größen in der Aufgabe gegeben sein,** um die dritte Größe mithilfe des Dreisatzes errechnen zu können.

### 1.1.5.2 Prozentrechnung vom Hundert

#### (1) Berechnung des Prozentwertes

**Beispiel:**

Auf eine Rohstoffrechnung über 1450,00 EUR erhält ein Unternehmen 3 % Skonto.

**Aufgabe:**
Wie viel EUR beträgt der Skontobetrag?

**Lösung:**

**Gegeben:** Grundwert: 1450,00 EUR
Prozentsatz: 3 %

**Gesucht:** Prozentwert: ?

1 Ist die Vergleichszahl 1000, so spricht man von **Promillerechnung**. 5 ‰ entspricht 5 von 1000.

| | | |
|---|---|---|
| Bedingungssatz → | 100 % ≙ 1450,00 EUR | |
| Fragesatz → | 3 % ≙ x EUR | |
| Bruchsatz → | $x = \frac{1450 \cdot 3}{100}$ | |
| | $x = 43{,}50$ EUR | |

**Ergebnis:** Dem Skonto entsprechen 43,50 EUR.

**Berechnung des Prozentwertes mithilfe der Formel:**

$$\text{Prozentwert} = \frac{\text{Grundwert} \cdot \text{Prozentsatz}}{100}$$

$$\frac{\text{Grundwert}}{100} = 1\,\%\ \text{des Grundwertes}$$

Prozentwert = 1 % des Grundwertes · Prozentsatz

## Übungsaufgabe

**13** 1. Berechnen Sie die Rabattbeträge aus den nachfolgenden Einkaufsrechnungen:

| Nr. | Einkaufsbetrag | Rabattsatz | Nr. | Einkaufsbetrag | Rabattsatz |
|---|---|---|---|---|---|
| 1.1 | 328,40 EUR | 18 % | 1.4 | 917,40 EUR | 8 % |
| 1.2 | 2685,00 EUR | 17 % | 1.5 | 1012,60 EUR | 14,5 % |
| 1.3 | 179,50 EUR | 24 % | 1.6 | 820,10 EUR | 25 % |

2. Beim Rösten von Kaffee entsteht erfahrungsgemäß ein Gewichtsverlust von 19 %.

   Wie viel kg Röstkaffee erhalten wir, wenn 720 kg Rohkaffee geröstet werden?

3. Ein Kaufmann hat für den Kauf einer Registrierkasse drei Angebote vorliegen:
   Angebot 1: 3250,00 EUR bar ohne Abzug.
   Angebot 2: 3310,00 EUR bar bei 3 % Skonto.
   Angebot 3: 3380,00 EUR bar bei 5 % Rabatt.

   Welches Angebot ist das billigste?

4. Ein Fernsehgerät ist mit 999,00 EUR ausgezeichnet. Bei Barzahlung werden 2 % Skonto gewährt.

   Um wie viel EUR ist der Ratenkauf teurer, wenn der Händler 225,00 EUR Anzahlung und 8 Monatsraten zu 100,00 EUR verlangt?

5. Das Bruttogehalt eines Angestellten betrug 2680,00 EUR. Durch Tarifänderungen hat sich das Gehalt innerhalb eines Jahres zunächst um $3\frac{1}{2}$ % und dann nochmals um $1\frac{3}{4}$ % erhöht. Am Ende des Geschäftsjahres erhielt der Angestellte noch eine hausinterne Leistungszulage von $1\frac{1}{2}$ %.

   Auf welchen Betrag lautet das Bruttogehalt nach diesen Erhöhungen?

6. Wir schulden einem österreichischen Lieferanten einen Rechnungsbetrag von 1336,68 EUR. Vom Rechnungsbetrag dürfen 3 % Skonto abgezogen werden.

   Auf welchen Betrag lautet die Belastung der Bank?

7. Ein Mitarbeiter im Außendienst erhält ein monatliches Fixum (Festgehalt) von 1065,00 EUR. Außerdem erhält er eine Umsatzprovision in Höhe von 3,2 %. Im Monat Dezember betrug sein Umsatz 125600,00 EUR. Als Anerkennung für besondere Leistungen erhält er zudem eine Sonderprämie von $3\frac{1}{2}$ ‰ auf seinen Jahresumsatz in Höhe von 1250500,00 EUR.

   Wie viel EUR verdiente der Reisende insgesamt im Monat Dezember?

8. Die Telefonkosten eines Unternehmens betragen 1250,00 EUR.

   Wie viel EUR beträgt die Privatnutzung, wenn das Finanzamt für diesen Anteil von 35% ausgeht?

9. Ein Zulieferer hat den Einstandspreis für Motoren ab 1. Juli um $4\,^2/_3\,\%$ angehoben. Am 15. Juni haben wir noch 75 Stück zum alten Preis in Höhe von 356,20 EUR je Stück bezogen.

   Wie viel EUR haben wir durch die Bestellung gespart?

10. Eine Stanzmaschine, deren Anschaffungskosten 18400,00 EUR betragen, wird jährlich mit $16\,^2/_3\,\%$ der Anschaffungskosten abgeschrieben.

    10.1 Wie viel EUR beträgt die jährliche Abschreibung?[1]

    10.2 Berechnen Sie den Buchwert der Stanzmaschine zu Beginn des 4. Jahres!

    10.3 Berechnen Sie den Buchwert der Stanzmaschine zu Beginn des 4. Jahres, wenn das Unternehmen die Abschreibung jeweils vom Buchwert vorgenommen hat!

## (2) Berechnung des Prozentsatzes

**Beispiel:**

Ein Textilunternehmen bestellt Garne im Werte von 1500,00 EUR. Es erhält einen Mengenrabatt von 60,00 EUR.

**Aufgabe:**

Welchem Rabattsatz entspricht dies?

**Lösung:**

**Gegeben:** Grundwert: 1500,00 EUR
Prozentwert: 60,00 EUR

**Gesucht:** Prozentsatz: ?

Bedingungssatz → 1500,00 EUR ≙ 100 %
Fragesatz → 60,00 EUR ≙ x %

Bruchsatz → $x = \frac{100 \cdot 60}{1500}$

$x = \underline{\underline{4\,\%}}$

**Ergebnis:** Der Rabattsatz beträgt 4%.

**Berechnung des Prozentsatzes mithilfe der Formel:**

$$\text{Prozentsatz} = \frac{100 \cdot \text{Prozentwert}}{\text{Grundwert}}$$

**oder verkürzt:**

Prozentsatz = Prozentwert : 1 % des Grundwertes

1 Durch die Abschreibung werden die Anschaffungskosten (aufgrund der geschätzten jährlichen Wertminderung) auf die Jahre der Nutzung als Aufwand verteilt.

## Übungsaufgabe

**14** 1. Welchen Rabattsatz hat der Lieferer bei den nachfolgenden Wareneinkäufen gewährt?

| Nr. | Einkaufsbetrag | Rabatt | Nr. | Einkaufsbetrag | Rabatt |
|---|---|---|---|---|---|
| 1.1 | 2720,00 EUR | 429,76 EUR | 1.4 | 210,00 EUR | 58,80 EUR |
| 1.2 | 631,00 EUR | 44,17 EUR | 1.5 | 4186,00 EUR | 376,74 EUR |
| 1.3 | 800,00 EUR | 113,60 EUR | 1.6 | 742,00 EUR | 185,50 EUR |

2. Ein Mitarbeiter im Außendienst erhält die nachfolgenden Provisionen ausbezahlt.

   Wie viel Prozent vom Umsatz waren vereinbart?

| Nr. | Umsatz | Provision | Nr. | Umsatz | Provision |
|---|---|---|---|---|---|
| 2.1 | 54680,00 EUR | 2734,00 EUR | 2.4 | 31720,00 EUR | 7930,00 EUR |
| 2.2 | 28460,00 EUR | 2134,50 EUR | 2.5 | 42160,00 EUR | 2635,00 EUR |
| 2.3 | 15316,00 EUR | 1914,50 EUR | 2.6 | 27680,00 EUR | 8304,00 EUR |

3. Ein Kaufmann versichert sein Warenlager mit einem Wert von 92400,00 EUR. Er zahlt jährlich eine Versicherungsprämie von 115,50 EUR.

   Wie viel Promille beträgt die Prämie vom Versicherungswert?

4. Beim Abfüllen von 310 Liter Wein in Literflaschen beträgt der Abfüllverlust (Leckage) 7,75 Liter.

   Wie viel Prozent beträgt der Abfüllverlust?

5. Die Stromkosten eines Geschäftes für die Schaufensterbeleuchtung betragen monatlich 246,20 EUR. Durch Kürzung der Beleuchtungszeit um täglich eine halbe Stunde konnten die Kosten auf 230,60 EUR gesenkt werden.

   5.1 Wie viel Prozent beträgt die Ersparnis?

   5.2 Wie viel EUR der verminderten Stromkosten entfallen auf die einzelnen Schaufenstergruppen?

   Schaufenstergruppe I: 76 $m^2$ Ausstellungsfläche
   Schaufenstergruppe II: 42 $m^2$ Ausstellungsfläche
   Schaufenstergruppe III: 108 $m^2$ Ausstellungsfläche

6. Das Monatseinkommen unseres Mitarbeiters im Außendienst setzt sich aus einem Festgehalt (Fixum) von 880,00 EUR und einer Umsatzprovision zusammen.

   Wie viel Prozent vom Umsatz erhält er, wenn er bei einem durchschnittlichen Umsatz von 90000,00 EUR ein durchschnittliches Monatseinkommen von insgesamt 6000,00 EUR erzielt?

7. Bei einer Warenzustellung wird unser Lieferwagen in einen Unfall verwickelt. Die mitgeführte Ware ist verdorben. Die Versicherung kommt teilweise für den Schaden auf. Der Schaden beläuft sich auf 388,00 EUR. Als Entschädigung erhalten wir 318,16 EUR.

   Wie viel Prozent hat die Versicherung ersetzt?

8. Ein Hersteller von Seifen verringert bei einer Geschenkpackung das Gewicht der Seifen von 180 g auf 153 g. Form und Preis der Packung bleiben unverändert.

   Wie viel Prozent beträgt die „versteckte" Preiserhöhung?

9. Ein Industrieunternehmen weist folgende stark vereinfachte Bilanz aus:

Aktiva — Schlussbilanz zum 31. Dez. 20.. (in Mio. EUR) — Passiva

| Aktiva | | Passiva | |
|---|---|---|---|
| Grundstücke u. Bauten | 65,40 | Gezeichnetes Kapital | 45,00 |
| Techn. Anlagen u. Maschinen | 9,50 | Rücklagen | 8,90 |
| Roh-, Hilfs- u. Betriebsstoffe | 37,40 | Verb. gegen. Kreditinstituten | 62,30 |
| Forderungen a. Lief. u. Leist. | 25,70 | Verb. aus Lief. und Leistungen | 24,90 |
| Guthaben bei Kreditinstituten | 3,10 | | |
| | 141,10 | | 141,10 |

Berechnen Sie den prozentualen Anteil der einzelnen Aktiv- und Passivposten an der Bilanzsumme!

## (3) Berechnung des Grundwertes

**Beispiel:**

Ein Unternehmen hat für die Versicherung des Warenlagers 1692,60 EUR Prämie zu zahlen. Das sind $2\frac{1}{3}$ % der Versicherungssumme.

**Aufgabe:**
Wie viel EUR beträgt die Versicherungssumme?

**Lösung:**

**Gegeben:** Prozentsatz: $2\frac{1}{3}$ %
Prozentwert: 1692,60 EUR

**Gesucht:** Grundwert: ?

Bedingungssatz → $2\frac{1}{3}\,\% \mathrel{\hat=} 1692{,}60$ EUR

Fragesatz → $100\,\% \mathrel{\hat=} x$ EUR

Bruchsatz → $$x = \frac{1692{,}60 \cdot 100}{2\frac{1}{3}}$$

$$x = \frac{1692{,}60 \cdot 100 \cdot 3}{7}$$

$$x = \underline{\underline{72540{,}00 \text{ EUR}}}$$

↔

**Berechnung des Grundwertes mithilfe der Formel:**

$$\text{Grundwert} = \frac{\text{Prozentwert} \cdot 100}{\text{Prozentsatz}}$$

**Ergebnis:** Die Versicherungssumme des Lagers beträgt 72540,00 EUR.

## Übungsaufgabe

15 1. Bei einem Sonderverkauf wurden die nachfolgenden Nachlässe festgesetzt.
Berechnen Sie den ursprünglichen Verkaufspreis!

| Nr. | Nachlass in % | Nachlass in EUR | Nr. | Nachlass in % | Nachlass in EUR |
|---|---|---|---|---|---|
| 1.1 | 15 % | 209,25 EUR | 1.4 | 2,5 % | 105,00 EUR |
| 1.2 | 11,5 % | 402,50 EUR | 1.5 | 3 % | 81,00 EUR |
| 1.3 | 8 % | 1 081,60 EUR | 1.6 | 18 % | 2 214,00 EUR |

2. Wie viel EUR beträgt jeweils die Versicherungssumme, wenn die folgenden Prämien berechnet werden?

| Nr. | Prämiensatz | Prämie | Nr. | Prämiensatz | Prämie |
|---|---|---|---|---|---|
| 2.1 | $2\,^1/_2$ ‰ | 134,20 EUR | 2.4 | $2\,^3/_4$ ‰ | 178,75 EUR |
| 2.2 | $3\,^1/_4$ ‰ | 100,75 EUR | 2.5 | 3 ‰ | 93,00 EUR |
| 2.3 | $1\,^1/_3$ ‰ | 301,70 EUR | 2.6 | $3\,^1/_2$ ‰ | 248,50 EUR |

3. Eine Unternehmung hat in der GuV-Rechnung folgende Abschreibungsbeträge ausgewiesen:

| Gegenstand | Abschreibungssatz (bei linearer Abschreibung) | Abschreibung in EUR |
|---|---|---|
| Gebäude | 2,5 % | 6 250,00 EUR |
| Büroeinrichtung | 7,69 % | 2 829,92 EUR |
| Lagereinrichtung | 7,14 % | 3 916,29 EUR |
| Ladeneinrichtung | 12,50 % | 11 952,50 EUR |

Wie viel EUR betragen die Anschaffungskosten der einzelnen Anlagegüter?

**Anmerkung:** Bei der linearen Abschreibung werden die Anschaffungskosten gleichmäßig auf die Nutzungsdauer verteilt.

4. Die veranschlagten Kosten für Renovierungsarbeiten der Büroräume wurden um 1 092,25 EUR überschritten. Das sind $8\,^1/_2$ % über dem Kostenvoranschlag.
   4.1 Berechnen Sie den ursprünglichen Kostenvoranschlag!
   4.2 Wie viel EUR kosteten die Renovierungsarbeiten tatsächlich?

5. Ein Kaufmann hat eine private Hausratversicherung abgeschlossen. Die jährliche Versicherungsprämie beträgt 533,60 EUR oder 2,32 ‰.
Wie viel EUR beträgt die Versicherungssumme?

6. Ein Kaufmann konnte im Monat August den Umsatz einer Warenart um $4\,^1/_2$ % oder 6 221,25 EUR steigern.
Wie viel EUR betrug sein Umsatz im Juli?

7. Auf der Eingangsrechnung E 61 ist ein Umsatzsteueranteil von 19 % ausgewiesen. Das sind 419,52 EUR.
Wie viel EUR beträgt der Nettoeinkaufspreis?

8. Ein Versicherungsvertreter erhält für den Abschluss einer Lebensversicherung eine Provision von $5\,^1/_2$ ‰. Das sind 194,70 EUR.
Über welche Versicherungssumme lautet die von ihm vermittelte Lebensversicherung?

9. Ein Geschäftsinhaber zahlt an die Feuerversicherung eine Prämie von vierteljährlich 165,00 EUR.
Mit wie viel EUR ist das Geschäftsgebäude einschließlich Lager versichert, wenn die jährliche Versicherungsprämie $1\,^1/_4$ % der Versicherungssumme beträgt?

### 1.1.5.3 Prozentrechnung im Hundert (verminderter Grundwert)

**Beispiel:**

Wegen kleiner Fehler wird ein Produkt mit einem Nachlass von 15% zum Sonderpreis von 104,55 EUR verkauft.

**Aufgaben:**

1. Wie viel EUR betrug der reguläre Preis?
2. Wie viel EUR beträgt die Preissenkung?

**Problemstellung**

Die Preissenkung von 15 % bezieht sich auf den ursprünglichen (regulären) Preis (wir sprechen hier vom **reinen Grundwert**). Der reine Grundwert entspricht 100 %. Der herabgesetzte Preis entspricht daher in Prozenten ausgedrückt 85 % **(verminderter Grundwert)**. Da der gegebene Betrag **unter** (und damit **innerhalb**) 100 % liegt, spricht man auch von **Prozentrechnung im Hundert.**

| **Sonderpreis** 85 % | | **Preissenkung** 15 % | | **regulärer Preis** 100 % |
|---|---|---|---|---|
| **verminderter Grundwert** | + | **Prozentsatz** | = | **reiner Grundwert** |

**Lösung:**

Die Lösung erfolgt mithilfe des Dreisatzes.

**Gegeben:** Prozentsatz: 15 %
Verminderter Grundwert in Prozent: 85 %
Verminderter Grundwert in EUR: 104,55 EUR

**Gesucht:** Grundwert: ?

Bedingungssatz → 85 % ≙ 104,55 EUR
Fragesatz → 100 % ≙ x EUR

Bruchsatz → $x = \frac{104{,}55 \cdot 100}{85} = 123{,}00 \text{ EUR}$

| | | |
|---|---|---|
| | Regulärer Preis | 123,00 EUR |
| – | Sonderpreis | 104,55 EUR |
| | Preissenkung | 18,45 EUR |

**Anmerkung:** Es ist auch möglich, zuerst die Preissenkung von 15 % in EUR zu errechnen. Allerdings wäre es ein Umweg. Man steuert vielmehr im Ansatz direkt auf die gefragte Größe zu. Das ist der reguläre Preis, anders ausgedrückt: der reine Grundwert. Dieser entspricht 100 % (Fragesatz).

**Ergebnisse:**

1. Der reguläre Preis betrug 123,00 EUR.
2. Die Preissenkung beträgt 18,45 EUR.

**Allgemeiner Lösungsweg**

- Beginnen Sie den Rechenansatz mit dem verminderten Grundwert, für den ja der Prozentsatz (unter 100 %) und der absolute Betrag bekannt sind.
- Berechnen Sie den Grundwert bzw. den Prozentwert mithilfe des Dreisatzes.
- Tragen Sie die errechneten Werte in die Tabelle ein.

## Übungsaufgabe

**16** 1. Im Sonderangebot wurden Waren zu folgenden Auszeichnungspreisen angeboten:

| Nr. | Sonderpreis | Preisnachlass |
|---|---|---|
| 1.1 | 118,90 EUR | 18 % |
| 1.2 | 158,76 EUR | 16 % |
| 1.3 | 152,75 EUR | 35 % |

Wie viel EUR betrugen die ursprünglichen Verkaufspreise, wenn die angegebenen Preisnachlässe gewährt wurden?

2. Die Auszubildende Frieda bekommt vom Geschäft einen Personalrabatt von $12\,^1/_2$ %.

   Mit wie viel EUR war der Artikel ausgezeichnet, wenn sie ihn für 112,00 EUR kaufte?

3. Von der Fischereigesellschaft „Frische Fische" bezieht das Lebensmittelgeschäft „Billig-Markt" 150 kg Heringe netto. Die Tara beträgt $6\,^1/_4$ %.

   Wie viel kg beträgt das Bruttogewicht der Warensendung?

4. Ein Paar Damenhandschuhe ist am vorletzten Tag des Schlussverkaufs mit 57,00 EUR ausgezeichnet. Der ursprüngliche Verkaufspreis wurde um $16\,^2/_3$ % und dann dieser um 5 % ermäßigt.

   Wie teuer war das Paar Handschuhe vor Beginn des Schlussverkaufs?

5. Eine Textilfabrik verkauft von 200 Anzügen zunächst 60 Stück. Nachdem der Preis um $16\,^2/_3$ % herabgesetzt wurde, konnten weitere 40 Anzüge verkauft werden. Um den Restbestand veräußern zu können, musste dieser Preis nochmals um 20 % gesenkt werden, sodass der Verkaufspreis noch 180,00 EUR betrug.

   5.1 Berechnen Sie den ursprünglichen Preis!

   5.2 Berechnen Sie den Gesamterlös!

   5.3 Wie viel EUR Umsatzeinbuße musste die Textilfabrik hinnehmen?

6. Wie viel kg Rohkaffee sind geröstet worden, wenn bei $16\,^2/_3$ % Röstverlust 1 403,5 kg Röstkaffee übrig bleiben?

7. Eine Ausstellungshalle soll umgebaut werden. Die Preise für alle Waren werden um $12\,^1/_2$ % gesenkt. Drei Wochen später werden die Preise in einer Sonderaktion nochmals um 15 % gesenkt.

   Zu welchem Preis wurde eine Ware ursprünglich verkauft, wenn der jetzige Preis 431,37 EUR beträgt?

8. Der Preis einer Ware war um 20 % ermäßigt worden. Da die Ware immer noch nicht verkauft werden konnte, wurde dieser Preis nochmals um 30 % gesenkt. Sie kostet jetzt 24,50 EUR.

   8.1 Wie viel EUR betrug der ursprüngliche Preis?

   8.2 Um wie viel Prozent wurde die Ware insgesamt billiger?

9. Aufgrund einer Mängelrüge gewährt uns der Lieferant einen Nachlass von 15 %. Nach Abzug von 3 % Skonto überweisen wir 2 626,86 EUR.

   Wie viel EUR betrug der ursprüngliche Rechnungsbetrag?

### 1.1.5.4 Prozentrechnung auf Hundert (vermehrter Grundwert)

**Beispiel:**

Der Umsatz eines Unternehmens stieg gegenüber dem Vorjahr um $8\,^1/_3\,\%$ auf 410 150,00 EUR an.

**Aufgaben:**

1. Berechnen Sie den Umsatz des vergangenen Jahres!
2. Wie viel EUR beträgt die Umsatzsteigerung?

**Problemstellung**

Die Umsatzsteigerung von $8\,^1/_3\,\%$ bezieht sich auf den Umsatz des vergangenen Jahres (reiner Grundwert und damit 100 %). Der diesjährige Umsatz ist daher um $8\,^1/_3\,\%$ höher (vermehrter Grundwert). In Prozenten ausgedrückt beträgt er $108\,^1/_3\,\%$. Da der gegebene Betrag **über** 100 % liegt, spricht man auch von der **Prozentrechnung auf Hundert.**

**Umsatz in diesem Jahr**
$108\,^1/_3\,\%$

**Umsatzsteigerung**
$8\,^1/_3\,\%$

**Umsatz im vergangenen Jahr**
100 %

**vermehrter Grundwert – Prozentsatz = reiner Grundwert**

**Lösungen:**

Die Lösung erfolgt mithilfe des Dreisatzes.

**Gegeben:** Prozentsatz: $8\,^1/_3\,\%$
vermehrter Grundwert in Prozent: $108\,^1/_3\,\%$
vermehrter Grundwert in EUR: 410 150,00 EUR

**Gesucht:** Grundwert: ?

Bedingungssatz → $108\,^1/_3\,\% \;\widehat{=}\; 410\,150{,}00$ EUR
Fragesatz → $100\,\% \;\widehat{=}\; x$ EUR

Bruchsatz → $$x = \frac{410\,150 \cdot 100}{108\,^1/_3} = \underline{\underline{378\,600{,}00 \text{ EUR}}}$$

| | | |
|---|---|---|
| | Umsatz in diesem Jahr | 410 150,00 EUR |
| – | Umsatz im vergangenen Jahr | 378 600,00 EUR |
| | Umsatzsteigerung | 31 550,00 EUR |

**Beachte:** Die rechnerische Vorgehensweise entspricht dem allgemeinen Lösungsweg, der beim Rechnen mit dem verminderten Grundwert aufgezeigt wurde. Ausgangspunkt ist hier der vermehrte Grundwert, für den der Prozentsatz (über 100 %) und der absolute Wert bekannt sind.

**Ergebnisse:**

1. Der Umsatz des vergangenen Jahres belief sich auf 378 600,00 EUR.
2. Die Umsatzsteigerung beträgt 31 550,00 EUR.

## Übungsaufgabe

17 1. Verschiedene Waren wurden neu ausgezeichnet.

| Nr. | Auszeichnungspreis | Preiserhöhung |
|---|---|---|
| 1.1 | 192,28 EUR | $4\frac{1}{2}$ % |
| 1.2 | 33,15 EUR | 2 % |
| 1.3 | 297,00 EUR | $12\frac{1}{2}$ % |
| 1.4 | 419,75 EUR | 15 % |

Berechnen Sie den bisherigen Verkaufspreis vor den angegebenen Preiserhöhungen!

2. Ein Importeur bezieht Waren aus Schweden. Einschließlich der Zölle werden die nachfolgenden Beträge gezahlt:

| Nr. | Einstandspreise einschl. Zoll | Zollsatz |
|---|---|---|
| 2.1 | 5507,04 EUR | 12 % |
| 2.2 | 14704,56 EUR | 17 % |
| 2.3 | 1433,25 EUR | 5 % |
| 2.4 | 912,71 EUR | 7 % |

Berechnen Sie den Listenverkaufspreis des schwedischen Exporteurs!

3. Die Monatsmiete für unsere Geschäftsräume hat sich um $6\frac{1}{4}$ % erhöht. Sie beträgt nun 2316,25 EUR.

   Um wie viel EUR ist die Miete angestiegen?

4. Der Rechnungsbetrag für einen Wareneinkauf beträgt einschließlich 19 % Umsatzsteuer 4630,29 EUR.

   Berechnen Sie den Nettowarenwert und die Umsatzsteuer!

5. Nach einer Werbeaktion für französischen Käse konnte ein Supermarkt in der Käseabteilung gegenüber dem Vormonat eine Umsatzsteigerung für den Monat Juli um $8\frac{1}{4}$ % auf 6087,98 EUR erzielen.

   Wie viel EUR beträgt die Umsatzsteigerung?

6. Eine Großhandlung hat den Listenverkaufspreis eines Artikels mit netto 22,08 EUR neu ausgezeichnet, nachdem der bisherige Listenverkaufspreis um einen Teuerungszuschlag von 5 % angehoben wurde.

   Wie viel EUR betrug der Listenverkaufspreis vor der Preiserhöhung?

7. Der Mitarbeiter Franz Helm erhält in diesem Jahr eine Gehaltserhöhung von $2\frac{1}{2}$ %. Das sind 65,00 EUR. Letztes Jahr betrug die Gehaltserhöhung 3,2 %.

   7.1 Wie viel EUR verdient er jetzt?

   7.2 Wie viel EUR betrug die Gehaltserhöhung letztes Jahr und wie hoch war sein ursprüngliches Gehalt?

8. Der Vermieter verlangt für die gemieteten Geschäftsräume auch in diesem, dem dritten Jahr, wieder eine Mieterhöhung. Der Geschäftsinhaber stellt fest, dass er für das zweite Geschäftsjahr eine um 8 % höhere Miete als im ersten Geschäftsjahr bezahlen musste und dass die Miete für das dritte Geschäftsjahr nun um $6\frac{2}{3}$ % höher ist als für das zweite Geschäftsjahr. Im dritten Geschäftsjahr beträgt die Miete 748,80 EUR monatlich.

   Wie viel EUR Miete musste der Geschäftsinhaber im ersten Geschäftsjahr für die Geschäftsräume monatlich bezahlen?

9. Nach zwei Unfällen wurde unser Geschäftswagen in der Haftpflichtversicherung aus der Schadensklasse SF4 (45 % des Beitragssatzes) in SF3 zurückgestuft (80 % des Beitragssatzes). Die neue Prämie für die Kfz-Haftpflichtversicherung beläuft sich jetzt auf 741,30 EUR.

   Wie viel EUR betrug die Prämie in der Schadensklasse SF4?

### 1.1.5.5 Verschiedene Aufgaben zur Prozentrechnung

## Übungsaufgabe

18 1. Die Statistik eines Unternehmens weist folgende Zahlen aus:

| Jahr | Umsatz | Anzahl der Mitarbeiter |
|---|---|---|
| Vorjahr | 2400000,00 EUR | 40 |
| Geschäftsjahr | 3000000,00 EUR | 32 |

Um wie viel Prozent veränderte sich der durchschnittliche Umsatz je Mitarbeiter?

2. Bei einem Sonderangebot wird ein Artikel um 20 % herabgesetzt und für 248,80 EUR angeboten.

   Wie viel EUR kostete der Artikel vor der 20 %igen Ermäßigung?

3. Das Anlagevermögen stellt mit 178500,00 EUR 35 % des Gesamtvermögens dar.

   Wie viel EUR Eigenkapital hat das Unternehmen auf der Passivseite derselben Bilanz aufzuweisen, wenn das Fremdkapital 55 % beträgt?

4. Die Nutzungsdauer eines modernen Kassensystems beträgt sechs Jahre. Nach zweijähriger linearer Abschreibung steht das Kassensystem noch mit 17066,00 EUR zu Buche.

   Wie viel EUR betrugen die Anschaffungskosten des Kassensystems?

5. Laut Katalog bestellen wir 156 Stück einer Ware, wobei folgende Bedingungen gelten:

   Listeneinkaufspreis je Artikel: 14,20 EUR

   | | |
   |---|---|
   | Mengenrabatt: | bei Abnahme von mindestens 100 Stück: 5 %<br>bei Abnahme von mindestens 200 Stück: 6 % |
   | | Bis zu einer Abnahme von 200 Stück wird eine Frachtpauschale von 45,00 EUR erhoben. |

   Wie viel EUR beträgt der Bezugspreis?

6. Die für das 1. Quartal ermittelte Umsatzsteuer (Steuersatz 19 %) beträgt 64239,00 EUR.

   Wie viel EUR betrugen die Umsatzerlöse einschließlich Umsatzsteuer?

7. Das Umlaufvermögen stellt mit 789760,00 EUR 64 % des Gesamtvermögens dar.

   Wie viel EUR beträgt das Fremdkapital, wenn es 28 % des Gesamtkapitals ausmacht?

8. Die Zahl der Mitarbeiter in einer Filialkette verringerte sich von 851 Mitarbeitern im vergangenen Jahr auf 796 in diesem Jahr. Im gleichen Zeitraum stiegen die gesamten Personalkosten von 33614500,00 EUR auf 33957360,00 EUR an.

   Um wie viel Prozent stiegen die Personalkosten je Arbeitnehmer an?

9. Wir verkaufen einen Warenposten, wobei 630,00 EUR USt (Steuersatz 7 %) in Rechnung gestellt werden.

   Wie viel Stück wurden verkauft, wenn der Nettoverkaufspreis je Stück 18,00 EUR betrug?

10. Ein Unternehmen weist im 1. Halbjahr folgende Umsätze auf:

| | | | |
|---|---|---|---|
| Januar: | 80500,00 EUR | April: | 95600,00 EUR |
| Februar: | 91700,00 EUR | Mai: | 92300,00 EUR |
| März: | 78900,00 EUR | Juni: | 89750,00 EUR |

Im Juli beträgt der Umsatz 93412,50 EUR.

Um wie viel Prozent übersteigt der Juliumsatz den Durchschnittsumsatz des 1. Halbjahres?

11. Eine Großhandlung hat einen durchschnittlichen Lagerbestand von 520000,00 EUR. Um Versicherungskosten zu sparen, wird das Warenlager nur mit 62,5 % versichert.

11.1 Mit wie viel EUR ist das Warenlager versichert?

11.2 Nach einem Rohrbruch wird ein Wasserschaden von 112320,00 EUR festgestellt. Wie viel EUR ersetzt die Versicherung?

12. Ein Sportartikelhersteller weist eine Umsatzsteigerung von 10,95 % gegenüber dem Vormonat auf.

Wie viel EUR betrug sein Umsatz im Mai, wenn er im Juni 637518,70 EUR umgesetzt hat?

13. Ein Mitarbeiter erhält folgende Gehaltsabrechnung (Lohnsteuer III/1):

| | |
|---|---|
| Bruttogehalt: | 2212,00 EUR |
| Lohnsteuer/Solidaritätszuschlag: | 137,45 EUR |
| Kirchensteuer: | 5,70 EUR |
| Sozialversicherungsabgaben: | 446,82 EUR |
| Auszahlungsbetrag: | 1622,03 EUR |

Wie viel Prozent betragen die Abzüge?

14. Ein Reisender erzielt in den ersten vier Monaten des Jahres folgende Umsätze:

| | | | |
|---|---|---|---|
| Januar: | 12200,00 EUR | März: | 15400,00 EUR |
| Februar: | 14100,00 EUR | April: | 11100,00 EUR |

Im Mai erzielt er einen Umsatz von 12474,00 EUR.

Um wie viel Prozent hat sich der Umsatz im Mai gegenüber dem Durchschnittsumsatz der ersten vier Monate verändert?

15. Das Gehalt eines Mitarbeiters wird um 4,5 % erhöht, das sind 85,50 EUR.

Wie viel EUR beträgt das Gehalt nach der Erhöhung?

16. Unser Lieferer gewährt uns aufgrund einer Mängelrüge einen Preisnachlass von 10 %. Nach Abzug von 2 % Skonto überweisen wir ihm 2518,99 EUR.

16.1 Wie viel EUR betrug der ursprüngliche Rechnungsbetrag einschließlich der darin enthaltenen Vorsteuer von 19 %?

16.2 Berechnen Sie die Höhe der Vorsteuer!

17. Die Inhaberin eines Geschenkladens in Regensburg und einer Filiale in Dresden hat für die letzten zwei Jahre die folgenden Umsatzzahlen (jeweils ohne Umsatzsteuer) zusammengestellt. Die Zahlen wurden jeweils auf volle 100,00 EUR aufgerundet.

| Geschäft | Umsatz Vorjahr | Umsatz Geschäftsjahr |
|---|---|---|
| Hauptgeschäft | 1721000,00 EUR | 1786200,00 EUR |
| Filiale | 918500,00 EUR | 973800,00 EUR |

17.1 Um wie viel Prozent hat der Umsatz gegenüber dem Vorjahr in jedem Geschäft zugenommen?

17.2 Mit wie viel Prozent war jedes Geschäft am Gesamtumsatz dieses Geschäftsjahres beteiligt?



4 Speth u.a. ISBN 978-3-8120-0260-8

## 1.2 Aufgaben des Rechnungswesens

### 1.2.1 Aufgaben des Rechnungswesens in privaten und öffentlichen Haushalten und in den Unternehmen

#### (1) Rechnungswesen der privaten Haushalte

Die privaten Haushalte haben ein Rechnungswesen, wenn sie z.B. einen Ausgabenplan über die zu erwartenden Ausgaben für Miete, Versicherungen, Anschaffungen, Urlaub sowie die Ausgaben für das tägliche Leben usw. erstellen und die tatsächlichen Ausgaben in einem Haushalts- oder Ausgabenbuch aufschreiben. Aus der Gegenüberstellung von Ausgabenplan und Haushaltsbuch lassen sich Überdeckungen – in einem bestimmten Zeitraum wurde weniger ausgegeben als geplant – oder Unterdeckungen – es wurde mehr ausgegeben als geplant – ablesen, die unter Umständen zu Änderungen des Ausgabenverhaltens führen können.

Dieses einfache Rechnungswesen erfüllt für den Haushalt mehrere Funktionen: Es ermöglicht die Kontrolle darüber, welche Positionen der Ausgabenplanung nicht eingehalten wurden, und es ist die Grundlage, um über die Ursachen nachzudenken und etwaige Planänderungen oder eine völlige Neuplanung vorzunehmen.

#### (2) Rechnungswesen der öffentlichen Haushalte

Auch die öffentlichen Haushalte (Bund, Länder, Gemeinden und ihre öffentlichen Betriebe) unterhalten ein Rechnungswesen. Sie sind sogar gesetzlich dazu verpflichtet. Eine besonders wichtige Aufgabe ist in diesem Zusammenhang die Aufstellung von Haushaltsplänen und die Überwachung ihrer Einhaltung. Dem Aspekt der Rechenschaftslegung gegenüber dem Steuerzahler kommt hier besondere Bedeutung zu.

#### (3) Rechnungswesen der Unternehmen

Für Unternehmen gewinnt das Rechnungswesen eine besondere Bedeutung, weil zum einen eine gesetzliche Verpflichtung dazu besteht und zum anderen der Anfall an Daten besonders zahlreich und vielschichtig ist. Alle Unternehmen kaufen und verkaufen z.B. Güter und Dienstleistungen, sie bezahlen Löhne, Gehälter, Sozialabgaben und verschiedene Arten von Steuern usw. Auch hier dienen die im Rechnungswesen festgehaltenen und ausgewerteten Aufzeichnungen der Information und Kontrolle der betrieblichen Abläufe. Auf der Grundlage dieser Information werden die zukünftigen Betriebsabläufe geplant. Darüber hinaus dienen sie in verschiedener Hinsicht der Rechenschaftslegung.

In allen drei Bereichen (private Haushalte, öffentliche Haushalte, Unternehmen) kann man mit unterschiedlicher Gewichtung folgende **Einzelaufgaben des Rechnungswesens** hervorheben:

| | |
|---|---|
| **Dokumentationsfunktion** | Einnahmen, Ausgaben, Bestände und Wertbewegungen werden nach Zeit, Art und Höhe schriftlich festgehalten. |
| **Informationsfunktion** | Die schriftlichen Aufzeichnungen dienen der Information nach innen – z.B. zur Information des Unternehmers über die Betriebsabläufe – und nach außen – z.B. zur Information der Öffentlichkeit über die Verwendung der Steuergelder. |
| **Planungsfunktion** | Sowohl die privaten Haushalte als auch die öffentlichen Haushalte oder die Unternehmen können sich aufgrund der vom Rechnungswesen bereitgestellten Zahlen frühzeitig auf die in Zukunft zu erwartenden Entwicklungen einstellen und bei erkennbaren Fehlentwicklungen rechtzeitig steuernd entgegenwirken. |

| | |
|---|---|
| **Kontroll-funktion** | Exakte und umfassende Aufzeichnungen bieten in allen Bereichen eine gute Kontrollmöglichkeit. In den Unternehmen betrifft das z.B. die Sorgfalt in der Lagerverwaltung oder die Zweckmäßigkeit der Organisation der Fertigung. |
| **Rechenschafts-funktion** | Sowohl Unternehmen als auch private und öffentliche Haushalte haben in unterschiedlicher Weise und aus unterschiedlichen Gründen gegenüber Dritten Rechenschaft abzulegen. |

### 1.2.2 Stellung des kaufmännischen Rechnens innerhalb des betrieblichen Rechnungswesens

In der Praxis steht vor der Buchung immer die **Kontrolle des Belegs,** und zwar auf seine **sachliche und rechnerische Richtigkeit.** Hierzu ist es in vielen Fällen notwendig, z.B. die Summe der Arbeitsstunden auf einem Stundenzettel, den Gesamtbetrag auf einer Rechnung, den Umsatzsteuerbetrag oder die Verzugszinsen zu berechnen oder nachzurechnen. In diesem Sinne ist das kaufmännische Rechnen ein Hilfs- und Kontrollsystem für die Buchführung.

Anhand einiger Beispiele soll diese enge Beziehung zwischen dem betrieblichen Rechnungswesen und dem kaufmännischen Rechnen veranschaulicht werden.

## Übungsaufgabe[1]

**19** 1. Überprüfen Sie die nachfolgende Rechnung auf ihre Richtigkeit!

**Lener-Service-Handelsgesellschaft mbH & Co. KG**

Ostendstr. 4 · 64319 Pfungstadt · Telefon 06157 80413

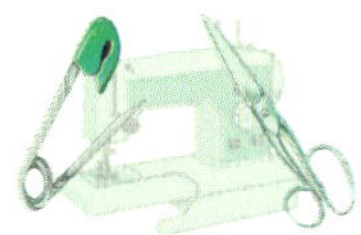

Weber Markt
Huberweg 8
91058 Erlangen

Rechnungsdatum: 31. Jan. 20..
Lieferdatum: 27. Jan. 20..
Lieferschein Nr. 157/19

| Artikel-Nr. | Artikel-Bezeichnung | Menge | Einzelpreis | Bruttobetrag |
|---|---|---|---|---|
| 10001 | Nähnadel lang 3/7 | 25 | 2,40 EUR | 60,00 EUR |
| 10016 | Glaskopf-Stecknadel bunt | 12 | 4,20 EUR | 50,40 EUR |
| 11011 | Gummiband glatt 3 m | 5 | 2,90 EUR | 14,50 EUR |
| 12440 | Zwirn 2er schwarz | 30 | 1,29 EUR | 83,70 EUR |
| 13041 | Klebefilm-Ersatzrolle | 40 | 1,39 EUR | 45,60 EUR |
| 20005 | Herrenkamm Celluloid | 18 | 1,48 EUR | 26,64 EUR |
| 40020 | Vokabelheft 32 Blatt A6 | 95 | 0,99 EUR | 54,54 EUR |
| 40161 | Spiralkassetten A7 | 60 | 1,02 EUR | 6,12 EUR |
| 41256 | Micro-Feinschreiber blau | 15 | 3,99 EUR | 59,85 EUR |
| | Rechnungsbetrag | | | 421,34 EUR |

Sitz der Gesellschaft: Pfungstadt; RG Pfungstadt, HRA 710; Steuer-Nr.: 23145/17212

1 Berechnungen aus dem Gebiet der Statistik finden Sie auf S. 306ff.

2. Eine Großhandlung vertreibt 7 Warengruppen mit einem Gesamtumsatz (Wert der verkauften Ware) von 1 326 485,00 EUR.

2.1 Wie viel EUR beträgt der Nettoumsatz je $m^2$ für die einzelnen Warengruppen?

| Warengruppe | Nettoumsatz | |
|---|---|---|
| | Gesamt in EUR | $m^2$ insgesamt |
| 3 | 486820,00 | 13 |
| 2 | 461617,00 | 14 |
| 9 | 115404,00 | 10 |
| 5 | 34489,00 | 3 |
| 7 | 44437,00 | 4 |
| 1 | 44437,00 | 5 |
| 4 | 139281,00 | 20 |
| | 1326485,00 | 69 |

2.2 Die Großhandlung beschäftigt 7 Mitarbeiter. Berechnen Sie den Umsatz je beschäftigten Mitarbeiter!

| Warengruppe | Umsatz insgesamt | Anzahl der Mitarbeiter |
|---|---|---|
| 3, 4, 9, 7 | 785942,00 EUR | 4 |
| 2, 5, 1 | 540543,00 EUR | 3 |

3. Der Lagerbestand für 3-kg-Waschmittel-Pakete zeigt folgende Bewegungen:

Bestand: 1. Februar 150 Pakete

**Barverkauf:**

| | | | |
|---|---|---|---|
| 2. Febr.: | 38 Stück | 5. Febr.: | 150 Stück |
| 3. Febr.: | 49 Stück | 6. Febr.: | 72 Stück |
| 4. Febr.: | 54 Stück | 7. Febr.: | 61 Stück |

**Einkauf auf Rechnung:**

| | | |
|---|---|---|
| 3. Febr.: | Beleg Nr. 123 | 170 Stück |
| 6. Febr.: | Beleg Nr. 456 | 195 Stück |

Berechnen Sie den Lagerbestand am 8. Februar!

**Hinweis**: Übertragen Sie zur Lösung die wichtigsten Spalten der abgedruckten Lager-Dispositionskarte in Ihr Heft!

Bestelltext: 3-kg-Waschmittel-Pakete

| Verrechnungspreis | Einheit | | ≙ Monatsverbr. | Lagerort | Karte |
|---|---|---|---|---|---|
| | | | | | Nr. A 74 |
| Tag | Stück | kg | | | Seite 2 |
| Betrag | | 3 | | | |

| Jahr | JAN | FEB | MÄR | APR | MAI | JUN | JUL | AUG | SEP | OKT | NOV | DEZ | Bestellmenge | Signalzahl |
|---|---|---|---|---|---|---|---|---|---|---|---|---|---|---|
| 20.. | | | | | | | | | | | | | | |

| Tag | Auftrag-/Bestellung-Beleg-Nr. | Bedarf | | Bestellung | | Lagervorgang | | Lager-Bestand | Verfügbarer Bestand |
|---|---|---|---|---|---|---|---|---|---|
| | | Menge | Termin | Menge | Termin | Zugang | Abgang | | |
| | | | | | | | | | |
| | | | | | | | | | |
| | | | | | | | | | |
| | | | | | | | | | |
| | | | | | | | | | |
| | | | | | | | | | |
| | | | | | | | | | |

Lager-Dispositionskarte

4. Eine Schaufensterscheibe (3,90 m breit und 2,40 m hoch) ist zu Bruch gegangen. Die Versicherung ersetzt uns den Schaden.
   Welcher Betrag wird uns von der Versicherung überwiesen, wenn der $m^2$-Preis für Glas bei 58,60 EUR liegt und 132,40 EUR an Arbeitskosten berechnet werden?
5. Berechnen Sie den Warenwert (Zwischensumme) der Inventuraufnahmeliste!

**Anmerkung zur Inventurliste.**[1]

In der Praxis wird bei der Inventur der Bruttoverkaufspreis der Waren erfasst. Vom Bruttoverkaufspreis wird sodann die USt herausgerechnet und anschließend mithilfe des vom Finanzamt genehmigten Kalkulationsabschlags der Inventurwert ermittelt. Das ist der sogenannte Einstandspreis (Einkaufswert nach Abzug der gewährten Nachlässe und Hinzurechnung eventueller Nebenkosten, der in der Praxis aus Vereinfachungsgründen durch eine solche Rückwärtsrechnung ermittelt wird). Diese so ermittelten Einstandspreise bilden die Grundlage für die Gesamtaufstellung im Inventar.

Firmenstempel
**Haushaltsmarkt**
**Fritz Fischer**
**Gartenstraße 9**
**53783 Eitorf**

Inventur Aufnahmeliste

zum 31. Dez. 20..

| 1 |
|---|
| Seite |
| 02 |

| 2 | 3 | 4 | 5 | | 6 | | 7 |
|---|---|---|---|---|---|---|---|
| | | Menge | Brutto-Verkaufspreis je Stck. | | Einstandspreis | | |
| Zeile | Artikelbezeichnung | Stück | EUR | Cent | EUR | Cent | Warengruppe |
| 01 | Osterkarten | 107 | 1 | 05 | | | |
| 02 | Glückwunschkarten | 46 | 1 | 52 | | | |
| 03 | Karten für Trauerfälle | 89 | 0 | 25 | | | |
| 04 | Blumenkranz | 17 | 3 | 75 | | | |
| 05 | Selbstklebebilder | 129 | 1 | 15 | | | |
| 06 | Mal Mit | 28 | 8 | 35 | | | |
| 07 | Karobatik | 54 | 3 | 95 | | | |
| 08 | Haarschmuck - Ringe | 11 | 8 | 99 | | | |
| 09 | " - Bänder | 22 | 3 | 99 | | | |
| 10 | " - Schleifen | 27 | 6 | 99 | | | |
| 11 | " - Spangen | 41 | 4 | 98 | | | |
| 12 | Natur-Farben | 79 | 1 | 95 | | | |
| 13 | Servietten | 24 | 2 | 93 | | | |
| 14 | Nagelknipser | 104 | 2 | 79 | | | |
| 15 | Fasermaler | 15 | 0 | 98 | | | |
| 16 | Ringbucheinlagen A4 | 52 | 2 | 59 | | | |
| 17 | Nagelfeile | 7 | 2 | 45 | | | |
| 18 | Taschennagelfeile | 12 | 1 | 92 | | | |
| 19 | Klebefilm-Ersatzrolle | 29 | 1 | 44 | | | |
| 20 | Haushaltband, 4,5 m | 44 | 2 | 79 | | | |
| 21 | Zwirn 2er | 31 | 1 | 29 | | | |
| 22 | Fönbürste | 4 | 3 | 05 | | | |
| 23 | Tortenunterlagen | 104 | 1 | 89 | | | |
| 24 | Schneebesen | 32 | 3 | 99 | | | |
| 25 | Kaffeelöffel rostfrei | 24 | 1 | 29 | | | |

| Aufnahme | Kontrolle |
|---|---|
| Ma | Fi |

Zwischensumme:

1 Siehe auch S. 64.

6. Die Gehaltsliste einer Waschmaschinenfabrik enthält folgende Namen und Zahlen:

| Name | Familienstand | Steuerklasse | Bruttogehalt | LSt/ SolZ. | Kirchensteuer 9 % | Sozialversicherung | Auszahl.-Betrag |
|---|---|---|---|---|---|---|---|
| Kuhn, P. | led. | I | 1 848,50 | | | 394,19 | |
| Pung, F. | verh., 2 Kinder | III, 2 | 2 495,10 | | | 536,40 | |

6.1 Ermitteln Sie anhand der folgenden Lohnsteuertabelle die Lohnsteuer sowie den Solidaritätszuschlag!

6.2 Ermitteln Sie die Kirchensteuer (9 %)!

6.3 Berechnen Sie jeweils den Auszahlungsbetrag!

**1 889,99* MONAT**

**Abzüge an Lohnsteuer, Solidaritätszuschlag (SolZ) und Kirchensteuer (8%, 9%) in den Steuerklassen**

| Lohn/ Gehalt bis €* | I–VI | LSt | ohne Kinderfreibeträge SolZ | 8% | 9% | I, II, III, IV | LSt | mit Zahl der Kinderfreibeträge … 0,5 SolZ | 0,5 8% | 0,5 9% | 1 SolZ | 1 8% | 1 9% | 1,5 SolZ | 1,5 8% | 1,5 9% | 2 SolZ | 2 8% | 2 9% | 2,5 SolZ | 2,5 8% | 2,5 9% | 3 SolZ | 3 8% | 3 9% |
|---|---|---|---|---|---|---|---|---|---|---|---|---|---|---|---|---|---|---|---|---|---|---|---|---|---|
| 1 847,99 | I,IV | 219,41 | 12,06 | 17,55 | 19,74 | I | 219,41 | 8,57 | 12,46 | 14,02 | 2,90 | 7,64 | 8,59 | — | 3,29 | 3,70 | — | — | — | — | — | — | — | — | — |
| | II | 190,33 | 10,46 | 15,22 | 17,12 | II | 190,33 | 7,05 | 10,26 | 11,54 | — | 5,56 | 6,26 | — | 1,64 | 1,85 | — | — | — | — | — | — | — | — | — |
| | III | 18,33 | — | 1,46 | 1,64 | III | 18,33 | — | — | — | — | — | — | — | — | — | — | — | — | — | — | — | — | — | — |
| | V | 493,50 | 27,14 | 39,48 | 44,41 | IV | 219,41 | 10,29 | 14,98 | 16,85 | 8,57 | 12,46 | 14,02 | 6,88 | 10,02 | 11,27 | 2,90 | 7,64 | 8,59 | — | 5,34 | 6,01 | — | 3,29 | 3,70 |
| | VI | 522,66 | 28,74 | 41,81 | 47,03 | | | | | | | | | | | | | | | | | | | | |
| 1 850,99 | I,IV | 220,16 | 12,10 | 17,61 | 19,81 | I | 220,16 | 8,61 | 12,52 | 14,09 | 3,03 | 7,69 | 8,65 | — | 3,34 | 3,75 | — | — | — | — | — | — | — | — | — |
| | II | 191,16 | 10,51 | 15,29 | 17,20 | II | 191,16 | 7,09 | 10,32 | 11,61 | — | 5,62 | 6,32 | — | 1,68 | 1,89 | — | — | — | — | — | — | — | — | — |
| | III | 18,83 | — | 1,50 | 1,69 | III | 18,83 | — | — | — | — | — | — | — | — | — | — | — | — | — | — | — | — | — | — |
| | V | 494,83 | 27,21 | 39,58 | 44,53 | IV | 220,16 | 10,34 | 15,04 | 16,92 | 8,61 | 12,52 | 14,09 | 6,93 | 10,08 | 11,34 | 3,03 | 7,69 | 8,65 | — | 5,40 | 6,07 | — | 3,34 | 3,75 |
| | VI | 523,83 | 28,81 | 41,90 | 47,14 | | | | | | | | | | | | | | | | | | | | |
| • • • | | | | | | | | | | | | | | | | | | | | | | | | | |
| 2 492,99 | I,IV | 399,83 | 21,99 | 31,98 | 35,98 | I | 399,83 | 18,03 | 26,23 | 29,51 | 14,25 | 20,74 | 23,33 | 10,65 | 15,50 | 17,43 | 7,23 | 10,52 | 11,83 | — | 5,80 | 6,52 | — | 1,83 | 2,06 |
| | II | 367,08 | 20,18 | 29,36 | 33,03 | II | 367,08 | 16,31 | 23,72 | 26,69 | 12,61 | 18,34 | 20,63 | 9,09 | 13,22 | 14,87 | 4,70 | 8,36 | 9,40 | — | 3,89 | 4,37 | — | 0,36 | 0,41 |
| | III | 134,50 | — | 10,76 | 12,10 | III | 134,50 | — | 6,64 | 7,47 | — | 3,01 | 3,38 | — | — | — | — | — | — | — | — | — | — | — | — |
| | V | 755,50 | 41,55 | 60,44 | 67,99 | IV | 399,83 | 19,99 | 29,08 | 32,71 | 18,03 | 26,23 | 29,51 | 16,12 | 23,45 | 26,38 | 14,25 | 20,74 | 23,33 | 12,43 | 18,08 | 20,34 | 10,65 | 15,50 | 17,43 |
| | VI | 787,75 | 43,32 | 63,02 | 70,89 | | | | | | | | | | | | | | | | | | | | |
| 2 495,99 | I,IV | 400,75 | 22,04 | 32,06 | 36,06 | I | 400,75 | 18,08 | 26,30 | 29,59 | 14,30 | 20,80 | 23,40 | 10,70 | 15,56 | 17,51 | 7,27 | 10,58 | 11,90 | — | 5,86 | 6,59 | — | 1,87 | 2,10 |
| | II | 368,— | 20,24 | 29,44 | 33,12 | II | 368,— | 16,35 | 23,79 | 26,76 | 12,65 | 18,41 | 20,71 | 9,13 | 13,28 | 14,94 | 4,85 | 8,42 | 9,47 | — | 3,94 | 4,43 | — | 0,40 | 0,45 |
| | III | 135,16 | — | 10,81 | 12,16 | III | 135,16 | — | 6,68 | 7,51 | — | 3,05 | 3,43 | — | — | — | — | — | — | — | — | — | — | — | — |
| | V | 756,75 | 41,62 | 60,54 | 68,10 | IV | 400,75 | 20,04 | 29,15 | 32,79 | 18,08 | 26,30 | 29,59 | 16,17 | 23,52 | 26,46 | 14,30 | 20,80 | 23,40 | 12,48 | 18,15 | 20,42 | 10,70 | 15,56 | 17,51 |
| | VI | 789,— | 43,39 | 63,12 | 71,01 | | | | | | | | | | | | | | | | | | | | |

7. Eine Saline hatte folgende Kosten für eine Monatsproduktion verkaufsfertigen Speisesalzes:

| | |
|---|---|
| Verbrauch von Betriebsstoffen | 64 124,00 EUR |
| Löhne und Gehälter | 54 320,00 EUR |
| Sonstige Kosten | 38 735,00 EUR |
| Lagerbestand am Monatsanfang | 278 dz |
| Verkaufte Menge | 4 921 dz |
| Lagerbestand am Monatsende | 436 dz |

7.1 Wie viel dz betrug die Monatsproduktion?

7.2 Wie viel EUR betragen die Kosten je dz?

7.3 Der Nettoverkaufspreis (ohne Umsatzsteuer) für 1 kg abgepackten Salzes beträgt 0,50 EUR.

7.3.1 Welcher Gewinn in EUR wurde je kg erzielt?

7.3.2 Wie viel EUR betrug der Gesamtgewinn der verkauften Menge?

## 1.3 Aufgabenbereiche des betrieblichen Rechnungswesens als Elemente eines Informations-, Steuerungs- und Kontrollsystems

Ab einer bestimmten Größenordnung eines Unternehmens wird ein modernes Rechnungswesen in die folgenden **vier Teilbereiche** aufgegliedert:

- **Buchführung,**
- **Kosten- und Leistungsrechnung,**
- **Statistik,**
- **Planung und Controlling.**

### (1) Buchführung (Finanzbuchführung, Geschäftsbuchführung)

In der Buchführung werden zu Beginn der Geschäftsperiode die Werte der einzelnen Vermögens- und Schuldposten erfasst. Außerdem werden alle Wertveränderungen innerhalb der laufenden Geschäftsperiode festgehalten. Die Vorgänge, durch die solche Wertveränderungen ausgelöst werden, bezeichnet man als **Geschäftsvorfälle.** Da alle Wertveränderungen erfasst werden, kann zu jeder Zeit und vor allem auch am Ende der Geschäftsperiode der Wert der Vermögens- und Schuldposten ermittelt werden. Durch Vergleiche der Schlussbestände mit den Anfangsbeständen können die Veränderungen der einzelnen Werte und damit kann auch der Erfolg der Geschäftsperiode ermittelt werden. Es gilt: Ist der Wert des Reinvermögens (Vermögen – Schulden) am Ende der Geschäftsperiode höher als am Anfang, war das Ergebnis positiv. Es wurde ein Gewinn erzielt. Ist das Reinvermögen am Ende der Geschäftsperiode niedriger als am Anfang, war das Ergebnis negativ, das heißt, das Unternehmen hat einen Verlust erlitten.

### (2) Kosten- und Leistungsrechnung (Betriebsbuchführung)

Die Kosten- und Leistungsrechnung bildet bei größeren Unternehmen häufig einen selbstständigen Teilbereich des Rechnungswesens. Hier geht es vor allem darum, den einzelnen Leistungsträgern (z. B. Warengruppen) die für sie entstandenen Kosten verursachungsgerecht zuzurechnen. Dadurch wird der Kaufmann in die Lage versetzt, zu erkennen, mit welchem Anteil die einzelnen Leistungsträger am Gesamtgewinn beteiligt sind. Auf der Grundlage dieser Erkenntnis kann entschieden werden, bei welchem Leistungsträger sich weitere Verkaufsanstrengungen lohnen (Werbung) bzw. welcher Leistungsträger aus dem Sortiment ausscheiden muss.

### (3) Statistik

Hier werden Zahlenwerte der Buchführung und der Kosten- und Leistungsrechnung vergleichend dargestellt. Dabei können die Zahlenwerte des eigenen Betriebs im Zeitablauf verglichen werden **(innerbetrieblicher Vergleich)** oder die Zahlenwerte des eigenen Betriebs werden mit den entsprechenden Werten anderer Betriebe der gleichen Branche bzw. mit deren Durchschnittswerten verglichen **(zwischenbetrieblicher Vergleich).** So werden z.B. Lagerbewegungen, Umsatzzahlen, Lohnkosten, Gewinne usw. in tabellarischer oder auch grafischer Form zusammengestellt und evtl. zueinander in Beziehung gesetzt, um positive oder negative Entwicklungen deutlich zu machen.

## (4) Planung und Controlling

Die Marktstellung eines Unternehmens hängt nicht nur von Vergangenheits- und Gegenwartsentscheidungen ab, sondern auch in entscheidender Weise von der richtigen Einschätzung zukünftiger Entwicklungen. Hierfür liefert der Teilbereich **Planung und Controlling** die entsprechenden Unterlagen. In ihm werden die durch die drei vorher genannten Teilbereiche des Rechnungswesens erfassten Zahlenwerte unter Berücksichtigung der zukünftigen Erwartungen fortgeschrieben. Es ist klar, dass dieser Teil des Rechnungswesens aufgrund der nicht exakt vorausberechenbaren Daten der Zukunft einen erheblichen Unsicherheitsfaktor in sich birgt. Dennoch kann ein moderner Betrieb heute nicht mehr auf eine in die Zukunft weisende Planungsrechnung verzichten. Die bewertende Analyse von Alternativen im Rahmen der **Entscheidungsvorbereitung** liefert die Grundlagen für eine angezeigte betriebliche Veränderung. Je abgesicherter dieser Teil des Rechnungswesens sein Zahlenwerk erstellt hat, desto risikoloser können die darauf basierenden Entscheidungen gefällt werden. Begleitende **Controllingrechnungen** überwachen die Umsetzung der Pläne und liefern Hinweise für erforderliche Korrekturen.

In vielen Betrieben arbeiten die einzelnen Zweige des Rechnungswesens noch ziemlich isoliert nebeneinander. Durch den verstärkten Einsatz der elektronischen Datenverarbeitung kommt es aber derzeit zu einem organisatorischen Zusammenrücken der einzelnen Zweige des betrieblichen Rechnungswesens. Über die elektronische Datenverarbeitung werden alle Daten der vier Teilbereiche des Rechnungswesens zusammengefasst und gebündelt, sodass z.B. der Wertefluss vom Eingang bis zum Ausgang erfasst, verarbeitet, analysiert, kontrolliert und für neue Entscheidungen aufbereitet werden kann (computerunterstütztes Warenwirtschaftssystem).

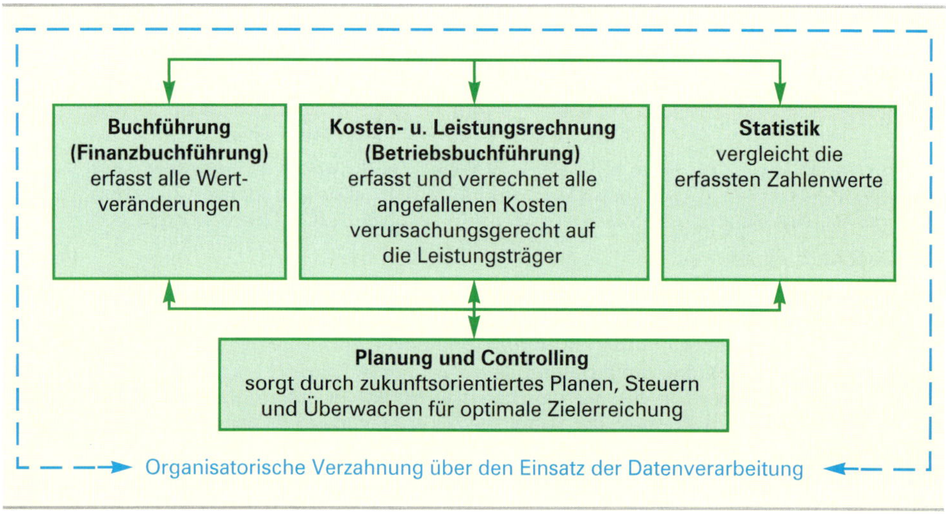

# Themenkreis 2: Einführung in das System der Buchführung

## 2.1 Wesen, Bedeutung, Aufgaben und Rechtsgrundlagen der Buchführung

### 2.1.1 Wesen und Bedeutung der Buchführung

Wer eine Übersicht über die Verwendung seines verfügbaren Geldes behalten möchte, greift zu Papier und Schreibstift, um sich alles aufzuschreiben. Das gilt für den Auszubildenden ebenso wie für die Hausfrau. Beide betreiben also Buchführung in einfachster Form. Die Notwendigkeit des Festhaltens solcher Vorgänge wird umso wichtiger, je höher und zahlreicher solche Geldbewegungen sind. Daher sind die staatlichen „Haushaltungen" (Bund, Länder und Gemeinden) verpflichtet alle Ausgaben und Einnahmen in ihren sogenannten **Haushaltsplänen** zu erfassen.

In den **privaten Unternehmen** fällt täglich ebenfalls eine Vielzahl solcher barer, aber auch unbarer Vorgänge an, die Wertveränderungen des Vermögens und/oder der Schulden hervorrufen. Wir nennen sie **Geschäftsvorfälle.** Um die Übersicht über diese Wertveränderungen zu behalten, muss der Kaufmann sie im eigenen Interesse in seiner **Buchführung** erfassen. Darüber hinaus ist er auch im öffentlichen Interesse zur Buchführung verpflichtet. Diese kaufmännische Buchführung ist der Gegenstand unserer weiteren Betrachtung.

**Merke:**

- Unter **kaufmännischer Buchführung** versteht man das Festhalten der Anfangsbestände an Vermögen und Schulden sowie deren Veränderungen.
- Die Vorgänge, durch die solche Veränderungen ausgelöst werden, nennen wir **Geschäftsvorfälle.** Sie sind der Erfassungsgegenstand der Buchführung.
- **Geschäftsvorfälle** sind Tätigkeiten, die **Vermögenswerte** und **Schulden** der Unternehmung verändern, die zu **Geldeinnahmen** oder **Geldausgaben** führen, einen Werteverzehr **(Aufwand)** oder einen Wertezuwachs **(Ertrag)** darstellen.

### 2.1.2 Aufgaben der Buchführung

Die kaufmännische Buchführung erfüllt eine Vielzahl von Aufgaben, die einerseits der Unternehmensleitung dienen **(interne Aufgaben),** und andererseits für außerhalb des Unternehmens stehende Personen bzw. Institutionen gedacht sind **(externe Aufgaben).**

### 2.1.2.1 Aufgaben der Buchführung aus der Sicht der Unternehmensleitung

| | |
|---|---|
| **Buchführung als Gedächtnisstütze** | Ursprünglich diente die Buchführung als Gedächtnisstütze. Sobald das Geschäftsvolumen einen bestimmten Umfang überschreitet, ist es dem Kaufmann nicht mehr möglich, alles im Kopf zu behalten. Das gilt besonders für die noch nicht vollständig abgewickelten Geschäfte (Zielgeschäfte, Ratengeschäfte). Diese Aufgabe der Gedächtnisstütze übernimmt die Buchführung. |
| **Buchführung als Instrument der Erfolgsermittlung (Ergebnisermittlung)** | Jeder Kaufmann möchte sich nach einer gewissen Zeit (Monat, Vierteljahr, Halbjahr), spätestens nach einem Jahr, Rechenschaft über seine Geschäftstätigkeit ablegen. Er möchte wissen, wie erfolgreich er innerhalb der Geschäftsperiode gewesen ist. Der **Erfolg** der Geschäftstätigkeit kann ein **Gewinn,** im ungünstigen Fall aber auch ein **Verlust** sein. Der Begriff Erfolg ist also als eine **neutrale Größe** anzusehen. Er darf nicht mit dem Gewinnbegriff gleichgesetzt werden. 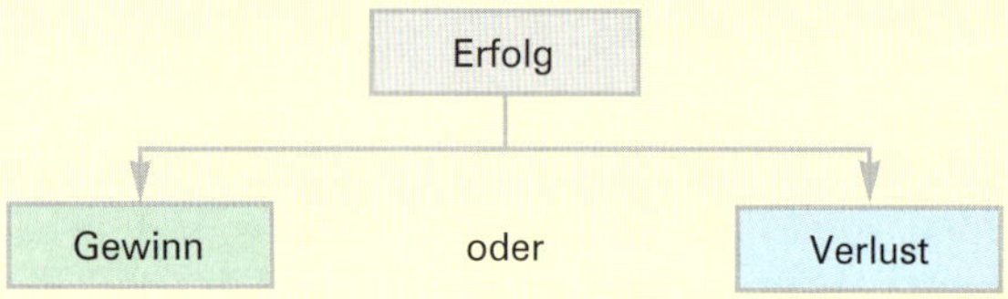  |
| **Buchführung als Instrument der Vermögens- und Schuldenermittlung** | Ein Kaufmann will zum einen wissen, welchen **Erfolg** er innerhalb eines bestimmten Zeitraumes erzielt hat, und zum anderen möchte er sich zu jeder Zeit über den **Stand seines Vermögens und der Schulden** informieren können. Beides kann er mithilfe der Buchführung erreichen, da sie alle Wertveränderungen erfasst.<br>Allerdings ist die Blickrichtung der Erfolgsermittlung und der Vermögens- und Schuldenermittlung unterschiedlich. Die **Vermögens- und Schuldenrechnung** bezieht sich auf einen bestimmten **Zeitpunkt,** die **Erfolgsermittlung** auf einen bestimmten **Zeitraum.** |
| **Buchführung als Grundlage der Kosten- und Leistungsrechnung (Kalkulation)** | Die Kalkulation ermittelt die Selbstkosten und die Verkaufspreise für die Waren. Voraussetzung hierfür ist, dass alle Kosten des Unternehmens vorliegen. Da die Buchführung alle Werteveränderungen des Betriebs erfasst, kann die Kostenrechnung hierauf zurückgreifen. Die Buchführung bildet somit auch die Grundlage für die Kosten- und Leistungsrechnung. |
| **Buchführung als Instrument der Betriebskontrolle** | Sobald ein Unternehmen eine bestimmte Größe übersteigt, ist es der Geschäftsleitung nicht mehr möglich, alle Auswirkungen der Geschäftsvorfälle am Ort des Geschehens zu kontrollieren. Mithilfe der Buchführung können die erforderlichen Kontrollen jedoch vom Schreibtisch aus erfolgen. Die Geschäftsleitung braucht sich nur die gewünschten Zahlen aus der Buchführung vorlegen zu lassen. Dabei kann sie erkennen, ob z.B. irgendwelche Aufwendungen gestiegen sind oder die Umsätze in einer Abteilung oder bei einem bestimmten Artikel nicht den Erwartungen entsprechen. Dann kann sie den Ursachen auf den Grund gehen und gegebenenfalls die erforderlichen Maßnahmen ergreifen. Insoweit ist die Buchführung auch ein Instrument der Betriebskontrolle. Mit Recht bezeichnet man die **Buchführung** als das **Spiegelbild der Geschäftstätigkeit.** |

Die Buchführung bildet die **Grundlage des gesamten Rechnungswesens.** Bevor weitere Teilbereiche des Rechnungswesens wie die Kostenrechnung, die Planungsrechnung oder die Statistik tätig werden können, müssen die Ausgangsdaten sowie die durch die Geschäftstätigkeiten hervorgerufenen Wertveränderungen durch die Buchführung festgehalten werden.

Neben den genannten Aufgaben hat die Buchführung im Zusammenwirken mit den übrigen Teilbereichen des Rechnungswesens folgende **weitere Aufgaben** zu erfüllen:

- alle wertverändernden Prozesse zu erfassen und darüber zu informieren **(Dokumentationsfunktion, Informationsfunktion),**
- diese für die anstehenden Entscheidungen aufzubereiten **(Dispositionsfunktion),**
- das benötigte Material für eine Entscheidungsfindung bereitzustellen **(Steuerungsfunktion),**
- die getroffenen Entscheidungen sowie alle sich abzeichnenden Entwicklungen zu überwachen **(Kontrollfunktion).**

### 2.1.2.2 Aufgaben der Buchführung aus der Sicht von außenstehenden Personen bzw. Institutionen

Die Buchführung ist eine unentbehrliche Informationsquelle für die Geschäftsleitung. Neben dem hohen Eigeninteresse der Geschäftsleitung an der Buchführung gibt es noch Interessenten, die außerhalb des Unternehmens stehen und dennoch ein berechtigtes Interesse an der Buchführung eines Unternehmens, insbesondere an deren Ergebnissen in Form der Bilanz und der Gewinn- und Verlustrechnung, nachweisen können. Die wichtigsten **außenstehenden Interessenten** sind:

- Die **Steuerbehörde,** weil für die Berechnung bestimmter Steuern (z.B. Einkommensteuer, Umsatzsteuer, Gewerbesteuer) das Zahlenmaterial der Buchführung zugrunde gelegt wird. Die Buchführung liefert die Unterlagen zur Steuerveranlagung.
- Die **Banken,** da sie bei Kreditgewährungen durch die Vorlage bestimmter Zahlen der Buchführung ihr Risiko besser abschätzen können.
- Die **Kapitalgeber** (z.B. Mitinhaber, Gläubiger), die ihr Geld eingebracht haben, besitzen ein Recht auf Information. Dieses Recht kann mithilfe der Buchführungsergebnisse befriedigt werden.
- Die **Mitarbeiter** haben ein Recht auf Unterrichtung über die wirtschaftliche und soziale Lage ihres Unternehmens [§ 43 I, II BetrVG].
- Die **Gerichte** gehen bei Vermögensstreitigkeiten im Zweifel von der Richtigkeit der Zahlen der Buchführung aus.

Aus der Sicht eines Außenstehenden hat die Buchführung u.a. die Aufgabe, eine breite Öffentlichkeit über die Vermögens- und Ertragslage eines Unternehmens zu informieren **(Informationsfunktion).** Daher sind auch alle Kapitalgesellschaften – und beim Überschreiten einer bestimmten Größenordnung auch alle anderen Unternehmen – zur Veröffentlichung ihrer Buchführungsergebnisse in Form der Bilanz und der GuV-Rechnung von Gesetzes wegen verpflichtet. Darüber hinaus dient die Buchführung bei Vermögensstreitigkeiten vor Gericht als Beweismittel **(Legitimationsfunktion).**

**Merke:**

| Aufgaben der Buchführung | |
|---|---|
| Für die **Unternehmensleitung** hat die Buchführung eine:<br>- Dokumentationsfunktion<br>- Informationsfunktion<br>- Dispositionsfunktion<br>- Steuerungsfunktion<br>- Kontrollfunktion | Für **Außenstehende** hat die Buchführung eine:<br>- Informationsfunktion<br>- eine Legitimationsfunktion |
| Im Einzelnen dient sie als:<br>- Gedächtnisstütze<br>- Mittel zur Feststellung des Erfolges<br>- Mittel zur Feststellung der Vermögensverhältnisse<br>- Grundlage für die Kalkulation<br>- Kontrollmittel | Im Einzelnen informiert sie:<br>- Steuerbehörden<br>- Banken<br>- Kapitalgeber<br>- Mitarbeiter<br>Vor Gericht dient sie:<br>- als Beweismittel |

## 2.1.3 Rechtsgrundlagen der Buchführung

### 2.1.3.1 Allgemeine Rechtsvorschriften und Grundsätze ordnungsmäßiger Buchführung (GoB)

Es gibt ein öffentliches Interesse an der Rechenschaftslegung der Unternehmen. Der Staat hat daher gesetzliche Regelungen zur Buchführung der Unternehmen erlassen. Die wichtigsten gesetzlichen Bestimmungen sind im **Handelsgesetzbuch (HGB)** und in der **Abgabenordnung (AO)** enthalten.[1]

| | |
|---|---|
| **Buchführungspflicht:**<br>[§ 238 HGB] | Jeder Kaufmann ist verpflichtet, Bücher zu führen und in diesen seine Handelsgeschäfte und die Lage seines Vermögens **nach den Grundsätzen ordnungsmäßiger Buchführung** ersichtlich zu machen [§ 238 HGB]. Hierbei muss auch die Ertragslage des Unternehmens ausgewiesen werden. Dies ergibt sich aus § 242 II HGB, der ausdrücklich die GuV-Rechnung als Bestandteil des Jahresabschlusses nennt. Das Jahresergebnis darf demnach nicht allein durch Vermögensbestandsvergleich ermittelt werden, vielmehr müssen auch die einzelnen Bestandteile, auf denen das Jahresergebnis beruht, ausgewiesen werden. |
| **Pflicht zur Aufstellung von Inventar und Bilanz:**<br>[§§ 240, 242 HGB] | **Inventar.** Jeder Kaufmann hat zu Beginn seines Handelsgewerbes seine Grundstücke, seine Forderungen und Schulden, den Betrag seines baren Geldes sowie seine sonstigen Vermögensgegenstände genau zu verzeichnen und dabei den Wert der einzelnen Vermögensgegenstände und Schulden anzugeben. Er hat demnächst für den Schluss eines jeden Geschäftsjahrs ein solches Inventar aufzustellen [§ 240 HGB].<br>**Bilanz.** Der Kaufmann hat zu Beginn seines Handelsgewerbes und für den Schluss eines jeden Geschäftsjahres einen das Verhältnis seines Vermögens und seiner Schulden darstellenden Abschluss (Eröffnungsbilanz, Bilanz) aufzustellen [§ 242 HGB]. |

1 Unter **Abgaben** verstehen wir Pflichtzahlungen (Steuern, Zölle, Gebühren und Beiträge), die Bund, Länder und Gemeinden von den Staatsbürgern und von juristischen Personen fordern. Das steuerliche Grundgesetz zur Regelung des Abgabenwesens nennen wir **Abgabenordnung**. Sie enthält Vorschriften über das Besteuerungsverfahren, das Steuerstrafwesen, das Rechtsmittelverfahren gegen Steuerbescheide und die Vorschriften über die örtliche Zuständigkeit der Finanzämter.

## Übungsaufgabe

**20** 1. 1.1 Erläutern Sie das Wesen der Buchführung!

1.2 Wie nennt man die Vorgänge, die in der Buchführung erfasst werden?

1.3 Nennen Sie die wichtigsten Aufgaben der Buchführung für die Unternehmensleitung!

1.4 Nennen Sie Beispiele, aus denen hervorgeht, dass die Buchführung eines Unternehmens auch für Außenstehende von Bedeutung sein kann!

2. 2.1 Stellen Sie den wesentlichen Unterschied der Buchführung als Vermögensrechnung und als Erfolgsrechnung heraus!

2.2 Welche Rechtsquellen sind für die Buchführung von Bedeutung?

3. 3.1 Bilden Sie drei Beispiele, aus denen hervorgeht, warum die Aufzeichnung der Geschäftsvorfälle für die Geschäftsleitung des Unternehmens unentbehrlich ist!

3.2 Überlegen Sie, welche Gründe den Staat veranlasst haben können, gesetzliche Bestimmungen zur Buchführung zu erlassen!

3.3 Wann kann eine Buchführung als ordnungsmäßig bezeichnet werden?

4. Wie viel Jahre sind die Quittungen für gekaufte Büroformulare aufzubewahren?

| | | |
|---|---|---|
| [1] 2 Jahre | [3] 6 Jahre | [5] 30 Jahre |
| [2] 5 Jahre | [4] 10 Jahre | |

Übertragen Sie die Ziffer der Lösung in Ihr Hausaufgabenheft!

# 2.2 Inventur, Inventar und Bilanz

## 2.2.1 Inventur, Inventar

### 2.2.1.1 Ablauf, Arten und Zielsetzung der Inventur

#### (1) Ablauf der Inventur

Nach § 240 HGB ist jeder Kaufmann verpflichtet, „zu Beginn seines Handelsgewerbes" (d. h. bei der Gründung) und danach „für den Schluss eines jeden Geschäftsjahres" seine Vermögens- und Schuldposten mit ihren Werten anzugeben. Diese Aufstellung nennt der Gesetzgeber **Inventar.** Formale Vorschriften zur Aufstellung des Inventars gibt der Gesetzgeber nicht.

Durch den Vorgang der **Inventur** wird vor Ort festgestellt, welche Vermögens- und Schuldwerte tatsächlich vorhanden sind. Die Inventur ist also eine **Tätigkeit.**

- Man geht in den Betrieb bzw. in das Lager und schaut z. B. nach, welche Menge einer **Werkstoff-** oder **Warenart** noch vorhanden ist. Typische Tätigkeiten für diesen ersten Vorgang der Inventur sind: Zählen, Messen, Wiegen, notfalls auch Schätzen. Durch die Rechnung Menge · Einstandspreis wird anschließend der Wert der vorhandenen Ware ermittelt.
- Zur Feststellung des Wertes an **Bargeld** muss das in der Kasse vorhandene Geld gezählt werden.
- Bei anderen Geldvermögensarten, z. B. dem **Bankguthaben,** geben die Kontoauszüge Auskunft über das gegenwärtige Guthaben.

- **Kundenforderungen** bzw. **Lieferantenschulden** werden namentlich aufgelistet. Die ermittelten Salden lässt man sich von den einzelnen Kunden bzw. Lieferanten bestätigen.
- Der Wert der einzelnen Gegenstände der **Betriebs- und Geschäftsausstattung** wird unter Berücksichtigung planmäßiger Abschreibungsbeträge ermittelt.

**Beispiel für eine Inventur-Aufnahmeliste (Einzelinventurliste):**

**Inventur-Aufnahmeliste**

**Aufnahme:** *Fischer* **Ausrechnung:** *Troll* **Kontrolle:** *Spralte*

| Nr. | Menge | Artikelbezeichnung | Bruttoverkaufs-preis in EUR | Einstands-preis |
|---|---|---|---|---|
| (1) | | | | |
| (2) | | | | |
| (3) | | | | |
| | | | | |

## (2) Arten (Verfahren) der Inventur

### Stichtagsinventur (Normalverfahren)

Grundsätzlich sind nach § 240 HGB zu Beginn eines Handelsgewerbes und zum Schluss eines jeden Geschäftsjahres alle Vermögens- und Schuldposten aufgrund einer körperlichen Bestandsaufnahme genau zu verzeichnen und zu bewerten. Diese zeitraubenden Inventurarbeiten sind aber in der Praxis häufig an einem Tag nicht zu bewältigen.

Daher gestatten die Einkommensteuerrichtlinien [R 5.3], dass die Inventurarbeiten für Vorratsvermögen nicht **am Abschlussstichtag (Bilanzstichtag),** sondern lediglich zeitnah **um den Stichtag herum** durchgeführt werden können. Als zulässige Zeitspanne um den Bilanzstichtag gelten 10 Tage vor bzw. 10 Tage nach dem Bilanzstichtag.

Allerdings muss sichergestellt sein, dass die Bestandsveränderungen zwischen dem Tag der Bestandsaufnahme und dem Bilanzstichtag anhand von Belegen oder Aufzeichnungen ordnungsmäßig berücksichtigt werden können.

### Vereinfachungsverfahren bei der Inventur

Wegen der Belastungen, die eine körperliche Stichtagsinventur für die Unternehmen mit sich bringt, sieht der Gesetzgeber unter bestimmten Voraussetzungen von einer körperlichen Stichtagsinventur ab und lässt folgende Vereinfachungen zu:

| | |
|---|---|
| **Stichproben-inventur**<br>[§ 241 I HGB] | Erfahrungsgemäß macht in einem Werkstofflager eine relativ kleine Menge (z. B. 20 % der Objekte) den größten Teil des Wertes (z. B. 80 %) aus. Das ist die geeignete Situation für die Anwendung der Stichprobeninventur.<br>Für die kleine Gütermenge mit einem **hohen Wertanteil** wird eine **vollständige körperliche Bestandsaufnahme** durchgeführt. Nur für die große **Gütermenge** mit vergleichsweise **niedrigem Wertanteil** wird die **Stichprobeninventur** wie folgt durchgeführt: |

| | |
|---|---|
| | Bei diesem Teil des Werkstofflagers, bei dem das Stichprobenverfahren infrage kommt, wird zunächst für einen kleinen Teil der Menge (z.B. für 2% bis 5%) eine körperliche Bestandsaufnahme durchgeführt. Aus diesen nach mathematisch-statistischen Methoden ausgewählten Einzelobjekten (den Stichproben) wird ein Durchschnittswert ermittelt.<br>Durch Multiplikation der Gesamtmenge dieses Teils der Werkstoffmenge mit dem ermittelten Durchschnittswert der Stichproben erhält man den Gesamtwert für diesen Teil des Werkstofflagers. Bei der Auswahl der Stichproben muss es sich um eine möglichst breite Streuung handeln. |
| **Permanente Inventur**<br>[§ 241 II HGB] | Werden die Vermögensgegenstände nach Art, Menge und Wert fortlaufend nach den Grundsätzen ordnungsmäßiger Buchführung erfasst, kann auf eine körperliche Bestandsaufnahme zum Bilanzstichtag gänzlich verzichtet werden.<br>Die körperliche Bestandsaufnahme muss dann allerdings zu einem **beliebigen** anderen **Zeitpunkt innerhalb des Jahres** vorgenommen werden. |
| **Verlegte Inventur**<br>[§ 241 III HGB] | Sind für einen bestimmten Tag innerhalb von **drei Monaten vor dem Bilanzstichtag** oder innerhalb von **zwei Monaten nach dem Bilanzstichtag** die Werte von Vermögensgegenständen durch eine körperliche Bestandsaufnahme oder auch durch eine permanente Inventur ermittelt und in einem gesonderten Verzeichnis festgehalten worden, dann braucht für diese Vermögensgegenstände eine körperliche Inventur zum Bilanzstichtag nicht mehr vorgenommen zu werden, wenn sichergestellt ist, dass durch eine ordnungsmäßige Fortschreibung bzw. Rückrechnung der Wert am Bilanzstichtag zuverlässig ermittelt werden kann. |

### (3) Zielsetzung der Inventur

Die vom Gesetzgeber geforderte Inventur ist wesentlicher Bestandteil einer ordnungsmäßigen Buchführung. Die Inventur dient in erster Linie dem **Schutz der Gläubiger.** Durch eine körperliche Bestandsaufnahme soll überprüft werden, ob die in der Buchführung **ausgewiesenen Bestände (Sollbestände)** mit den **tatsächlichen Beständen (Istbeständen) übereinstimmen,** die durch die Inventur ermittelt werden. Treten Differenzen zwischen Soll- und Istbeständen auf, müssen die Ursachen aufgedeckt und entsprechende Korrekturen in der Buchführung vorgenommen werden, damit solche Differenzen nicht noch weitergeschleppt werden. Insofern übt die **Inventur** gegenüber der Buchführung eine **Kontrollfunktion** aus.

**Merke:**

- Durch die Inventur erfolgt vor Ort eine **körperliche Bestandsaufnahme** aller **Vermögens- und Schuldwerte** nach ihrer **Art,** ihrer **Menge** und ihrem **Wert.** Die so ermittelten Werte bilden die Grundlage für die Erstellung des Jahresabschlusses.
- Die **Inventur** übt gegenüber der Buchführung eine **Kontrollfunktion** aus.
- Bei auftretenden Differenzen zwischen den in der Buchführung ermittelten Buchbeständen und den durch die Inventur ermittelten Istbeständen müssen die **Werte der Buchführung** an die **Werte der Inventur angepasst werden.**



5 Speth u.a. ISBN 978-3-8120-0260-8

### 2.2.1.2 Form, Inhalt und Aufbau des Inventars

#### (1) Form des Inventars

Die im Inventar zusammengestellten Ergebnisse der Inventur bedürfen einer möglichst übersichtlichen und schnell lesbaren Form. Die in den **Inventurlisten** enthaltene Vielzahl von Einzelergebnissen genügt diesem Anspruch nicht.

Obschon es **keine gesetzlichen Vorschriften** für die **formale Darstellung eines Inventars** gibt, hat es sich in der Praxis allgemein durchgesetzt, dass die Ergebnisse der Inventur nochmals zusammengefasst werden. Bei einzelnen Posten wird dann auf die Einzelverzeichnisse verwiesen.

Wegen des engen Zusammenhanges zur Bilanz wird in der Praxis bei der Aufstellung des verdichteten Inventars im Wesentlichen das für die **Bilanz gesetzlich vorgegebene Begriffssystem** übernommen. Da wir in der Schule immer nur beispielhaft arbeiten können, wollen wir hier ein Inventar aufstellen, in dem einerseits die erforderlichen Einzelangaben enthalten sind und andererseits bei Vorliegen eines weiteren Informationsbedürfnisses auf die entsprechenden Einzelverzeichnisse (Einzelinventurlisten) verwiesen wird.

Das Beispiel auf S. 67 soll Ihnen als Muster für den Inhalt und den Aufbau eines Inventarverzeichnisses und für die darin verwendeten Begriffe dienen.

#### Erläuterungen zum Inhalt und Aufbau des Inventars von S. 67

Das Inventar besteht aus drei Teilen: dem **Vermögen**, den **Schulden** und dem **Reinvermögen** (Eigenkapital).

- Das **Vermögen** gibt Aufschluss darüber, welche Gegenstände in einem Unternehmen vorhanden sind. Man unterscheidet zwischen Anlage- und Umlaufvermögen.
  - Zum **Anlagevermögen** gehören alle Vermögensposten, die dazu bestimmt sind, dem Unternehmen langfristig zu dienen. Sie bilden die Grundlage für die Betriebsbereitschaft.

    **Beispiele:**

    Gebäude, Grundstücke, Maschinen, Geschäftsausstattung, ...
  - Zum **Umlaufvermögen** zählen alle Vermögensposten, die dadurch charakterisiert sind, dass sie sich durch die Geschäftstätigkeit laufend verändern.

    **Beispiele:**

    Kassenbestand, Bankguthaben, Waren, Forderungen aus Lieferungen und Leistungen, Werkstoffe, Fertigerzeugnisse.
- **Schulden** (Verbindlichkeiten) stellen Fremdkapital dar, das Dritte dem Unternehmen zur Verfügung stellen. Sie werden z.B. nach der Art der Schuld gegliedert.

  **Beispiele:**

  Verbindlichkeiten gegenüber Kreditinstituten, Verbindlichkeiten aus Lieferungen und Leistungen.

- Ziehen wir vom Gesamtwert des Vermögens (Rohvermögens) den Gesamtwert der Schulden ab, erhalten wir das **Reinvermögen,** das auch als **Eigenkapital** bezeichnet wird.

(Roh-)Vermögen – Schulden = Reinvermögen (Eigenkapital)

## (2) Beispiel für den Inhalt und den Aufbau eines Inventars

**Inventar zum 31. Dezember 20..**
**von Otto Ehrlich e. Kfm., Dürerstr. 101, 38442 Wolfsburg**

| | | |
|---|---|---|
| **A. Vermögen** | | |
| I. Anlagevermögen: | | |
| 1. Grundstücke | | |
| – Dürerstr. 101 | 175 000,00 EUR | |
| – Georgstraße 10 | 125 000,00 EUR | 300 000,00 EUR |
| 2. Bauten auf eigenen Grundstücken | | |
| – Betriebsgebäude Dürerstr. 101 | 1 750 000,00 EUR | |
| – Verwaltungsgebäude Georgstraße 10 | 675 000,00 EUR | 2 425 000,00 EUR |
| 3. Fuhrpark | | |
| – Pkw: WOB - AM 312 | 45 800,00 EUR | |
| – Lkw: WOB - EW 418 | 98 750,00 EUR | 144 550,00 EUR |
| 4. Betriebs- und Geschäftsausstattung | | |
| – Regale lt. Einzelinventurliste 1 | 18 500,00 EUR | |
| – Büromaschinen lt. Einzelinventurliste 2 | 45 600,00 EUR | |
| – Kassenautomat | 10 775,00 EUR | |
| – Verkaufstheke | 20 725,00 EUR | 95 600,00 EUR |
| II. Umlaufvermögen: | | |
| 1. Warenvorräte | | |
| – PC 20 Stück | 9 140,00 EUR | |
| – Fernsehgeräte 30 Stück | 18 450,00 EUR | |
| – Stereoanlagen 2 Stück | 2 950,00 EUR | |
| – Zubehör- und Ersatzteile lt. Einzelinventurliste 3 | 1 410,00 EUR | 31 950,00 EUR |
| 2. Forderungen aus Lieferungen und Leistungen | | |
| Kunde Otto Schulz OHG, Nürnberg | 12 125,00 EUR | |
| Kunde Werner Müller e. Kfm., Erlangen | 21 650,00 EUR | |
| Kunde Fritz Schäfer KG, Würzburg | 13 920,00 EUR | 47 695,00 EUR |
| 3. Kassenbestand lt. Einzelinventurliste 4 | | 1 250,00 EUR |
| 4. Guthaben bei Banken | | |
| – Guthaben bei Volksbank Lüneburg | 28 780,00 EUR | |
| – Guthaben bei Stadtsparkasse Wolfsburg | 5 900,00 EUR | 34 680,00 EUR |
| Summe des Vermögens (Rohvermögens) | | 3 080 725,00 EUR |
| **B. Schulden** | | |
| 1. Verbindlichkeiten gegenüber Kreditinstituten | | |
| – Darlehen bei der Volksbank Lüneburg | | 230 000,00 EUR |
| – Kontokorrentkredit bei der Stadtsparkasse Wolfsburg | | 50 145,00 EUR |
| 2. Verbindlichkeiten aus Lieferungen und Leistungen | | |
| – Dortmunder Tele-Technik AG | 55 150,00 EUR | |
| – Kemptener Fernseh-Apparatebau GmbH | 45 250,00 EUR | 100 400,00 EUR |
| 3. Verbindlichkeiten aus Wechseln | | 2 100,00 EUR |
| 4. Liefererdarlehen der Rado GmbH, Leipzig | | 20 000,00 EUR |
| Summe der Schulden | | 402 645,00 EUR |
| **C. Ermittlung des Reinvermögens (Eigenkapitals)** | | |
| Summe des Vermögens | | 3 080 725,00 EUR |
| – Summe der Schulden | | 402 645,00 EUR |
| = Reinvermögen (Eigenkapital) | | 2 678 080,00 EUR |

**Merke:**

- Unter **Inventur** versteht man die mengen- und wertmäßige Erfassung aller Vermögens- und Schuldenwerte eines Kaufmanns zu einem bestimmten Zeitpunkt. Die Inventur ist also eine Tätigkeit.
- Die Inventur ist regelmäßig zum **Bilanzstichtag,** bei **Gründung, Übernahme** oder **Auflösung** des Unternehmens durchzuführen [§ 240 HGB]. Wir unterscheiden zwischen **Stichtags-, Stichproben-, permanenter** und **verlegter Inventur.**
- Die Inventur übt gegenüber der Buchführung eine **Kontrollfunktion** aus und schafft dadurch **gesicherte Ausgangsdaten** für den Jahresabschluss.
- Das **Inventar** ist das übersichtlich zusammengestellte wertmäßige Ergebnis der Inventur. Das Inventar ist also ein Verzeichnis über die tatsächlich vorhandenen Vermögens- und Schuldenwerte (Istwerte) an einem bestimmten Tag (Stichtag). Es wird in folgende Teile gegliedert: **Vermögen, Schulden** und **Reinvermögen** (Differenz zwischen Vermögen und Schulden).
- Für die Begriffsbildung und die Ordnung im Inventar bestehen **keine gesetzlichen Vorschriften.** Wegen des engen Zusammenhanges zur Bilanz orientieren wir uns bei der Aufstellung des Inventars an den **gesetzlichen Vorschriften zur Bilanz.**

## Übungsaufgaben

**21** Stellen Sie aufgrund der angegebenen Inventurergebnisse für Max Weber e.Kfm. ein Inventar zum 31. Dezember 20.. auf!

| | | |
|---|---|---|
| Grundstücke | | 121180,00 EUR |
| Bauten auf eigenen Grundstücken | | 535925,00 EUR |
| Büroeinrichtung lt. Inventurliste 1 | | 48000,00 EUR |
| Fuhrpark (1 Kombi) | | 51400,00 EUR |
| Forderungen lt. bestätigter Saldenliste | | 60510,00 EUR |
| Warenvorräte: | | |
| 145 Videogeräte | 15000,00 EUR | |
| 80 Fernsehgeräte | 20000,00 EUR | |
| 48 Stereo-Anlagen | 8000,00 EUR | |
| 210 Lampen | 5250,00 EUR | |
| Sonstiges Kleinmaterial lt. Inventurliste 2 | 3000,00 EUR | 51250,00 EUR |
| Kassenbestand lt. Inventurliste 3 | | 1520,00 EUR |
| Guthaben bei Kreditinstituten: | | |
| – Guthaben auf dem Kontokorrentkonto bei der A-Bank | | 27790,00 EUR |
| – Guthaben bei der Postbank Niederlassung in der X-Stadt | | 2200,00 EUR |
| Verbindlichkeiten gegenüber Kreditinstituten: | | |
| – Darlehen bei der B-Bank | | 128000,00 EUR |
| Verbindlichkeiten aus Lieferungen und Leistungen: | | |
| – Nürnberger Teleblick AG | 31600,00 EUR | |
| – Berliner Funk-Fernseh GmbH | 59100,00 EUR | 90700,00 EUR |

**22** Stellen Sie aufgrund der angegebenen Inventurergebnisse für Susanne Klein e. Kfr. ein Inventar zum 31. Dezember 20.. auf!

| | | |
|---|---|---|
| Betriebs- und Geschäftsausstattung bestehend aus: | | |
| – 20 Büroschränken | 18500,00 EUR | |
| – 6 Regalen | 4680,00 EUR | |
| – 2 PC | 3120,00 EUR | |
| – 4 Faxgeräten | 1150,00 EUR | 27450,00 EUR |
| Forderungen aus Lieferungen und Leistungen: | | |
| – Fritz Krause e. Kfm. | 1200,00 EUR | |
| – Otto Selmig OHG | 1300,00 EUR | 2500,00 EUR |
| Verbindlichkeiten aus Lieferungen und Leistungen: | | |
| – Otto Süß KG | 9000,00 EUR | |
| – Friedrich Sauer GmbH | 4000,00 EUR | |
| – Liane Selbach e. Kfr. | 10000,00 EUR | 23000,00 EUR |
| Kassenbestand lt. Inventurliste 1 | | 1370,00 EUR |
| Warenvorräte: | | |
| – Wäsche lt. Inventurliste 2 | 3750,00 EUR | |
| – 120 Kleider | 5000,00 EUR | |
| – 90 Röcke | 2500,00 EUR | |
| – 45 Mäntel | 4000,00 EUR | 15250,00 EUR |
| Guthaben bei Kreditinstituten: | | |
| – Guthaben auf dem Kontokorrentkonto bei der C-Bank | | 36250,00 EUR |
| Unbebaute Grundstücke | | 132000,00 EUR |
| Verbindlichkeiten gegenüber Kreditinstituten: | | |
| – Darlehen bei der D-Bank | | 50000,00 EUR |
| Liefererdarlehen der Kleider-Fritz GmbH | | 12000,00 EUR |

## 2.2.2 Bilanz und ihre Gliederung

### 2.2.2.1 Gesetzliche Grundlagen zur Aufstellung der Bilanz

#### (1) Aufstellungspflicht

Nach § 242 HGB hat der Kaufmann zu Beginn seines Handelsgewerbes und danach für den Schluss eines jeden Geschäftsjahres eine Bilanz aufzustellen, aus der das Verhältnis zwischen seinem Vermögen und seinen Schulden erkennbar ist.

Im Gegensatz zum Inventar stellt die Bilanz eine **kurz gefasste Übersicht** dar, die es ermöglicht, das Verhältnis zwischen Vermögen und Schulden in kurzer Zeit zu erkennen. Die Bilanz ist eine **Kurzfassung des Inventars.**

#### (2) Form und Gliederung der Bilanz

Nach § 266 I, S. 1 HGB, ist die Bilanz in **Kontoform**[1] aufzustellen. Die **linke Seite der Bilanz** ist die **Aktivseite.** Auf ihr stehen die **Aktiva (Vermögensposten).** Die **rechte Seite der Bilanz** ist die **Passivseite.** Auf ihr stehen die **Passiva.** Die Passivseite der Bilanz weist das Kapital, getrennt nach Kapitalgebern (**Eigenkapital** und **Verbindlichkeiten [Fremdkapital]**) aus.

1 Ein Konto ist ein zweiseitiges Verrechnungsschema, das sich in der Praxis der kaufmännischen Buchführung bewährt hat. Es wird im schulischen Bereich in der sogenannten T-Form geführt. Näheres siehe S. 80f.

Da wir uns in der Schule, namentlich im Anfangsunterricht, nur mit einfachen Bilanzen beschäftigen können, schlagen wir für unsere vorläufige Arbeit mit Bilanzen folgendes, an der Praxis orientiertes, vereinfachtes Bilanzschema vor, wobei wir uns bezüglich der Begriffsbildung weitgehend nach den Vorgaben des § 266 HGB richten. Weil wir die Hauptgruppen (A, B, C) nicht in Untergruppen (I, II, III) untergliedern, beginnen wir die Gliederung nicht mit den Großbuchstaben, sondern mit den römischen Ziffern.

Aktiva — Bilanz zum 31. Dezember 20.. — Passiva

| Aktiva | Passiva |
|---|---|
| **I. Anlagevermögen** | **I. Eigenkapital** |
| 1. Grundstücke und Bauten | **II. Verbindlichkeiten**[2] |
| 2. techn. Anlagen u. Maschinen | 1. Verb. geg. Kreditinstituten |
| 3. And. Anl., Betr.- u. G.-Ausstat.[1] | 2. Verb. a. L. u. Leist. |
| **II. Umlaufvermögen** | 3. Verb. aus Wechseln |
| 1. Waren | 4. Sonstige Verbindlichkeiten[3] |
| 2. Ford. a. Lief. u. Leist. | |
| 3. Kassenbestand | |
| 4. Guthaben bei Kreditinstituten | |

**Beispiel:**

Stellen Sie zu dem Inventar auf S. 67 die entsprechende Bilanz auf!

**Lösung:**

Aktiva — Bilanz von Otto Ehrlich e.Kfm. zum 31. Dez. 20.. — Passiva

| Aktiva | | Passiva | |
|---|---|---|---|
| **I. Anlagevermögen** | | **I. Eigenkapital** | 2678080,00 |
| 1. Grundstücke u. Bauten | 2725000,00 | **II. Verbindlichkeiten** | |
| 2. Andere Anlagen, Betriebs- und Geschäftsausstattung[1] | 240150,00 | 1. Verb. geg. Kreditinstituten | 280145,00 |
| **II. Umlaufvermögen** | | 2. Verb. a. Lief. u. Leist. | 100400,00 |
| 1. Waren | 31950,00 | 3. Verb. aus Wechseln | 2100,00 |
| 2. Ford. a. Lief. u. Leist. | 47695,00 | 4. Sonstige Verbindlichkeiten | 20000,00 |
| 3. Kassenbestand | 1250,00 | | |
| 4. Guthaben bei Kreditinst. | 34680,00 | | |
| | 3080725,00 | | 3080725,00 |

Wolfsburg, den 31. Dez. 20 . . Otto Ehrlich

1 Zu diesem Bilanzposten gehört bei Kapitalgesellschaften auch der Fuhrpark. In Bilanzen von Nichtkapitalgesellschaften wird der Fuhrpark häufig als gesonderter Bilanzposten ausgewiesen.

2 Die nach § 266 HGB vorgegebene Bezeichnung für diesen Bilanzposten wird häufig auch durch den Begriff Fremdkapital ersetzt, was allerdings bei Kapitalgesellschaften nicht erlaubt wäre.

3 Zu diesem Bilanzposten zählt z.B. ein Liefererdarlehen; Sonstige Verbindlichkeiten gegenüber dem Finanzamt; Verbindlichkeiten gegenüber Sozialversicherungsträgern.

Die Bilanz lässt auf einen Blick erkennen, wer das Kapital aufgebracht hat (Passivseite) und wie es verwendet wurde (Aktivseite).

| Aktiva | | Bilanz | Passiva |
|---|---|---|---|
| **Wie** wurde das Kapital verwendet? | | **Wer** hat das Kapital aufgebracht? | |
| **I. Anlagevermögen** | 2965150,00 | **I. Eigenkapital** | 2678080,00 |
| **II. Umlaufvermögen** | 115575,00 | **II. Verbindlichkeiten** | 402645,00 |
| **Vermögen** | 3080725,00 | **Kapital** | 3080725,00 |
| ↑ | | ↑ | |
| **Verwendung** finanzieller Mittel (Investierung) | | **Beschaffung** finanzieller Mittel (Finanzierung) | |

**Merke:**

Die **Aktivseite** gibt die **Mittelverwendung (Investierung)** des Unternehmens wieder, die **Passivseite** die **Mittelbeschaffung (Finanzierung).**

Wir stellen fest, dass für die Bilanz folgende Grundgleichung gilt:

Aktiva ≙ Passiva

Dabei gilt:

Aktiva ≙ Vermögen
Passiva ≙ Eigenkapital + Verbindlichkeiten

## Übungsaufgaben

**23** Stellen Sie unter Beachtung des einfachen Bilanzgliederungsschemas aus den Inventaren der Aufgaben 21 und 22 (S. 68f.) die entsprechenden Bilanzen auf!

**24** Erstellen Sie aufgrund folgender Angaben eine Bilanz:

| | | | |
|---|---|---|---|
| Waren | 110000,00 EUR | Geschäftsausstattung | 12500,00 EUR |
| Grundstücke und Bauten | 130900,00 EUR | Kasse | 4310,00 EUR |
| Forderungen aus Lieferungen und Leistungen | 115000,00 EUR | Bankdarlehen | 75800,00 EUR |
| | | Guthaben bei der A-Bank | 3120,00 EUR |
| Verbindl. aus Lief. und Leistungen | 77700,00 EUR | Fuhrpark | 34950,00 EUR |
| | | Liefererdarlehen | 25000,00 EUR |

### 2.2.2.2 Zusammenhang zwischen Inventur, Inventar, Buchführung und Bilanz

Um den Zusammenhang aufzuzeigen, der zwischen Inventar und Bilanz besteht, ist zunächst festzuhalten, dass beide Verzeichnisse **außerhalb der Buchführung** stehen.

Zwischen der Buchführung und der Bilanz besteht ein enger Zusammenhang, denn jede Bilanz – mit Ausnahme der Eröffnungsbilanz – baut auf den Zahlengrundlagen der Buchführung auf. Bevor jedoch diese Ergebnisse der Buchführung über die Bilanz der Öffentlichkeit präsentiert werden, soll sichergestellt sein, dass diese Werte auch tatsächlich vorhanden sind. Es könnten ja Unregelmäßigkeiten (z.B. Rechenfehler, Buchungsfehler, Diebstahl usw.) aufgetreten sein. Diese Sicherstellung erfolgt über die Inventur, bei der – völlig unabhängig von der Buchführung – vor Ort festgestellt wird, was vorhanden ist. Ohne die Inventur ist ein ordnungsmäßiger Jahresabschluss nicht möglich. Man unterscheidet daher **Inventurbestand (Istbestand)** und **Buchbestand (Sollbestand).**

Liegen Abweichungen zwischen Soll- und Istbeständen vor, müssen die Gründe dafür aufgedeckt und entsprechende Korrekturen in der Buchführung vorgenommen werden, damit die Werte der Buchführung auch mit den tatsächlich vorhandenen übereinstimmen. Die Inventur – mit dem Inventar als Ergebnis – hat also gegenüber der Buchführung eine **Kontrollfunktion.**

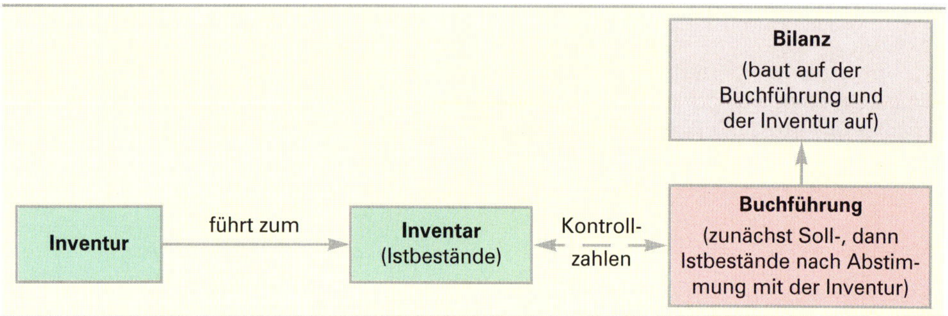


**Gegenüberstellung von Inventar und Bilanz:**

| Inventar | Bilanz |
|---|---|
| ■ Das Inventar ist eine **ausführliche wert- und mengenmäßige** Gegenüberstellung der Vermögens- und Schuldposten. | ■ Die Bilanz ist eine **gedrängte wertmäßige** Gegenüberstellung aller Vermögens- und Schuldposten. |
| ■ Im Inventar werden alle selbstständig bewertbaren Gegenstände eines Postens erfasst. Es ist **sehr ausführlich** und dadurch **unübersichtlich.** | ■ Die Bilanz weist jeden Posten nur mit einer Summe aus. Sie ist **weniger ausführlich,** dadurch aber **übersichtlich.** |
| ■ Im Inventar stehen Vermögen und Schulden **untereinander.** | ■ In der Bilanz stehen Vermögen und Schulden **nebeneinander.** |
| ■ Die Differenz zwischen Vermögen und Schulden heißt **Reinvermögen.** | ■ Die Differenz zwischen Vermögen und Schulden heißt **Eigenkapital.** |
| ■ Das Inventar bzw. die Inventur übt gegenüber den Ergebnissen der Buchführung eine **Kontrollfunktion** aus. | ■ Die Bilanz **baut auf den Zahlenunterlagen der Buchführung und denen der Inventur auf.** |
| ■ Das Inventar (die Inventur) dient **innerbetrieblichen Zwecken** (Soll-Ist-Vergleich). | ■ Die Bilanz informiert die **Außenwelt.** |
| ■ Gesetzliche **Gliederungsvorschriften** für das Inventar **bestehen nicht.** | ■ Es **bestehen gesetzliche Gliederungsvorschriften.** Nach dem Handelsgesetzbuch ist eine Bilanz nach bestimmten Vorschriften zu gliedern, die Einzelkaufleuten und Personengesellschaften einen relativ großen Freiheitsspielraum einräumen [§ 247 HGB], die dagegen bei Kapitalgesellschaften sehr genau festgelegt sind [§ 266 HGB]. |

## 2.3 System der doppelten Buchführung

### 2.3.1 Wertveränderungen der Bilanzposten durch Geschäftsvorfälle (vier Grundfälle)

Die Bilanz stellt die Werte des Vermögens und der Schulden für einen ganz bestimmten Zeitpunkt dar, und zwar im Allgemeinen für den Schluss eines jeden Geschäftsjahres. Durch Gegenüberstellung der Werte am Schluss des laufenden Geschäftsjahres mit den Werten am Schluss des vorangegangenen Geschäftsjahres können dann die Wertveränderungen im Einzelnen sowie in ihrem Endergebnis in Form der Veränderung des Eigenkapitals festgestellt werden. Ursache für diese Wertveränderungen sind die Geschäftsvorfälle. Will man diese Wertveränderungen in der übersichtlichen Form einer Bilanz verfolgen, müssten Bilanzen in sehr kurzen Zeitabständen aufgestellt werden, aus theoretischer Sicht nach jedem Geschäftsvorfall. Dies ist zu umständlich. Wir können daher jetzt schon festhalten, dass die durch die Geschäftsvorfälle hervorgerufenen Veränderungen außerhalb der Bilanz, nämlich in der Buchführung, festgehalten werden.

**Merke:**

- Bilanzen gelten immer nur für einen ganz **bestimmten Zeitpunkt.**
- Jeder Geschäftsvorfall **verändert die Bilanz.**
- Veränderungen aufgrund von Geschäftsvorfällen werden in der **Buchführung festgehalten.**

Bevor wir auf die Erfassung der Geschäftsvorfälle außerhalb der Bilanz, nämlich in der Buchführung, eingehen, wollen wir im Folgenden darstellen, welche Auswirkungen Geschäftsvorfälle **grundsätzlich** auf die Bilanz haben können.

**Beispiel:**

| Aktiva | | Ausgangsbilanz | Passiva |
|---|---|---|---|
| And. Anl., Betr.- u. Geschäftsausst. | 40 000,00 | Eigenkapital | 42 000,00 |
| Waren | 2 000,00 | Verb. a. Lief. und Leistungen | 16 000,00 |
| Kassenbestand | 4 000,00 | | |
| Guthaben bei Kreditinstituten | 12 000,00 | | |
| | 58 000,00 | | 58 000,00 |

**Anmerkung:** Wegen der geringen Anzahl von Posten wird auf die Gliederung in Anlagevermögen und Umlaufvermögen bzw. Eigenkapital und Verbindlichkeiten verzichtet.

**Aufgaben:**

Stellen Sie nach jedem Geschäftsvorfall die Bilanz neu auf, geben Sie an, in welche Richtung (+ oder –) sich die einzelnen Bilanzposten geändert haben und charakterisieren Sie jeweils die Bilanzveränderungen. Machen Sie außerdem eine Aussage über die Bilanzsumme!

**Lösungen:**

**1. Geschäftsvorfall:** Wir kaufen Waren gegen Barzahlung für 1800,00 EUR.

**Auswirkungen auf die Bilanz**

| Aktiva | | **1. veränderte Bilanz** | Passiva |
|---|---|---|---|
| And. Anl., Betr.- u. Geschäftsausst. | 40000,00 | Eigenkapital | 42000,00 |
| Waren | 3800,00 | Verb. a. Lief. und Leistungen | 16000,00 |
| Kassenbestand | 2200,00 | | |
| Guthaben bei Kreditinstituten | 12000,00 | | |
| | 58000,00 | | 58000,00 |

| | | | |
|---|---|---|---|
| Waren | (Aktivposten) | + | **AKTIVTAUSCH** |
| Kassenbestand | (Aktivposten) | – | **Die Bilanzsumme bleibt unverändert.** |

**Erläuterungen:**

Es werden zwei Aktivposten verändert. Der Aktivposten Waren nimmt um 1800,00 EUR zu, der Aktivposten Kassenbestand nimmt um den gleichen Betrag ab.

**2. Geschäftsvorfall:** Eine Verbindlichkeit aus Lieferungen und Leistungen von 5000,00 EUR wird in ein Liefererdarlehen (Bilanzposten „Sonstige Verbindlichkeiten") umgewandelt.

**Auswirkungen auf die Bilanz**

| Aktiva | | **2. veränderte Bilanz** | Passiva |
|---|---|---|---|
| An. Anl., Betr.- u. Geschäftsausst. | 40000,00 | Eigenkapital | 42000,00 |
| Waren | 3800,00 | Verb. a. Lief. und Leistungen | 11000,00 |
| Kassenbestand | 2200,00 | Sonstige Verbindlichkeiten | 5000,00 |
| Guthaben bei Kreditinstituten | 12000,00 | | |
| | 58000,00 | | 58000,00 |

| | | | |
|---|---|---|---|
| Sonstige Verbindlichkeiten | (Passivposten) | + | **PASSIVTAUSCH** |
| Verb. a. Lief. u. Leist. | (Passivposten) | – | **Die Bilanzsumme bleibt unverändert.** |

**Erläuterungen:**

Die Veränderungen erfolgen auf der Passivseite. Der Passivposten Verbindlichkeiten aus Lieferungen und Leistungen nimmt um 5000,00 EUR ab. In Höhe des gleichen Betrages kommt ein neuer Bilanzposten, der Passivposten Sonstige Verbindlichkeiten, hinzu.

**3. Geschäftsvorfall:** Eine Verbindlichkeit aus Lieferungen und Leistungen in Höhe von 3000,00 EUR wird durch eine Banküberweisung getilgt.

**Auswirkungen auf die Bilanz**

| Aktiva | **3. veränderte Bilanz** | | Passiva |
|---|---|---|---|
| And. Anl., Betr.- u. Geschäftsausst. | 40 000,00 | Eigenkapital | 42 000,00 |
| Waren | 3 800,00 | Verb. a. Lief. und Leistungen | 8 000,00 |
| Kassenbestand | 2 200,00 | Sonstige Verbindlichkeiten | 5 000,00 |
| Guthaben bei Kreditinstituten | 9 000,00 | | |
| | 55 000,00 | | 55 000,00 |

| | | |
|---|---|---|
| Verb. a. Lief. u. Leist. | (Passivposten) | – |
| Guth. b. Kreditinstituten | (Aktivposten) | – |

**AKTIV-PASSIVMINDERUNG**
**Die Bilanzsumme vermindert sich.**

**Erläuterungen:**

Es werden ein Aktivposten und ein Passivposten berührt. Der Passivposten Verbindlichkeiten aus Lieferungen und Leistungen nimmt um 3000,00 EUR ab, der Aktivposten Guthaben bei Kreditinstituten nimmt ebenfalls um den gleichen Betrag ab.

**4. Geschäftsvorfall:** Wir kaufen Waren auf Ziel für 6000,00 EUR.

**Auswirkungen auf die Bilanz**

| Aktiva | **4. veränderte Bilanz** | | Passiva |
|---|---|---|---|
| And. Anl., Betr.- u. Geschäftsausst. | 40 000,00 | Eigenkapital | 42 000,00 |
| Waren | 9 800,00 | Verb. a. Lief. und Leistungen | 14 000,00 |
| Kassenbestand | 2 200,00 | Sonstige Verbindlichkeiten | 5 000,00 |
| Guthaben bei Kreditinstituten | 9 000,00 | | |
| | 61 000,00 | | 61 000,00 |

| | | |
|---|---|---|
| Waren | (Aktivposten) | + |
| Verb. a. Lief. u. Leist. | (Passivposten) | + |

**AKTIV-PASSIVMEHRUNG**
**Die Bilanzsumme erhöht sich.**

**Erläuterungen:**

Es werden ein Aktivposten und ein Passivposten berührt. Der Aktivposten Waren nimmt um 6000,00 EUR zu, der Passivposten Verbindlichkeiten aus Lieferungen und Leistungen nimmt ebenfalls um diesen Betrag zu.

Ein Blick auf das **Eigenkapital** zeigt, dass bei allen vier Geschäftsvorfällen das Eigenkapital **unverändert** blieb. Es handelte sich also um **erfolgsunwirksame (erfolgsneutrale) Geschäftsvorfälle**.

**Merke:**

- Bezüglich der Auswirkungen von Geschäftsvorfällen auf die Bilanz sind nur vier Grundfälle denkbar:
  - **Aktivtausch:** Ein Aktivposten nimmt im gleichen Maße ab, wie ein anderer Aktivposten zunimmt. Die Bilanzsumme verändert sich nicht.

    **Beispiel:** Wir kaufen Waren gegen Barzahlung.
  - **Passivtausch:** Ein Passivposten nimmt im gleichen Maße ab, wie ein anderer Passivposten zunimmt. Die Bilanzsumme verändert sich nicht.

    **Beispiel:** Eine Verbindlichkeit aus Lieferungen und Leistungen wird in ein Liefererdarlehen umgewandelt.
  - **Aktiv-Passivminderung:** Auf der Aktiv- und der Passivseite nimmt jeweils ein Posten um den gleichen Wert ab. Die Bilanzsumme wird verringert.

    **Beispiel:** Wir zahlen eine Liefererrechnung durch Banküberweisung.
  - **Aktiv-Passivmehrung:** Auf der Aktiv- und der Passivseite nimmt jeweils ein Posten um den gleichen Wert zu. Die Bilanzsumme wird dadurch erhöht.

    **Beispiel:** Wir kaufen Waren auf Ziel.
- Geschäftsvorfälle, die das Eigenkapital nicht verändern, nennt man **erfolgsunwirksame (erfolgsneutrale) Geschäftsvorfälle.**

## Übungsaufgaben

**25** **I. Geschäftsvorfälle:**

| | | |
|---|---|---|
| 1. | Wir zahlen eine Lieferantenrechnung durch Banküberweisung | 4500,00 EUR |
| 2. | Wir kaufen einen Schreibtisch bar | 1020,00 EUR |
| 3. | Wir kaufen Ware bar | 821,00 EUR |
| 4. | Wir zahlen ein Liefererdarlehen durch Banküberweisung zurück | 9500,00 EUR |
| 5. | Ein Kunde zahlt einen Rechnungsbetrag durch Banküberweisung | 1100,00 EUR |
| 6. | Wir kaufen einen PC bar | 845,00 EUR |
| 7. | Wir heben Bargeld von unserem Bankkonto ab und legen das Geld in die Geschäftskasse | 3000,00 EUR |
| 8. | Eine Verbindlichkeit aus Lieferungen und Leistungen wird in ein Liefererdarlehen umgewandelt | 12000,00 EUR |

**II. Aufgaben:**

1. Geben Sie bei den angegebenen Geschäftsvorfällen jeweils die Änderungen der Bilanzposten an!
2. Zeigen Sie auf, um welchen der vier Grundfälle es sich jeweils handelt!

**Bearbeitungshinweis:**

Zur Lösung der Aufgabe verwenden Sie bitte das folgende Schema:

| Nr. | Bilanzposten | | Art des Grundfalles |
|---|---|---|---|
| 1. | Verb. aus Lief. u. Leistungen | – 4500,00 | Aktiv-Passivminderung |
| | Guthaben bei Kreditinstituten | – 4500,00 | |
| | | | |

**26** **I. Angaben zur Eröffnungsbilanz:**

Andere Anlagen, Betriebs- u. Geschäftsausstattung 34500,00 EUR; Waren 23000,00 EUR; Forderungen aus Lieferungen und Leistungen 4650,00 EUR; Kassenbestand 4200,00 EUR; Guthaben bei Kreditinstituten 12600,00 EUR; Eigenkapital 55250,00 EUR; Verbindlichkeiten gegenüber Kreditinstituten 14000,00 EUR; Verbindlichkeiten aus Lieferungen und Leistungen 9700,00 EUR.

**II. Geschäftsvorfälle:**

| | | |
|---|---|---|
| 1. | Zahlung einer Liefererrechnung mit Bankscheck | 2450,00 EUR |
| 2. | Eine Liefererverbindlichkeit wird in ein Liefererdarlehen umgewandelt | 3100,00 EUR |
| 3. | Kauf von Waren auf Ziel | 2000,00 EUR |
| 4. | Ein Kunde bezahlt einen Rechnungsbetrag bar | 1650,00 EUR |

**III. Aufgaben:**

1. Erstellen Sie die Eröffnungsbilanz!
2. Geben Sie für jeden Geschäftsvorfall die Veränderungen der Bilanzposten an und stellen Sie nach jedem Geschäftsvorfall die Bilanz neu auf!
3. Vergleichen Sie das Eigenkapital der Eröffnungsbilanz mit dem Eigenkapital der Schlussbilanz und ziehen Sie die Schlussfolgerungen aus diesem Vergleich!

## 2.3.2 Buchungen von Vermögens- und Schuldveränderungen auf Konten

### 2.3.2.1 Von der Bilanz zu den Konten

In der Praxis ist es nicht sinnvoll, nach jedem Geschäftsvorfall eine Bilanz neu zu erstellen. Das ist auch gar nicht notwendig, da wir die Wertveränderungen, die durch Geschäftsvorfälle hervorgerufen werden, auch **außerhalb der Bilanz** auf besonderen **Konten in der Buchführung** erfassen können. Wir müssen also nur für jeden Vermögens- und Schuldposten – einschließlich für den Posten Eigenkapital – entsprechende Konten einrichten und den vorhandenen Anfangsbestand darauf vortragen. Die **Summe dieser benötigten Konten** bezeichnen wir als unsere **Buchführung.**

Da auf diesen Konten Bestände und deren Veränderungen erfasst werden, nennt man diese Konten **Bestandskonten** (bzw. **Bilanzkonten**).

**Merke:**

- In der **Buchführung** werden alle **Veränderungen der Bestände** auf Konten erfasst. Ursache für diese Veränderungen sind die **Geschäftsvorfälle.**
- In unserer Buchführung führen wir **Vermögenskonten (Aktivkonten)** und **Schuldkonten (Passivkonten).** Zu den Schuldkonten gehört auch das **Eigenkapitalkonto.**
- Die **Vermögens- und Schuldkonten** bilden die Gruppe der **Bestandskonten (Bilanzkonten).**

**Beispiel:**

Die Anfangsbestände zu Beginn der Geschäftsperiode sind in nachfolgender Bilanz zusammengefasst.

**Aufgabe:**

Richten Sie für die einzelnen Bilanzposten Konten ein und tragen Sie die Bilanzwerte als Anfangsbestände darauf vor!

Dabei vereinbaren wir, dass wir die **Anfangsbestände** bei den **Aktivkonten auf der Sollseite** und die **Anfangsbestände** bei den **Passivkonten** auf der **Habenseite** eintragen. Zu beachten ist, dass die Bezeichnung der Bilanzposten nicht mit der Bezeichnung der Konten übereinstimmen muss und dass für bestimmte Bilanzposten eventuell auch mehrere Konten einzurichten sind.

**Lösung:**

Aktiva — Ausgangsbilanz — Passiva

| Aktiva | | Passiva | |
|---|---|---|---|
| And. Anl., Betr.- u. G.-Ausst.[1] | 10 000,00 | Eigenkapital | 32 000,00 |
| Waren[2] | 15 000,00 | Verb. gegen. Kreditinstituten[4] | 3 000,00 |
| Ford. aus Lief. u. Leistungen | 5 000,00 | Verb. aus Lief. u. Leistungen | 5 000,00 |
| Kassenbestand[3] | 2 500,00 | | |
| Guthaben bei Kreditinstituten[3] | 7 500,00 | | |
| | 40 000,00 | | 40 000,00 |

In unserer Buchführung haben wir

**Aktivkonten**

| Soll | Betr.- u. Geschäftsausstattung[1] | Haben |
|---|---|---|
| AB 10 000,00 | | |

| Soll | Waren[2] | Haben |
|---|---|---|
| AB 15 000,00 | | |

| Soll | Ford. a. Lief. u. Leistungen | Haben |
|---|---|---|
| AB 5 000,00 | | |

| Soll | Kasse[3] | Haben |
|---|---|---|
| AB 2 500,00 | | |

| Soll | Bank[3] | Haben |
|---|---|---|
| AB 7 500,00 | | |

**Passivkonten**

| Soll | Eigenkapital | Haben |
|---|---|---|
| | | AB 32 000,00 |

| Soll | Langfr. Bankverbindlichkeiten[4] | Haben |
|---|---|---|
| | | AB 3 000,00 |

| Soll | Verb. a. Lief. u. Leistungen | Haben |
|---|---|---|
| | | AB 5 000,00 |

Bilanzkonten
(Bestandskonten)

1 Wenn keine zusätzlichen Erläuterungen gegeben werden, beinhaltet der Bilanzposten „Andere Anlagen, Betriebs- und Geschäftsausstattung" nur Gegenstände der **Betriebs- und Geschäftsausstattung**. So soll dieses Konto der Einfachheit halber vorläufig **bis zur Einführung des Kontenrahmens** auch bezeichnet werden.

2 Da in diesem Buch nach dem **aufwandsrechnerischen Verfahren** gebucht werden soll, werden vor Einführung der Erfolgskonten keine Einkäufe von Waren und Werkstoffen vorgenommen, weil sonst die Lernenden bei der Einführung der Erfolgskonten vom bestandsrechnerischen Verfahren zu dem aufwandsrechnerischen Verfahren umlernen müssten.

3 Die folgenden Konten werden der Einfachheit halber in verkürzter Form benannt:
- für den Bilanzposten „Kassenbestand" bezeichnen wir das einzurichtende Konto mit **Kasse**
- für den Bilanzposten „Guthaben bei Kreditinstituten" bezeichnen wir das einzurichtende Konto kurz mit **Bank**.

4 Für den Bilanzposten „Verbindlichkeiten gegenüber Kreditinstituten" ist je nach Art der Bankschuld das Konto **„Langfristige Bankverbindlichkeiten"** oder **„Kurzfristige Bankverbindlichkeiten"** einzurichten.

### 2.3.2.2 Vermögenskonten (Aktivkonten)

#### (1) Buchungsregeln für die Buchungen auf den Vermögenskonten (Aktivkonten)

Bei den **Aktivkonten (Vermögenskonten)** gehören

- der **Anfangsbestand** und die **Zugänge** auf die **Sollseite,**
- die **Abgänge** und der **Schlussbestand** (Saldo) auf die **Habenseite.**

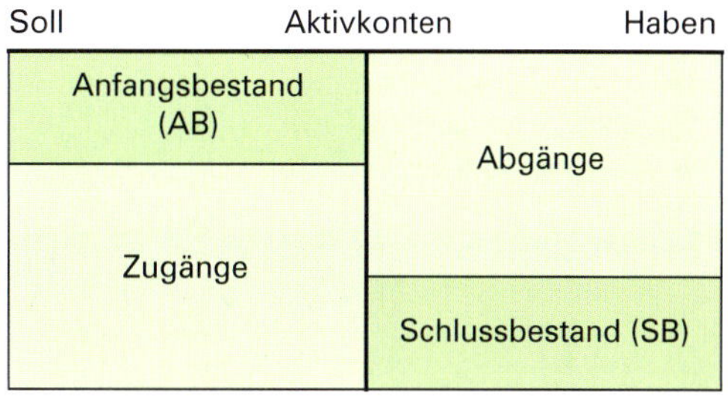


#### (2) Einseitige Buchungen auf den Aktivkonten

- **Vorbemerkungen**

Bei einem Geschäftsvorfall gibt es immer zwei Seiten der Betrachtung.

Auf der einen Seite haben wir den Käufer, auf der anderen Seite den Verkäufer. Es taucht daher die Frage auf, ob der Geschäftsvorfall aus der Sicht des Käufers oder aus der Sicht des Verkäufers erfasst werden soll.

**Beispiel:**

Einkauf von Waren bar

Um keine Missverständnisse aufkommen zu lassen und um nicht ständig umdenken zu müssen, werden **alle Geschäftsvorfälle** nur von **einem** Standpunkt aus betrachtet und erfasst. Dabei versetzen wir uns in die Rolle eines Kaufmanns, der seine Bücher führt. Alle Geschäftsvorfälle sind als Ereignisse **unseres Betriebes** anzusehen. Wie der Geschäftsvorfall bei unserem Geschäftspartner zu buchen ist, interessiert uns daher aufgrund dieser Vereinbarung im Allgemeinen nicht.

Da wir als Betrieb jede Rolle einnehmen können, ist es nur eine Frage der Formulierung, welcher Geschäftsvorfall gebucht werden soll. Um diesen Standpunkt der Betrachtung ausdrücklich hervorzuheben, heißt es demnächst bei der Formulierung von Geschäftsvorfällen häufig **„wir“** bzw. **„uns“.**

**Beispiele:**

**„Wir“** beliefern einen Kunden mit Waren gegen Rechnung.
**„Wir“** erhalten von einem Kunden eine Banküberweisung.
**„Wir“** kaufen von einem Lieferanten Ware auf Ziel.
Ein Kunde zahlt an **„uns“** durch Bankscheck.

Aber auch die Fälle, bei denen der „Wir-Standpunkt“ nicht ausdrücklich in die Formulierung aufgenommen ist, sind so zu verstehen.

**Beispiele:**

Wareneinkauf bar
Banküberweisung eines Kunden
Kauf eines Bürotisches gegen Barzahlung
Zahlung einer Liefererrechnung durch Banküberweisung

## Einseitige Buchungen

Bei den folgenden Aufgaben sollen die Auswirkungen von Geschäftsvorfällen zunächst nur im Hinblick auf **ein Konto** betrachtet werden. Dieses Konto soll jeweils ein **Vermögenskonto (Aktivkonto)** sein. Auf diese Weise werden die Auswirkungen eines Geschäftsvorfalles zunächst nur einseitig beurteilt, nämlich im Hinblick auf das vorgegebene Vermögenskonto.

**Beispiel:**

**1. Sachverhalt:**

Wir betreiben ein Elektrogeschäft. Es sollen die Einnahmen und Ausgaben der Geschäftskasse in unserem Unternehmen auf einem Kassenkonto festgehalten werden. Vorgänge, die Einnahmen oder Ausgaben der Kasse hervorrufen, bezeichnet man als Bargeschäfte.

Es ereignen sich folgende Bargeschäfte:

1. Karl Kunde kauft 5 Bürolampen zum Gesamtpreis von 1 750,00 EUR.
2. Fritz Müller kauft bei uns 50 Strahler für 6 500,00 EUR.
3. Wir zahlen für einen Auszubildenden die Ausbildungsvergütung in Höhe von 620,00 EUR.
4. Wir erhalten eine Lieferung Ersatzteile per Nachnahme. Wir lösen die Nachnahme über 1 480,00 EUR ein.
5. Klaus Abel zahlt für die erhaltene Werksbeleuchtung 1 980,00 EUR.
6. Anton Beyer kauft diverse Lampen für insgesamt 1 460,00 EUR.

**II. Aufgabe:**

Führen Sie das Kassenkonto!

**Lösung:**

Aus den Buchungsregeln für die Vermögenskonten ist abzuleiten, dass alle Einnahmen aus Bargeschäften auf der Sollseite[1] des Kassenkontos und demnach alle Barausgaben auf der Habenseite zu buchen sind.

| Soll | | Kasse | Haben |
|---|---|---|---|
| Karl Kunde | 1 750,00 | Ausbildungsvergütung | 620,00 |
| Fritz Müller | 6 500,00 | Nachnahme | 1 480,00 |
| Klaus Abel | 1 980,00 | | |
| Anton Beyer | 1 460,00 | | |

## Kontoabschluss und Saldovortrag

Zur Feststellung des Schlussbestandes muss das Konto **abgeschlossen** werden. Den ermittelten Schlussbestand nennt man in der Sprache des Buchhalters **Saldo,** den Vorgang des Kontoabschlusses bezeichnet man als **Saldieren.** Eine frei bleibende Textstelle ist durch einen **Querstrich (Buchhalternase)** innerhalb der Textspalte zu entwerten[2].

Um **nach dem Abschluss** weitere Eintragungen vornehmen zu können, muss ein bereits abgeschlossenes Konto wieder **neu eröffnet** werden. Dabei wird der Wert des **Schlussbestands (Saldos)** beim Abschluss auf dem neu zu eröffnenden Konto als **Anfangsbestand (Saldovortrag)** übernommen.

1 Die Seitenbezeichnungen „Soll" und „Haben" hängen mit der Entwicklungsgeschichte der Buchführung zusammen. Es sind Restbestände aus der Führung der ersten Konten, bei denen es sich um Personenkonten handelte [Kunden **„sollen"** zahlen (Warenlieferungen), und sie **„haben"** gezahlt (Zahlungen) ]. Diese für **alle** Konten geltenden Seitenbezeichnungen können bei anderen Konten nicht mehr zum Konteninhalt in Beziehung gebracht werden.

2 Diese traditionelle Darstellungsform behalten wir für dieses Schulbuch bei. Die in der EDV-Buchhaltung verwendete Darstellungsform wird für dieses Lehrbuch nicht übernommen.

Dies ergibt folgende Darstellung:

**Abschluss des Kontos:**

| Soll | | Kasse | Haben |
|---|---|---|---|
| Karl Kunde | 1 750,00 | Ausbildungsvergütung | 620,00 |
| Fritz Müller | 6 500,00 | Nachnahme | 1 480,00 |
| Klaus Abel | 1 980,00 | Schlussbestand (Saldo) | 9 590,00 |
| Anton Beyer | 1 460,00 | | |
| | 11 690,00 | | 11 690,00 |

**Schematische Darstellung:**

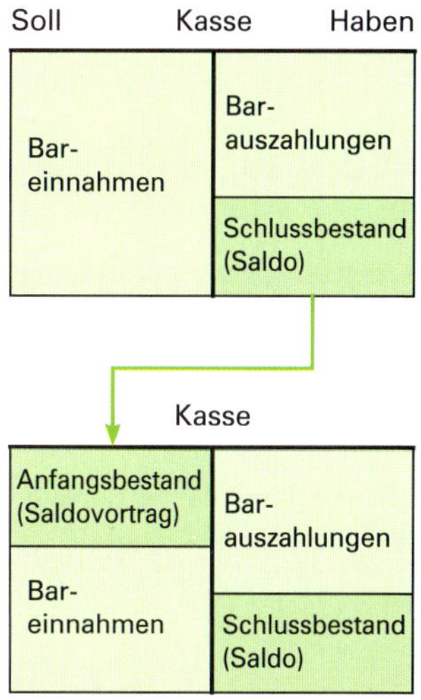


**Neueröffnung des Kontos:**

| Soll | | Kasse | Haben |
|---|---|---|---|
| Anfangsbestand (Saldovortrag) | 9 590,00 | | |

**Erläuterungen:**

Der ermittelte **Restbetrag (Saldo)** auf einem Konto heißt **Schlussbestand.** Dieser steht immer auf der wertmäßig kleineren Seite. Das ist bei einem Kassenkonto die Habenseite (niemand kann mehr Geld aus der Kasse entnehmen als vorher hineingelegt wurde).

Der **Anfangsbestand (Saldovortrag)** auf dem neu eröffneten Konto steht immer auf der entgegengesetzten Seite wie der Schlussbestand (Saldo). Da auf dem Kassenkonto der Schlussbestand auf der Habenseite steht, muss der Anfangsbestand auf der Sollseite erscheinen.

**Der Abschluss eines Kontos vollzieht sich in fünf Schritten**

**1. Schritt:** Das Wort Schlussbestand wird auf der wertmäßig kleineren Seite eingetragen.

**2. Schritt:** Die wertmäßig größere Seite wird addiert.

**3. Schritt:** Die errechnete Summe wird auf die wertmäßig kleinere Seite übertragen.

**4. Schritt:** Der Schlussbestand (Saldo) wird ermittelt.

**5. Schritt:** Die Abschlussstriche sind zu ziehen und der freie Raum ist zu entwerten.

## Übungsaufgaben

**27** Führen Sie das Kassenkonto und schließen Sie es nach Buchung der Geschäftsvorfälle ab!

**Bearbeitungshinweis:** Denken Sie daran, dass alle Geschäftsvorfälle jeweils nur nach ihrer Auswirkung auf den Kassenbestand befragt werden müssen. Für die Beantwortung gibt es nur zwei Möglichkeiten: Entweder der Kassenbestand nimmt durch den Geschäftsvorfall zu oder er nimmt ab. Zugänge gehören bei der Kasse auf die Sollseite, Abgänge auf die Habenseite.



6 Speth u.a. - ISBN 978-3-8120-0260-8

**I. Anfangsbestand:**

Bei Geschäftseröffnung weist die Kasse einen Anfangsbestand (Saldovortrag) von 2160,00 EUR aus.

**II. Geschäftsvorfälle:**

Es ereignen sich folgende Geschäftsvorfälle, die den Kassenbestand verändern:

| | | |
|---|---|---|
| 1. | Barverkauf von Waren | 3070,00 EUR |
| 2. | Zeitungsinserat bar bezahlt | 190,00 EUR |
| 3. | Kauf von Briefmarken | 45,00 EUR |
| 4. | Barzahlung eines Kunden | 910,00 EUR |
| 5. | Mietzahlung unseres Mieters bar | 300,00 EUR |
| 6. | Barzahlung einer Lieferantenrechnung | 1940,00 EUR |
| 7. | Barverkauf von Waren | 180,00 EUR |
| 8. | Provisionszahlung bar | 2700,00 EUR |

**28** Führen Sie das **Bankkonto** und schließen Sie es nach Buchung der Geschäftsvorfälle ab!

| | |
|---|---|
| Anfangsbestand[1] | 2500,00 EUR |
| Wir überweisen an einen Lieferanten | 280,00 EUR |
| Wir heben Bargeld vom Bankkonto ab und legen das Geld in die Geschäftskasse | 350,00 EUR |
| Ein Kunde überweist einen Rechnungsbetrag auf unser Bankkonto | 420,00 EUR |
| Wir begleichen betriebliche Steuern durch Banküberweisung | 750,00 EUR |
| Ein Kunde zahlt einen Rechnungsbetrag durch Banküberweisung | 365,00 EUR |

**29** Führen Sie die folgenden Vermögenskonten und stellen Sie jeweils durch Abschluss der Konten den Schlussbestand fest!

**Forderungen aus Lieferungen und Leistungen**

| | | |
|---|---|---|
| | Anfangsbestand | 4150,00 EUR |
| 1. | Ein Kunde zahlt einen Rechnungsbetrag bar | 2000,00 EUR |
| 2. | Ein Kunde überweist einen Rechnungsbetrag auf unser Bankkonto | 1500,00 EUR |

**Betriebs- und Geschäftsausstattung**

| | | |
|---|---|---|
| | Anfangsbestand | 3750,00 EUR |
| 3. | Wir kaufen einen PC bar | 1350,00 EUR |
| 4. | Wir verkaufen ein ausgedientes Faxgerät bar zum Buchwert | 50,00 EUR |

**Bank**

| | | |
|---|---|---|
| | Anfangsbestand | 5150,00 EUR |
| 5. | Wir heben Bargeld vom Bankkonto ab und legen das Geld in die Geschäftskasse | 1200,00 EUR |
| 6. | Ein Kunde überweist einen Rechnungsbetrag auf unser Bankkonto | 1500,00 EUR |

**Kasse**

| | | |
|---|---|---|
| | Anfangsbestand | 560,00 EUR |
| 7. | Ein Kunde zahlt einen Rechnungsbetrag bar | 2000,00 EUR |
| 8. | Wir heben Bargeld vom Bankkonto ab und legen das Geld in die Geschäftskasse | 1200,00 EUR |
| 9. | Wir kaufen einen PC bar | 1350,00 EUR |
| 10. | Wir verkaufen ein ausgedientes Faxgerät bar zum Buchwert | 50,00 EUR |

1 In diesem Lehrbuch gehen wir davon aus, dass das Bankkonto immer ein Guthaben aufweist.

## (3) Überleitung zum System der doppelten Buchführung

### Erfassung der doppelseitigen Auswirkungen von Geschäftsvorfällen mithilfe eines Überlegungsschemas

Anstatt die Auswirkungen eines Geschäftsvorfalles nur einseitig von einem bestimmten Konto ausgehend zu betrachten, wählen wir jetzt nicht mehr ein bestimmtes Konto zum Ausgangspunkt unserer Betrachtung, sondern den Geschäftsvorfall selbst. Wir fragen daher nicht mehr: Wie wird der Kontobestand durch einen bestimmten Geschäftsvorfall verändert, sondern wir fragen jetzt: Welche Konten werden durch diesen Geschäftsvorfall verändert und erst danach: Wie verändert sich jeweils der Bestand auf den einzelnen Konten?

**Beispiel:**

Geschäftsvorfall: Ein Kunde zahlt bar 2000,00 EUR.

Konto Kasse → Bestand nimmt zu → daher Sollseite

Konto Forderungen a. Lief. u. Leist. → Bestand nimmt ab → daher Habenseite

Um die Auswirkungen von mehreren Geschäftsvorfällen übersichtlich darstellen zu können, schlagen wir das folgende **Überlegungsschema** vor:

| Geschäftsvorfälle | I. Welche Konten werden berührt? | II. Wie verändert sich jeweils der Bestand auf den Konten? | III. Auf welcher Kontoseite ist jeweils zu buchen? Soll | Haben |
|---|---|---|---|---|
| 1. Ein Kunde zahlt einen Rechnungsbetrag bar 2000,00 EUR | Kasse | Zugang | 2000,00 | |
| | Ford. a. Lief. u. Leist. | Abgang | | 2000,00 |

## Übungsaufgabe

Stellen Sie anhand des Überlegungsschemas fest, welche Konten durch die folgenden Geschäftsvorfälle berührt werden, welche Veränderung sich auf dem jeweiligen Konto ergibt und auf welcher Seite jeweils zu buchen ist!

**30**

| | | |
|---|---|---|
| 1. | Ein Kunde zahlt einen Rechnungsbetrag bar | 350,00 EUR |
| 2. | Wir kaufen Büroschränke gegen Banküberweisung | 1250,00 EUR |
| 3. | Wir verkaufen einen gebrauchten Schreibtisch bar zum Buchwert | 150,00 EUR |
| 4. | Ein Kunde bezahlt einen Rechnungsbetrag mit Bankscheck | 720,00 EUR |
| 5. | Wir heben Bargeld vom Bankkonto ab und legen das Geld in die Geschäftskasse | 900,00 EUR |
| 6. | Wir kaufen einen PC gegen Bankscheck | 4310,00 EUR |
| 7. | Wir verkaufen eine nicht mehr benötigte Ladentheke gegen Bankscheck zum Buchwert | 680,00 EUR |
| 8. | Ein Kunde zahlt einen Rechnungsbetrag durch Banküberweisung | 165,00 EUR |
| 9. | Wir zahlen auf unser Bankkonto bar ein | 2200,00 EUR |
| 10. | Kundenüberweisung lt. Bankauszug | 910,00 EUR |

## Buchung von Geschäftsvorfällen im System der doppelten Buchführung (im Überlegungsschema und auf Konten)

Um die Vorteile der neuen Sichtweise, bei der als Ausgangspunkt nicht ein bestimmtes Konto, sondern der Geschäftsvorfall gewählt wird, besser verstehen zu können, greifen wir auf die Aufgabe Nr. 29 auf der S. 82 zurück. Bei der alten Sichtweise, bei der wir von einem bestimmten Konto ausgingen, musste jeder Geschäftsvorfall zweimal erscheinen, da jeder Geschäftsvorfall zwei Konten berührt (vgl. in Aufgabe 29 z.B. Nr. 1 und Nr. 7, Nr. 2 und Nr. 6 usw.). Bei der neuen Vorgehensweise, bei der wir den Geschäftsvorfall als Ausgangspunkt unserer Bearbeitung wählen, kommen wir bei der gleichen Aufgabe mit der Hälfte der Geschäftsvorfälle aus. Wir wählen dabei nur eine andere Form der Aufgabenstellung und kommen zu den gleichen Ergebnissen auf den Konten.

**Beispiel mit Lösung (Rückgriff auf Aufgabe 29):**

**I. Anfangsbestände:**

Forderungen aus Lieferungen und Leistungen 4 150,00 EUR; Betriebs- und Geschäftsausstattung 3 750,00 EUR; Bank 5 150,00 EUR; Kasse 560,00 EUR.

**II. Aufgaben:**

1. Stellen Sie mithilfe der drei Fragen unseres eingeführten Überlegungsschemas jeweils fest, wie sich die folgenden Geschäftsvorfälle auf die Kontenbestände auswirken!
2. Übertragen Sie die Ergebnisse Ihrer Überlegungen auf die Konten und ermitteln Sie den Schlussbestand!

**Lösungen:**

**Zu 1.: Feststellung der Auswirkung der Geschäftsvorfälle mithilfe des eingeführten Überlegungsschemas**

| **III. Geschäftsvorfälle** | I. Welche Konten werden berührt? | II. Wie verändert sich jeweils der Bestand auf den Konten? | III. Auf welcher Kontoseite ist jeweils zu buchen? Soll | Haben |
|---|---|---|---|---|
| 1. Ein Kunde zahlt einen Rechnungsbetrag bar 2 000,00 EUR | Kasse<br>Ford. a. Lief. u. Leist. | Zugang[1]<br>Abgang[1] | 2 000,00 | <br>2 000,00 |
| 2. Ein Kunde überweist einen Rechnungsbetrag auf unser Bankkonto 1 500,00 EUR | Bank<br>Ford. a. Lief. u. Leist. | Zugang<br>Abgang | 1 500,00 | <br>1 500,00 |
| 3. Wir kaufen einen PC bar 1 350,00 EUR | Betr.- u. G.-Ausst.<br>Kasse | Zugang<br>Abgang | 1 350,00 | <br>1 350,00 |
| 4. Wir verkaufen ein ausgedientes Faxgerät bar zum Buchwert 50,00 EUR | Kasse<br>Betr.- u. G.-Ausst. | Zugang<br>Abgang | 50,00 | <br>50,00 |
| 5. Wir heben Bargeld vom Bankkonto ab und legen das Geld in die Geschäftskasse 1 200,00 EUR | Kasse<br>Bank | Zugang<br>Abgang | 1 200,00 | <br>1 200,00 |

1 **Hinweis:** Die scheinbare Gesetzmäßigkeit in Spalte II (Zugang einerseits, Abgang andererseits) haben wir bewusst nicht angesprochen. Dieses Wechselspiel gilt nur im Bereich der Aktivkonten. Nach Einbeziehung der Schuldkonten (Passivkonten) werden wir sehen, dass durchaus auf beiden Konten ein Zugang bzw. Abgang möglich ist, ohne dass dabei das aus Spalte III ableitbare Grundprinzip des Systems der doppelten Buchführung (Betrag der Sollbuchung entspricht dem Betrag der Habenbuchung), auf das wir noch zurückkommen, durchbrochen wird.

Außerdem haben wir die Reihenfolge der Konten so gewählt, dass das Konto, auf dem auf der Sollseite zu buchen ist, immer an erster Stelle steht. An diese Ordnung sind Sie vorläufig nicht gebunden.

**Zu 2.: Übertragung der festgestellten Auswirkungen auf die Konten**

| Soll | Forderungen a. Lief. u. Leist. | | Haben |
|---|---|---|---|
| AB | 4150,00 | Kasse | 2000,00 |
| | | Bank | 1500,00 |
| | | SB | 650,00 |
| | 4150,00 | | 4150,00 |

| Soll | Betriebs- u. Geschäftsausst. | | Haben |
|---|---|---|---|
| AB | 3750,00 | Kasse | 50,00 |
| Kasse | 1350,00 | SB | 5050,00 |
| | 5100,00 | | 5100,00 |

| Soll | Kasse | | Haben |
|---|---|---|---|
| AB | 560,00 | BGA | 1350,00 |
| Ford. a.L.u.L. | 2000,00 | SB | 2460,00 |
| BGA | 50,00 | | |
| Bank | 1200,00 | | |
| | 3810,00 | | 3810,00 |

| Soll | Bank | | Haben |
|---|---|---|---|
| AB | 5150,00 | Ka | 1200,00 |
| Ford. a.L.u.L. | 1500,00 | SB | 5450,00 |
| | 6650,00 | | 6650,00 |

**Erläuterungen zu den Buchungen auf den Konten:**

- Die erforderlichen Buchungen auf den Konten sind jeweils aus dem Überlegungsschema abzulesen. Bei dem Geschäftsvorfall Nr. 1 ist z.B. ablesbar, dass auf dem Kassenkonto auf der Sollseite 2000,00 EUR einzutragen sind und auf dem Konto Forderungen aus Lieferungen und Leistungen ebenfalls 2000,00 EUR, allerdings auf der Habenseite.
- Um feststellen zu können, wie es zu diesem Betrag auf dem betreffenden Konto gekommen ist, trägt man in Höhe des gebuchten Betrages jeweils das andere Konto (das sogenannte Gegenkonto) ein. Aus praktischen Gründen (Platzmangel, Zeit) kann der Kontoname abgekürzt werden.

**Merke:**

- Jeder Geschäftsvorfall wird doppelt gebucht und berührt (mindestens) zwei Konten.
- Bei jedem Geschäftsvorfall wird der Betrag auf einem Konto auf der Sollseite und auf einem anderen Konto auf der Habenseite gebucht.
- Für jeden Geschäftsvorfall gilt:

gebuchter Sollbetrag ≙ gebuchter Habenbetrag

Das ist das **Grundprinzip** des Systems der doppelten Buchführung.[1]

## Übungsaufgaben

**31** **I. Anfangsbestände:**

Unbebaute Grundstücke 420000,00 EUR; Betriebs- und Geschäftsausstattung 20000,00 EUR; Waren 35900,00 EUR; Forderungen aus Lieferungen und Leistungen 16450,00 EUR; Kasse 3500,00 EUR; Bank 9100,00 EUR.

1 Das System der doppelten Buchführung war bereits im Mittelalter bekannt. Es ist von dem Grundgedanken her so genial, dass es sich bis in unsere heutigen Tage bewährt hat.

**II. Geschäftsvorfälle:**

| | | |
|---|---|---|
| 1. | Wir kaufen ein Kopiergerät bar | 3000,00 EUR |
| 2. | Wir heben Bargeld vom Bankkonto ab und legen das Geld in die Kasse | 2500,00 EUR |
| 3. | Wir kaufen einen Aktenschrank und zahlen mit Bankscheck | 1750,00 EUR |
| 4. | Ein Kunde überweist einen Rechnungsbetrag auf unser Bankkonto | 2000,00 EUR |
| 5. | Wir kaufen Schreibtische gegen Banküberweisung | 2000,00 EUR |
| 6. | Ein nicht mehr benötigtes Faxgerät wird zum Buchwert bar verkauft | 250,00 EUR |

**III. Aufgaben:**

1. Richten Sie für die angegebenen Anfangsbestände die Konten ein und tragen Sie die Anfangsbestände vor!
2. Erfassen Sie die Veränderungen durch die Geschäftsvorfälle zunächst in dem eingeführten Überlegungsschema und übertragen Sie diese anschließend unter Angabe der entsprechenden Gegenkonten auf die Konten!
3. Schließen Sie die Konten ordnungsmäßig ab!

**32** **I. Anfangsbestände:**

Betriebs- und Geschäftsausstattung 12400,00 EUR; Waren 8900,00 EUR; Forderungen aus Lieferungen und Leistungen 10400,00 EUR; Kasse 1700,00 EUR; Bank 4200,00 EUR.

**II. Geschäftsvorfälle:**

| | | |
|---|---|---|
| 1. | Wir kaufen einen Büroschrank gegen Banküberweisung | 1400,00 EUR |
| 2. | Ein Kunde zahlt den Rechnungsbetrag bar | 2200,00 EUR |
| 3. | Wir kaufen einen Aktenvernichter gegen Bankscheck | 460,00 EUR |
| 4. | Wir heben Bargeld vom Bankkonto ab und legen das Geld in die Geschäftskasse | 900,00 EUR |
| 5. | Ein Kunde zahlt den Rechnungsbetrag durch Überweisung auf das Bankkonto | 400,00 EUR |
| 6. | Wir verkaufen einen nicht mehr benötigten Schreibtisch zum Buchwert bar | 400,00 EUR |

**III. Aufgaben:**

1. Richten Sie für die angegebenen Anfangsbestände die Konten ein und tragen Sie die Anfangsbestände vor!
2. Erfassen Sie die Veränderungen durch die Geschäftsvorfälle zunächst in dem eingeführten Überlegungsschema und übertragen Sie diese anschließend unter Angabe der entsprechenden Gegenkonten auf die Konten!
3. Schließen Sie die Konten ordnungsmäßig ab!

### 2.3.2.3 Schuldkonten (Passivkonten)

#### (1) Buchungsregeln für die Buchungen auf den Schuldkonten (Passivkonten)

Der gegensätzliche Charakter von Vermögen und Schulden führt zwangsläufig dazu, dass auf den Schuldkonten **anders** zu buchen ist als auf den Vermögenskonten. Auf einem Konto, das durch die zweiseitige Verrechnungsmöglichkeit charakterisiert ist (Soll- oder Habenseite), kann das Wort „anders" nur bedeuten: „auf der **anderen Kontoseite**". Das führt zu der Konsequenz, dass auf den **Schuldkonten** der **Anfangsbestand** und die **Zugänge** auf der **Habenseite,** die **Abgänge** und der **Schlussbestand** auf der **Sollseite** zu buchen sind. In der Gegenüberstellung zu den Aktivkonten ergeben sich daher für die Passivkonten, zu denen auch das Eigenkapitalkonto gehört, folgende **Buchungsregeln:**

| Soll | Aktivkonto | Haben |
|---|---|---|
| Anfangsbestand | | Abgänge |
| Zugänge | | Schlussbestand |

| Soll | Passivkonto | Haben |
|---|---|---|
| Abgänge | | Anfangsbestand |
| Schlussbestand | | Zugänge |

**Bei den Aktivkonten (Vermögenskonten) erscheinen:**

- der **Anfangsbestand** und die **Zugänge** auf der **Sollseite,**
- die **Abgänge** und der **Schlussbestand** auf der **Habenseite.**

**Bei den Passivkonten (Schuldkonten und Eigenkapitalkonto) erscheinen:**

- der **Anfangsbestand** und die **Zugänge** auf der **Habenseite,**
- die **Abgänge** und der **Schlussbestand** auf der **Sollseite.**

**Beispiel:**

Wir kaufen bei der Karl Sende OHG einen PC auf Ziel (Zahlung später) für 2500,00 EUR.

**Aufgabe:**

Buchen Sie den Geschäftsvorfall auf den entsprechenden Konten!

**Lösung:**

Der Geschäftsvorfall besagt, dass wir bei der Karl Sende OHG Waren einkaufen und zunächst Schulden machen, weil wir die Rechnung nicht unverzüglich zahlen. Die Karl Sende OHG ist unser Lieferant. Schulden bei Lieferanten buchen wir auf dem Schuldkonto „Verbindlichkeiten aus Lieferungen und Leistungen“.

Der Geschäftsvorfall berührt also die beiden Konten **Betriebs- und Geschäftsausstattung** und **Verbindlichkeiten aus Lieferungen und Leistungen.**

**Betrachtungspunkt: Konto Betriebs- u. Geschäftsausstattung**

Durch den Kauf des PCs nimmt der Bestand auf dem Konto Betriebs- und Geschäftsausstattung **zu.** Das Konto Betriebs- und Geschäftsausstattung ist ein Aktivkonto. Der **Zugang** auf einem **Aktivkonto** wird nach den festgelegten Buchungsregeln auf der **Sollseite** erfasst.

**Betrachtungspunkt: Konto Verbindlichkeiten aus Lieferungen und Leistungen**

Durch den Einkauf des PCs auf Ziel nehmen die Verbindlichkeiten **zu.** Das Konto Verbindlichkeiten aus Lieferungen und Leistungen ist ein Passivkonto. Der **Zugang** bei **Passivkonten** wird nach den geltenden Buchungsregeln auf der **Habenseite** erfasst.

| Soll | Betr.- u. Geschäftsausstattung | Haben |
|---|---|---|
| Verb. a. L. u. L. 2500,00 | | |

| Soll | Verbindlichkeiten a. Lief. u. Leist. | Haben |
|---|---|---|
| | | BGA 2500,00 |

**Erläuterungen:**

Wir stellen fest, dass auf beiden Konten ein Zugang zu verzeichnen ist. Damit wird klargestellt, dass das Prinzip der doppelten Buchführung nicht in einem Wechsel von Zugang und Abgang besteht. Das ist, wie dieser Fall zeigt, eben nicht so. Dagegen bleibt das Grundprinzip der doppelten Buchführung (Sollbuchung auf dem einen Konto, Habenbuchung auf einem anderen Konto) selbstverständlich erhalten. Um nachvollziehen zu können, wie es jeweils zu dem Betrag auf dem Konto gekommen ist, tragen wir vor dem Betrag jeweils das andere Konto (Gegenkonto) ein.

## Übungsaufgaben

**33** Stellen Sie in dem unten vorgegebenen Überlegungsschema dar, wie die nachfolgenden Geschäftsvorfälle zu buchen sind!

| | | |
|---|---|---|
| 1. | Zielkauf eines Bürosessels | 340,00 EUR |
| 2. | Wir bezahlen eine bereits gebuchte Liefererrechnung mit Bankscheck[1] | 1210,00 EUR |
| 3. | Eine kurzfristige Bankverbindlichkeit wird in ein langfristiges Bankdarlehen umgewandelt | 5500,00 EUR |
| 4. | Wir kaufen ein Regal auf Ziel | 980,00 EUR |
| 5. | Wir tilgen einen Teil des Bankdarlehens durch Banküberweisung | 600,00 EUR |
| 6. | Ein Kunde zahlt einen Rechnungsbetrag bar | 55,00 EUR |
| 7. | Kauf eines PCs auf Ziel | 3980,00 EUR |
| 8. | Barabhebung vom Bankkonto zur Auffüllung der Geschäftskasse | 500,00 EUR |
| 9. | Zielkauf eines Notebooks | 1720,00 EUR |
| 10. | Kauf eines Büroschrankes auf Ziel | 598,00 EUR |

**Bearbeitungshinweise:**

Um Fehler soweit wie möglich zu vermeiden, verwenden Sie bitte das nachfolgende **Überlegungsschema.** Da wir es jetzt mit zwei unterschiedlichen Kontoarten zu tun haben, müssen wir das bereits auf S. 83 eingeführte Überlegungsschema um eine weitere Spalte erweitern.

| Geschäftsvorfälle | I. Welche Konten werden berührt? | II. Um welche Kontoart handelt es sich? | III. Wie verändert sich jeweils der Bestand auf den Konten? | IV. Auf welcher Kontoseite ist jeweils zu buchen? | |
|---|---|---|---|---|---|
| | | | | Soll | Haben |
| 1. Zielkauf eines Bürosessels 340,00 EUR | Betr.- u. G.-Ausst.<br>Verb. a. Lief. u. Leist. | Aktivkonto<br>Passivkonto | Zugang<br>Zugang | 340,00 | <br>340,00 |

**34** **I. Anfangsbestände:**

Kasse 300,00 EUR; Forderungen aus Lieferungen und Leistungen 12000,00 EUR; Eigenkapital 12300,00 EUR.

**II. Geschäftsvorfälle:**

| | | |
|---|---|---|
| 1. | Ein Kunde zahlt einen Rechnungsbetrag bar | 10000,00 EUR |
| 2. | Wir kaufen einen gebrauchten Kombiwagen bar | 10200,00 EUR |
| 3. | Wir kaufen Lagerregale auf Ziel | 5000,00 EUR |
| 4. | Ein Kunde zahlt einen Rechnungsbetrag bar | 1500,00 EUR |
| 5. | Wir zahlen eine Lieferantenrechnung bar | 1000,00 EUR |

**III. Aufgaben:**

1. Richten Sie für die angegebenen Anfangsbestände die Konten ein und tragen Sie die Anfangsbestände vor!
2. Legen Sie zuerst die Buchungen für die Geschäftsvorfälle in einem Überlegungsschema fest und übertragen Sie die Buchungen anschließend auf die Konten!
3. Schließen Sie die Konten ordnungsmäßig ab!

1 Bei Zahlungen an Lieferanten bzw. Zahlungseingängen von Kunden ist stets davon auszugehen, dass die entsprechenden Eingangs- bzw. Ausgangsrechnungen bereits gebucht wurden, auch wenn nicht ausdrücklich darauf hingewiesen wird.

35 Buchen Sie mithilfe des Überlegungsschemas von S. 88 die nachfolgenden Geschäftsvorfälle für die Bottroper Metallwerke AG!

| | | |
|---|---|---|
| 1. | Ein Kunde begleicht eine Rechnung bar | 14950,00 EUR |
| 2. | Einkauf einer Maschine gegen Bankscheck | 21748,00 EUR |
| 3. | Zahlung der Liefererrechnung durch Banküberweisung | 950,00 EUR |
| 4. | Banküberweisung zur Tilgung eines Bankdarlehens | 7000,00 EUR |
| 5. | Barverkauf einer nicht mehr benötigten Maschine zum Buchwert von | 1745,00 EUR |
| 6. | Bareinzahlung auf unser Bankkonto | 10800,00 EUR |
| 7. | Ein Kunde begleicht eine Rechnung durch Banküberweisung | 14500,00 EUR |
| 8. | Barkauf eines PCs | 920,00 EUR |
| 9. | Aufnahme eines Darlehens bei der Bank in Höhe von<br>Der Betrag wird uns von der Bank auf dem Kontokorrentkonto zur Verfügung gestellt. | 50000,00 EUR |

## (2) Einordnung des Kontos Eigenkapital in die Gruppe der Passivkonten

Die **Schuldkonten** und das **Eigenkapitalkonto** gehören zu derselben Kontengruppe, den **Passivkonten.** Für das Eigenkapitalkonto gelten somit dieselben Buchungsregeln wie für die Schuldkonten. Hier treten oft Verständigungsschwierigkeiten auf. Ziehen wir aber eine Trennungslinie zwischen dem Unternehmen und seinen Kapitalgebern, d.h., verselbstständigen wir das Unternehmen, dann wird deutlich, warum wir das Eigenkapitalkonto wie ein Schuldkonto behandeln.

Aus dieser Sicht heraus ist es nämlich gleichgültig, wer dem Unternehmen das Kapital zur Verfügung stellt. Das kann **der Unternehmer selbst sein (Eigenkapital)** oder es können auch **fremde Personen** bzw. **Institutionen wie Lieferer oder Banken sein (Fremdkapital[1] bzw. Verbindlichkeiten).** Bezüglich der zur Verfügung gestellten Kapitalbeträge wird das als selbstständige Einheit gedachte Unternehmen auf jeden Fall Schuldner. Jeder Kapitalgeber erwartet eine Vergütung für das zur Verfügung gestellte Kapital.

## 2.3.3 Buchungssatz

### 2.3.3.1 Einfacher Buchungssatz

## (1) Theoretische Grundlagen

Das bisher benutzte „Überlegungsschema" (vgl. S. 88) zur Festlegung der erforderlichen Buchungen auf den Konten ist recht aufwendig. Es genügt, wenn wir uns in Zukunft auf zwei Angaben beschränken:

- die **Konten,** auf denen zu buchen ist,
- die Angabe der **Kontoseite,** auf der jeweils auf dem Konto zu buchen ist.

Diese beiden Angaben sind in den Spalten I und IV unseres Überlegungsschemas enthalten. Die übrigen Spalten (II und III) sind daher entbehrlich. Eine solche auf das Mindestmaß beschränkte Buchungsanweisung nennen wir **Buchungssatz.**

1 Bei betriebswirtschaftlichen Betrachtungsweisen wird statt des bilanztechnischen Begriffs Verbindlichkeiten häufig der Begriff Fremdkapital verwendet.

**Beispiel:**

| Geschäftsvorfall | Konten | Soll | Haben |
|---|---|---|---|
| Wir kaufen ein Kopiergerät auf Ziel für 1 500,00 EUR | Betr.- u. Geschäftsausstattung<br>an Verbindlichkeiten a. L. u. L. | 1 500,00 | <br>1 500,00 |

**Buchungssatz**

**Erläuterungen:**

- Da bezüglich der Kontoseite immer nur zwei Möglichkeiten infrage kommen können (Soll- oder Habenseite), hat man die Vereinbarung getroffen, dass das Konto, auf dem auf der **Sollseite** zu buchen ist, immer **zuerst** genannt wird. Des Weiteren hat man vereinbart, **vor** das Konto, auf dem auf der Habenseite zu buchen ist, das Wörtchen **„an"** zu setzen. Unter Beachtung dieser Vereinbarung kann ein Buchungssatz daher immer nur lauten:

  Konto mit der **Sollbuchung**
  **an** Konto mit der **Habenbuchung.**

- Zur Vereinheitlichung der Schreibweise legen wir fest, dass beim Bilden von Buchungssätzen für jedes Konto eine Zeile benutzt wird. Es sollen auch immer die drei Spalten des oben dargestellten Schemas eingerichtet werden. Nur so ist eine eindeutige Zuordnung von Konto und Betrag möglich.

Zur Bildung des richtigen Buchungssatzes müssen selbstverständlich auch weiterhin die Denkschritte 1. bis 5. vollzogen werden.

**Beispiel:**

Geschäftsvorfall: Wir kaufen ein Kopiergerät auf Ziel für 1 500,00 EUR.

**Aufgabe:**

Führen Sie für den im Beispiel genannten Geschäftsvorfall die erforderlichen Denkschritte bis zur Bildung des Buchungssatzes durch!

**Lösung:**

| Wir fragen: | Wir antworten: |
|---|---|
| **1. Welche Konten werden berührt?** | Das Konto Betriebs- und Geschäftsausstattung und das Konto Verbindlichkeiten aus Lieferungen und Leistungen. |
| **2. Um welche Kontoart handelt es sich jeweils?** | Das Konto Betriebs- u. G.-Ausstattung ist ein Vermögenskonto. Das Konto Verb. a. Lief. u. Leist. ist ein Schuldkonto. |
| **3. Welche Veränderungen ergeben sich jeweils auf den Konten?** | Der Bestand auf dem Konto Betriebs- und Geschäftsausstattung nimmt zu, die Verbindlichkeiten aus Lieferungen und Leistungen nehmen ebenfalls zu. |
| **4. Welche Buchungsregeln sind jeweils anzuwenden?** | Zugänge auf dem Konto Betriebs- und Geschäftsausstattung (Aktivkonto) erscheinen auf der Sollseite.<br>Zugänge auf dem Konto Verb. a. Lief. u. Leist. (Passivkonto) gehören auf die Habenseite. |
| **5. Wie lautet der Buchungssatz?** (zuerst das Konto mit der Sollbuchung angeben!) | see below |

| Konten | Soll | Haben |
|---|---|---|
| Betr.- u. Geschäftsausstatt. | 1 500,00 | |
| an Verbindl. a. L. u. L. | | 1 500,00 |

## Übungsaufgaben

**36** Bilden Sie zu folgenden Geschäftsvorfällen die Buchungssätze, bzw. ermitteln Sie die Geschäftsvorfälle:

| | | |
|---|---|---|
| 1. | Wir zahlen auf unser Bankkonto bar ein | 500,00 EUR |
| 2. | Wir zahlen eine Lieferantenrechnung durch Banküberweisung | 375,00 EUR |
| 3. | Ein Kunde zahlt einen Rechnungsbetrag bar | 570,00 EUR |
| 4. | Wir kaufen ein Kopiergerät bar | 1 250,00 EUR |
| 5. | Wir kaufen einen Aktenvernichter bar | 1 320,00 EUR |
| 6. | Wir zahlen die Tilgungsrate für ein Bankdarlehen bar | 500,00 EUR |
| 7. | Ein Kunde zahlt einen Rechnungsbetrag durch Banküberweisung | 650,00 EUR |
| 8. | Wir heben Bargeld vom Bankkonto ab und legen das Geld in die Kasse | 750,00 EUR |

9. Welche Geschäftsvorfälle lagen folgenden Buchungssätzen zugrunde?

| Nr. | Konten | Soll | Haben |
|---|---|---|---|
| 9.1 | Verbindlichkeiten a. Lief. u. Leist. | 900,00 | |
| | an Bank | | 900,00 |
| 9.2 | Kasse | 500,00 | |
| | an Bank | | 500,00 |

**37** Bilden Sie zu den folgenden Geschäftsvorfällen die Buchungssätze, bzw. ermitteln Sie die Geschäftsvorfälle:

| | | |
|---|---|---|
| 1. | Wir kaufen einen PC auf Ziel | 1 500,00 EUR |
| 2. | Ein PC wird wegen eines Mangels an den Lieferanten zurückgeschickt. Die Eingangsrechnung ist bereits gebucht. | 300,00 EUR |
| 3. | Ein Kunde zahlt durch eine Banküberweisung eine Rechnung über | 500,00 EUR |
| 4. | Ein Kunde zahlt durch Bankscheck einen Betrag von | 700,00 EUR |
| 5. | Eine Lieferantenrechnung wird durch Banküberweisung beglichen. | 450,00 EUR |

6. Wie lauten die Geschäftsvorfälle zu den folgenden Buchungssätzen?

| Nr. | Konten | Soll | Haben |
|---|---|---|---|
| 6.1 | Fuhrpark | 21 800,00 | |
| | an Verbindlichkeiten a. Lief. u. Leist. | | 21 800,00 |
| 6.2 | Kasse | 470,00 | |
| | an Forderungen a. Lief. u. Leist. | | 470,00 |

## (2) Praktische Anwendung (Buchung nach Belegen)

### Grundsätzliches

In der Praxis existiert über jeden Geschäftsvorfall ein Beleg. Die Buchungssätze werden somit dort immer nur aufgrund von Belegen (Überweisungen, Rechnungen, Quittungen, Lohnlisten usw.) gebildet.

**Merke:**

In der Praxis gilt daher der Grundsatz: **Keine Buchung ohne Beleg!**

Nur durch den Beleg kann die Richtigkeit bzw. Vollständigkeit der Buchführung nachgewiesen werden. Belege sind daher die Grundvoraussetzung für eine ordnungsmäßige Buchführung. Nach der Rechtsprechung ist eine Buchführung aus steuerlicher Sicht nur in Verbindung mit den Belegen beweiskräftig und ordnungsmäßig.

Bei Prüfungen der Buchführung durch die steuerliche Betriebsprüfung oder bei betriebsinterner Revision gibt oft erst der Rückgriff auf den Buchungsbeleg Aufschluss über den zugrunde liegenden Geschäftsvorfall.

## Bearbeitung der Buchungsbelege

Die **Buchungsanweisung (Buchungssatz, Kontierung)** wird auf dem Beleg festgehalten. Zu diesem Zweck benutzt man in der Regel einen sogenannten Kontierungsstempel, mit dem man die benötigten Spalten auf den Beleg aufdruckt, sodass diese nur noch mit den erforderlichen Daten versehen werden müssen. Da später so gebucht wird wie kontiert wurde, ist die Kontierungsarbeit von grundlegender Bedeutung.

An die Kontierung schließt sich dann der eigentliche **Buchungsvorgang** an. Hierbei wird bei jeder Buchung im Grundbuch[1] die Belegnummer vermerkt (z.B. ER 9 entspricht der Eingangsrechnungsnummer 9), um jederzeit von der Buchung auf den Beleg schließen zu können. Da der Buchhalter auch den Beleg mit einem Buchungsvermerk versieht (Buchungsnummer, Seitennummer, Datum, Zeichen des Buchhalters), kann umgekehrt auch vom Beleg auf die Buchung geschlossen werden.

**Beispiel:**

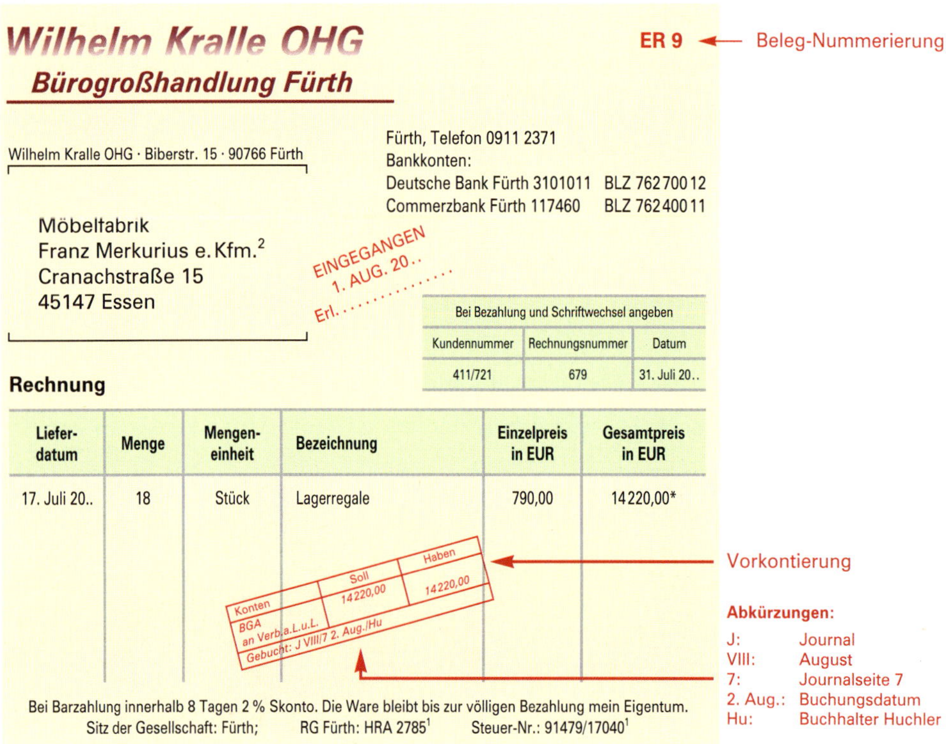
Wilhelm Kralle OHG
Bürogroßhandlung Fürth

ER 9 ← Beleg-Nummerierung

Wilhelm Kralle OHG · Biberstr. 15 · 90766 Fürth

Fürth, Telefon 0911 2371
Bankkonten:
Deutsche Bank Fürth 3101011 BLZ 76270012
Commerzbank Fürth 117460 BLZ 76240011

Möbelfabrik
Franz Merkurius e. Kfm.[2]
Cranachstraße 15
45147 Essen

EINGEGANGEN
1. AUG. 20..
Erl. ...............

Bei Bezahlung und Schriftwechsel angeben

| Kundennummer | Rechnungsnummer | Datum |
|---|---|---|
| 411/721 | 679 | 31. Juli 20.. |

**Rechnung**

| Liefer-datum | Menge | Mengen-einheit | Bezeichnung | Einzelpreis in EUR | Gesamtpreis in EUR |
|---|---|---|---|---|---|
| 17. Juli 20.. | 18 | Stück | Lagerregale | 790,00 | 14220,00* |

| Konten | Soll | Haben |
|---|---|---|
| BGA | 14220,00 | |
| an Verb. a.L.u.L. | | 14220,00 |
| Gebucht: J VIII/7 2. Aug./Hu | | |

← Vorkontierung

**Abkürzungen:**
J: Journal
VIII: August
7: Journalseite 7
2. Aug.: Buchungsdatum
Hu: Buchhalter Huchler

Bei Barzahlung innerhalb 8 Tagen 2 % Skonto. Die Ware bleibt bis zur völligen Bezahlung mein Eigentum.
Sitz der Gesellschaft: Fürth; RG Fürth: HRA 2785[1] Steuer-Nr.: 91479/17040[1]

* Da die Umsatzsteuer noch nicht behandelt wurde, bleibt sie hier unberücksichtigt.

1 Im Grundbuch werden die Buchungen in zeitlicher Reihenfolge (chronologisch) erfasst.

2 Bei allen Kaufleuten ist auf den Geschäftsbriefen die Firma, die Bezeichnung als Kaufmann (z.B. e.Kfm. GmbH, GmbH & Co. KG), der Ort der Handelsniederlassung, das Registergericht (HRA → für Einzelunternehmen und Personengesellschaften, HRB → für Kapitalgesellschaften) und die Nummer, unter der die Firma in das Handelsregister eingetragen ist, anzugeben. Zudem muss die Steuernummer oder die Umsatzsteuer-Identifikationsnummer des Bundesamtes für Finanzen ausgewiesen werden [§ 14 IV, S. 1 Nr. 2 UStG]. Zu weiteren Pflichtangaben nach dem Umsatzsteuergesetz siehe Seite 138f.!

# Übungsaufgabe

38 1. Formulieren Sie aufgrund der Belege den jeweils zugrunde liegenden Geschäftsvorfall!

2. Bilden Sie die Buchungssätze für das Großhandelshaus Weber Markt e. Kfm., Gartenstraße 35, 59423 Unna!

**Beleg 1**

***Maschinenfabrik Friedrich Pappe KG, Karlsruhe***

Friedrich Pappe KG, Seegasse 4, 76228 Karlsruhe

Weber Markt e. Kfm.
Gartenstr. 35
59423 Unna

***Rechnung Nr. 65017*** 27. Januar 20..

| Menge | Artikel-Nr. | Artikelbezeichnung | Preis je Artikel | Gesamtbetrag |
|---|---|---|---|---|
| 5 | 234 176 | Lagerregale 2000 Stahl | 3070,00 EUR | 15350,00 EUR |

Es gelten unsere umseitigen Lieferungs- und Zahlungsbedingungen.
Sitz der Gesellschaft: Karlsruhe, Registergericht Karlsruhe, HRA 748
Steuer-Nr.: 77411/95013

* Da die Umsatzsteuer noch nicht behandelt wurde, bleibt sie unberücksichtigt!

**Beleg 2**

SIK - KAD 8/98 S

Bitte beachten Sie die Hinweise auf der Rückseite

| Kontonummer | SPARKASSE UNNA | | | Bankleitzahl |
|---|---|---|---|---|
| 523798 | | | | 443 500 60 |

| Buchungstag | Tag der Wertstellung | Verwendungszweck/Buchungstext | Buchungsnummer | alter Kontostand 10000,00 + |
|---|---|---|---|---|
| 27.01. | 27.01. | ÜBERWEISUNG Frieda Freund Rechnung v. 20. Jan. | 7588 | 1450,50 + |
| 27.01. | 27.01. | ÜBERWEISUNG Hans Beufele Rechn.-Nr. 102 Rechn.-Datum 20.01. | | 3120,80 – |
| 27.01. | 27.01. | Bareinzahlung | | 2100,00 + |

Weber Markt e. Kfm.
Gartenstraße 35
59423 Unna

10429,70 + neuer Kontostand

| Kontoauszug vom | Auszug | Blatt |
|---|---|---|
| 27.01.20.. | 7 | 1 |

50/00

**Beleg 3**

DURCHSCHRIFT

**Quittung**

EUR

Betrag 380,40

inclusive % MwSt./Betrag

Nr. 1/14

Betrag in Worten dreihundertachtzig-------------

von

für Rechnung vom 25. Januar 20..

dankend erhalten

Datum/Ort Unna, 27. Januar 20..

Buchungsvermerke

Stempel/Unterschrift des Empfängers

**Weber Markt e. Kfm.**
**59423 Unna**
*Weber*

Quittung Zweckform

**Beleg 4**

**Beleg für Kontoinhaber**/Einzahler-Quittung

Name und Sitz des Kreditinstituts des Überweisenden: Sparkasse Unna

Bankleitzahl: 443 500 60

Begünstigter: Name, Vorname/Firma (max. 27 Stellen): Lener-Service Handelsgesellschaft Pfungstadt

Konto-Nr. des Begünstigten: 345 9876

Bankleitzahl: 508 501 50

Kreditinstitut des Begünstigten: Städtische Sparkasse Pfungstadt

EUR

Betrag: Euro, Cent: 460,94 -------------

Kunden-Referenznummer - Verwendungszweck, ggf. Name und Anschrift des Überweisenden - (nur für Begünstigten): Rechnung vom 27. Jan. 20..

noch Verwendungszweck (insgesamt max. 2 Zeilen à 27 Stellen)

Kontoinhaber/Einzahler: Name, Vorname/Firma, Ort (max. 27 Stellen, keine Straßen- oder Postfachangaben): Weber Markt e.Kfm., Gartenstr. 35, 59423 Unna

Konto-Nr. des Kontoinhabers: 523 798

**Beleg 5**

**Sparkasse Unna**

DE

Zahlen Sie gegen diesen Scheck

EUR

Betrag: 240,20

zweihundertvierzig

Betrag in Buchstaben

noch Betrag in Buchstaben

Unna

Ausstellungsort

an Weber-Markt e.Kfm., Unna
oder Überbringer

27. Januar 20..

Datum

Nur zur Verrechnung

*Erika Schmidt*

Unterschrift des Ausstellers

121 600 000

Der vorgedruckte Schecktext darf nicht geändert oder gestrichen werden. Die Angabe einer Zahlungsfrist auf dem Scheck gilt als nicht geschrieben.

| Scheck-Nr. | Konto-Nr. | Betrag | Bankleitzahl | Text |
|---|---|---|---|---|
| 0000005654483 | 0142016978 | | 44350060 | 01 |

*Bitte dieses Feld nicht beschriften und nicht bestempeln*

### 2.3.3.2 Zusammengesetzter Buchungssatz

Sind für einen Buchungssatz **mehr als zwei Konten** erforderlich, spricht man von einem **zusammengesetzten Buchungssatz.** Auch für den zusammengesetzten Buchungssatz gilt, dass bei jedem Buchungssatz die Summe der gebuchten Sollbeträge mit der Summe der gebuchten Habenbeträge übereinstimmen muss.

**Beispiel:**

**I. Anfangsbestände:**

Verbindlichkeiten aus Lieferungen und Leistungen 10000,00 EUR; Bank 7000,00 EUR; Kasse 5000,00 EUR.

**II. Geschäftsvorfall:**

Wir zahlen eine Eingangsrechnung über 3700,00 EUR, und zwar durch Banküberweisung 3000,00 EUR, in bar 700,00 EUR.

**III. Aufgaben:**

1. Buchen Sie den Geschäftsvorfall auf den Konten!
2. Bilden Sie den Buchungssatz!

**Lösungen:**

**Zu 1.: Buchung auf den Konten**

| Soll | Bank | | Haben |
|---|---|---|---|
| AB | 7000,00 | Vb. a. L. u. L. | 3000,00 |

| Soll | Verb. a. Lief. u. Leist. | | Haben |
|---|---|---|---|
| Ba/Ka | 3700,00 | AB | 10000,00 |

| Soll | Kasse | | Haben |
|---|---|---|---|
| AB | 5000,00 | Vb. a. L. u. L. | 700,00 |

**Zu 2.: Buchungssatz**

| Konten | Soll | Haben |
|---|---|---|
| Verbindlichkeiten a. Lief. u. Leist. | 3700,00 | |
| an Bank | | 3000,00 |
| an Kasse | | 700,00 |

**Merke:**

Für den **einfachen Buchungssatz** wie für den **zusammengesetzten Buchungssatz** gilt:

**Summe der gebuchten Sollbeträge ≙ Summe der gebuchten Habenbeträge**

## Übungsaufgaben

**39** Bilden Sie zu den folgenden Geschäftsvorfällen die Buchungssätze!

1. Ein Kunde zahlt eine Rechnung über 725,00 EUR
   in bar 225,00 EUR
   durch Banküberweisung 500,00 EUR
2. Wir kaufen Lagerregale für insgesamt 3500,00 EUR
   gegen Barzahlung 1500,00 EUR
   auf Ziel 2000,00 EUR

3. Wir verkaufen einen gebrauchten Kombiwagen in Höhe des Buchwertes von 3 800,00 EUR gegen Barzahlung 800,00 EUR
Restforderung 3000,00 EUR

4. Ein Kunde zahlt einen Rechnungsbetrag über 1750,00 EUR
durch Banküberweisung 1000,00 EUR
durch Barzahlung 750,00 EUR

5. Wir bezahlen eine Lieferantenrechnung über 2550,00 EUR
in bar 550,00 EUR
durch Banküberweisung 2000,00 EUR

6. Wir kaufen einen neuen Kombiwagen zum Preise von 25000,00 EUR
gegen Barzahlung 5500,00 EUR
durch Banküberweisung 10000,00 EUR
Restverbindlichkeit 9500,00 EUR

**40** Bilden Sie zu den folgenden Geschäftsvorfällen die Buchungssätze, bzw. ermitteln Sie die Geschäftsvorfälle!

1. Wir tilgen eine Darlehensschuld bei der Bank über 5000,00 EUR
in bar 1500,00 EUR
durch Banküberweisung 3500,00 EUR

2. Wir kaufen neue Lagerregale für 20000,00 EUR
Finanzierung: Barzahlung 5000,00 EUR
Banküberweisung 10000,00 EUR
Restverbindlichkeit 5000,00 EUR

3. Gutschriftanzeigen der Bank:
für Bareinzahlung 1500,00 EUR
für Überweisung eines Kunden 750,00 EUR

4. Welche Geschäftsvorfälle liegen folgenden Buchungssätzen zugrunde?

| Nr. | Konten | Soll | Haben |
|---|---|---|---|
| 4.1 | Fuhrpark | 33750,00 | |
| | an Bank | | 20000,00 |
| | an Kasse | | 13750,00 |
| 4.2 | Verbindlichkeiten a. Lief. u. Leist | 2350,00 | |
| | an Bank | | 2000,00 |
| | an Kasse | | 350,00 |
| 4.3 | Bank | 750,00 | |
| | Kasse | 250,00 | |
| | an Forderungen a. Lief. u. Leist. | | 1000,00 |
| 4.4 | Unbebaute Grundstücke | 40000,00 | |
| | an Bank | | 37000,00 |
| | an Kasse | | 3000,00 |

**41** **I. Anfangsbestände:**

Betriebs- und Geschäftsausstattung 41355,00 EUR; Kasse 1670,00 EUR; Bank 33975,00 EUR; Forderungen aus Lieferungen und Leistungen 12150,00 EUR; Waren 24570,00 EUR; Verbindlichkeiten aus Lieferungen und Leistungen 13220,00 EUR; Langfristige Bankverbindlichkeiten 5000,00 EUR; Eigenkapital 95500,00 EUR.

**II. Geschäftsvorfälle:**

| | | |
|---|---|---|
| 1. | Wir verkaufen nicht mehr benötigte Lagerschränke bar zum Buchwert | 2500,00 EUR |
| 2. | Neuanschaffung einer Büroeinrichtung gegen Banküberweisung | 30000,00 EUR |
| 3. | Ein Kunde überweist einen Rechnungsbetrag auf das Bankkonto | 2120,00 EUR |
| 4. | Zur Auffüllung des Kassenbestandes heben wir vom Bankkonto bar ab | 500,00 EUR |
| 5. | Wir zahlen eine Lieferantenrechnung bar | 1200,00 EUR |
| 6. | Teilweise Tilgung des Bankdarlehens bar | 1000,00 EUR |

**III. Aufgaben:**

1. Richten Sie für die angegebenen Anfangsbestände die Bilanzkonten ein und tragen Sie die Anfangsbestände vor!
2. Bilden Sie die Buchungssätze!
3. Buchen Sie die Geschäftsvorfälle auf den Konten und schließen Sie die Konten ordnungsmäßig ab!

## 2.3.4 Eröffnung und Abschluss der Bestandskonten (Bilanzkonten) im System der doppelten Buchführung (Eröffnungsbilanzkonto und Schlussbilanzkonto)

Das Prinzip der doppelten Buchführung wurde bisher nur bei den Buchungen der Geschäftsvorfälle angewandt. Die Anfangs- und Schlussbestände auf den Konten wurden dagegen nicht doppelt gebucht, sondern nur eingetragen. Das **Prinzip der doppelten Buchführung** ist jedoch ein **generelles Prinzip** und gilt folglich auch für die Anfangs- und Schlussbestände auf den Konten.

Wenn bei der Eröffnung der Konten mit den Anfangsbeständen und beim Abschluss der Konten mit den Schlussbeständen jeweils eine Gegenbuchung erfolgen soll, benötigen wir dafür entsprechende Gegenkonten. Die **Buchung der Anfangsbestände** erfolgt mithilfe des **Eröffnungsbilanzkontos (EBK)** und die **Buchung der Schlussbestände** erfolgt über das **Schlussbilanzkonto (SBK)**.

**Merke:**

- Das **Eröffnungsbilanzkonto** und das **Schlussbilanzkonto** bringen die Geschlossenheit des **Systems der doppelten Buchführung** zum Ausdruck.
- Die beiden Konten bieten die Gewähr, dass sowohl bei der Erfassung der **Anfangsbestände** als auch bei der Erfassung der **Schlussbestände** jeder Betrag systemgerecht **doppelt gebucht** wird.

**Beispiel:**

Als Demonstrationsbeispiel für die systemgerechte doppelte Buchung der Anfangs- und Schlussbestände greifen wir auf die Aufgabe 41 zurück.

**Aufgaben:**

1. Eröffnen Sie die Konten mit den angegebenen Anfangsbeständen mithilfe des Eröffnungsbilanzkontos!
2. Buchen Sie die Geschäftsvorfälle auf den entsprechenden Konten!
3. Schließen Sie die Konten über das Schlussbilanzkonto ab!



7 Speth u.a. ISBN 978-3-8120-0260-8

**Lösung:**

| Soll | Eröffnungsbilanzkonto | | Haben |
|---|---|---|---|
| Eigenkapital | 95 500,00 | BGA | 41 355,00 |
| Verb.a.L.u.L. | 13 220,00 | Kasse | 1 670,00 |
| Lfr. Bankverb. | 5 000,00 | Bank | 33 975,00 |
| | | Ford. a. L. u. L. | 12 150,00 |
| | | Waren | 24 570,00 |
| | 113 720,00 | | 113 720,00 |

| Soll | Betr.- u. Geschäftsausstattung | | Haben |
|---|---|---|---|
| EBK | 41 355,00 | Ka | 2 500,00 |
| Ba | 30 000,00 | SBK | 68 855,00 |
| | 71 355,00 | | 71 355,00 |

| Soll | Kasse | | Haben |
|---|---|---|---|
| EBK | 1 670,00 | V. a. L. u. L. | 1 200,00 |
| BGA | 2 500,00 | L. Bankv. | 1 000,00 |
| Ba | 500,00 | SBK | 2 470,00 |
| | 4 670,00 | | 4 670,00 |

| Soll | Bank | | Haben |
|---|---|---|---|
| EBK | 33 975,00 | BGA | 30 000,00 |
| F. a. L. u. L. | 2 120,00 | Ka. | 500,00 |
| | | SBK | 5 595,00 |
| | 36 095,00 | | 36 095,00 |

| Soll | Forderungen a. L. u. L. | | Haben |
|---|---|---|---|
| EBK | 12 150,00 | Ba. | 2 120,00 |
| | | SBK | 10 030,00 |
| | 12 150,00 | | 12 150,00 |

| Soll | Waren | | Haben |
|---|---|---|---|
| EBK | 24 570,00 | SBK | 24 570,00 |

| Soll | Eigenkapital | | Haben |
|---|---|---|---|
| SBK | 95 500,00 | EBK | 95 500,00 |

| Soll | Verbindlichkeiten a. L. u. L. | | Haben |
|---|---|---|---|
| Ka. | 1 200,00 | EBK | 13 220,00 |
| SBK | 12 020,00 | | |
| | 13 220,00 | | 13 220,00 |

| Soll | Langfr. Bankverbindlichkeiten | | Haben |
|---|---|---|---|
| Ka. | 1 000,00 | EBK | 5 000,00 |
| SBK | 4 000,00 | | |
| | 5 000,00 | | 5 000,00 |

| Soll | Schlussbilanzkonto | | Haben |
|---|---|---|---|
| BGA | 68 855,00 | Eigenkapital | 95 500,00 |
| Kasse | 2 470,00 | Verb.a.L.u.L. | 12 020,00 |
| Bank | 5 595,00 | Lfr. Bankverb. | 4 000,00 |
| Ford. a. L. u. L. | 10 030,00 | | |
| Waren | 24 570,00 | | |
| | 111 520,00 | | 111 520,00 |

**Erläuterungen:**

- Die Anfangsbestände der Aktivkonten sind auf der Habenseite des Eröffnungsbilanzkontos und die Anfangsbestände der Passivkonten auf der Sollseite des Eröffnungsbilanzkontos zu buchen. Im Vergleich zum Schlussbilanzkonto sind die Seiten vertauscht.
- Das Eröffnungsbilanzkonto ist ein Hilfskonto, um das System der doppelten Buchung nicht zu durchbrechen. Gleichzeitig wird damit auch die Gleichheit der Soll- und Habenbeträge zu Beginn der Geschäftsperiode dokumentiert.
- Es ist ein Grundprinzip des Systems der doppelten Buchführung, das auch bei der Eröffnung der Konten sichergestellt sein muss, dass die Summe der gebuchten Sollbeträge mit der Summe der gebuchten Habenbeträge übereinstimmt.

## Zusammenfassung

- Sollen die Anfangsbestände und die Schlussbestände auf den Bilanzkonten im System der doppelten Buchführung gebucht werden, benötigt man für die Gegenbuchungen ein entsprechendes Gegenkonto. Für die Gegenbuchungen der Anfangsbestände ist das **Eröffnungsbilanzkonto** zuständig, für die Gegenbuchungen der Schlussbestände benötigen wir das **Schlussbilanzkonto.**
- Da nach den unumstößlichen Buchungsregeln die **Anfangsbestände** bei den **Vermögenskonten** auf der **Sollseite** erscheinen müssen, erfolgen die **Gegenbuchungen** auf dem EBK jeweils auf der **Habenseite.**

  **Buchungssätze:** jeweiliges Aktivkonto
  an EBK

- Weil die **Anfangsbestände** bei den **Kapitalkonten** (Schuldkonten und Eigenkapitalkonto) auf der **Habenseite** stehen müssen, kann auf dem EBK die **Gegenbuchung** nur auf der **Sollseite** erscheinen.

  **Buchungssätze:** EBK
  an jeweiliges Passivkonto

- Eine entsprechende Logik ergibt sich für die Buchung der **Schlussbestände.**
  - Buchungssätze für die **Schlussbestände auf den Vermögenskonten:**

    **Buchungssätze:** SBK
    an jeweiliges Aktivkonto

  - Buchungssätze für die **Schlussbestände auf den Kapitalkonten:**

    **Buchungssätze:** jeweiliges Passivkonto
    an SBK

- Das Eröffnungsbilanzkonto und das Schlussbilanzkonto gehören zum Kontensystem der doppelten Buchführung.
- Eröffnungsbilanz und Schlussbilanz stehen außerhalb der Buchführung.

## Hinweis:

Das Eröffnungsbilanzkonto und das Schlussbilanzkonto wurden hier aus methodischen und systematischen Überlegungen dargestellt. Ob in den nachfolgenden Übungsaufgaben das Eröffnungsbilanzkonto geführt werden soll, bleibt der individuellen Entscheidung der Lehrenden vorbehalten. In elektronischen Finanzbuchhaltungssystemen ist es allerdings aus abstimmungstechnischen Gesichtspunkten unverzichtbar. Demgegenüber wird ein Schlussbilanzkonto in der elektronischen Finanzbuchhaltung nicht geführt. Hier geht man beim Abschluss von den Konten der Buchführung direkt auf die Schlussbilanz über, was in der schulischen Buchführung jedoch nicht sinnvoll ist.

## Übungsaufgaben

**42** **I. Anfangsbestände:**

Unbebaute Grundstücke 965 000,00 EUR; Maschinen 470500,00 EUR; Betriebs- und Geschäftsausstattung 84900,00 EUR; Waren 54800,00 EUR; Ford. a. Lief. u. Leist. 105450,00 EUR; Bank 17770,00 EUR; Kasse 25100,00 EUR; Eigenkapital 892320,00 EUR; Langfristige Bankverbindlichkeiten 450000,00 EUR; Verb. a. Lief. u. Leist. 381200,00 EUR.

**II. Geschäftsvorfälle:**

| | | |
|---|---|---|
| 1. | Eingangsrechnung für Büromöbel | 27500,00 EUR |
| 2. | Von der bereits gebuchten Büromöbellieferung schicken wir einen nicht bestellten Posten zurück | 4000,00 EUR |
| 3. | Ein Kunde zahlt einen Rechnungsbetrag durch Banküberweisung | 32000,00 EUR |
| 4. | Wir tilgen teilweise die Darlehensschuld bei der Bank durch Banklastschrift | 7200,00 EUR |
| 5. | Wir kaufen eine Abfüllmaschine auf Ziel | 87700,00 EUR |
| 6. | Wir zahlen eine Lieferantenrechnung über 28570,00 EUR bar | 6570,00 EUR |
| | durch Bankscheck | 22000,00 EUR |
| 7. | Barkauf eines Schreibtisches für das Büro | 2600,00 EUR |
| 8. | Kauf eines Grundstücks für einen Parkplatz auf Ziel | 67000,00 EUR |

**III. Aufgaben:**

1. Eröffnen Sie die Konten mithilfe des Eröffnungsbilanzkontos!
2. Bilden Sie die Buchungssätze und buchen Sie auf den Konten!
3. Schließen Sie die Konten über das Schlussbilanzkonto ab!

**43** **I. Anfangsbestände:**

Bebaute Grundstücke 200000,00 EUR; Betriebsgebäude 335850,00 EUR; Betriebs- und Geschäftsausstattung 228710,00 EUR; Kasse 7350,00 EUR; Bank 62550,00 EUR; Ford. a. Lief. u. Leist. 98720,00 EUR; Waren 165750,00 EUR; Verb. a. Lief. u. Leist. 154820,00 EUR; Langfristige Bankverbindlichkeiten 200000,00 EUR; Eigenkapital 744110,00 EUR.

**II. Geschäftsvorfälle:**

| | | |
|---|---|---|
| 1. | Einkauf einer Maschine 23500,00 EUR: | |
| | gegen Banküberweisung | 12000,00 EUR |
| | auf Ziel | 11500,00 EUR |
| 2. | Ein Kunde bezahlt einen Rechnungsbetrag über 1250,00 EUR, bar | 750,00 EUR |
| | durch Banküberweisung | 500,00 EUR |
| 3. | Barkauf eines gebrauchten PCs | 950,00 EUR |
| 4. | Teilrückzahlung eines Bankdarlehens durch Banküberweisung | 4500,00 EUR |
| 5. | Barverkauf eines nicht mehr benötigten Büroschrankes zum Buchwert | 650,00 EUR |
| 6. | Begleichung einer Eingangsrechnung in Höhe von 7820,00 EUR, bar | 2350,00 EUR |
| | durch Banküberweisung | 5470,00 EUR |

**III. Aufgaben:**

1. Eröffnen Sie die Konten mithilfe des Eröffnungsbilanzkontos!
2. Bilden Sie die Buchungssätze und buchen Sie auf den Konten!
3. Schließen Sie die Konten über das Schlussbilanzkonto ab!

**44** 1. Formulieren Sie aufgrund der nachfolgenden Belege den jeweils zugrunde liegenden Geschäftsvorfall!

2. Bilden Sie die Buchungssätze für die Möbelwerke Konrad Krause KG, Schlesienstr. 14–18, 53119 Bonn!

**Beleg 1**[1]

Maschinenfabrik Hans Werner GmbH
ESSEN

Hans Werner GmbH, Winkelstr. 20, 45149 Essen

Möbelwerke
Konrad Krause KG
Schlesienstr. 14–18
53119 Bonn

Rechnung 144/80

| Ihre Bestellung | Unsere Lieferung | Rechnungsdatum |
|---|---|---|
| 15.10.20.. | 28.10.20.. | 05.11.20.. |

| Menge | Warenbezeichnung | Einzelpreis EUR | Gesamtbetrag EUR |
|---|---|---|---|
| 4 | Schleifmaschine | 1 420,00 | 5 680,00 |

**Beleg 2**[1]

Autohaus Franz Sauer e.Kfm.
Fährstr. 14 · 53179 Bonn

Autohaus F. Sauer e.Kfm. · Fährstr. 14 · 53179 Bonn

Möbelwerke
Konrad Krause KG
Schlesienstr. 14–18
53119 Bonn

Rechnung 5192

| Ihre Bestellung | Unsere Lieferung | Rechnungsdatum |
|---|---|---|
| 20.10.20.. | 30.10.20.. | 04.11.20.. |

Wir danken für Ihren Auftrag und berechnen Ihnen wie folgt
1 Kombiwagen gebraucht 21 800,00 EUR

Zahlungsziel: 10 Tage 3 % Skonto, 30 Tage netto Kasse

**Beleg 3**

Einzahlungs/Überweisungsauftrag an
Bayerische
Hypo- und Vereinsbank
HypoVereinsbank
UniCredit Group

Begünstigter: Hans Werner GmbH Essen
Konto-Nr. des Begünstigten: 14203010
Bankleitzahl: 38070059
bei (Kreditinstitut): Deutsche Bank Bonn
EUR Betrag: 5680,00
Kunden-Referenznummer - noch Verwendungszweck, ggf. Name und Anschrift des Auftraggebers - (nur für Begünstigten): Rechnung vom 05.11.20..
Kontoinhaber: Konrad Krause KG, Bonn
Konto-Nr. des Kontoinhabers: 0175030

10.11.20.. *i.A. Wachter*
Datum Unterschrift

**Beleg 4**[1]

Bürotechnik + Organisation Haffner
Sachsenweg 18 | 53119 Bonn | 0228 7721

Fa. *Möbelwerke Krause KG*

| Anz. | Datum 02.11.20.. | Einzelpreis EUR | Gesamtpreis EUR |
|---|---|---|---|
| *3* | *Aktenvernichter* | *415,00* | *1 245,00* |
| | | | |
| | | | |
| | | | |
| | | | |
| | Betrag dankend erhalten. | | |

*Be*

Verk. *Be* | 000195-11 | Bei Irrtum oder Umtausch bitte diesen Beleg vorlegen.

Haffner Bürotechnik + Organisation
St.-Nr. 44 111 17931

**45** **I. Anfangsbestände:**

Unbebaute Grundstücke 100 000,00 EUR; Betriebs- und Geschäftsausstattung 115 000,00 EUR; Kasse 12 800,00 EUR; Bank 14 230,00 EUR; Forderungen aus Lieferungen und Leistungen 160 780,00 EUR; Waren 114 890,00 EUR; Verbindlichkeiten aus Lieferungen und Leistungen 98 270,00 EUR; Langfristige Bankverbindlichkeiten 200 000,00 EUR; Eigenkapital soll noch ermittelt werden.

1 Bei den Belegen in dieser Aufgabe wird auf den Ausweis der Umsatzsteuer verzichtet, weil diese noch nicht behandelt wurde.

**II. Geschäftsvorfälle:**

| | | |
|---|---|---|
| 1. | Kauf eines Bürotisches bar | 1800,00 EUR |
| 2. | Ein Kunde zahlt bar | 12320,00 EUR |
| 3. | Wir begleichen eine bereits gebuchte Eingangsrechnung durch Banküberweisung | 11700,00 EUR |
| 4. | Wir kaufen eine EDV-Anlage bar | 4850,00 EUR |
| 5. | Eingangsrechnung für eine Verpackungsmaschine | 12300,00 EUR |
| 6. | Wir zahlen auf unser Bankkonto bar ein | 10250,00 EUR |
| 7. | Wir zahlen das Bankdarlehen teilweise durch Banküberweisung zurück | 5500,00 EUR |

**III. Aufgaben:**

1. Stellen Sie die Eröffnungsbilanz auf!
2. Richten Sie die entsprechenden Konten ein und buchen Sie die Anfangsbestände!
3. Bilden Sie die Buchungssätze und buchen Sie auf den Konten!
4. Nach der Buchung der Geschäftsvorfälle sind die Konten über das SBK abzuschließen!
5. Stellen Sie auf der Grundlage des buchhalterischen Abschlusses eine nach handelsrechtlichen Vorschriften gegliederte Bilanz auf.

### 2.3.5 Zusammenhang zwischen Bilanzkonten, Inventur, Inventar und Bilanz

Die Konten der Buchführung (Bilanzkonten) – unter Einbeziehung des Schlussbilanzkontos und des Eröffnungsbilanzkontos – bilden jetzt eine in sich geschlossene Einheit: **Das Kontensystem der doppelten Buchführung.** Die Zahlen auf diesen Konten stellen für die Geschäftsleitung eine unentbehrliche Informationsquelle dar.

Neben der Geschäftsleitung sind auch außerhalb des Unternehmens stehende Kreise (Steuerbehörden, Banken, Gesellschafter, Mitarbeiter) an den Ergebnissen der Buchführung interessiert. Die berechtigten Informationsansprüche dieser Gruppen werden unter anderem durch die **Bilanz** erfüllt.

Die Bilanz baut auf den Zahlen der Buchführung auf, wobei diese Zahlen jedoch vor ihrer Übernahme in die Bilanz durch die Inventur auf ihre Richtigkeit hin überprüft werden. Vom buchtechnischen Standpunkt aus und auch von der Tatsache ausgehend, dass die Bilanz für die Öffentlichkeit entsprechend aufbereitet werden muss [§§ 247, 266 HGB], stehen **Inventur** (bzw. **Inventar**) und **Bilanz außerhalb der Buchführung.**

Die grafische Darstellung auf S. 103 soll den Zusammenhang zwischen dem Kontensystem der Buchführung und der Bilanz sowie der Inventur (bzw. dem Inventar) veranschaulichen.

## Innerhalb der Buchführung haben wir Konten

(Kontensystem der doppelten Buchführung):

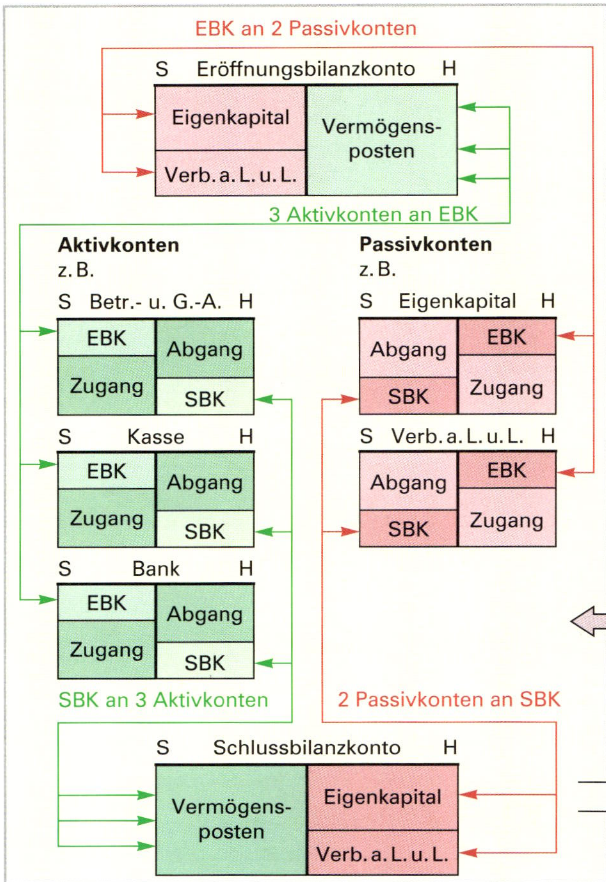


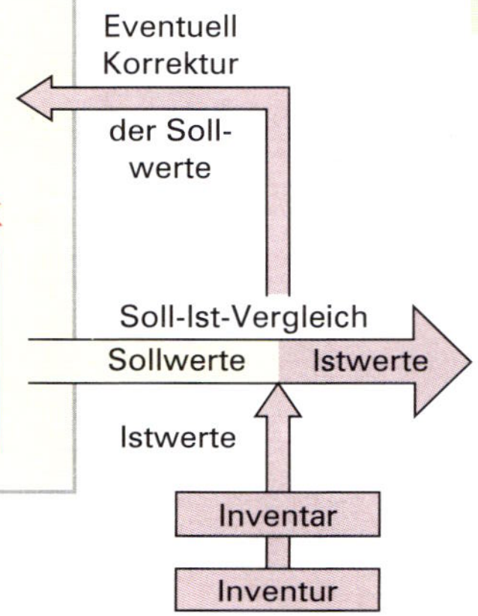


**Zielsetzung:**
Informationen für die Geschäftsleitung

## Außerhalb der Buchführung haben wir Bilanzen:

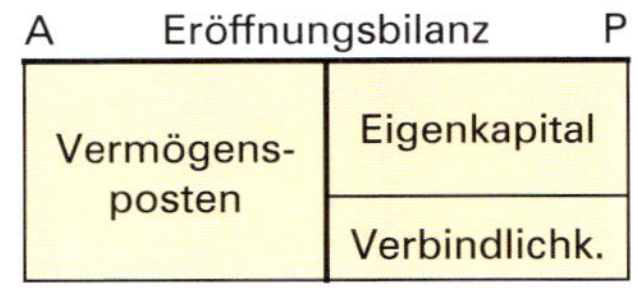


**Merke:**

Streng genommen gibt es im Leben eines Unternehmens nur eine Eröffnungsbilanz, nämlich die bei der Gründung. Jede Schlussbilanz kann jedoch als Eröffnungsbilanz für die neue Geschäftsperiode betrachtet werden.

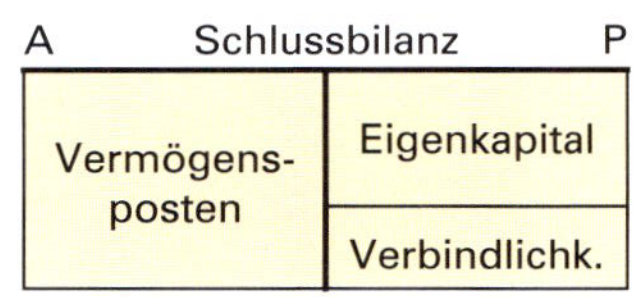


**Zielsetzung:**
Informationsinstrument für Außenstehende

## 2.4 Auswirkungen von Erfolgsvorgängen auf die Bilanz – Ergebniskonten (Erfolgskonten)

### 2.4.1 Aufwendungen, Erträge, Aufwandskonten, Ertragskonten

#### (1) Aufwendungen und Erträge

Bisher wurde das Eigenkapital durch die Geschäftsvorfälle nicht berührt. Dies ändert sich jetzt. Das Eigenkapital kann sich in zwei Richtungen hin verändern, es kann zunehmen oder abnehmen. Die **Zugänge des Eigenkapitals** ergeben sich durch **Erträge,** die **Abgänge** durch **Aufwendungen.**

| Soll | Eigenkapital Haben |
|---|---|
| – Abgänge | Anfangsbestand |
| | + Zugänge |
| ↓ | ↓ |
| Minderung des Eigenkapitals durch **Aufwendungen** | Erhöhung des Eigenkapitals durch **Erträge** |

**Beispiele:**

| Aufwendungen | Erträge |
|---|---|
| ■ Gehälter, Löhne<br>■ Mieten, Pachten<br>■ Büromaterial<br>■ Versicherungsbeiträge<br>■ Aufwendungen für Waren[1]<br>■ Kraftfahrzeugsteuer | ■ Umsatzerlöse[1]<br>■ Nebenerlöse aus Vermietung und Verpachtung<br>■ Zinserträge<br>■ Sonstige Erlöse (z.B. aus Provisionen oder Lizenzen oder aus dem Abgang von Gegenständen des Anlagevermögens) |

**Merke:**

- **Abgänge beim Eigenkapital** nennen wir **Aufwendungen.**
- **Zugänge beim Eigenkapital** nennen wir **Erträge.**

#### (2) Aufwands- und Ertragskonten

Um die einzelnen Aufwendungen und Erträge übersichtlich und jederzeit verfügbar zu haben, werden die Aufwendungen und Erträge nicht direkt auf dem Eigenkapital gebucht, sondern es werden **Unterkonten des Eigenkapitals** gebildet. Die **Aufwendungen** werden auf **Aufwandskonten,** die **Erträge** auf **Ertragskonten** gebucht.

1 Siehe hierzu Kapitel 2.4.6, S. 117ff.

## 2.4.2 Aufwands- und Ertragskonten als Unterkonten des Kontos Eigenkapital

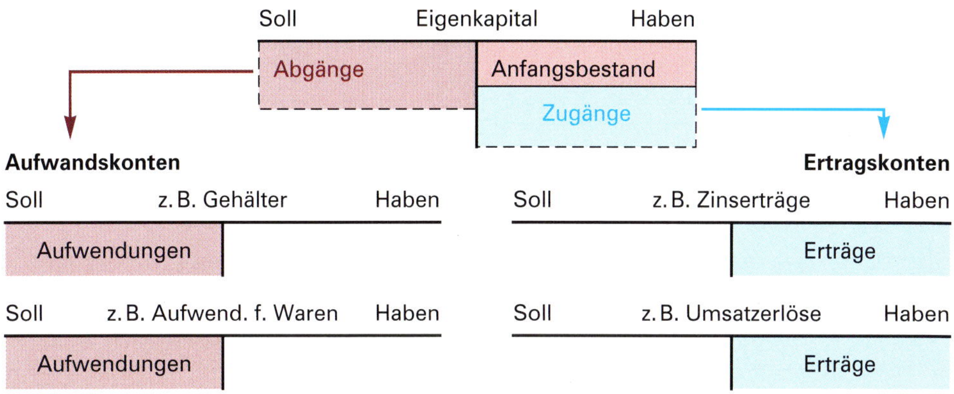


**Aufwendungen** werden auf den Aufwandskonten immer auf der **Sollseite** gebucht!

**Erträge** werden auf den Ertragskonten immer auf der **Habenseite** gebucht!

**Merke:**

- Die Aufwands- und Ertragskonten sind **Unterkonten** des Kontos Eigenkapital.
- Da die Aufwands- und Ertragskonten darüber Auskunft geben, wie der Erfolg (Gewinn oder Verlust) zustande gekommen ist, nennen wir sie **Erfolgskonten.**
- Bei den Aufwandskonten erscheinen die **Aufwendungen** immer auf der **Sollseite,** bei den Ertragskonten erscheinen die **Erträge** immer auf der **Habenseite.**

## 2.4.3 Beispiele für die Buchung von Aufwendungen und Erträgen

**1. Geschäftsvorfall:** Wir zahlen die Ausbildungsvergütung für die kaufmännischen Auszubildenden durch Banküberweisung 570,00 EUR.

| Soll | Gehälter | | Haben |
|---|---|---|---|
| Bank | 570,00 | | |

| Soll | Bank | | Haben |
|---|---|---|---|
| AB | 3000,00 | Gehälter | 570,00 |

**Buchungssatz:**

| Konten | Soll | Haben |
|---|---|---|
| Gehälter<br>an Bank | 570,00 | <br>570,00 |

**2. Geschäftsvorfall:** Wir kaufen Briefmarken für 45,00 EUR und Schreibpapier für das Büro 180,00 EUR gegen Barzahlung.

| Soll | Postgebühren | | Haben |
|---|---|---|---|
| Kasse | 45,00 | | |

| Soll | Kasse | | Haben |
|---|---|---|---|
| AB | 1 200,00 | Post/Büro | 225,00 |

| Soll | Büromaterial | | Haben |
|---|---|---|---|
| Kasse | 180,00 | | |

**Buchungssatz:**

| Konten | Soll | Haben |
|---|---|---|
| Postgebühren | 45,00 | |
| Büromaterial | 180,00 | |
| an Kasse | | 225,00 |

**3. Geschäftsvorfall:** Weitere Aufwendungen werden durch Banküberweisung bezahlt:
Strom: 1 090,00 EUR; Dekoration: 420,00 EUR; Rechnung des Steuerberaters: 720,00 EUR

| Soll | Aufwendungen für Energie | | Haben |
|---|---|---|---|
| Bank | 1 090,00 | | |

| Soll | Rechts- u. Beratungskosten | | Haben |
|---|---|---|---|
| Bank | 720,00 | | |

| Soll | Werbung | | Haben |
|---|---|---|---|
| Bank | 420,00 | | |

| Soll | Bank | | Haben |
|---|---|---|---|
| AB | 3 480,00 | Div. Aufw. | 2 230,00 |

**Buchungssatz:**

| Konten | Soll | Haben |
|---|---|---|
| Aufwend. f. Energie | 1 090,00 | |
| Werbung | 420,00 | |
| Rechts- und Beratungskosten | 720,00 | |
| an Bank | | 2 230,00 |

**4. Geschäftsvorfall:** Wir erhalten Miete für eine vermietete Garage durch Banküberweisung 60,00 EUR.

| Soll | Bank | | Haben |
|---|---|---|---|
| NErl. a. V. u. V. | 60,00 | | |

| Soll | Nebenerlöse a. Verm. u. Verp. | | Haben |
|---|---|---|---|
| | | Bank | 60,00 |

**Buchungssatz:**

| Konten | Soll | Haben |
|---|---|---|
| Bank | 60,00 | |
| an Nebenerlöse a. Vermiet. u. Verpacht. | | 60,00 |

**5. Geschäftsvorfall:** Im Betrieb fallen weitere Erträge an: Wir erhalten vom Lieferer eine Verkaufsprovision durch Bankscheck 1420,00 EUR; Zinsgutschrift der Bank 175,00 EUR.

| Soll | Bank | | Haben |
|---|---|---|---|
| Prov. Erlöse | 1420,00 | | |
| Zinserträge | 175,00 | | |

| Soll | Provisionserlöse | | Haben |
|---|---|---|---|
| | | Bank | 1420,00 |

| Soll | Zinserträge | | Haben |
|---|---|---|---|
| | | Bank | 175,00 |

**Buchungssätze:**

| Konten | Soll | Haben |
|---|---|---|
| Bank | 1420,00 | |
| an Provisionserlöse | | 1420,00 |
| Bank | 175,00 | |
| an Zinserträge | | 175,00 |

**Merke:**

- Erfolgskonten erfassen keine Bestände. Es gibt daher auf diesen Konten **keinen Anfangsbestand, keine Zugänge, keine Abgänge und keinen Schlussbestand.**
- Bei den Erfolgskonten gibt es nur: **Aufwendungen (im Soll)** oder **Erträge (im Haben).**

## Übungsaufgaben[1]

**46** Bilden Sie zu den folgenden erfolgswirksamen Geschäftsvorfällen die Buchungssätze!

| | | |
|---|---|---|
| 1. | Wir zahlen Miete für die Geschäftsräume durch Banküberweisung | 4000,00 EUR |
| 2. | Die Bank schreibt uns Zinsen gut | 210,00 EUR |
| 3. | Wir zahlen die Ausbildungsvergütung bar | 550,00 EUR |
| 4. | An unsere Verkäufer im Außendienst zahlen wir Provisionen | |
| | in bar | 6100,00 EUR |
| | per Bankscheck | 2345,00 EUR |
| 5. | Zinslastschrift der Bank | 651,00 EUR |
| 6. | Bankeinzug zum Ausgleich der Stromrechnung für das Geschäft | 745,00 EUR |
| 7. | Zahlung der Grundsteuer für das Geschäftsgebäude durch die Bank | 2380,00 EUR |
| 8. | Für Büromaterialien wurden bar bezahlt | 123,00 EUR |
| 9. | Banküberweisung der Kfz-Steuer für die Betriebsfahrzeuge | 630,00 EUR |
| 10. | Banküberweisung für Heizmaterial für den Betrieb | 2200,00 EUR |

1 Sofern es sich um Zahlungen handelt, die als Aufwand zu erfassen sind, ist davon auszugehen, dass die zugrunde liegende Rechnung noch **nicht** gebucht wurde.

**47** Bilden Sie für die folgenden erfolgsneutralen (erfolgsunwirksamen) und erfolgswirksamen Geschäftsvorfälle die Buchungssätze! Geben Sie in einer besonderen Spalte an, ob der Geschäftsvorfall erfolgswirksam oder erfolgsneutral ist!

| | | |
|---|---|---|
| 1. | Wir zahlen Reisekosten an unseren Vertreter durch Banküberweisung | 6 000,00 EUR |
| 2. | Die Bank schreibt uns Zinsen gut | 200,00 EUR |
| 3. | Wir zahlen die Ausbildungsvergütungen durch die Bank | 2 850,00 EUR |
| 4. | Wir kaufen eine Telefonanlage bar | 500,00 EUR |
| 5. | Wir zahlen für die Reinigung der Geschäftsräume durch Banküberweisung | 8 750,00 EUR |
| 6. | Wir kaufen einen Büroschrank bar | 850,00 EUR |
| 7. | Die Bank belastet unser Konto mit Kreditzinsen (Sollzinsen) | 125,00 EUR |
| 8. | Wir zahlen Heizöl für eine Lagerhalle durch Banküberweisung | 5 300,00 EUR |
| 9. | Ein Kunde zahlt durch Banküberweisung | 450,00 EUR |

**48** Bilden Sie für die folgenden erfolgsneutralen und erfolgswirksamen Geschäftsvorfälle die Buchungssätze! Geben Sie in einer besonderen Spalte an, ob der Geschäftsvorfall erfolgswirksam oder erfolgsneutral ist!

| | | |
|---|---|---|
| 1. | Wir kaufen Büromöbel bar | 1 500,00 EUR |
| 2. | Wir bringen Geld zur Bank | 500,00 EUR |
| 3. | Wir zahlen Reparaturkosten f. die Geschäftsräume d. Banküberweisung | 4 000,00 EUR |
| 4. | Ein Kunde überweist auf unser Bankkonto | 250,00 EUR |
| 5. | Bankgutschrift für erhaltene Provisionen | 200,00 EUR |
| 6. | Wir bezahlen die Paketgebühren bar | 20,40 EUR |
| 7. | Wir kaufen einen Kassenautomaten bar | 3 000,00 EUR |
| 8. | Wir zahlen eine Lieferantenrechnung durch Banküberweisung | 350,00 EUR |
| 9. | Wir zahlen die Ausbildungsvergütung für einen gewerblichen Auszubildenden durch Banküberweisung | 650,00 EUR |
| 10. | Wir zahlen Heizöl für eine Lagerhalle durch Banküberweisung | 5 300,00 EUR |
| 11. | Wir zahlen Reisekosten an unseren Vertreter durch Banküberweisung | 6 000,00 EUR |
| 12. | Wir bezahlen die Leasingrate für den Geschäfts-Pkw bar | 410,00 EUR |
| 13. | Wir überweisen für eine Liefererrechnung durch die Bank | 2 720,00 EUR |
| 14. | Zahlung der Telefonrechnung durch Banklastschrift | 140,00 EUR |
| 15. | Wir kaufen einen Gabelstapler auf Ziel | 7 980,00 EUR |

**Merke:**

Zusammen mit dem bereits bekannten Bilanzkontenbereich erhalten wir nun in unserer Buchführung folgende Kontenübersicht:

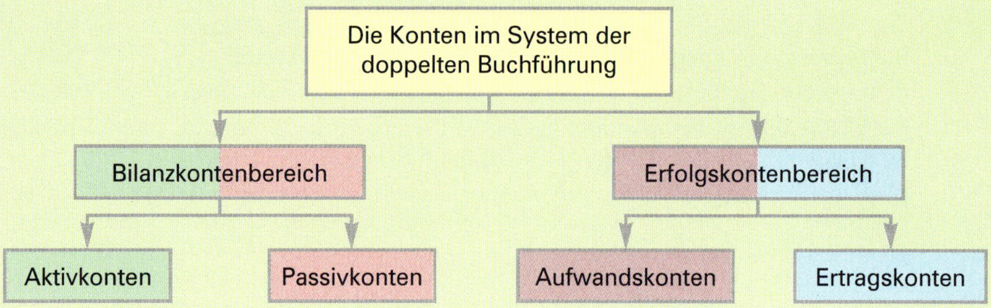

## Übungsaufgabe

**49** Bilden Sie für die folgenden erfolgsunwirksamen und erfolgswirksamen Geschäftsvorfälle die Buchungssätze aus Sicht von Rudolf Walterbeck e. Kfm.! Geben Sie in einer besonderen Spalte an, ob der Geschäftsvorfall erfolgswirksam oder erfolgsunwirksam ist!

1.

| | Kontonummer | erstellt am | Auszug | Blatt |
|---|---|---|---|---|
| Volksbank Tecklenburger Land BLZ: 403 619 06 | 100108800 | 31.03.20.. | 17 | 1 |

| | | | | | |
|---|---|---|---|---|---|
| Alter Kontostand | | | | | 26 271,59 + |
| 30.03. | 300104 | 30.03. | Provisionen | Gutschrift | 7 140,00 + |
| 30.03. | 300105 | 31.03. | Zinsen für Termingeld | Gutschrift | 1 000,00 + |
| 31.03. | 300108 | 31.03. | Kraftfahrzeugversicherung | Lastschrift | 4 651,71 – |
| 31.03. | 300109 | 31.03. | Zinsen für Bankdarlehen | Lastschrift | 5 000,00 – |
| 31.03. | 300110 | 31.03. | Gehälter | Lastschrift | 5 175,00 – |
| 31.03. | 300112 | 31.03. | Leasing für Geschäftswagen | Lastschrift | 1 230,00 – |
| Neuer Kontostand | | | | | 18 354,88 + |

Rudolf Walterbeck e. Kfm.
Bismarckstr. 101
49076 Osnabrück
Bitte Rückseite beachten.

**Kontoauszug**

2.

**Beleg für Kontoinhaber/**Einzahler-Quittung

Name und Sitz des Kreditinstituts des Überweisenden: Volksbank Tecklenburger Land
Bankleitzahl: 403 619 06

Begünstigter: Name, Vorname/Firma (max. 27 Stellen): Max Weber GmbH

Konto-Nr. des Begünstigten: 625566
Bankleitzahl: 430 200 00

Kreditinstitut des Begünstigten: Westfalenbank AG Bochum

EUR
Betrag: Euro, Cent: 408,17 --------------

Kunden-Referenznummer - Verwendungszweck, ggf. Name und Anschrift des Überweisenden - (nur für Begünstigten): Rechnung

noch Verwendungszweck (insgesamt max. 2 Zeilen à 27 Stellen): Re.-Nr. 4155138 v. 24. Februar 20..

Kontoinhaber/Einzahler: Name, Vorname/Firma, Ort (max. 27 Stellen, keine Straßen- oder Postfachangaben): Rudolf Walterbeck e.Kfm.

Konto-Nr. des Kontoinhabers: 100108800

## 2.4.4 Abschluss der Aufwands- und Ertragskonten

Als Unterkonten des Eigenkapitals müssten die Erfolgskonten direkt über das Eigenkapitalkonto abgeschlossen werden. Aus Gründen der Übersichtlichkeit wird auf dem Konto Eigenkapital jedoch nur das **Gesamtergebnis** in einer Summe (Reingewinn bzw. Reinverlust) ausgewiesen. Das bedeutet, dass die einzelnen Aufwendungen und Erträge auf einem Zwischenkonto einander gegenübergestellt werden müssen.

Da aus der Gegenüberstellung aller Erträge mit allen Aufwendungen der Reingewinn oder Reinverlust des Unternehmens errechnet wird, heißt dieses Zwischenkonto **Gewinn- und Verlustkonto (GuV-Konto).** Der auf dem GuV-Konto ermittelte Reingewinn oder Reinverlust wird anschließend auf das Konto Eigenkapital umgebucht. Das GuV-Konto ist daher ein Unterkonto des Eigenkapitalkontos. Dabei erhöht ein Reingewinn das Eigenkapital, ein Verlust vermindert es.

Erträge > Aufwendungen = Gewinn
Erträge < Aufwendungen = Verlust

**Beispiel:**

Das folgende Beispiel beschränkt die kontenmäßige Darstellung auf die Erfolgskonten. Die Bilanzkonten werden bewusst ausgeklammert, um den Abschluss der Erfolgskonten deutlich herauszustellen.

**I. Anfangsbestand auf dem Eigenkapitalkonto:** 30 000,00 EUR

**II. Erfolgswirksame Geschäftsvorfälle:**

| Geschäftsvorfall | Betrag | Konten | Soll | Haben |
|---|---|---|---|---|
| 1. Wir zahlen Ausbildungsbeihilfe an die kaufmännischen Auszubildenden durch Banküberweisung | 550,00 EUR | Gehälter<br>an Bank | 550,00 | <br>550,00 |
| 2. Kauf von Büromaterial bar | 80,00 EUR | Büromaterial<br>an Kasse | 80,00 | <br>80,00 |
| 3. Abbuchung der Stromkosten vom Bankkonto | 150,00 EUR | Aufw. f. Energie<br>an Bank | 150,00 | <br>150,00 |
| 4. Wir erhalten Provisionserträge auf die Bank überwiesen | 2 000,00 EUR | Bank<br>an Provisionserlöse | 2 000,00 | <br>2 000,00 |
| 5. Gutschrift der Bank für Zinsen | 140,00 EUR | Bank<br>an Zinserträge | 140,00 | <br>140,00 |

**III. Aufgabe:**

Führen Sie den Abschluss der Ergebniskonten, des GuV-Kontos und des Eigenkapitalkontos durch!

**Lösung:**

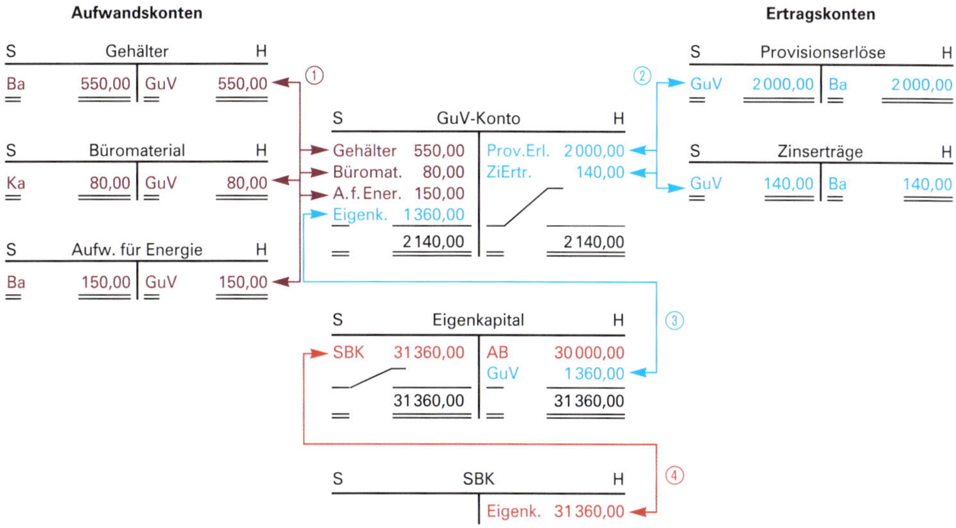


## Abschlussschritte beim Abschluss der Erfolgskonten:

**1. Schritt:** Abschluss der Aufwandskonten über das GuV-Konto.
**2. Schritt:** Abschluss der Ertragskonten über das GuV-Konto.
**3. Schritt:** Abschluss des GuV-Kontos über das Eigenkapitalkonto.
**4. Schritt:** Abschluss des Eigenkapitalkontos über das Schlussbilanzkonto.

## Übungsaufgabe

**50** **I. Anfangsbestände:**

Bank 150000,00 EUR; Eigenkapital 150000,00 EUR

**II. Geschäftsvorfälle:**

| | | |
|---|---|---|
| 1. | Banküberweisung für den Beitrag zur Industrie- u. Handelskammer | 2800,00 EUR |
| 2. | Zinsgutschrift der Bank | 490,00 EUR |
| 3. | Reparaturkosten für ein Kopiergerät werden mit Bankscheck bezahlt | 512,00 EUR |
| 4. | Lohnzahlung durch Banküberweisung | 1290,00 EUR |
| 5. | Banküberweisung für Verbrauchssteuern | 950,00 EUR |
| 6. | Mieteinnahmen per Bankscheck | 4650,00 EUR |
| 7. | Banküberweisung für die Feuerversicherung des Lagers | 460,00 EUR |
| 8. | Büromaterial wird mit Bankscheck gekauft | 370,00 EUR |
| 9. | Wir erhalten Provision durch Banküberweisung | 9980,00 EUR |
| 10. | Ein Zeitungsinserat wird mit Banküberweisung beglichen | 290,00 EUR |

**III. Aufgaben:**

1. Eröffnen Sie die Konten Bank und Eigenkapital!
2. Bilden Sie die Buchungssätze und buchen Sie auf den Konten!
3. Führen Sie den Abschluss durch!

## 2.4.5 Geschäftsgang mit Bestands- und Erfolgskonten

**Beispiel:**

**I. Anfangsbestände:**

Betriebs- und Geschäftsausstattung 120000,00 EUR; Kasse 3150,00 EUR; Bank 4800,00 EUR; Verbindlichkeiten aus Lieferungen und Leistungen 26000,00 EUR; Langfristige Bankverbindlichkeiten 20000,00 EUR; Eigenkapital 81950,00 EUR.

**II. Geschäftsvorfälle:**

| | | |
|---|---|---|
| 1. | Zahlung der Gehälter durch Banküberweisung | 2100,00 EUR |
| 2. | Wir erhalten eine Provisionszahlung durch Banküberweisung | 15400,00 EUR |
| 3. | Barzahlung eines Zeitungsinserates | 160,00 EUR |
| 4. | Die Bank schreibt uns Zinsen gut | 580,00 EUR |
| 5. | Barzahlung der Miete für das Geschäft | 1800,00 EUR |
| 6. | Wir begleichen eine Lieferantenrechnung durch Bankscheck | 750,00 EUR |

**III. Aufgaben:**

1. Stellen Sie unter Angabe der Buchungssätze den Ablauf der buchungstechnischen Schritte dar!
2. Buchen Sie auf den Konten!
3. Schließen Sie die Konten über die Abschlusskonten ab!

**Lösungen:**

**Zu 1.: Ablauf der buchungstechnischen Schritte**

**Eröffnungsbuchungen**

1. Erstellung des Eröffnungsbilanzkontos
2. Buchung der Anfangsbestände auf den Aktiv- und Passivkonten

**Bildung der Buchungssätze für die Geschäftsvorfälle**

| Nr. | Konten | Soll | Haben |
|---|---|---|---|
| 1. | Gehälter | 2100,00 | |
| | an Bank | | 2100,00 |
| 2. | Bank | 15400,00 | |
| | an Provisionserlöse | | 15400,00 |
| 3. | Werbung | 160,00 | |
| | an Kasse | | 160,00 |
| 4. | Bank | 580,00 | |
| | an Zinserträge | | 580,00 |
| 5. | Mieten, Pachten | 1800,00 | |
| | an Kasse | | 1800,00 |
| 6. | Verbindlichkeiten a. Lief. u. Leist. | 750,00 | |
| | an Bank | | 750,00 |

**Buchung der Geschäftsvorfälle auf den Konten**

**Abschlussbuchungen**

1. Abschluss der Erfolgskonten über das GuV-Konto
2. Abschluss des GuV-Kontos über das Eigenkapitalkonto
3. Abschluss der Bestandskonten über das Schlussbilanzkonto (SBK)

## Zu 2. und 3.: Buchungen auf den Konten und Abschluss der Konten

**EBK**

| Soll | | Haben | |
|---|---|---|---|
| Eigenkapital | 81 950,00 | Betr.- u. G.-Ausstattung | 120 000,00 |
| Langfr. Bankverb. | 20 000,00 | Kasse | 3 150,00 |
| Verb. a. Lief. u. Leist. | 26 000,00 | Bank | 4 800,00 |
| | 127 950,00 | | 127 950,00 |

**Betr.- u. G.-Ausstattung**

| S | | H | |
|---|---|---|---|
| EBK | 120 000,00 | SBK | 120 000,00 |

**Kasse**

| S | | H | |
|---|---|---|---|
| EBK | 3 150,00 | Werb. | 160,00 |
| | | Miet., P. | 1 800,00 |
| | | SBK | 1 190,00 |
| | 3 150,00 | | 3 150,00 |

**Bank**

| S | | H | |
|---|---|---|---|
| EBK | 4 800,00 | Gehälter | 2 100,00 |
| PrErl. | 15 400,00 | V. a. L. u. L. | 750,00 |
| ZiErtr. | 580,00 | SBK | 17 930,00 |
| | 20 780,00 | | 20 780,00 |

**Eigenkapital**

| S | | H | |
|---|---|---|---|
| SBK | 93 870,00 | EBK | 81 950,00 |
| | | GuV | 11 920,00 |
| | 93 870,00 | | 93 870,00 |

**Langfrist. Bankverbindl.**

| S | | H | |
|---|---|---|---|
| SBK | 20 000,00 | EBK | 20 000,00 |

**Verbindl. a. Lief. u. Leist.**

| S | | H | |
|---|---|---|---|
| Bank | 750,00 | EBK | 26 000,00 |
| SBK | 25 250,00 | | |
| | 26 000,00 | | 26 000,00 |

**Gehälter**

| S | | H | |
|---|---|---|---|
| Bank | 2 100,00 | GuV | 2 100,00 |

**Werbung**

| S | | H | |
|---|---|---|---|
| Kasse | 160,00 | GuV | 160,00 |

**Mieten, Pachten**

| S | | H | |
|---|---|---|---|
| Kasse | 1 800,00 | GuV | 1 800,00 |

**Provisionserlöse**

| S | | H | |
|---|---|---|---|
| GuV | 15 400,00 | Ba | 15 400,00 |

**Zinserträge**

| S | | H | |
|---|---|---|---|
| GuV | 580,00 | Ba | 580,00 |

**GuV-Konto**

| Soll | | Haben | |
|---|---|---|---|
| Gehälter | 2 100,00 | Provisionserlöse | 15 400,00 |
| Werbung | 160,00 | Zinserträge | 580,00 |
| Mieten, Pachten | 1 800,00 | | |
| Eigenkapital | 11 920,00 | | |
| | 15 980,00 | | 15 980,00 |

**SBK**

| Soll | | Haben | |
|---|---|---|---|
| B.- u. G.-Ausstattung | 120 000,00 | Eigenkapital | 93 870,00 |
| Kasse | 1 190,00 | Langfr. Bankverb. | 20 000,00 |
| Bank | 17 930,00 | Verb. a. Lief. u. Leist. | 25 250,00 |
| | 139 120,00 | | 139 120,00 |



8 Speth u.a. ISBN 978-3-8120-0260-8

## Doppelte Erfolgsermittlung (Ergebnisermittlung)

Aus dem vorhergehenden Geschäftsgang ersehen wir, dass in der doppelten Buchführung auch eine **doppelte Möglichkeit der Ergebnisermittlung** besteht:

**1. Im Erfolgskontenbereich:**

Hier wird das Ergebnis (Gewinn oder Verlust) durch die Gegenüberstellung der Aufwendungen mit den Erträgen auf dem GuV-Konto ermittelt. Aus dem GuV-Konto sind auch die einzelnen Ertrags- und Aufwandsarten ersichtlich.

| | |
|---|---|
| Summe der Erträge | 15980,00 EUR |
| – Summe der Aufwend. | 4060,00 EUR |
| = Erfolg (Gewinn) | 11920,00 EUR |

| Soll | | GuV | Haben |
|---|---|---|---|
| Gehälter | 2100,00 | Pro.-Erlöse | 15400,00 |
| Werbung | 160,00 | Zinserträge | 580,00 |
| Miet.,Pacht. | 1800,00 | | |
| Reingewinn | 11920,00 | | |
| | 15980,00 | | 15980,00 |

**2. Im Bilanzkontenbereich:**

Hier wird das Ergebnis (Gewinn oder Verlust) durch den Vergleich des Eigenkapitals am Ende des Geschäftsjahres mit dem Eigenkapital am Anfang des Geschäftsjahres ermittelt.

| | |
|---|---|
| Eigenkapital am Ende des Geschäftsjahres | 93870,00 EUR |
| – Eigenkapital am Anfang des Geschäftsjahres | 81950,00 EUR |
| = Reingewinn | 11920,00 EUR |

| Soll | | Eigenkapital | Haben |
|---|---|---|---|
| SBK | 93870,00 | EBK | 81950,00 |
| | | Reingewinn | 11920,00 |
| | 93870,00 | | 93870,00 |

## Übungsaufgaben

**51** **I. Anfangsbestände:**

Unbebaute Grundstücke 85000,00 EUR; Betriebs- und Geschäftsausstattung 15000,00 EUR; Bank 16200,00 EUR; Kasse 5400,00 EUR; Verbindlichkeiten aus Lieferungen und Leistungen 25000,00 EUR; Eigenkapital 96600,00 EUR.

**II. Geschäftsvorfälle:**

| | | |
|---|---|---|
| 1. | Wir zahlen für Werbematerial durch Banküberweisung | 5300,00 EUR |
| 2. | Kauf von Schreibwaren für das Büro bar | 120,00 EUR |
| 3. | Zinsgutschrift der Bank | 350,00 EUR |
| 4. | Die Verkaufsprovision für einen Großauftrag geht auf dem Bankkonto ein | 11350,00 EUR |
| 5. | Zahlung der Geschäftsmiete durch Banküberweisung | 1100,00 EUR |
| 6. | Die Telefongebühren werden vom Bankkonto abgebucht | 215,00 EUR |

**III. Aufgaben:**

1. Erstellen Sie die Eröffnungsbilanz!
2. Eröffnen Sie die Konten mit den angegebenen Anfangsbeständen!
3. Bilden Sie für die Geschäftsvorfälle die Buchungssätze und übertragen Sie die entsprechenden Werte anschließend auf die eröffneten Konten!
4. Schließen Sie die Konten ab und geben Sie das neue Eigenkapital an!

**52** **I. Anfangsbestände:**

Unbebaute Grundstücke 96000,00 EUR; Betriebs- und Geschäftsausstattung 23600,00 EUR; Forderungen aus Lieferungen und Leistungen 21000,00 EUR; Kasse 6100,00 EUR; Bank 13620,00 EUR; Langfristige Bankverbindlichkeiten 35900,00 EUR; Verbindlichkeiten aus Lieferungen und Leistungen 19900,00 EUR; Eigenkapital 104520,00 EUR.

**II. Geschäftsvorfälle:**

| | | |
|---|---|---|
| 1. | Barzahlung für Büromaterial | 90,00 EUR |
| 2. | Banküberweisung zur Zahlung der Provisionen für die Außendienstmitarbeiter | 7120,00 EUR |
| 3. | Die Bank schreibt uns Zinsen gut | 1300,00 EUR |
| 4. | Die noch nicht gebuchte Rechnung für ein Werbeinserat in der Tageszeitung wird durch Banküberweisung beglichen | 120,00 EUR |
| 5. | Barzahlung an den Lieferer | 450,00 EUR |
| 6. | Ein Kunde begleicht eine Rechnung durch Banküberweisung | 920,00 EUR |
| 7. | Banküberweisung für einen gemieteten Lagerraum | 500,00 EUR |
| 8. | Bankabbuchung für die Stromrechnung | 210,00 EUR |
| 9. | Wir erhalten Provision für die Vermittlung eines Großauftrages auf das Bankkonto überwiesen | 6300,00 EUR |

**III. Aufgaben:**

1. Erstellen Sie die Eröffnungsbilanz!
2. Eröffnen Sie die Konten mit den angegebenen Anfangsbeständen!
3. Bilden Sie für die Geschäftsvorfälle die Buchungssätze und übertragen Sie die entsprechenden Werte anschließend auf die eröffneten Konten!
4. Schließen Sie die Konten über die Abschlusskonten ab!

**53** Bilden Sie die Buchungssätze zu folgenden Geschäftsvorfällen!

| | | | |
|---|---|---|---|
| 1. | Wir bezahlen eine Liefererrechnung durch Banküberweisung | | 1825,30 EUR |
| 2. | Ein Kunde begleicht einen Rechnungsbetrag mit Bankscheck | | 841,70 EUR |
| 3. | Die Bank belastet uns mit | | |
| | der Darlehensrate | 2500,00 EUR | |
| | den Zinsen | 970,20 EUR | 3470,20 EUR |
| 4. | Eingangsrechnung für Computerpapier | | 721,70 EUR |
| 5. | Bankabbuchung der Monatspauschale der Stadtwerke für Strom und Gas | | 1140,00 EUR |
| 6. | Ein Handelsvertreter erhält einen Bankscheck für vermittelte Verkaufsgeschäfte | | 1460,00 EUR |
| 7. | Banküberweisung für Renovierung der Büroräume | | 3910,00 EUR |
| 8. | Barkauf von neuen Büromöbeln | | 8825,80 EUR |
| 9. | Barzahlung einer Rechnung für eine Computerreparatur | | 571,80 EUR |
| 10. | Banküberweisung der Miete für die Geschäftsräume | | 3500,00 EUR |
| 11. | Bareinzahlung auf das Bankkonto | | 4100,00 EUR |
| 12. | Die Steuerberatungskosten werden bar bezahlt | | 1154,00 EUR |
| 13. | Banküberweisung des Handelskammerbeitrags | | 620,00 EUR |

14. Wir kaufen eine EDV-Anlage auf Ziel 7 730,00 EUR
15. Wir kaufen ein Lagerregal bar 2 200,00 EUR

**54** Entscheiden Sie außerhalb des Buches, welche der folgenden Aussagen richtig sind:

1. Der Begriff Erfolg beinhaltet immer einen Gewinn.
2. Ist das Reinvermögen am Ende der Geschäftsperiode höher als am Anfang, wurde in der Geschäftsperiode ein Gewinn erzielt.
3. Vermögen – Schulden = Erfolg.
4. Ein Verlust liegt vor, wenn das Eigenkapital am Anfang der Geschäftsperiode größer ist als am Ende.
5. Die Formel für die Erfolgsermittlung lautet:

|   |   |
|---|---|
|   | Eigenkapital am Anfang der Geschäftsperiode |
| – | Eigenkapital am Ende der Geschäftsperiode |
| = | Erfolg |

**55**

**Beleg 1**

EBE - WERKE AG
DORTMUND

Hans Wanner GmbH
Industriestraße 80
37079 Goslar

Kurzmitteilung: 15.01.-20..

Sehr geehrte Damen und Herren,

wir haben festgestellt, dass Sie unsere Rechnung Nr. 501 vom 10.01.20.. doppelt bezahlt haben.

Den Rechnungsbetrag in Höhe von 8 140,20 EUR haben wir heute auf Ihr Konto bei der Volksbank Nordharz zurücküberwiesen.

Mit freundlichen Grüßen
EBE-Werke AG
i. A. Potte

**Beleg 2**

NOTHHAFT
FÜR BÜRO, SCHULE UND ZUHAUSE
NONNENWEG 8 - 38640 GOSLAR

RECHNUNG BARVERKAUF

| | | | | |
|---|---|---|---|---|
| Nopi Paketklebeband 66x50 57212 | | | | |
| 57212 | 1,00 | 2,19 | 1 | 2,19 EUR |
| PRITT Klebestift WA 13 40 g | | | | |
| PRI 371047 | 2,00 | 3,85 | 1 | 7,70 EUR |
| E-1800/0,1 FARBE 002 rot | | | | |
| edd1800 | 1,00 | 2,89 | 1 | 2,89 EUR |
| Kopierpapier A4 weiß 80 g/qm | | | | |
| 8078451a8 | 1,00 | 3,49 | 1 | 3,49 EUR |
| | Gesamtsumme: | | | 16,27 EUR |

**Beleg 3**

DEUTSCHE POST AG
38640 GOSLAR
85051034 6941 15.01.20..

LABELFREIMACHUNG 1 STÜCK X 4,70 EUR
*4,70 EUR A,1

BRUTTOUMSATZ *4,70 EUR

VIELEN DANK FÜR IHREN BESUCH.
IHRE DEUTSCHE POST AG

**Aufgabe:**

Bilden Sie die Buchungssätze für die Hans Wanner GmbH!

## 2.4.6 Wareneinkäufe und Warenverkäufe buchen und die Warenkonten abschließen

### 2.4.6.1 Vorbemerkungen

Die wesentlichen Erfolgskomponenten in einem Unternehmen wurden in unserer Buchführung bisher ausgespart. Sie bestehen in der Buchung des Ein- und Verkaufs der Waren. Kauft ein Unternehmen die Waren zu einem Preis ein, der unter dem jeweils erzielten Verkaufspreis liegt, so entsteht aus der Differenz beider Preise ein Warengewinn. Man bezeichnet den **Warengewinn** auch als **Rohgewinn.**

Verkaufspreis – Einstandspreis[1] = Warengewinn (Rohgewinn)

### 2.4.6.2 Einführung der Warenkonten

Dadurch, dass wir die Ware zu einem höheren Preis verkaufen als wir sie einkaufen, muss für die **Warenverkäufe** ein **Ertragskonto** eingerichtet werden **(Konto: Umsatzerlöse für Handelswaren).**

Um den Gewinn aus den Warengeschäften ermitteln zu können, müssen den Verkaufserlösen die dazugehörigen **Einkaufswerte** als **Aufwand** gegenübergestellt werden. Insofern benötigen wir auch ein Warenaufwandskonto, auf dem der Einkaufswert der verkauften Ware erfasst wird **(Konto: Aufwendungen für Waren [Handelswaren]).**[2]

Außerdem wird noch ein drittes Konto benötigt, auf dem der Bestand an Waren erfasst wird **(Konto: Waren [Handelswaren]).**[2] Auf diesem Konto erscheinen nur der Anfangsbestand und der Schlussbestand an Waren. Das Konto ist also ein reines Bestandskonto (Aktivkonto).

**Merke:**

Es sind folgende **drei Warenkonten** zu führen:

- Das **Konto Waren,** auf dem nur der Anfangsbestand und der Schlussbestand erscheinen dürfen. Es handelt sich um ein **Aktivkonto.**
- Das **Konto Aufwendungen für Waren,** auf dem der Wareneinkauf innerhalb der Geschäftsperiode erfasst wird. Es handelt sich um ein **Aufwandskonto.**
- Das **Konto Umsatzerlöse für Handelswaren,** auf dem die Verkaufserlöse erfasst werden. Es handelt sich um ein **Ertragskonto.**

1 Der **Einstandspreis** ergibt sich, wenn man vom Einkaufspreis die gewährten Nachlässe abzieht und eventuell anfallende Bezugskosten zu deren Zwischensumme hinzuaddiert.

2 Im Folgenden bezeichnen wir das Konto **Aufwendungen für Waren (Handelswaren)** abgekürzt mit **Aufwendungen für Waren** und das Konto **Waren (Handelswaren)** abgekürzt mit **Waren.**

### 2.4.6.3 Buchungen auf den Warenkonten und Abschluss der Warenkonten

**Wichtiger Hinweis:**

Im Folgenden wird unterstellt, dass ein Unternehmen versucht, nur so viel Waren einzukaufen, wie auch in der gleichen Geschäftsperiode verkauft werden. Bei dieser Art der Anlieferung werden die Waren nicht erst als Lagerbestände erfasst, sondern direkt als Warenaufwand gebucht. Diese Form der Buchung bezeichnet man als **aufwandsrechnerisches Verfahren** oder als **Just-in-time-Verfahren.** Da dieses Verfahren in der Prüfung verlangt wird, werden wir uns in diesem Buch grundsätzlich am aufwandsrechnerischen Verfahren orientieren.

Werden die angelieferten Waren zunächst als Lagerbestände erfasst, werden sie auf das Konto Waren als Bestand gebucht. Man spricht bei dieser Form der Warenbuchung von **bestandsrechnerischem Verfahren.**[1]

## (1) Buchungen auf den Warenkonten ohne Veränderung des Warenbestands

Wir gehen zunächst aus Vereinfachungsgründen von der unrealistischen Annahme aus, dass sich der Warenbestand am Ende der Geschäftsperiode gegenüber dem Warenbestand am Anfang der Geschäftsperiode nicht verändert hat. Wir haben also bei den Warenvorräten **keine Bestandsveränderungen.** Das bedeutet, dass genau die während der Geschäftsperiode eingekaufte Ware auch wieder verkauft worden ist.

**Beispiel:**

Wir übernehmen einen Ausschnitt aus der Buchführung der Großhandlung Fritz Leist GmbH.

**I. Bestände:**

Anfangsbestand an Waren: 20 Radiogeräte zu je 100,00 EUR = 2000,00 EUR
Schlussbestand an Waren: 20 Radiogeräte zu je 100,00 EUR = 2000,00 EUR

**II. Geschäftsvorfälle:**

1. Wareneinkäufe bar: 10 Radiogeräte zu je 100,00 EUR = 1000,00 EUR
2. Warenverkäufe bar: 10 Radiogeräte zu je 150,00 EUR = 1500,00 EUR

**III. Aufgaben:**

1. Stellen Sie diese Situation auf den Warenkonten dar und schließen Sie die Warenkonten ab!
2. Bilden Sie die Buchungssätze:
   2.1 für die beiden Geschäftsvorfälle,
   2.2 für den Abschluss der Warenkonten!
3. Ermitteln Sie außerhalb der Buchführung den Rohgewinn!

**Lösungen:**

**Zu 1.: Darstellung auf den Warenkonten mit Abschluss der Warenkonten**

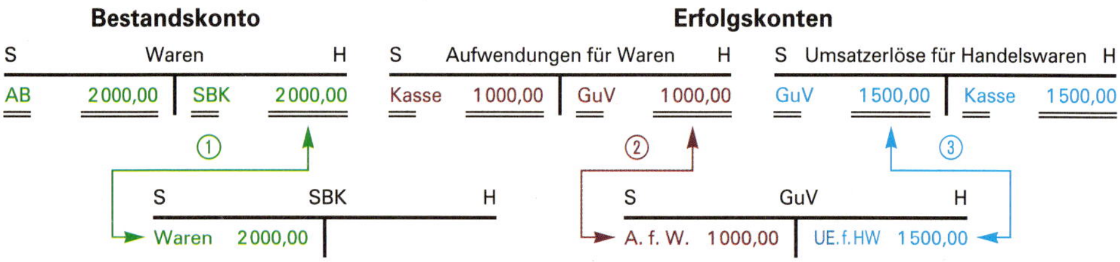


1 Auf das bestandsrechnerische Verfahren wird im Anhang 1 auf S. 357ff. eingegangen.

**Zu 2.: Buchungssätze**

**2.1 Buchungssätze für die beiden Geschäftsvorfälle**

| Nr. | Geschäftsvorfälle | Konten | Soll | Haben |
|---|---|---|---|---|
| 1. | Wir kaufen 10 Radiogeräte zu je 100,00 EUR bar ein = 1000,00 EUR | Aufwend. f. Waren<br>an Kasse | 1000,00 | <br>1000,00 |
| 2. | Wir verkaufen 10 Radiogeräte zu je 150,00 EUR bar = 1500,00 EUR. | Kasse<br>an Ums.-Erl. f. Handelswaren | 1500,00 | <br>1500,00 |

**2.2 Buchungssätze für den Abschluss der Konten**

| Nr. | Abschlussschritte | Konten | Soll | Haben |
|---|---|---|---|---|
| ① | Buchung des durch Inventur ermittelten Warenschlussbestandes 20 Stück à 100,00 EUR = 2000,00 EUR | SBK<br>an Waren | 2000,00 | <br>2000,00 |
| ② | Abschluss des Kontos Aufwendungen für Waren | GuV<br>an Aufwend. f. Waren | 1000,00 | <br>1000,00 |
| ③ | Abschluss des Kontos Umsatzerlöse für Handelswaren | Ums.-Erl. f. Handelswaren<br>an GuV | 1500,00 | <br>1500,00 |

**Zu 3.: Berechnung des Rohgewinns**

Nach Abschluss der Konten stehen sich auf dem GuV-Konto der Wert der verkauften Ware und der dazugehörige Einkaufswert gegenüber. Als Saldo daraus ergibt sich der **Warengewinn (Rohgewinn).**

| | |
|---|---|
| Umsatzerlöse für Handelswaren (10 Radiogeräte zu je 150,00 EUR) | 1500,00 EUR |
| – Aufwendungen für Waren (10 Radiogeräte zu je 100,00 EUR) | 1000,00 EUR |
| Rohgewinn (Warengewinn) | 500,00 EUR |

## Übungsaufgabe

**56** 1. **I. Bestände:**

Anfangsbestand an Waren: 30000,00 EUR;
Schlussbestand an Waren lt. Inventur 30000,00 EUR.

**II. Geschäftsvorfälle:**

Einkauf von Waren auf Ziel: 200 Stück zu je 25,00 EUR Einstandspreis
Verkauf von Waren auf Ziel: 200 Stück zu je 35,00 EUR Verkaufspreis

**III. Aufgaben:**

1.1 Bilden Sie für die Geschäftsvorfälle die Buchungssätze, buchen Sie auf den Warenkonten, schließen Sie die Warenkonten ab und bilden Sie dazu die Buchungssätze!

1.2 Ermitteln Sie den Rohgewinn!

1.3 Worin unterscheidet sich der Reingewinn vom Rohgewinn?

2. **I. Bestände:**

Anfangsbestand an Waren: 45000,00 EUR;
Schlussbestand an Waren lt. Inventur 45000,00 EUR.

**II. Geschäftsvorfälle:**

Einkauf von Waren auf Ziel: 160500,00 EUR
Verkauf von Waren auf Ziel: 197800,00 EUR

**III. Aufgaben:**

2.1 Bilden Sie die Buchungssätze für den Ein- und Verkauf von Waren und buchen Sie auf den Warenkonten!

2.2 Schließen Sie die Warenkonten ab und ermitteln Sie buchhalterisch den Rohgewinn!

2.3 Tragen Sie auf dem GuV-Konto noch zusätzlich folgende Werte ein:
Summe sonstige Aufwendungen 27700,00 EUR
Summe sonstige Erträge 8100,00 EUR
und ermitteln Sie anschließend den Reingewinn!

3. Was ist unter dem Begriff „Aufwendungen für Waren" zu verstehen?

[1] Der Wert der eingekauften Ware zum Verkaufspreis.

[2] Der Wert der eingekauften Ware zum Rechnungspreis.

[3] Der Wert der verkauften Ware zum Einstandspreis.

[4] Der Wert der verkauften Ware zum Verkaufspreis.

Übertragen Sie die entsprechende Ziffer als Lösung in Ihr Hausheft.

## (2) Buchungen auf den Warenkonten mit Veränderung des Warenbestands

Eine sinnvolle Ermittlung des Warengewinnes ist nur möglich, wenn den erzielten Verkaufserlösen der Warenaufwand (Wareneinsatz) für die gleiche Menge gegenübergestellt wird.

- Wurde innerhalb einer Geschäftsperiode **mehr Ware verkauft als eingekauft,** muss die Mengendifferenz aus dem Lagerbestand entnommen worden sein. Dadurch vermindert sich der Wert des Warenbestands (der Schlussbestand ist niedriger als der Anfangsbestand). Es liegt eine **Bestandsminderung** vor.

- Wurde innerhalb einer Geschäftsperiode **weniger Ware verkauft als eingekauft,** erhöht sich der Wert des Warenbestands (der Schlussbestand ist höher als der Anfangsbestand). Es liegt eine **Bestandsmehrung** vor.

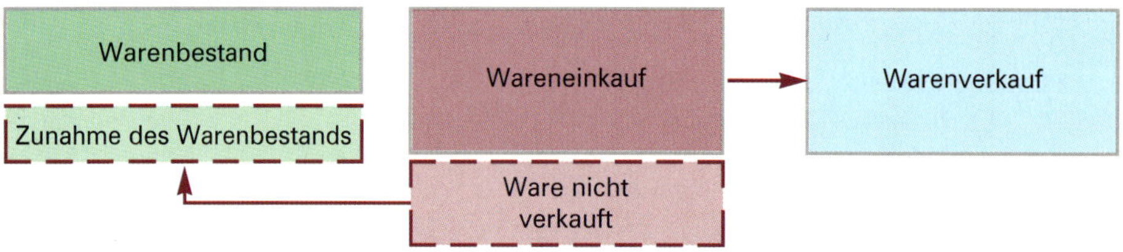

## Fall 1: Minderung des Warenbestands

**Beispiel:**

Ausschnitt aus der Buchführung der Großhandlung Fritz Leist GmbH.

**I. Bestände:**

Anfangsbestand an Waren: 20 Radiogeräte zu je 100,00 EUR = 2000,00 EUR
Schlussbestand an Waren: 15 Radiogeräte zu je 100,00 EUR = 1500,00 EUR

**II. Geschäftsvorfälle:**

1. Wareneinkäufe bar: 40 Radiogeräte zu je 100,00 EUR = 4000,00 EUR
2. Warenverkäufe bar: 45 Radiogeräte zu je 150,00 EUR = 6750,00 EUR

**III. Aufgaben:**

1. Stellen Sie diese Situation auf den Warenkonten dar und schließen Sie die Warenkonten ab!
2. Bilden Sie die Buchungssätze:
   2.1 für die beiden Geschäftsvorfälle,
   2.2 für den Abschluss der Warenkonten!
3. Ermitteln Sie außerhalb der Buchführung den Rohgewinn!

**Lösungen:**

**Zu 1.: Darstellung auf den Warenkonten mit Abschluss der Warenkonten**

**Bestandskonto** **Erfolgskonten**

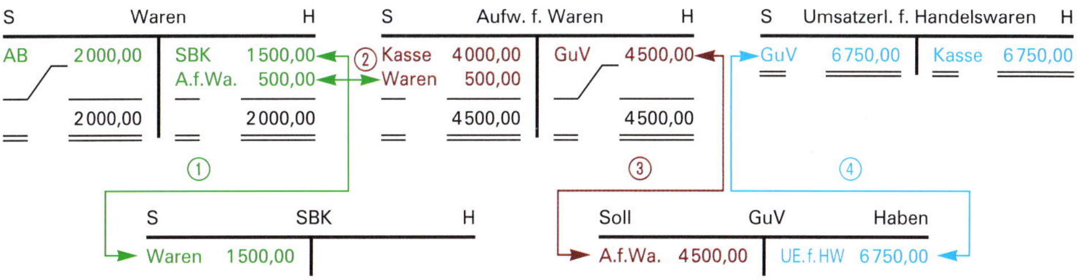


**Zu 2.: Buchungssätze**

**2.1 Buchungssätze für die beiden Geschäftsvorfälle**

| Nr. | Geschäftsvorfälle | Konten | Soll | Haben |
|---|---|---|---|---|
| 1. | Wir kaufen 40 Radiogeräte zu je 100,00 EUR bar = 4000,00 EUR | Aufwend. f. Waren<br>an Kasse | 4000,00 | <br>4000,00 |
| 2. | Wir verkaufen 45 Radiogeräte zu je 150,00 EUR bar = 6750,00 EUR | Kasse<br>an Ums.-Erl. f. Handelsw. | 6750,00 | <br>6750,00 |

### 2.2 Buchungssätze für den Abschluss der Konten

| Nr. | Abschlussschritte | Konten | Soll | Haben |
|---|---|---|---|---|
| ① | Buchung des durch Inventur ermittelten Warenschlussbestands im Werte von 1500,00 EUR | SBK<br>an Waren | 1500,00 | 1500,00 |
| ② | Umbuchung der Bestandsminderung von 5 Radiogeräten zu je 100,00 EUR = 500,00 EUR. | Aufwend. f. Waren<br>an Waren | 500,00 | 500,00 |
| ③ | Abschluss des Kontos Aufwendungen für Waren | GuV<br>an Aufwend. f. Waren | 4500,00 | 4500,00 |
| ④ | Abschluss des Kontos Umsatzerlöse für Handelswaren | Ums.-Erl. f. Handelswaren<br>an GuV | 6750,00 | 6750,00 |

**Zu 3.: Berechnung des Rohgewinns**

Es wurden 45 Radiogeräte verkauft, aber nur 40 Stück eingekauft. Daher ergibt sich eine Bestandsminderung in Höhe von 5 Stück zu je 100,00 EUR = 500,00 EUR.

Um den Verkaufserlösen von 45 Stück den entsprechenden Warenaufwand (Wareneinsatz) gegenüberstellen zu können, muss der Wareneinkauf um den Wert der Bestandsminderung erhöht werden.

Aufwendungen für Waren = Wareneinkäufe + Bestandsminderung

| | | |
|---|---|---|
| Wareneinkäufe: | 40 Radiogeräte zu je 100,00 EUR = | 4000,00 EUR |
| + Bestandsminderung: | 5 Radiogeräte zu je 100,00 EUR = | 500,00 EUR |
| = Wareneinsatz | 45 Radiogeräte zu je 100,00 EUR = | 4500,00 EUR |
| Umsatzerlöse (Ertrag) | 45 Radiogeräte zu je 150,00 EUR = | 6750,00 EUR |
| – Wareneinsatz (Aufwand) | 45 Radiogeräte zu je 100,00 EUR = | 4500,00 EUR |
| = Rohgewinn (Warengewinn) | | 2250,00 EUR |

## Fall 2: Erhöhung des Warenbestands

**Beispiel:**

Ausschnitt aus der Buchführung der Großhandlung Fritz Leist GmbH.

**I. Bestände:**

Anfangsbestand an Waren: 15 Radiogeräte zu je 100,00 EUR = 1500,00 EUR
Schlussbestand an Waren: 20 Radiogeräte zu je 100,00 EUR = 2000,00 EUR

**II. Geschäftsvorfälle:**

1. Wareneinkäufe bar: 45 Radiogeräte zu je 100,00 EUR = 4500,00 EUR
2. Warenverkäufe bar: 40 Radiogeräte zu je 150,00 EUR = 6000,00 EUR

**III. Aufgaben:**

1. Stellen Sie diese Situation auf den Warenkonten dar und schließen Sie die Warenkonten ab!
2. Bilden Sie die Buchungssätze:
   2.1 für die beiden Geschäftsvorfälle,
   2.2 für den Abschluss der Warenkonten!
3. Ermitteln Sie außerhalb der Buchführung den Rohgewinn!

**Lösungen:**

**Zu 1.: Darstellung auf den Warenkonten mit Abschluss der Warenkonten**

**Bestandskonto** **Erfolgskonten**

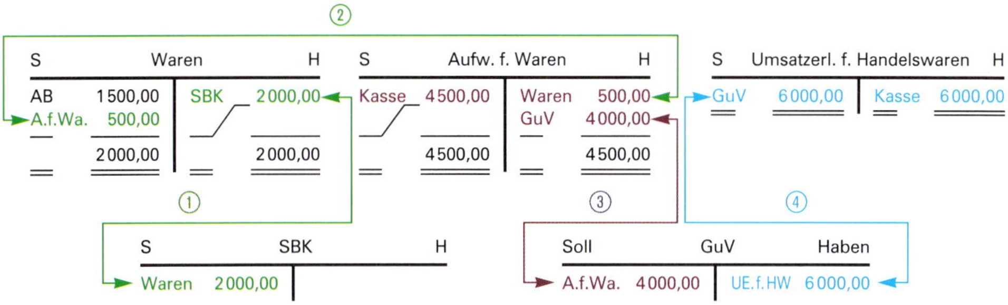


**Zu 2.: Buchungssätze**

**2.1 Buchungssätze für die beiden Geschäftsvorfälle**

| Nr. | Geschäftsvorfälle | Konten | Soll | Haben |
|---|---|---|---|---|
| 1. | Einkauf von 45 Radiogeräten zu je 100,00 EUR bar = 4500,00 EUR | Aufwend. f. Waren<br>an Kasse | 4500,00 | <br>4500,00 |
| 2. | Verkauf von 40 Radiogeräten zu je 150,00 EUR bar = 6000,00 EUR | Kasse<br>an Ums.-Erl. f. Handelsw. | 6000,00 | <br>6000,00 |

**2.2 Buchungssätze für den Abschluss der Konten**

| Nr. | Abschlussschritte | Konten | Soll | Haben |
|---|---|---|---|---|
| ① | Buchung des durch Inventur ermittelten Warenschlussbestands im Werte von 2000,00 EUR | SBK<br>an Waren | 2000,00 | <br>2000,00 |
| ② | Umbuchung der Bestandsmehrung von 5 Radiogeräten zu je 100,00 EUR = 500,00 EUR. | Waren<br>an Aufwend. f. Waren | 500,00 | <br>500,00 |
| ③ | Abschluss des Kontos Aufwendungen für Waren | GuV<br>an Aufwend. f. Waren | 4000,00 | <br>4000,00 |
| ④ | Abschluss des Kontos Umsatzerlöse für Handelswaren | Ums.-Erl. f. Handelswaren<br>an GuV | 6000,00 | <br>6000,00 |

**Zu 3.: Berechnung des Rohgewinns**

Es wurden 45 Radiogeräte eingekauft, aber nur 40 Stück verkauft. Daher ergibt sich eine Bestandsmehrung in Höhe von 5 Stück zu je 100,00 EUR = 500,00 EUR.

Um den Verkaufserlösen von 40 Stück den entsprechenden Warenaufwand (Wareneinsatz) gegenüberstellen zu können, muss der Wareneinkauf um den Wert der Bestandserhöhung vermindert werden.

Aufwendungen für Waren = Wareneinkäufe – Bestandsmehrung

| | | |
|---|---|---|
| Wareneinkäufe: | 45 Radiogeräte zu je 100,00 EUR = | 4500,00 EUR |
| – Bestandsmehrung: | 5 Radiogeräte zu je 100,00 EUR = | 500,00 EUR |
| = Wareneinsatz | 40 Radiogeräte zu je 100,00 EUR = | 4000,00 EUR |
| Umsatzerlöse (Ertrag) | 40 Radiogeräte zu je 150,00 EUR = | 6000,00 EUR |
| – Wareneinsatz (Aufwand) | 40 Radiogeräte zu je 100,00 EUR = | 4000,00 EUR |
| = Rohgewinn (Warengewinn) | | 2000,00 EUR |

## Übungsaufgaben

**Hinweis:** Bei den folgenden Aufgaben soll zunächst nur der Abschluss der Warenkonten geübt werden. Daher wird bei der Aufgabenstellung bewusst auf eine isolierte Betrachtung der Warenkonten abgestellt. Die angegebenen Werte der Aufgaben 57 bis 61 sind so gewählt, dass sich ein ausgeglichenes Schlussbilanzkonto ergibt.

**57** **I. Anfangsbestand:**

| | |
|---|---|
| Anfangsbestand auf dem Konto Waren | 17800,00 EUR |
| Anfangsbestand auf dem Eigenkapitalkonto | 10000,00 EUR |

**II. Geschäftsvorfälle:**

| | |
|---|---|
| 1. Wareneingänge während des Jahres | 185410,00 EUR |
| 2. Warenverkäufe während des Jahres | 193210,00 EUR |

**III. Abschlussangabe:**

| | |
|---|---|
| Warenschlussbestand lt. Inventur | 12100,00 EUR |

**IV. Aufgaben:**

1. Übertragen Sie die in der Aufgabe angegebenen Werte für den Anfangsbestand, die Wareneingänge und die Warenverkäufe auf die entsprechenden Konten, buchen Sie den durch Inventur ermittelten Warenschlussbestand, schließen Sie die Warenkonten ab und ermitteln Sie buchhalterisch den Rohgewinn!
2. Bilden Sie den Buchungssatz für die Buchung der Bestandsminderung!

**58/59**

| I. Anfangsbestände: | 58 | 59 |
|---|---|---|
| Anfangsbestand auf dem Konto Waren | 108700,00 EUR | 109300,00 EUR |
| Anfangsbestand auf dem Eigenkapitalkonto | 85000,00 EUR | 90000,00 EUR |
| **II. Geschäftsvorfälle:** | | |
| Wareneinkäufe bar | 7500,00 EUR | 23500,00 EUR |
| Warenverkäufe bar | 9500,00 EUR | 12950,00 EUR |
| Warenverkäufe auf Ziel | 25650,00 EUR | 45800,00 EUR |
| Wareneinkäufe auf Ziel | 10500,00 EUR | 19700,00 EUR |
| Warenverkäufe gegen Bankscheck | 6550,00 EUR | 3750,00 EUR |
| **III. Abschlussangabe:** | | |
| Warenschlussbestand lt. Inventur | 95700,00 EUR | 114300,00 EUR |

**IV. Aufgaben:**

1. Richten Sie die drei Warenkonten, das Eigenkapitalkonto, das Schlussbilanzkonto und das Gewinn- und Verlustkonto ein!
2. Tragen Sie auf den eingerichteten Konten die angegebenen Anfangsbestände vor!
3. Übertragen Sie die zu den Geschäftsvorfällen angegebenen Werte auf die entsprechenden Konten!
4. Schließen Sie die Konten ordnungsmäßig ab!

| 60/61 | | 60 | 61 |
|---|---|---|---|
| | **I. Anfangsbestände:** | | |
| | Anfangsbestand auf dem Konto Waren | 43650,00 EUR | 60500,00 EUR |
| | Anfangsbestand auf dem Eigenkapitalkonto | 47400,00 EUR | 12250,00 EUR |
| | **II. Geschäftsvorfälle:** | | |
| | Wareneinkäufe bar | 47100,00 EUR | 7850,00 EUR |
| | Warenverkäufe auf Ziel | 16850,00 EUR | 43750,00 EUR |
| | Warenverkäufe bar | 25700,00 EUR | 12200,00 EUR |
| | Wareneinkäufe auf Ziel | 2300,00 EUR | 25650,00 EUR |
| | Warenverkäufe gegen Bankscheck | 3100,00 EUR | 25800,00 EUR |
| | **III. Abschlussangabe:** | | |
| | Warenschlussbestand lt. Inventur | 44650,00 EUR | 40500,00 EUR |

**IV. Aufgaben:**

1. Richten Sie die Warenkonten, das Eigenkapitalkonto, das Schlussbilanzkonto und das Gewinn- und Verlustkonto ein!
2. Tragen Sie auf den eingerichteten Konten die angegebenen Anfangsbestände vor!
3. Übertragen Sie die zu den Geschäftsvorfällen angegebenen Werte auf die entsprechenden Konten!
4. Schließen Sie die Konten ordnungsmäßig ab!

## 2.4.7 Eröffnung der Bestandskonten und Abschluss der Bestands- und Erfolgskonten unter Einbeziehung der Warenkonten

**Beispiel:**

**I. Anfangsbestände:**

Unbebaute Grundstücke 50000,00 EUR; Betriebs- und Geschäftsausstattung 35000,00 EUR; Waren 40000,00 EUR; Forderungen aus Lieferungen und Leistungen 15320,00 EUR; Bank 37850,00 EUR; Verbindlichkeiten aus Lieferungen und Leistungen 19450,00 EUR; Langfristige Bankverbindlichkeiten 40000,00 EUR; Eigenkapital 118720,00 EUR.

**II. Geschäftsvorfälle:**

| | |
|---|---|
| 1. Wir kaufen Waren auf Ziel | 2750,00 EUR |
| 2. Die Bank belastet uns mit Zinsen | 2450,00 EUR |
| 3. Wir verkaufen Waren auf Ziel | 33550,00 EUR |
| 4. Die Miete für das Geschäft wird durch die Bank überwiesen | 12900,00 EUR |
| 5. Wir überweisen die Kraftfahrzeugsteuer durch die Bank | 4100,00 EUR |
| 6. Die Bank schreibt uns Zinsen gut | 1200,00 EUR |

**III. Abschlussangabe:**

Schlussbestand an Waren lt. Inventur 34000,00 EUR.

**IV. Aufgaben:**

1. Stellen Sie den Ablauf der buchtechnischen Schritte dar!
2. Bilden Sie die Buchungssätze für die Geschäftsvorfälle!
3. Übertragen Sie anschließend die Vorgänge auf die Konten!
4. Schließen Sie die Konten ab!

**Lösungen:**

**Ablauf der buchungstechnischen Schritte (zu 1.)**

**Erster Schritt: Eröffnungsbuchungen**

1. Erstellung des Eröffnungsbilanzkontos.
2. Buchung der Anfangsbestände auf den Aktiv- und Passivkonten.

**Zweiter Schritt: Bildung der Buchungssätze für die Geschäftsvorfälle (zu 2.)**

| Nr. | Konten | Soll | Haben |
|---|---|---|---|
| 1. | Aufwendungen für Waren<br>an Verbindlichkeiten a. Lief. u. Leist. | 2750,00 | <br>2750,00 |
| 2. | Zinsaufwendungen<br>an Bank | 2450,00 | <br>2450,00 |
| 3. | Forderungen a. Lief. u. Leist.<br>an Umsatzerlöse für Handelswaren | 33550,00 | <br>33550,00 |
| 4. | Mieten, Pachten<br>an Bank | 12900,00 | <br>12900,00 |
| 5. | Kraftfahrzeugsteuer<br>an Bank | 4100,00 | <br>4100,00 |
| 6. | Bank<br>an Zinserträge | 1200,00 | <br>1200,00 |

**Dritter Schritt: Buchung der Geschäftsvorfälle auf den Konten (siehe S. 127)**

**Vierter Schritt: Abschluss (siehe S. 127)**

1. Abschluss der Warenkonten
   - 1.1 Buchung des Warenschlussbestandes lt. Inventur auf dem Konto Waren.
   - 1.2 Abschluss des Warenschlussbestands über das Schlussbilanzkonto.
   - 1.3 Abschluss der verkauften Ware zum Einstandspreis (Aufwendungen für Waren ) über das GuV-Konto.
   - 1.4 Abschluss des Kontos Umsatzerlöse für Handelswaren über das GuV-Konto.
2. Abschluss der übrigen Ergebniskonten über das GuV-Konto.
3. Abschluss des GuV-Kontos über das Eigenkapitalkonto.
4. Abschluss der Bestandskonten über das Schlussbilanzkonto.

**Buchungen auf den Konten mit Abschluss der Konten (zu. 3. und 4.):**

## Bilanzkonten-Bereich

### Aktivkonten

**Unbebaute Grundstücke**

| S | | H | |
|---|---|---|---|
| EBK | 50 000,00 | SBK | 50 000,00 |

**Betr.- u. Geschäftsausst.**

| S | | H | |
|---|---|---|---|
| EBK | 35 000,00 | SBK | 35 000,00 |

**Waren**

| S | | H | |
|---|---|---|---|
| EBK | 40 000,00 | SBK | 34 000,00 |
| | | A.f.W. | 6 000,00 |
| | 40 000,00 | | 40 000,00 |

**Ford. a. Lief. u. Leist.**

| S | | H | |
|---|---|---|---|
| EBK | 15 320,00 | SBK | 48 870,00 |
| UErl. | 33 550,00 | | |
| | 48 870,00 | | 48 870,00 |

**Bank**

| S | | H | |
|---|---|---|---|
| EBK | 37 850,00 | ZiAuf. | 2 450,00 |
| ZiErtr. | 1 200,00 | Miet.,P. | 12 900,00 |
| | | Kfz-St. | 4 100,00 |
| | | SBK | 19 600,00 |
| | 39 050,00 | | 39 050,00 |

**EBK**

| S | | H | |
|---|---|---|---|
| Verb. | 19 450,00 | Unb.Gr. | 50 000,00 |
| L.Bv. | 40 000,00 | BGA | 35 000,00 |
| EK | 118 720,00 | Waren | 40 000,00 |
| | | Ford. | 15 320,00 |
| | | Bank | 37 850,00 |
| | 178 170,00 | | 178 170,00 |

**SBK**

| S | | H | |
|---|---|---|---|
| Unb.Gr. | 50 000,00 | Verb. | 22 200,00 |
| BGA | 35 000,00 | L.Bv. | 40 000,00 |
| Waren | 34 000,00 | EK | 125 270,00 |
| Ford. | 48 870,00 | | |
| Bank | 19 600,00 | | |
| | 187 470,00 | | 187 470,00 |

### Passivkonten

**Verbindl. a. Lief. u. Leist.**

| S | | H | |
|---|---|---|---|
| SBK | 22 200,00 | EBK | 19 450,00 |
| | | Waren | 2 750,00 |
| | 22 200,00 | | 22 200,00 |

**Langfr. Bankverb.**

| S | | H | |
|---|---|---|---|
| SBK | 40 000,00 | EBK | 40 000,00 |

**Eigenkapital**

| S | | H | |
|---|---|---|---|
| SBK | 125 270,00 | EBK | 118 720,00 |
| | | GuV | 6 550,00 |
| | 125 270,00 | | 125 270,00 |

## Erfolgskonten-Bereich

### Aufwandskonten

**Mieten, Pachten**

| S | | H | |
|---|---|---|---|
| Bank | 12 900,00 | GuV | 12 900,00 |

**Kfz-Steuer**

| S | | H | |
|---|---|---|---|
| Bank | 4 100,00 | GuV | 4 100,00 |

**Zinsaufwendungen**

| S | | H | |
|---|---|---|---|
| Bank | 2 450,00 | GuV | 2 450,00 |

**Aufwend. f. Waren**

| S | | H | |
|---|---|---|---|
| Verb. | 2 750,00 | GuV | 8 750,00 |
| Waren | 6 000,00 | | |
| | 8 750,00 | | 8 750,00 |

### Ertragskonten

**UE f. Handelswaren**

| S | | H | |
|---|---|---|---|
| GuV | 33 550,00 | Ford. | 33 550,00 |

**Zinserträge**

| S | | H | |
|---|---|---|---|
| GuV | 1 200,00 | Bank | 1 200,00 |

**GuV**

| S | | H | |
|---|---|---|---|
| Miet.,P. | 12 900,00 | UE. f. H. | 33 550,00 |
| Kfz-St. | 4 100,00 | ZiErtr. | 1 200,00 |
| ZiAufw. | 2 450,00 | | |
| A.f.W. | 8 750,00 | | |
| EK | 6 550,00 | | |
| | 34 750,00 | | 34 750,00 |

## Übungsaufgaben

**62** **I. Anfangsbestände:**

Betriebs- und Geschäftsausstattung 175000,00 EUR; Kasse 35710,00 EUR; Bank 42400,00 EUR; Waren 321720,00 EUR; Forderungen aus Lieferungen und Leistungen 82900,00 EUR; Verbindlichkeiten aus Lieferungen und Leistungen 112800,00 EUR; Langfristige Bankverbindlichkeiten 190000,00 EUR; Eigenkapital 354930,00 EUR.

**II. Geschäftsvorfälle:**

| | | |
|---|---|---|
| 1. | Bareinzahlung auf das Bankkonto | 15000,00 EUR |
| 2. | Warenverkauf bar | 17100,00 EUR |
| 3. | Barzahlung für Aushilfslöhne | 4200,00 EUR |
| 4. | Eingangsrechnungen (Wareneinkäufe) | 27400,00 EUR |
| 5. | Banküberweisung der Leasingrate | 14400,00 EUR |
| 6. | Ausgangsrechnungen (Warenverkäufe) | 28660,00 EUR |
| 7. | Zahlung einer Eingangsrechnung durch Banküberweisung | 21720,00 EUR |
| 8. | Die Bank schreibt uns Zinsen gut | 2480,00 EUR |
| 9. | Barzahlung für den Kauf von Büromaterial | 1120,00 EUR |
| 10. | Ein Kunde überweist auf unser Bankkonto | 32490,00 EUR |
| 11. | Barverkauf von Waren | 19400,00 EUR |

**III. Abschlussangabe:**

Warenschlussbestand lt. Inventur 312520,00 EUR.

**IV. Aufgaben:**

Bilden Sie zu den Geschäftsvorfällen die Buchungssätze, übertragen Sie die Werte auf die mit den Anfangsbeständen eröffneten Konten und schließen Sie die Konten über das Schlussbilanzkonto ab!

**63** **I. Anfangsbestände:**

Betriebs- und Geschäftsausstattung 118700,00 EUR; Waren 216800,00 EUR; Forderungen aus Lieferungen und Leistungen 108100,00 EUR; Bank 59710,00 EUR; Kasse 27220,00 EUR; Verbindlichkeiten aus Lieferungen und Leistungen 155600,00 EUR; Langfristige Bankverbindlichkeiten 120000,00 EUR; Eigenkapital 254930,00 EUR.

**II. Geschäftsvorfälle:**

| | | | |
|---|---|---|---|
| 1. | Wir kaufen Ware für 22500,00 EUR | gegen Barzahlung | 10000,00 EUR |
| | | auf Ziel | 12500,00 EUR |
| 2. | Für das Direktionszimmer wird ein neuer Schreibtisch gekauft; Zahlung durch Banküberweisung | | 1500,00 EUR |
| 3. | Wir zahlen Darlehenszinsen bar | | 4800,00 EUR |
| 4. | Wir zahlen eine Lieferantenrechnung über 19450,00 EUR | | |
| | gegen Barzahlung | | 9800,00 EUR |
| | durch Banküberweisung | | 9650,00 EUR |
| 5. | Wir verkaufen Ware 34780,00 EUR | | |
| | auf Ziel | | 25000,00 EUR |
| | gegen Barzahlung | | 9780,00 EUR |
| 6. | Teilweise Tilgung des Bankdarlehens durch Barzahlung | | 4000,00 EUR |
| 7. | Wir kaufen Büromaterial bar | | 2200,00 EUR |
| 8. | Ein Kunde zahlt eine Rechnung über 17750,00 EUR | | |
| | in bar | | 8400,00 EUR |
| | durch Bank | | 9350,00 EUR |
| 9. | Ein Auszubildender erhält als Ersatz für die Aufwendungen der Fahrten zur Arbeitsstätte einen steuerfreien Zuschuss bar ausbezahlt | | 300,00 EUR |
| 10. | Wir verkaufen Ware auf Ziel | | 32500,00 EUR |

11. Die Bank schreibt uns Zinsen gut — 2 150,00 EUR
12. Wir zahlen eine Rechnung für Werbematerial in bar — 10 160,00 EUR

**III. Abschlussangabe:**

Warenschlussbestand lt. Inventur 206 810,00 EUR.

**IV. Aufgaben:**

Bilden Sie zu den Geschäftsvorfällen die Buchungssätze, übertragen Sie die Werte auf die mit den Anfangsbeständen eröffneten Konten und schließen Sie die Konten über das Schlussbilanzkonto ab!

## 2.4.8 Erfolgsermittlung bei Industriebetrieben (ohne Einbeziehung der Bestände an unfertigen und fertigen Erzeugnissen)

### 2.4.8.1 Grundsätzliches

Sofern Industriebetriebe fertige Waren (sogenannte Handelswaren) einkaufen und diese unverändert weiterverkaufen, ergeben sich die gleichen Buchungsprobleme wie in Handelsbetrieben.

**Beispiel:**

Eine Möbelfabrik kauft Bilder, Wäsche und Teppiche ein, die sie an interessierte Kunden weiterverkauft.

Die Hauptaufgabe der Industriebetriebe besteht jedoch darin, die zu verkaufenden Produkte selbst herzustellen. Sie kaufen hierfür **Werkstoffe** (Roh-, Hilfs- und Betriebsstoffe sowie Vorprodukte) ein und verarbeiten diese im Produktionsprozess zu neuen Produkten, die sie am Markt absetzen. Zwischen dem Ein- und Verkauf von Waren schiebt sich als wichtigstes Unterscheidungsmerkmal zu Handelsbetrieben der Produktionsprozess, wobei die Erfassung und Verrechnung der dabei anfallenden Aufwendungen besondere Probleme darstellen.

### 2.4.8.2 Begriffsklärungen

Zu den **Werkstoffen** zählen:

| Arten von Werkstoffen | Beispiele |
|---|---|
| ■ **Rohstoffe (Fertigungsmaterial)**<br>Unter **Rohstoffen** versteht man die Stoffe, die Hauptbestandteile des Fertigprodukts darstellen. | Holz in einer Möbelfabrik, Bleche in der Autoindustrie, Leder in einer Schuhfabrik. |
| ■ **Vorprodukte (Fremdbauteile)**<br>Es handelt sich um Teile oder Baugruppen (zusammengesetzte Teile) von Vorlieferern, die zur Erstellung eigener Produkte benötigt werden. | Schlösser in einer Möbelfabrik, Autositze für die Automobilindustrie, Elektromotoren in der Maschinenindustrie. |
| ■ **Hilfsstoffe**<br>Hilfsstoffe gehen zwar auch in das Fertigprodukt ein, sie bilden aber nur Nebenbestandteile der Erzeugnisse. | Nägel, Schrauben, Leim in einer Möbelfabrik oder Lacke, Dichtungsringe, Schrauben in der Autoindustrie. |
| ■ **Betriebsstoffe**<br>Sie gehen nicht in das fertige Produkt ein, werden aber im Fertigungsprozess verbraucht. | Eine Möbelfabrik kauft Öl, Brennstoffe, Strom, um die Maschinen zu betreiben. |



9 Speth u.a. - ISBN 978-3-8120-0260-8

### 2.4.8.3 Buchungen bei der Beschaffung von Werkstoffen

Der durch den starken Konkurrenzdruck ausgelöste Zwang zur Kostensenkung hat in der Praxis dazu geführt, nach Wegen zu suchen, wie man auch die nicht unerheblichen Lagerkosten minimieren kann. Daher wird in einem modernen Industriebetrieb nach Möglichkeit immer nur so viel an Werkstoffen eingekauft, wie auch unmittelbar für die Produktion benötigt wird. Das bedingt natürlich eine sehr genaue Abstimmung der Bedarfs- und Beschaffungspläne. Werkstoffe müssen also genau dann im Betrieb ankommen, wenn sie benötigt werden. Daher spricht man auch vom **Just-in-time-Verfahren.**

Da die **eingekauften Werkstoffe** direkt in den Fertigungsprozess eingehen, werden sie auch direkt auf den entsprechenden **Aufwandskonten** erfasst. Diese Form der Buchung bezeichnet man als **aufwandsrechnerisches Verfahren (Just-in-time-Verfahren).** Für die Werkstoffeinkäufe und die Einkäufe für Vorprodukte und Handelswaren stehen folgende **Aufwandskonten** zur Verfügung:

- Aufwendungen für Rohstoffe
- Aufwendungen für Vorprodukte
- Aufwendungen für Hilfsstoffe
- Aufwendungen für Betriebsstoffe
- Aufwendungen für Waren

**Beispiele:**

| Nr. | Geschäftsvorfälle | Konten | Soll | Haben |
|---|---|---|---|---|
| 1. | Einkauf von Rohstoffen auf Ziel 25000,00 EUR | Aufw. f. Rohstoffe | 25000,00 | |
| | | an Verb. a. Lief. u. Leist. | | 25000,00 |
| 2. | Einkauf von Hilfsstoffen bar 3450,00 EUR | Aufw. f. Hilfsstoffe | 3450,00 | |
| | | an Kasse | | 3450,00 |
| 3. | Einkauf von Vorprodukten gegen Bankscheck 7850,00 EUR | Aufw. f. Vorprodukte | 7850,00 | |
| | | an Bank | | 7850,00 |
| 4. | Einkauf von Handelswaren gegen Banküberweisung 10500,00 EUR | Aufw. f. Waren | 10500,00 | |
| | | an Bank | | 10500,00 |

### 2.4.8.4 Buchungen beim Verbrauch von Werkstoffen

#### (1) Werkstoffbestände

Bisher haben wir unterstellt, dass die benötigten Werkstoffe fertigungssynchron angeliefert und in der gleichen Periode vollständig verbraucht werden. Es wurde also davon ausgegangen, dass das Unternehmen kein Werkstofflager unterhält. Dies entspricht nicht der Realität, denn die Just-in-time-Konzeption bedeutet keineswegs, dass generell keine Vorratshaltung betrieben wird. Vielmehr ist es unabdingbar, von jedem Werkstoff einen **Sicherheitsbestand** (Mindestbestand; Eiserner Bestand) am Lager zu halten, um die Produktion bei verzögerter Anlieferung eines Werkstoffes aufrechterhalten zu können.

Die gelagerten Werkstoffe zählen zum Vermögensbestand des Unternehmens und sind daher auf **Aktivkonten** zu buchen. Es stehen folgende Konten zur Verfügung:

- Rohstoffe
- Hilfsstoffe
- Vorprodukte
- Betriebsstoffe

Die Konten nehmen jeweils nur den **Anfangsbestand,** den **Schlussbestand** und gegebenenfalls die Veränderung dieser Bestände **(Bestandsveränderungen)** auf, weil die Zugänge ja auf den entsprechenden Aufwandskonten erfasst werden.

Die Werkstoffbestände können sich in zwei Richtungen verändern: Sie können anwachsen **(Bestandsmehrung)** oder abgebaut werden **(Bestandsminderung).** Beide Fälle wirken sich auf die Höhe des Werkstoffverbrauchs aus.

## (2) Bestandsveränderungen bei Werkstoffen

### Bestandsmehrungen bei Werkstoffen

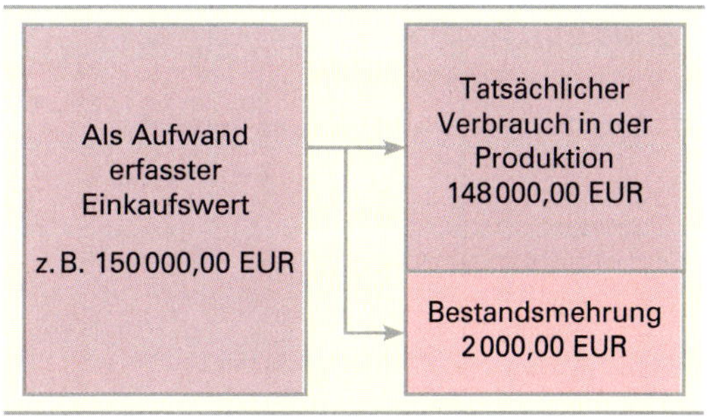


In Bezug auf den Verbrauch von **Roh-, Hilfs- und Betriebsstoffen** bedeutet „periodengerechter" Aufwand nichts anderes als den tatsächlichen Verbrauch einer Abrechnungsperiode zu erfassen. Eine **Bestandsmehrung** liegt vor, wenn der Schlussbestand einer Werkstoffart höher ist als der Bestand am Anfang einer Abrechnungsperiode. Dies bedeutet, dass innerhalb dieser Periode mehr eingekauft als in der Produktion verbraucht wurde. Die nicht verbrauchte Menge wurde auf Lager genommen, daher die Bestandsmehrung. Die unmittelbar gebuchten Werkstoffaufwendungen geben deshalb den periodengerechten Aufwand nicht wieder. Der Einkaufswert ist höher als der zu ermittelnde, periodenbezogene Verbrauch, und zwar um den Betrag der Bestandsmehrung.

Werden in einem Unternehmen die eingekauften Werkstoffe direkt als Aufwand erfasst und stellt sich bei der Inventur eine Bestandsmehrung heraus, dann ergibt sich der tatsächliche Verbrauch dadurch, dass von den direkt gebuchten Werkstoffaufwendungen der Wert der Bestandsmehrung wieder abgezogen wird (150000,00 EUR – 2000,00 EUR = 148000,00 EUR). Buchhalterisch erfolgt dies in der Weise, dass die Bestandsmehrung auf dem Werkstoffkonto auf das entsprechende Aufwandskonto umgebucht wird.

**Beispiel:**

**I. Anfangsbestand:**

Rohstoffe 4500,00 EUR

**II. Geschäftsvorfälle:**

1. Einkauf von Rohstoffen auf Ziel 150000,00 EUR
2. Verkauf von Erzeugnissen auf Ziel 280000,00 EUR

**III. Schlussbestand:**

Inventurbestand an Rohstoffen 6500,00 EUR

**IV. Aufgaben:**

1. Ermitteln Sie rechnerisch:
   1.1 den Verbrauch an Rohstoffen,
   1.2 den Rohgewinn.
2. Stellen Sie die Angaben des Beispiels auf Konten dar, wobei bei den Geschäftsvorfällen die Gegenkonten anzugeben, aber nicht zu führen sind![1]
3. Bilden Sie die Buchungssätze:
   3.1 für die Geschäftsvorfälle,
   3.2 für den Abschluss der Konten!

**Lösungen:**

**Zu 1.: Rechnerische Ermittlungen**

**1.1 Ermittlung des Verbrauchs an Rohstoffen**

| | |
|---|---|
| Einkauf von Rohstoffen in der Geschäftsperiode | 150000,00 EUR |
| – Bestandsmehrung | 2000,00 EUR |
| = Verbrauch innerhalb der Geschäftsperiode | 148000,00 EUR |

**1.2 Ermittlung des Rohgewinns**

| | |
|---|---|
| Umsatzerlöse für eigene Erzeugnisse | 280000,00 EUR |
| – Verbrauch von Rohstoffen | 148000,00 EUR |
| = Rohgewinn | 132000,00 EUR |

**Zu 2.: Darstellung auf den Konten**

S Rohstoffe H

| S | | | H |
|---|---|---|---|
| AB | 4500,00 | SBK | 6500,00 |
| A.f.Ro. | 2000,00 | | |
| | 6500,00 | | 6500,00 |

S Aufwend. f. Rohstoffe H

| S | | | H |
|---|---|---|---|
| V.a.L.u.L. | 150000,00 | Rohst. | 2000,00 |
| | | GuV | 148000,00 |
| | 150000,00 | | 150000,00 |

S UErl. f. eig. Erzeugnisse H

| S | | | H |
|---|---|---|---|
| GuV | 280000,00 | F.a.L.u.L. | 280000,00 |

S SBK H

| S | | | H |
|---|---|---|---|
| Rohst. | 6500,00 | | |

S GuV H

| S | | | H |
|---|---|---|---|
| A.f.Ro. | 148000,00 | UErl. | 280000,00 |
| Rohgew. | 132000,00 | | |
| | 280000,00 | | 280000,00 |

1 Der Übersicht wegen werden nur die Vorgänge auf den hier interessierenden Konten (Rohstoffe, Aufwendungen für Rohstoffe, Umsatzerlöse für eigene Erzeugnisse) dargestellt. Die Gegenkonten beim Ein- bzw. Verkauf werden nicht geführt.

**Zu 3.: Bildung der Buchungssätze**

| Nr. | Geschäftsvorfälle und Abschlussschritte | Konten | Soll | Haben |
|---|---|---|---|---|
| 3.1 | für die Geschäftsvorfälle: | | | |
| | Einkauf von Rohstoffen auf Ziel 150000,00 EUR | Aufw. f. Rohstoffe<br>an Verbindl. a. L. u. L. | 150000,00 | <br>150000,00 |
| | Verkauf von Erzeugnissen auf Ziel 280000,00 EUR | Ford. a. L. u. L.<br>an UErl. f. eig. Erzeug. | 280000,00 | <br>280000,00 |
| 3.2 | für den Abschluss der Konten: | | | |
| | Abschluss des Kontos Rohstoffe 6500,00 EUR | SBK<br>an Rohstoffe | 6500,00 | <br>6500,00 |
| | Umbuchung der Bestandsmehrung von 2000,00 EUR | Rohstoffe<br>an Aufw. f. Rohstoffe | 2000,00 | <br>2000,00 |
| | Abschluss des Kontos Aufwend. für Rohstoffe | GuV<br>an Aufw. f. Rohstoffe | 148000,00 | <br>148000,00 |
| | Abschluss des Kontos Umsatzerlöse f. eig. Erz. | UErl. f. eig. Erzeug.<br>an GuV | 280000,00 | <br>280000,00 |

**Erläuterungen:**

Die **Erhöhung** des Schlussbestands bei den Rohstoffen bedeutet, dass ein Teil der eingekauften und als Aufwand gebuchten **Rohstoffe nicht verbraucht wurde.** Der zunächst gebuchte Aufwand ist um den Wert der Bestandsmehrung **zu hoch.** Er muss daher um den Wert der **Bestandsmehrung gemindert werden.**

**Erkenntnis:**

- Beim **aufwandsrechnerischen Verfahren** muss eine **Bestandsmehrung** bei den Werkstoffen vom als Aufwand gebuchten Einkaufswert **abgezogen** werden.
- Buchhalterisch erfolgt das durch eine entsprechende **Umbuchung der Bestandsmehrung.** Der Buchungssatz lautet:

  Bestandskonto (z. B. Rohstoffe)
  an Aufwandskonto (z. B. Aufwendungen für Rohstoffe)

## Bestandsminderungen bei Werkstoffen

**Beispiel:**

**I. Anfangsbestand:**

Rohstoffe 3500,00 EUR

**II. Geschäftsvorfälle:**

1. Einkauf von Rohstoffen auf Ziel 150000,00 EUR
2. Verkauf von Fertigerzeugnissen auf Ziel 280000,00 EUR

**III. Schlussbestand:**

Inventurbestand an Rohstoffen 2000,00 EUR

**Aufgaben:**

1. Ermitteln Sie rechnerisch:
   1.1 den Verbrauch an Rohstoffen,
   1.2 den Rohgewinn.
2. Stellen Sie die Angaben des Beispiels auf Konten dar, wobei bei den Geschäftsvorfällen die Gegenkonten anzugeben, aber nicht zu führen sind!
3. Bilden Sie die Buchungssätze für den Abschluss der Konten!

**Lösungen:**

**Zu 1.: Rechnerische Ermittlungen**

**1.1 Ermittlung des Verbrauchs an Rohstoffen**

| | | |
|---|---|---|
| | Einkauf von Rohstoffen in der Geschäftsperiode | 150 000,00 EUR |
| + | Bestandsminderung | 1 500,00 EUR |
| = | Verbrauch innerhalb der Geschäftsperiode | 151 500,00 EUR |

**1.2 Ermittlung des vorläufigen Gewinns**

| | | |
|---|---|---|
| | Umsatzerlöse für eigene Erzeugnisse | 280 000,00 EUR |
| – | Verbrauch von Rohstoffen | 151 500,00 EUR |
| = | Rohgewinn | 128 500,00 EUR |

**Zu 2.: Darstellung auf den Konten**

S Rohstoffe H

| | | | |
|---|---|---|---|
| AB | 3 500,00 | SBK | 2 000,00 |
| | | A.f.Ro. | 1 500,00 |
| | 3 500,00 | | 3 500,00 |

S Aufwend. f. Rohstoffe H

| | | | |
|---|---|---|---|
| V.a.L.u.L. | 150 000,00 | GuV | 151 500,00 |
| Rohst. | 1 500,00 | | |
| | 151 500,00 | | 151 500,00 |

S UErl. f. eig. Erzeugnisse H

| | | | |
|---|---|---|---|
| GuV | 280 000,00 | F.a.L.u.L. | 280 000,00 |

S SBK H

| | | | |
|---|---|---|---|
| Rohst. | 2 000,00 | | |

S GuV H

| | | | |
|---|---|---|---|
| A.f.Ro. | 151 500,00 | UErl. | 280 000,00 |
| Rohgew. | 128 500,00 | | |
| | 280 000,00 | | 280 000,00 |

**Zu 3.: Bildung der Buchungssätze für den Abschluss der Konten**

| Abschlussschritte | Konten | Soll | Haben |
|---|---|---|---|
| Abschluss des Kontos Rohstoffe 2 000,00 EUR | SBK<br>an Rohstoffe | 2 000,00 | <br>2 000,00 |
| Umbuchung der Bestandsminderung von 1 500,00 EUR | Aufw. f. Rohstoffe<br>an Rohstoffe | 1 500,00 | <br>1 500,00 |
| Abschluss des Kontos Aufwend. für Rohstoffe | GuV<br>an Aufw. f. Rohstoffe | 151 500,00 | <br>151 500,00 |
| Abschluss des Kontos Umsatzerlöse f. eig. Erzeugnisse | UErl. f. eig. Erzeug.<br>an GuV | 280 000,00 | <br>280 000,00 |

**Erläuterungen:**

Die **Minderung** des Bestands auf dem Rohstoffkonto bedeutet, dass über den Einkauf von Rohstoffen hinaus noch **Rohstoffe vom Reservelager verbraucht wurden.** Der beim Einkauf gebuchte Aufwand ist um diesen Wert **zu niedrig.** Er muss daher um den Wert der **Bestandsminderung erhöht werden.**

**Erkenntnis:**

- Beim **aufwandsrechnerischen Verfahren** muss eine **Bestandsminderung** bei den Werkstoffen zu dem als Aufwand gebuchten Einkaufswert **hinzugerechnet werden.**
- Buchhalterisch erfolgt das durch eine entsprechende **Umbuchung der Bestandsminderung.** Der Buchungssatz lautet:

Aufwandskonto (z.B. Aufwendungen für Rohstoffe)
an Bestandskonto (z.B. Rohstoffe)

### 2.4.8.5 Buchungen beim Verkauf von eigenen Erzeugnissen

Der Verkauf der hergestellten Erzeugnisse stellt einen Ertrag dar. Buchtechnisch werden die Umsatzerlöse aus eigenen Erzeugnissen und die Umsatzerlöse für Handelswaren auf getrennten Konten ausgewiesen. Wir führen somit die Konten

- Umsatzerlöse für eigene Erzeugnisse,
- Umsatzerlöse für Handelswaren.

**Beispiel:**

**Geschäftsvorfall:**
Wir verkaufen eigene Erzeugnisse auf Ziel 21000,00 EUR.

**Aufgabe:**
Bilden Sie den Buchungssatz!

**Lösung:**

| Konten | Soll | Haben |
|---|---|---|
| Ford. a. Lief. u. Leist. | 21000,00 | |
| an Umsatzerl. für eig. Erz. | | 21000,00 |

## Übungsaufgaben

**64** I. **Werkstoffbestände:**

| | Anfangsbestände | Schlussbestände |
|---|---|---|
| Rohstoffe | 310000,00 EUR | 315000,00 EUR |
| Vorprodukte | 85000,00 EUR | 91200,00 EUR |
| Hilfsstoffe | 47700,00 EUR | 45000,00 EUR |
| Betriebsstoffe | 64400,00 EUR | 59800,00 EUR |

II. **Geschäftsvorfälle:**

1. Kauf von Rohstoffen auf Ziel 112700,00 EUR
2. Kauf von Vorprodukten auf Ziel 21100,00 EUR
3. Kauf von Hilfsstoffen mit Bankscheck 33300,00 EUR
4. Kauf von Betriebsstoffen auf Ziel 42100,00 EUR
5. Verkauf von eigenen Erzeugnissen auf Ziel 480000,00 EUR

(**Hinweis**: Die Gegenkonten sind anzugeben, aber nicht zu führen!)

**III. Aufgaben:**

1. Ermitteln Sie rechnerisch den jeweiligen Werkstoffaufwand!
2. Ermitteln Sie rechnerisch den Rohgewinn!
3. Stellen Sie den Sachverhalt auf Konten dar und bilden Sie die Buchungssätze
   3.1 zu den Geschäftsvorfällen und
   3.2 für den Abschluss der Konten!

**65** Erläutern Sie folgende Sachverhalte:

1. Der Bestand an Vorprodukten ist um 20000,00 EUR gestiegen.
2. Der Bestand an Rohstoffen ist um 40000,00 EUR gesunken.
3. Der Einkauf von Hilfsstoffen ist um 10000,00 EUR höher als der Verbrauch.
4. Warum lösen Inventurdifferenzen bei Werkstoffen keine Buchung aus?

**66** Bilden Sie die Buchungssätze zu folgenden Bestandsveränderungen!

1. Bestandsminderung bei Rohstoffen um 30510,00 EUR.
2. Bestandsmehrung bei Hilfsstoffen um 7850,00 EUR.
3. Bestandsminderung bei Vorprodukten um 18150,00 EUR.
4. Bestandsmehrung bei Betriebsstoffen um 8570,00 EUR.

**67** **I. Anfangsbestände:**

Rohstoffe 150600,00 EUR, Hilfsstoffe 71300,00 EUR, Betriebsstoffe 25200,00 EUR, Bank 25000,00 EUR, Eigenkapital 272100,00 EUR.

**II. Geschäftsvorfälle:**

1. Einkauf von Rohstoffen auf Ziel 40500,00 EUR
2. Verkauf von Erzeugnissen auf Ziel 150500,00 EUR
3. Einkauf von Hilfsstoffen auf Ziel 25700,00 EUR
4. Verkauf von Erzeugnissen gegen Bankscheck 8500,00 EUR
5. Einkauf von Betriebsstoffen per Bankscheck 1250,00 EUR

**III. Abschlussangaben:**

| | |
|---|---|
| 1. Schlussbestand an Rohstoffen lt. Inventur | 80750,00 EUR |
| 2. Schlussbestand an Hilfsstoffen lt. Inventur | 90500,00 EUR |
| 3. Schlussbestand an Betriebsstoffen lt. Inventur | 20600,00 EUR |

**IV. Aufgaben:**

Bilden Sie zu den Geschäftsvorfällen die Buchungssätze, übertragen Sie die Buchungssätze auf die Konten und schließen Sie die Konten über die entsprechenden Abschlusskonten ab!

## 2.5 Umsatzsteuer (Mehrwertsteuer)

### 2.5.1 Betriebswirtschaftliche und rechtliche Grundlagen

Bis die Waren zum Verkauf im Einzelhandel angeboten werden, durchlaufen sie häufig mehrere Unternehmen.

**Beispiel:**

Bis der Kunde in einem Lebensmittelgeschäft eine Ecke Schmelzkäse kaufen kann, hat das Produkt in der Regel folgende Unternehmen durchlaufen:

Milcherzeugung im **landwirtschaftlichen Betrieb** → Verarbeitung zu Käse im **Milchwerk** → Fertigung im **Schmelzkäsewerk** → Vertrieb über den **Großhandel** zum → **Einzelhandel.**

Durch **Kosten** und **Gewinn** erhöht sich in jedem Unternehmen jeweils der **Wert** des Produktes. Diesen **Mehrwert** (Unterschied zwischen Verkaufswert und Einstandswert) besteuert der Staat, d.h., jeder **Unternehmer** hat von dem Mehrwert, der von seinem Unternehmen geschaffen wird, Umsatzsteuer zu entrichten. Aus diesem Grunde wird die **Umsatzsteuer (USt)** häufig auch als **Mehrwertsteuer** bezeichnet.

Die Umsatzsteuer gehört abgaberechtlich zu den Verkehrsteuern, weil Vorgänge des Wirtschaftsverkehrs besteuert werden. Der Wirkung nach ist die Umsatzsteuer eine Verbrauchsteuer, da die Belastung der Endverbraucher zu tragen hat. In vereinfachter und verkürzter Form dargestellt beantwortet das Umsatzsteuergesetz folgende Fragen:

### (1) Wer ist umsatzsteuerpflichtig?

Steuerpflichtig ist der **Unternehmer.**

### (2) Welche Umsätze sind umsatzsteuerbar?

Es ist zwischen steuerbaren und nicht steuerbaren Umsätzen zu unterscheiden.

#### Nicht steuerbare Umsätze

Sie fallen nicht unter das Umsatzsteuergesetz. Deshalb fällt bei diesen Vorgängen auch keine Umsatzsteuer an.

**Beispiel:**

Ein Autohändler liefert als **Privatmann** seinen gebrauchten Fernseher an einen Interessenten gegen Barzahlung.

#### Steuerbare Umsätze

Sie sind entweder steuerpflichtig oder steuerfrei.

#### Steuerpflichtige Umsätze

Folgende Umsätze unterliegen der Umsatzsteuer:

1. **Lieferungen,** die ein Unternehmer **im Inland gegen Entgelt** im Rahmen seines Unternehmens ausführt.
2. **Leistungen,** die ein Unternehmer **im Inland gegen Entgelt** im Rahmen seines Unternehmens ausführt (z.B. Reparaturen, Transport von Waren, Errichtung neuer Anlagen usw.).
3. **Einfuhr von Gegenständen** aus einem Drittlandsgebiet **in das Inland** (Einfuhrumsatzsteuer).
4. **Innergemeinschaftlicher Erwerb** im Inland **gegen Entgelt.**

## Steuerfreie Umsätze

Hierbei handelt es sich um Umsätze, die dem Umsatzsteuergesetz unterliegen, für die aber keine Umsatzsteuer anfällt, da diese Umsätze vom Gesetzgeber für steuerfrei erklärt werden. Die steuerfreien Umsätze sind im Wesentlichen in § 4 Nr. 1 bis Nr. 28 UStG aufgeführt.

**Beispiele:**

Ausfuhrlieferungen in ein Drittland;[1] innergemeinschaftliche[2] Lieferungen; Umsätze im Geld- und Kapitalverkehr (z.B. die Gewährung und die Vermittlung von Krediten, die Umsätze von Wertpapieren); Vermietung und Verpachtung von Grundstücken; Umsätze aus der Tätigkeit als Arzt, Zahnarzt; Zahlung von Versicherungsbeiträgen.

## (3) Wie viel Prozent beträgt der Steuersatz?

Der Steuersatz beträgt im Normalfall 19 %, in besonderen Fällen 7 %.

## (4) Von welchem Betrag wird die Umsatzsteuer berechnet (Bemessungsgrundlage)?

Die Umsatzsteuer wird vom **Entgelt** berechnet. Das ist der vom Empfänger der Leistung zu **entrichtende Nettopreis.** Die Umsatzsteuer fällt im Allgemeinen bereits dann an, wenn eine Lieferung bzw. Leistung erbracht wird, also die Forderung entsteht **(Sollbesteuerung).** Erlösminderungen (Skonti, Rabatte, Preisnachlässe usw.) vermindern die Berechnungsgrundlage für die Umsatzsteuer, in Rechnung gestellte Nebenkosten erhöhen das Entgelt.

## (5) Welchen Betrag erhält das Finanzamt?

Bei der Berechnung der Umsatzsteuer wird zunächst vom **gesamten Umsatzwert** ausgegangen: 19 % vom Verkaufserlös ergibt die (vorläufige) Umsatzsteuerschuld. Von dieser so berechneten Steuerschuld können die auf den **Eingangsrechnungen ausgewiesenen Umsatzsteuerbeträge** als sogenannte **Vorsteuer** abgezogen werden. Die Vorsteuer stellt somit für den Kaufmann eine **Forderung** an das Finanzamt dar. Die Differenz zwischen Umsatzsteuer und Vorsteuer ist dann die tatsächlich zu zahlende Steuerschuld. Wir nennen sie **Zahllast.**

Damit die Unternehmer und ihre Leistungsempfänger den Vorsteuerabzug geltend machen können, müssen die **Rechnungen** folgende **Angaben** enthalten:

- **Vollständiger Name** und **vollständige Anschrift** des leistenden Unternehmers und des Leistungsempfängers,
- die **Steuernummer** oder die **Umsatzsteuer-Identifikationsnummer,**
- das **Ausstellungsdatum,**
- eine **fortlaufende Nummer** mit einer oder mehreren Zahlenreihen, die zur Identifizierung der Rechnung vom Rechnungssteller einmal vergeben wird **(Rechnungsnummer),**

---

1 Drittlandstaaten sind Staaten, die nicht zur Europäischen Union (EU) gehören.

2 Gemeinschaftsgebiet umfasst das Gebiet der europäischen Staaten, die der Europäischen Union angehören. EU-Länder sind: Belgien, Bulgarien, Dänemark, Deutschland, Estland, Finnland, Frankreich, Griechenland, Großbritannien, Irland, Italien, Lettland, Litauen, Luxemburg, Malta, Niederlande, Österreich, Polen, Portugal, Rumänien, Schweden, Slowakei, Slowenien, Spanien, Tschechien, Ungarn und Zypern (griechischer Landesteil).

- die **Menge** und die **Art** sowie die handelsübliche Bezeichnung der **gelieferten Gegenstände** oder die Art und den Umfang der **sonstigen Leistung,**
- den **Zeitpunkt der Lieferung** oder **sonstigen Leistung,**
- das nach **Steuersätzen** und einzelnen **Steuerbefreiungen** aufgeschlüsselte Entgelt für die Lieferung oder sonstige Leistung sowie jede im Voraus vereinbarte Minderung des Entgelts,
- der **anzuwendende Steuersatz** sowie der auf das Entgelt entfallende Steuerbetrag oder im Falle einer Steuerbefreiung der Hinweis darauf, dass für die Lieferung oder sonstige Leistung eine Steuerbefreiung gilt.

Bei **Rechnungen** über **Kleinbeträge** von bis zu 150,00 EUR muss lediglich angegeben werden: Name und Anschrift des leistenden Unternehmens, Ausstellungsdatum, Menge und Art der gelieferten Gegenstände oder Umfang und Art der sonstigen Leistung, das Entgelt und der darauf entfallende Steuerbetrag in einer Summe sowie der anzuwendende Steuersatz [§ 33 Umsatzsteuer-Durchführungsverordnung, UStDV].

Dargestellt am Beispiel Einkauf und Verkauf von Handelswaren, bei denen die Zusammenhänge am einfachsten dargestellt werden können, ergibt sich die folgende Abrechnung mit dem Finanzamt:

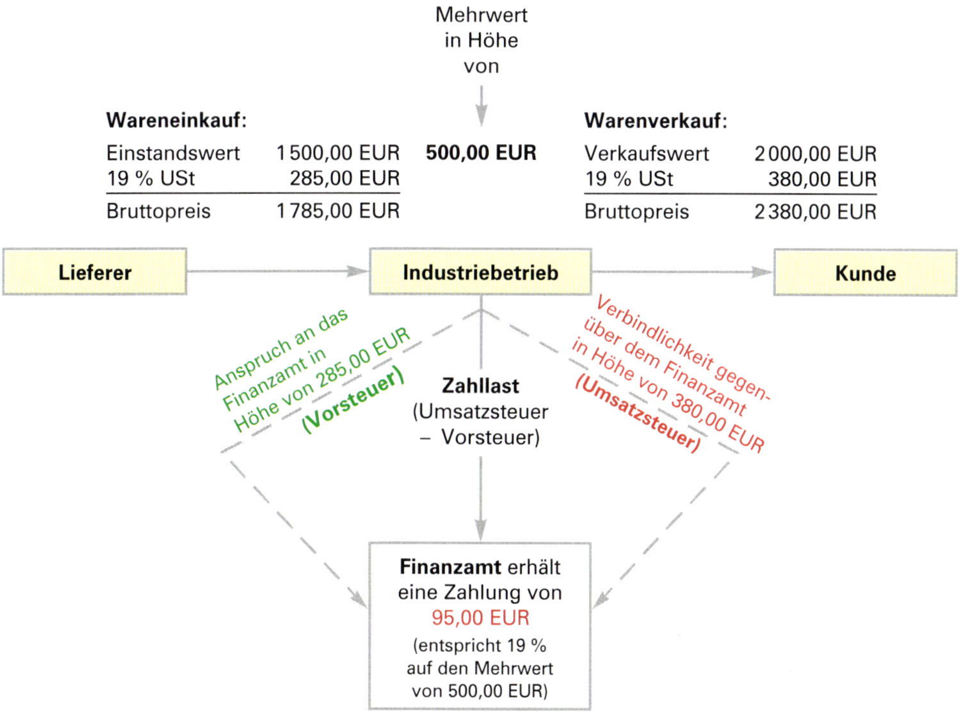

- **Abrechnung mit dem Finanzamt:**

| | | | | |
|---|---|---|---|---|
| 19 % v. Nettoverkaufspreis | 2000,00 EUR | 380,00 EUR | → Umsatzsteuer | → Verbindlichkeiten |
| – 19 % v. Nettoeinkaufspreis | 1500,00 EUR | 285,00 EUR | → Vorsteuer | → Forderungen |
| = Mehrwert | 500,00 EUR | 95,00 EUR | → Zahllast | → Restschuld |

- **Auswirkungen der Umsatzsteuer auf den Erfolg am Beispiel eines Handelswarengeschäfts:**

| Industriebetrieb **zahlt USt** | | Industriebetrieb **erhält USt** | |
|---|---|---|---|
| ■ an den Lieferer lt. ER | 285,00 EUR | vom Kunden lt. AR | 380,00 EUR |
| ■ an das Finanzamt | 95,00 EUR | | |
| | 380,00 EUR | ← | |

**Erkenntnis:**

- Durch die USt entstehen dem Industriebetrieb **keine** Aufwendungen.
- Die USt ist **ergebnisunwirksam.** Was das Unternehmen auf der einen Seite einnimmt, gibt es auf der anderen Seite aus. Die Umsatzsteuer ist für das Unternehmen ein sogenannter **durchlaufender Posten.**
- Die **Last der Umsatzsteuer trägt** allein der **Verbraucher.**

## (6) Zu welchem Zeitpunkt muss die Umsatzsteuer gezahlt werden?

Der Unternehmer hat nach § 18 UStG bis zum 10. Tag nach Ablauf des Voranmeldezeitraums eine Voranmeldung nach amtlich vorgegebenem Vordruck abzugeben, und zwar – wie heute üblich – auf elektronischem Wege. Die darin ermittelte Vorauszahlung ist zu diesem Zeitpunkt fällig.

Voranmeldezeitraum ist das Kalendervierteljahr. Beträgt die Steuer für das vorangegangene Kalenderjahr mehr als 7500,00 EUR, wovon im Normalfall auszugehen ist, ist der Kalendermonat der Voranmeldezeitraum. Das bedeutet, dass der Unternehmer im Normalfall bis zum 10. des laufenden Monats für den abgelaufenen Monat eine entsprechende Voranmeldung zu übermitteln hat.

Am Jahresende erfolgt die Endabrechnung mithilfe der Jahressteuererklärung und des Jahressteuerbescheides. Nachzahlungen bzw. Rückerstattungen sind nicht ausgeschlossen, da sich die Bemessungsgrundlage aufgrund nachträglicher Skonti, Rabatte, Preisnachlässe oder aufgrund von Forderungsausfällen ändern kann.

**Merke:**

- Die Umsatzsteuer stellt für den Unternehmer keinen Aufwand, sondern einen **durchlaufenden Posten** dar. (Was der Unternehmer auf der einen Seite an Steuerbeträgen einnimmt, gibt er auf der anderen Seite in gleicher Höhe wieder aus.)
- Die **Last der Umsatzsteuer trägt** allein der **Verbraucher.**

## 2.5.2 Buchhalterische Erfassung der Umsatzsteuer bei den Grundfällen (Einkauf von Waren und Werkstoffen, Verkauf von Waren und Erzeugnissen)

Da dem Unternehmen durch die Umsatzsteuer **keine Kosten** (Aufwendungen) entstehen, kann für die buchhalterische Erfassung nur der Bereich der **Bilanzkonten** infrage kommen.

**Buchung der Vorsteuer**

**Beispiel:**

Kauf von Handelswaren auf Ziel
lt. folgender Eingangsrechnung:

| | |
|---|---|
| Ware, netto | 3000,00 EUR |
| + 19 % USt | 570,00 EUR |
| Rechnungsbetrag | 3570,00 EUR |

S Aufwendungen für Waren H

| S | H |
|---|---|
| V. a.L.u.L. 3000,00 | |

S Vorsteuer H

| S | H |
|---|---|
| V. a.L.u.L. 570,00 | |

S Verbindlichkeiten a. Lief. u. Leist. H

| S | H |
|---|---|
| | A. f. Wa./VSt. 3570,00 |

**Buchungssatz:**

| Konten | Soll | Haben |
|---|---|---|
| Aufwend. f. Waren | 3000,00 | |
| Vorsteuer | 570,00 | |
| an Verb. a.L.u.L. | | 3570,00 |

**Merke:**

- Die USt auf Eingangsrechnungen stellt eine **Forderung** des Unternehmers gegenüber dem Finanzamt dar. Sie wird auf einem Forderungskonto, genannt **Vorsteuer,** gebucht.
- Das Vorsteuerkonto ist ein **Aktivkonto.**

**Buchung der Umsatzsteuer**

**Beispiel:**

Verkauf von Handelswaren auf Ziel
lt. folgender Ausgangsrechnung:

| | |
|---|---|
| Ware, netto | 4000,00 EUR |
| + 19 % USt | 760,00 EUR |
| Rechnungsbetrag | 4760,00 EUR |

S Forderungen a. Lief. u. Leist. H

| S | H |
|---|---|
| UE f. HW/USt 4760,00 | |

S Umsatzerlöse für Handelswaren H

| S | H |
|---|---|
| | F. a.L.u.L. 4000,00 |

S Umsatzsteuer H

| S | H |
|---|---|
| | F. a.L.u.L. 760,00 |

**Buchungssatz:**

| Konten | Soll | Haben |
|---|---|---|
| Ford. a.L.u.L. | 4760,00 | |
| an UErl. f. Handelsw. | | 4000,00 |
| an Umsatzsteuer | | 760,00 |

**Merke:**

- Die USt auf Ausgangsrechnungen stellt eine **Verbindlichkeit** des Unternehmers gegenüber dem Finanzamt dar. Sie wird auf einem entsprechenden Schuldkonto, genannt **Umsatzsteuer,** gebucht.
- Das Umsatzsteuerkonto ist ein **Passivkonto.**

## Übungsaufgabe

**Hinweis:** Die Ausbildung zum Kaufmann/Kauffrau für Bürokommunikation erfolgt sowohl in Handels- als auch Industriebetrieben. Um beiden Bereichen gerecht zu werden, wird bei den nachfolgenden Übungsaufgaben – sofern es erforderlich ist – angegeben, ob es sich um einen Handels- oder einen Industriebetrieb handelt.

**68** Bilden Sie zu den folgenden Geschäftsvorfällen die Buchungssätze!

| | | |
|---|---|---|
| 1. | Wir kaufen Handelswaren auf Ziel netto | 1 350,00 EUR |
| | + 19 % USt | 256,50 EUR |
| | | 1 606,50 EUR |
| 2. | Kauf von Rohstoffen gegen Bankscheck netto | 3 198,00 EUR |
| | + 19 % USt | 607,62 EUR |
| | | 3 805,62 EUR |
| 3. | Kauf von Vorprodukten bar netto | 7 479,00 EUR |
| | + 19 % USt | 1 421,01 EUR |
| | | 8 900,01 EUR |
| 4. | Wir verkaufen Handelswaren bar netto | 10 391,20 EUR |
| | + 19 % USt | 1 974,33 EUR |
| | | 12 365,53 EUR |
| 5. | Verkauf von Fertigerzeugnissen auf Ziel netto | 6 220,00 EUR |
| | + 19 % USt | 1 181,80 EUR |
| | | 7 401,80 EUR |
| 6. | Kauf von Hilfsstoffen gegen Rechnung netto | 917,00 EUR |
| | + 19 % USt | 174,23 EUR |
| | | 1 091,23 EUR |
| 7. | Für eine Reparaturleistung berechnen wir unserem Kunden netto | 778,00 EUR |
| | + 19 % USt | 147,82 EUR |
| | | 925,82 EUR |

### 2.5.3 Buchhalterische Erfassung der Umsatzsteuer bei weiteren Fällen

Die Umsatzsteuer erscheint nicht nur auf den Rechnungen der beiden vorgestellten Grundfälle, sondern ebenfalls bei einer Reihe weiterer Fälle.

#### (1) Auf der Eingangsseite

Neben den Eingangsrechnungen für den Einkauf von Werkstoffen oder Handelswaren erhalten wir z. B. Rechnungen für den Kauf von Anlagegegenständen (Fahrzeugen, Teilen, die zur Betriebs- und Geschäftsausstattung zählen), Rechnungen von Handwerkern für Reparaturleistungen, Rechnungen für den Einkauf von Büromaterial usw. Die Umsatzsteuer dieser Rechnungen erscheint ebenfalls auf dem Aktivkonto „Vorsteuer".

#### (2) Auf der Ausgangsseite

Neben dem Verkauf von Fertigerzeugnissen oder Handelswaren können gebrauchte Fahrzeuge oder Teile der Betriebs- und Geschäftsausstattung verkauft werden. Auch solche sogenannten Hilfsgeschäfte sind umsatzsteuerpflichtig. Beim Verkauf müssen wir Umsatzsteuer in Rechnung stellen. Sie erscheint auf dem Passivkonto „Umsatzsteuer".

## Übungsaufgaben

**69** Buchen Sie im Grundbuch[1] bei dem Großhändler Schnell-Service GmbH folgende Geschäftsvorfälle:

1. Wir kaufen Waschmittel auf Ziel netto 1000,00 EUR zuzüglich 19 % USt.
2. Wir zahlen eine bereits gebuchte Lieferantenrechnung über 1700,00 EUR bar.
3. Einkauf von Geschirr lt. Eingangsrechnung Nr. 56 2300,00 EUR zuzüglich 19 % USt gegen Bankscheck.
4. Ein Kunde zahlt die Ausgangsrechnung Nr. 45 durch Überweisung auf unser Bankkonto 2200,00 EUR.
5. Barzahlung einer noch nicht gebuchten Handwerkerrechnung für Malerarbeiten im Büro netto 300,00 EUR zuzüglich 19 % USt.
6. Wir kaufen ein Notebook gegen Barzahlung netto 1300,00 EUR zuzüglich 19 % USt.
7. Verkauf eines Postens Bestecke auf Ziel. Warenwert 980,00 EUR zuzüglich 19 % USt.
8. Kauf von Schreibwaren für das Büro bar 685,00 EUR zuzüglich 19 % USt.
9. Bankabbuchung für Telefongebühren einschließlich 19 % USt 1428,00 EUR.
10. Banküberweisung für Stromverbrauch lt. vorliegender Rechnung. Nettowert 2210,00 EUR zuzüglich 19 % USt.
11. Buchen Sie unten stehende Ausgangsrechnung am 12. Oktober für die Großhandlung Schnell-Service GmbH!

**Schnell-Service GmbH** Kapellenweg 7
01169 Dresden

Haushaltwaren
Heinz Hammer e. Kfm.
Feldweg 5
01259 Dresden

**Rechnung Nr. 971**

Reparaturdatum:
Rechnungsdatum: 08.10.20..

| | | |
|---|---|---|
| *15* | *Speise-Service* | |
| | *24-teilig COBURG* | *2025,00 EUR* |
| | *+ 19 % MWSt* | *384,75 EUR* |
| | | *2409,75 EUR* |
| | | |
| | | |
| | | |

Sitz der Gesellschaft: Dresden
Registergericht Dresden: HRB 1020.
Steuernummer: 87/100401

1 Siehe hierzu die Ausführungen auf S. 162.

12. Buchen Sie im Grundbuch die nachfolgende Eingangsrechnung am 27. November aus der Sicht der Großhandlung Schnell-Service GmbH!

**SPORT · JAKOB KG**

Skiausrüstungen
Sportartikel

Sport-Jakob KG, Gärtnerstr. 21, 04209 Leipzig

Schnell-Service GmbH
Kapellenweg 7
01169 Dresden

**Rechnung Nr.** 707

Lieferdatum: 24. Nov. 20..
Rechnungsdatum: 27. Nov. 20..

| Artikel-Nr. | Menge | Bezeichnung | Einzelpreis | Gesamtpreis |
|---|---|---|---|---|
| 410/520 | 10 | Paar Kinderski mit Bindung | 104,00 | 1 040,00 EUR |
| 411/519 | 10 | Paar Skistöcke | 38,50 | 385,00 EUR |
| | | | | 1 425,00 EUR |
| | | + 19 % USt | | 270,75 EUR |
| | | | | 1 695,75 EUR |

Zahlungs- und Erfüllungsort sowie Gerichtsstand ist Leipzig. Die Ware bleibt bis zur vollständigen Bezahlung mein Eigentum.

Sitz der Gesellschaft: Leipzig Registergericht Leipzig: HRA 496 Steuer-Nr. 50720/61712

**70** Buchen Sie im Grundbuch der Industriewerke Franz Keller KG die folgenden Geschäftsvorfälle:

| | | |
|---|---|---|
| 1. Barkauf von Büromaterial | 170,00 EUR | |
| + 19 % USt | 32,30 EUR | 202,30 EUR |
| 2. Wir zahlen Miete für die Geschäftsräume durch Banküberweisung | | 3 720,00 EUR |
| 3. Bankeinzug zum Ausgleich der Stromrechnung für das Geschäft | 745,00 EUR | |
| + 19 % USt | 141,55 EUR | 886,55 EUR |
| 4. Wir kaufen einen Büroschrank und zahlen mit Bankscheck | 900,00 EUR | |
| + 19 % USt | 171,00 EUR | 1 071,00 EUR |
| 5. Einkauf von Rohstoffen auf Ziel | 1 560,00 EUR | |
| + 19 % USt | 296,40 EUR | 1 856,40 EUR |
| 6. Wir zahlen Kraftfahrzeugsteuer durch Banküberweisung | | 2 769,40 EUR |
| 7. Wir bezahlen die Ausbildungsvergütungen für unsere kaufmännischen Auszubildenden bar | | 4 950,00 EUR |
| 8. Der Kundendienst-Monteur stellt uns für die Reparatur einer Maschine in Rechnung | 275,00 EUR | |
| + 19 % USt | 52,25 EUR | 327,25 EUR |

9. Buchen Sie im Grundbuch die folgende Eingangsrechnung (ER) aus der Sicht der Industriewerke Franz Keller KG!

**Bürozentrum · B. Sieglinger e. Kfm. · 47228 Duisburg**

B. Sieglinger, Feldrain 10, 47228 Duisburg

Industriewerke
Franz Keller KG
Hauptstraße 12
40597 Düsseldorf

**Rechnung Nr.** 158

| Ihre Bestellung | Versandart | Unsere Zeichen | Lieferdatum | Rechnungsdatum |
|---|---|---|---|---|
| 15.01.20.. | Spedition | Kl/Ps | 15.01.20.. | 21.01.20.. |

| Anzahl | Art.-Nr. | Bezeichnung | Einzelpreis EUR | Gesamtpreis EUR |
|---|---|---|---|---|
| 2 | 125/67 | Schreibtisch | 450,00 | 900,00 |
| 1 | 479/98 | Tischlampe | 140,00 | 140,00 |
| 4 | 915/54 | Drehstuhl | 115,00 | 460,00 |
| | | | | 1 500,00 |
| | | + 19 % Umsatzsteuer | | 285,00 |
| | | | | 1 785,00 |

Sitz der Gesellschaft: Duisburg; Amtsgericht Duisburg: HRB 1850; Steuer-Nr.: 0730/6612

**71** Folgende noch nicht gebuchte Rechnungen einschließlich 19 % USt wurden von einer Großhandlung am 1. März per Bankscheck beglichen:

| | |
|---|---|
| Werbegeschenke | 172,55 EUR |
| Büromaterial | 116,62 EUR |
| Wartungsarbeiten am Geschäftswagen | 158,27 EUR |
| Kauf von Reinigungsmitteln für die Geschäftsräume | 208,25 EUR |

1. Berechnen Sie jeweils den Nettobetrag und die VSt!
2. Bilden Sie den Buchungssatz!

**72** Buchen Sie im Grundbuch die folgenden Geschäftsvorfälle:

1. Wir verkaufen Erzeugnisse gegen Ratenzahlung. Anzahlung einschließlich 19 % USt bar: 38 675,00 EUR.

   Restzahlung in 5 Raten
   (12 500,00 EUR + 800,00 EUR Zinsen* + 19 % USt) zu je 15 675,00 EUR.

   Bilden Sie die Buchungssätze am Verkaufstag!

   * **Hinweis:** Zinsen sind umsatzsteuerfrei, da ein Kreditvertrag vorliegt!



10 Speth u.a. ISBN 978-3-8120-0260-8

2. Wir zahlen für folgenden Beleg bar aus der Kasse:

> 196,35 EUR einschließlich 19 % USt für Reparatur des Kopiergeräts erhalten.
>
> Leverkusen, den 2. April 20.. *Ferner*

| | | | |
|---|---|---|---|
| 3. | Bankgutschrift für Zinsen | | 720,00 EUR |
| 4. | Barzahlung für Reparaturen am Maschinenpark, netto | 874,00 EUR | |
| | + 19 % USt | 166,06 EUR | 1 040,06 EUR |
| 5. | Verkauf von Erzeugnissen frei Haus lt. AR 143 netto | 42 765,00 EUR | |
| | + 19 % USt | 8 125,35 EUR | 50 890,35 EUR |

6. Buchen Sie die Eingangsrechnung aus der Sicht der Industriewerke Franz Keller KG!

**Büro-Service – Handelsgesellschaft GmbH**
**Bahnhofstraße 3 · 45259 Essen**

Industriewerke
Franz Keller KG
Hauptstraße 12
40597 Düsseldorf

| Seite | Kunden-Nr. | Rechnung Nr. | Liefer-datum | Rechnungs-datum | SR |
|---|---|---|---|---|---|
| 1 | 20671 | 24793 | 21.10.20.. | 27.10.20.. | 2110 |

| Artikel-Nr. | Artikel-Berechnung | Menge | Einzelpreis EUR | Gesamtpreis EUR |
|---|---|---|---|---|
| 40 082 | Ringbucheinlagen A4 50 Blatt | 10 | 2,59 | 25,90 |
| 40 151 | Spiralblock A5 50 Blatt kar. | 40 | 1,89 | 75,60 |
| 41 103 | Füllhalter | 15 | 4,99 | 74,85 |
| 41 107 | Super Tintenhai 2 ER | 30 | 2,79 | 83,70 |
| 41 261 | Buntstifte 12 ER | 25 | 4,49 | 112,25 |
| | | | | 372,30 |
| | | | + 19 % USt | 70,74 |
| | | | | 443,04 |

Sitz der Gesellschaft: Essen; Registergericht Essen: HRB 910 Steuer-Nr. 705/4411

## 2.5.4 Ermittlung und Buchung der Zahllast

### 2.5.4.1 Ermittlung und Begleichung der Zahllast

Nach dem Umsatzsteuergesetz ist der Kaufmann verpflichtet, im Allgemeinen monatlich eine Umsatzsteuervoranmeldung abzugeben. Hierbei ermittelt er die Zahllast. Bei der Berechnung der Zahllast, das ist der Betrag, der an das Finanzamt abgeführt werden muss, wird die Vorsteuer von der Umsatzsteuer des Monats **abgezogen.** Buchhalterisch erfolgt das in der Weise, dass das Vorsteuerkonto über das Umsatzsteuerkonto abgeschlossen wird. Der Saldo, der sich danach auf dem Umsatzsteuerkonto ergibt, stellt die Zahllast dar. Die Zahllast ist innerhalb von 10 Tagen nach Ablauf des Kalendermonats zu begleichen.

**Beispiel für den Monat Januar:**

Vorsteuer: Summe 1800,00 EUR; Umsatzsteuer: Summe 6000,00 EUR. Die Zahllast von 4200,00 EUR wird an das Finanzamt durch die Bank überwiesen.

**Aufgaben:**

1. Stellen Sie die Vorgänge auf Konten dar!
2. Bilden Sie die Buchungssätze!

**Lösungen:**

**Zu 1.: Buchung auf den Konten**

| S | Vorsteuer | | H |
|---|---|---|---|
| Summe | 1800,00 | USt | 1800,00 |

| S | Bank | | H |
|---|---|---|---|
| AB | 5000,00 | USt | 4200,00 |

| S | Umsatzsteuer | | H |
|---|---|---|---|
| VSt | 1800,00 | Summe | 6000,00 |
| Bank | 4200,00 | | |
| | 6000,00 | | 6000,00 |

**Zu 2.: Buchungssätze**

| Geschäftsvorfälle | Konten | Soll | Haben |
|---|---|---|---|
| Ermittlung der Zahllast | Umsatzsteuer<br>an Vorsteuer | 1800,00 | <br>1800,00 |
| Banküberweisung der Zahllast | Umsatzsteuer<br>an Bank | 4200,00 | <br>4200,00 |

### 2.5.4.2 Ermittlung und Passivierung der Zahllast am Ende des Geschäftsjahres

Weil am Bilanzstichtag die **Zahllast** noch **nicht überwiesen** ist, muss sie **passiviert** werden (Abschluss auf der Habenseite des Schlussbilanzkontos), da sie eine Schuld gegenüber dem Finanzamt darstellt.

**Beispiel für den Monat Dezember:**

Vorsteuer: Summe 4000,00 EUR; Umsatzsteuer: Summe 9000,00 EUR. Passivierung der Zahllast am 31. Dezember.

**Aufgaben:**

1. Ermitteln Sie buchhalterisch die Zahllast!
2. Bilden Sie die Buchungssätze!

**Lösungen:**

**Zu 1.: Buchung auf den Konten**

| S | Vorsteuer | | H |
|---|---|---|---|
| Summe | 4000,00 | USt | 4000,00 |

| S | SBK | | H |
|---|---|---|---|
| | | USt | 5000,00 |

| S | Umsatzsteuer | | H |
|---|---|---|---|
| VSt | 4000,00 | Summe | 9000,00 |
| SBK | 5000,00 | | |
| | 9000,00 | | 9000,00 |

**Zu 2.: Buchungssätze**

| Geschäftsvorfälle | Konten | Soll | Haben |
|---|---|---|---|
| Ermittlung der Zahllast | Umsatzsteuer<br>an Vorsteuer | 4 000,00 | <br>4 000,00 |
| Passivierung der Zahllast | Umsatzsteuer<br>an SBK | 5 000,00 | <br>5 000,00 |

## Übungsaufgaben

**73**

| S | Vorsteuer | | H |
|---|---|---|---|
| Bank | 991,80 | | |
| V. a. L. u. L. | 3 431,40 | | |

| S | Umsatzsteuer | | H |
|---|---|---|---|
| | | Kasse | 4 870,00 |
| | | Bank | 12 130,70 |

**Aufgaben:**

1. Ermitteln Sie buchhalterisch die Zahllast!
2. Die Zahllast ist zu passivieren!
3. Bilden Sie zu 1. und 2. die Buchungssätze!

**74** **I. Anfangsbestände:**

Betriebs- und Geschäftsausstattung 128 750,00 EUR; Kasse 21 488,00 EUR; Bank 32 150,00 EUR; Forderungen aus Lieferungen und Leistungen 184 710,00 EUR; Waren 201 080,00 EUR; Umsatzsteuer 12 050,00 EUR; Verbindlichkeiten aus Lieferungen und Leistungen 121 110,00 EUR; Eigenkapital 435 018,00 EUR.

**II. Geschäftsvorfälle:**

1. Wareneinkauf auf Ziel 13 700,00 EUR zuzüglich 19 % USt.
2. Barzahlung der Ausbildungsvergütungen an die kaufmännischen Auszubildenden 7 120,00 EUR.
3. Warenverkauf auf Ziel 83 400,00 EUR zuzüglich 19 % USt.
4. Banküberweisung an einen Lieferanten 11 720,00 EUR.
5. Zahlung der betrieblichen Grundsteuer durch Banküberweisung 8 490,00 EUR.
6. Zinsgutschrift der Bank 1 080,00 EUR.

**III. Abschlussangaben:**

1. Warenschlussbestand lt. Inventur 185 000,00 EUR.
2. Die Zahllast ist zu passivieren!

**IV. Aufgaben:**

1. Bilden Sie zu den angegebenen Geschäftsvorfällen die Buchungssätze!
2. Richten Sie die erforderlichen Konten ein und tragen Sie die angegebenen Anfangsbestände darauf vor!
3. Übertragen Sie die Werte der Buchungssätze für die Geschäftsvorfälle auf die entsprechenden Konten!
4. Schließen Sie die Konten unter Beachtung der Abschlusshinweise über die Abschlusskonten ab!

### 2.5.4.3 Ermittlung und Buchung des Vorsteuerüberhangs

**Beachte:**

Ist innerhalb eines Abrechnungszeitraums die Vorsteuer höher als die Umsatzsteuer, was z.B. aufgrund von saisonbedingten Einkäufen durchaus vorkommen kann, entsteht ein sogenannter **Vorsteuerüberhang.** In diesem Fall ist die Forderung gegenüber dem Finanzamt höher als die Verbindlichkeit. Diesen Vorsteuerüberhang muss das Finanzamt auszahlen bzw. verrechnen.

Der Saldo erscheint dann nicht auf dem Passivkonto „Umsatzsteuer", sondern auf dem Aktivkonto „Vorsteuer". Das Vorsteuerkonto wird dann über das Schlussbilanzkonto abgeschlossen.

Anträge auf Vorsteuervergütung können seit 2010 nur noch elektronisch durchgeführt werden. Um Anträge stellen zu können, ist eine vorherige Registrierung erforderlich.

## Übungsaufgaben

**75**

| S | Vorsteuer | | H |
|---|---|---|---|
| Su | 12900,00 | | |

| S | Umsatzsteuer | | H |
|---|---|---|---|
| | | Su | 8300,00 |

**Aufgaben:**

1. Ermitteln Sie buchhalterisch den Vorsteuerüberhang!
2. Der Vorsteuerüberhang wird vom Finanzamt auf unser Bankkonto überwiesen.
3. Bilden Sie die Buchungssätze zu 1. und 2.!

**76** **I. Anfangsbestände:**

Betriebs- und Geschäftsausstattung 75000,00 EUR; Kasse 3250,00 EUR; Bank 15150,00 EUR; Forderungen aus Lieferungen und Leistungen 95920,00 EUR; Waren 115700,00 EUR; Verbindlichkeiten aus Lieferungen und Leistungen 79800,00 EUR; Eigenkapital 225220,00 EUR.

**II. Geschäftsvorfälle:**

1. Wareneinkauf auf Ziel, netto 34500,00 EUR zuzüglich 19% USt.
2. Warenverkauf auf Ziel 29500,00 EUR zuzüglich 19% USt.
3. Barzahlung für Aushilfslöhne 850,00 EUR.
4. Banküberweisung an einen Lieferer 2750,00 EUR.
5. Barkauf eines PCs 1000,00 EUR zuzüglich 19% USt.
6. Begleichung der Benzinrechnung durch Bankscheck, brutto 595,00 EUR.
7. Barverkauf von Waren, netto 2140,00 EUR zuzüglich 19% USt.

**III. Abschlussangaben:**

1. Ermittlung und Aktivierung des Vorsteuerüberhangs.
2. Warenschlussbestand lt. Inventur 135700,00 EUR.

**IV. Aufgaben:**

Eröffnen Sie die Konten mit den angegebenen Anfangsbeständen, bilden Sie für die Geschäftsvorfälle die Buchungssätze, übernehmen Sie die Werte auf die Konten und schließen Sie die Konten über die Abschlusskonten ab!

**77** Bilden Sie zu den nachfolgenden Belegen aus der Sicht der Tobias Hanselmann KG die Buchungssätze!

**Beleg 1**

Autowelt GmbH Berlin

Autowelt GmbH · Mathias Steiner · Ohmstr. 10 · 13629 Berlin

Werkzeugfabrik
Tobias Hanselmann KG
Edisonstr. 20–24
12459 Berlin

Auftrags-Nr. 00-0398
Leistungsdatum: 28.07.20..

Geleistete Arbeiten

| Arbeits-Nr. | Art der ausgeführten Arbeiten | EUR |
|---|---|---|
| 92 3004 | Fahrzeugwäsche mit Teilhochglanzprogramm Interieuer für den Geschäftswagen | 71,43 |
| | + 19 % USt | 13,57 |
| | | 85,00 |

**Beleg 2**

Stadtschmiede GmbH
Bernd King
Eilerstr. 10
14165 Berlin

Stadtschmiede GmbH · Bernd King · Eilerstr. 10 · 14165 Berlin

Werkzeugfabrik
Tobias Hanselmann KG
Edisonstr. 20–24
12459 Berlin

Rechnung Nr. 176 Datum: 30.07.20..

| Beschreibung | Menge | Stückpreis EUR pro m | Gesamtpreis EUR |
|---|---|---|---|
| Anfertigen von Geländer für die Fabrikhalle | 20,4 m | 195,00 | 3978,00 |
| | | + 19 % USt | 755,82 |
| Bitte um Überweisung innerhalb 14 Tage ohne Skontoabzug. | | | 4733,82 |

**Beleg 3**

**Firma:** Werkzeugfabrik Tobias Hanselmann KG
Edisonstraße 20–24 · 12459 Berlin

QUITTUNG

EINGEGANGEN
30. Juli 20..

| | |
|---|---|
| 1 Bürolampe | 192,78 EUR |
| + 19 % USt | inkl. |
| | 192,78 EUR |

Elektro Heim
Sternstr. 40a
12349 Berlin

Betrag dankend erhalten
30.07.20..
*Heim*

**Beleg 4**

GROẞMANN ELEKTROANLAGEN

Frank Großmann e.K. · Inhaber M. Hoppe
Elektrische Licht- und Kraftanlagen
Weserstraße 10 · 30519 Hannover
St.-Nr. 24/199

Frank Großmann · Weserstraße 10 · 30519 Hannover

Werkzeugfabrik
Tobias Hanselmann KG
Edisonstr. 20–24
12459 Berlin

Telefax 0511 2360-110

| Ihr Zeichen, Ihre Bestellung vom | Unser Zeichen, Unsere Nachricht vom | Telefon, Name 0511 2360-200 | Datum |
|---|---|---|---|
| | Ho | Herr Hoppe | 28. Juli 20.. |

EINGEGANGEN
29. Juli 20..
Erl. ..................

**Rechnung – Nr. 9110 – 20..**

Erbringung der Leistung: 03.03.20..
Elektroanschlüsse instand gesetzt

| | | | | |
|---|---|---|---|---|
| Pos. 001: | Montage Fink | 2,5 Std. | 41,80 EUR | 104,50 EUR |
| Pos. 002: | Auszubildender (2. Jahr) Gromer | 2,5 Std. | 21,20 EUR | 53,00 EUR |
| Pos. 003: | Fahrpauschale | 1,00 Psch. | 8,80 EUR | 8,80 EUR |
| Pos. 004: | Klemmen | 8 Stück | 0,60 EUR | 4,80 EUR |
| | | | | 171,10 EUR |
| | | + 19 % USt | | 32,51 EUR |
| | | Gesamtsumme | | 203,61 EUR |

HANDWERKERRECHNUNG
gemäß VOB innerhalb von 8 Tagen
nach Rechnungsdatum fällig! Ohne Abzug!
Rechnungsnummer bitte angeben!

**Beleg 5**

Kontoauszug Nr. 10
Konto-Nr. 610 003

COMMERZBANK AG – BLZ 120 400 00 –
* Datum 27. 07. 20.. *

Blatt 1

| Wert | Buchungstext | Umsätze Soll | Umsätze Haben |
|---|---|---|---|
| | ALTER SALDO VOM 24.07.20.. | | 12 895,40 H |
| 26. 07. 20.. | Hans Kempf GmbH Rechnung 20.07.20.. | | 8 720,10 H |
| 26. 07. 20.. | Umsatzsteuererstattung Juni 20.. | | 5 200,00 H |
| 26. 07. 20.. | Betriebsunterbrechungsversicherung | | 1 100,00 S |
| 26. 07. 20.. | Umsatzprovision an Mitarbeiter Meißner einschließlich 19 % USt | | 1 450,50 S |

72189/0033794/00002/00006

WERKZEUGFABRIK
TOBIAS HANSELMANN KG
EDISONSTR. 20–24
12459 Berlin

NEUER SALDO 24 265,00 H

Kontobezeichnung/Title of account — Bitte entsprechenden Vermerk auf der Rückseite beachten — Please see reverse.

## 2.6 Privatkonto

### 2.6.1 Privatentnahmen von Geldmitteln

Wie jeder Privatmann, so gibt auch der Unternehmer für sich und seine Familie Geld aus. Er kauft z. B. Kleidung, Nahrung, er fährt in Urlaub, er geht ins Theater usw. Da der Unternehmer nicht wie jeder Arbeiter oder Angestellte Lohn bzw. Gehalt empfängt, muss er das Geld für seine privaten Ausgaben aus dem Betrieb nehmen. Er hebt es vom Geschäftskonto ab bzw. entnimmt es der Kasse. **Privatentnahmen mindern das Eigenkapital.** Private Geldentnahmen werden auf dem Privatkonto gebucht.

**Beispiel:**

**I. Anfangsbestände:**

Kasse 40 000,00 EUR; Eigenkapital 40 000,00 EUR.

**II. Geschäftsvorfall:**

Für den privaten Verbrauch werden 1 000,00 EUR aus der Geschäftskasse entnommen.

**III. Aufgaben:**

1. Buchen Sie den Geschäftsvorfall auf Konten!
2. Schließen Sie die Konten ab!
3. Bilden Sie die Buchungssätze!

**Lösungen:**

**Zu 1./2.: Buchung auf den Konten**

S Privatkonto H

| | | | |
|---|---|---|---|
| Kasse | 1 000,00 | EK | 1 000,00 |

S Kasse H

| | | | |
|---|---|---|---|
| AB | 40 000,00 | Privatk. | 1 000,00 |
| | | SBK | 39 000,00 |
| | 40 000,00 | | 40 000,00 |

S Eigenkapital H

| | | | |
|---|---|---|---|
| Privatk. | 1 000,00 | AB | 40 000,00 |
| SBK | 39 000,00 | | |
| | 40 000,00 | | 40 000,00 |

S SBK H

| | | | |
|---|---|---|---|
| Kasse | 39 000,00 | EK | 39 000,00 |

**Zu 3.: Buchungssätze**

| Geschäftsvorfälle | Konten | Soll | Haben |
|---|---|---|---|
| Privatentnahme des Geschäftsinhabers bar 1000,00 EUR | Privatkonto an Kasse | 1000,00 | 1000,00 |
| Abschluss des Privatkontos | Eigenkapital an Privatkonto | 1000,00 | 1000,00 |
| Abschluss des Kontos Eigenkapital | Eigenkapital an SBK | 39000,00 | 39000,00 |

**Erläuterungen:**

Durch die Abnahme des Barvermögens wird unser Vermögen kleiner und damit auch unser **Eigenkapital** auf der Passivseite der Bilanz. (Die Abnahme des Eigenkapitals ist auf der **Sollseite** zu buchen.) Um das Konto Eigenkapital nicht über Gebühr zu belasten, werden die Privatentnahmen in der Praxis auf einem **Unterkonto** gebucht, und zwar auf dem **Privatkonto.** Beim Abschluss wird das Privatkonto über das Eigenkapitalkonto abgeschlossen.

## 2.6.2 Privateinlagen von Geldmitteln

Wird aus der Privatsphäre eines Kaufmanns z. B. Bargeld in das Geschäft eingebracht, hat dieser Vorgang die entgegengesetzte Wirkung wie eine Geldentnahme, d. h., das Vermögenskonto **Kasse** nimmt zu (daher erfolgt auf dem Kassenkonto eine **Sollbuchung**). Auf dem **Privatkonto** erfolgt die **Habenbuchung.** (Grund: Das Eigenkapital nimmt zu. Auf dem Privatkonto, als einem Unterkonto des Eigenkapitalkontos, wird genauso gebucht wie auf dem Ursprungskonto Eigenkapital.)

| Geschäftsvorfall | Konten | Soll | Haben |
|---|---|---|---|
| Bareinlage des Geschäftsinhabers 5000,00 EUR | Kasse an Privatkonto | 5000,00 | 5000,00 |

**Merke:**

- Privatentnahmen vermindern das Eigenkapital.
- Privateinlagen erhöhen das Eigenkapital.
- Das Privatkonto ist über das Eigenkapitalkonto abzuschließen.

## Übungsaufgabe

**78** Sofern bei den folgenden Geschäftsvorfällen eine Buchung erforderlich ist, bilden Sie jeweils den Buchungssatz!

1. Der Kaufmann hebt für eine Urlaubsreise von seinem Geschäftskonto (Bankkonto) 5000,00 EUR bar ab.
2. Der Kaufmann fährt mit dem Geschäftswagen. An der Tankstelle zahlt er für Benzin 52,50 EUR in bar.
3. Für die Hotelrechnung zahlt er bar 2400,00 EUR.
4. Nach der Rückkehr zahlt er von dem übrig gebliebenen Geld wieder 500,00 EUR auf das Bankkonto (Geschäftskonto) ein.

5. Für den Haushalt werden aus der Geschäftskasse 1000,00 EUR entnommen.
6. Mit dem entnommenen Geld werden für eine Geburtstagsfeier Waren im Wert von 345,00 EUR eingekauft.
7. Der Geschäftsinhaber kauft auf einer Geschäftsreise Schmuck für seine Frau im Wert von 800,00 EUR und bezahlt bar.
8. Ein Unternehmer zahlt aus dem Privatvermögen 7000,00 EUR auf das Geschäftskonto (Bankkonto) ein.
9. Die private Krankenversicherung in Höhe von 220,00 EUR wird durch Einziehungsauftrag vom Geschäftsbankkonto abgebucht.
10. Anlässlich eines Geschäftsbummels kauft sich der Kaufmann ein Bild für sein Wohnzimmer und bezahlt 400,00 EUR in bar.
11. Zur Förderung der Kontakte laden wir zur Silvesterparty in die Privatvilla ein. Die Rechnung für eingekaufte Delikatessen in Höhe von 377,00 EUR wird durch Banküberweisung beglichen.
12. Wir zahlen bar (aus der Geschäftskasse) Miete für die Geschäftsräume 1800,00 EUR und Miete für die Privatwohnung 700,00 EUR.

* **Anmerkung:** Es ist davon auszugehen, dass es sich bei den Zahlungskonten (Bank, Kasse) stets um ein Geschäftskonto handelt.

### 2.6.3 Erfolgsermittlung durch Eigenkapitalvergleich unter Einbeziehung des Privatkontos

**Merke:**

Das **Eigenkapitalkonto** kann durch **zwei Vorgänge verändert werden**:

- Durch die Übernahme des Erfolgs (Gewinn oder Verlust) vom Konto GuV (**erfolgswirksame Veränderung** des Eigenkapitalkontos).
- Durch Privateinlagen bzw. Privatentnahmen. Der Erfolg des Unternehmens wird durch die Bewegungen auf dem Konto Privat nicht beeinflusst (**erfolgsunwirksame Veränderung** des Eigenkapitalkontos).

Es gibt also Eigenkapitalveränderungen – verursacht durch Privatentnahmen bzw. Privateinlagen –, die sich nicht auf den Erfolg auswirken. Diese Tatsache ist bei der Erfolgsermittlung durch Eigenkapitalvergleich zu berücksichtigen. Bisher, d.h. vor der buchhalterischen Erfassung von Privatentnahmen bzw. -einlagen, ergab sich der Erfolg durch folgende Berechnung:

|   | |
|---|---|
|   | Eigenkapital am Ende des Geschäftsjahres |
| – | Eigenkapital am Anfang des Geschäftsjahres |
| = | Erfolg (Gewinn oder Verlust) |

Wenn aber im Laufe einer Geschäftsperiode z.B. Privatentnahmen gemacht worden sind, ist dadurch das Eigenkapital um diesen Betrag verringert worden. Unter der Annahme, dass Gewinn vorliegt, würde sich nach der oben aufgestellten Berechnungsformel ein um die Privatentnahmen zu geringer Gewinn ergeben. Um zum richtigen Ergebnis zu kommen, muss man daher die Privatentnahmen hinzuaddieren. Da Privateinlagen die umgekehrte Wirkung haben, müssen diese abgezogen werden. Wir erhalten dann folgende Berechnungsformel:

|  |  |
|---|---|
|  | Eigenkapital am Ende des Geschäftsjahres |
| – | Eigenkapital am Anfang des Geschäftsjahres |
|  | Zwischensumme |
| + | Privatentnahmen |
|  | Zwischensumme |
| – | Privateinlagen |
| = | Erfolg (Gewinn oder Verlust) |

**Merke:**

Privateinlagen/Privatentnahmen verändern zwar das Eigenkapital, nicht jedoch den Erfolg.

## Übungsaufgaben

**79** **I. Anfangsbestände:**

Betriebs- und Geschäftsausstattung 50000,00 EUR; Waren 30000,00 EUR; Kasse 7350,00 EUR; Bank 17850,00 EUR; Verbindlichkeiten aus Lieferungen und Leistungen 26350,00 EUR; Eigenkapital muss noch ermittelt werden.

**II. Geschäftsvorfälle:**

|  |  |  |
|---|---|---|
| 1. | Wir zahlen eine bereits gebuchte Wareneingangsrechnung durch Banküberweisung | 3120,00 EUR |
| 2. | Die Bank schreibt uns Zinsen gut | 535,00 EUR |
| 3. | Wir verkaufen Waren gegen Bankscheck einschließlich 19% USt | 2975,00 EUR |
| 4. | Wir zahlen die Geschäftsmiete bar | 1000,00 EUR |
| 5. | Wir kaufen Waren auf Ziel einschließlich 19% USt | 8508,50 EUR |
| 6. | Für die vermieteten Lagerräume wird uns die Miete auf dem Bankkonto gutgeschrieben | 5800,00 EUR |
| 7. | Für Werbegeschenke zahlen wir bar einschließlich 19% USt | 142,80 EUR |
| 8. | Wir zahlen durch Banküberweisung für Büromaterial einschließlich 19% USt | 416,50 EUR |
| 9. | Barentnahmen für den Haushalt | 450,00 EUR |
| 10. | Für die Vermittlung von Geschäften erhalten wir eine Bankgutschrift in Höhe von (einschließlich 19% USt) | 1487,50 EUR |

**III. Abschlussangaben:**

1. Warenschlussbestand lt. Inventur: 32300,00 EUR
2. Die Zahllast ist zu passivieren!

**IV. Aufgaben:**

1. Bilden Sie zu den angegebenen Geschäftsvorfällen die Buchungssätze!
2. Richten Sie die erforderlichen Konten ein und tragen Sie die angegebenen Anfangsbestände darauf vor!
3. Übertragen Sie die Werte der Buchungssätze für die Geschäftsvorfälle auf die entsprechenden Konten!
4. Schließen Sie unter Beachtung der Abschlusshinweise die Konten über die Abschlusskonten ab!

**80** Die Buchführung eines Industriebetriebs weist am Ende des Geschäftsjahres Vermögen in Höhe von 1520400,00 EUR, Schulden von 465000,00 EUR und ein Eigenkapital von 1055400,00 EUR aus. Die Privatentnahmen betrugen 32800,00 EUR. Privateinlagen wurden nicht getätigt. Der Anfangsbestand des Eigenkapitals belief sich auf 1018200,00 EUR.

Wie viel EUR betrug der Jahresgewinn?

**81** Berechnen Sie durch Eigenkapitalvergleich den Reingewinn bzw. -verlust!

| | |
|---|---|
| Eigenkapital am Anfang des Geschäftsjahres | 140000,00 EUR |
| Eigenkapital am Ende des Geschäftsjahres | 168000,00 EUR |
| Privatentnahmen | 4200,00 EUR |
| Privateinlagen | 2800,00 EUR |

## 2.6.4 Buchung des Eigenverbrauchs

### (1) Umsatzsteuerrechtliche Behandlung des Eigenverbrauchs

Sofern es sich um Entnahmen des Unternehmers von Gegenständen aus dem Unternehmen für Zwecke außerhalb des Unternehmens handelt (z.B. Entnahme von Fertigerzeugnissen oder Waren für den eigenen privaten Bedarf des Unternehmers oder die unentgeltliche Zuwendung von Gegenständen an das Personal oder andere Personen), werden diese Vorgänge nach § 3 Ib UStG den sonstigen Leistungen gegen Entgelt gleichgestellt.

Daraus folgt, die unentgeltliche Nutzung von Gegenständen für Privatzwecke ist umsatzsteuerpflichtig. Voraussetzung dafür ist, dass die Anschaffung des Gegenstands zum Vorsteuerabzug berechtigt hat.

### (2) 1. Fall: Entnahme von Waren für private Zwecke

Wenn ein Unternehmer Waren für private Verwendung aus seinem Unternehmen entnimmt, verändert sich der Vermögensposten Waren. Daher muss die Entnahme gebucht werden. Die Entnahme von Gegenständen für Zwecke, die außerhalb des Unternehmens liegen, ist nach § 3 Ib UStG wie eine Lieferung gegen Entgelt zu behandeln. Das heißt, der Vorgang ist umsatzsteuerpflichtig. Die Entnahme von Waren für Privatzwecke wird auf dem Konto **Entnahme von Gegenständen** gebucht.

**Beispiel:**

Ein Textilgroßhändler erlaubt seiner Tochter, sich als Geburtstagsgeschenk ein Kleid vom Warenlager auszusuchen. Sie entscheidet sich für ein Kleid, das einen Einstandswert von netto 100,00 EUR und einen Verkaufspreis von 198,00 EUR hat. Umsatzsteuer: 19%.

**Aufgaben:**

1. Buchen Sie den Geschäftsvorfall auf den Konten!
2. Bilden Sie den Buchungssatz!

**Lösungen:**

**Zu 1.: Buchung auf den Konten**

| S Privatkonto H | |
|---|---|
| Ent/USt 119,00 | |

| S Entn.v.Gegenst. H | |
|---|---|
| | Priv. 100,00 |

| S Umsatzsteuer H | |
|---|---|
| | Priv. 19,00 |

**Zu 2.: Buchungssatz**

| Konten | Soll | Haben |
|---|---|---|
| Privatkonto<br>an Entnahme v. Gegenst.<br>an Umsatzsteuer | 119,00 | <br>100,00<br>19,00 |

## (3) 2. Fall: Nutzung von betrieblichen Gegenständen für Privatzwecke

Die Nutzung von betrieblichen Gegenständen für Privatzwecke ist nach § 3 IXa UStG umsatzsteuerpflichtig, z. B. Nutzung einer betrieblichen Maschine für den privaten Hausbau, Arbeiten von Betriebsangehörigen für private Belange des Geschäftsinhabers. Die Nutzung von betrieblichen Gegenständen für Privatzwecke wird auf dem Konto **Entnahme von sonstigen Leistungen** gebucht. Als Beispiel für die umsatzsteuerliche Behandlung der privaten Nutzung betrieblicher Gegenstände wird hier die **steuerrechtliche Behandlung** der **Privatnutzung eines betrieblichen Fahrzeugs** vorgestellt.

Ermittelt werden kann der private Nutzungsanteil aufgrund eines geführten Fahrtenbuches, auf der Grundlage einer Schätzung[1] oder nach der sogenannten 1 %-Regelung, nach der monatlich 1 % vom Bruttowert der Anschaffungskosten als privater Nutzungsanteil angenommen wird[2]. Von dem so ermittelten privaten Nutzungsanteil können bei der Ermittlung der anfallenden Umsatzsteuer für Kosten, für die kein Vorsteuerabzug möglich ist (Kfz-Versicherung, Kfz-Steuern), pauschal 20 % abgezogen werden. Dadurch vermindert sich die Umsatzsteuer, nicht jedoch der Grundbetrag.

**Beispiel:**

Im Unternehmen befindet sich ein Fahrzeug, das auch privat genutzt wird. Der Bruttolistenpreis beträgt einschließlich 19 % USt 25 000,00 EUR.

**Aufgabe:**
Bilden Sie den Buchungssatz für die Erfassung des privaten Nutzungsanteils im Juni nach der 1 %-Regelung!

**Lösung:**

**Berechnungsgrundlage für die Buchung des privaten Nutzungsanteils:**

| | |
|---|---|
| 1 % vom Bruttobetrag der Anschaffungskosten | 250,00 EUR |
| + 19 % Umsatzsteuer | 38,00 EUR |
| Buchungsgrundlage | 288,00 EUR |

**Berechnung der Umsatzsteuer:**

| | |
|---|---|
| | 250,00 EUR |
| 20 % | 50,00 EUR |
| | 200,00 EUR |
| 19 % USt | 38,00 EUR |

**Buchungssatz:**

| Konten | Soll | Haben |
|---|---|---|
| Privatkonto<br>an Entnahme v. sonst. Leistungen<br>an Umsatzsteuer | 288,00 | <br>250,00<br>38,00 |

1 Wird weder die 1 %-Regelung angewandt noch ein Fahrtenbuch geführt, ist der Privatanteil zu schätzen. Die Verwaltung schätzt den Privatanteil regelmäßig mit mindestens 50 %.

2 Voraussetzung für die Anwendung der 1 %-Regelung ist, dass das Fahrzeug zu mehr als 50 % betrieblich genutzt wird.

## Übungsaufgaben

**82** Bilden Sie zu den folgenden Geschäftsvorfällen die Buchungssätze!

1. Ein Großhändler entnimmt aus der Geschäftskasse 500,00 EUR für eine private Geldspende an den örtlichen Sportverein.
2. Aus dem Warenlager entnimmt er für den privaten Verbrauch Waren im Wert von 340,00 EUR zuzüglich 19 % USt.
3. Die Anschaffungskosten für einen dem Betriebsvermögen zugeordneten Pkw, der gelegentlich auch für Privatfahrten genutzt wird, betragen einschließlich 19 % Umsatzsteuer 35 000,00 EUR.
   3.1 Ermitteln Sie nach der 1 %-Regelung den monatlichen Wert für die private Nutzung!
   3.2 Bilden Sie den entsprechenden Buchungssatz!

**83** Bilden Sie die Buchungssätze zu den folgenden Geschäftsvorfällen!

1. Wir überweisen im Bankauftrag die Miete für die Privatwohnung in Höhe von 1 100,00 EUR.
2. Für den Monat November weist die Telefonrechnung einen Gesamtbetrag von 450,00 EUR zuzüglich 19 % Umsatzsteuer aus. Die Rechnung wurde vom Bankkonto abgebucht. Für die privaten Gespräche ist mit dem Finanzamt ein pauschaler Anteil von 20 % vereinbart worden, der noch zu buchen ist.

   **Hinweis:** Für den privaten Anteil kann keine Vorsteuer abgezogen werden. Um diesen nicht abziehbaren Vorsteuerbetrag muss die bereits gebuchte Vorsteuer korrigiert werden. Der Wert auf dem Privatkonto erhöht sich um diesen Betrag.

**84** Bilden Sie für die nachfolgenden Belege die Buchungssätze aus Sicht der Metallwerke Kempter OHG, Nürnberg!

**Beleg 1**

**Quittung** Metallwerke Kempter OHG

EUR
Betrag 950,00
Nr. 1111
inclusive % MwSt./Betrag
Betrag in Worten neunhundertundfünfzig
von Metallwerke Kempter OHG
für Barentnahme für den Kauf einer Waschmaschine für den Privathaushalt
dankend erhalten
Datum/Ort Nürnberg, den 17.01.20..
Buchungsvermerke
Stempel/Unterschrift des Empfängers *Hans Kempter*

**Beleg 2**

**Buchungsanweisung** Metallwerke Kempter OHG

Beleg-Nr. 1112

Malerarbeiten eines Mitarbeiters der OHG im Privathaus
12 Stunden zu je 39,00 EUR
zuzüglich 19 % USt

Nürnberg, den 20.01.20..
*Hans Kempter*

**Beleg 3**

**Entnahme für Privatzwecke** Metallwerke Kempter OHG

Beleg-Nr. 1113

| | |
|---|---|
| Gartentisch AZ 120 | |
| Herstellwert | 610,00 EUR |
| + 19 % UST | 115,90 EUR |
| | 725,90 EUR |

Nürnberg, den 25.01.20..
*Hans Kempter*

**Beleg 4**

Beleg für Kontoinhaber/Einzahler-Quittung
Name und Sitz des Kreditinstituts des Überweisenden: Volksbank Nürnberg
Bankleitzahl: 760 900 00
Begünstigter: Name, Vorname/Firma (max. 27 Stellen): Finanzamt Nürnberg
Konto-Nr. des Begünstigten: 152 730
Bankleitzahl: 760 900 00
Kreditinstitut des Begünstigten: Volksbank Nürnberg
EUR Betrag: Euro, Cent: 2320,50 -------------
Kunden-Referenznummer - Verwendungszweck, ggf. Name und Anschrift des Überweisenden - (nur für Begünstigten): Kfz-Steuer Geschäftswagen 495,00
noch Verwendungszweck (insgesamt max. 2 Zeilen à 27 Stellen): EKSt.-Vorauszahlung 1825,50
Kontoinhaber/Einzahler: Name, Vorname/Firma, Ort (max. 27 Stellen, keine Straßen- oder Postfachangaben): Kempter OHG
Konto-Nr. des Kontoinhabers: 6375588

# 2.7 Organisation der Buchführung

## 2.7.1 Kontenrahmen als Organisationsmittel der Buchführung

### 2.7.1.1 Kontenrahmen und Kontenplan

#### (1) Kontenrahmen

Die Buchführung eines Kaufmanns besteht aus einer Vielzahl von Konten. Um hierüber die wünschenswerte Übersicht zu behalten, bedarf es einer bestimmten Ordnung. Sie wird mithilfe des Kontenrahmens erreicht. Dieses bewährte Ordnungsmittel wurde bereits 1937 in der deutschen Wirtschaft eingeführt. Neben dem genannten Zweck der Übersichtlichkeit sollte mit der Einführung des Kontenrahmens auch die Vergleichbarkeit und Kontrolle der Betriebe besser ermöglicht werden.

Mithilfe der zehn Ziffern unseres Zahlensystems (0 bis 9) wird die Gesamtmenge der Konten nach sachlichen Gesichtspunkten (z. B. alle Finanzanlagen, alle Ertragskonten usw.) zunächst in 10 **Kontenklassen** gegliedert.

**Beispiel:**

| Kontenklasse 0 | Kontenklasse 1 | Kontenklasse 2 |
|---|---|---|
| AKTIVA | | |
| Anlagevermögen | | Umlaufvermögen |

Da es in jeder Kontenklasse mehrere Konten gibt, muss man zur eindeutigen Unterscheidung eine zweite Ziffer hinzufügen. Dabei beginnt man ebenfalls wieder mit der Ziffer 0. Diese zweistellige Kontenkennzeichnung bildet jeweils eine **Kontengruppe.**

**Beispiel:**

| Kontenklasse 0 | usw. |
|---|---|
| AKTIVA | |
| Anlagevermögen | |
| .<br>.<br>02 Konzessionen, gewerbliche Schutzrechte und ähnliche Rechte und Werte sowie Lizenzen an solchen Rechten und Werten<br>.<br>.<br>05 Grundstücke, grundstücksgleiche Rechte und Bauten einschließlich der Bauten auf fremden Grundstücken | |

Da auch innerhalb einer Kontengruppe im Allgemeinen unterschiedliche Konten vorkommen, muss jede Kontengruppe wieder nach dem gleichen Verfahren unterteilt werden. Man spricht dann von einer bestimmten **Kontenart**. Notfalls müssen zu einer Kontenart auch **Kontenunterarten** gebildet werden.

**Beispiel:**

| Kontenklasse 0 | usw. |
|---|---|
| AKTIVA | |
| Anlagevermögen<br>Immaterielle Vermögensgegenstände<br>und Sachanlagen | |
| .<br>.<br>.<br>**05 Grundstücke, grundstücksgleiche Rechte und Bauten einschließlich der Bauten auf fremden Grundstücken**<br>0500 Unbebaute Grundstücke<br>0510 Bebaute Grundstücke<br>0530 Betriebsgebäude<br>.<br>.<br>. | **Erläuterungen:**<br>0530 **Konto** Betriebsgebäude<br>Kontenklasse 0: Anlagevermögen, Immaterielle Vermögensgegenstände und Sachanlagen<br>Kontengruppe 05: Grundstücke, grundstücksgleiche Rechte und Bauten einschließlich der Bauten auf fremden Grundstücken<br>Kontenart 0530: Betriebsgebäude<br>Wir sagen auch: Das Konto Betriebsgebäude hat die **Kontonummer 0530**. |

## (2) Kontenplan

Während der Kontenrahmen alle Konten erfasst, die in dem betreffenden Wirtschaftszweig für denkbar gehalten werden, stellt jeder Betrieb – den individuellen Bedürfnissen entsprechend – den eigenen **Kontenplan** auf. In diesem werden jene Konten ausgelassen, die für den betreffenden Betrieb keine Bedeutung haben.

**Merke:**

Der **Kontenrahmen** bezieht sich auf eine **bestimmte Wirtschaftsbranche.** Der **Kontenplan** bezieht sich auf einen **bestimmten Betrieb.**

Die Benutzung eines Kontenrahmens weist folgende Vorteile bzw. Nachteile auf:

**Vorteile**

- Die Benutzung eines einheitlichen Kontenrahmens erleichtert **innerbetriebliche Vergleiche** (Vergleich verschiedener Perioden desselben Betriebs) und **zwischenbetriebliche Vergleiche** (Vergleich derselben Periode von unterschiedlichen Betrieben),
- die Bezeichnung mit Ziffern (Nummern) ist eindeutig und erleichtert ein schnelles Auffinden der Konten,
- die Verwendung von Kontonummern erleichtert die maschinelle Bearbeitung der Konten,
- die Angabe des Gegenkontos in Form einer Kontonummer erspart Zeit und Platz beim Buchen.

**Nachteile**

- Die Verwendung von zehn Kontenklassen bietet nur eine begrenzte Gruppierungsmöglichkeit,
- eine Zahl ist wesentlich abstrakter als ein Wort.

### 2.7.1.2 Aufbau des Industriekontenrahmens (IKR)

Nach dem dargestellten Bauprinzip hat jeder Wirtschaftszweig unter Berücksichtigung seiner Interessenlage seinen eigenen Kontenrahmen entwickelt. Der Industriekontenrahmen ist in seiner Grobstruktur wie folgt aufgebaut:

| | | | | |
|---|---|---|---|---|
| **Klasse 0:** | Anlagevermögen | ← | Bestandskonten | Aktiva |
| **Klasse 1:** | Anlagevermögen | ← | Bestandskonten | |
| **Klasse 2:** | Umlaufvermögen | ← | Bestandskonten | |
| **Klasse 3:** | Eigenkapital und Rückstellungen | ← | Bestandskonten | Passiva |
| **Klasse 4:** | Verbindl. u. passive Rechnungsabgr. | ← | Bestandskonten | |
| **Klasse 5:** | Erträge | ← | Erfolgskonten | ← Erträge |
| **Klasse 6:** | Aufwendungen | ← | Erfolgskonten | Aufwendungen |
| **Klasse 7:** | Weitere Aufwendungen | ← | Erfolgskonten | |
| **Klasse 8:** | Ergebnisrechnung | ← | Abschlusskonten | |
| **Klasse 9:** | Kosten- und Leistungsrechnung (KLR) | ← | keine Konten, da die KLR im Allgemeinen tabellarisch durchgeführt wird | |

**Hinweis:**
Der vorliegende Kontenrahmen ist sowohl für **Handels-** als auch für **Industriebetriebe** verwendbar.

In den folgenden Kapiteln werden wir die Buchungssätze nur noch unter Zuhilfenahme des von der **ZPA herausgegebenen Kontenrahmens,** der sich an den Industriekontenrahmen (IKR) anlehnt, bilden, d. h., bei den Buchungen im Grundbuch setzen wir vor den Kontonamen die entsprechende Kontonummer, und im Hauptbuch werden die Gegenkonten nur mit den Kontonummern angegeben.

**Beispiel:**

| Geschäftsvorfall | Konten | Soll | Haben |
|---|---|---|---|
| Wir bezahlen eine bereits gebuchte Wareneingangsrechnung über 3850,00 EUR | 4400 Verb. a. L. u. L. | 3850,00 | |
| durch Banküberweisung 3000,00 EUR | an 2800 Bank | | 3000,00 |
| in bar 850,00 EUR | an 2880 Kasse | | 850,00 |

**Buchung auf den Konten:**

S 2800 Bank H

| | | | |
|---|---|---|---|
| AB | 5000,00 | 4400 | 3000,00 |

S 2880 Kasse H

| | | | |
|---|---|---|---|
| AB | 3140,00 | 4400 | 850,00 |

S 4400 Verbindl. a. Lief. u. Leist. H

| | | | |
|---|---|---|---|
| 2800/2880 | 3850,00 | AB | 10000,00 |

## Übungsaufgaben

**85** Nehmen Sie zur Bearbeitung der folgenden Aufgaben den als Anlage beigefügten Industriekontenrahmen zur Hand!

1. In welchen Kontenklassen erscheinen die Aufwendungen des Betriebs?
2. Nennen Sie 5 Aufwandsarten und geben Sie jeweils die entsprechende Ziffernfolge der Kontennummern an!
3. 3.1 Mit welchem Begriff fasst der Industriekontenrahmen die Konten der Klasse 0 und 1 zusammen?

   3.2 Nehmen Sie zu dieser Begriffsbildung Stellung! Wie ist sie begründbar?
4. 4.1 In welcher Kontenklasse finden Sie das Konto Umsatzsteuer?

   4.2 Begründen Sie diese Einordnung!
5. Ordnen Sie den folgenden Konten die entsprechende Kontonummer zu:

   Rohstoffe
   Umsatzerlöse für Waren
   Kasse
   Werkzeuge, Werksgeräte und Modelle, Prüf- und Messmittel
   Fuhrpark
6. Erläutern Sie die Kontobezeichnung 0830! Was bedeutet die Ziffer 0? Was besagt die Ziffernfolge 08? Was drückt die Ziffernfolge 0830 aus?
7. 7.1 Nennen Sie die Ihnen bekannten Abschlusskonten und ordnen Sie ihnen jeweils die richtige Kontenziffernfolge zu! (Name des Kontos, Konto-Nr.)

   7.2 Wie heißt das Konto mit der Ziffernfolge 675?

**86** Bilden Sie unter Angabe der Kontonummern und Kontonamen für folgende Geschäftsvorfälle die Buchungssätze:

1. Kauf von Hilfsstoffen bar

| | |
|---|---|
| netto | 5000,00 EUR |
| + 19 % USt | 950,00 EUR |
| | 5950,00 EUR |

2. Ein Kunde überweist einen Rechnungsbetrag auf unser Bankkonto 896,00 EUR

3. Wir kaufen Büromaterial bar

| | |
|---|---|
| netto | 120,00 EUR |
| + 19 % USt | 22,80 EUR |
| | 142,80 EUR |

4. Wir verkaufen Fertigerzeugnisse

| | |
|---|---|
| auf Ziel netto | 8000,00 EUR |
| + 19 % USt | 1520,00 EUR |
| | 9520,00 EUR |

5. Wir zahlen eine Liefererrechnung per Banküberweisung 560,00 EUR

6. Verkauf von Handelswaren bar brutto (19 % USt) 1190,00 EUR

7. Entnahme von Fertigerzeugnissen für

| | |
|---|---|
| Privatzwecke netto | 400,00 EUR |
| + 19 % USt | 76,00 EUR |
| | 476,00 EUR |

8. Ein Kunde zahlt einen Rechnungsbetrag über 1750,00 EUR

| | |
|---|---|
| in bar | 750,00 EUR |
| per Bankscheck | 1000,00 EUR |

9. Wir kaufen eine Verpackungsmaschine

| | |
|---|---|
| netto | 10000,00 EUR |
| + 19 % USt | 1900,00 EUR |
| | 11900,00 EUR |

| Finanzierung: | |
|---|---|
| Bankscheck | 3500,00 EUR |
| Barzahlung | 200,00 EUR |
| Restverbindlichkeit | 8200,00 EUR |


11 Speth u.a. - ISBN 978-3-8120-0260-8

## 2.7.2 Überblick über die Bücher der Buchführung

### 2.7.2.1 Allgemeines

Obwohl die kaufmännische Buchführung sich weitgehend vom Zwang gebundener Bücher befreit hat, ist im Handelsgesetzbuch [z. B. §§ 238, 239, 257 HGB] sowie in den Steuergesetzen [z. B. §§ 146, 147 AO] von den „Büchern" der Buchführung die Rede.

Im Zuge der technischen Entwicklung in der Buchführung hat der veraltete Begriff „Buch" ständig eine inhaltliche Ausweitung erfahren. Der rechtliche Anspruch, den die einschlägigen Gesetze an die Pflicht zur Führung von Büchern knüpfen, wird heute von jedem lesbaren bzw. reproduzierbaren Medium erfüllt, das nach dem derzeitigen Stand der Technik zur Erfassung buchhalterischer Vorgänge eingesetzt wird. Dabei kann es sich um jede Art von Konten, Listen oder auch um reproduzierbare Speichermedien moderner Datenverarbeitungsanlagen handeln.

Unabhängig vom Einsatz der technischen Hilfsmittel ist jedoch für jede Art kaufmännischer Buchführung ein Mindestmaß an Erfassungspflichten zu erfüllen. Diese bestehen in der Führung eines Grund- und eines Hauptbuches, wobei das Wort „Buch" in der angedeuteten extensiven (ausgeweiteten) Auslegung zu verstehen ist.

### 2.7.2.2 Grundbuch und Hauptbuch

#### (1) Grundbuch

Aus den gesetzlichen Bestimmungen ist ableitbar, dass eine geordnete kaufmännische Buchführung folgende Mindestanforderungen erfüllen muss:

Alle Geschäftsvorfälle müssen lückenlos und fortlaufend aufgezeichnet werden. Man spricht auch von **chronologischer Aufzeichnungspflicht** [vgl. § 239 II HGB]. Unabhängig von der Art des dabei verwendeten Mediums wird die Zusammenfassung dieser Eintragungen als **Grundbuch** bezeichnet.

**Beispiel:**

| **Grundbuch:** Monat Februar 20.. | | | | | Seite |
|---|---|---|---|---|---|
| Tag | Beleg-Nr. | Geschäftsvorfall | Buchungssatz | Soll | Haben |
| 15. Febr. | 173 | Barabhebung vom Bankkonto 500,00 EUR | 2880 Kasse an 2800 Bank | 500,00 | 500,00 |

#### (2) Hauptbuch

Die zeitliche Auflistung der Buchungen allein genügt nicht. Sie müssen vielmehr auch in ihren **sachlichen** Auswirkungen dargestellt werden, d.h., die Buchungen im Grundbuch sind auf die Sachkonten zu übertragen. Dies geschieht im sogenannten **Hauptbuch**. Die Sachkonten werden daher auch als **Hauptbuchkonten** bezeichnet. Erst durch die sachliche Aufgliederung ist der Stand des Vermögens und der Schulden ersichtlich.

**Beispiel:**

Die Buchung im Grundbuch führt zu der nachfolgenden Buchung im Hauptbuch.

| S | 2880 Kasse | | H |
|---|---|---|---|
| 2800 | 500,00 | | |

| S | 2800 Bank | | H |
|---|---|---|---|
| AB | 3000,00 | 2880 | 500,00 |

**Merke:**

- Im **Grundbuch** werden alle buchungsbedürftigen Geschäftsvorfälle **chronologisch,** d. h. in der zeitlichen Reihenfolge ihres tatsächlichen Anfalls erfasst.
- Im **Hauptbuch** werden mithilfe von Konten die **sachlichen** Auswirkungen aller Geschäftsvorfälle erfasst.

### 2.7.2.3 Zusammenhang von Beleg, Grundbuch und Hauptbuch

Grundlage aller Buchungen sind die vorkontierten Belege. Im Grundbuch erfolgen die Buchungen in zeitlicher Reihenfolge, während auf den Konten des Hauptbuchs die sachlichen Auswirkungen der Geschäftsvorfälle erfasst werden. Die Eintragungen im Grund- und im Hauptbuch werden je nach Organisationsform entweder nacheinander **(Übertragungsbuchführung)** oder gleichzeitig **(DV-Buchführung)** vorgenommen.

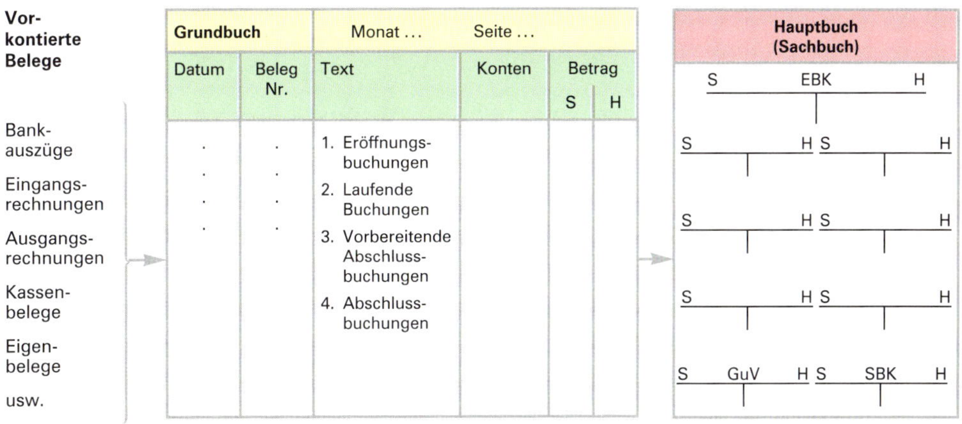


**chronologische (zeitliche) Reihenfolge der Buchungen**

**sachliche Ordnung der Buchungen**

### 2.7.2.4 Nebenbücher

Wenn sich auf den Konten des Hauptbuchs eine Vielzahl von Veränderungen ergibt oder zusätzliche Daten erfasst werden sollen, können zur Entlastung des Hauptbuchs **Nebenbücher** geführt werden. Die Nebenbücher erfassen den Buchungsinhalt für jeden einzelnen Beleg und ergänzen somit die zusammengefassten Buchungsinhalte des Hauptbuchs. Wegen dieses sachlichen Zusammenhangs muss jedem Nebenbuch, in dem die Einzelvorgänge erfasst werden, ein Konto des Hauptbuchs entsprechen, das die gesammelten Werte periodenweise aufnimmt. Wichtige Nebenbücher sind: das Kundenbuch, das Lieferantenbuch, das Kassenbuch, das Lagerbuch, das Anlagebuch. Mit Ausnahme des Kassenbuchs spricht man gelegentlich auch von einer Kartei (z. B. Lieferantenkartei, Anlagenkartei).

**Merke:**

**Nebenbücher** erfassen alle Wertveränderungen **im Einzelnen.** Diese werden periodenweise gesammelt und auf die Hauptbuchkonten übertragen. Erst nach dieser Übertragung ist das Hauptbuch abschlussfähig.

Das Prinzip der Führung von Nebenbüchern und der Zusammenhang von Nebenbuchhaltung und Hauptbuchhaltung sollen im Folgenden am Beispiel der Debitoren- und Kreditorenkonten verdeutlicht werden.

### 2.7.2.5 Personenkonten – Debitoren- und Kreditorenkonten

Die Sachkonten **2400 Forderungen aus Lieferungen und Leistungen** und **4400 Verbindlichkeiten aus Lieferungen und Leistungen** des Hauptbuches geben Aufschluss über die **Gesamtheit der Kundenforderungen** und **Liefererverbindlichkeiten.** Um die Außenstände und Zahlungsverpflichtungen überwachen zu können, werden zusätzlich zu den Sachkonten des Hauptbuches noch in einer **Nebenbuchhaltung** die Geschäftsbeziehungen mit den einzelnen Kunden und Lieferern auf gesonderten **Personenkonten** erfasst. Für jeden Kunden und für jeden Lieferer wird dabei ein besonderes Konto (Personenkonto) eingerichtet. **Kundenkonten** werden **Debitorenkonten, Liefererkonten** werden **Kreditorenkonten** genannt.

Die Geschäftsvorfälle mit Kunden und Lieferanten werden nicht direkt auf den beiden Sachkonten Forderungen aus Lieferungen und Leistungen und Verbindlichkeiten aus Lieferungen und Leistungen gebucht, sondern zunächst nur auf den entsprechenden Personenkonten (Debitoren- und Kreditorenkonten). Von Zeit zu Zeit (z.B. monatlich) werden dann die auf den einzelnen Personenkonten gebuchten Beträge in einer Summe auf die entsprechenden Sachkonten übertragen. Erst danach ist hinsichtlich dieser Geschäftsvorfälle der Buchungskreis auf den Konten des Hauptbuches (Soll- und Habenbuchung) geschlossen und für die beiden Sachkonten Forderungen aus Lieferungen und Leistungen und Verbindlichkeiten aus Lieferungen und Leistungen kann z.B. der Monatsabschluss erstellt werden.

**Beispiel: Kundenkonten (Debitorenkonten)[1]**

| **2401 Gertrud Brandt KG, Südstraße 7, 20083 Hamburg** | | | | | |
|---|---|---|---|---|---|
| Datum | Beleg | Buchungstext | Soll | Haben | Saldo |
| 1. Okt. | | Saldovortrag | | | 5200,00 |
| 5. Okt. | AR 12 | Zielverkauf | 7400,00 | | 12600,00 |
| 12. Okt. | AR 19 | Zielverkauf | 4300,00 | | 16900,00 |
| 14. Okt. | Ba 53 | Bankscheck | | 6000,00 | 10900,00 |
| 26. Okt. | Wa 81 | Warenrücksendungen | | 700,00 | 10200,00 |
| 28. Okt. | Ba 27 | Banküberweisung | | 8800,00 | 1400,00 |
| 31. Okt. | | Saldo | | | 1400,00 |
| | Summe der Verkehrszahlen | | 11700,00 | 15500,00 | |

1 Die Kunden- und Lieferantenkonten werden in der Prüfung vierstellig vorgegeben, z.B. 2401 Gertrud Brandt KG, 4401 Bernhard Müller OHG (vgl. IHK-Prüfung-News 10/2008).

**2402 Junges Wohnen GmbH, Katrepeler Str. 45, 28215 Bremen**

| Datum | Beleg | Buchungstext | Soll | Haben | Saldo |
|---|---|---|---|---|---|
| 1. Okt. | | Saldovortrag | | | 7300,00 |
| 7. Okt. | AR 2 | Zielverkauf | 12300,00 | | 19600,00 |
| 19. Okt. | AR 4 | Zielverkauf | 4500,00 | | 24100,00 |
| 28. Okt. | Ba 17 | Banküberweisung | | 14800,00 | 9300,00 |
| 31. Okt. | | Saldo | | | 9300,00 |
| | | Summe der Verkehrszahlen | 16800,00 | 14800,00 | |
| | | Übernahme aus 2401 | 11700,00 | 15500,00 | |
| | | Gesamtsummen | 28500,00 | 30300,00 | |

Die Salden der Debitorenkonten werden monatlich, vierteljährlich oder jährlich in eine Saldenliste übertragen. Die Summen der Verkehrszahlen werden auf das Konto 2400 Forderungen aus Lieferungen und Leistungen übertragen. Anschließend wird die Saldenliste mit dem Konto Forderungen aus Lieferungen und Leistungen abgestimmt.

**Beispiel einer Debitorensaldenliste:**

| Kunden-Nr. | Kunden | Salden |
|---|---|---|
| 2401 | Gertrud Brandt KG | 1400,00 |
| 2402 | Junges Wohnen GmbH | 9300,00 |
| Saldensumme | | 10700,00 |

Soll — 2400 Ford. a. Lief. u. Leist. — Haben

| Soll | | Haben | |
|---|---|---|---|
| Saldovortr. | 12500,00 | 2401/2402 | 30300,00 |
| 2401/2402 | 28500,00 | Saldo | 10700,00 |
| | 41000,00 | | 41000,00 |

**Beispiel: Liefererkonten (Kreditorenkonten)**

**4401 Bernhard Müller OHG, Lindenbergstraße 4, 86807 Buchloe**

| Datum | Beleg | Buchungstext | Soll | Haben | Saldo |
|---|---|---|---|---|---|
| 1. Okt. | | Saldovortrag | | | 12000,00 |
| 9. Okt. | ER 82 | Zielkauf | | 5100,00 | 17100,00 |
| 12. Okt. | Wa 11 | Warenrücksendungen | 1200,00 | | 15900,00 |
| 19. Okt. | Ba 81 | Bankscheck | 7700,00 | | 8200,00 |
| 29. Okt. | ER | Zielkauf | | 2350,00 | 10550,00 |
| 31. Okt. | | Saldo | | | 10550,00 |
| | | Summe der Verkehrszahlen | 8900,00 | 7450,00 | |

**4402 Lenz KG, Industriestraße 19, 90441 Nürnberg**

| Datum | Beleg | Buchungstext | Soll | Haben | Saldo |
|---|---|---|---|---|---|
| 1. Okt. | | Saldovortrag | | | 11100,00 |
| 11. Okt. | ER 11 | Zielkauf | | 3200,00 | 14300,00 |
| 14. Okt. | ER 12 | Zielkauf | | 5500,00 | 19800,00 |
| 21. Okt. | Ba 51 | Banküberweisung | 12500,00 | | 7300,00 |
| 31. Okt. | | Saldo | | | 7300,00 |
| | | Summe der Verkehrszahlen | 12500,00 | 8700,00 | |
| | | Übernahme aus 4401 | 8900,00 | 7450,00 | |
| | | Gesamtsummen | 21400,00 | 16150,00 | |

Die Salden der Kreditorenkonten werden monatlich, vierteljährlich oder jährlich in eine Saldenliste übertragen. Die Summen der Verkehrszahlen werden auf das Konto 4400 Verbindlichkeiten aus Lieferungen und Leistungen übertragen. Anschließend wird die Saldenliste mit dem Konto Verbindlichkeiten aus Lieferungen und Leistungen abgestimmt.

**Beispiel einer Kreditorensaldenliste:**

| Lieferer-Nr. | Lieferer | Salden |
|---|---|---|
| 4401 | Bernhard Müller OHG | 10 550,00 |
| 4402 | Lenz KG | 7 300,00 |
| Saldensumme | | 17 850,00 |

Soll 4400 Verbindl. a. Lief. u. Leist. Haben

| Soll | | Haben | |
|---|---|---|---|
| 4401/4402 | 21 400,00 | Saldovortr. | 23 100,00 |
| Saldo | 17 850,00 | 4401/4402 | 16 150,00 |
| | 39 250,00 | | 39 250,00 |

## Übungsaufgaben

**87** **I. Anfangsbestände zum 1. Juni 20..:**

Richten Sie in der Hauptbuchhaltung das Sachkonto 2400 Forderungen aus Lieferungen und Leistungen ein und tragen Sie einen Anfangsbestand in Höhe von 12 400,00 EUR vor!

Richten Sie innerhalb der Debitorenbuchhaltung die folgenden Kundenkonten ein und tragen Sie jeweils die angegebenen Anfangsbestände darauf vor:

- Möblix GmbH, Kd.-Nr. 2403, Saldovortrag 5 100,00 EUR,
- Westmoor KG, Kd.-Nr. 2404, Saldovortrag 7 300,00 EUR.

**II. Geschäftsvorfälle:**

Erfassen Sie die folgenden Geschäftsvorfälle auf den entsprechenden Personenkonten in der Nebenbuchhaltung!

| Datum | Bel.-Nr. | Kd.-Nr. | Geschäftsvorfälle | Betrag |
|---|---|---|---|---|
| 4. Juni | AR 122 | 2403 | Zielverkauf einschl. 19 % USt | 2 380,00 EUR |
| 6. Juni | AR 223 | 2404 | Zielverkauf einschl. 19 % USt | 4 760,00 EUR |
| 8. Juni | AR 124 | 2403 | Zielverkauf einschl. 19 % USt | 7 735,00 EUR |
| 12. Juni | BA 411 | 2404 | Bankscheck | 5 175,00 EUR |
| 15. Juni | Ka 305 | 2404 | Barzahlung | 920,00 EUR |
| 18. Juni | AR 125 | 2403 | Zielverkauf einschl. 19 % USt | 7 140,00 EUR |
| 24. Juni | BA 423 | 2403 | Banküberweisung | 5 980,00 EUR |
| 30. Juni | Ka 307 | 2404 | Barzahlung | 1 610,00 EUR |

**III. Aufgaben:**

1. Bilden Sie praxisgerecht die Buchungssätze für die angegebenen Geschäftsvorfälle!
2. Übertragen Sie die entsprechenden Werte auf die Debitorenkonten (Personenkonten)!
3. Übertragen Sie die auf den Debitorenkonten gebuchten Verkehrszahlen auf das Sachkonto 2400 Forderungen aus Lieferungen und Leistungen!
4. Schließen Sie auch die beiden Kundenkonten in der Nebenbuchhaltung und das Forderungskonto zum 30. Juni 20.. ab und erstellen Sie die Saldenliste über die ausstehenden Forderungen!
5. Überprüfen Sie, ob der Saldo auf dem Sachkonto 2400 Forderungen aus Lieferungen und Leistungen der Hauptbuchhaltung mit der Summe der Saldenliste der Debitorenbuchhaltung übereinstimmt!

**88** **I. Anfangsbestände zum 1. September 20..:**

Richten Sie in der Hauptbuchhaltung das Sachkonto 4400 Verbindlichkeiten aus Lieferungen und Leistungen ein und tragen Sie einen Anfangsbestand in Höhe von 18700,00 EUR vor!

Richten Sie innerhalb der Kreditorenbuchhaltung die folgenden Liefererkonten ein und tragen Sie jeweils die angegebenen Anfangsbestände darauf vor:

- Naturholz AG, Lief.-Nr. 4403, Saldovortrag 10500,00 EUR,
- Holz- & Spanplattenfabrik GmbH, Lief.-Nr. 4404, Saldovortrag 8200,00 EUR.

**II. Geschäftsvorfälle:**

Erfassen Sie die folgenden Geschäftsvorfälle auf den entsprechenden Personenkonten in der Nebenbuchhaltung!

| Datum | Bel.-Nr. | Kd.-Nr. | Geschäftsvorfälle | Betrag |
|---|---|---|---|---|
| 3. Sept. | ER 105 | 4403 | Zieleinkauf von Rohstoffen einschl. 19% USt | 7140,00 EUR |
| 5. Sept. | ER 306 | 4404 | Zieleinkauf von Vorprod. einschl. 19% USt | 7735,00 EUR |
| 8. Sept. | ER 309 | 4403 | Zieleinkauf von Betriebsst. einschl. 19% USt | 4165,00 EUR |
| 12. Sept. | Ba 406 | 4403 | Bankscheck | 9250,00 EUR |
| 14. Sept. | Ba 408 | 4404 | Banküberweisung | 11100,00 EUR |
| 20. Sept. | ER 109 | 4404 | Zieleinkauf von Rohstoffen einschl. 19% USt | 5950,00 EUR |
| 24. Sept. | ER 111 | 4403 | Zieleinkauf von Vorprod. einschl. 19% USt | 10115,00 EUR |
| 28. Sept. | Ka 206 | 4403 | Barzahlung | 7400,00 EUR |
| 30. Sept. | Ka 207 | 4404 | Barzahlung | 2000,00 EUR |

**III. Aufgaben:**

1. Bilden Sie praxisgerecht die Buchungssätze für die angegebenen Geschäftsvorfälle!
2. Übertragen Sie die entsprechenden Werte auf die Kreditorenkonten (Personenkonten)!
3. Übertragen Sie die auf den Kreditorenkonten gebuchten Verkehrszahlen auf das Sachkonto 4400 Verbindlichkeiten aus Lieferungen und Leistungen!
4. Schließen Sie auch die beiden Liefererkonten in der Nebenbuchhaltung und das Sachkonto 4400 Verbindlichkeiten aus Lieferungen und Leistungen zum 30. September 20.. ab und erstellen Sie die Saldenliste!
5. Überprüfen Sie, ob der Saldo auf dem Sachkonto 4400 Verbindlichkeiten aus Lieferungen und Leistungen der Hauptbuchhaltung mit der Summe der Saldenliste der Kreditorenbuchhaltung übereinstimmt!

**89** **I. Anfangsbestände der Sachkonten:**

0500 Unbebaute Grundstücke 440000,00 EUR; 0760 Verpackungsanlagen und -maschinen 77850,00 EUR; 0810 Werkstätteneinrichtung 75650,00 EUR; 0840 Fuhrpark 48500,00 EUR; 2000 Rohstoffe 51300,00 EUR; 2010 Vorprodukte 8000,00 EUR; 2030 Betriebsstoffe 22700,00 EUR; 2400 Forderungen aus Lieferungen und Leistungen 76480,00 EUR; 2800 Bank 98950,00 EUR; 2880 Kasse 3150,00 EUR; 3000 Eigenkapital 486200,00 EUR; 4250 Langfristige Bankverbindlichkeiten 260000,00 EUR; 4400 Verbindlichkeiten aus Lieferungen und Leistungen 156380,00 EUR.

**II. Saldovorträge der Kundenkonten (offene Postenliste der Debitoren):**

| Kd.-Nr. | Debitoren | Beleg-Nr. | Betrag |
|---|---|---|---|
| 2405 | Büroausstatter Winter OHG | 12 | 36480,00 EUR |
| 2406 | Brandes GmbH & Co. KG | 13 | 40000,00 EUR |

**III. Saldovorträge der Liefererkonten (offene Postenliste der Kreditoren):**

| Lief.-Nr. | Kreditoren | Beleg-Nr. | Betrag |
|---|---|---|---|
| 4405 | Schraubenspezialist Müller e.K. | 32 | 112400,00 EUR |
| 4406 | Holzschutz-, Lack- und Leimwerke AG | 33 | 43980,00 EUR |

**IV. Kontenplan:**

0500, 0760, 0810, 0840, 2000, 2010, 2030, 2400, 2405, 2406, 2600, 2800, 2880, 3000, 3001, 4250, 4400, 4405, 4406, 4800, 5000, 6000, 6010, 6030, 6160, 6870, 8010, 8020

**V. Geschäftsvorfälle:**

| Beleg-Nr. | | | |
|---|---|---|---|
| | 1. Ausgangsrechnungen an | | |
| 14 | 1.1 Büroausstatter Winter OHG (Kd.-Nr. 2405), Verkauf von Erzeugnissen netto | 80 000,00 EUR | |
| | + 19 % USt | 15 200,00 EUR | 95 200,00 EUR |
| 15 | 1.2 Brandes GmbH & Co. KG (Kd.-Nr. 2406), Verkauf von Erzeugnissen netto | 12 000,00 EUR | |
| | + 19 % USt | 2 280,00 EUR | 14 280,00 EUR |
| | 2. Gutschriftanzeigen der Bank für | | |
| 22 | 2.1 Scheckgutschrift Büroausstatter Winter OHG (Kd.-Nr. 2405), betrifft Beleg Nr. 12 | | 36 480,00 EUR |
| 23 | 2.2 Überweisung von Brandes GmbH & Co. KG (Kd.-Nr. 2406), betrifft Beleg Nr. 13 | | 40 000,00 EUR |
| | 3. Eingangsrechnungen von | | |
| 34 | 3.1 Schraubenspezialist Müller e. K. (Lief.-Nr. 4405), Rohstoffe netto | 13 000,00 EUR | |
| | + 19 % USt | 2 470,00 EUR | 15 470,00 EUR |
| 35 | 3.2 Holzschutz-, Lack- und Leimwerke AG (Lief.-Nr. 4406) Betriebsstoffe netto | 3 000,00 EUR | |
| | + 19 % USt | 570,00 EUR | 3 570,00 EUR |
| | 4. Lastschriftanzeige der Bank für | | |
| 42 | 4.1 Überweisung an Schraubenspezialist Müller e. K. (Lief.-Nr. 4405), betrifft Beleg Nr. 32 | | 112 400,00 EUR |
| 43 | 4.2 Scheckbelastung Holzschutz-, Lack- und Leimwerke AG (Lief.-Nr. 4406), betrifft Beleg Nr. 33 | | 43 980,00 EUR |
| 44 | 4.3 Werbeanzeige netto | 1 500,00 EUR | |
| | + 19 % USt | 285,00 EUR | 1 785,00 EUR |
| | 5. Kassenausgänge für | | |
| 52 | 5.1 Privatentnahme | | 1 000,00 EUR |
| 53 | 5.2 Autoreparaturen | 1 400,00 EUR | |
| | + 19 % USt | 266,00 EUR | 1 666,00 EUR |

**VI. Abschlussangaben:**

1. Schlussbestand an Rohstoffen lt. Inventur 31 600,00 EUR.
2. Schlussbestand an Vorprodukten lt. Inventur 2 200,00 EUR.
3. Schlussbestand an Betriebsstoffen lt. Inventur 10 700,00 EUR.
4. Die Zahllast ist zu passivieren!

**VII. Aufgaben:**

Führen Sie das Grundbuch, das Hauptbuch, das Kundenbuch und das Liefererbuch für den Industriebetrieb mit den angegebenen Zahlenwerten!

## 2.7.3 Belege als Grundlage einer ordnungsmäßigen Buchführung

Auf S. 91f. wurde bereits auf die Buchung nach Belegen eingegangen. Im Folgenden soll dieses Thema wieder aufgegriffen und vertieft werden.

### (1) Grundsätzliches

Wir haben festgestellt, in der Praxis existiert über jeden Geschäftsvorfall ein Beleg. Die Buchungssätze werden somit dort immer nur aufgrund von Belegen (Überweisungen, Rechnungen, Quittungen, Lohnlisten usw.) gebildet. In der Praxis gilt daher der Grundsatz: **Keine Buchung ohne Beleg!** Denn nur durch ihn kann die Richtigkeit bzw. Vollständigkeit der Buchführung nachgewiesen werden.

### (2) Belegarten

Nach dem **Inhalt der Belege** unterscheidet man:

| | |
|---|---|
| **Fremdbelege** | Darunter versteht man Belege, die von **fremden Unternehmen** erstellt werden. Dazu gehören z.B. Liefererrechnungen (Eingangsrechnungen), Bankbelege, Quittungen, Frachtbriefe. |
| **Eigenbelege** | Darunter versteht man Belege, die das **Unternehmen selbst** erstellt hat. Dazu zählen z.B. Kopien der Ausgangsrechnungen; Entnahmescheine, Lohnlisten, Buchungsanweisungen für Abschlussarbeiten usw. |

### (3) Bearbeitung der Buchungsbelege[1]

Die Bearbeitung der Belege erfolgt in drei Schritten: **Buchungsvorbereitung – Buchung der Belege – Ablage und Aufbewahrung der Belege.**

#### ■ Erster Schritt: Buchungsvorbereitung

Sie umfasst im Allgemeinen **drei Arbeitsstufen**:

| | |
|---|---|
| **Prüfung der Belege** | Hierdurch wird festgestellt, ob der Beleg überhaupt für die Buchführung von Bedeutung ist. Wird diese Frage bejaht, dann muss nachgeprüft werden, ob der ausgewiesene Betrag **rechnerisch** richtig ist. Außerdem muss der Beleg daraufhin überprüft werden, ob der Vorgang **sachlich** richtig dargestellt worden ist. |
| **Belegsortierung** | Bei diesem Arbeitsvorgang werden die Belege nach ihrem Inhalt geordnet, z.B. Eingangsrechnungen, Bankbelege, Kassenbelege, Ausgangsrechnungen usw. Dabei wird aus Kostengründen versucht, gleichartige Belege soweit wie möglich zu **Sammelbelegen** zusammenzufassen. Anschließend werden die Belege nummeriert. |
| **Buchungsanweisung (Buchungssatz, Kontierung)** | In der dritten Arbeitsstufe wird der Buchungssatz auf dem Beleg festgehalten. Zu diesem Zweck benutzt man in der Regel einen sogenannten Kontierungsstempel, mit dem man die benötigten Spalten auf den Beleg aufdruckt, sodass diese nur noch mit den erforderlichen Daten versehen werden müssen. Da später so gebucht wird wie kontiert wurde, ist die Kontierungsarbeit von grundlegender Bedeutung. |

1 Wiederholen Sie hierzu die Ausführungen auf S. 92.

### Zweiter Schritt: Buchung der Belege

An die Vorkontierung schließt sich dann der eigentliche Buchungsvorgang an. Hierbei wird bei jeder Buchung im Grundbuch die Belegnummer vermerkt (z.B. ER 9 bedeutet Eingangsrechnungsnummer 9), um jederzeit von der Buchung auf den Beleg schließen zu können. Da der Buchhalter auch den Beleg mit einem Buchungsvermerk versieht (Buchungsnummer, Seitennummer, Datum, Zeichen des Buchhalters), kann auch umgekehrt vom Beleg auf die Buchung geschlossen werden.

### Dritter Schritt: Ablage und Aufbewahrung der Belege

Nach dem Buchungsvorgang werden die Belege abgelegt und aufbewahrt. Die Belege sind sowohl nach Handelsrecht [§ 257 HGB] als auch nach Steuerrecht [§ 147 AO] geordnet aufzubewahren. In der Art der Belegaufbewahrung ist das Unternehmen völlig frei (z.B. chronologisch, alphabetisch, laufende Belegnummerierung, Gliederung nach Sachgebieten u.Ä.). Die Aufbewahrungsfrist für Belege beträgt nach dem Handelsrecht 10 Jahre. Bilanzen, Inventare, Handelsbücher und Aufzeichnungen sowie die hierzu notwendigen Arbeitsanweisungen und sonstigen Organisationsunterlagen sind ebenfalls 10 Jahre aufzubewahren. Die Aufbewahrungsfrist beginnt mit dem Schluss des Kalenderjahres [§ 257 IV, V HGB, § 147 IV AO].

# Themenkreis 3: Funktionen eines Betriebes in der Praxis der Buchführung

## 3.1 Besondere Geschäftsvorfälle aus der Beschaffungs- und Absatzwirtschaft buchen[1]

### 3.1.1 Beschaffungswirtschaft

#### 3.1.1.1 Besonderheiten bei der Beschaffung von Werkstoffen und Waren

**(1) Buchhalterische Behandlung von Sofortnachlässen**

Nachlässe, die sofort bei Rechnungsstellung gewährt werden, vermindern den Anschaffungspreis. Sie erscheinen in der Buchführung nicht. Gebucht wird der verminderte Einkaufspreis (Anschaffungskosten).

| Geschäftsvorfälle | | Konten | Soll | Haben |
|---|---|---|---|---|
| 1. Wareneinkauf auf Ziel | 2000,00 EUR | | | |
| – 10 % Mengenrabatt | 200,00 EUR | | | |
| | 1800,00 EUR | 6080 Aufwend. f. Waren | 1800,00 | |
| + 19 % USt | 342,00 EUR | 2600 Vorsteuer | 342,00 | |
| | 2142,00 EUR | an 4400 Verb. a. L. u. L. | | 2142,00 |
| 2. Kauf von Rohstoffen | | | | |
| auf Ziel | 1400,00 EUR | | | |
| – 20 % Sonderrabatt | 280,00 EUR | | | |
| | 1120,00 EUR | 6000 Aufwend. f. Rohstoffe | 1120,00 | |
| + 19 % USt | 212,80 EUR | 2600 Vorsteuer | 212,80 | |
| | 1332,80 EUR | an 4400 Verb. a. L. u. L. | | 1332,80 |

**Merke:**

**Sofortnachlässe,** die der Lieferer gewährt, werden **nicht gebucht.** Sie sind nicht Bestandteil der zu buchenden **Anschaffungskosten.**

**(2) Buchung von Bezugskosten**

Die Bezugskosten, die dem Käufer zusätzlich in Rechnung gestellt werden, sind Bestandteil der Anschaffungskosten. Sie können direkt auf dem jeweiligen Werkstoffaufwandskonto bzw. Warenaufwandskonto gebucht werden. Um die Bezugskosten für die Kalkulation leichter erfassen zu können, werden sie jedoch zunächst auf einem gesonderten Konto erfasst. Man will wissen, wie hoch der reine Warenwert und wie hoch die Nebenkosten sind.

1 **Hinweis:** Die bisher eingeführte Farbzuordnung der verschiedenen Vorgänge auf den unterschiedlichen Kontenarten diente als zusätzliche Anschauungshilfe bei der Einführung in die Buchführung. Von hier ab halten wir die konsequente Farbzuordnung nicht mehr für erforderlich. Mit Einschränkung lässt sie sich auch nicht immer ohne Erweiterung des eingeführten Farbenspektrums konsequent und sinngebend weiterführen. Daher dienen die Farben im Folgenden nur noch als Hervorhebung der Unterschiede.

Der Kontenrahmen sieht für das Konto Aufwendungen für Waren und für jedes Werkstoffaufwandskonto ein gesondertes Bezugskostenkonto vor:

- **6001 Bezugskosten** (für Rohstoffe)
- **6011 Bezugskosten** (für Vorprodukte)
- **6021 Bezugskosten** (für Hilfsstoffe)
- **6031 Bezugskosten** (für Betriebsstoffe)
- **6081 Bezugskosten** (für Waren)

| Geschäftsvorfälle | | Konten | Soll | Haben |
|---|---|---|---|---|
| Buchung der Bezugkosten | | | | |
| 1. Wareneinkauf auf Ziel, | | | | |
| netto | 1 500,00 EUR | 6080 Aufwend. f. Waren | 1 500,00 | |
| + Verpackung | 50,00 EUR | 6081 Bezugskosten | 200,00 | |
| + Fracht | 150,00 EUR | 2600 Vorsteuer | 323,00 | |
| | 1 700,00 EUR | an 4400 Verb. a. L. u. L. | | 2 023,00 |
| + 19 % USt | 323,00 EUR | | | |
| | 2 023,00 EUR | | | |
| 2. Kauf von Vorprodukten | | | | |
| auf Ziel netto | 850,00 EUR | 6010 Aufw. f. Vorprodukte | 850,00 | |
| + Verpackung | 40,00 EUR | 6011 Bezugskosten | 110,00 | |
| + Fracht | 70,00 EUR | 2600 Vorsteuer | 182,40 | |
| | 960,00 EUR | an 4400 Verb. a. L. u. L. | | 1 142,40 |
| + 19 % USt | 182,40 EUR | | | |
| | 1 142,40 EUR | | | |
| Abschluss der verschiedenen Bezugskostenkonten über das jeweilige Hauptkonto | | 6080 Aufw. f. Waren | 200,00 | |
| | | an 6081 Bezugskosten | | 200,00 |
| | | 6010 Aufw. f. Vorprodukte | 110,00 | |
| | | an 6011 Bezugskosten | | 110,00 |

**Merke:**

- Das Konto Bezugskosten stellt ein Unterkonto des jeweiligen Werkstoffaufwandskontos bzw. des Kontos Aufwendungen für Waren dar.
- Das Konto Bezugskosten wird über das jeweilige Hauptkonto abgeschlossen.

## Übungsaufgaben

**90** Ein Industrieunternehmen erhält für einen Rohstoffeinkauf folgende Rechnung:

| | |
|---|---|
| Listenpreis | 1 250,00 EUR |
| – 25 % Liefererrabatt | 312,50 EUR |
| | 937,50 EUR |
| – 3 % Jubiläumsrabatt | 28,13 EUR |
| | 909,37 EUR |
| + 19 % USt | 172,78 EUR |
| Rechnungspreis | 1 082,15 EUR |

Bilden Sie den Buchungssatz für die vorliegende Eingangsrechnung!

**91** Einer Möbelgroßhandlung liegt folgende Eingangsrechnung vor:

| | |
|---|---|
| 5 Bürotische zu je 950,00 EUR | 4750,00 EUR |
| – 20 % Händlerrabatt | 950,00 EUR |
| | 3800,00 EUR |
| + Fracht | 320,00 EUR |
| + Verpackung | 90,00 EUR |
| + Transportversicherung | 47,50 EUR |
| | 4257,50 EUR |
| + 19 % USt | 808,93 EUR |
| Rechnungsbetrag | 5066,43 EUR |

Bilden Sie den Buchungssatz für die vorliegende Eingangsrechnung!

**92** Ein Lebensmittelgroßhändler bestellt 45 Kartons Wein zu je 12 Flaschen. Eine Flasche Wein kostet 15,60 EUR zuzüglich 19 % USt. An Bezugskosten für die Lieferung fallen 145,00 EUR zuzüglich 19 % USt an. Die Verpackungskosten werden pauschal mit 70,00 EUR zuzüglich 19 % USt in Rechnung gestellt.

1. Erstellen Sie die Eingangsrechnung!
2. Bilden Sie den Buchungssatz für den Geschäftsvorfall!
3. Wie viel EUR beträgt der Einstandspreis für eine Flasche Wein?

**93** Für den Bezug von Betriebsstoffen liegt folgende Rechnung vor:

| | |
|---|---|
| Warenwert | 645,00 EUR |
| + Frachtpauschale | 80,00 EUR |
| + Transportversicherung | 10,50 EUR |
| | 735,50 EUR |
| + 19 % USt | 139,75 EUR |
| Rechnungsbetrag | 875,25 EUR |

Die Kosten für die Anfuhr in Höhe von 35,80 EUR zuzüglich 19 % USt wurden von uns bar bezahlt.

1. Bilden Sie die Buchungssätze für die beiden Geschäftsvorfälle!
2. Richten Sie die Konten 6030 Aufwendungen für Betriebsstoffe und 6031 Bezugskosten ein! Tragen Sie die Beträge von Geschäftsvorfall 1 und 2 auf diese Konten ein! Schließen Sie das Konto 6031 Bezugskosten ab und ermitteln Sie die Anschaffungskosten der Betriebsstoffe!

## (3) Rückgabe von Verpackungsmaterial (Leihverpackung)

Durch die Rückgabe von Verpackungsmaterial, das uns zunächst in Rechnung gestellt worden ist (z. B. Container, Fässer, Kisten), nehmen unsere zuvor gebuchten Bezugskosten wieder ab. Gleichzeitig wird die Vorsteuer entsprechend vermindert. Außerdem nehmen durch die Rücksendung des Verpackungsmaterials unsere Verbindlichkeiten gegenüber dem Lieferer ab.

**Beispiel:**

Wir senden Verpackung, die beim Bezug von Hilfsstoffen vom Lieferer in Rechnung gestellt wurde, vereinbarungsgemäß zurück. Gutschrift des Lieferers 180,00 EUR zuzüglich 19 % USt.

**Aufgabe:**

Bilden Sie den Buchungssatz!

**Lösung:**

| Geschäftsvorfall | Konten | Soll | Haben |
|---|---|---|---|
| Wir senden die Verpackung einer Hilfsstoffsendung zurück 180,00 EUR zuzüglich 19 % USt. | 4400 Verbindl. a. Lief. u. Leist.<br>an 6021 Bezugskosten<br>an 2600 Vorsteuer | 214,20 | <br>180,00<br>34,20 |

## Übungsaufgaben

**94** 1. Von einem Lieferer erhalten wir für den Bezug von Hilfsstoffen folgende Rechnung:

| | |
|---|---|
| Warenwert | 5 180,00 EUR |
| + Frachtkosten | 495,00 EUR |
| + Verpackung | 300,00 EUR |
| | 5 975,00 EUR |
| + 19 % USt | 1 135,25 EUR |
| Rechnungsbetrag | 7 110,25 EUR |

2. Gutschrift des Lieferers für die Rückgabe der Verpackung 300,00 EUR zuzüglich 19 % USt.

Bilden Sie die Buchungssätze!

**95** Eingangsrechnung 145:

1. Warenwert der Rohstoffe 897,50 EUR, berechnete Verpackung 120,00 EUR, Frachtkosten 85,10 EUR zuzüglich 19 % USt.
2. Die Anfuhr in Höhe von 30,00 EUR zuzüglich 19 % USt wird von uns bar bezahlt.
3. Für die Rückgabe der Verpackung werden uns vom Lieferer 60 % des berechneten Wertes gutgeschrieben.

Bilden Sie die Buchungssätze!

**96** Wir haben die uns bei der Lieferung von Betriebsstoffen in Rechnung gestellte Leihverpackung vereinbarungsgemäß an den Lieferer zurückgesandt und erhalten daraufhin eine Gutschrift über 175,00 EUR zuzüglich 19 % USt.

Bilden Sie den Buchungssatz!

**97** Bilden Sie zu folgenden Geschäftsvorfällen einer Großhandlung die Buchungssätze!

1. Wir kaufen Waren auf Ziel, Listeneinkaufspreis 12 000,00 EUR, abzüglich 20 % Rabatt, zuzüglich 510,00 EUR Fracht und Verpackungskosten sowie 19 % USt auf den Rechnungspreis.
2. Kauf von Textilien von einem ausländischen Exporteur auf Ziel, Listeneinkaufspreis 795,20 EUR. Zölle und Gebühren: 8 % vom Listenpreis. Der Rechnungspreis ist mit 19 % USt zu versteuern.

### 3.1.1.2 Warenrücksendungen an den Lieferer

**Beispiel:**

**Ausgangs-situation:** Folgende Eingangsrechnung für einen Einkauf von Handelswaren auf Ziel wurde bereits bei uns gebucht.

| | |
|---|---|
| Warenwert | 15000,00 EUR |
| + 19 % USt | 2850,00 EUR |
| Rechnungsbetrag | 17850,00 EUR |

**Problemfall:** Von der Warenlieferung senden wir Ware an den Lieferer zurück (Falschlieferung). Warenwert 500,00 EUR zuzüglich 19% USt.

**Aufgaben:**

1. Buchen Sie den Problemfall auf den Konten!
2. Bilden Sie den Buchungssatz!

**Lösungen:**

**Zu 1.: Buchung auf den Konten**

| S | 6080 Aufwend. f. Waren | | H |
|---|---|---|---|
| 4400 | 15000,00 | 4400 | 500,00 |

| S | 4400 Verbindl. a. Lief. u. Leist. | | H |
|---|---|---|---|
| 6080/2600 | 595,00 | 6080/2600 | 17850,00 |

| S | 2600 Vorsteuer | | H |
|---|---|---|---|
| 4400 | 2850,00 | 4400 | 95,00 |

**Zu 2.: Buchungssatz**

| Geschäftsvorfall | Konten | Soll | Haben |
|---|---|---|---|
| Von der bereits gebuchten Warenlieferung schicken wir Waren zurück:<br>Nettowert 500,00 EUR<br>+ 19% USt 95,00 EUR<br>Bruttowert 595,00 EUR | 4400 Verbindl. a.L.u.L.<br>an 6080 Aufw. f. Waren<br>an 2600 Vorsteuer | 595,00 | <br>500,00<br>95,00 |

**Erklärungen zum Problemfall:**

- Durch die Warenrücksendung nimmt der ursprünglich gebuchte Bruttowert der Eingangsrechnung um den Bruttowert der Rücksendung ab. Daher erfolgt eine **Sollbuchung auf dem Konto 4400 Verbindlichkeiten aus Lieferungen und Leistungen** in Höhe von 595,00 EUR.
- Auch der ursprünglich gebuchte Warenwert für die Handelswaren nimmt ab, und zwar um den Nettowert der Rücksendung in Höhe von 500,00 EUR. Deshalb erfolgt eine entsprechende **Habenbuchung auf dem Konto 6080 Aufwendungen für Waren.**
- Da sich durch die Rücksendung die ursprüngliche Berechnungsgrundlage für die Umsatzsteuer um 500,00 EUR gemindert hat, muss auch die ursprünglich ausgewiesene Vorsteuer um den darauf entfallenden Anteil von 95,00 EUR korrigiert werden. Daher erfolgt eine **Habenbuchung auf dem Konto 2600 Vorsteuer.**

Die **Rücksendung von Werkstoffen** wird in der gleichen Weise gebucht:

| Geschäftsvorfall | Konten | Soll | Haben |
|---|---|---|---|
| Rücksendung nicht bestellter Rohstoffe an den Lieferer. Warenwert 2 100,00 EUR<br>+ 19 % USt 399,00 EUR<br>2 499,00 EUR | 4400 Verbindl. a. L. u. L.<br>an 6000 Aufw. f. Rohst.<br>an 2600 Vorsteuer | 2 499,00 | <br>2 100,00<br>399,00 |

## Übungsaufgaben

**98** Bilden Sie zu den nachfolgenden vier Geschäftsvorfällen die Buchungssätze!

1. Wir kaufen Betriebsstoffe im Gesamtwert von 2 150,00 EUR zuzüglich 19 % USt gegen Rechnung.
2. Nach Buchung und Überprüfung der Sendung wird ein Teil der Betriebsstoffe wegen Qualitätsmängeln zurückgesandt, netto 430,00 EUR.
3. Wir kaufen Hilfsstoffe auf Ziel lt. ER 689 im Warenwert von 2 900,00 EUR zuzüglich 19 % USt.
4. Einen Teil der bereits gebuchten Hilfsstoffe senden wir wegen Beschädigung zurück. Warenwert 480,00 EUR zuzüglich 19 % USt.
5. Wie ist der Geschäftsvorfall „Rücksendungen von Handelswaren an den Lieferer" zu buchen?

   [1] 4400 Verbindl. a. Lief. u. Leist. an 6080 Aufwend. f. Waren
   an 2600 Vorsteuer

   [2] 4400 Verbindl. a. Lief. u. Leist. an 2280 Waren
   an 2600 Vorsteuer

   [3] 6080 Aufwend. f. Waren
   2600 Vorsteuer an 4400 Verbindl. a. Lief. u. Leist.

   Übertragen Sie die entsprechende Ziffer als Lösung in Ihr Hausheft!

**99**

**EINKAUFSFACHVERBAND BAYERN GMBH** 85221 DACHAU, ISARSTRASSE 15 – 18

Fahrrad-Center
Fritz Schnell e. Kfm.
Kantstraße 25
35394 Gießen

Eingegangen am
9. Juli 20..
Fritz Schnell

Sehr geehrter Herr Schnell,

wir bestätigen die Rücksendung von zwei Rennrädern wegen Qualitätsmangel

| | |
|---|---|
| Warenwert | 995,80 EUR |
| 19 % USt | 189,20 EUR |
| Gesamtwert | 1 185,00 EUR |

Bitte nehmen Sie eine entsprechende Verrechnung in Ihrer Buchführung vor.

Mit freundlichen Grüßen

ppa. Dreher

Sitz der Gesellschaft: Dachau Registergericht Dachau, HRB 51 Steuer-Nr.: 220/3456

Bilden Sie den Buchungssatz für die Warenrücksendung aus der Sicht des Fahrrad-Centers Fritz Schnell e. Kfm.!

## 3.1.1.3 Nachträgliche Preisänderungen bei Eingangsrechnungen

### (1) Überblick

Neben den Preisänderungen, die sofort bei Rechnungserteilung berücksichtigt werden, gibt es im Einkaufsbereich auch Preisänderungen, die **nach** der Buchung einer Eingangsrechnung auftreten. Als nachträglich gewährte Preisnachlässe kommen infrage:

- Preisnachlass des Lieferers aufgrund unserer Reklamationen **(Mängelrüge),**
- Gewährung eines Umsatzbonus durch den Lieferer **(Liefererboni),**
- Inanspruchnahme von Skonto bei der Zahlung **(Liefererskonti).**[1]

Gewährt uns der Lieferer nachträglich einen Preisnachlass, so mindert dies die bereits gebuchten Werkstoffaufwendungen bzw. Aufwendungen für Waren. Die Preisnachlässe können direkt auf die betreffenden Aufwandskonten gebucht werden. Um die Nachlässe später noch feststellen zu können, werden sie jedoch zunächst auf einem Unterkonto des betreffenden Aufwandskontos gebucht. Der hier zugrunde liegende IKR sieht folgende Konten vor:

- **6002 Nachlässe** (für Rohstoffe)
- **6012 Nachlässe** (für Vorprodukte)
- **6022 Nachlässe** (für Hilfsstoffe)
- **6032 Nachlässe** (für Betriebsstoffe)
- **6082 Nachlässe** (für Waren)

### (2) Buchung einer Liefererqutschrift wegen Mängelrüge

Gewährt uns der Lieferer aufgrund unserer Mängelrüge **nachträglich** einen Preisnachlass, so mindert dies die bereits gebuchten Werkstoffaufwendungen bzw. Aufwendungen für Waren, die Höhe der Vorsteuer und die Verbindlichkeiten.

**Beispiel:**

**Ausgangssituation:** Folgende Eingangsrechnung für einen Einkauf von Handelswaren wurde bereits bei uns gebucht. Warenwert 1 200,00 EUR zuzüglich 19 % USt!

**Problemfall:** Aufgrund unserer Reklamation erhalten wir vom Lieferer eine Gutschrift über 300,00 EUR zuzüglich 19 % USt.

**Aufgaben:**

1. Buchen Sie den Problemfall auf Konten und schließen Sie das Konto 6082 ab!
2. Bilden Sie die Buchungssätze!

**Lösungen:**

**Zu 1.: Buchung auf den Konten und Abschluss des Kontos 6082**

| S | 6080 Aufwend. f. Waren | | H |
|---|---|---|---|
| 4400 | 1 200,00 | 6082 | 300,00 |

| S | 6082 Nachlässe | | H |
|---|---|---|---|
| 6080 | 300,00 | 4400 | 300,00 |

| S | 2600 Vorsteuer | | H |
|---|---|---|---|
| 4400 | 228,00 | 4400 | 57,00 |

| S | 4400 Verbindl. a. Lief. u. Leist. | | H |
|---|---|---|---|
| 6082/2600 | 357,00 | 6080/2600 | 1 428,00 |

1 Aufgrund des Rahmenlehrplans wird die Buchung der Liefererskonti erst in Kapitel 3.2.2, S. 228f. dargestellt.



12 Speth u.a. ISBN 978-3-8120-0260-8

**Zu 2.: Buchungssätze**

| Geschäftsvorfälle | Konten | Soll | Haben |
|---|---|---|---|
| Wir erhalten eine Gutschrift aufgrund unserer Reklamation in Höhe von 300,00 EUR zuzüglich 19 % USt. | 4400 Verbindl. a. L. u. L.<br>an 6082 Nachlässe<br>an 2600 Vorsteuer | 357,00 | <br>300,00<br>57,00 |
| Abschluss des Unterkontos 6082 Nachlässe | 6082 Nachlässe<br>an 6080 Aufw. f. Waren | 300,00 | <br>300,00 |

**Erklärungen:**

- **zur Buchung des Problemfalles:**
  - Abgang auf dem Konto 4400 Verbindlichkeiten aus Lieferungen und Leistungen in Höhe des Bruttowertes von 357,00 EUR.
  - Erfassung der Gutschrift auf dem Unterkonto 6082 Nachlässe in Höhe von 300,00 EUR.
  - Korrektur auf dem Konto 2600 Vorsteuer in Höhe von 57,00 EUR.
- **zum Abschluss des Unterkontos 6082 Nachlässe:**

Das Konto 6082 Nachlässe ist ein Unterkonto des Kontos Aufwendungen für Waren und wird daher über das Konto 6080 Aufwendungen für Waren abgeschlossen.

## (3) Buchung von Liefererboni

Um treue Kunden zu belohnen, gewähren Lieferer beim Erreichen einer bestimmten Umsatzhöhe häufig Umsatzrückvergütungen. Dieser nachträgliche Preisnachlass wird Umsatzbonus (kurz: Bonus) genannt. Der Bonus ist somit ein Mengen- oder Treuerabatt. Die uns von Lieferern gewährten Boni mindern nachträglich die Werkstoffaufwendungen bzw. Aufwendungen für Waren. Sie werden ebenfalls auf dem Konto Nachlässe gebucht. Durch die nachträgliche Preisminderung muss die erfasste Vorsteuer um den auf den Bonus entfallenden Steueranteil korrigiert werden.

| Geschäftsvorfall | Konten | Soll | Haben |
|---|---|---|---|
| Der Rohstoff-Lieferer gewährt uns einen Umsatzbonus in Form folgender Gutschrift<br>Umsatzrückvergütung<br>(Bonus) 700,00 EUR<br>+ 19 % USt 133,00 EUR<br>Gutschriftsbetrag 833,00 EUR | 4400 Verbindl. a. L. u. L.<br>an 6002 Nachlässe<br>an 2600 Vorsteuer | 833,00 | <br>700,00<br>133,00 |

**Merke:**

**Gutschriften des Lieferers** aufgrund einer Mängelrüge sowie **Umsatzboni des Lieferers** werden auf dem Unterkonto **Nachlässe** des betreffenden Aufwandskontos auf der **Habenseite** gebucht. Beide Fälle führen daher zum gleichen Buchungssatz.

## Übungsaufgaben

**100** Am Monatsende ergeben sich bei einem Industriebetrieb folgende Werte:

| S | 2000 Rohstoffe | | H |
|---|---|---|---|
| AB | 12 400,00 | | |

| S | 6000 Aufwendungen für Rohstoffe | | H |
|---|---|---|---|
| Su | 57 300,00 | | |

| S | 6001 Bezugskosten | | H |
|---|---|---|---|
| Su | 2 100,00 | | |

| S | 6002 Nachlässe | | H |
|---|---|---|---|
| | | Su | 1 700,00 |

Der Inventurbestand der Rohstoffe beträgt 9 800,00 EUR.

1. Richten Sie zusätzlich die Konten 8010 SBK und 8020 GuV ein, schließen Sie die Konten ab und bilden Sie die Buchungssätze!
2. Wie viel EUR beträgt der Rohstoffverbrauch?

**101** Am Monatsende ergeben sich bei einem Industriebetrieb auf den aufgeführten Konten die folgenden Werte:

| S | 2280 Waren | | H |
|---|---|---|---|
| AB | 81 400,00 | | |

| S | 6080 Aufwendungen für Waren | | H |
|---|---|---|---|
| Su | 67 300,00 | | |

| S | 6081 Bezugskosten | | H |
|---|---|---|---|
| Su | 2 100,00 | | |

| S | 6082 Nachlässe | | H |
|---|---|---|---|
| | | Su | 1 300,00 |

Schließen Sie die Konten ab und ermitteln Sie den Warenaufwand, wenn der Schlussbestand lt. Inventur 70 500,00 EUR beträgt!

**102** Buchen Sie für einen Industriebetrieb die folgenden Geschäftsvorfälle im Grundbuch!

1. Der Lieferer sendet uns eine Gutschrift für zurückgesandte Hilfsstoffe zu:

| | |
|---|---|
| Warenwert | 350,00 EUR |
| + 19 % USt | 66,50 EUR |
| Gutschrift | 416,50 EUR |

2. Unser Betriebsstoffe-Lieferer gewährt uns am Jahresende einen Bonus in Höhe von 820,00 EUR zuzüglich 19 % USt.

3. Formulieren Sie zu dem folgenden Buchungssatz den Geschäftsvorfall!

| | |
|---|---|
| 4400 Verbindl. a. Lief. u. Leist. | 172,55 EUR |
| an 6010 Aufwend. für Vorprodukte | 145,00 EUR |
| an 2600 Vorsteuer | 27,55 EUR |

4. Wir senden die Leihverpackung für Rohstoffe zurück und erhalten eine Gutschrift von 85,00 EUR zuzüglich 19 % USt.

5. Wir senden Fertigteile wegen Beschädigung zurück:

| | | |
|---|---|---|
| Warenwert | 4 120,00 EUR | |
| + 19 % USt | 782,80 EUR | 4 902,80 EUR |

**103** Bilden Sie für einen Handelsbetrieb zu folgenden Geschäftsvorfällen die Buchungssätze:

1. Wir schicken bereits gebuchte Waren an den Lieferer zurück:

| | | |
|---|---|---|
| Nettowert | 571,20 EUR | |
| + 19 % USt | 108,53 EUR | 679,73 EUR |

2. Ein Lieferer gewährt uns einen Umsatzbonus in Form einer Gutschrift:

| | | |
|---|---|---|
| Bruttowert einschließlich 19 % USt | | 1 213,80 EUR |

3. Wir erhalten eine Gutschrift aufgrund unserer Reklamation,

| | | |
|---|---|---|
| Nettowert | 540,00 EUR | |
| + 19 % USt | 102,60 EUR | 642,60 EUR |

4. Retouren an einen Lieferer:

| | | |
|---|---|---|
| Warenwert netto | 150,00 EUR | |
| + 19 % USt | 28,50 EUR | 178,50 EUR |

5. Wareneinkauf auf Ziel,

| | | |
|---|---|---|
| Warenwert netto | 5 000,00 EUR | |
| – 5 % Rabatt | 250,00 EUR | |
| | 4 750,00 EUR | |
| + Fracht und Verpackung | 50,00 EUR | |
| | 4 800,00 EUR | |
| + 19 % USt | 912,00 EUR | 5 712,00 EUR |

6. Für eine per Bahn erhaltene Warenlieferung lösen wir den Frachtbrief bar ein, einschließlich 19 % USt — 114,24 EUR

7. Wir schicken die Leihverpackung an den Lieferer zurück:

| | | |
|---|---|---|
| Nettowert | 127,00 EUR | |
| + 19 % USt | 24,13 EUR | 151,13 EUR |

8. Wir erhalten vom Lieferer eine Gutschrift für Umsatzbonus 5 % vom Bruttoumsatz in Höhe von 19 040,00 EUR — 952,00 EUR

9. Von einer bereits gebuchten Warenlieferung schicken wir Waren im Nettowert von 710,00 EUR zuzüglich 19 % USt zurück.

10. Aufgrund unserer Reklamation erhalten wir vom Lieferer eine Gutschrift. Betrag der Gutschrift einschließlich 19 % USt — 535,50 EUR

11. Für Verpackungs- und Versandkosten stellt der Lieferer eine gesonderte Rechnung aus, die wie folgt lautet:

Für die Warenlieferung vom 11. Okt. 20.. stellen wir Ihnen folgende Nebenkosten in Rechnung:

| | | |
|---|---|---|
| Verpackungskosten | 115,00 EUR | |
| Transportkosten | 90,00 EUR | |
| | 205,00 EUR | |
| + 19 % USt | 38,95 EUR | 243,95 EUR |

### 3.1.1.4 Aufwendungen für bezogene Leistungen

Mit der **Kontengruppe 61 „Aufwendungen für bezogene Leistungen"** werden die Fremdbeiträge zum betrieblichen Leistungsprozess erfasst. Die Kontengruppe erfasst die dabei anfallenden Fremdleistungen:

- **im Material- und Fertigungsbereich**

  z. B. Lohnarbeiten für eigene Erzeugnisse, Aufwendungen für Subunternehmer, außer Haus gegebene Versuchs- und Konstruktionsarbeiten, fremde Entwicklungsleistungen u. Ä.

  **6100 Fremdleistungen für Erzeugnisse und andere Umsatzleistungen**

- **im Vertriebsbereich**

  z. B. Frachten für den Vertrieb der Erzeugnisse, in Fremdlagern entstandene Lagerkosten, Speditionskosten für den Transport vom Produktionsbetrieb zum Auslieferungslager, Provisionen an den Handelsvertreter u. Ä.

  **6140 Ausgangsfrachten und Nebenkosten (Fremdlager)**

  **6150 Vertriebsprovision**

- **im Bereich Reparaturen**

  z. B. Instandhaltungsarbeiten, Instandhaltungsmaterial, Reparaturen, Reparaturmaterial u. Ä.

  **6160 Fremdinstandhaltung**

Bezogene Leistungen, die den oben genannten Bereichen nicht genau zuzuordnen sind, werden auf dem Konto **6170 Sonstige Aufwendungen für bezogene Leistungen** gebucht (z. B. Gebäudereinigung, Abfallentsorgung u. Ä.).

| Nr. | Geschäftsvorfälle | Konten | Soll | Haben |
|---|---|---|---|---|
| 1. | Für Entwicklungsarbeiten erhalten wir von einem Konstruktionsbüro eine Rechnung über netto 14 700,00 EUR<br>+ 19 % USt 2 793,00 EUR<br>17 493,00 EUR | 6100 Fremdleistungen für Erzeugnisse u. andere Umsatzleistungen<br>2600 Vorsteuer<br>an 4400 Verb. a. L. u. L. | 14 700,00<br>2 793,00 | <br><br>17 493,00 |
| 2. | Wir begleichen eine Rechnung unseres Spediteurs durch Banküberweisung für Fahrten im Monat März 1 380,00 EUR<br>+ 19 % USt 262,20 EUR<br>1 642,20 EUR | 6140 Ausgangsfrachten und Nebenkosten<br>2600 Vorsteuer<br>an 2800 Bank | 1 380,00<br>262,20 | <br><br>1 642,20 |

| Nr. | Geschäftsvorfälle | Konten | Soll | Haben |
|---|---|---|---|---|
| 3. | Wir zahlen Vertriebsprovision<br>bar 460,00 EUR<br>+ 19 % USt 87,40 EUR<br>547,40 EUR | 6150 Vertriebsprovision<br>2600 Vorsteuer<br>an 2880 Kasse | 460,00<br>87,40 | <br><br>547,40 |
| 4. | Banküberweisung für Reparatur am Dach des Geschäftshauses<br>netto 7500,00 EUR<br>+ 19 % USt 1425,00 EUR<br>8925,00 EUR | 6160 Fremdinstandhaltung<br>2600 Vorsteuer<br>an 2800 Bank | 7500,00<br>1425,00 | <br><br>8925,00 |

## Übungsaufgabe

**104** Bilden Sie für einen Industriebetrieb zu den folgenden Geschäftsvorfällen die Buchungssätze!

| | | | |
|---|---|---|---|
| 1. | Wir bezahlen die Vertriebsprovisionen an einen Handelsvertreter bar in Höhe von netto<br>+ 19 % USt | 765,00 EUR<br>145,35 EUR | 910,35 EUR |
| 2. | Für Fremdlohnarbeiten an unseren Erzeugnissen zahlen wir per Banküberweisung<br>+ 19 % USt | 19540,00 EUR<br>3712,60 EUR | 23252,60 EUR |
| 3. | Barzahlung für eine Computerreparatur einschließlich 19 % USt | | 1344,70 EUR |
| 4. | Bankabbuchung der Monatspauschale der Stadtwerke für Strom und Gas<br>+ 19 % USt | 8940,00 EUR<br>1698,60 EUR | 10638,60 EUR |
| 5. | Banküberweisung einer Speditionsrechnung für Ausgangsfrachten<br>+ 19 % USt | 751,00 EUR<br>142,69 EUR | 893,69 EUR |
| 6. | An Patent- und Lizenzkosten werden uns in Rechnung gestellt netto<br>+ 19 % USt | 22390,00 EUR<br>4254,10 EUR | 26644,10 EUR |
| 7. | Die Eingangsrechnung für Gebäudereinigung im Monat Mai wird durch Bankscheck beglichen<br>+ 19 % USt | 891,00 EUR<br>169,29 EUR | 1060,29 EUR |
| 8. | Die Rechnung der Abfallentsorgungs-GmbH für den Abtransport unseres Mülls wird durch Bankscheck beglichen<br>+ 19 % USt | 1860,00 EUR<br>353,40 EUR | 2213,40 EUR |
| 9. | Die Speditionsrechnung für den Versand verkaufter Waren zahlen wir per Banküberweisung<br>+ 19 % USt | 420,00 EUR<br>79,80 EUR | 499,80 EUR |
| 10. | Für Reparaturen am Geschäftsgebäude erhalten wir eine Rechnung über<br>+ 19 % USt | 23000,00 EUR<br>4370,00 EUR | 27370,00 EUR |

## 3.1.2 Absatzwirtschaft

### 3.1.2.1 Sofortnachlässe und gesondert in Rechnung gestellte Nebenkosten beim Verkauf von Waren und Erzeugnissen

#### (1) Buchhalterische Behandlung von Sofortnachlässen gegenüber Kunden

Die dem Kunden sofort bei Rechnungserteilung gewährten Nachlässe (Sofortnachlässe) vermindern unsere Verkaufserlöse und erscheinen daher in der Buchführung nicht.

| Geschäftsvorfall | | Konten | Soll | Haben |
|---|---|---|---|---|
| Wir verkaufen eigene Erzeugnisse auf Ziel laut folgender Ausgangsrechnung: | | 2400 Ford. a. L. u. L. | 2677,50 | |
| Listenpreis | 2500,00 EUR | an 5000 Umsatzerlöse f. eigene Erzeugnisse | | 2250,00 |
| – 10 % Rabatt | 250,00 EUR | an 4800 Umsatzsteuer | | 427,50 |
| | 2250,00 EUR | | | |
| + 19 % USt | 427,50 EUR | | | |
| Rechnungsbetrag | 2677,50 EUR | | | |

#### (2) Buchhalterische Behandlung der den Kunden zusätzlich in Rechnung gestellten Nebenkosten

Werden den Kunden Nebenkosten wie Verpackungsmaterial, Fracht oder Zustellkosten gesondert in Rechnung gestellt, erhöhen diese die Umsatzerlöse.

Im Gegensatz zum Einkaufsbereich sieht der Industriekontenrahmen im Verkaufsbereich für die gesondert in Rechnung gestellten Nebenkosten **keine** Unterkonten vor. Die Nebenkosten erhöhen die Umsatzerlöse und erscheinen zusammen mit dem Nettoverkaufswert auf dem Konto **5000 Umsatzerlöse für eigene Erzeugnisse** bzw. **5100 Umsatzerlöse für Handelswaren**.

| Geschäftsvorfall | | Konten | Soll | Haben |
|---|---|---|---|---|
| Wir verkaufen Handelsware auf Ziel laut folgender Ausgangsrechnung: | | 2400 Ford. a. L. u. L. | 1618,40 | |
| Listenpreis | 1200,00 EUR | an 5100 Umsatzerlöse für Handelswaren | | 1360,00 |
| + Verpackung | 55,00 EUR | an 4800 Umsatzsteuer | | 258,40 |
| + Fracht | 105,00 EUR | | | |
| | 1360,00 EUR | | | |
| + 19 % USt | 258,40 EUR | | | |
| Rechnungsbetrag | 1618,40 EUR | | | |

**Merke:**

- **Sofortnachlässe,** die dem Kunden sofort bei Rechnungserteilung gewährt werden, vermindern die Umsatzerlöse und erscheinen in der Buchführung nicht.
- Werden dem Kunden zusätzlich zu den Waren **Nebenkosten** in Rechnung gestellt, **erhöhen diese die Umsatzerlöse.** Ein Unterkonto dafür ist nicht vorgesehen.

## Übungsaufgaben

**105**

Möbelfabrik Wohnwelt AG

Möbelfabrik · Igor Magers · Brucknerstr. 8–10 · 90429 Nürnberg

Möbelhaus
Alex Hauser OHG
Augustusplatz 15
04109 Leipzig

Rechnung 1790

| Ihre Bestellung | Lieferdatum | Rechnungsdatum |
|---|---|---|
| 13.07.20.. | 15.09.20.. | 20.09.20.. |

Wir lieferten Ihnen eine Küchenzeile:

| | |
|---|---|
| Listenpreis | 1 890,00 EUR |
| – 30 % Kundenrabatt | 567,00 EUR |
| | 1 323,00 EUR |
| – 5 % Einführungsrabatt | 66,15 EUR |
| | 1 256,85 EUR |
| + 19 % USt | 238,80 EUR |
| Rechnungspreis | 1 495,65 EUR |

Bilden Sie den Buchungssatz für die Möbelfabrik Wohnwelt AG!

**106**

Möbelfabrik Wohnwelt AG

Möbelfabrik · Igor Magers · Brucknerstr. 8–10 · 90429 Nürnberg

Möbelhaus
Friedrich Lenz
Wielandstr. 21
39108 Magdeburg

Rechnung 1799

| Ihre Bestellung | Lieferdatum | Rechnungsdatum |
|---|---|---|
| 15.08.20.. | 18.09.20.. | 21.09.20.. |

Wir lieferten Ihnen einen Orientteppich:

| | |
|---|---|
| Listenpreis | 865,00 EUR |
| – 10 % Rabatt | 86,50 EUR |
| | 778,50 EUR |
| + Zustellkosten | 25,00 EUR |
| | 803,50 EUR |
| + 19 % USt | 152,67 EUR |
| Rechnungspreis | 956,17 EUR |

Bilden Sie den Buchungssatz für die Möbelfabrik Wohnwelt AG!

**107** Ausgangsrechnung Nr. 2654 für Handelswaren

| | |
|---|---|
| Warenwert | 2 390,00 EUR |
| + Verpackungskosten | 105,00 EUR |
| + Frachtkosten | 132,00 EUR |
| + Transportversicherung | 25,00 EUR |
| | 2 652,00 EUR |
| + 19 % USt | 503,88 EUR |
| Rechnungsbetrag | 3 155,88 EUR |

Bilden Sie den Buchungssatz für die Ausgangsrechnung!

**108** Bilden Sie für einen Handelsbetrieb zu folgenden Geschäftsvorfällen die Buchungssätze!

| | | |
|---|---|---|
| 1. | Warenverkauf bar | 14 000,00 EUR |
| | – 10 % Rabatt | 1 400,00 EUR |
| | | 12 600,00 EUR |
| | + 19 % USt | 2 394,00 EUR |
| | | 14 994,00 EUR |
| 2. | Ein Kunde überweist zum Ausgleich einer Rechnung auf unser Bankkonto | 1 870,00 EUR |
| 3. | Wareneinkauf auf Ziel | 9 100,00 EUR |
| | – 5 % Rabatt | 455,00 EUR |
| | | 8 645,00 EUR |
| | + Fracht- und Verpackungspauschale | 165,00 EUR |
| | | 8 810,00 EUR |
| | + 19 % USt | 1 673,90 EUR |
| | | 10 483,90 EUR |

| | | | |
|---|---|---|---|
| 4. | Bankbelastung der Leasingrate | | 1 310,00 EUR |
| 5. | Banküberweisung für eine Werbeanzeige | 920,00 EUR | |
| | + 19 % USt | 174,80 EUR | 1 094,80 EUR |
| 6. | Warenverkauf auf Ziel | | 1 500,00 EUR |
| | – 15 % Rabatt | | 225,00 EUR |
| | | | 1 275,00 EUR |
| | + 19 % USt | | 242,25 EUR |
| | | | 1 517,25 EUR |

### 3.1.2.2 Rücksendungen durch Kunden

**Beispiel:**

**Ausgangssituation:** Folgende Ausgangsrechnung für verkaufte Waren auf Ziel wurde bereits bei uns gebucht. Warenwert netto 2 000,00 EUR zuzüglich 19 % USt!

**Problemfall:** Von der Lieferung schickt uns der Kunde wegen Falschlieferung Ware zurück im Werte von 800,00 EUR zuzüglich 19 % USt.

**Aufgaben:**

1. Buchen Sie den Problemfall auf Konten!
2. Bilden Sie den Buchungssatz!

**Lösungen:**

**Zu 1.: Buchung auf den Konten**

| S | 2400 Forderungen a. Lief. u. Leist. | | H |
|---|---|---|---|
| 5100/4800 | 2 380,00 | 5100/4800 | 952,00 |

| S | 5100 Umsatzerlöse für Handelswaren | | H |
|---|---|---|---|
| 2400 | 800,00 | 2400 | 2 000,00 |

| S | 4800 Umsatzsteuer | | H |
|---|---|---|---|
| 2400 | 152,00 | 2400 | 380,00 |

**Zu 2.: Buchungssatz**

| Geschäftsvorfall | Konten | Soll | Haben |
|---|---|---|---|
| Ein Kunde sendet Waren zurück 800,00 EUR zuzüglich 19 % USt | 5100 Umsatzerl. für Handelswaren<br>4800 Umsatzsteuer<br>an 2400 Ford. a. Lief. u. Leist. | 800,00<br>152,00 | <br><br>952,00 |

**Erläuterungen:**

- Bei Rücksendungen von Waren durch Kunden nehmen die ursprünglich gebuchten Forderungen um den Bruttowert der Rücksendung ab. Daher muss eine **Habenbuchung** auf dem Konto **2400 Forderungen aus Lieferungen und Leistungen** erfolgen.
- Gleichzeitig nehmen auch die ursprünglich gebuchten Umsatzerlöse um den Nettowert der Rücksendung ab. Das erfordert eine **Sollbuchung** auf dem Konto **5100 Umsatzerlöse für Handelswaren** in Höhe des Nettowertes.
- Da sich durch die nachträgliche Änderung der Umsatzerlöse die Berechnungsgrundlage für die Umsatzsteuer geändert hat, muss auch die ursprünglich gebuchte Umsatzsteuer korrigiert werden. Dieser Korrekturbetrag ergibt sich aus der Differenz zwischen dem Bruttowert und dem Nettowert der Rücksendung. Dadurch ergibt sich eine **Sollbuchung** auf dem Konto **4800 Umsatzsteuer** in Höhe dieser Differenz.

Die Rücksendung eines Kunden von eigenen Erzeugnissen wird in gleicher Weise gebucht:

| Geschäftsvorfall | | Konten | Soll | Haben |
|---|---|---|---|---|
| Rücksendung beschädigter Erzeugnisse durch einen Kunden. | | 5000 Umsatzerlöse für eigene Erzeugnisse | 3200,00 | |
| Warenwert | 3200,00 EUR | 4800 Umsatzsteuer | 608,00 | |
| + 19 % USt | 608,00 EUR | an 2400 Ford. a. L. u. L. | | 3808,00 |
| | 3808,00 EUR | | | |

**Merke:**

**Warenrücksendungen durch Kunden vermindern die Umsatzerlöse, die Umsatzsteuer und die Forderungen aus Lieferungen und Leistungen.**

## Übungsaufgaben

**109** Wie lauten die Buchungssätze zu den folgenden Geschäftsvorfällen?

1. Ein Kunde sendet einen Teil der Warenlieferung (eigene Erzeugnisse) wegen eines Qualitätsmangels an uns zurück. Wir gewähren eine Gutschrift:

| | |
|---|---|
| Warenwert | 189,00 EUR |
| + 19 % USt | 35,91 EUR |
| Gutschrift | 224,91 EUR |

2. Ein Kunde bringt verkaufte Fertigerzeugnisse zurück und erhält den Nettowert von 85,00 EUR zuzüglich 19 % USt gutgeschrieben.
3. 3.1 Ein Kunde kauft zwei Erzeugnisse zum Bruttowert von 124,95 EUR je Erzeugnis (19 % USt) gegen Rechnung.
   3.2 Nach einigen Tagen gibt er einen Artikel zurück und bezahlt den anderen bar.

**110**

***Quittung***
Nr. 1420

| | | | | |
|---|---|---|---|---|
| Warenwert netto | EUR | 850 | Ct | 00 |
| 19 % MWSt | EUR | 161 | Ct | 50 |
| gesamt | EUR | 1011 | Ct | 50 |

Gesamtbetrag EUR in Worten

eintausendelf

Cent wie oben

von Möbelhaus Düsseldorf GmbH

für Warenrückgabe

dankend erhalten

Ort Düsseldorf Datum 5. April 20..

Buchungsvermerke

Stempel/Unterschrift des Empfängers

Hempel

Sitz der Gesellschaft: Düsseldorf Registergericht: Düsseldorf HRB 520 Steuer-Nr.: 8942/273

Bilden Sie den Buchungssatz für das Möbelhaus Düsseldorf GmbH!

### 3.1.2.3 Nachträgliche Preisänderungen bei Ausgangsrechnungen

## (1) Überblick

Neben den Preisänderungen, die sofort bei Rechnungserteilung berücksichtigt werden, gibt es im Verkaufsbereich auch Preisänderungen, die **nach** der Buchung einer Ausgangsrechnung auftreten. Als nachträglich gewährte Preisnachlässe kommen infrage:

- Preisnachlass an den Kunden aufgrund seiner Reklamation **(Mängelrüge),**
- Gewährung eines Umsatzbonus an den Kunden **(Kundenboni),**
- Inanspruchnahme von Skonto bei der Zahlung durch den Kunden **(Kundenskonti).**[1]

Durch die nachträgliche Preisänderung nehmen die Forderungen gegenüber den Kunden ab, d.h., die Umsatzerlöse werden geschmälert. Die Preisnachlässe werden nicht direkt auf das Konto Umsatzerlöse gebucht, sondern zunächst auf dem Unterkonto **5001 bzw. 5101 Erlösberichtigungen** erfasst. Das Konto Erlösberichtigungen wird über das Konto Umsatzerlöse abgeschlossen. Danach erscheint auf dem jeweiligen Konto Umsatzerlöse der bereinigte (tatsächlich erzielte) Umsatzerlös.

## (2) Buchung eines Preisnachlasses an den Kunden aufgrund seiner Reklamation

Nachträgliche Gutschriften (Preisnachlässe) an unsere Kunden aufgrund von Reklamationen werden auf dem Unterkonto Erlösberichtigungen gesammelt und am Ende der Rechnungsperiode auf das Konto Umsatzerlöse umgebucht. Beim Abschluss wird das Konto **5001** bzw. **5101 Erlösberichtigungen** über das Hauptkonto **5000 Umsatzerlöse für eigene Erzeugnisse** bzw. **5100 Umsatzerlöse für Handelswaren** abgeschlossen.

**Beispiel:**

**Ausgangssituation:** Folgende Ausgangsrechnung für verkaufte Handelswaren auf Ziel wurde bereits bei uns gebucht. Warenwert 30000,00 EUR zuzüglich 19% USt!

**Problemfall:** Der Kunde reklamiert an der Lieferung von Handelswaren Mängel und erhält daraufhin von uns einen Preisnachlass in Form einer Gutschrift in Höhe von 800,00 EUR zuzüglich 19% USt.

**Aufgaben:**

1. Buchen Sie den Problemfall auf den Konten und schließen Sie das Konto 5101 ab!
2. Bilden Sie die Buchungssätze!

**Lösungen:**

**Zu 1.: Buchung auf den Konten und Abschluss des Kontos 5101**

| S | 2400 Forderungen a. Lief. u. Leist. | | H |
|---|---|---|---|
| 5100/4800 | 35700,00 | 5101/4800 | 952,00 |

| S | 4800 Umsatzsteuer | | H |
|---|---|---|---|
| 2400 | 152,00 | 2400 | 5700,00 |

| S | 5100 Umsatzerlöse für Handelswaren | | H |
|---|---|---|---|
| 5101 | 800,00 | 2400 | 30000,00 |

| S | 5101 Erlösberichtigungen | | H |
|---|---|---|---|
| 2400 | 800,00 | 5100 | 800,00 |

1 Aufgrund des Rahmenlehrplans wird die Behandlung der Kundenskonti erst im Kapitel 3.2.2.2, S. 230f. dargestellt.

**Zu 2.: Buchungssätze**

| Geschäftsvorfälle | Konten | Soll | Haben |
|---|---|---|---|
| Wir gewähren einem Kunden eine Gutschrift über 800,00 EUR zuzüglich 19 % USt. | 5101 Erlösberichtigungen<br>4800 Umsatzsteuer<br>an 2400 Ford. a. L. u. L. | 800,00<br>152,00 | <br><br>952,00 |
| Abschluss des Unterkontos 5101 Erlösberichtigungen | 5100 UErlöse f. Handelsw.<br>an 5101 Erlösberichtig. | 800,00 | <br>800,00 |

**Erklärungen:**

- **zur Buchung des Problemfalles:**
  - Rückgang der Forderungen um 952,00 EUR.
  - Die Minderung der Umsatzerlöse in Höhe von 800,00 EUR wird auf dem Konto 5101 Erlösberichtigungen im Soll gebucht.
  - Korrektur der Umsatzsteuer in Höhe von 152,00 EUR.
- **zum Abschluss des Unterkontos 5101 Erlösberichtigungen:**

Das Konto 5101 Erlösberichtigungen ist ein Unterkonto des Kontos 5100 Umsatzerlöse für Handelswaren und wird daher über das Konto 5100 Umsatzerlöse für Handelswaren abgeschlossen.

## (3) Buchung von Kundenboni

Durch die Gewährung eines Kundenbonus mindern sich die Umsatzerlöse. Die Erlösschmälerung wird nicht direkt auf dem entsprechenden Konto Umsatzerlöse gebucht, sondern zunächst ebenfalls auf den entsprechenden Erlösberichtigungskonten 5001 bzw. 5101. Der dem Kunden gewährte Bonus stellt in Höhe des Nettowertes eine Erlösschmälerung dar. Durch die nachträgliche Minderung des Entgeltes muss die ursprünglich erfasste Umsatzsteuer um den auf den Bonus entfallenden Steueranteil korrigiert werden.

| Geschäftsvorfälle | Konten | Soll | Haben |
|---|---|---|---|
| Wir gewähren einem Kunden auf die gelieferten Erzeugnisse einen Umsatzbonus in Form einer Gutschrift.<br>Umsatzrückvergütung (Bonus) 1 800,00 EUR<br>+ 19 % USt 342,00 EUR<br>2 142,00 EUR | 5001 Erlösberichtigungen<br>4800 Umsatzsteuer<br>an 2400 Ford. a. L. u. L. | 1 800,00<br>342,00 | <br><br>2 142,00 |
| Wir gewähren einem Kunden auf die gelieferten Handelswaren einen Umsatzbonus in Form einer Gutschrift.<br>Nettowert 600,00 EUR<br>+ 19 % USt 114,00 EUR<br>714,00 EUR | 5101 Erlösberichtigungen<br>4800 Umsatzsteuer<br>an 2400 Ford. a. L. u. L. | 600,00<br>114,00 | <br><br>714,00 |

**Merke:**

Preisnachlässe aufgrund von Kundenreklamationen und gewährte Boni an den Kunden lösen den gleichen Buchungssatz aus. Sie sind zunächst auf dem entsprechenden Erlösberichtigungskonto zu buchen, das über das entsprechende Umsatzerlöskonto abzuschließen ist.

## Übungsaufgaben

**111** Bilden Sie für einen Handelsbetrieb zu den folgenden Geschäftsvorfällen die Buchungssätze:

1. Ein Kunde sendet die von uns falsch gelieferten Waren zurück, Nettowert 375,00 EUR zuzüglich 19 % USt.
2. Aufgrund seiner Reklamation erhält ein Kunde auf die gelieferten Waren nachträglich einen Preisnachlass in Form einer Gutschrift. Gutschriftbetrag einschließlich 19 % USt 476,00 EUR.
3. Ein treuer Kunde erhält durch Gutschriftanzeige den vierteljährlichen Umsatzbonus. Berechnen und buchen Sie den Bonus aufgrund folgender Daten:

   Erzielter Umsatz aus dem Verkauf von Handelswaren einschließlich 19 % USt 177 310,00 EUR

   | | | | | | |
   |---|---|---|---|---|---|
   | Bonusstaffelung: | Nettoumsatz: | bis | 50 000,00 EUR | Bonus: | 1 % |
   | | | bis | 100 000,00 EUR | | 2 % |
   | | | bis | 150 000,00 EUR | | 3 % |
   | | | über | 150 000,00 EUR | | 4 % |

4. Ein mit der Belieferung von Kunden beauftragter Spediteur stellt uns für den Monat Juli folgende Beträge in Rechnung, die von uns per Banküberweisung gezahlt werden:

   | | | |
   |---|---|---|
   | Für Fahrten im Monat Juli | 830,00 EUR | |
   | + 19 % Umsatzsteuer | 157,70 EUR | 987,70 EUR |

**112** Bilden Sie für einen Industriebetrieb zu folgenden Geschäftsvorfällen die Buchungssätze!

(**Hinweis**: Bei allen Geschäftsvorfällen ist davon auszugehen, dass die ursprüngliche Rechnung bereits bei uns gebucht war.)

| | | |
|---|---|---|
| 1. Ein Kunde schickt unsere Erzeugnisse zurück | | |
| Nettowert | 291,30 EUR | |
| + 19 % USt | 55,35 EUR | 346,65 EUR |
| 2. Der Betriebsstoffe-Lieferer gewährt uns aufgrund unserer Reklamation einen Preisnachlass in Form einer Gutschrift über netto | 720,00 EUR | |
| + 19 % USt | 136,80 EUR | 856,80 EUR |
| 3. Wir erteilen einem Kunden aufgrund einer Mängelrüge an zugesandten Erzeugnissen eine Gutschrift über brutto (19 % USt) | | 221,58 EUR |
| 4. Wir erhalten eine Falschlieferung an Rohstoffen von unserem Lieferer und senden diese zurück. Bruttowert einschließlich 19 % USt | | 773,50 EUR |
| 5. Wir schicken Hilfsstoffe an den Lieferer zurück | | |
| Nettowert | 1 123,40 EUR | |
| + 19 % USt | 213,45 EUR | 1 336,85 EUR |

**113** Richten Sie folgende Konten ein: 2000 Rohstoffe, 6001 Bezugskosten, 6002 Nachlässe, 5000 Umsatzerlöse für eigene Erzeugnisse, 5001 Erlösberichtigungen, 6000 Aufwendungen für Rohstoffe, 8010 SBK und 8020 GuV-Konto.

Tragen Sie die folgenden Beträge auf den Konten vor und ermitteln Sie buchhalterisch den Rohgewinn:

Anfangsbestand an Rohstoffen 71 000,00 EUR, Rohstoffeinkäufe 142 200,00 EUR, Bezugskosten 7 200,00 EUR, Nachlässe 2 100,00 EUR, Umsatzerlöse 235 700,00 EUR, Erlösberichtigungen 5 300,00 EUR, Inventurbestand an Rohstoffen 61 800,00 EUR.

**114** Richten Sie folgende Konten ein: 2280 Waren, 6081 Bezugskosten, 6082 Nachlässe, 5100 Umsatzerlöse für Handelswaren, 5101 Erlösberichtigungen, 6080 Aufwendungen für Handelswaren, 8010 SBK und 8020 GuV-Konto.

Tragen Sie die folgenden Beträge auf den Konten vor und ermitteln Sie buchhalterisch den Warengewinn:

Anfangsbestand an Waren 75 500,00 EUR, Wareneinkäufe 137 120,00 EUR, Bezugskosten 5 810,00 EUR, Nachlässe 2 360,00 EUR, Umsatzerlöse 215 310,00 EUR, Erlösberichtigungen 7 630,00 EUR, Inventurbestand an Waren 55 400,00 EUR.

**115** Bilden Sie zu dem nachfolgenden Beleg aus der Sicht der Isidor Kohler GmbH den Buchungssatz!

KOHLER
KUNSTSTOFFFENSTER, ROLLLADEN, TORE UND SONNENSCHUTZ

ROLLLADEN KOHLER

Isidor Kohler GmbH · Illerweg 10 · 24146 Kiel

Raumausstattung
Konrad Wächter
Salzweg 140
30455 Hannover

EINGEGANGEN
24. Februar 20..
Erl. ........................

| Ihr Zeichen, Ihre Nachricht vom | | Unser Zeichen, Unsere Nachricht vom | Telefon, Name | Datum |
|---|---|---|---|---|
| gl/ka | 20.02.20.. | fr/sa | 0431 911/Dor. | 22.02.20.. |

**Gutschrift, Rechnung Nr. 1020**

Sehr geehrte Damen und Herren,

Ihre Mängelrüge ist berechtigt. Wir erteilen folgende Gutschrift für mangelhafte Kunststofffenster sowie für die berechneten Frachtkosten:

| | |
|---|---|
| Kunststofffenster | 4 120,00 EUR |
| Frachtkosten | 105,00 EUR |
| | 4 225,00 EUR |
| 19 % Umsatzsteuer | 802,75 EUR |
| | 5 027,75 EUR |

Wir bitten die mangelhafte Lieferung zu entschuldigen.

Mit freundlichen Grüßen

Kohler

Kohler

## 3.1.3 Warenkalkulation

Im Buchführungsteil wurden in den vergangenen Kapiteln die Buchungen im Einkaufs- und Verkaufsbereich behandelt. Im Folgenden betrachten wir nun die rechnerische Seite dieser Vorgänge. Wir erfahren, wie stufenweise die Kosten und hierauf aufbauend der Verkaufspreis einer Ware errechnet (kalkuliert) wird **(Zuschlagskalkulation).**

### 3.1.3.1 Problemstellung

Im Folgenden wird die Kalkulation in einem Großhandelsbetrieb dargestellt. Jeder Großhandelsbetrieb ist bestrebt, Gewinn zu erzielen. Der Verkaufspreis muss daher alle Kosten und einen angemessenen Gewinnaufschlag enthalten. Die Berechnung des Verkaufspreises nennen wir **Kalkulation. Kalkulieren heißt also: die Berechnung von Kosten und Preisen.**

Grundlage der Kalkulation ist die geordnete Erfassung aller Kosten, die die Waren vom Einkauf über die Lagerung einschließlich der Verwaltung bis hin zum Vertrieb verursachen. Das Sammeln der Kosten erfolgt in der Kosten- und Leistungsrechnung.

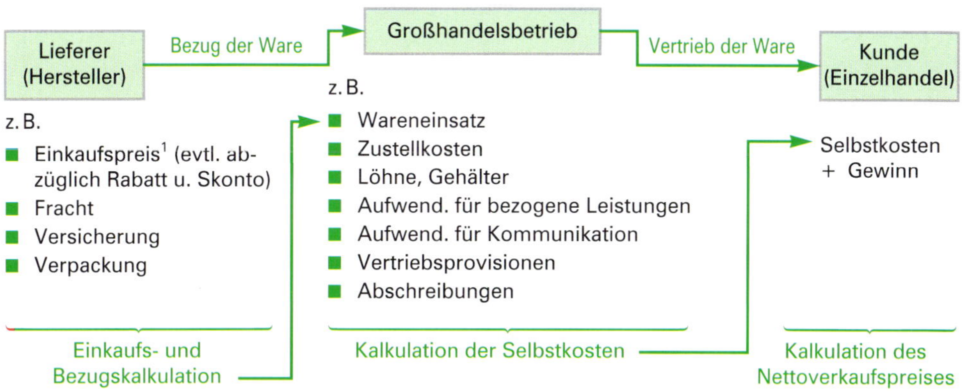


Die Kalkulation rechnet schrittweise alle Kosten ein, die die Ware vom Einkauf (Ausgangspunkt: Einkaufspreis) bis zur Endstation Kunde verursacht. Auf die Selbstkosten wird unter Berücksichtigung der Konkurrenzangebote ein angemessener Gewinn aufgeschlagen. Zur Berechnung des Verkaufspreises hat der Kaufmann ein **Kalkulationsschema** entwickelt, das wichtige Kostengruppen zusammenfasst. Es wird in den folgenden Kapiteln vorgestellt.

### 3.1.3.2 Einkaufs- und Bezugskalkulation

#### (1) Bezugskalkulation ohne Berücksichtigung des Verpackungsgewichts

Ziel der Einkaufs- und Bezugskalkulation ist es, den Einstandspreis der eingekauften Ware zu ermitteln. Er enthält sämtliche Kosten, die dem Großhändler entstanden sind, bis die Ware im Lager eintrifft. Im Einzelnen unterscheiden wir:

1 Die Begriffe Einkaufspreis, Listeneinkaufspreis und Rechnungspreis bedeuten inhaltlich dasselbe und können daher beliebig verwendet werden.

| | |
|---|---|
| **Warenkosten** | Hierunter verstehen wir die Kosten der Ware selbst (Einkaufspreis). |
| **Preisabzüge** | Vom Einkaufspreis gewährt der Anbieter oft noch Preisabzüge.<br>■ **Rabatt.** Der Rabatt ist ein Preisnachlass, der unabhängig von der Zahlungsfrist gewährt wird. Zweck: z. B. Anreiz für den Kunden, mehr (größere Mengen) zu kaufen (Mengenrabatt.)<br>■ **Skonto.** Hierunter versteht man einen Preisnachlass, der dann gewährt wird, wenn der Schuldner innerhalb einer bestimmten Frist bezahlt. Die Klausel lautet z. B.: „3 % Skonto innerhalb von 10 Tagen, 30 Tage netto ab Rechnungsdatum". Zweck: Anreiz für den Kunden, früher zu zahlen, d. h. in diesem Fall innerhalb von 10 Tagen statt danach.<br>Wurden im Kaufvertrag sowohl Rabatt als auch Skonto vereinbart, wird zuerst der Rabatt und dann der Skonto abgesetzt, denn der Skonto als Abzug für vorzeitige Zahlung kann nur von dem tatsächlich geschuldeten Betrag vorgenommen werden. |
| **Bezugskosten** | Sie umfassen alle Nebenkosten, die mit der Beschaffung der eingekauften Ware zusammenhängen, wie z. B. Fracht, Versicherung, Zölle, Einkaufsverpackung, Anfuhr usw. |

Werden von den Warenkosten die Preisabzüge abgezogen und eventuell anfallende Bezugskosten zu der Zwischensumme hinzugezählt, erhalten wir den **Bezugspreis** oder **Einstandspreis der Waren.**

**Beispiel:**

Ein Großhändler bestellt Waren zu folgenden Bedingungen: Listeneinkaufspreis 1 800,00 EUR zuzüglich 19 % USt, 20 % Wiederverkäuferrabatt, 2 % Skonto, Kosten für Verpackung, Fracht, Anfuhr und Transportversicherung pauschal 58,00 EUR zuzüglich 19 % Umsatzsteuer.

**Aufgabe:**

Wie viel EUR beträgt der Einstandspreis?

**Lösung:**

| | | | | |
|---|---|---|---|---|
| | 100 % | | Listeneinkaufspreis netto ① | 1 800,00 EUR |
| | 20 % | – | Liefererrabatt ② | 360,00 EUR |
| 100 % | ← | | Zieleinkaufspreis | 1 440,00 EUR |
| 2 % | | – | Liefererskonto ③ | 28,80 EUR |
| | | | Bareinkaufspreis | 1 411,20 EUR |
| | | + | Bezugskosten ④ | 58,00 EUR |
| | | | Einstandspreis (Bezugspreis) | 1 469,20 EUR |

**Allgemeiner Lösungsweg**

① Die **Umsatzsteuer** ist **nicht einzukalkulieren,** da der Großhändler diese als Vorsteuer wieder erstattet erhält. Die Umsatzsteuer hat keinen Kostencharakter.

② Vom gegebenen Listeneinkaufspreis ist zunächst der **Rabatt** zu berechnen.

③ Der **Skonto** wird von dem Betrag gerechnet, der **tatsächlich zu zahlen** ist, also von dem um den Rabatt verminderten Betrag. Der Zieleinkaufspreis ist daher der Ausgangspunkt (Grundwert) und somit 100 % für die Skontoberechnung.

④ Alle Nebenkosten, die mit der Beschaffung der Waren zusammenhängen, fassen wir unter dem Begriff **Bezugskosten** zusammen. Als Kosten sind sie zum Bareinkaufspreis hinzuzurechnen.
Sind die Bezugskosten in einem Prozentsatz angegeben, werden sie in einer Vom-Hundert-Rechnung vom Bareinkaufspreis berechnet.

## Übungsaufgabe[1]

**116** 1. Eine Waschmaschine wird uns mit 960,00 EUR abzüglich 22% Wiederverkäuferrabatt angeboten. Bei Zahlung innerhalb von 14 Tagen dürfen 3% Skonto abgezogen werden.

Wie viel EUR beträgt der Bareinkaufspreis?

2. Bei der Kalkulation einer Ware fallen folgende Werte an: Liefererrabatt 15%, Liefererskonto $2^1/_2$%, Fracht 12,20 EUR, Frachtversicherung 4,30 EUR, Hausfracht 3,50 EUR.

Wie viel EUR beträgt der Einstandspreis, wenn der Listeneinkaufspreis 245,80 EUR beträgt?

3. Einem Großhändler liegen zwei Angebote eines Artikels vor:

| Angebot | Lieferer A | Lieferer B |
|---|---|---|
| Listeneinkaufspreis je Stück | 5,20 EUR | 126,75 EUR je 25 Stück |
| Rabatt | 25% | 24% |
| Skonto | 3% | 2% |
| Bezugskosten je Stück | 0,09 EUR | 3,50 EUR je 50 Stück |

Welches Angebot ist am billigsten?

4. Ein Lieferer bietet uns eine Ware zu 78,40 EUR je Stück an. Er gewährt uns 15% Rabatt und 2% Skonto bei Zahlung innerhalb von 10 Tagen. An Transportkosten fallen für jeweils angefangene 20 Stück 52,80 EUR an, die der Lieferer und wir je zur Hälfte tragen.

Wie viel EUR beträgt der Einstandspreis der Warensendung, wenn 75 Stück bestellt werden?

5. Der Listeneinkaufspreis einer Ware beträgt 99,88 EUR je Stück.

Wie viel EUR beträgt der Bezugspreis je Stück, wenn beim Bezug eines Pakets mit 35 Stück 63,00 EUR an Frachtkosten anfallen und der Lieferer uns 15% Rabatt und 2% Skonto gewährt?

6. Einem Großhändler liegen 2 Angebote vor:

1. Angebot: Stückpreis 217,30 EUR, 20% Liefererrabatt, frachtfrei, 3% Skonto bei Zahlung innerhalb 14 Tagen.
2. Angebot: Stückpreis 198,40 EUR, 15% Rabatt, Frachtkosten 8,70 EUR je Stück, Zahlung innerhalb 30 Tagen ohne Abzug.

Wie viel EUR spart der Großhändler, wenn er das günstigere Angebot annimmt und 30 Stück bestellt?

7. Eine Großhandlung erhält für 100 Badehosen derselben Qualität zwei verschiedene Angebote:

1. Angebot: Gesamtpreis 1570,00 EUR, 10% Wiederverkäuferrabatt, Zahlung innerhalb 8 Tagen 2% Skonto, Lieferung frei Haus.
2. Angebot: Gesamtpreis 1660,00 EUR, 20% Treuerabatt, Zahlung innerhalb 30 Tagen netto, Versandkosten 9,80 EUR.

Wie viel EUR betragen die Einstandspreise dieser Angebote je Badehose und welches ist das preisgünstigere Angebot?

1 Bitte beachten Sie, dass es sich bei allen Preisangaben um Nettowerte (Werte ohne Umsatzsteuer) handelt, weil die Umsatzsteuer bei der Kalkulation keine Rolle spielt.



13 Speth u.a. - ISBN 978-3-8120-0260-8

8. Von einem Lieferer erhalten wir lt. Angebot $33^1/_3$ % Mengenrabatt und 2 % Skonto bei Zahlung innerhalb von 10 Tagen.

   Wie viel EUR beträgt der Bareinkaufspreis je Stück, wenn wir für 75 Stück einen Einkaufspreis von 5 175,00 EUR bezahlt haben?

9. Wir kaufen 20 Damenkostüme zu folgenden Bedingungen: Rechnungspreis (Einkaufspreis) 102,00 EUR je Kostüm, 5 % Mengenrabatt, 3 % Liefererskonto, Bezugskosten je Kostüm 4,00 EUR.

   Wie viel EUR beträgt der Einstandspreis der Sendung?

## (2) Bezugskalkulation unter Berücksichtigung der Versandverpackung

### ■ Möglichkeiten der Preisberechnung für die Versandverpackung

Bei Waren, deren Preise nach Gewicht berechnet werden, taucht das Problem der Preisberechnung für die Versandverpackung auf. Wir unterscheiden folgende handelsübliche Vereinbarungen:

- Die Verpackung wird wie die Ware berechnet (**brutto für netto,** abgekürzt **bfn**).

**Beispiel:**

Angebotspreis netto 6,00 EUR je kg (bfn).

Lieferung:

| | |
|---|---|
| Nettogewicht | 95,00 kg |
| + Verpackungsgewicht (Tara) | 5,00 kg |
| Bruttogewicht | 100,00 kg |

**Lösung:**

Einkaufspreis:
100 kg · 6,00 EUR = 600,00 EUR

- Der Preis bezieht sich auf das Nettogewicht, wobei die Verpackung gesondert berechnet wird **(Nettopreis ausschließlich Verpackung).**

**Beispiel:**

Angebotspreis 6,00 EUR netto ausschließlich Verpackung, Verpackungskosten pauschal 20,00 EUR.

Lieferung: Ware 95,00 kg Nettogewicht

**Lösung:**

Einkaufspreis:

| | |
|---|---|
| 95,00 kg · 6,00 EUR = | 570,00 EUR |
| + Verpackung | 20,00 EUR |
| Bezugspreis[1] | 590,00 EUR |

- Der Preis bezieht sich auf das Nettogewicht. Für **Verpackung wird nichts berechnet.**

**Beispiel:**

Bruttogewicht 100 kg; Tara 5 %; Angebotspreis 6,00 EUR.

Lieferung:

| | |
|---|---|
| Bruttogewicht | 100,00 kg |
| – 5 % Tara | 5,00 kg |
| Nettogewicht | 95,00 kg |

**Lösung:**

Einkaufspreis:
95 kg · 6,00 EUR = 570,00 EUR

1 In diesem Fall ist davon auszugehen, dass der Lieferer weder Rabatt noch Skonto gewährt hat.

## Beispiel für die Bezugskalkulation unter Berücksichtigung der Versandverpackung

**Beispiel:**

Wir beziehen Waren mit einem Bruttogewicht von 588 kg zum Preis von 8,60 EUR je kg netto einschließlich Verpackung. Die Tara beträgt $1^1/_2$ %. Der Lieferer gewährt 15 % Mengenrabatt und 3 % Skonto. An Bezugskosten fallen an: 6 % Zoll vom Bareinkaufspreis, Transportversicherung 104,00 EUR, Frachtkosten 231,00 EUR, Ausladen und Ans-Lager-Bringen 45,00 EUR.

**Aufgabe:**

Wie viel EUR beträgt der Einstandspreis für ein kg dieser Ware?

**Lösung:**

| | |
|---|---|
| Bruttogewicht | 588,00 kg |
| – $1^1/_2$ % Tara | 8,82 kg |
| = Nettogewicht | 579,18 kg |

| | | | | |
|---|---|---|---|---|
| | 100 % | Listeneinkaufspreis (579,18 kg · 8,60 EUR) | | 4 980,95 EUR |
| | 15 % | – Mengenrabatt | | 747,14 EUR |
| 100 % | ← | Zieleinkaufspreis | | 4 233,81 EUR |
| 3 % | | – Liefererskonto | | 127,01 EUR |
| | | Bareinkaufspreis | | 4 106,80 EUR |
| | | + Bezugskosten: | | |
| | | Zoll 6 % von 4 106,80 EUR = | 246,41 EUR | |
| | | Transportversicherung | 104,00 EUR | |
| | | Frachtkosten | 231,00 EUR | |
| | | Ausladen/Ans-Lager-Bringen | 45,00 EUR | 626,41 EUR |
| | | Einstandspreis (Bezugspreis) | | 4 733,21 EUR |

Preis je kg: 4 733,21 EUR : 579,18 kg = 8,17 EUR

**Ergebnis:** Der Einstandspreis für 1 kg der Ware beträgt 8,17 EUR.

## Übungsaufgabe

**117** 1. Berechnen Sie den Einstandspreis verschiedener Wareneingänge im Lager!

| Warenart | Bruttomenge | Tara | Preis je Einheit/netto |
|---|---|---|---|
| A | 2 150 kg | 2 % | 14,30 EUR je 100 kg |
| B | 60 Kisten zu je 25 kg | 500 g je Kiste | 6,40 EUR je kg |
| C | 300 Dosen zu je 350 g | bfn 7,20 EUR je kg | |

2. Ein Großhändler kauft 5 Pakete einer Ware mit einem Bruttogewicht von 480 kg. Der Preis für 30 kg beträgt 270,00 EUR. Die Tara beträgt 4,5 %. Bei Barzahlung gewährt uns der Lieferer 3 % Skonto.

   Wie viel EUR beträgt der Bareinkaufspreis für die Sendung, wenn der Preis als Nettopreis einschließlich Verpackung zu verstehen ist?

3. Ein Großhändler bezieht Waren mit einem Nettogewicht von 68 kg, je 5 kg zu 42,00 EUR bfn. Die Tara beträgt 3,06 kg. Vom Lieferer erhalten wir 3 % Skonto auf die Ware.

   Wie viel EUR beträgt der Einstandspreis für die Lieferung?

4. Wir beziehen Waren mit einem Nettogewicht von 205 kg zum Einkaufspreis netto ausschließlich Verpackung von 13,40 EUR je kg. An Verpackungskosten fallen 71,75 EUR an. Es werden 54,80 EUR Bahnfracht, 38,70 EUR Zoll und 10,50 EUR Anfuhr berechnet. Der Lieferer gewährt 25 % Rabatt auf den Einkaufspreis und $2^1/_2$ % Skonto auf den Zieleinkaufspreis.

   Wie viel EUR beträgt der Bezugspreis?

5. Eine Früchtegroßhandlung kauft Speisekartoffeln ein mit einem Nettogewicht von 450 kg zum Einkaufspreis von 0,35 EUR je kg bfn. Die Tara beträgt $2^1/_2$ %. Der Lieferer gewährt 3 % Skonto. An Bezugskosten fallen an: Fracht je angefangene 100 kg 1,42 EUR.

   Wie viel EUR beträgt der Bezugspreis für einen Beutel von 5 kg Speisekartoffeln?

6. Während des Transports verdarben 46 kg einer Ware. Das waren 8 % der gesamten Sendung. Die Bezugskosten betrugen 5 % des Bareinkaufspreises. Der Bareinkaufspreis beläuft sich auf 8 165,00 EUR.

   6.1 Wie viel kg wog die Warensendung?

   6.2 Wie viel EUR betrug der Verlust einschließlich Bezugskosten?

### 3.1.3.3 Kalkulation der Selbstkosten

Ziel der Einkaufs- und Bezugskalkulation ist es, den Einstandspreis der eingekauften Ware zu ermitteln. Er enthält sämtliche Kosten, die dem Großhändler entstanden sind, bis die Ware im Lager eintrifft. Von der Lagerung bis zum Verkauf entstehen dem Kaufmann jedoch noch weitere Kosten. Wir nennen sie **Handlungskosten.**

#### (1) Handlungskosten

Handlungskosten sind die Kosten, die aufgrund der **Betriebstätigkeit** anfallen. Hierzu rechnen beispielsweise

| | |
|---|---|
| **Lagerkosten** | Gehälter und Löhne des Lagerpersonals, Lagerzinsen, Reparaturen und Abschreibungen für die Lagergebäude, Kostenanteil für Licht und Heizung. |
| **Verkaufskosten** | Ausgangsfrachten, Verpackungskosten, Werbekosten, Gehälter und Löhne des Verkaufspersonals, Kosten für Beförderungsmittel einschließlich Reparaturen und Abschreibungen. |
| **Allgemeine Verwaltungskosten** | Rechts- und Beratungskosten, Steuern, Bürokosten, Gehälter und Löhne für Angestellte und Arbeiter, Abschreibungen. |

Handlungskosten sind somit – zusätzlich zu den Warenkosten – ein Werteverzehr für die produktive Leistung eines Handelsbetriebs **(betriebliche Aufwendungen).**

**Merke:**

Die Handlungskosten werden mit einem Prozentsatz auf den Einstandspreis (Bezugspreis) aufgeschlagen. Der Einstandspreis ist dabei 100 %.

Einstandspreis + Handlungskosten = Selbstkosten

## (2) Handlungskostenzuschlagssatz

Zur Ermittlung eines angemessenen Aufschlags für die Handlungskosten beziehen wir die gesamten Handlungskosten der vergangenen Geschäftsperiode auf den **Wareneinsatz**[1] dieser Periode. Der dabei ermittelte Prozentsatz der Handlungskosten stellt den Handlungskostenzuschlagssatz für die Erfassung der Handlungskosten bei der Kalkulation in der laufenden Geschäftsperiode dar.

**Beispiel:**

Das Großhandelshaus Stark GmbH weist für das vergangene Geschäftsjahr folgende Kosten aus:

| | |
|---|---|
| Wareneinsatz | 1 125 000,00 EUR |
| Handlungskosten | 213 750,00 EUR |

**Aufgabe:**

Berechnen Sie den Handlungskostenzuschlagssatz!

**Lösung:**

1 125 000,00 EUR Wareneinsatz ≙ 100 %
213 750,00 EUR Handlungskosten ≙ x %

$$\text{Handlungskostenzuschlagssatz} = \frac{213750 \cdot 100}{1125000} = \underline{\underline{19\,\%}}$$

**Merke:**

Unter Handlungskostenzuschlagssatz verstehen wir den prozentualen Anteil der Handlungskosten am Wareneinsatz

$$\text{Handlungskostenzuschlagssatz} = \frac{\text{Handlungskosten} \cdot 100}{\text{Wareneinsatz}}$$

Aus Gründen der Übersichtlichkeit wiederholen wir an dieser Stelle nochmals die bisher bekannte Warenkalkulation und ergänzen diese jetzt um die Handlungskosten.

**Beispiel:**

Das Großhandelshaus Stark GmbH bestellt bei einem Hersteller ein Fitnessgerät zu folgenden Bedingungen: Einkaufspreis 2 100,00 EUR zuzügl. 19 % Umsatzsteuer, $33^1/_3$ % Wiederverkäuferrabatt, 2 % Skonto, Kosten für Verpackung, Fracht, Anfuhr und Transportversicherung pauschal 140,00 EUR zuzüglich 19 % Umsatzsteuer. Das Großhandelshaus rechnet mit einem Handlungskostenzuschlagssatz von 19 %.

**Aufgabe:**

Wie viel EUR betragen die Selbstkosten?

**Lösung:**

| | | | | |
|---|---|---|---|---|
| | 100 % | | Listeneinkaufspreis netto | 2 100,00 EUR |
| | $33^1/_3$ % | – | Liefererrabatt (vom Hundert) | 700,00 EUR |
| 100 % | ← | | Zieleinkaufspreis | 1 400,00 EUR |
| 2 % | | – | Liefererskonto (vom Hundert) | 28,00 EUR |
| | | | Bareinkaufspreis | 1 372,00 EUR |
| | | + | Bezugskosten | 140,00 EUR |
| | 100 % | | Einstandspreis (Bezugspreis) | 1 512,00 EUR |
| | 19 % | + | Handlungskosten (vom Hundert) | 287,28 EUR |
| | | | Selbstkosten | 1 799,28 EUR |

1 Unter Wareneinsatz verstehen wir den Einstandspreis der Ware (vgl. S. 117 Fußnote 1).

Die Selbstkosten decken alle Kosten ab, die mit dem Ein- und Verkauf des Fitnessgerätes zusammenhängen. In der Regel stellen die Selbstkosten die **unterste Grenze des Verkaufspreises** einer Ware im Konkurrenzkampf dar, denn nur bei diesem Preis lässt sich ein Verlust vermeiden.

## Übungsaufgabe

**118** 1. Die Kostenrechnung eines Großhandelsgeschäfts weist für die vergangene Geschäftsperiode folgende Zahlen aus:

| | |
|---|---|
| Wareneinsatz | 250000,00 EUR |
| Handlungskosten | 75000,00 EUR |

1.1 Berechnen Sie den Handlungskostenzuschlagssatz!

1.2 Dem Großhändler wird eine Bohrmaschine zu einem Preis von 250,00 EUR angeboten. Bei einer Abnahme von 10 Stück erhält er einen Mengenrabatt von 15 % und bei Zahlung innerhalb von 14 Tagen 2 % Skonto. Die Bezugskosten betragen 137,50 EUR für 10 Stück.

Ermitteln Sie mit dem unter 1.1 berechneten Handlungskostenzuschlagssatz die Selbstkosten pro Stück, wenn der Großhändler 15 Bohrmaschinen abnimmt!

2. Die Kostenrechnung eines Sportartikelgroßhandels weist folgende Zahlen aus:

| | |
|---|---|
| Wareneinsatz | 320600,00 EUR |
| Handlungskosten | 86562,00 EUR |

2.1 Berechnen Sie den Handlungskostenzuschlagssatz!

2.2 Das Großhandelshaus bezieht 80 Tennisanzüge zum Listeneinkaufspreis von 125,00 EUR je Stück. Einkaufsbedingungen: 12 % Rabatt, bei Zahlung innerhalb 20 Tagen 3 % Skonto. Die Frachtkosten für die Sendung betragen insgesamt 48,00 EUR.

Berechnen Sie die Selbstkosten für einen Tennisanzug, indem Sie den in 2.1 errechneten Handlungskostenzuschlagssatz heranziehen!

3. Der Einstandspreis eines Artikels beträgt 35,20 EUR, die Handlungskosten 15,84 EUR.

Wie viel Prozent beträgt der Handlungskostenzuschlagssatz?

4. Das Großhandelshaus Lauf bezieht 15 Rollen Teppichboden zu 465,00 EUR je Rolle ab Werk. Die Teppichweberei gewährt 20 % Liefererrabatt und $2^1/_2$ % Liefererskonto. An Bezugskosten je Rolle fallen an: Verpackungs- und Verladekosten 12,00 EUR, Transportkosten 6,00 EUR und Ausladekosten 5,20 EUR. Das Großhandelshaus Lauf rechnet mit einem Handlungskostenzuschlagssatz von 52 %.

Wie viel EUR betragen die Selbstkosten je Rolle?

5. Der Bezugspreis eines Artikels beträgt 198,00 EUR. Die Selbstkosten betragen 308,09 EUR.

Wie viel Prozent beträgt der Handlungskostenzuschlagssatz?

6. Aus der Kostenrechnung einer Großhandlung entnehmen wir folgende Zahlen: Wareneinsatz 410500,00 EUR, Personalkosten 68420,00 EUR, Raumkosten 35200,00 EUR, Werbungskosten 8520,00 EUR, Abschreibungen 12700,00 EUR, Kfz-Kosten 9400,00 EUR und Kosten für die Warenabgabe 9435,00 EUR.

Berechnen Sie den Handlungskostenzuschlagssatz!

7. Die Kalkulation eines Artikels weist folgende Werte auf:

| | | | |
|---|---|---|---|
| Einkaufspreis | 19,10 EUR | Einstandspreis | 16,25 EUR |
| Zieleinkaufspreis | 15,28 EUR | Selbstkosten | 22,43 EUR |
| Bareinkaufspreis | 14,82 EUR | | |

Wie viel Prozent beträgt der Handlungskostenzuschlagssatz?

### 3.1.3.4 Verkaufskalkulation

#### (1) Berechnung des Barverkaufspreises

Der Unternehmer kann sich nicht mit dem Erlös der Selbstkosten zufriedengeben, vielmehr ist er tätig, um einen Gewinn zu erzielen. Durch den **Gewinn** möchte der Unternehmer **drei Leistungen** erstattet haben:

| | |
|---|---|
| die **Kapitalverzinsung** | für das von ihm investierte Kapital (Eigenkapital); |
| die **Risikoprämie** | als Vergütung für die Gefahr, dass das Unternehmen Verluste erleidet und dadurch das Kapital aufgezehrt wird; |
| den **Unternehmerlohn** | für seine Mitarbeit im Geschäft. |

Einen absoluten EUR-Betrag für eine angemessene Gewinnhöhe kann man nicht festlegen, da die Einkaufspreise der verschiedenen Artikel unterschiedlich hoch sind. Man kann den Gewinnaufschlag nur als relative Größe, d.h. als prozentualen Aufschlag auf die Selbstkosten bestimmen. Hierbei kann der Unternehmer nicht nach Belieben entscheiden. Der Wettbewerb auf dem freien Markt führt häufig zu einem Druck auf die Preise und setzt so dem Gewinnstreben des Unternehmers Grenzen.

**Merke:**

Der **Gewinn** wird über einen **prozentualen Aufschlag (Gewinnsatz) auf die Selbstkosten** einkalkuliert (Gewinnsatz). Die **Selbstkosten** sind dabei **100 %.**

$$\text{Gewinn} = \frac{\text{Selbstkosten} \cdot \text{Gewinnsatz}}{100}$$

$$\text{Selbstkosten} + \text{Gewinn} = \text{Barverkaufspreis}$$

**Beispiel:**

Wir führen die Kalkulation des Fitnessgerätes fort. Die Selbstkosten betragen 1799,28 EUR. Das Großhandelshaus Stark GmbH rechnet mit 20 % Gewinn.

**Aufgabe:**

Wie viel EUR beträgt der Barverkaufspreis?

**Lösung:**

| | | |
|---|---|---|
| 100 % | Selbstkosten | 1 799,28 EUR |
| 20 % | + Gewinn | 359,86 EUR |
| | Barverkaufspreis | 2 159,14 EUR |

## Übungsaufgabe

**119** 1. Der Bezugspreis einer Ware beträgt 36,40 EUR. Wir kalkulieren mit einem Handlungskostenzuschlagssatz von 55 % und mit 8,5 % Gewinn.

Wie viel EUR beträgt der Barverkaufspreis?

2. 

| | |
|---|---|
| Wareneinsatz | 480 000,00 EUR |
| Handlungskosten | 125 500,00 EUR |
| Umsatzerlöse zu Barverkaufspreisen | 678 160,00 EUR |
| Gewinn | 72 660,00 EUR |

Wie viel Prozent beträgt der Gewinn?

3. Wir kalkulieren einen Artikel aus unserem Sortiment mit einem Handlungskostenzuschlagssatz von 35 % und mit 12 % Gewinn. Der Einstandspreis des Artikels beträgt 159,60 EUR.

Wie viel EUR beträgt der Barverkaufspreis?

4. Der Gewinn an einer Ware beträgt 59,50 EUR, das sind 8,5 % des Selbstkostenpreises.

Wie viel EUR beträgt der Barverkaufspreis?

5. Für die Berechnung des Barverkaufspreises einer Ware liefert uns die Kalkulation die folgenden Daten:

Einstandspreis 12,15 EUR    Selbstkosten 16,20 EUR    Barverkaufspreis 18,80 EUR

Wie viel Prozent beträgt der Handlungskostenzuschlagssatz?

6. Aus der Kostenrechnung entnehmen wir folgende Zahlenwerte:

| | |
|---|---|
| Wareneinsatz | 560 000,00 EUR |
| Umsatzerlöse zu Barverkaufspreisen | 870 400,00 EUR |
| Handlungskostenzuschlagssatz | 30 % |

Wie viel EUR betragen die Selbstkosten?

7. Aufgrund einer Anfrage erhalten wir von unserem Lieferer folgendes Angebot für Tischlampen, die in ähnlicher Ausführung bei unserer Konkurrenz als Verkaufsschlager gelten und dort zum Barverkaufspreis von 249,90 EUR verkauft werden.

Listeneinkaufspreis Modell „Star" 133,00 EUR ohne USt. Lieferungs- und Zahlungsbedingungen: Lieferung ab Fabrik, zahlbar ohne jeden Abzug sofort nach Erhalt der Ware. An Frachtkosten fallen an 6,00 EUR; an Verpackungskosten für einen Spezialbehälter 15,00 EUR, wobei uns bei Rücksendung des Behälters $^2/_3$ dieses Betrags wieder gutgeschrieben werden.

Kalkulieren Sie, ob wir diese Lampe in unser Sortiment aufnehmen können, wenn wir mit einem Handlungskostenzuschlagssatz von 45 % und $16^2/_3$ % Gewinn rechnen!

8. Die Kaffeerösterei Heinrich Albert KG bietet uns zum Preis von 15,50 EUR je kg brasilianischen Hochlandkaffee an. Die Zahlungsbedingungen lauten: Zahlbar innerhalb 30 Tagen netto oder binnen 10 Tagen mit 3 % Skonto. Wenn 500 Pakete zu je $^1/_2$ kg Kaffee abgenommen werden, betragen die Frachtkosten 630,00 EUR.

Die Kaffeegroßrösterei Konrad Berger AG bietet uns die gleiche Qualität Kaffee an. 500 Pakete Kaffee zu je $^1/_2$ kg sollen frei Haus 4 750,00 EUR kosten. Wir erhalten einen Sonderrabatt von 6 % und bei Zahlung innerhalb einer Woche 2 % Skonto. Das Zahlungsziel beträgt vier Wochen.

8.1 In beiden Fällen wird nach sechs Tagen bezahlt. Welches Angebot ist günstiger? Wie hoch ist die Differenz in EUR?

8.2 Zu welchem Preis können wir dem Einzelhandel eine 500-Gramm-Dose anbieten, wenn bei dem günstigeren Angebot ein Handlungskostenzuschlagssatz von $12^1/_2$ % und $8^1/_3$ % Gewinnaufschlag einkalkuliert werden?

## (2) Berechnung des Nettoverkaufspreises (Listenverkaufspreis) unter Berücksichtigung von Kundenskonto, Kundenrabatt und Vertreterprovision

Wird dem Kunden Rabatt und Skonto gewährt und ist noch ein Vertreter zu bezahlen, hat der Großhändler diese Kosten zuvor in den Preis einzurechnen, ansonsten gehen die Preisnachlässe bzw. die Kosten für den Vertreter zulasten seines Gewinns.

Für die Einrechnung der Preisnachlässe an den Kunden müssen wir uns in **die Lage des Kunden versetzen.** Der Kunde erhält zunächst den Rabatt eingeräumt und kann dann erst (sofern er innerhalb der Skontofrist bezahlt) von dem gekürzten Betrag den angebotenen Skonto abziehen. Weil der Kunde die Nachlässe in dieser Reihenfolge abzieht, muss der Großhändler sie in umgekehrter Reihenfolge aufschlagen.

- **Skonto** und **Rabatt** sind in der gleichen Höhe einzurechnen, in der sie der Kunde abzieht. Da der Kunde den Listenverkaufspreis (Nettoverkaufspreis) bzw. den Zielverkaufspreis zum Ausgangspunkt seiner Rechnung nimmt, sind diese Größen jeweils 100 %, d. h., der Großhändler hat daher **Rabatt** und **Skonto im Hundert einzurechnen.**
- Die **Vertreterprovision** wird in aller Regel vom Zielverkaufspreis gewährt. Da der Kundenskonto ebenfalls vom Zielverkaufspreis gerechnet wird, können beide Prozentsätze zusammengefasst werden.
- Die **Umsatzsteuer** ist bei der Berechnung des Verkaufspreises **kein Kostenfaktor,** sondern lediglich ein durchlaufender Posten. Sie wird daher dem Kunden getrennt in Rechnung gestellt (Bezugsgrundlage ist der Nettoverkaufspreis). Die Umsatzsteuer wird deshalb bei den nachfolgenden Beispielen nicht ausgewiesen.

**Beispiel:**

Wir führen die Kalkulation des Fitnessgerätes fort. Der Barverkaufspreis beträgt 2 159,14 EUR. Das Großhandelshaus hat dem Kunden bei der Bestellung 20 % Rabatt und 2 % Skonto zugesagt. Die Vertreterprovision beträgt 5 % vom Zielverkaufspreis.

**Aufgabe:**

Berechnen Sie den Nettoverkaufspreis (Listenverkaufspreis) des Fitnessgerätes!

**Lösung:**

| | | | | |
|---|---|---|---|---|
| | 93 % | | Barverkaufspreis | 2 159,14 EUR |
| | 2 % | + | Kundenskonto (im Hundert) | 46,43 EUR |
| | 5 % | + | Vertreterprovision (im Hundert) | 116,08 EUR |
| 80 % | 100 % | | Zielverkaufspreis | 2 321,65 EUR |
| 20 % | | + | Kundenrabatt (im Hundert) | 580,41 EUR |
| 100 % | | | Listenverkaufspreis (Nettoverkaufspreis) | 2 902,06 EUR |

Für die Berechnung des Kundenskontos und Vertreterprovision:

| | | | |
|---|---|---|---|
| Barverkaufspreis | 93 % | ≙ | 2 159,14 EUR |
| Kundenskonto | 2 % | ≙ | x EUR |

$$x = \frac{2\,159{,}14 \cdot 2}{93} = \underline{\underline{46{,}43 \text{ EUR}}}$$

| | | | |
|---|---|---|---|
| Barverkaufspreis | 93 % | ≙ | 2 159,14 EUR |
| Vertreterprovision | 5 % | ≙ | x EUR |

$$x = \frac{2\,159{,}14 \cdot 5}{93} = \underline{\underline{116{,}08 \text{ EUR}}}$$

Für die Berechnung des Kundenrabatts:

| | | | |
|---|---|---|---|
| Zielverkaufspreis | 80 % | ≙ | 2 321,65 EUR |
| Kundenrabatt | 20 % | ≙ | x EUR |

$$x = \frac{2\,321{,}65 \cdot 20}{80} = \underline{\underline{580{,}41 \text{ EUR}}}$$

## Übungsaufgabe

**120** 1. Die Farbengroßhandlung Grün & Gelb GmbH hat einen hohen Vorrat an Autolacken am Lager. Für die 2-kg-Dose wurden dabei Selbstkosten von 8,40 EUR errechnet. In einer Sonderaktion möchte die Farbenhandlung den Bestand abbauen. Für eine Werbeaktion rechnet die Großhandlung mit folgenden Kalkulationsdaten: 8 % Gewinn, 10 % Aktionsrabatt, 2 % Skonto und 6 % Vertreterprovision.

Zu welchem Listenverkaufspreis kann die 2-kg-Dose bei der Sonderaktion verkauft werden?

2. Ein Getränkegroßmarkt verkauft Getränke auch in Kästen zu je 10 Flaschen und möchte hierauf den Kunden jeweils einen Sonderrabatt einräumen. Die bisherige Kalkulation für einen Kasten Zitronenlimonade ergab einen Barverkaufspreis von 4,20 EUR je Kasten.

Zu welchem Listenverkaufspreis kann ein Kasten angeboten werden, wenn der Getränkegroßmarkt noch 5 % Sonderrabatt und 3 % Kundenskonto einrechnet?

3. Wir entschließen uns, den Kunden in Zukunft 20 % Rabatt und 3 % Skonto einzuräumen. Die Vertreterprovision beträgt 6,5 % vom Zielverkaufspreis.

Errechnen Sie den Nettoverkaufspreis für einen Tisch! Bisheriger Barverkaufspreis: 460,00 EUR.

4. Die Kalkulation eines Artikels ergibt folgende Werte:

| | | | |
|---|---|---|---|
| Einkaufspreis | 38,20 EUR | Einstandspreis | 32,50 EUR |
| Zieleinkaufspreis | 30,56 EUR | Selbstkosten | 44,85 EUR |
| Bareinkaufspreis | 29,64 EUR | | |

Wie viel Prozent beträgt der Handlungskostenzuschlagssatz?

5. Die Kalkulation liefert uns für einen Artikel folgende Daten:

| | | | |
|---|---|---|---|
| Bezugspreis | 85,90 EUR | Zielverkaufspreis | 135,00 EUR |
| Selbstkosten | 115,40 EUR | Listenverkaufspreis | 153,90 EUR |
| Barverkaufspreis | 130,95 EUR | | |

Wie viel Prozent beträgt der Kundenskonto?

6. Die Kalkulation ergibt einen Barverkaufspreis von 564,20 EUR. Den Kunden räumen wir 3 % Skonto ein.

Wie viel EUR beträgt der Zielverkaufspreis?

7. Die Kalkulation liefert uns für eine Ware folgende Daten:

| | | | |
|---|---|---|---|
| Einstandspreis | 749,50 EUR | Zielverkaufspreis | 826,00 EUR |
| Selbstkosten | 772,30 EUR | Listenverkaufspreis | 938,64 EUR |
| Barverkaufspreis | 791,50 EUR | | |

Wie viel Prozent gewähren wir unseren Kunden an Rabatt?

8. Ein Baumarkt erstellt ein Angebot für Bauhandwerker. Hierbei soll auf eine Schlagbohrmaschine ein Sonderrabatt von 12 % und ein Skonto von 3 % gewährt werden. Der errechnete Barverkaufspreis beträgt für die Maschine 340,59 EUR.

Errechnen Sie den Angebotspreis für die Schleifmaschine!

9. Das Elektrohaus Hell & Dunkel GmbH muss seinen Kunden aus Wettbewerbsgründen bei Haushaltsmaschinen Rabatt und Skonto einräumen.

Wie viel EUR beträgt der Nettoverkaufspreis, wenn in den Barverkaufspreis von 580,00 EUR 12 % Rabatt und 2 % Skonto einzurechnen sind?

10. Ein Artikel wird wie folgt kalkuliert:

| | | | |
|---|---|---|---|
| Listeneinkaufspreis | 210,00 EUR | Barverkaufspreis | 309,00 EUR |
| Einstandspreis | 183,75 EUR | Nettoverkaufspreis | 352,26 EUR |
| Selbstkosten | 285,00 EUR | | |

Wie viel Prozent beträgt der Liefererrabatt, wenn der Lieferer frei Haus geliefert hat und ein Liefererskonto nicht gewährt wurde?

## (3) Darstellung des vollständigen Kalkulationsschemas

Aus Gründen der Übersicht haben wir das Kalkulationsschema in einzelne Teilschritte zerlegt. Im Folgenden wird nun die **Gesamtkalkulation** des Fitnessgerätes im Überblick dargestellt.

**Beispiel:**

Das Großhandelshaus Stark GmbH bestellt bei einem Hersteller ein Fitnessgerät zu folgenden Bedingungen: Einkaufspreis 2100,00 EUR zuzüglich 19% Umsatzsteuer, $33\frac{1}{3}$% Wiederverkäuferrabatt, 2% Skonto, Kosten für Verpackung, Fracht, Anfuhr und Transportversicherung pauschal 140,00 EUR zuzüglich 19% Umsatzsteuer. Handlungskostenzuschlagssatz 19%, Gewinnzuschlagssatz 20%. Dem Kunden werden 20% Rabatt und 2% Skonto gewährt. Die Vertreterprovision beträgt 5% vom Zielverkaufspreis.

**Aufgabe:**

Wie viel EUR beträgt der Listenverkaufspreis (Nettoverkaufspreis)?

**Lösung:**

| | | | | |
|---|---|---|---|---|
| | 100 % | | Listeneinkaufspreis netto | 2100,00 EUR |
| | $33\frac{1}{3}$ % | – | Liefererrabatt (vom Hundert) | 700,00 EUR |
| 100 % | ← | | Zieleinkaufspreis | 1400,00 EUR |
| 2 % | | – | Liefererskonto (vom Hundert) | 28,00 EUR |
| | | | Bareinkaufspreis | 1372,00 EUR |
| | | + | Bezugskosten | 140,00 EUR |
| | 100 % | | Einstandspreis (Bezugspreis) | 1512,00 EUR |
| | 19 % | + | Handlungskosten (vom Hundert) | 287,28 EUR |
| 100 % | ← | | Selbstkosten | 1799,28 EUR |
| 20 % | | + | Gewinn (vom Hundert) | 359,86 EUR |
| | 93 % | | Barverkaufspreis | 2159,14 EUR |
| | 2 % | + | Kundenskonto (im Hundert) | 46,43 EUR |
| | 5 % | + | Vertreterprovision (im Hundert) | 116,08 EUR |
| 80 % | ← | | Zielverkaufspreis | 2321,65 EUR |
| 20 % | | + | Kundenrabatt (im Hundert) | 580,41 EUR |
| 100 % | | | Listenverkaufspreis (Nettoverkaufspreis) | 2902,06 EUR |

## Übungsaufgabe

**121** 1. Ein Großhandelshaus bezieht 500 Damenjacken zu je 180,00 EUR. Der Lieferer gewährt 10% Rabatt und 2% Skonto. Es fallen für die gesamte Sendung 480,00 EUR Frachtkosten an. Das Großhandelshaus rechnet mit einem Handlungskostenzuschlagssatz von 25% und will $11\frac{1}{2}$% Gewinn erzielen. Dem Einzelhändler werden 15% Rabatt und 3% Skonto gewährt.

Berechnen Sie den Listenverkaufspreis für eine Jacke!

2. Ein Lebensmittelgroßhändler bezieht 165 Gläser Erdbeerkonfitüre zum Preis von 1,32 EUR je Glas. Der Lieferer gewährt 15 % Rabatt und 3 % Skonto. An Bezugskosten fallen an: 3 % Bruchversicherung (vom Einkaufspreis), für Fracht 22,70 EUR. Der Lebensmittelgroßhändler rechnet mit einem Handlungskostenzuschlagssatz von 35 % und will 15 % Gewinn erzielen. Dem Käufer werden 10 % Rabatt und 2 % Skonto angeboten. Die Vertreterprovision beläuft sich auf 8 % vom Zielverkaufspreis.

   Berechnen Sie den Listenverkaufspreis für ein Glas!

3. Ein Großhändler bezieht 10 Kühlschränke zu 398,00 EUR je Stück. Der Hersteller gewährt einen Mengenrabatt von 15 % und bei Zahlung innerhalb von 10 Tagen 2 % Skonto. Die Lieferung erfolgt frachtfrei.

   Berechnen Sie den Listenverkaufspreis für einen Kühlschrank, wenn der Großhändler mit folgenden Kalkulationsvorgaben rechnet: 18 % Handlungskostenzuschlagssatz, 20 % Gewinn, 5 % Kundenrabatt, 2 % Kundenskonto und 5 % Vertreterprovision!

4. Eine Farben- und Lackgroßhandlung erhält ein Angebot einer Lackfabrik über 35 Kanister Farbe, Inhalt 20 kg. Auf den Stückpreis von 86,50 EUR zuzüglich 19 % USt erhält die Großhandlung 22 % Rabatt und 3 % Skonto. An Frachtkosten werden 4,50 EUR je Kanister berechnet, die bei frachtfreier Rücksendung zu einem Drittel gutgeschrieben werden. Die Großhandlung rechnet mit einem Handlungskostenzuschlagssatz von 35% und einem Gewinnzuschlag von 15%. Die Handwerker als Abnehmer der Farbe erhalten einen Handwerkerrabatt von 10 % und 2 % Skonto.

   Zu welchem Listenverkaufspreis kann ein Kanister Farbe angeboten werden?

5. Wir beziehen von der Möbelfabrik Fritz Holz GmbH 40 Beistelltische zu einem Listeneinkaufspreis von 74,80 EUR je Stück. Die Möbelfabrik gewährt einen Rabatt von $12^1/_2$ % und bei Barzahlung innerhalb von 10 Tagen 2 % Skonto. Insgesamt fallen an Bezugskosten 232,00 EUR an. Wir rechnen mit einem Handlungskostenzuschlagssatz von 28,5 % und einem Gewinnzuschlagssatz von 8 %. Die Beistelltische werden im Rahmen einer Sonderaktion abgesetzt, wobei den Kunden 10 % Sonderrabatt sowie 2 % Skonto gewährt werden sollen. Die Vertreterprovision beträgt 6 % vom Zielverkaufspreis.

   Zu welchem Listenverkaufspreis wird ein Beistelltisch ausgezeichnet?

6. Ein Elektrogroßhändler will ein neues Haushaltsgerät in sein Sortiment aufnehmen. Sein Lieferer macht ihm folgendes Angebot: 480,00 EUR abzüglich 5 % Einführungsrabatt und 2 % Skonto; Fracht 16,20 EUR. Der Großhändler kalkuliert mit folgenden Zuschlägen: Handlungskostenzuschlagssatz $16^2/_3$ %, Gewinn 14 %, Kundenrabatt 10 %, Kundenskonto 3 %. Aus Konkurrenzgründen kann das Gerät nicht über 750,00 EUR angeboten werden.

   Ermitteln Sie den Listenverkaufspreis für dieses Gerät! Kann der Großhändler das Angebot annehmen?

7. Einem Elektrogroßhändler wird ein Staubsauger zu 273,50 EUR angeboten. Der Lieferer gewährt 20 % Rabatt und 3 % Skonto. Die Bezugskosten betragen 5,00 EUR.

   Kann der Händler das Angebot annehmen, wenn er den Staubsauger zu 368,00 EUR verkaufen will? Er kalkuliert mit einem Handlungskostenzuschlagssatz von $16^2/_3$ %, 12 % Gewinnzuschlag, 15 % Kundenrabatt und 2 % Kundenskonto.

### 3.1.3.5 Kalkulatorische Rückrechnung (retrograde Kalkulation)

Liegt der Bruttoverkaufspreis aufgrund der gegebenen Markt- bzw. Konkurrenzsituation fest, so eignet sich das Kalkulationsschema in umgekehrter Richtung von **unten nach oben** zur Errechnung des aufwendbaren Einkaufspreises **(Rückwärtskalkulation oder retrograde Kalkulation)**. Dabei wird der Einkaufspreis errechnet, der höchstens gezahlt werden darf, um den angestrebten Gewinn zu erreichen.

**Beispiel:**

Aufgrund der Marktsituation muss die Eisengroßhandlung Fritz Zeh e.Kfm. eine Schleifmaschine zum Listenverkaufspreis in Höhe von 251,86 EUR anbieten. Den Handwerkern muss branchenüblich ein Rabatt von 10 % und ein Skonto von 2 % gewährt werden. Die Vertreterprovision beträgt 5 %. Vom Lieferer erhält die Eisengroßhandlung lt. Angebot 20 % Rabatt und 3 % Skonto. Die Fracht- und Verpackungskosten werden von ihm pauschal mit 18,00 EUR berechnet. Der Handlungskostenzuschlagssatz beläuft sich auf 32 %. Als Gewinn sollen 12 % eingerechnet werden.

**Aufgabe:**

Welcher Listeneinkaufspreis kann höchstens bezahlt werden?

**Lösung:**

| | | | | | |
|---|---|---|---|---|---|
| | 100 % | | Listeneinkaufspreis netto | 160,55 EUR | ↑ |
| | 20 % | + | Liefererrabatt (im Hundert) | 32,11 EUR | |
| 100 % | 80 % | | Zieleinkaufspreis | 128,44 EUR | |
| 3 % | | + | Liefererskonto (im Hundert) | 3,85 EUR | |
| 97 % | | | Bareinkaufspreis | 124,59 EUR | |
| | | – | Bezugskosten | 18,00 EUR | |
| | 100 % | | Einstandspreis (Bezugspreis) | 142,59 EUR | |
| | 32 % | – | Handlungskosten (auf Hundert) | 45,63 EUR | Rechenweg |
| 100 % | 132 % | | Selbstkosten | 188,22 EUR | |
| 12 % | | – | Gewinn (auf Hundert) | 22,58 EUR | |
| 112 % | 93 % | | Barverkaufspreis | 210,80 EUR | |
| | 2 % | – | Kundenskonto (vom Hundert) | 4,53 EUR | |
| | 5 % | – | Vertreterprovision (vom Hundert) | 11,34 EUR | |
| 90 % | 100 % | | Zielverkaufspreis | 226,67 EUR | |
| 10 % | | – | Kundenrabatt (vom Hundert) | 25,19 EUR | |
| 100 % | | | Listenverkaufspreis | 251,86 EUR | |

**Ergebnis:**

Es kann für die Schleifmaschine höchstens ein Listeneinkaufspreis von netto 160,55 EUR bezahlt werden.

**Allgemeiner Rechenweg:**

- Stellen Sie zuerst das Kalkulationsschema **von oben nach unten** auf und tragen Sie die in der Aufgabe vorgegebenen Prozentsätze ein.
- Setzen Sie den gegebenen Listenverkaufspreis ein und gehen Sie Schritt für Schritt rückwärts.
- Überlegen Sie bei jedem Rechenschritt, ob es sich um eine Rechnung **vom Hundert** (Kundenrabatt, Kundenskonto, Vertreterprovision), **auf Hundert** (Gewinn, Handlungskosten) oder **im Hundert** (Liefererskonto, Liefererrabatt) handelt.
- Überprüfen Sie das Ergebnis durch eine Vorwärtskalkulation.

## Übungsaufgabe

122 1. Ein Unternehmen kann einen Fernseher mit einem Plasma-Bildschirm aus Konkurrenzgründen höchstens für 976,75 EUR auf den Markt bringen. Seine Kalkulationssätze sind: 12,5% Handlungskostenzuschlagssatz, $16\,^{2}/_{3}\,\%$ Gewinn, 2,5% Kundenskonto und 14% Kundenrabatt. An Bezugskosten entstehen 8,80 EUR, wovon $^{1}/_{4}$ bei Rücksendung der Verpackung wieder gutgeschrieben werden.

Welchen Listeneinkaufspreis kann das Unternehmen höchstens beim Einkauf zugrunde legen, wenn der Lieferer noch bereit wäre, uns 2% Skonto und 10% Einführungsrabatt einzuräumen?

2. Um den Marktanteil zu erhöhen, startet ein Medienunternehmen eine Werbeaktion und empfiehlt allen Großhändlern, den Listenverkaufspreis pro CD-Box auf 15,00 EUR festzusetzen.

Welchen Listeneinkaufspreis kann ein Großhändler höchstens anlegen, wenn er mit einem Handlungskostenzuschlagssatz von 8%, einem Gewinnzuschlag von 5%, 2% Kundenskonto und 12% Kundenrabatt rechnet und vom Lieferer $33\,^{1}/_{3}\,\%$ Liefererrabatt bei Barzahlung und Lieferung frei Haus erhält?

3. Eine Möbelfabrik hat bei einer Handelsware Selbstkosten von 115,30 EUR errechnet. Der Handlungskostenzuschlagssatz beträgt 42% und an Bezugskosten fallen 11,12 EUR an. Der Lieferer gewährt uns 15% Rabatt und 3% Skonto.

Wie viel EUR beträgt der Listeneinkaufspreis für diese Handelsware?

4. Ein Elektrogroßhändler kann einen Kühlschrank der Marke „Frost" aus Konkurrenzgründen zum Listenverkaufspreis von 480,00 EUR verkaufen. Er muss dem Kunden jedoch noch 15% Rabatt und 2% Skonto gewähren.

Zu welchem Listeneinkaufspreis kann der Elektrogroßhändler den Kühlschrank höchstens einkaufen, wenn er von seinem Lieferer 30% Rabatt und 3% Skonto erhält? Er kalkuliert mit 11,00 EUR Bezugskosten, 22% Handlungskostenzuschlagssatz und 14% Gewinnzuschlag.

### 3.1.3.6 Differenzkalkulation

Unverbindliche Preisempfehlungen, aber häufig auch die „Marktlage", verhindern, dass der Großhändler seinen Listenverkaufspreis selbst bestimmen kann. Auch kann der Preis deshalb feststehen, weil z.B. der Hersteller diesen vorgibt. In diesen Fällen muss es das Ziel der Kalkulation sein, festzustellen, ob der so verbleibende Gewinn ausreichend ist.

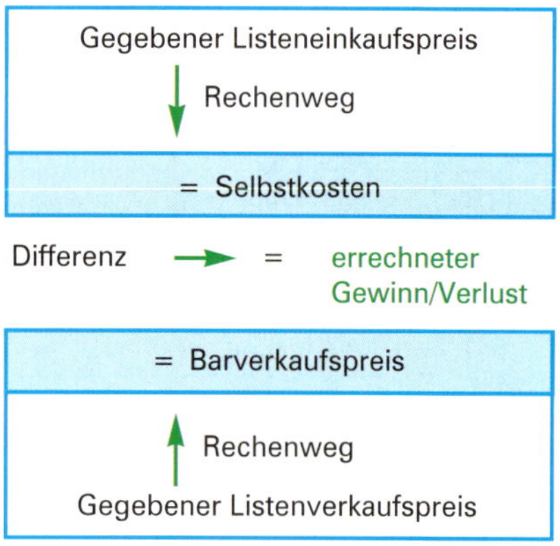


Wird der Gewinn aus der Differenz zwischen Selbstkosten und Barverkaufspreis berechnet, sprechen wir von **Differenzkalkulation.** Da sowohl der **Listeneinkaufspreis** als auch der **Listenverkaufspreis festliegen,** muss von **beiden** Werten aus mit dem Rechenweg begonnen werden, und zwar einmal als **Vorwärtskalkulation** (vom Listeneinkaufspreis bis zu den Selbstkosten) und zum anderen als **Rückwärtskalkulation** (vom Listenverkaufspreis bis zum Barverkaufspreis).

**Beispiel:**

Das Elektrogroßhandelshaus Xaver Finke e.Kfm. prüft folgendes Angebot eines Markenartikelherstellers:

Der Hersteller empfiehlt für eine Geschirrspülmaschine einen Listenverkaufspreis von 710,14 EUR. Seine Lieferungs- und Zahlungsbedingungen lauten: 20% Wiederverkäuferrabatt, 2% Skonto, Frachtanteil pauschal 30,00 EUR. Der Listeneinkaufspreis beträgt 525,00 EUR. Das Elektrogroßhandelshaus rechnet mit einem Handlungskostenzuschlagssatz von 18% und hat aufgrund der Konkurrenzsituation dem Kunden 2% Skonto und 10 % Rabatt einzuräumen. Die Vertreterprovision vom Zielverkaufspreis ist mit 6% einzurechnen.

**Aufgabe:**

Welcher Gewinn in EUR und in Prozent bleibt dem Großhändler?

**Lösung:**

| | | | | |
|---|---|---|---|---|
| | 100 % | | Listeneinkaufspreis netto | 525,00 EUR |
| | 20 % | – | Liefererrabatt v. H. | 105,00 EUR |
| 100 % | ← | | Zieleinkaufspreis | 420,00 EUR |
| 2 % | | – | Liefererskonto v. H. | 8,40 EUR |
| | | | Bareinkaufspreis | 411,60 EUR |
| | | + | Bezugskosten | 30,00 EUR |
| | 100 % | | Einstandspreis (Bezugspr.) | 441,60 EUR |
| | 18 % | + | Handlungskosten v. H. | 79,49 EUR |
| 100 % | ← | | Selbstkosten | 521,09 EUR |
| 12,84 % | | – | Gewinn v. H. | 66,91 EUR |
| | 92 % | | Barverkaufspreis | 588,00 EUR |
| | 2 % | – | Kundenskonto v. H. | 12,78 EUR |
| | 6 % | – | Vertreterprovision v. H. | 38,35 EUR |
| 90 % | 100 % | | Zielverkaufspreis | 639,13 EUR |
| 10 % | | – | Kundenrabatt v. H. | 71,01 EUR |
| 100 % | | | Listenverkaufspreis | 710,14 EUR |

Vorwärtskalkulation (von Listeneinkaufspreis bis Selbstkosten ↓)

Rückwärtskalkulation (von Listenverkaufspreis bis Barverkaufspreis ↑)

**Berechnung des Gewinnzuschlagssatzes:**

521,09 EUR ≙ 100 %
66,91 EUR ≙ x %

$$x = \frac{66{,}91 \cdot 100}{521{,}09} = 12{,}84\,\%$$

**Ergebnis:**

Dem Großhändler bleibt ein Gewinn in Höhe von 66,91 EUR. Das entspricht einem Prozentsatz von 12,84%.

**Allgemeiner Rechenweg:**

- Stellen Sie zuerst das Kalkulationsschema **von oben nach unten** auf und tragen Sie die in der Aufgabe vorgegebenen Prozentsätze ein.
- Setzen Sie den gegebenen Listenverkaufspreis bzw. Listeneinkaufspreis ein.
- Kennzeichnen Sie den Rechenweg durch Pfeile und errechnen Sie stufenweise durch **Vorwärtskalkulation** die **Selbstkosten** bzw. durch **Rückwärtskalkulation** den **Barverkaufspreis**.
- Ermitteln Sie den **Gewinn** als **Differenz zwischen Barverkaufspreis und Selbstkosten**.
- Berechnen Sie anschließend den Gewinn in Prozent zu den Selbstkosten (Gewinnzuschlagssatz).

## Übungsaufgabe

**123** 1. Eine Mediengroßhandlung kann aus Konkurrenzgründen die Digitalkamera EX-$Z_4$ zu einem Listenverkaufspreis von höchstens 479,66 EUR anbieten. Der japanische Lieferer gewährt auf den Listeneinkaufspreis von 300,00 EUR $33\,^1/_3$ % Liefererrabatt und 3 % Liefererskonto. Die Bezugskosten für die Digitalkamera EX-$Z_4$ betragen 8,10 EUR. Die Mediengroßhandlung kalkuliert mit einem Handlungskostensatz von 42 %. Sie gewährt ihren Kunden 2 % Skonto und 20 % Kundenrabatt. Die Vertreterprovision beträgt 8 %.

Welchen Gewinn in EUR und in Prozent erzielt die Mediengroßhandlung für die Digitalkamera EX-$Z_4$?

2. Eine Fahrradgroßhandlung verkauft ein Markenfahrrad zum empfohlenen Richtpreis von 420,00 EUR. Der Hersteller bietet auf den empfohlenen Richtpreis 25 % Liefererrabatt und 3 % Skonto.

   2.1 Wie viel Gewinn in EUR und in Prozent bleibt ihm, wenn er mit 15,20 EUR Bezugskosten, 18 % Handlungskostenzuschlagssatz und 5 % Kundenrabatt kalkuliert?

   2.2 Wie viel Prozent muss der Liefererrabatt betragen, wenn die Fahrradgroßhandlung einen Gewinn von 10 % erzielen möchte?

3. Die Handlungskosten für einen Artikel betragen 62,40 EUR. Das sind 30 %. Der Artikel wird einschließlich 16 % Rabatt mit 341,90 EUR ausgezeichnet.

   Wie viel Prozent beträgt der Gewinnzuschlag?

4. Die Kalkulation liefert uns für eine Ware folgende Daten:

| | | | |
|---|---|---|---|
| Einstandspreis | 150,40 EUR | Zielverkaufspreis | 224,00 EUR |
| Selbstkosten | 175,70 EUR | Listenverkaufspreis | 239,68 EUR |
| Barverkaufspreis | 190,40 EUR | | |

   Wie viel EUR gewähren wir unseren Kunden an Rabatt?

5. Ein Baumarkt erstellt ein Angebot für Bauhandwerker. Hierbei soll auf eine Schleifmaschine ein Sonderrabatt von 8 % und ein Skonto von 2 % gewährt werden. Der errechnete Barverkaufspreis beträgt für die Maschine 284,00 EUR.

   Errechnen Sie den Angebotspreis für die Schleifmaschine!

6. Die Armbanduhr Axim X 30 wird zum empfohlenen Richtpreis von 250,00 EUR angeboten. Der Lieferer setzte diesen Preis fest. Der Großhändler Dieter Kleinert kalkuliert mit einem Handlungskostenzuschlagssatz von 20 % und 5 % Sonderrabatt.

   **Anmerkung:** Beim empfohlenen Richtpreis entspricht der Listeneinkaufspreis dem Listenverkaufspreis.

   Berechnen Sie den Gewinn in EUR und in Prozent, wenn der Lieferer $33\,^1/_3$ % Rabatt und 2 % Skonto gewährt! Die Bezugskosten betragen 5,70 EUR.

7. Der Einstandspreis einer Ware beträgt 14,20 EUR. Der Handlungskostenzuschlagssatz beträgt 56 %. Aus Konkurrenzgründen können wir das Produkt zu einem Listenverkaufspreis von 28,30 EUR verkaufen. Den Kunden wird ein Rabatt von 10 % eingeräumt.

   Wie viel EUR verbleiben dem Großhändler an Gewinn?

### 3.1.3.7 Vereinfachung der Kalkulation: Kalkulationszuschlag, Kalkulationsfaktor, Handelsspanne

## (1) Kalkulationszuschlag

Ausgehend vom Einstandspreis werden viele Preisberechnungen immer wieder mit den gleichen Prozentzuschlägen vorgenommen. So könnte es beispielsweise sein, dass einzelne Warengruppen wie Spielwaren, Lederwaren, Elektroartikel, Lebensmittel usw. in einem Großhandelsbetrieb gleichartig kalkuliert werden. Um den Arbeitsaufwand bei der Preisauszeichnung zu reduzieren, fasst man in der Praxis mehrere Prozentzuschläge zu **einem Zuschlagssatz** zusammen.

Im Großhandel werden z.B. die **Handlungskosten,** der **Gewinnzuschlag** und eventuelle **Verkaufsaufschläge** (Kundenrabatte, Kundenskonti, Vertreterprovision) in einem Prozentsatz, dem sogenannten **Kalkulationszuschlag,**[1] zusammengefasst.

**Beispiel:**

Wir greifen auf unser Beispiel von S. 203 zurück.

**Aufgabe:**

Berechnen Sie den Kalkulationszuschlag, der der Kalkulation des Fitnessgerätes zugrunde liegt!

**Lösung:**

**Gesamtkalkulation**

| | | |
|---|---|---|
| | Einstandspreis | 1 512,00 EUR |
| + | 19 % Handlungskosten | 287,28 EUR |
| | Selbstkosten | 1 799,28 EUR |
| + | 20 % Gewinn | 359,86 EUR |
| | Barverkaufspreis | 2 159,14 EUR |
| + | 2 % Kundenskonto | 46,43 EUR |
| + | 5 % Vertreterprovision | 116,08 EUR |
| | Zielverkaufspreis | 2 321,65 EUR |
| + | 20 % Kundenrabatt | 580,41 EUR |
| | Listenverkaufspreis | 2 902,06 EUR |

**Berechnung des Kalkulationszuschlags in EUR:**

| | |
|---|---|
| Listenverkaufspreis | 2 902,06 EUR |
| – Einstandspreis | 1 512,00 EUR |
| Kalkulationszuschlag | 1 390,06 EUR |

**Berechnung des Kalkulationszuschlags in Prozent:**

| | | |
|---|---|---|
| Einstandspreis | 1 512,00 EUR ≙ | 100 % |
| Kalkulationszuschlag | 1 390,06 EUR ≙ | x % |

$$x = \frac{1\,390{,}06 \cdot 100}{1\,512{,}00} = 91{,}94\,\%$$

**Erläuterungen zur Aufgabe:**

- Zur Berechnung des Kalkulationszuschlags ist der **Unterschied** zwischen dem **Einstandspreis** und dem **Listenverkaufspreis** heranzuziehen.
  In unserem Beispiel: 2 902,06 EUR – 1 512,00 EUR = 1 390,06 EUR.
- Der Unterschiedsbetrag in Höhe von 1 390,06 EUR ist auf den Einstandspreis (≙ 100 %) zu beziehen.

**Merke:**

Der **Kalkulationszuschlag** ist ein prozentualer **Aufschlag** auf den Einstandspreis zur Ermittlung des Listenverkaufspreises.

$$\text{Kalkulationszuschlag} = \frac{(\text{Listenverkaufspreis} - \text{Einstandspreis}) \cdot 100}{\text{Einstandspreis}}$$

1 Der Begriff „Kalkulationszuschlag" kann sich sowohl auf den EUR-Betrag als auch auf den Prozentsatz beziehen. Im Allgemeinen wird darunter der Prozentsatz verstanden. Hierfür wird auch der Begriff **Kalkulationszuschlagssatz** verwendet.



14 Speth u.a. - ISBN 978-3-8120-0260-8

## (2) Kalkulationsfaktor

Wird der Aufschlag nicht in einem Prozentsatz, sondern als Faktor ausgedrückt, sprechen wir vom **Kalkulationsfaktor.** Der Kalkulationsfaktor dient ebenfalls dazu, ausgehend vom Einstandspreis den Listenverkaufspreis zu berechnen.

**Beispiel:**

Wir greifen auf unser Beispiel von S. 203 zurück.

**Aufgabe:**

Berechnen Sie den Kalkulationsfaktor, der der Kalkulation des Fitnessgerätes zugrunde liegt!

**Lösung:**

$$\text{Kalkulationsfaktor} = \frac{2902{,}06}{1512{,}00} = 1{,}919351$$

**Probe:** Zur Berechnung des Listenverkaufspreises ist der Einstandspreis der Ware mit dem Kalkulationsfaktor zu multiplizieren.

| Einstandspreis der Ware | · | Kalkulationsfaktor | = | Listenverkaufspreis |
|---|---|---|---|---|
| 1512,00 EUR | . | 1,919351 | = | 2902,06 EUR |

**Merke:**

Der **Kalkulationsfaktor** ist die Zahl, mit der man den Einstandspreis multipliziert, um den Listenverkaufspreis zu erhalten.

$$\text{Kalkulationsfaktor} = \frac{\text{Listenverkaufspreis}}{\text{Einstandspreis}}$$

## (3) Handelsspanne

In der Praxis ist es außerdem üblich, die Differenz zwischen Listenverkaufspreis und Einstandspreis der Ware auf den **Listenverkaufspreis** zu beziehen. Wir sprechen dann von **Handelsspanne.** In diesem Fall möchte der Großhändler wissen, wie viel Prozent er vom Listenverkaufspreis abziehen muss, um den Einstandspreis zu erhalten.

**Beispiel:**

Wir greifen auf unser Beispiel von S. 203 zurück.

**Aufgabe:**

Berechnen Sie die Handelsspanne, die der Kalkulation des Fitnessgerätes zugrunde liegt!

**Lösung:**

| | | | |
|---|---|---|---|
| Listenverkaufspreis | 2902,06 EUR | ≙ | 100 % |
| Differenz zwischen Listenverkaufspreis und Einstandspreis | 1390,06 EUR | ≙ | x % |

$$x = \frac{1390{,}06 \cdot 100}{2902{,}06} = 47{,}90\,\%$$

**Merke:**

Die **Handelsspanne** ist ein prozentualer **Abschlag** vom Listenverkaufspreis zur direkten Ermittlung des Einstandspreises.

$$\text{Handelsspanne} = \frac{(\text{Listenverkaufspreis} - \text{Einstandspreis}) \cdot 100}{\text{Listenverkaufspreis}}$$

Wir müssen uns allerdings die Frage stellen, warum die Handelsspanne in der Praxis überhaupt berechnet wird. Bei der Beantwortung dieser Frage müssen wir von der speziellen Situation des Großhandels ausgehen. In vielen Fällen liegt im Großhandel der Verkaufspreis durch gegebene Markt- und Konkurrenzverhältnisse oder durch empfohlene, unverbindliche Richtpreise der Erzeuger im Großen und Ganzen fest. Durch die Handelsspanne kann der Großhändler errechnen, wie viel EUR der Einstandspreis betragen darf, um die gewünschte Gewinnvorstellung zu verwirklichen bzw. wie weit er von dieser Vorstellung entfernt liegt.

## Übungsaufgabe

**124** 1. Berechnen Sie den Kalkulationszuschlag, den Kalkulationsfaktor und die Handelsspanne bei den folgenden Waren!

| | Ware A | Ware B | Ware C |
|---|---|---|---|
| Einstandspreis | 205,20 EUR | 86,64 EUR | 14,25 EUR |
| Listenverkaufspreis | 285,90 EUR | 132,80 EUR | 25,90 EUR |

2. Berechnen Sie den Kalkulationszuschlag, den Kalkulationsfaktor und die Handelsspanne bei folgenden Kalkulationsdaten!

| | Ware A | Ware B | Ware C |
|---|---|---|---|
| Handlungskostenzuschlagssatz | 28 % | 30 % | 41 % |
| Gewinnzuschlag | 20 % | 15 % | 19 % |
| Kundenskonto | 2 % | – | 3 % |
| Kundenrabatt | 12 % | 5 % | 15 % |
| Vertreterprovision | 14 % | 7 % | 14 % |

3. Wir beziehen 200 Kinderbuggys zum Listeneinkaufspreis von 85,00 EUR je Stück. Wir haben mit dem Lieferer folgende Einkaufsbedingungen vereinbart: 10 % Mengenrabatt; bei Zahlung innerhalb 10 Tagen $2^1/_2$ % Skonto oder innerhalb 30 Tagen netto, Frachtkosten 48,25 EUR.

3.1 Wie viel EUR beträgt der Einstandspreis für einen Buggy, wenn wir mit Skontoabzug bezahlen?

3.2 Zu welchem Preis kann er einen Buggy anbieten, wenn folgendermaßen kalkuliert wird: $16^2/_3$ % Handlungskostenzuschlagssatz, 20 % Gewinn, 15 % Rabatt, 2 % Skonto und 7 % Vertreterprovision vom Zielverkaufspreis?

3.3 Berechnen Sie Kalkulationszuschlag, Kalkulationsfaktor und Handelsspanne!

4. Berechnen Sie die Nettoverkaufspreise bei den folgenden Waren!

| Ware | Einstandspreis | Kalkulationszuschlag |
|---|---|---|
| Kaffeekanne | 14,60 EUR | 45,8 % |
| Waschpulver | 9,30 EUR | $33^1/_3$ % |
| Bratpfanne | 34,80 EUR | 28 % |
| Kopfsalat | 0,45 EUR | 30 % |

5. Wie viel EUR darf der Einstandspreis folgender Markenwaren höchstens betragen, wenn das Kaufhaus Zentrum jeweils die nachfolgenden Handelsspannen zugrunde legt?

| Artikel | unverbindlich empfohlener Richtpreis | Handelsspanne |
|---|---|---|
| Stehlampe | 194,80 EUR | 34 % |
| Herrenschuhe | 48,20 EUR | 28,5 % |
| Gardinenstoff je m | 20,50 EUR | 32,8 % |
| Goldarmbanduhr | 699,00 EUR | 45,6 % |

## 3.1.4 Erfolgsermittlung bei Industriebetrieben unter Einbeziehung der Bestände an fertigen und unfertigen Erzeugnissen

### 3.1.4.1 Bestandsveränderungen bei fertigen Erzeugnissen

#### 3.1.4.1.1 Problemstellung

Sofern es sich um Bestandsveränderungen bei Werkstoffen handelt, wurden diese bereits im Kapitel 2.4.8.4, S. 130ff. behandelt. Bei den hier zu behandelnden Bestandsveränderungen kann es sich daher nur um Bestandsveränderungen an fertigen und unfertigen Erzeugnissen handeln.

In einem Industriebetrieb müssen die angebotenen Erzeugnisse zunächst im Produktionsprozess hergestellt werden. Die Herstellung dieser Erzeugnisse verursacht Aufwendungen an Werkstoffen und Arbeitsleistungen, die sich in den Herstellungskosten dieser Güter niederschlagen.

Bisher sind wir stillschweigend davon ausgegangen, dass die innerhalb der Geschäftsperiode hergestellten Güter auch in derselben Geschäftsperiode verkauft wurden. Es wurden also nicht mehr und nicht weniger Güter hergestellt als verkauft wurden. Nur bei dieser unrealistischen Unterstellung kann aus den für die Produktion angefallenen Aufwendungen (Kosten) und den durch den Verkauf dieser Güter erzielten Erträgen (Verkaufserlöse; Leistungen) ein sinnvolles Ergebnis ermittelt werden. Stimmt aber – wie in der Realität üblich – die hergestellte Menge der Erzeugnisse mit der verkauften Menge nicht überein, müssen die Bestandsveränderungen der fertigen Erzeugnisse in die Ergebnisermittlung einbezogen werden.

Nur wenn man diese Bestandsveränderungen in die Ergebnisermittlung einbezieht, kann ein sinnvolles Ergebnis ermittelt werden.

**Merke:**

- Stimmt die hergestellte Menge der Erzeugnisse mit der verkauften Menge nicht überein, müssen die Bestandsveränderungen der fertigen Erzeugnisse in die Ergebnisermittlung einbezogen werden.
- Die Menge an Erzeugnissen auf der Aufwands- und Ertragsseite müssen sich entsprechen.

#### 3.1.4.1.2 Buchung von Bestandsveränderungen bei fertigen Erzeugnissen[1]

**Beispiel:**

**I. Ausgangssituation:**

In einem Industriebetrieb werden Kühlschränke einer bestimmten Art und Qualität hergestellt. Die Herstellungskosten eines Kühlschranks betragen 1700,00 EUR. Davon entfallen 700,00 EUR auf Werkstoffkosten (500,00 EUR Rohstoffe, 200,00 EUR Hilfsstoffe) und 1 000,00 EUR auf Fertigungslöhne. Der Nettoverkaufspreis eines Kühlschranks beträgt 2000,00 EUR.

**II. Anfangsbestände:**

2800 Bank 175000,00 EUR, 3000 Eigenkapital 175000,00 EUR.

1 Moderne ERP-Softwaresysteme sind in der Lage, nach Abschluss des Produktionsprozesses bzw. beim Verkauf von Erzeugnissen automatisch auch die Bestandsveränderungen zu erfassen. Eine Buchung von Bestandsminderungen am Ende der Geschäftsperiode ist dann nur in Ausnahmfälle, z.B. Einstandspreisänderungen oder bei Inventurdifferenzen, notwendig.

## (1) Fall 1: Keine Bestandsveränderung (die Menge der hergestellten und verkauften Erzeugnisse ist gleich)

**Hinweis:**

Um einen besseren Zugang in die schwierigen Gedankengänge bei Bestandsveränderungen an fertigen Erzeugnissen zu finden, gehen wir im ersten Fall von der unrealistischen Annahme aus, dass die innerhalb der Geschäftsperiode hergestellte und verkaufte Menge übereinstimmt. Erst danach wird als zweiter Fall eine Bestandsmehrung und als dritter Fall eine Bestandsminderung behandelt.

**III. 1. Beispiel (Fortführung der Ausgangssituation von S. 212):**

Innerhalb der Geschäftsperiode werden 100 Kühlschränke hergestellt, die auch in der gleichen Geschäftsperiode verkauft werden. Das führt zu folgenden Geschäftsvorfällen mit den entsprechenden Buchungssätzen:

| Nr. | Geschäftsvorfälle | Konten | Soll | Haben |
|---|---|---|---|---|
| 1. | Kauf von Rohstoffen 50 000,00 EUR zuzügl. 19 % USt gegen Bankscheck. | 6000 Aufw. f. Rohstoffe | 50 000,00 | |
| | | 2600 Vorsteuer | 9 500,00 | |
| | | an 2800 Bank | | 59 500,00 |
| 2. | Kauf von Hilfsstoffen 20 000,00 EUR zuzügl. 19 % USt gegen Bankscheck. | 6020 Aufw. f. Hilfsst. | 20 000,00 | |
| | | 2600 Vorsteuer | 3 800,00 | |
| | | an 2800 Bank | | 23 800,00 |
| 3. | Banküberweisung für Fertigungslöhne 100 000,00 EUR. | 6200 Löhne | 100 000,00 | |
| | | an 2800 Bank | | 100 000,00 |
| 4. | Verkauf der 100 hergestellten Kühlschränke zum Stückpreis von netto 2 000,00 EUR gegen Bankscheck: | 2800 Bank | 238 000,00 | |
| | Nettowert 200 000,00 EUR | an 5000 UE f. eig. Erz. | | 200 000,00 |
| | + 19 % USt 38 000,00 EUR | an 4800 Umsatzsteuer | | 38 000,00 |
| | Bruttowert 238 000,00 EUR | | | |

**IV. Abschlussangaben:**

1. Lt. Inventur ist kein Schlussbestand an Fertigerzeugnissen vorhanden.
2. Die Umsatzsteuer ist zu passivieren.

**V. Aufgaben:**

1. Richten Sie die erforderlichen Konten ein und tragen Sie die angegebenen Anfangsbestände darauf vor!
2. Buchen Sie die vier Geschäftsvorfälle auf den entsprechenden Konten!
3. Schließen Sie die Konten ab!
4. Geben Sie das buchhalterische Ergebnis der Geschäftsperiode an und bestätigen Sie die Richtigkeit des Ergebnisses durch eine Berechnung außerhalb der Buchführung!

**Lösungen:**

**Zu 1. bis 3.: Buchung auf den Konten**

| S | 2600 Vorsteuer | | H |
|---|---|---|---|
| 2800 | 9 500,00 | 4800 | 13 300,00 |
| 2800 | 3 800,00 | | |
| | 13 300,00 | | 13 300,00 |

| S | 2800 Bank | | H |
|---|---|---|---|
| 8000 | 175 000,00 | 6000/2600 | 59 500,00 |
| 5000/4800 | 238 000,00 | 6020/2600 | 23 800,00 |
| | | 6200 | 100 000,00 |
| | | 8010 | 229 700,00 |
| | 413 000,00 | | 413 000,00 |

| S | 3000 Eigenkapital | | H |
|---|---|---|---|
| 8010 | 205 000,00 | 8000 | 175 000,00 |
| | | 8020 | 30 000,00 |
| | 205 000,00 | | 205 000,00 |

| S | 4800 Umsatzsteuer | | H |
|---|---|---|---|
| 2600 | 13 300,00 | 2800 | 38 000,00 |
| 8010 | 24 700,00 | | |
| | 38 000,00 | | 38 000,00 |

| S | 6000 Aufw. f. Rohstoffe | | H |
|---|---|---|---|
| 2800 | 50 000,00 | 8020 | 50 000,00 |

| S | 6020 Aufw. f. Hilfsstoffe | | H |
|---|---|---|---|
| 2800 | 20 000,00 | 8020 | 20 000,00 |

| S | 6200 Löhne | | H |
|---|---|---|---|
| 2800 | 100 000,00 | 8020 | 100 000,00 |

| S | 5000 UE f. eig. Erzeugn. | | H |
|---|---|---|---|
| 8020 | 200 000,00 | 2800 | 200 000,00 |

| S | 8010 SBK | | H |
|---|---|---|---|
| 2800 | 229 700,00 | 3000 | 205 000,00 |
| | | 4800 | 24 700,00 |
| | 229 700,00 | | 229 700,00 |

| S | 8020 GuV | | H |
|---|---|---|---|
| 6000 | 50 000,00 | 5000 | 200 000,00 |
| 6020 | 20 000,00 | | |
| 6200 | 100 000,00 | | |
| 3000 | 30 000,00 | | |
| | 200 000,00 | | 200 000,00 |

**Zu 4.: Berechnung des Gesamtgewinns**

Auf dem GuV-Konto wird ein Ergebnis (Gewinn) von 30 000,00 EUR ausgewiesen. Das wird durch folgende Berechnung außerhalb der Buchführung bestätigt:

| | | |
|---|---|---|
| | Verkaufserlös je Stück | 2 000,00 EUR |
| – | Herstellungskosten je Stück | 1 700,00 EUR |
| | Stückgewinn: | 300,00 EUR |
| | Gesamtgewinn: 300 · 100 = | 30 000,00 EUR |

## (2) Fall 2: Bestandsmehrungen

**Beispiel:**

**III. 2. Sachverhalt (Fortführung der Ausgangssituation von S. 212):**

Unter den gleichen Bedingungen werden innerhalb der Geschäftsperiode wiederum 100 Kühlschränke hergestellt, aber nur 60 Stück verkauft. Ein Anfangsbestand an Kühlschränken war nicht vorhanden. Daher ergeben sich folgende Geschäftsvorfälle mit den entsprechenden Buchungssätzen:

| Nr. | Geschäftsvorfälle | Konten | Soll | Haben |
|---|---|---|---|---|
| 1. | Kauf von Rohstoffen 50 000,00 EUR zzgl. 19 % USt gegen Bankscheck. | 6000 Aufw. für Rohstoffe<br>2600 Vorsteuer<br>an 2800 Bank | 50 000,00<br>9 500,00 | <br><br>59 500,00 |
| 2. | Kauf von Hilfsstoffen 20 000,00 EUR zzgl. 19 % USt gegen Bankscheck. | 6020 Aufw. für Hilfsstoffe<br>2600 Vorsteuer<br>an 2800 Bank | 20 000,00<br>3 800,00 | <br><br>23 800,00 |
| 3. | Banküberweisung für Fertigungslöhne 100 000,00 EUR. | 6200 Löhne<br>an 2800 Bank | 100 000,00 | <br>100 000,00 |

| Nr. | Geschäftsvorfälle | Konten | Soll | Haben |
|---|---|---|---|---|
| 4. | Verkauf der 60 hergestellten Kühlschränke zum Stückpreis von netto 2000,00 EUR gegen Bankscheck:<br>Nettowert 120000,00 EUR<br>+ 19 % USt 22800,00 EUR<br>Bruttowert 142800,00 EUR | 2800 Bank<br>an 5000 UE f. eig. Erz.<br>an 4800 Umsatzsteuer | 142800,00 | <br>120000,00<br>22800,00 |

**IV. Abschlussangaben:**

1. Der Schlussbestand an Fertigerzeugnissen beträgt lt. Inventur 40 Stück zu Herstellungskosten von 1700,00 EUR je Stück = 68000,00 EUR.
2. Die Umsatzsteuer ist zu passivieren!

**V. Aufgaben:**

1. Richten Sie die erforderlichen Konten ein und tragen Sie die angegebenen Anfangsbestände darauf vor!
2. Buchen Sie die vier Geschäftsvorfälle auf den entsprechenden Konten!
3. Schließen Sie die Konten ab!
4. Bilden Sie zu den drei Schritten zur Erfassung der Bestandsmehrung die erforderlichen Buchungssätze!
5. Bestätigen Sie das buchhalterische Ergebnis durch eine Berechnung außerhalb der Buchführung!

**Lösung:**

**Zu 1. bis 3.: Buchung auf den Konten**

| S | 2600 Vorsteuer | | H |
|---|---|---|---|
| 2800 | 9500,00 | 4800 | 13300,00 |
| 2800 | 3800,00 | | |
| | 13300,00 | | 13300,00 |

| S | 3000 Eigenkapital | | H |
|---|---|---|---|
| 8010 | 193000,00 | 8000 | 175000,00 |
| | | 8020 | 18000,00 |
| | 193000,00 | | 193000,00 |

| S | 6000 Aufw. f. Rohstoffe | | H |
|---|---|---|---|
| 2800 | 50000,00 | 8020 | 50000,00 |

| S | 6020 Aufw. f. Hilfsstoffe | | H |
|---|---|---|---|
| 2800 | 20000,00 | 8020 | 20000,00 |

| S | 2800 Bank | | H |
|---|---|---|---|
| 8000 | 175000,00 | 6000/2600 | 59500,00 |
| 5000/4800 | 142800,00 | 6020/2600 | 23800,00 |
| | | 6200 | 100000,00 |
| | | 8010 | 134500,00 |
| | 317800,00 | | 317800,00 |

| S | 4800 Umsatzsteuer | | H |
|---|---|---|---|
| 2600 | 13300,00 | 2800 | 22800,00 |
| 8010 | 9500,00 | | |
| | 22800,00 | | 22800,00 |

| S | 6200 Löhne | | H |
|---|---|---|---|
| 2800 | 100000,00 | 8020 | 100000,00 |

| S | 5000 UE f. eig. Erzeugn. | | H |
|---|---|---|---|
| 8020 | 120000,00 | 2800 | 120000,00 |

4.2

| S | 2200 Fert. Erzeugnisse | | H |
|---|---|---|---|
| 5202 | 68000,00 | 8010 | 68000,00 |

| S | 5202 Best.-Veränd. a. f. Erz. | | H |
|---|---|---|---|
| 8020 | 68000,00 | 2200 | 68000,00 |

4.1

| S | 8010 SBK | | H |
|---|---|---|---|
| 2200 | 68000,00 | 3000 | 193000,00 |
| 2800 | 134500,00 | 4800 | 9500,00 |
| | 202500,00 | | 202500,00 |

4.3

| S | 8020 GuV | | H |
|---|---|---|---|
| 6000 | 50000,00 | 5000 | 120000,00 |
| 6020 | 20000,00 | 5202 | 68000,00 |
| 6200 | 100000,00 | | |
| 3000 | 18000,00 | | |
| | 188000,00 | | 188000,00 |

**Zu 4.: Buchungssätze**

| Nr. | Geschäftsvorfälle | Konten | Soll | Haben |
|---|---|---|---|---|
| 4.1 | Buchung des Schlussbestands der 40 Kühlschränke zu den Herstellungskosten in Höhe von 1700,00 EUR je Stück = 68000,00 EUR. | 8010 SBK<br>an 2200 Fertige Erzeugnisse | 68000,00 | <br>68000,00 |
| 4.2 | Umbuchung der Bestandsmehrung auf das Bestandsveränderungskonto 68000,00 EUR. | 2200 Fertige Erzeugnisse<br>an 5202 B.-Veränd. a. f. Erz. | 68000,00 | <br>68000,00 |
| 4.3 | Abschluss des Kontos 5202 über das GuV-Konto. | 5202 B.-Veränd. a. f. Erz.<br>an 8020 GuV | 68000,00 | <br>68000,00 |

**Zu 5.: Bestätigung des buchhalterischen Ergebnisses durch folgende Berechnung**

| | | | |
|---|---|---|---|
| | Verkaufserlöse | 60 Stück zu je 2 000,00 EUR = | 120000,00 EUR |
| + | Bestandsmehrung | 40 Stück zu je 1 700,00 EUR = | 68000,00 EUR |
| | Leistungen des Betriebs | | 188000,00 EUR |
| – | Kosten für 100 Stück zu je 1 700,00 EUR | | 170000,00 EUR |
| | Gewinn | | 18000,00 EUR |

**Erläuterungen zur Buchung des Falls der Bestandsmehrung:**

Da 100 Kühlschränke hergestellt wurden, aber nur 60 Stück verkauft werden konnten, verbleiben 40 Kühlschränke als Lagerbestand. Es leuchtet ein, dass den Verkaufserlösen von 60 Stück (60 · 2000,00 EUR = 120000,00 EUR) nicht die Herstellungskosten für 100 Stück (100 · 1700,00 EUR = 170000,00 EUR) gegenübergestellt werden können. Dabei würde sich ein Verlust von 50000,00 EUR ergeben. Bei einem Stückgewinn von 300,00 EUR und einer Verkaufsmenge von 60 Stück muss sich aber ein Gewinn von 18000,00 EUR ergeben. Dieser Gewinn muss sich auch in der Buchführung als Saldo auf dem Gewinn- und Verlustkonto darstellen.

Da am Anfang keine fertigen Erzeugnisse vorhanden waren, am Ende der Geschäftsperiode jedoch 40 Kühlschränke im Lager verbleiben, bedeutet das eine Bestandsmehrung von 40 Kühlschränken. Die Herstellungskosten hierfür betragen: 40 · 1700,00 EUR = 68000,00 EUR. Um diesen Wert der Bestandsmehrung müssen wir daher die Ertragsseite (Verkaufserlöse) erhöhen.

Die **Summe aus Verkaufserlösen und dem Wert der Bestandsmehrung** wird auch als **Leistung** des Betriebs bezeichnet. Dieser Leistung des Betriebs sind die durch die Produktion innerhalb der Geschäftsperiode entstandenen **Aufwendungen (Kosten)** gegenüberzustellen. Auf beiden Seiten liegen dann gleiche Mengen zugrunde. Auf der Ertragsseite haben wir die Verkaufserlöse von 60 Kühlschränken und die Herstellungskosten von 40 Kühlschränken. Auf der Aufwandsseite haben wir die Aufwendungen von 100 Kühlschränken.

**Merke:**

- Da am Ende der Geschäftsperiode unverkaufte Fertigfabrikate vorhanden sind, muss das Bestandskonto **2200 Fertige Erzeugnisse** eingerichtet werden.
- Das Aktivkonto 2200 Fertige Erzeugnisse wird über das **Schlussbilanzkonto** abgeschlossen.
- Die **Mengen der Erzeugnisse** auf der Aufwands- und Ertragsseite innerhalb einer Geschäftsperiode **müssen sich entsprechen.**
- Ist der Wert des **Schlussbestands** an Erzeugnissen **höher** als der **Anfangsbestand** an Erzeugnissen, liegt eine **Bestandsmehrung** vor.

- Bei der Bestandsmehrung ist die **Herstellmenge** in einer Rechnungsperiode **größer als** die **Absatzmenge.**
- Für die Bestandsmehrung benötigen wir ein Erfolgskonto, das diesen Wert aufnimmt. Dieses Konto finden wir in der Kontenklasse 5 unter der Bezeichnung **5202 Bestandsveränderungen an fertigen Erzeugnissen.**
- Die **Bestandsmehrung**, die sich als Saldo auf dem Bestandskonto 2200 ergibt, ist daher auf das **Ertragskonto 5202** umzubuchen und „wandert" von dort auf die **Habenseite des Gewinn- und Verlustkontos.**
- **Bestandsmehrungen** werden rechnerisch zu den **Erlösen** für die in der Rechnungsperiode verkauften Erzeugnisse **hinzuaddiert.**

| Soll | 8020 GuV-Konto Haben |
|---|---|
| Aufwendungen für die hergestellten Erzeugnisse der Rechnungsperiode | Erlöse für die verkauften Erzeugnisse der Rechnungsperiode<br>+ Bestandsmehrung (Wert der in der Rechnungsperiode hergestellten, aber noch nicht verkauften Erzeugnisse zu Herstellkosten) |

## Übungsaufgabe

**125** **I. Anfangsbestände:**

2200 Fertige Erzeugnisse 17000,00 EUR, 2800 Bank 396000,00 EUR, 3000 Eigenkapital 362000,00 EUR, 4800 Umsatzsteuer 51 000,00 EUR.

**II. Kontenplan:**

2200, 2400, 2600, 2800, 3000, 4800, 5000, 5202, 6000, 6020, 6200, 8010, 8020.

**III. Geschäftsvorfälle:**

| | | | |
|---|---|---|---|
| 1. | Einkauf von Rohstoffen durch Banküberweisung | 135000,00 EUR | |
| | + 19 % Umsatzsteuer | 25650,00 EUR | 160650,00 EUR |
| 2. | Verkauf von fertigen Erzeugnissen auf Ziel | 270000,00 EUR | |
| | + 19 % Umsatzsteuer | 51300,00 EUR | 321300,00 EUR |
| 3. | Einkauf von Hilfsstoffen durch Banküberweisung | 39000,00 EUR | |
| | + 19 % Umsatzsteuer | 7410,00 EUR | 46410,00 EUR |
| 4. | Banküberweisung für Fertigungslöhne | | 120000,00 EUR |

**IV. Abschlussangaben:**

1. Der Schlussbestand an fertigen Erzeugnissen beträgt lt. Inventur 22500,00 EUR.
2. Die Zahllast ist zu passivieren.

**V. Aufgaben:**

1. Richten Sie die erforderlichen Konten ein und tragen Sie die Anfangsbestände darauf vor!
2. Bilden Sie zu den Geschäftsvorfällen die Buchungssätze und übertragen Sie die Buchungen auf die Konten des Hauptbuches!
3. Ermitteln Sie durch Abschluss der Konten das Ergebnis der Geschäftsperiode!
4. Bilden Sie für die Erfassung der Bestandsveränderungen an fertigen Erzeugnissen die drei erforderlichen Buchungssätze!

## (3) Fall 3: Bestandsminderung

**Beispiel:**

**III. 3. Sachverhalt (Fortführung der Ausgangssituation von S. 212 unter Berücksichtigung der Änderungen durch Fall 2):**

Es ergeben sich folgende Änderungen: Den Schlussbestand der 40 Kühlschränke im Wert von 68000,00 EUR aus Fall 2 übernehmen wir als Anfangsbestand für Fall 3. Dadurch erhöht sich das Eigenkapital um diesen Wert auf jetzt 243000,00 EUR. Der Anfangsbestand auf dem Konto 2800 Bank bleibt unverändert bei 175000,00 EUR.

Innerhalb der Geschäftsperiode werden wiederum 100 Kühlschränke hergestellt, aber 120 Stück verkauft. Dadurch ergeben sich folgende Geschäftsvorfälle mit den entsprechenden Buchungssätzen:

| Nr. | Geschäftsvorfälle | Konten | Soll | Haben |
|---|---|---|---|---|
| 1. | Kauf von Rohstoffen 50000,00 EUR zzgl. 19 % USt gegen Bankscheck. | 6000 Aufw. für Rohstoffe<br>2600 Vorsteuer<br>an 2800 Bank | 50000,00<br>9500,00 | <br><br>59500,00 |
| 2. | Kauf von Hilfsstoffen 20000,00 EUR zzgl. 19 % USt gegen Bankscheck. | 6020 Aufw. für Hilfsstoffe<br>2600 Vorsteuer<br>an 2800 Bank | 20000,00<br>3800,00 | <br><br>23800,00 |
| 3. | Banküberweisung für Fertigungslöhne 100000,00 EUR. | 6200 Löhne<br>an 2800 Bank | 100000,00 | <br>100000,00 |
| 4. | Verkauf der 120 hergestellten Kühlschränke zum Stückpreis von netto 2000,00 EUR gegen Bankscheck:<br>Nettowert 240000,00 EUR<br>+ 19 % USt 45600,00 EUR<br>Bruttowert 285600,00 EUR | 2800 Bank<br>an 5000 UE f. eig. Erz.<br>an 4800 Umsatzsteuer | 285600,00 | <br>240000,00<br>45600,00 |

**IV. Abschlussangaben:**

1. Der Schlussbestand an Fertigerzeugnissen beträgt lt. Inventur 20 Stück zu Herstellungskosten von 1700,00 EUR je Stück = 34000,00 EUR.
2. Die Zahllast ist zu passivieren!

**V. Aufgaben:**

1. Richten Sie die erforderlichen Konten ein und tragen Sie die angegebenen Anfangsbestände darauf vor!
2. Buchen Sie die vier Geschäftsvorfälle auf den entsprechenden Konten!
3. Schließen Sie die Konten ab!
4. Bilden Sie zu den drei Schritten zur Erfassung der Bestandsminderung die erforderlichen Buchungssätze!
5. Bestätigen Sie das buchhalterische Ergebnis durch eine Berechnung außerhalb der Buchführung!

**Lösungen:**

**Zu 1. bis 3.: Buchung auf den Konten**

| S | 2600 Vorsteuer | | H |
|---|---|---|---|
| 2800 | 9500,00 | 4800 | 13300,00 |
| 2800 | 3800,00 | | |
| | 13300,00 | | 13300,00 |

| S | 2800 Bank | | H |
|---|---|---|---|
| 8000 | 175000,00 | 6000/2600 | 59500,00 |
| 5000/4800 | 285600,00 | 6020/2600 | 23800,00 |
| | | 6200 | 100000,00 |
| | | 8010 | 277300,00 |
| | 460600,00 | | 460600,00 |

| S | 3000 Eigenkapital | | H |
|---|---|---|---|
| 8010 | 279000,00 | 8000 | 243000,00 |
| | | 8020 | 36000,00 |
| | 279000,00 | | 279000,00 |

| S | 4800 Umsatzsteuer | | H |
|---|---|---|---|
| 2600 | 13300,00 | 2800 | 45600,00 |
| 8010 | 32300,00 | | |
| | 45600,00 | | 45600,00 |

| S | 6000 Aufw. f. Rohstoffe | | H |
|---|---|---|---|
| 2800 | 50000,00 | 8020 | 50000,00 |

| S | 6020 Aufw. f. Hilfsstoffe | | H |
|---|---|---|---|
| 2800 | 20000,00 | 8020 | 20000,00 |

| S | 6200 Löhne | | H |
|---|---|---|---|
| 2800 | 100000,00 | 8020 | 100000,00 |

| S | 5000 UE f. eig. Erzeugn. | | H |
|---|---|---|---|
| 8020 | 240000,00 | 2800 | 240000,00 |

| S | 2200 Fert. Erzeugnisse | | H |
|---|---|---|---|
| 8000 | 68000,00 | 8010 | 34000,00 |
| | | 5202 | 34000,00 |
| | 68000,00 | | 68000,00 |

| S | 5202 Best.-Veränd. a. f. Erz. | | H |
|---|---|---|---|
| 2200 | 34000,00 | 8020 | 34000,00 |

4.1 4.2 4.3

| S | 8010 SBK | | H |
|---|---|---|---|
| 2200 | 34000,00 | 3000 | 279000,00 |
| 2800 | 277300,00 | 4800 | 32300,00 |
| | 311300,00 | | 311300,00 |

| S | 8020 GuV | | H |
|---|---|---|---|
| 6000 | 50000,00 | 5000 | 240000,00 |
| 6020 | 20000,00 | | |
| 6200 | 100000,00 | | |
| 5202 | 34000,00 | | |
| 3000 | 36000,00 | | |
| | 240000,00 | | 240000,00 |

**Zu 4.: Buchungssätze**

| Nr. | Geschäftsvorfälle | Konten | Soll | Haben |
|---|---|---|---|---|
| 4.1 | Buchung des Schlussbestands der noch vorhandenen Kühlschränke: 20 zu je 1700,00 EUR = 34000,00 EUR. | 8010 SBK<br>an 2200 Fertige Erzeugnisse | 34000,00 | 34000,00 |
| 4.2 | Umbuchung der Bestandsminderung von 34000,00 EUR vom Konto 2200 auf das Konto 5202. | 5202 B.-Veränd. a. f. Erz.<br>an 2200 Fertige Erzeugnisse | 34000,00 | 34000,00 |
| 4.3 | Abschluss des Kontos 5202 über das GuV-Konto. | 8020 GuV<br>an 5202 B.-Veränd. a. f. Erz. | 34000,00 | 34000,00 |

**Zu 5.: Bestätigung des buchhalterischen Ergebnisses durch folgende Berechnung**

| | | |
|---|---|---|
| Verkaufserlöse | 120 Stück zu je 2 000,00 EUR = | 240 000,00 EUR |
| – Bestandsminderung | 20 Stück zu je 1 700,00 EUR = | 34 000,00 EUR |
| Leistungen des Betriebs in dieser Geschäftsperiode | | 206 000,00 EUR |
| – Kosten für 100 Stück zu je 1 700,00 EUR | | 170 000,00 EUR |
| Gewinn | | 36 000,00 EUR |

Dieses Ergebnis wird auch durch folgende Überlegung bestätigt:

Bei einem Stückgewinn von 300,00 EUR und einer Verkaufsmenge von 120 Stück muss das zu einem Gewinn von 120 · 300,00 EUR = 36 000,00 EUR führen, der sich auch in unserer Buchführung als Saldo auf dem GuV-Konto darstellen muss.

## Erläuterungen zur Buchung der Bestandsminderungen

In diesem Fall wurden in der Geschäftsperiode mehr Kühlschränke verkauft, als in der gleichen Geschäftsperiode hergestellt wurden. Das war nur möglich, weil zu Beginn der Geschäftsperiode noch ein Lagerbestand von 40 Stück vorhanden war.

Da ein sinnvolles Ergebnis nur auf der Grundlage gleicher Mengen auf der Aufwands- und auf der Ertragsseite erzielt werden kann, müssen wir den Erlösen von 120 Stück auch die Aufwendungen von 120 Stück gegenüberstellen, d. h., wir müssen die Herstellkosten der 100 Stück um die Herstellkosten der Bestandsminderung von 20 Stück erhöhen. Dies kann buchhalterisch nur über die Sollseite des GuV-Kontos erfolgen.

- Die **Mengen an Erzeugnissen auf der Aufwands- und auf der Ertragsseite** innerhalb einer Geschäftsperiode **müssen sich entsprechen.**
- Ist der Wert des **Schlussbestands** an Erzeugnissen **niedriger** als der **Anfangsbestand** an Erzeugnissen, liegt eine **Bestandsminderung** vor.
- Bei der Bestandsminderung ist die **Herstellmenge** in einer Geschäftsperiode (Abrechnungsperiode) **kleiner als** die **Absatzmenge.**
- **Bestandsminderungen** werden rechnerisch zu den Aufwendungen für die hergestellten Erzeugnisse hinzuaddiert und auf der **Sollseite** des **GuV-Kontos** erfasst.

| Soll | 8020 GuV-Konto Haben |
|---|---|
| Aufwendungen für die hergestellten Erzeugnisse der Rechnungsperiode<br>+ Bestandsminderungen<br>(Dadurch werden die Aufwendungen der Rechnungsperiode an die in dieser Zeit erzielten Erlöse angepasst.) | Erlöse für die verkauften Erzeugnisse der Rechnungsperiode |

## Übungsaufgabe

**126** I. **Anfangsbestände:**

2200 Fertige Erzeugnisse 51000,00 EUR, 2800 Bank 155000,00 EUR, 3000 Eigenkapital 206000,00 EUR.

II. **Kontenplan:**

2200, 2600, 2800, 3000, 4800, 5000, 5202, 6000, 6020, 6200, 8010, 8020.

III. **Geschäftsvorfälle:**

1. Kauf von Rohstoffen gegen Bankscheck 75000,00 EUR zuzüglich 19 % USt
2. Kauf von Hilfsstoffen gegen Bankscheck 30000,00 EUR zuzüglich 19 % USt
3. Verkauf von fertigen Erzeugnissen gegen Bankscheck 340000,00 EUR zuzüglich 19 % Umsatzsteuer
4. Banküberweisung für Fertigungslöhne 150000,00 EUR

IV. **Abschlussangaben:**

1. Der Schlussbestand an fertigen Erzeugnissen beträgt lt. Inventur 17000,00 EUR.
2. Die Umsatzsteuer ist zu passivieren!

V. **Aufgaben:**

1. Richten Sie die erforderlichen Konten ein und tragen Sie die Anfangsbestände darauf vor!
2. Bilden Sie zu den Geschäftsvorfällen die Buchungssätze nach dem verbrauchsorientierten Verfahren und übertragen Sie die Buchungen auf die Konten des Hauptbuches!
3. Ermitteln Sie durch Abschluss der Konten das Ergebnis der Geschäftsperiode!
4. Bilden Sie für die Erfassung der Bestandsveränderungen an fertigen Erzeugnissen die drei erforderlichen Buchungssätze!

### 3.1.4.2 Bestandsveränderungen bei unfertigen Erzeugnissen

Die Herstellung von Gütern verläuft über mehrere Produktionsstufen. Güter, die ihre endgültige Verkaufsreife noch nicht erreicht haben, bezeichnet man als **unfertige Erzeugnisse.** Bestandsveränderungen bei unfertigen Erzeugnissen haben in der Buchführung die gleichen Auswirkungen wie die Bestandsveränderungen an fertigen Erzeugnissen. Das bedeutet, dass **Bestandsmehrungen** auf der **Habenseite des GuV-Kontos** und **Bestandsminderungen** auf der **Sollseite des GuV-Kontos** erscheinen müssen.

**Beispiel:**

**I. Sachverhalt:**

Zu Beginn der Geschäftsperiode sind keine Bestände an fertigen und unfertigen Erzeugnissen vorhanden. Innerhalb der Geschäftsperiode wurden unter den uns bekannten Bedingungen 100 Kühlschränke hergestellt, die auch in dieser Geschäftsperiode verkauft wurden.

Des Weiteren nehmen wir an, dass 20 Kühlschränke ihre Endstufe noch nicht erreicht haben und als unfertige Erzeugnisse gelagert werden. Diese unfertigen Erzeugnisse sollen Herstellungsaufwendungen in Höhe von 300,00 EUR an Werkstoffen und 700,00 EUR an Fertigungslöhnen je Stück verursacht haben. Der Schlussbestand an unfertigen Erzeugnissen beträgt damit 20000,00 EUR.

**II. Aufgaben:**

1. Stellen Sie auf Konten nur dar, wie sich die Bestandserhöhung bei den unfertigen Erzeugnissen in der Buchführung auswirkt!
2. Bilden Sie die Buchungssätze
   2.1 für den Abschluss des Kontos 2100 Unfertige Erzeugnisse,
   2.2 für die Erfassung der Bestandsmehrung an unfertigen Erzeugnissen,
   2.3 für den Abschluss des Kontos 5201 Bestandsveränderungen an unfertigen Erzeugnissen und nicht abgerechneten Leistungen!

**Lösungen:**

**Zu 1.: Buchung auf den Konten**

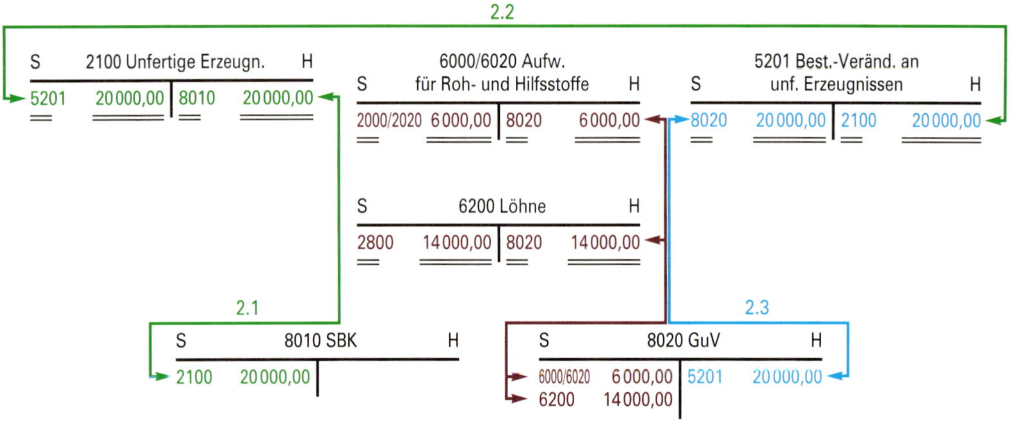


**Zu 2.: Buchungssätze**

| Nr. | Geschäftsvorfälle | Konten | Soll | Haben |
|---|---|---|---|---|
| 2.1 | Erfassung des Schlussbestands der unfertigen Erzeugnisse mit den Herstellungsaufwendungen in Höhe von 20000,00 EUR. | 8010 SBK<br>an 2100 Unfertige Erzeugn. | 20000,00 | <br>20000,00 |
| 2.2 | Umbuchung der Bestandsmehrung an unfertigen Erzeugnissen von dem Bestandskonto 2100 auf das Ertragskonto 5201. | 2100 Unfertige Erzeugnisse<br>an 5201 Be.-Veränd.a.unf.Erz. | 20000,00 | <br>20000,00 |
| 2.3 | Abschluss des Kontos 5201. | 5201 Be.-Veränd.a.unf.Erz.<br>an 8020 GuV | 20000,00 | <br>20000,00 |

## Übungsaufgaben

**127** Zu Beginn der Geschäftsperiode befinden sich 20 Stück unfertige Erzeugnisse im Wert von 20000,00 EUR auf dem Lager. Am Ende der Geschäftsperiode sind nur noch 5 Stück im Wert von 5000,00 EUR vorhanden.

**Aufgaben:**

1. Richten Sie die Konten 2100 Unfertige Erzeugnisse, 5201 Bestandsveränderungen an unfertigen Erzeugnissen sowie die Konten 8010 SBK und 8020 GuV ein!

2. Tragen Sie den Anfangsbestand an unfertigen Erzeugnissen auf dem Konto 2100 vor!
3. Stellen Sie die Auswirkungen der Bestandsminderung auf den Konten dar und bilden Sie dazu die entsprechenden Buchungssätze:
   3.1 für den Abschluss des Kontos 2100 Unfertige Erzeugnisse,
   3.2 für die Erfassung der Bestandsminderung an unfertigen Erzeugnissen,
   3.3 für den Abschluss des Kontos 5201 Bestandsveränderungen an unfertigen Erzeugnissen!

**128** 1. Bestände an fertigen Erzeugnissen:
Anfangsbestand: 125350,00 EUR; Schlussbestand: 150000,00 EUR

**Aufgaben:**

1.1 Richten Sie die Konten 2200 Fertige Erzeugnisse, 5202 Bestandsveränderungen an fertigen Erzeugnissen, 8010 SBK und 8020 GuV ein!

1.2 Tragen Sie den Anfangsbestand an fertigen Erzeugnissen auf dem entsprechenden Konto vor!

1.3 Buchen Sie den Schlussbestand an fertigen Erzeugnissen, die Bestandsveränderung an fertigen Erzeugnissen auf den Konten und schließen Sie das Bestandsveränderungskonto über das GuV-Konto ab!

1.4 Bilden Sie die Buchungssätze:
- 1.4.1 für den Schlussbestand an fertigen Erzeugnissen
- 1.4.2 für die Bestandsveränderung an fertigen Erzeugnissen
- 1.4.3 für den Abschluss des Kontos Bestandsveränderungen an fertigen Erzeugnissen!

2. Bestände an unfertigen Erzeugnissen:
Anfangsbestand: 86500,00 EUR; Schlussbestand: 71200,00 EUR

**Aufgaben:**

2.1 Richten Sie folgende Konten ein: 2100 Unfertige Erzeugnisse, 5201 Bestandsveränderungen an unfertigen Erzeugnissen, 8010 SBK und 8020 GuV!

2.2 Tragen Sie den Anfangsbestand an unfertigen Erzeugnissen auf dem entsprechenden Konto vor!

2.3 Buchen Sie den Schlussbestand an unfertigen Erzeugnissen, die Bestandsveränderung an unfertigen Erzeugnissen auf den Konten und schließen Sie das Bestandsveränderungskonto über das GuV-Konto ab!

2.4 Bilden Sie die Buchungssätze:
- 2.4.1 für den Schlussbestand an unfertigen Erzeugnissen
- 2.4.2 für die Bestandsveränderung an unfertigen Erzeugnissen
- 2.4.3 für den Abschluss des Kontos Bestandsveränderungen an unfertigen Erzeugnissen!

**129**

| | Anfangsbestände | Schlussbestände |
|---|---|---|
| 2100 Unfertige Erzeugnisse | 75710,00 EUR | 80430,00 EUR |
| 2200 Fertige Erzeugnisse | 57500,00 EUR | 66840,00 EUR |

Die Aufwendungen betragen insgesamt: 521300,00 EUR
Die Erträge betragen insgesamt: 804890,00 EUR

**Aufgaben:**

1. Richten Sie folgende Konten ein:
2100 Unfert. Erzeugnisse, 2200 Fert. Erzeugnisse, 5201 Bestandsveränd. an unfert. Erzeugnissen, 5202 Bestandsveränd. an fert. Erzeugnissen, 8010 SBK und 8020 GuV.
2. Tragen Sie die Summe der Aufwendungen und Erträge auf dem GuV-Konto ein!
3. Ermitteln Sie unter Einbeziehung der Bestandsveränderungen buchhalterisch den Erfolg des Industrieunternehmens!
4. Wie müssen die Bestandsveränderungen in die Erfolgsermittlung einbezogen werden?

**130** 1. Begründen Sie, warum ein Mehrbestand an Erzeugnissen über die Habenseite und ein Minderbestand an Erzeugnissen über die Sollseite des GuV-Kontos abzuschließen ist!

2. Worin besteht die Gesamtleistung eines Industriebetriebs?

**131** I. **Anfangsbestände:**

Die Geschäftsperiode eines Industriebetriebs beginnt mit folgenden Anfangsbeständen, die auf den entsprechenden Konten im Hauptbuch vorzutragen sind:

| | |
|---|---|
| 2000 Rohstoffe | 20000,00 EUR |
| 2020 Hilfsstoffe | 10000,00 EUR |
| 2100 Unfertige Erzeugnisse | 15000,00 EUR |
| 2200 Fertige Erzeugnisse | 70000,00 EUR |
| 2400 Ford. a. Lief. u. Leist. | 75000,00 EUR |
| 2800 Bank | 99400,00 EUR |
| 3000 Eigenkapital | 289400,00 EUR |

II. **Kontenplan:**

2000, 2020, 2100, 2200, 2400, 2600, 2800, 3000, 4400, 4800, 5000, 5201, 5202, 6000, 6020, 6200, 8010, 8020.

III. **Geschäftsvorfälle:**

| | | |
|---|---|---|
| 1. | Einkauf von Rohstoffen per Banküberweisung netto | 60000,00 EUR |
| | + 19 % USt | 11400,00 EUR |
| | | 71400,00 EUR |
| 2. | Einkauf von Hilfsstoffen auf Ziel netto | 20000,00 EUR |
| | + 19 % USt | 3800,00 EUR |
| | | 23800,00 EUR |
| 3. | Zahlung von Fertiglöhnen per Banküberweisung: Bruttolohn | 25000,00 EUR |
| 4. | Verkauf von eigenen Erzeugnissen auf Ziel netto | 120000,00 EUR |
| | + 19 % USt | 22800,00 EUR |
| | | 142800,00 EUR |

IV. **Abschlussangaben:**

| | | | |
|---|---|---|---|
| 1. | Schlussbestände lt. Inventur: | Konto 2000 Rohstoffe | 30000,00 EUR |
| | | Konto 2020 Hilfsstoffe | 12000,00 EUR |
| | | Konto 2100 Unfertige Erzeugnisse | 10000,00 EUR |
| | | Konto 2200 Fertige Erzeugnisse | 77000,00 EUR |

2. Die Zahllast ist zu passivieren!

V. **Aufgaben:**

1. Richten Sie die erforderlichen Konten ein und tragen Sie die Anfangsbestände darauf vor!
2. Bilden Sie zu den Geschäftsvorfällen die Buchungssätze und übertragen Sie die Buchungen auf die Konten des Hauptbuches!
3. Ermitteln Sie durch Abschluss der Konten das Ergebnis der Geschäftsperiode!

## 3.2 Zahlungsverkehr/Finanzwirtschaft

### 3.2.1 Buchung von Zahlungseingängen und Zahlungsausgängen

Im Laufe des Buchführungslehrgangs haben wir das Buchen von Zahlungseingängen und Zahlungsausgängen kennengelernt. Im Folgenden sollen aufgrund von Belegen die Buchungen der wichtigsten Zahlungsvorgänge wiederholt werden.

#### Übungsaufgabe

**132** Buchen Sie für die Franz Mayer KG, Maschinenfabrik, Industriestraße 5, 59425 Unna, die nachfolgenden Belege im Grundbuch!

**Beleg 1**

Empfangsbescheinigung
über die Einzahlung auf eigenes Konto

für Kontoinhaber
*Fa. Franz Mayer KG, Unna*

Kontonummer
*637 526*

*3 000,00*

Hamburger Sparkasse

B0710 10.06.20..EIN *** 450,00+ GV0245 000121496/113756

Für den Einzahlungstag und den Betrag ist der Maschinendruck maßgebend. 2

**Beleg 2**

DEUTSCHE POST AG
59425 UNNA
81301450 5726 07.02.20..

*88,00 EUR

POSTWERTZEICHEN OHNE ZUSCHLAG



15 Speth u.a. - ISBN 978-3-8120-0260-8

**Beleg 3**

**Beleg für Kontoinhaber**/Einzahler-Quittung

Name und Sitz des Kreditinstituts des Überweisenden | Bankleitzahl

Begünstigter: Name, Vorname/Firma (max. 27 Stellen)
Industriewerke AG, Paulusstr. 14, 63322 Rödermark

Konto-Nr. des Begünstigten: 120 420 200 | Bankleitzahl: 505 800 05

Kreditinstitut des Begünstigten
Dresdner Bank AG, Offenbach/Main

EUR | Betrag: Euro, Cent: 1098,70 ------

Kunden-Referenznummer - Verwendungszweck, ggf. Name und Anschrift des Überweisenden - (nur für Begünstigten)
Rechnung vom 05.02.20..

noch Verwendungszweck (insgesamt max. 2 Zeilen à 27 Stellen)

Kontoinhaber/Einzahler: Name, Vorname/Firma, Ort (max. 27 Stellen, keine Straßen- oder Postfachangaben)
Franz Mayer KG, Industriestr. 5, 59425 Unna

Konto-Nr. des Kontoinhabers
637 526

II

07.02.20.. Franz Mayer

**Beleg 4**

| Kontonummer | | | | | Bankleitzahl |
|---|---|---|---|---|---|
| 637 526 | | SPARKASSE UNNA | | | 443 500 60 |
| Buchungstag | Tag der Wertstellung | Verwendungszweck/Buchungstext | Buchungsnummer | | alter Kontostand 14 500,00 + |
| 07.02. | 07.02. | Heim AG, Unna<br>Rechnung Nr. 1421 | 7208 | | 1 769,28 + |
| 07.02. | 07.02. | Leasingrate für Lkw, Autohaus<br>Schueble GmbH, 19 % USt | | | 1 830,00 – |
| 07.02. | 07.02. | Finanzamt Unna, Steuer-Nr. 45/120/0751<br>Umsatzsteuer Januar | | | 9 020,50 – |
| 07.02. | 07.02. | Franz Moser, Ferienwohnung Sylt,<br>vom 01.05. bis 20.05 20.. | | | 1 500,00 – |

Franz Mayer KG
Industriestr. 5
59425 Unna

3 918,78 + neuer Kontostand

07.02.20.. Kontoauszug vom | 21 Auszug | 1 Blatt

Bitte beachten Sie die Hinweise auf der Rückseite

© BOG, Osnabrück

**Beleg 5**

**Beleg für Kontoinhaber**/Einzahler-Quittung

Name und Sitz des Kreditinstituts des Überweisenden | Bankleitzahl

Begünstigter: Name, Vorname/Firma (max. 27 Stellen)
Finanzamt Unna

Konto-Nr. des Begünstigten: 173 405 100 | Bankleitzahl: 443 500 60

Kreditinstitut des Begünstigten
Sparkasse Unna

EUR | Betrag: Euro, Cent: 598,00 ------

Kunden-Referenznummer - Verwendungszweck, ggf. Name und Anschrift des Überweisenden - (nur für Begünstigten)
Kfz-Steuer UN - XX 100

noch Verwendungszweck (insgesamt max. 2 Zeilen à 27 Stellen)

Kontoinhaber/Einzahler: Name, Vorname/Firma, Ort (max. 27 Stellen, keine Straßen- oder Postfachangaben)
Franz Mayer KG, Industriestr. 5, 59425 Unna

Konto-Nr. des Kontoinhabers
637 526

II

07.02.20.. Franz Mayer

**Beleg 6: Verkauf von Erzeugnissen gegen Scheckzahlung**

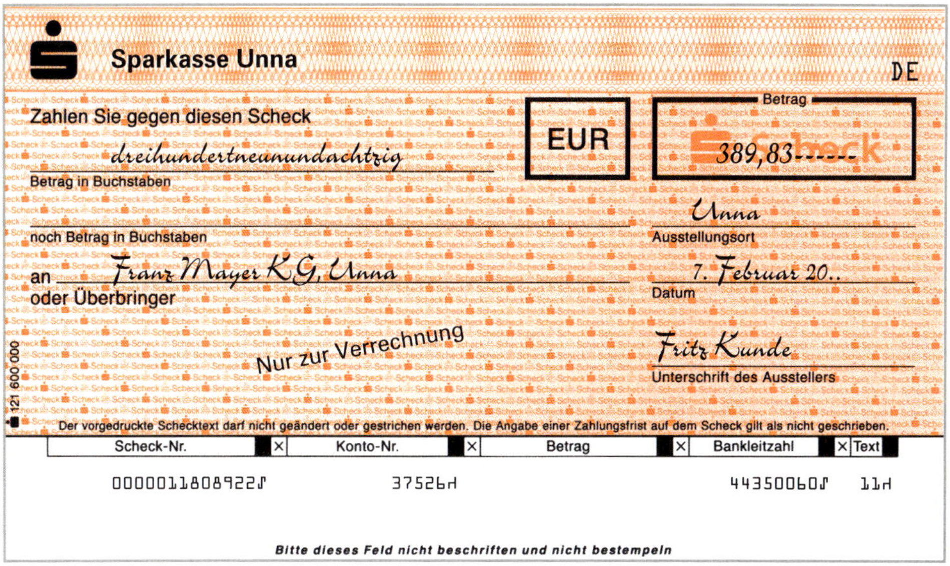

Sparkasse Unna DE

Zahlen Sie gegen diesen Scheck EUR Betrag 389,83------

dreihundertneunundachtzig

Betrag in Buchstaben

noch Betrag in Buchstaben

Unna

Ausstellungsort

an Franz Mayer KG, Unna

oder Überbringer

7. Februar 20..

Datum

Nur zur Verrechnung

Fritz Kunde

Unterschrift des Ausstellers

121 600 000

Der vorgedruckte Schecktext darf nicht geändert oder gestrichen werden. Die Angabe einer Zahlungsfrist auf dem Scheck gilt als nicht geschrieben.

| Scheck-Nr. | Konto-Nr. | Betrag | Bankleitzahl | Text |
|---|---|---|---|---|
| 0000011808922 | 37526 | | 44350060 | 11 |

Bitte dieses Feld nicht beschriften und nicht bestempeln

**Beleg 7**

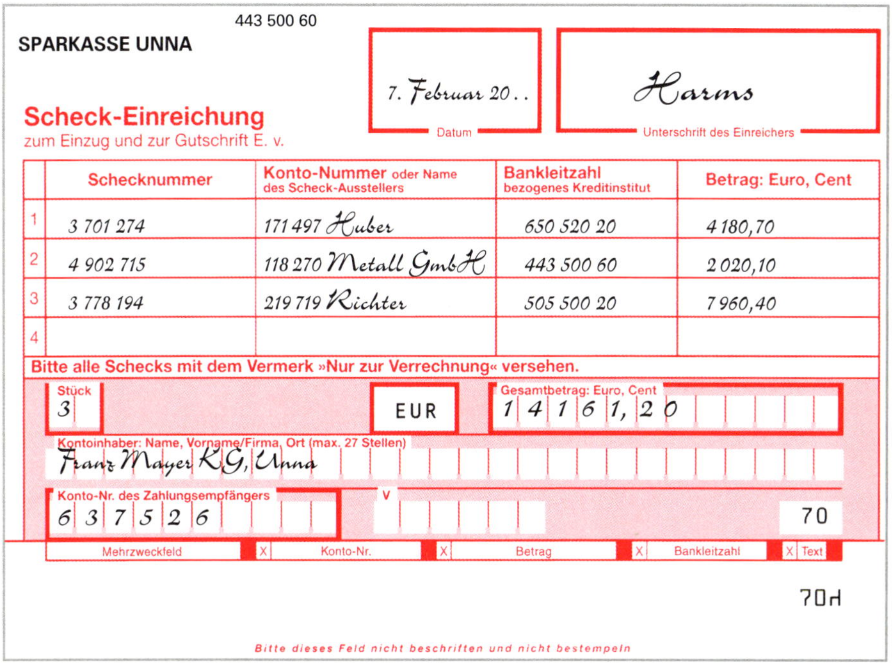

SPARKASSE UNNA 443 500 60

**Scheck-Einreichung**
zum Einzug und zur Gutschrift E. v.

7. Februar 20..
Datum

Harms
Unterschrift des Einreichers

| | Schecknummer | Konto-Nummer oder Name des Scheck-Ausstellers | Bankleitzahl bezogenes Kreditinstitut | Betrag: Euro, Cent |
|---|---|---|---|---|
| 1 | 3 701 274 | 171 497 Huber | 650 520 20 | 4 180,70 |
| 2 | 4 902 715 | 118 270 Metall GmbH | 443 500 60 | 2 020,10 |
| 3 | 3 778 194 | 219 719 Richter | 505 500 20 | 7 960,40 |
| 4 | | | | |

Bitte alle Schecks mit dem Vermerk »Nur zur Verrechnung« versehen.

Stück: 3 EUR Gesamtbetrag: Euro, Cent: 14161,20

Kontoinhaber: Name, Vorname/Firma, Ort (max. 27 Stellen): Franz Mayer KG, Unna

Konto-Nr. des Zahlungsempfängers: 637526 V 70

| Mehrzweckfeld | Konto-Nr. | Betrag | Bankleitzahl | Text |
|---|---|---|---|---|
| | | | | 70 |

Bitte dieses Feld nicht beschriften und nicht bestempeln

## 3.2.2 Lieferer- und Kundenskonti als besondere Buchungsfälle im Zahlungsverkehr

**Merke:**

**Skonto** wird als Anreiz für schnelle Zahlung gewährt. Die Skontogewährung ist vom Zeitpunkt der Zahlung abhängig.

Der Schuldner kann aufgrund der Zahlungsbedingungen selbst entscheiden, ob er innerhalb der Skontofrist zahlen möchte. Die Inanspruchnahme von Skonto verschafft dem Schuldner die Möglichkeit einer **nachträglichen** Preisminderung.

### 3.2.2.1 Liefererskonti

Werden Liefererrechnungen unter Skontoabzug gezahlt, ist der Skonto auf dem Unterkonto **Nachlässe** zu erfassen, das dem entsprechenden Werkstoffaufwands- oder Warenaufwandskonto zugeordnet ist.

- Werden z.B. **Liefererrechnungen für Rohstoffeinkäufe** mit Skontoabzug gezahlt, ist der Skonto auf dem Unterkonto **6002** zu erfassen.
- Werden **Liefererrechnungen für Einkäufe von Handelswaren** mit Skontoabzug gezahlt, ist der Skonto auf dem Unterkonto **6082** zu buchen.

**Beispiel 1:**

| | |
|---|---|
| Wir bezahlen eine bereits gebuchte Liefererrechnung für Rohstoffe über | 5 950,00 EUR |
| unter Abzug von 2 % Skonto | – 119,00 EUR |
| Banküberweisung | 5 831,00 EUR |

**Aufgaben:**

1. Buchen Sie den Geschäftsvorfall auf Konten und schließen Sie das Konto 6002 Nachlässe ab!
2. Bilden Sie die Buchungssätze!

**Lösungen:**

**Zu 1.: Buchung auf den Konten und Abschluss des Kontos 6002**

S 6000 Aufwendungen für Rohstoffe H

| | | | |
|---|---|---|---|
| 4400 | 5 000,00 | 6002 | 100,00 |

S 2600 Vorsteuer H

| | | | |
|---|---|---|---|
| 4400 | 950,00 | 4400 | 19,00 |

S 2800 Bank H

| | | | |
|---|---|---|---|
| AB | 7 500,00 | 4400 | 5 831,00 |

S 6002 Nachlässe H

| | | | |
|---|---|---|---|
| 6000 | 100,00 | 4400 | 100,00 |

S 4400 Verbindlichkeiten a. Lief. u. Leist. H

| | | | |
|---|---|---|---|
| 2600/2800/6002 | 5 950,00 | 6000/2600 | 5 950,00 |

| | |
|---|---|
| Anschaffungspreis der Rohstoffe | 5 000,00 EUR |
| – Liefererskonto | 100,00 EUR |
| Anschaffungskosten | 4 900,00 EUR |

**Zu 2.: Buchungssätze**

| Geschäftsvorfälle | Konten | Soll | Haben |
|---|---|---|---|
| Zahlung der Eingangsrechnung für Rohstoffe mit Skontoabzug:<br>Wir bezahlen eine bereits gebuchte Liefererrechnung für Rohstoffe über 5950,00 EUR<br>unter Abzug von 2 % Skonto 119,00 EUR<br>durch Banküberweisung 5831,00 EUR | 4400 Verbindl. a. L. u. L.<br>an 2800 Bank<br>an 6002 Nachlässe<br>an 2600 Vorsteuer | 5950,00 | <br>5831,00<br>100,00<br>19,00 |
| Abschluss des Unterkontos 6002 Nachlässe: | 6002 Nachlässe<br>an 6000 Aufw. f. Rohstoffe | 100,00 | <br>100,00 |

**Zur Berechnung der Steuerberichtigung:**

Der Skontoabzug in Höhe von 119,00 EUR stellt eine nachträgliche Preisminderung dar, die eine Korrektur der ursprünglich gebuchten Vorsteuer nach sich ziehen muss. Da der Skontobetrag vom Bruttowert der Eingangsrechnung berechnet wird, ist der Korrekturbetrag in diesem Skontobetrag enthalten. Er kann wie folgt berechnet werden:

$$119\,\% \mathrel{\hat{=}} 119{,}00 \text{ EUR}$$
$$19\,\% \mathrel{\hat{=}} x \text{ EUR}$$

$$x = \frac{119 \cdot 19}{119} = 19{,}00 \text{ EUR}$$

**Beispiel 2:**

Wir bezahlen eine bereits gebuchte Liefererrechnung für Handelswaren

| | |
|---|---|
| über | 3570,00 EUR |
| unter Abzug von 2 % Skonto | – 71,40 EUR |
| Banküberweisung | 3498,60 EUR |

**Aufgaben:**

Bilden Sie den Buchungssatz

1. bei der Zahlung der Eingangsrechnung und
2. beim Abschluss des Kontos 6082!

**Lösungen:**

| Geschäftsvorfälle | Konten | Soll | Haben |
|---|---|---|---|
| Zu 1.: Zahlung der Eingangsrechnung für Handelswaren mit Skontoabzug<br>Wir bezahlen eine bereits gebuchte Liefererrechnung für Handelswaren über 3570,00 EUR<br>unter Abzug von 2 % Skonto 71,40 EUR<br>durch Banküberweisung 3498,60 EUR | 4400 Verbindl. a. L. u. L.<br>an 2800 Bank<br>an 6082 Nachlässe<br>an 2600 Vorsteuer | 3570,00 | <br>3498,60<br>60,00<br>11,40 |
| Zu 2.: Abschluss des Unterkontos 6082 Nachlässe | 6082 Nachlässe<br>an 6080 Aufw. f. Waren | 60,00 | <br>60,00 |

Hier wird lediglich das Konto 6002 durch das Konto 6082 ersetzt. Die Berechnung der Steuerberichtigung erfolgt in gleicher Weise wie im Beispiel 1.

### 3.2.2.2 Kundenskonti

Zahlt der Kunde unter Skontoabzug, ist der Skonto auf dem Unterkonto **Erlösberichtigungen** zu erfassen, das dem entsprechenden Umsatzerlöskonto zugeordnet ist.

- Werden **Ausgangsrechnungen für eigene Erzeugnisse** mit Skontoabzug gezahlt, ist der Skonto auf dem Unterkonto **5001** zu erfassen.
- Werden **Ausgangsrechnungen für Handelswaren** mit Skontoabzug gezahlt, ist der Skonto auf dem Konto **5101** zu buchen.

**Beispiel 1:**

| | |
|---|---|
| Ein Kunde bezahlt eine bereits gebuchte Rechnung für Fertigerzeugnisse in Höhe von | 11900,00 EUR |
| unter Abzug von 2 % Skonto durch Banküberweisung | 238,00 EUR |
| Bankgutschrift | 11662,00 EUR |

**Aufgaben:**

1. Buchen Sie den Geschäftsvorfall auf Konten und schließen Sie das Konto 5001 ab!
2. Bilden Sie die Buchungssätze!

**Lösungen:**

**Zu 1.: Buchung auf den Konten und Abschluss des Kontos 5001**

| S | 2400 Ford. a. Lief. u. Leist. | | H |
|---|---|---|---|
| 5000/4800 | 11900,00 | 2800/ 4800/5001 | 11900,00 |

| S | 2800 Bank | | H |
|---|---|---|---|
| 2400 | 11662,00 | | |

| S | 4800 Umsatzsteuer | | H |
|---|---|---|---|
| 2400 | 38,00 | 2400 | 1900,00 |

| S | 5001 Erlösberichtigungen | | H |
|---|---|---|---|
| 2400 | 200,00 | 5000 | 200,00 |

| S | 5000 Umsatzerlöse f. eig. Erzeugnisse | | H |
|---|---|---|---|
| 5001 | 200,00 | 2400 | 10000,00 |

| | |
|---|---|
| Umsatzerlöse | 10000,00 EUR |
| – Kundenskonti | 200,00 EUR |
| Tatsächliches Entgelt | 9800,00 EUR |

**Zu 2.: Buchungssätze**

| Geschäftsvorfälle | Konten | Soll | Haben |
|---|---|---|---|
| Bankgutschrift für eine Kundenrechnung mit Skontoabzug: | | | |
| Ein Kunde überweist uns einen Rechnungsbetrag über 11900,00 EUR unter Abzug von 2 % Skonto 238,00 EUR | 2800 Bank<br>4800 Umsatzsteuer<br>5001 Erlösberichtigungen | 11662,00<br>38,00<br>200,00 | |
| Bankgutschrift 11662,00 EUR | an 2400 Ford. a. L. u. L. | | 11900,00 |
| Abschluss des Unterkontos 5001 Erlösberichtigungen: | 5000 Umsatzerl. f. eig. Erz. | 200,00 | |
| | an 5001 Erlösberichtigungen | | 200,00 |

**Zur Berechnung der Steuerberichtigung:**

Der Skontoabzug in Höhe von 238,00 EUR stellt eine nachträgliche Preisminderung dar, die eine Korrektur der ursprünglich gebuchten Umsatzsteuer nach sich ziehen muss. Da der Skontobetrag vom Bruttowert der Ausgangsrechnung berechnet wurde, ist der Korrekturbetrag im Skontobetrag enthalten. Er kann wie folgt berechnet werden:

$$119\,\% \triangleq 238{,}00\text{ EUR}$$
$$19\,\% \triangleq x \text{ EUR}$$

$$x = \frac{238 \cdot 19}{119} = \underline{\underline{38{,}00\text{ EUR}}}$$

**Beispiel 2:**

| | |
|---|---|
| Ein Kunde zahlt eine bereits gebuchte Rechnung für Handelswaren über | 2380,00 EUR |
| unter Abzug von 2% Skonto | 47,60 EUR |
| durch Banküberweisung | 2332,40 EUR |

**Aufgaben:**

Bilden Sie den Buchungssatz

1. beim Zahlungseingang und
2. beim Abschluss des Kontos 5101!

**Lösungen:**

| Geschäftsvorfälle | Konten | Soll | Haben |
|---|---|---|---|
| Zu 1.: Banküberweisung des Kunden unter Skontoabzug | | | |
| Ein Kunde bezahlt eine Rechnung für Handelswaren über 2380,00 EUR | 2800 Bank | 2332,40 | |
| | 5101 Erlösberichtigungen | 40,00 | |
| unter Abzug von 2% Skonto 47,60 EUR | 4800 Umsatzsteuer | 7,60 | |
| durch Banküberweisung 2332,40 EUR | an 2400 Ford. a. L. u. L. | | 2380,00 |
| Zu 2.: Abschluss des Unterkontos 5101 Erlösberichtigungen | 5100 Ums.-Erl. f. Handelsw. | 40,00 | |
| | an 5101 Erlösberichtigungen | | 40,00 |

Hier wird lediglich das Konto 5001 durch das Konto 5101 ersetzt. Die Berechnung der Steuerberichtigung erfolgt in gleicher Weise wie im Beispiel 1.

## Übungsaufgaben

**133** Bilden Sie die Buchungssätze für ein Industrieunternehmen zu den nachfolgenden Geschäftsvorfällen!

1. 1.1 Das Industrieunternehmen erhält von einem Lieferer eine Rechnung über bezogene Betriebsstoffe in Höhe von 1760,00 EUR zuzüglich 19% USt.

   1.2 Am Zahlungstermin begleicht das Unternehmen die Rechnung unter Abzug von 2% Skonto mit Bankscheck.

2. 2.1 Das Industrieunternehmen erhält von einem Lieferer eine Rechnung über bezogene Handelswaren in Höhe von 4150,00 EUR zuzüglich 19% USt.

   2.2 Am Zahlungstermin begleicht das Unternehmen die Rechnung unter Abzug von 3% Skonto mit Banküberweisung.

**134** Bilden Sie die Buchungssätze für ein Industrieunternehmen zu den nachfolgenden Geschäftsvorfällen!

1. 1.1 Das Industrieunternehmen liefert einem Kunden Handelswaren auf Ziel im Wert von 5200,00 EUR zuzüglich 19% USt.

   1.2 Der Kunde begleicht die Rechnung unter Abzug von 2% Skonto durch Banküberweisung.

2. 2.1 Das Industrieunternehmen liefert einem Kunden eigene Erzeugnisse auf Ziel im Wert von 7300,00 EUR zuzüglich 19% USt.

   2.2 Der Kunde begleicht die Rechnung unter Abzug von 3% Skonto mit Bankscheck.

**135** Bilden Sie die Buchungssätze aus der Sicht der Sprinz GmbH!

1. Für die Eingangsrechnung!
2. Für die Zahlung innerhalb von 8 Tagen unter Abzug von 2% Skonto per Bankscheck.

**Keramik Werkstatt · 56235 Ransbach-Baumbach**

Glasfabrik Sprinz GmbH
Erfurter Str. 10 – 14
10825 Berlin

**Rechnung**

| Kd.-Nr. | L.-Datum | R.-Nr. | R.-Datum |
|---|---|---|---|
| 11 737 | 20.07.20.. | 0727 | 27.07.20.. |

Ihr Auftrag vom 27. Juni 20.. Restlieferung Versand unfrei

| Art.-Nr. | Artikel-Bezeichnung | Menge | E-Preis | EUR-Betrag |
|---|---|---|---|---|
| 55 | Brottopf flach | 1 | 98,50 | 98,50 |
| 54 | Brottopf neu | 1 | 78,50 | 78,50 |
| 27 | Käseglocke | 1 | 40,50 | 40,50 |
| 19 | Seidel mit Deckel | 1 | 34,50 | 34,50 |
| 14 | Becher | 12 | 5,00 | 60,00 |
| 60 | Krügchen | 12 | 4,50 | 54,00 |

| Warenwert | Fracht | Verpackung | EUR-Betrag | MWSt % | MWSt EUR | Rechn.-Betrag |
|---|---|---|---|---|---|---|
| 366,00 | 20,90 | 7,20 | 394,10 | 19 | 74,88 | 468,98 |

Zahlbar innerhalb von 8 Tagen mit 2% Skonto oder 30 Tage rein netto

Sie sparen 9,38

Sitz der Gesellschaft: Ransbach-Baumbach Registergericht: Ransbach-Baumbach, HRB 510 St.-Nr.: 771/5081 224

**136** Bilden Sie die Buchungssätze aus der Sicht der Großhandlung Fritz Pfennig OHG!

1. Für die Ausgangsrechnung!
2. Für den Zahlungseingang auf dem Bankkonto der Fritz Pfennig OHG am 9. Juli unter Abzug des vereinbarten Skontobetrages!

**FRITZ PFENNIG OHG – GROSSHANDLUNG FÜR BÜROBEDARF**

Bürozentrum
Adler GmbH
Lukasstr. 57
04315 Leipzig

Fröbelstraße 10
09126 Chemnitz

**Rechnung Nr.** 58/102
Rechnungsdatum 30. Juni 20..

| Menge | Artikel-Bezeichnung | Einzelpreis | Betrag EUR |
|---|---|---|---|
| | Warenlieferungen laut beiliegender Lieferkarte: Mai – Juni 20.. | | 280,00 |
| | 10 % Rabatt | | 28,00 |
| | | | 252,00 |
| | 19 % USt | | 47,88 |
| | | | 299,88 |
| | Bei Bezahlung innerhalb 10 Tagen abzüglich 6,00 EUR Skonto. | | |

Sitz der Gesellschaft: Chemnitz Registergericht: Chemnitz: HRA 107 Steuer-Nr.: 54710/91520

**137** Auf dem Bankkonto der Industriewerke Fritz Bleicher GmbH, 88212 Ravensburg geht eine Gutschrift von der Hans Merissen OHG, Ravensburg, ein:

1. Berechnen Sie den Skontobetrag und den Rechnungsbetrag!
2. Bilden Sie die Buchungssätze aus der Sicht der Fritz Bleicher GmbH für die Zahlungsein- und ausgänge!

Kontonummer 196 517 — SPARKASSE RAVENSBURG — Bankleitzahl 650 501 10

| Buchungstag | Tag der Wertstellung | Verwendungszweck/Buchungstext | Buchungsnummer | alter Kontostand 7 238,00 + |
|---|---|---|---|---|
| 20.01. | 20.01. | Überweisung Hans Merissen OHG Rechnung v. 15. Jan. über bezogene Waren abzüglich 3 % Skonto | 1234 | 1 385,16 + |
| 20.01. | 20.01. | Spende Unicef[1] | | 2 000,00 – |
| 20.01. | 20.01. | Finanzamt Ravensburg, Steuer-Nr. 24/172/0737, Einkommensteuervorauszahlung | | 4 200,00 – |

Industriewerke
Fritz Bleicher GmbH
88212 Ravensburg

2 423,16 + neuer Kontostand

20.01.20.. Kontoauszug vom | 5 Auszug | 0 Blatt

Bitte beachten Sie die Hinweise auf der Rückseite



1 Spenden stellen für Kapitalgesellschaften Betriebsausgaben dar.

**138** 1. Formulieren Sie aufgrund der Belege den jeweils zugrunde liegenden Geschäftsvorfall!

2. Buchen Sie die Geschäftsvorfälle im Grundbuch der Fahrradfabrik Fritz Schnell e.Kfm!

**Beleg 1**

**Epple Werke GmbH Rostock**

Fahrradfabrik
Fritz Schnell e.Kfm.
Rohrstr. 14
28757 Bremen

**Rechnung Nr. 1420** **Rostock: 05. März 20..**

Sehr geehrter Herr Schnell,

aufgrund Ihrer Reklamation über gelieferte Schmiermittel erhalten Sie eine Gutschrift:

15% von 4500,00 EUR

| | |
|---|---|
| Warenwert | 675,00 EUR |
| + 19% USt | 128,25 EUR |
| | 803,25 EUR |

Mit freundlichen Grüßen

i.V. Mennel

Sitz der Gesellschaft: Rostock Registergericht Rostock: HRB 1612 St.-Nr.: 207/3080

**Beleg 2**

***Einkaufsverband Bayern GmbH***

***85221 Dachau, Isarstraße 15 – 18***

Fahrradfabrik
Fritz Schnell e.Kfm.
Rohrstr. 14
28757 Bremen

Dachau: 06. März 20..

Sehr geehrter Herr Schnell,

wir bestätigen die Rücksendung von zwei Stahlrahmen wegen Qualitätsmangel

| | |
|---|---|
| Warenwert | 995,80 EUR |
| + 19% USt | 189,20 EUR |
| Gesamtwert | 1185,00 EUR |

Bitte nehmen Sie eine entsprechende Verrechnung in Ihrer Buchhaltung vor.

Mit freundlichen Grüßen

ppa. Franz Maier

Sitz der Gesellschaft: Dachau Registergericht Dachau: HRB 4080 St.-Nr.: 220/3456

**Beleg 3**

**Werkstoffe Hans Waibel GmbH 99099 Erfurt**

Fahrradfabrik
Fritz Schnell e.Kfm.
Rohrstr. 14
28757 Bremen

Erfurt: 04. März 20..

Sehr geehrter Herr Schnell,

Sie erhalten für bezogene Rohstoffe den Jahresbonus!

| | |
|---|---|
| 5% von 165000,00 EUR = | 8250,00 EUR |
| + 19% USt | 1567,50 EUR |
| Gesamtwert | 9817,50 EUR |

Mit freundlichen Grüßen

i.A. Weiss

**Beleg 4**

Durchschrift für Auftraggeber 290 501 10
Sparkasse Bremen

Begünstigter: Max Weber GmbH
Konto-Nr. des Begünstigten: 625566
Bankleitzahl: 100 800 00
bei (Kreditinstitut): Deutsche Bank AG Berlin
EUR Betrag: 999,60---------
Kunden-Referenznummer - noch Verwendungszweck, ggf. Name und Anschrift des Auftraggebers - (nur für Begünstigten): Rechnungsausgleich für gel. Hilfsstoffe: R.-Nr. 1750 ./. 2% Skonto
Kontoinhaber: Fahrradfabrik Fritz Schnell e.Kfm.
Konto-Nr. des Kontoinhabers: 114 714

05. März 20.. F. Schnell
Datum Unterschrift

**139** Buchen Sie im Grundbuch eines Großhandelsbetriebs:

1. 1.1 Ein Großhändler kauft 25 Damenjacken zu je 105,00 EUR zuzüglich 19% USt auf Ziel.
   1.2 5 Jacken sind leicht beschädigt. Der Großhändler erhält vom Lieferer hierfür eine Gutschrift von 50,00 EUR zuzüglich 19% USt je Jacke.
   1.3 2 Jacken sind so stark beschädigt, dass der Großhändler sie zurücksendet.
   1.4 Der Großhändler bezahlt die korrigierte Rechnung unter Abzug von 2% Skonto durch Bankscheck.

2. 2.1 Ein Großhändler verkauft 30 Herrenmäntel zu je 210,00 EUR zuzüglich 19% USt auf Ziel.

   2.2 Drei Mäntel sind leicht beschädigt. Der Kunde erhält hierfür eine Gutschrift von 60,00 EUR zuzüglich 19% USt je Mantel.

   2.3 Ein Mantel ist so stark beschädigt, dass er zurückgenommen wird.

   2.4 Der Kunde bezahlt die Rechnung unter Abzug von 3% Skonto durch Bankscheck.

**140** Bilden Sie zu den folgenden Geschäftsvorfällen die Buchungssätze:

1. Von der bereits gebuchten Lieferung von Handelswaren schicken wir einen Posten falsch gelieferte Ware zurück, wofür uns der Lieferer folgende Gutschrift erteilt:

| | | |
|---|---|---|
| Gutschrift für Retouren: | Warenwert | 380,00 EUR |
| | + 19% USt | 72,20 EUR |
| | Bruttowert | 452,20 EUR |

2. Wir erhalten auf unsere Rohstoffeinkäufe den vierteljährlichen Umsatzbonus in Form folgender Gutschrift:
   Bruttowert der Rohstofflieferung: 89250,00 EUR
   Darauf Umsatzbonus 7,5% = 6693,75 EUR
3. Aufgrund unserer Reklamation erhalten wir auf eine bereits gebuchte Hilfsstofflieferung einen Preisnachlass in Form einer Gutschrift in Höhe des Nettowertes von 750,00 EUR. Der Umsatzsteuersatz beträgt 19%.
4. Eine noch ausstehende Rechnung für den Bezug von Rohstoffen über 7735,00 EUR zahlen wir unter Abzug von 2% Skonto per Banküberweisung.
5. Einkauf von Rohstoffen auf Ziel zum Nettowert von 33333,33 EUR. Der Lieferer gewährt 10% Rabatt und stellt für Fracht und Verpackung 800,00 EUR in Rechnung. Der Umsatzsteuersatz beträgt 19%.
6. Aufgrund der Reklamation einer bereits gebuchten Lieferung von Hilfsstoffen erhalten wir folgende Gutschrift:
   Gutschrift wegen Reklamation einschließlich 19% USt 838,95 EUR.
7. Eine noch ausstehende Rechnung für erhaltene Handelswaren über 5355,00 EUR begleichen wir unter Abzug von 2% Skonto durch Banküberweisung.

## 3.2.3 Buchungen bei der Aufnahme und Rückzahlung von Krediten

### (1) Vorausinformationen

#### Buchung der Zinsen

Im Allgemeinen kommt für einen langfristigen Kredit (Darlehen) eine Bank als Kreditgeber infrage, gelegentlich auch ein Lieferer. Für die Gewährung von Krediten berechnet der Kreditgeber Zinsen. Die **Zinsen** sind für den Kreditnehmer **Aufwendungen**, die auf einem entsprechenden Aufwandskonto **(7510 Zinsaufwendungen)** zu erfassen sind.

Die Darlehensschuld verändert sich durch die Zinszahlung nicht. Sie verändert sich nur, wenn **Rückzahlungsbeträge** geleistet werden. Die Zahlung von Tilgungsbeträgen ist erfolgsunwirksam. Sind in dem vereinbarten Rückzahlungsbetrag sowohl der Zinsanteil als auch der Tilgungsanteil enthalten, wie das in der Praxis üblich ist **(Annuität),** dann muss zum Zwecke der sachgerechten Buchung der Rückzahlungsbetrag in seine Einzelbestandteile zerlegt werden.

## Buchung der Bearbeitungsgebühr

Neben den laufend zu zahlenden Zinsen berechnet die Bank im Allgemeinen auch eine einmalige Bearbeitungsgebühr. Die Bearbeitungsgebühr stellt für den Kreditnehmer einen Aufwand dar, der in der Buchführung auf einem entsprechenden Aufwandskonto **(6750 Kosten des Geldverkehrs)** zu erfassen ist.

## Buchung des Disagios

Wird das Darlehen nicht mit dem vollen Nennbetrag ausgezahlt, sondern ein bestimmter Prozentsatz als sogenanntes **Disagio** (auch **Damnum**[1] genannt) einbehalten, bedeutet dies für den Kreditnehmer einen zusätzlichen Aufwand. Da diese Aufwendungen für die gesamte Laufzeit des Darlehens anfallen, können sie nicht schon im Jahr der Darlehensaufnahme in voller Höhe als Aufwand erfasst werden. Sie werden daher bei der Darlehensauszahlung zunächst als Aktivposten auf dem Konto **2900 Aktive Rechnungsabgrenzung (ARA)**[2] erfasst und dann gemäß der Laufzeit des Darlehens anteilmäßig als Aufwand umgebucht.

### (2) Darstellung der Buchungsvorgänge

**Beispiel 1:**[3]

Wir nehmen bei unserer Hausbank ein Darlehen in Höhe von 100000,00 EUR auf. Die Bank berechnet einen Zinssatz von 9,5%. Die Jahreszinsen in Höhe von 9500,00 EUR sind jeweils in Raten in Höhe von 4750,00 EUR halbjährlich zu zahlen. Die Rückzahlung erfolgt vierteljährlich in Raten von 500,00 EUR. Als einmalige Bearbeitungsgebühr, die gesondert in Rechnung gestellt wird, berechnet die Bank 0,4% von der Darlehenssumme. Die Darlehenssumme wird ungekürzt auf unser Bankkonto überwiesen.

**Aufgaben:**

Bilden Sie zu den einzelnen Vorgängen den Buchungssatz!

**Lösungen:**

| Nr. | Geschäftsvorfälle | Konten | Soll | Haben |
|---|---|---|---|---|
| 1. | Wir erhalten das Darlehen in Höhe von 100000,00 EUR auf unser Bankkonto überwiesen. | 2800 Bank<br>an 4250 Langfr. Bankverbindlichkeiten | 100000,00 | <br>100000,00 |
| 2. | Die Bearbeitungsgebühr in Höhe von 400,00 EUR wird per Bank überwiesen. | 6750 Kosten des Geldverkehrs<br>an 2800 Bank | 400,00 | <br>400,00 |
| 3. | Wir zahlen die 1. Zinsrate in Höhe von 4750,00 EUR per Banküberweisung. | 7510 Zinsaufwendungen<br>an 2800 Bank | 4750,00 | <br>4750,00 |
| 4. | Wir zahlen die 1. Tilgungsrate in Höhe von 500,00 EUR durch Banküberweisung. | 4250 Langfr. Bankverbindlichkeiten<br>an 2800 Bank | 500,00 | <br>500,00 |

1 Das Disagio (Damnum) stellt eine Kürzung des auszuzahlenden Darlehensbetrags dar und soll insbesondere den Nominalzins absenken. Es handelt sich um eine laufzeitabhängige Zinsvorauszahlung.

2 Auf dem Konto Aktive Rechnungsabgrenzung (ARA) werden die im alten Geschäftsjahr **gezahlten Aufwendungen,** die wirtschaftlich für eine bestimmte Zeit dem **neuen Geschäftsjahr zuzurechnen** sind, erfasst.

3 Die Gewährung von Krediten (Darlehen) einschließlich der Zinsen und Bearbeitungskosten sind von der Umsatzsteuer befreit.

**Beispiel 2:**

Wir nehmen am 5. Januar ein Darlehen bei unserer Bank in Höhe von 60000,00 EUR auf. Auszahlungssatz: 96%. Laufzeit 4 Jahre. Das Damnum in Höhe von 2400,00 EUR wird aktiviert und als Zinsaufwand auf die Laufzeit des Darlehens verteilt (abgeschrieben).

**Aufgaben:**

1. Bilden Sie den Buchungssatz bei der Darlehensaufnahme am 5. Januar!
2. Bilden Sie den Buchungssatz am Bilanzstichtag 31. Dezember!
3. Welche Bilanzwerte ergeben sich hinsichtlich des Darlehens am Ende des ersten Jahres?

**Lösungen:**

**Zu 1.: Buchung am 5. Januar**

| Konten | Soll | Haben |
|---|---|---|
| 2800 Bank | 57600,00 | |
| 2900 Aktive Rechnungsabgrenzung | 2400,00 | |
| an 4250 Langfristige Bankverbindl. | | 60000,00 |

**Erläuterungen zu 1.:**

- Die Darlehensschuld muss mit dem Rückzahlungswert von 60000,00 EUR auf dem Konto **4250 Langfristige Bankverbindlichkeiten** passiviert werden.
- Das Damnum in Höhe von 2400,00 EUR wird auf dem Konto **2900 Aktive Rechnungsabgrenzung** aktiviert und auf die vierjährige Laufzeit aufgeteilt.
- Die Auszahlung in Höhe von 57600,00 EUR wird als Guthaben auf dem Konto **2800 Bank** gebucht.

**Zu 2.: Buchung am 31. Dezember**

| Konten | Soll | Haben |
|---|---|---|
| 7590 Sonst. zinsähnl. Aufwendungen | 600,00 | |
| an 2900 Aktive Rechnungsabgr. | | 600,00 |

**Erläuterungen zu 2.:**

- Jeweils am 31. Dezember wird vom Konto **2900 Aktive Rechnungsabgrenzung** der zeitanteilige Jahresbetrag in Höhe von 600,00 EUR abgeschrieben.
- Da das Damnum betriebswirtschaftlich als ein „Zinsvoraus" zu verstehen ist, wird als Gegenkonto das Aufwandskonto **7590 Sonstige zinsähnliche Aufwendungen** angesprochen.

**Zu 3.: Bilanzwerte am Ende des 1. Jahres**

| | |
|---|---|
| 4250 Langfr. Bankverbindlichk. | 60000,00 EUR |
| 2900 Aktive Rechnungsabgrenzung | 1800,00 EUR |

## Übungsaufgabe

**141** Buchen Sie im Grundbuch eines Industriebetriebs die folgenden Geschäftsvorfälle:

1. Vereinbarungsgemäß überweist uns die Bank das gewährte Darlehen in Höhe von 75000,00 EUR auf unser Bankkonto.
2. An Bearbeitungsgebühr für die Darlehensgewährung belastet die Bank unser Konto mit 375,00 EUR.
3. Im Rückzahlungsbetrag von 2687,50 EUR, den wir durch Banküberweisung zahlen, beträgt der Tilgungsanteil 1000,00 EUR.
4. Das Unternehmen nimmt am 10. März ein Bankdarlehen in Höhe von 150000,00 EUR auf. Auszahlungssatz 97%. Laufzeit 6 Jahre. Das Damnum (Disagio) ist planmäßig auf die Laufzeit des Darlehens zu verteilen.
   4.1 Buchen Sie die Darlehensaufnahme am 10. März!
   4.2 Buchen Sie am Bilanzstichtag 31. Dezember und geben Sie die Bilanzwerte an!

## 3.2.4 Kaufmännische Zinsrechnung

### 3.2.4.1 Einführung in die Zinsrechnung

**Beispiel:**

Ein Kaufmann nimmt bei seiner Hausbank ein Darlehen in Höhe von 45000,00 EUR auf. Laufzeit: ein Jahr. Die Bank berechnet eine Bearbeitungsgebühr von 1,5% (675,00 EUR) und einen Zinssatz von 8% (3600,00 EUR).

| **Prozentrechnung** → | **Grundwert** | **Prozentsatz** | | **Prozentwert** |
|---|---|---|---|---|
| ↓ | ↓ | ↓ | | ↓ |
| Bearbeitungsgebühr | 45000,00 EUR | 1,5 % | | 675,00 EUR |
| Zinsen | 45000,00 EUR | 8 % | 1 Jahr | 3600,00 EUR |
| ↑ | ↑ | ↑ | ↑ | ↑ |
| **Zinsrechnung** → | **Kapital** | **Zinssatz (Zinsfuß)** | **Zeit** | **Zinsen** |

**Merke:**

- Bei der Berechnung von Zinsen muss der Faktor **Zeit** (Jahr, Monat, Tag) berücksichtigt werden. (Der Faktor Zeit fehlt in der Prozentrechnung.)
- **Zinsen** sind der Preis für die Nutzung eines Kapitals für eine bestimmte Zeit (entspricht dem Prozentwert in der Prozentrechnung).
- Das **Kapital** ist die zur Nutzung überlassene Geldsumme. Sie ist immer 100% (entspricht dem Grundwert in der Prozentrechnung).
- Der **Zinssatz** (Zinsfuß) sagt aus, wie viel Prozent Zinsen ein Kapital von 100,00 EUR in einem Jahr erbringt (z.B. für den Sparer) bzw. kostet (z.B. für den Kreditnehmer). Der Zinssatz bezieht sich immer auf ein Jahr (entspricht dem Prozentsatz in der Prozentrechnung).
- Der Zinssatz von z.B. 8% bedeutet, dass ein Kapital von 100,00 EUR in einem Jahr Zinsen in Höhe von 8,00 EUR erbringt bzw. kostet.

Die Zinsrechnung ist somit eine Anwendung der Prozentrechnung unter Berücksichtigung der Zeit. Von den Größen Kapital, Zinsfuß, Zinsen und Zeit müssen stets **drei Größen** in der Aufgabe gegeben sein, um die vierte Größe mithilfe des Dreisatzes errechnen zu können.

### 3.2.4.2 Berechnung der Zinsen mit der allgemeinen Zinsformel

#### (1) Berechnung der Jahreszinsen

**Beispiel:**

Ein Industrieunternehmen plant die Erstellung einer neuen Lagerhalle. Hierzu benötigt das Unternehmen einen Bankkredit in Höhe von 270000,00 EUR. Die Laufzeit des Kredits beträgt 5 Jahre. Die Hausbank bietet den Kredit zu einem festen Zinssatz über die gesamte Laufzeit in Höhe von 7,5% an. Die Rückzahlung erfolgt am Ende der Laufzeit in einer Summe.

**Aufgabe:**

Wie viel EUR beträgt der Zinsaufwand insgesamt in den 5 Jahren?

**Lösung:**

**Gegeben:** Kapital: 270000,00 EUR
Zinssatz: 7,5 %
Zeit: 5 Jahre

**Gesucht:** Zinsen: ?

| | | |
|---|---|---|
| Für | 100,00 EUR sind in 1 Jahr | 7,50 EUR Zinsen fällig |
| Für | 270000,00 EUR sind in 5 Jahren | x EUR Zinsen fällig |

$$x = \frac{7{,}5 \cdot 270000 \cdot 5}{100 \cdot 1}$$

$$x = \underline{\underline{101\,250{,}00 \text{ EUR}}}$$

durch Umstellung erhält man

**Berechnung der Jahreszinsen mithilfe der Formel:**

$$\text{Jahreszinsen} = \frac{\text{Kapital} \cdot \text{Zinssatz} \cdot \text{Jahre}}{100}$$

**Ergebnis:** Der Kredit kostet in 5 Jahren insgesamt 101250,00 EUR an Zinsen.

## Übungsaufgabe

**142** 1. Berechnen Sie die Zinsen für die folgenden Kapitalien!

| Nr. | Kapital | Zinssatz | Zeit | Nr. | Kapital | Zinssatz | Zeit |
|---|---|---|---|---|---|---|---|
| 1.1 | 4347,00 EUR | $8\,^1/_2$ % | 3 Jahre | 1.4 | 3480,00 EUR | $4\,^3/_4$ % | $2\,^1/_4$ Jahre |
| 1.2 | 6165,00 EUR | 4 % | $2\,^1/_2$ Jahre | 1.5 | 2790,00 EUR | $9\,^2/_3$ % | $1\,^3/_4$ Jahre |
| 1.3 | 10185,00 EUR | $3\,^1/_3$ % | 6 Jahre | 1.6 | 9071,00 EUR | $5\,^1/_4$ % | $3\,^1/_3$ Jahre |

2. Ein Unternehmen hat seinen Kunden die nachfolgenden Kredite eingeräumt:
   2.1 5180,00 EUR für $3\,^3/_4$ Jahre zum Zinssatz von $6\,^1/_2$ %
   2.2 8400,00 EUR für $1\,^2/_3$ Jahre zum Zinssatz von $4\,^3/_4$ %
   2.3 3800,00 EUR für $2\,^1/_4$ Jahre zum Zinssatz von $7\,^1/_2$ %
   2.4 4180,00 EUR für $1\,^1/_2$ Jahre zum Zinssatz von 3 %
   Wie viel EUR betragen die zu erwartenden Zinserträge (ohne Zinseszinsen)?

3. Ein Industrieunternehmen hat zur Finanzierung eines Anbaus einen Kredit in Höhe von 260000,00 EUR aufgenommen. Die Laufzeit beträgt $5\,^1/_2$ Jahre.
   Wie viel EUR an Zinsen müssen insgesamt aufgewendet werden, wenn das Darlehen mit $9\,^1/_2$ % verzinst werden muss?

4. Auf dem Geschäftsgebäude der Druckerei Schlecht lasten zwei Grundschulden über 24000,00 EUR (zu $8\,^1/_2\,\%$) und 32400,00 EUR (zu $7\,^5/_8\,\%$).
   Wie viel EUR beträgt die jährliche Zinsbelastung?

5. Ein Kaufmann hat einen Bankkredit von 8500,00 EUR zu einem Zinssatz von 9,5% aufgenommen. Die Bankabrechnung erfolgt vierteljährlich.
   Wie viel EUR an Zinsen muss er vierteljährlich zahlen?

## (2) Berechnung der Monatszinsen

**Beispiel:**

Ein Großhändler legt 48000,00 EUR für die Zeit vom 31. Juli bis 31. Dezember als Termingeld an. Die Hausbank verzinst das Termingeld mit $6\,^1/_4\,\%$.

**Aufgabe:**
Wie viel EUR beträgt die Zinsgutschrift am Ende der Laufzeit?

**Lösung:**

**Gegeben:** Kapital: 48000,00 EUR
Zinssatz: $6\,^1/_4\,\%$
Zeit: 31. Juli – 31. Dezember = 5 Monate

**Gesucht:** Zinsen: ?

Für 100,00 EUR erhalten wir in 12 Monaten 6,25 EUR Zinsen
Für 48000,00 EUR erhalten wir in 5 Monaten x EUR Zinsen

$$x = \frac{6{,}25 \cdot 48000 \cdot 5}{100 \cdot 12}$$

$$x = 1250{,}00 \text{ EUR}$$

durch Umstellung erhält man →

**Berechnung der Monatszinsen mithilfe der Formel:**

$$\text{Monatszinsen} = \frac{\text{Kapital} \cdot \text{Zinssatz} \cdot \text{Monate}}{100 \cdot 12}$$

**Ergebnis:** Die Zinsgutschrift beträgt 1250,00 EUR.

## Übungsaufgabe

**143** 1. Berechnen Sie die Zinsen für die folgenden Kapitalien!

| Nr. | Kapital | Zinssatz | Zeit | Nr. | Kapital | Zinssatz | Zeit |
|---|---|---|---|---|---|---|---|
| 1.1 | 287,00 EUR | $6\,^1/_2\,\%$ | 10 Monate | 1.4 | 685,00 EUR | $7\,^1/_2\,\%$ | 5 Monate |
| 1.2 | 1460,00 EUR | $5\,^5/_8\,\%$ | 8 Monate | 1.5 | 820,00 EUR | 5 % | 4 Monate |
| 1.3 | 3100,00 EUR | $3\,^2/_3\,\%$ | 11 Monate | 1.6 | 1260,00 EUR | $2\,^3/_8\,\%$ | 3 Monate |

2. Ein Kaufmann hat zur Finanzierung eines Großeinkaufs einen Kredit in Höhe von 12500,00 EUR zu $8\,^3/_4\,\%$ bei seiner Hausbank aufgenommen. Die Laufzeit beträgt $4\,^1/_2$ Monate.
   Welchen EUR-Betrag hat der Kaufmann nach Ablauf dieser Zeit an die Bank zurückzuzahlen?

3. Ein Kunde hat seit $8\,^1/_2$ Monaten seinen Rechnungsbetrag in Höhe von 1280,00 EUR nicht beglichen. Der Kaufmann treibt den Betrag per Mahnbescheid ein.
   Auf welchen EUR-Betrag lautet der Mahnbescheid, wenn der Kaufmann 8% Zinsen und 14,60 EUR für Auslagen und Gebühren einrechnet?

4. Die Leder-Straub GmbH hat 45 800,00 EUR für 3 Monate als Termingeld zu $2\,^3/_8\,\%$ angelegt. Wie viel EUR beträgt die Gutschrift der Bank nach Ablauf der Anlagezeit?

5. Für eine Investition benötigt ein Industriebetrieb einen Kredit in Höhe von 19 200,00 EUR für 10 Monate. Der Inhaber erhält von drei Banken folgende Angebote:

   1. Angebot der Bank A: $8\,^1/_4\,\%$ Zinsen.
   2. Angebot der Bank B: $6\,^1/_2\,\%$ Zinsen + $1\,^1/_2\,\%$ Bearbeitungsgebühr von der Kreditsumme
   3. Angebot der Bank C: Auszahlung: 19 200,00 EUR.
      Rückzahlung nach 10 Monaten 20 500,00 EUR

   Welches Angebot ist das günstigste?

6. Vom Lieferer haben wir die Stundung einer Rechnung über 8 140,00 EUR zu folgenden Bedingungen erhalten: Verzugszinsen $7\,^1/_2\,\%$, Laufzeit 11 Monate. Nach 3 Monaten nehmen wir eine Sonderzahlung über 3 500,00 EUR vor.

   Welcher EUR-Betrag ist nach Ablauf der Stundungsdauer noch zu überweisen?

## (3) Berechnung der Tageszinsen

### Tageberechnung

Für die Berechnung der Zinstage haben sich **verschiedene Verfahren** herausgebildet:

- Bei der **Kaufmännischen Zinsrechnung** wird das Jahr mit 360 Tagen und jeder Monat mit 30 Tagen angesetzt. Sie ist die Zinsrechnung unter Kaufleuten.
- Bei der **„Englischen Zinsrechnung" (BGB-Zinsformel)** wird das Jahr mit 365 (366) Tagen und die Monate werden mit der genauen Tageszahl (28, 29, 30, 31) angesetzt. Sie ist die Zinsrechnung unter Privatpersonen (Nicht-Kaufleute) und von Behörden. Das BGB legt diese Art der Zinsberechnung zugrunde.
- Bei der **„Eurozinsmethode" (Französische Zinsrechnung)** wird das Jahr mit 360 Tagen und die Monate werden mit der genauen Tageszahl (28, 29, 30, 31) angesetzt. Sie wird z.B. zur Abrechnung von Bundesanleihen mit variablem Zins verwendet.

### Tageszinsberechnung nach der BGB-Zinsformel (Englische Methode) und nach der Euro-Zinsformel

Die BGB-Zinsformel und die Euro-Zinsformel unterscheiden sich von der Kaufmännischen Zinsformel nur durch eine andere Form der Tageberechnung. Es ergeben sich folgende Formeln:

$$\text{Kaufmännische Zinsformel} = \frac{\text{Kapital} \cdot \text{Zinssatz} \cdot \text{Tage (30)}}{100 \cdot 360}$$

$$\text{BGB-Zinsformel} = \frac{\text{Kapital} \cdot \text{Zinssatz} \cdot \text{Tage (28, 29, 30, 31)}}{100 \cdot 365\ (366)}$$

$$\text{Euro-Zinsformel} = \frac{\text{Kapital} \cdot \text{Zinssatz} \cdot \text{Tage (28, 29, 30, 31)}}{100 \cdot 360}$$



16 Speth u.a. - ISBN 978-3-8120-0260-8

**Hinweis:**

In der **Abschlussprüfung** werden alle drei Formen der Tageberechnung verlangt. Für die Berechnung von Zinsen erfolgt deshalb in der Aufgabenstellung jeweils ein Hinweis zur anzuwendenden Zinsformel (Kfm. Zinsformel oder Euro-Zinsformel oder BGB-Zinsformel).[1]

**Beispiele für die Berechnung der Tage nach der Kaufmännischen Zinsrechnung:**

| | | **Vorgehensweise:** | | |
|---|---|---|---|---|
| ■ 24. Juni – 8. Nov. | = 134 Tage | 24. Juni – 24. Okt. sind 4 x 30 | = | 120 Tage |
| | | 24. Okt. – 30. Okt. | = | 6 Tage |
| | | 30. Okt. – 8. Nov. | = | 8 Tage |
| | | | | 134 Tage |
| ■ 17. Jan. – 28. Febr. | = 41 Tage | 17. Jan. – 17. Febr. sind 1 x 30 | = | 30 Tage |
| | | 17. Febr. – 28. Febr. | = | 11 Tage |
| | | | | 41 Tage |
| ■ 28. Febr. – 15. März | = 17 Tage | | | |
| ■ 1. Jan. – 28. Febr. | = 57 Tage | | | |

Beim Überschreiten des Monats Februar wird mit 30 Tagen gerechnet. Geht die Verzinsung bis zum 28. Februar, werden nur 28 Tage angesetzt (im Schaltjahr dementsprechend 29 Tage).

## ■ Tageszinsberechnung nach der Kaufmännischen Zinsrechnung

**Beispiel:**

Ein Unternehmen kauft Waren im Wert von 2460,00 EUR. Es erhält ein Zahlungsziel bis zum 27. Jan. Die Zahlung erfolgt erst am 2. Mai. Der Lieferer berechnet Verzugszinsen in Höhe von 6 %.

**Aufgabe:**
Welchen EUR-Betrag hat der Kaufmann am 2. Mai zu überweisen?

**Lösung:**

**Gegeben:** Kapital: 2460,00 EUR
Zinssatz: 6 %
Tage: 27. Jan. – 2. Mai = 95 Tage

**Gesucht:** Zinsen: ?

Für 100,00 EUR in 360 Tagen 6,00 EUR Zinsen
Für 2460,00 EUR in 95 Tagen x EUR Zinsen

$$x = \frac{6 \cdot 2460 \cdot 95}{100 \cdot 360}$$

durch Umstellung → erhält man

$$x = \underline{\underline{38{,}95 \text{ EUR}}}$$

**Berechnung der Tageszinsen mithilfe der Kaufmännischen Zinsformel:**

$$\text{Tageszinsen} = \frac{\text{Kapital} \cdot \text{Zinssatz} \cdot \text{Tage}}{100 \cdot 360}$$

**abgekürzt:**

$$Z = \frac{K \cdot p \cdot t}{100 \cdot 360}$$

**Ergebnis:** Der Überweisungsbetrag lautet über 2498,95 EUR (2460,00 EUR + 38,95 EUR).

1 ZPA/IHK-Prüfungs-News Nr. 10/08.

## Übungsaufgabe[1]

144 1. Berechnen Sie die Laufzeit eines Kredits nach der Kaufmännischen Zinsrechnung:

| | | | |
|---|---|---|---|
| 1.1 | vom 6. Febr. – 28. Febr. | 1.5 | vom 13. Juli – 1. Mai |
| 1.2 | vom 17. April – 1. Aug. | 1.6 | vom 30. Jan. – 29. Febr. |
| 1.3 | vom 28. Sept. – 31. Dez. | 1.7 | vom 23. Nov. – 5. Juni |
| 1.4 | vom 19. Nov. – 20. Dez. | 1.8 | vom 10. Dez. – 1. April. |

2. Wie viel EUR betragen die Rückzahlungsbeträge einschließlich Zinsen bei den nachfolgenden Krediten?

   2.1 5800,00 EUR vom 31. Mai – 2. Aug., Zinssatz $4\,^3/_4\,\%$

   2.2 14760,00 EUR vom 19. Sept. – 5. März, Zinssatz 8 %

   2.3 945,00 EUR vom 30. Jan. – 3. April, Zinssatz $2\,^1/_4\,\%$

3. Franz Marget schuldet seinem Freund Heinz Mennel 2480,00 EUR seit dem 12. April.

   Wie viel EUR Verzugszinsen muss Franz Marget seinem Freund Heinz Mennel am 1. Juni bei einem Zinssatz von $6\,^1/_2\,\%$ überweisen, wenn die Zinsberechnung nach der BGB-Zinsformel[2] erfolgt (kein Schaltjahr)?

4. Ein Kaufmann bittet einen Lieferer um Stundung des Rechnungsbetrages vom 15. Januar – 8. April. Der Rechnungsbetrag beläuft sich auf 10580,00 EUR. Der Lieferer stimmt zu und berechnet für die Stundungszeit $5\,^1/_4\,\%$ Zinsen.

   Wie viel EUR beträgt der zu zahlende Rechnungsbetrag einschließlich Zinsen, wenn die Zinsberechnung nach der Euro-Zinsformel[3] erfolgt (kein Schaltjahr)?

5. Eine Liefererrechnung über 2150,00 EUR, fällig am 20. Juli, wurde durch ein Versehen der Buchhaltung nicht rechtzeitig gezahlt. Am 10. September erfolgt eine Mahnung des Lieferers. Der Lieferer fordert 5 % Verzugszinsen und Ersatz seiner Auslagen in Höhe von 10,80 EUR.

   Über welchen EUR-Betrag lautet die Mahnung?

6. Der Möbelhändler August Braun e.Kfm. geht am 25. September die Kundenkonten durch und stellt fest, dass der Kunde Emil Mayr eine am 13. Mai fällige Rechnung über 630,00 EUR noch nicht beglichen hat.

   Über welchen EUR-Betrag ist die Mahnung auszuschreiben, wenn der Möbelhändler 6 % Verzugszinsen berechnet?

7. Igor Wetzel begleicht ein privates Darlehen seines Bekannten Fabian Pröll über 1224,00 EUR, fällig am 15. April, nicht.

   Welchen EUR-Betrag kann Fabian Pröll am 20. Juni fordern, wenn 6,6 % Verzugszinsen und 6,50 EUR Mahnkosten in Rechnung gestellt werden sollen? Die Berechnung der Zinsen erfolgt nach der BGB-Zinsformel. Es liegt ein Schaltjahr vor.

---

1 Sofern keine andere Angabe vorgegeben wird, gehen wir bei allen nachfolgenden Aufgaben von der **Kaufmännischen Zinsberechnung** aus.

2 Vgl. hierzu S. 241.

3 Vgl. hierzu S. 241.

8. Ein Sparguthaben wird mit 3,5 % verzinst. Zu Beginn des Jahres betrug das Guthaben 5 200,00 EUR. Am 20. Mai erfolgte eine Einzahlung von 1 300,00 EUR.

   Wie viel EUR an Zinsen werden uns am 31. Dezember von der Bank gutgeschrieben?

9. Ein Großhändler erweitert zum 15. Okt. sein Geschäft. Dazu nahm er am 1. Okt. bei seiner Hausbank einen Kredit von 30 000,00 EUR auf, der mit 8,25 % zu verzinsen ist.

   Wie viel EUR beträgt seine Schuld einschließlich Zinsen zum 21. September des folgenden Jahres, wenn der Zinssatz am 10. Februar auf 8,75 % angehoben worden ist und der Großhändler am 10. Februar 18 000,00 EUR zurückgezahlt hat? Die Berechnung der Zinsen erfolgt nach der Euro-Zinsformel. Es liegt ein Schaltjahr vor.

10. Ein Kaufmann erhält am 5. November von seiner Bank ein Darlehen über 20 000,00 EUR. Am 26. Februar des folgenden Jahres zahlt er 7 500,00 EUR, am 15. März 5 000,00 EUR und am 1. April weitere 2 000,00 EUR zurück. Am 23. April tilgt er den Rest. Der Zinssatz betrug bis zum 15. März $6\,^2/_3\,\%$, danach $7\,^1/_2\,\%$.

    Wie teuer kommt dem Kaufmann der gesamte Kredit, wenn die Bank noch eine einmalige Bereitstellungsgebühr von 1 % aus der Kreditsumme verlangt?

### 3.2.4.3 Berechnung der Größen Kapital, Zinssatz und Zeit

#### (1) Berechnung des Kapitals nach der Kaufmännischen Zinsrechnung

**Beispiel:**

Ein Kaufmann erhält am 28. Februar von einem Lieferer für eine nicht rechtzeitig bezahlte Lieferung eine Rechnung über 278,10 EUR Verzugszinsen. Der Lieferer rechnete mit einem Zinssatz von 6 %. Die Liefererrechnung ist am 15. November des Vorjahres fällig gewesen.

**Aufgabe:**

Über welchen EUR-Betrag lautete die Rechnung?

**Lösung:**

**Gegeben:** Zinsen: 278,10 EUR
Zinssatz: 6 %
Zeit: 15. November – 28. Februar = 103 Tage

**Gesucht:** Kapital: ?

6,00 EUR in 360 Tagen bei 100,00 EUR
278,10 EUR in 103 Tagen bei x EUR

$$x = \frac{100 \cdot 278{,}10 \cdot 360}{6 \cdot 103}$$

durch Umstellung erhält man →

**Berechnung des Kapitals mithilfe der Kaufmännischen Zinsformel:**[1]

$$\text{Kapital} = \frac{\text{Zinsen} \cdot 100 \cdot 360}{\text{Tage} \cdot \text{Zinssatz}}$$

$$x = \underline{\underline{16\,200{,}00 \text{ EUR}}}$$

**Ergebnis:** Die Rechnung lautete über 16 200,00 EUR.

1 **BGB-Zinsformel:**

$$\text{Kapital} = \frac{\text{Zinsen} \cdot 100 \cdot 365\ (366)}{\text{Tage}\ (28, 29, 30, 31) \cdot \text{Zinssatz}}$$

**Euro-Zinsformel:**

$$\text{Kapital} = \frac{\text{Zinsen} \cdot 100 \cdot 360}{\text{Tage}\ (28, 29, 30, 31) \cdot \text{Zinssatz}}$$

**Anmerkung:** Herleitung der Formel aus der allgemeinen Zinsformel:

$$Z = \frac{K \cdot p \cdot t}{100 \cdot 360} \quad \text{oder:} \quad Z \cdot 100 \cdot 360 = K \cdot p \cdot t$$

$$\text{oder:} \quad \frac{Z \cdot 100 \cdot 360}{t \cdot p} = K$$

$$\text{oder:} \quad K = \frac{Z \cdot 100 \cdot 360}{t \cdot p}$$

## Übungsaufgabe

**145** 1. Berechnen Sie das Kapital aufgrund der nachfolgenden Angaben!

| Nr. | Zinsen | vom – bis | Zinsfuß |
|---|---|---|---|
| 1.1 | 16,20 EUR | 15. April – 1. Juli | $4^1/_2$ % |
| 1.2 | 184,40 EUR | 1. Juni – 31. Oktober | 8 % |
| 1.3 | 144,20 EUR | 22. Juni – 10. Dezember | $5^3/_4$ % |
| 1.4 | 290,50 EUR | 17. Januar – 31. März | $3^1/_3$ % |
| 1.5 | 52,70 EUR | 2. Februar – 29. Februar | $6^2/_3$ % |

2. Welchen Sparbetrag muss man bei $6^1/_2$ %iger Verzinsung anlegen, damit man nach vier Monaten eine Zinsgutschrift von 220,35 EUR erhält?

3. Der Pächter einer Lagerhalle muss für die Zeit vom 2. April – 18. Juli eine Pachtsumme von 10 800,00 EUR entrichten. Der Pacht ist der Gedanke zugrunde gelegt, dass sich das Objekt zu $5^3/_4$ % verzinsen soll. Die Berechnung erfolgt nach der BGB-Zinsformel. Kein Schaltjahr.

   Mit welchem Wert wurde die Lagerhalle angesetzt?

4. Ein säumiger Kunde überweist einem Lieferer insgesamt 431,00 EUR. Dieser Betrag enthält 8 % Verzugszinsen für 56 Tage sowie 5,40 EUR für Auslagen.

   Wie viel EUR betrug der Rechnungsbetrag?

5. Zum Kauf eines Lieferwagens nimmt der Zeitungsgroßhändler Klug am 15. Januar ein Darlehen zu $8^1/_2$ % bei seiner Hausbank auf. Er zahlt es am 21. Juli zurück. Für das Darlehen muss er 604,50 EUR Zinsen bezahlen. Die Abrechnung erfolgt nach der Euro-Zinsformel. Kein Schaltjahr.

   Wie viel EUR betrug das Darlehen?

6. Ein Kaufmann hat am 17. Juli einen Kredit zu $7^1/_5$ % in Anspruch genommen. Der Kredit wurde am 2. Dezember zuzüglich 145,80 EUR Zinsen zurückgezahlt. Die Zinsberechnung erfolgt nach der Euro-Zinsformel. Es liegt ein Schaltjahr vor.

   Wie viel EUR betrug der Kredit?

7. Eine Fahrradreparaturwerkstatt wird zum Verkauf angeboten. Der durchschnittliche monatliche Reingewinn beläuft sich auf 4500,00 EUR. Für langfristig angelegtes Kapital beträgt der Zinssatz derzeit 6 %.

   Wie viel EUR würde ein Käufer bei diesen Voraussetzungen höchstens bezahlen?

8. Der Kaufmann Fritz Alt möchte sich zur Ruhe setzen. Er möchte sein Geschäft verkaufen und den Erlös so anlegen, dass er monatlich 3250,00 EUR Zinserträge erhält.

   Welchen Erlös muss er beim Verkauf seines Geschäftes erzielen, wenn er mit einer durchschnittlichen Verzinsung der Anlage von 4,8 % rechnet?

## (2) Berechnung des Zinssatzes

### Berechnung des Nominalzinssatzes nach der Kaufmännischen Zinsrechung

**Beispiel:**

Für die verspätete Zahlung einer Liefererrechnung in Höhe von 6150,00 EUR wird ein Kaufmann vom Lieferer mit Verzugszinsen in Höhe von 51,25 EUR belastet. Der Zahlungstermin wurde um 60 Tage überschritten.

**Aufgabe:**
Welchen Zinssatz legte der Lieferer zugrunde?

**Lösung:**

| | | |
|---|---|---|
| **Gegeben:** | Zinsen: | 51,25 EUR |
| | Kapital: | 6150,00 EUR |
| | Tage: | 60 Tage |
| **Gesucht:** | Zinssatz: | ? |

Für 6150,00 EUR in 60 Tagen 51,25 EUR Zinsen
Für 100,00 EUR in 360 Tagen x EUR Zinsen

$$x = \frac{51{,}25 \cdot 100 \cdot 360}{6150 \cdot 60}$$

**Berechnung des Zinssatzes mithilfe der Kaufmännischen Zinsformel:**[1]

$$\text{Zinssatz} = \frac{\text{Zinsen} \cdot 100 \cdot 360}{\text{Kapital} \cdot \text{Tage}}$$

x = 5,00 EUR für 100,00 EUR Kapital im Jahr; d.h., der Zinssatz beträgt 5 %.

**Ergebnis:** Der zugrunde gelegte Zinssatz des Lieferers beträgt 5 %.

**Anmerkung:** Herleitung der Formel aus der allgemeinen Zinsformel:

$$Z = \frac{K \cdot p \cdot t}{100 \cdot 360} \quad \text{oder:} \quad Z \cdot 100 \cdot 360 = K \cdot p \cdot t$$

$$\text{oder:} \quad \frac{Z \cdot 100 \cdot 360}{K \cdot t} = p$$

$$\text{oder:} \quad p = \frac{Z \cdot 100 \cdot 360}{K \cdot t}$$

1 **BGB-Zinsformel:**

$$\text{Zinssatz} = \frac{\text{Zinsen} \cdot 100 \cdot 365\,(366)}{\text{Kapital} \cdot \text{Tage}\,(28, 29, 30, 31)}$$

**Euro-Zinsformel:**

$$\text{Zinssatz} = \frac{\text{Zinsen} \cdot 100 \cdot 360}{\text{Kapital} \cdot \text{Tage}\,(28, 29, 30, 31)}$$

## Übungsaufgabe

146 1. Berechnen Sie den Zinssatz aufgrund der nachfolgenden Angaben!

| Nr. | Kapital | von – bis | Zinsen |
|---|---|---|---|
| 1.1 | 3440,80 EUR | 23. März – 29. Juli | 59,70 EUR |
| 1.2 | 790,50 EUR | 2. Januar – 15. Mai | 22,70 EUR |
| 1.3 | 12970,00 EUR | 15. November – 1. März | 294,20 EUR |
| 1.4 | 2150,80 EUR | 31. März – 29. Mai | 24,10 EUR |
| 1.5 | 48500,00 EUR | 13. März – 30. Juli | 681,50 EUR |

2. Ein Hersteller hat ein Kapital von 45000,00 EUR als Termingeld vom 15. Februar – 30. Juni bei der Bank angelegt und erhält eine Zinsgutschrift von 911,25 EUR.

   Welcher Zinssatz war vereinbart?

3. Zu welchem Zinssatz war ein Kapital von 43200,00 EUR ausgeliehen, das vom 15. Januar bis zum 5. September 2 070,00 EUR Zinsen brachte? Die Zinsberechnung erfolgt nach der BGB-Zinsformel. Kein Schaltjahr.

4. Zu welchem Zinssatz war ein Kapital von 18500,00 EUR ausgeliehen, das vom 12. Mai bis zum 18. Dezember 777,00 EUR Zinsen brachte?

5. Ein Kaufmann zahlt am 20. Juni ein Darlehen einschließlich der Zinsen mit 6394,44 EUR zurück, das er am 11. März in Höhe von 6240,00 EUR aufgenommen hatte.

   Zu welchem Zinssatz hatte er das Darlehen aufgenommen?

6. Eine Bank räumte einem Kunden einen kurzfristigen Kredit in Höhe von 10000,00 EUR ein, den dieser vom 15. Juni bis 30. August beanspruchte. Am 30. August zahlte der Kunde einschließlich der Zinsen 10250,00 EUR zurück. Die Zinsberechnung erfolgt nach der Euro-Zinsformel.

   Wie viel Prozent betrug der Zinssatz?

7. Die Grundsteuer über 6400,00 EUR, fällig am 26. Februar, wird am 8. April einschließlich Verzugszinsen mit 6444,80 EUR bezahlt. Die Zinsberechnung erfolgt nach der BGB-Zinsformel. Kein Schaltjahr.

   Wie viel Prozent Verzugszinsen wurden berechnet?

8. Ein Hersteller gewährt einem Kunden 30 Tage Ziel für die Bezahlung der gelieferten Waren im Werte von 11250,00 EUR mit Rechnungsdatum vom 14. September. Der Kunde zahlt die Rechnung am 29. Dezember einschließlich 187,50 EUR Verzugszinsen.

   Wie viel Prozent Verzugszinsen wurden berechnet?

9. Der Großhändler Friedrich Gut hat auf dem Geschäftsgebäude eine Grundschuld über 85400,00 EUR eingetragen. An Zinsen werden vierteljährlich 1708,00 EUR fällig.

   Zu welchem Zinssatz muss die Grundschuld verzinst werden?

10. Die Industriewerke Franz AG erhalten vom Rohstofflieferer eine Rechnung über 10720,00 EUR, zahlbar innerhalb 30 Tagen netto, Rechnungsdatum 2. Nov. 20.. Die Industriewerke AG zahlen erst am 17. März des folgenden Jahres auf eine Mahnung des Rohstofflieferers, der 187,60 EUR Verzugszinsen berechnet.

    Welchen Zinssatz hat der Rohstofflieferer bei der Berechnung der Verzugszinsen zugrunde gelegt?

## Berechnung des Effektivzinssatzes

Bei der Aufnahme von Krediten werden den Kreditnehmern in der Regel nicht nur Zinsen, sondern auch eine Bearbeitungsgebühr sowie sonstige Kosten wie Auslagen für Porto u. a. berechnet.

Um alternative Kreditangebote vergleichen zu können, ist es sinnvoll, die gesamten Kreditkosten als Zinssatz auszudrücken, um so den tatsächlichen Zinssatz, d. h. den Effektivzinssatz, zu erhalten.

Die Bank kann mit dem Kreditnehmer einen geringeren Auszahlungsbetrag (z. B. 98 %) im Vergleich zur beantragten Kreditsumme (100 %) vereinbaren. Der nicht ausbezahlte Prozentsatz (z. B. 2 %) wird **Damnum (Disagio)** oder **Abschlag** genannt. Da der Nominalzins aus 100 % der Kreditsumme berechnet wird und auch 100 % getilgt werden müssen – also Auszahlungsbetrag + Damnum –, stellt das Damnum einen **zusätzlichen Zinsaufwand** dar und führt somit zu einer **höheren Effektivverzinsung.**

**Beispiel:**

Für einen Kredit in Höhe von 90000,00 EUR, der für 180 Tage in Anspruch genommen werden soll, berechnet die Stadtsparkasse Stuttgart 3 % Zinsen und ein Disagio von 2 %.

**Aufgabe:**
Wie viel Prozent beträgt der effektive Zinssatz?

**Lösung:**

**Berechnung der tatsächlichen Kreditkosten**

| | |
|---|---|
| 3 % Zinsen von 90000,00 EUR für 180 Tage | 1350,00 EUR |
| 2 % Disagio | 1800,00 EUR |
| Kreditkosten insgesamt | 3150,00 EUR |

**Berechnung des Effektivzinssatzes**

$$\text{Effektiver Zinssatz} = \frac{3150 \cdot 100 \cdot 360}{88200 \cdot 180} = \underline{\underline{7{,}14\,\%}}$$

**Ergebnis:** Der Kredit kostet 3 % nominal und 7,14 % effektiv.

$$\text{Effektiver Zinssatz} = \frac{\text{Kreditkosten} \cdot 100 \cdot 360}{\text{Auszahlungsbetrag} \cdot \text{Tage}}$$

## Übungsaufgabe

**147** 1. Ein Kredit über 10000,00 EUR wird nach 5 Jahren getilgt. Der Zinssatz beträgt 8 %, das Damnum 5 %.

Wie viel Prozent beträgt der effektive Jahreszinssatz?

2. Für die Erweiterung des Lagers benötigt ein Kaufmann für die Zeit vom 15. März – 20. Oktober einen Kredit in Höhe von 32000,00 EUR. Auf seine Anfrage erhält der Kaufmann folgende Angebote:

1. Angebot: 9,75 % Zinsen + 0,3 % Bearbeitungsgebühr von der Kreditsumme + 24,67 EUR Auslagenersatz.

2. Angebot: 7,75 % Zinsen + 0,8 % Bearbeitungsgebühr von der Kreditsumme.

Bei beiden Angeboten wird die Bearbeitungsgebühr jeweils von der Kreditsumme einbehalten.

Berechnen Sie für beide Angebote den Effektivzinssatz, wenn die Zinsberechnung nach der Euro-Zinsformel erfolgt!

## Umwandlung des Skontosatzes in einen Zinssatz

Der Skonto ist die Vergütung für den Verzicht auf das vom Lieferer gewährte Zahlungsziel. Da der Skonto in einem Prozentsatz, die Kosten für andere Kreditarten aber in einem Zinssatz angegeben werden, ist ein Kostenvergleich nur möglich, wenn man den Prozentsatz für den Skonto in einen effektiven Zinssatz umwandelt.

**Beispiel 1:**

Ein Großhändler erhält aufgrund einer Lieferung eine Rechnung über 2000,00 EUR. Die Zahlungsbedingungen lauten: zahlbar innerhalb von 10 Tagen mit 2 % Skonto oder Zahlungsziel 30 Tage rein netto.

**Aufgabe:**

Welchem Zinsfuß entspricht der gewährte Skonto von 2 %?

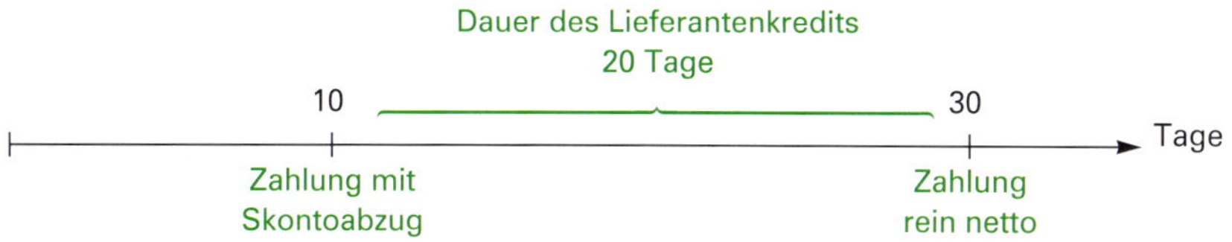


Um den Skonto in Anspruch nehmen zu können, genügt es, wenn die Rechnung am 10. Tag nach der Ausstellung beglichen wird. Der Skonto wird also dafür gewährt, dass 20 Tage vor Ablauf des Zahlungsziels gezahlt wird. Unter Berücksichtigung, dass sich der Zinssatz immer auf ein Jahr (360 Tage) bezieht, erhalten wir für die Umrechnung des Skontosatzes in einen effektiven Zinssatz folgenden Ansatz.

**Lösung:**

In 20 Tagen erhalten wir 2 %
In 360 Tagen erhalten wir x %

$$x = \frac{2 \cdot 360}{20} = \underline{\underline{36\,\%}}$$

**Ergebnis:**

Dem Skontosatz von 2 % für 20 Tage entspricht nach einer allgemein angewandten groben **Faustformel** ein Zinssatz von 36 %.

$$\text{Zinssatz} = \frac{\text{Skontosatz} \cdot 360}{(\text{Zahlungsziel} - \text{Skontofrist})}$$

Bei einer genauen Umrechnung des Skontosatzes in einen Zinssatz ist im Zähler statt des Skontosatzes der Skontobetrag und im Nenner die effektiv beanspruchte Kredithöhe in die Berechnungsformel einzubeziehen.

$$\text{Zinssatz} = \frac{\text{Skontobetrag} \cdot 100 \cdot 360}{(\text{Rechnungsbetrag} - \text{Skontobetrag}) \cdot (\text{Zahlungsziel} - \text{Skontofrist})}$$

$$\text{Zinssatz} = \frac{40 \cdot 100 \cdot 360}{1960 \cdot 20} = \underline{\underline{36{,}73\,\%}}$$

Fehlt ein absoluter Betrag, dann kann folgende Formel angewandt werden:

$$\text{Zinssatz} = \frac{\text{Skontosatz} \cdot 360}{\frac{100 - \text{Skontosatz}}{100} \cdot (\text{Zahlungsziel} - \text{Skontofrist})}$$

Wegen der hohen Kosten, die der Verzicht auf eine Zahlung mit Skontoabzug für einen Kaufmann bedeutet, sollte er immer bestrebt sein, seine Rechnungen unter Abzug von Skonto zu begleichen. Da dem Prozentsatz für den Skonto ein sehr hoher Zinssatz entspricht, ist eine Zahlung mit Skontoabzug im Allgemeinen auch dann vorteilhaft, wenn man sich die für die vorzeitige Zahlung erforderlichen Mittel durch einen Bankkredit beschaffen muss.

**Beispiel 2:**

Angenommen, dem Großhändler fehlen die nötigen Finanzmittel, um die Rechnung aus Beispiel 1 (vgl. S. 249) innerhalb der Skontofrist begleichen zu können.

**Aufgabe:**

Lohnt es sich für den Großhändler zur Ausnutzung des Skontos einen entsprechenden Bankkredit in Anspruch zu nehmen, wenn die Bank (einschließlich aller Kosten) 12% Zinsen verlangt?

**Lösung:**

| | |
|---|---|
| Rechnungsbetrag | 2000,00 EUR |
| – 2% Skonto | 40,00 EUR |
| Zahlung (benötigter Kredit) | 1960,00 EUR |

**Gegeben:** benötigter Kredit (Kapital) 1960,00 EUR
Kreditzeit 20 Tage
Zinssatz 12%

**Gesucht:** Zinsen: ?

$$\text{Zinsen} = \frac{1960 \cdot 12 \cdot 20}{100 \cdot 360} = \underline{\underline{13{,}07\ \text{EUR}}}$$

Die Kosten für den beanspruchten Bankkredit betragen 13,07 EUR.

| | |
|---|---|
| Skontoertrag bei vorzeitiger Zahlung | 40,00 EUR |
| – Kosten des Bankkredits für 20 Tage | 13,07 EUR |
| Nettoersparnis | 26,93 EUR |

**Ergebnis:**

Trotz des benötigten Bankkredits für die vorzeitige Zahlung hat der Großhändler noch eine Nettoersparnis in Höhe von 26,93 EUR.

## Übungsaufgabe

**148** 1. Welchem Jahreszinsfuß entspricht der jeweils gewährte Skontoabzug in den folgenden Zahlungsbedingungen?

1.1 Zahlbar innerhalb von 8 Tagen mit 2% Skonto oder innerhalb von 30 Tagen rein netto.

1.2 Zahlbar innerhalb von 10 Tagen mit 3% Skonto oder innerhalb von 60 Tagen rein netto.

2. Neben Zinsen verlangt ein Kreditinstitut noch eine Bearbeitungsgebühr von $1\,^1/_4$%.

Welchem Zinssatz entspricht die Bearbeitungsgebühr, wenn wir den Kredit für 6 Monate beanspruchen?

3. Der Eisenhandlung Klier OHG werden von einem Lieferer folgende Zahlungsbedingungen eingeräumt: „Zahlbar innerhalb 30 Tagen netto oder innerhalb 10 Tagen mit 3% Skonto."

3.1 Welchem Jahreszinsfuß entspricht der Skontosatz von 3%?

3.2 Der Rechnungsbetrag für einen Wareneinkauf beträgt 8125,00 EUR.
Wie viel EUR spart die Klier OHG bei Ausnutzung des Skontos, wenn sie für die Zahlung einen Bankkredit mit einer Verzinsung von 9,5% in Anspruch nimmt?

4. Eine Maschinenfabrik erhält von ihrem Vorprodukte-Lieferer folgende Rechnung:

   Rechnungsdatum 4. Oktober 01, Rechnungsbetrag einschließlich 19% Umsatzsteuer 10720,00 EUR, zahlbar innerhalb 30 Tagen netto oder innerhalb 8 Tagen mit 3% Skonto.

   4.1 Welchem Jahreszinssatz entspricht der Skontosatz von 3% bei den gegebenen Zahlungsbedingungen?

   4.2 Die Maschinenfabrik zahlt erst am 19. Februar 02 nach einer Mahnung. Der Lieferer berechnet 275,20 EUR Verzugszinsen.

   Welchen Zinssatz hat der Lieferer bei der Berechnung der Verzugszinsen zugrunde gelegt?

   4.3 Wie viel EUR hätte die Maschinenfabrik bei rechtzeitiger Zahlung unter Ausnutzung des Skontos bei der Inanspruchnahme eines Bankkredites zu 9,5% sparen können? Dabei ist davon auszugehen, dass der Bankkredit nur für die Zeit des Zahlungsziels (30 Tage – 8 Tage Skontofrist) benötigt wird.

## (3) Berechnung der Zeit

**Beispiel:**

Ein Kaufmann hat einem Kunden am 15. Januar eine Rechnung in Höhe von 4500,00 EUR zu einem Zinssatz von 6,5% gestundet. Der Rückzahlungsbetrag einschließlich Zinsen beträgt 4682,00 EUR.

**Aufgabe:**

1. Wie viel Tage wurde die Stundung gewährt?
2. Zu welchem Zeitpunkt ist der Rechnungsbetrag zurückgezahlt worden?

**Lösungen:**

**Gegeben:** Kapital: 4500,00 EUR
Zinssatz: 6,5%
Zinsen: 182,00 EUR

**Gesucht:** Tage: ?

Für 100,00 EUR erhält man 6,50 EUR in 360 Tagen
Für 4500,00 EUR erhält man 182,00 EUR in x Tagen

$$x = \frac{360 \cdot 100 \cdot 182}{4500 \cdot 6{,}5}$$

$$x = \underline{\underline{224 \text{ Tage}}}$$

durch Umstellung erhält man →

**Berechnung der Tage mithilfe der Kaufmännischen Zinsformel:**[1]

$$\text{Tage} = \frac{\text{Zinsen} \cdot 100 \cdot 360}{\text{Kapital} \cdot \text{Zinssatz}}$$

**Ergebnis:** 1. Der Rechnungsbetrag wurde 224 Tage gestundet.
2. Rückzahlungstermin: 15. Januar + 224 Tage = 29. August

**Anmerkung:** Herleitung der Formel aus der allgemeinen Zinsformel:

$$Z = \frac{K \cdot p \cdot t}{100 \cdot 360} \quad \text{oder:} \quad Z \cdot 100 \cdot 360 = K \cdot p \cdot t$$

$$\text{oder:} \quad \frac{Z \cdot 100 \cdot 360}{K \cdot p} = t$$

$$\text{oder:} \quad t = \frac{Z \cdot 100 \cdot 360}{K \cdot p}$$

1 **BGB-Zinsformel:** $\text{Tage} = \frac{\text{Zinsen} \cdot 100 \cdot 365\,(366)}{\text{Kapital} \cdot \text{Zinssatz}}$

Die **Euro-Zinsformel** entspricht der Kaufmännischen Zinsformel.

## Übungsaufgabe

**149** 1. Wie viele Tage war das Kapital ausgeliehen?

| Nr. | Kapital | Zinssatz | Zinsen |
|---|---|---|---|
| 1.1 | 7800,00 EUR | $2\frac{3}{8}$ % | 63,90 EUR |
| 1.2 | 287,40 EUR | $3\frac{1}{2}$ % | 5,60 EUR |
| 1.3 | 2610,00 EUR | $6\frac{1}{4}$ % | 68,40 EUR |

2. Zu welchem Zeitpunkt ist ein Sparkapital von 2500,00 EUR, das am 2. April bei einer Bank zu $5\frac{1}{4}$ % angelegt wird, auf 2620,00 EUR angewachsen?

3. Am 20. August wurde eine Rechnung über 1680,00 EUR einschließlich 6 % Verzugszinsen mit 1695,96 EUR beglichen. Die Zinsberechnung erfolgte nach der Euro-Zinsformel.
   Zu welchem Zeitpunkt war die Rechnung fällig?

4. An welchem Tag wurde ein Kapital in Höhe von 8400,00 EUR ausgeliehen, das am 20. November einschließlich 5 % Zinsen mit 8522,50 EUR zurückbezahlt wurde?

5. Eine Kundin zahlt am 20. April eine Rechnung über 216,00 EUR zuzüglich 7 % Verzugszinsen mit 220,62 EUR.
   An welchem Tag war die Rechnung zur Zahlung fällig?

6. Die Kreissparkasse gewährte einer Verkäuferin zur Finanzierung eines Pkws ein Darlehen über 5400,00 EUR. Der Zinssatz betrug 7,5 %. Die Verkäuferin zahlte das Darlehen am 5. September zurück und entrichtete zusätzlich 63,00 EUR Zinsen.
   An welchem Tag hatte sie das Darlehen aufgenommen?

7. An welchem Tag war ein Privatdarlehen über 15800,00 EUR fällig, wenn am 17. August dafür einschließlich 6 % Verzugszinsen 15971,16 EUR berechnet werden? Die Zinsberechnung erfolgte nach der BGB-Zinsformel. Es liegt kein Schaltjahr vor.

8. Eine Möbelfabrik zahlt am 15. Mai ein Darlehen über 13200,00 EUR mit 13450,80 EUR (einschließlich 9,5 % Zinsen) an die Bank zurück.
   An welchem Tag wurde das Darlehen aufgenommen?

9. Ein Kapital von 27000,00 EUR wurde einschließlich $5\frac{2}{3}$ % Zinsen am 30. November mit 27850,00 EUR zurückbezahlt. Die Zinsberechung erfolgt nach der BGB-Zinsformel. Es liegt ein Schaltjahr vor.
   Wann wurde das Kapital ausgeliehen?

10. Zur Erweiterung seines Sortiments nimmt ein Großhändler am 12. Juni bei seiner Bank einen Kredit in Höhe von 9000,00 EUR zu einem Zinssatz von 7 % auf.
    An welchem Tag wurde der Kredit einschließlich Zinsen in Höhe von zusammen 9472,50 EUR zurückgezahlt?

### 3.2.4.4 Berechnung der Zinsen bei mehreren Kapitalien zum gleichen Zinssatz (summarische Zinsrechnung)

### (1) Ableitung der Summarischen Kaufmännischen Zinsformel aus der Allgemeinen Kaufmännischen Zinsformel

Aus Gründen der Vereinfachung hat sich im kaufmännischen Rechnen folgende Veränderung der allgemeinen Zinsformel herausgebildet:

## Allgemeine Kaufmännische Zinsformel[1]

$$\text{Zinsen} = \frac{\text{Kapital} \cdot \text{Zinssatz} \cdot \text{Tage}}{100 \cdot 360}$$

$$\text{Zinsen} = \frac{\text{Kapital} \cdot \text{Tage} \cdot \text{Zinssatz}}{100 \cdot 360}$$

1. **Schritt:** Andere Anordnung der Elemente der Zinsformel.

$$\text{Zinsen} = \frac{\text{Kapital} \cdot \text{Tage}}{100} \cdot \frac{\text{Zinssatz}}{360}$$

2. **Schritt:** Zerlegung der Zinsformel in zwei Teile.

$$\text{Zinsen} = \text{Zinszahl}\ \#$$

3. **Schritt:** Das Ergebnis aus dem ersten Teil der Zinsformel nennen wir Zinszahl oder Zinsnummer. Symbol: #

4. **Schritt:** Den zweiten Teil der Zinsformel stellt man um.

   Statt zu rechnen:

   $$\text{Zinsen} = \text{Zinszahl} \cdot \frac{\text{Zinssatz}}{360}$$

   rechnet man:

   $$\text{Zinsen} = \text{Zinszahl} : \frac{360}{\text{Zinssatz}}$$

   (Regel: Statt eine Zahl mit einem Bruch zu multiplizieren, kann auch mit dem Kehrwert dividiert werden.)

5. **Schritt:** Den Wert aus $\frac{360}{\text{Zinssatz}}$ nennt man Zinsteiler.

$$\text{Zinsen} = \frac{\text{Kapital} \cdot \text{Tage}}{100} : \frac{360}{\text{Zinssatz}}$$

## Summarische Kaufmännische Zinsformel

$$\text{Zinsen} = \frac{\text{Zinszahl}}{\text{Zinsteiler}}$$

6. **Schritt:** Zur Errechnung der Zinsen ist nun die Zinszahl durch den Zinsteiler zu dividieren.

---

1 **Summarische BGB-Zinsformel:**

$$\text{Zinszahl} = \frac{\text{Kapital} \cdot \text{Tage (28, 29, 30, 31)}}{100}$$

$$\text{Zinsteiler} = \frac{365\ (366)}{\text{Zinssatz}}$$

**Summarische Euro-Zinsformel:**

$$\text{Zinszahl} = \frac{\text{Kapital} \cdot \text{Tage (28, 29, 30, 31)}}{100}$$

$$\text{Zinsteiler} = \frac{360}{\text{Zinssatz}}$$

## (2) Berechnung der Zinsen bei mehreren Kapitalien zum gleichen Zinssatz

**Beispiel:**

Ein säumiger Fabrikant hat bei seinem Rohstofflieferer drei Rechnungen ausstehen:

Rechnung 1: 2560,40 EUR, fällig am 19. Oktober

Rechnung 2: 4130,00 EUR, fällig am 17. November

Rechnung 3: 3704,00 EUR, fällig am 1. Dezember

Auf Bitten des Fabrikanten werden die drei fälligen Rechnungen bis zum 31. Dezember gestundet, wobei 6% Verzugszinsen berechnet werden.

**Aufgabe:**

Mit wie viel EUR an Zinsen wird der Fabrikant belastet und wie viel EUR beträgt die Zahlungsverpflichtung am 31. Dezember, wenn die Zinsrechnung nach der Kaufmännischen Zinsformel erfolgt?

**Lösung:**

①

| Kapital | zu verzinsen vom – bis | Tage | # ② |
|---|---|---|---|
| 2560,40 EUR | 19. Okt. – 31. Dez. | 71 | 1818 |
| 4130,00 EUR | 17. Nov. – 31. Dez. | 43 | 1776 |
| 3704,00 EUR | 1. Dez. – 31. Dez. | 29 | 1074 |

| | | |
|---|---|---|
| 10394,40 EUR | Gesamtbetrag | ③ 4668 |
| 77,80 EUR | Zinsen | |
| 10472,20 EUR | Zahlung/Wert 31. Dez. | |

Zinsteiler ④ $= \frac{360}{6} = 60$

Zinsen $= \frac{4668}{60}$ ⑤ $= 77{,}80$ EUR

**Ergebnis:**

Der Fabrikant wird mit 77,80 EUR Verzugszinsen belastet. Die Zahlungsverpflichtung am 31. Dezember beträgt 10472,20 EUR.

**Centbeträge** des Kapitals werden bei der Berechnung der Zinszahlen **berücksichtigt.** Die Zinszahlen werden immer auf ganze Zahlen gerundet, z.B. 1817,6 ergibt 1818.[1]

**Erläuterungen zum Rechenweg:**

① Es ist sinnvoll, die Aufgabe in einer Tabelle mit 4 Spalten zu lösen. In den einzelnen Spalten sind die Kapitalbeträge, die Verzinsungszeit, die Tage und die Zinszahlen einzutragen.

② Zur Berechnung der Zinszahlen:

| | | | | |
|---|---|---|---|---|
| 1% des Kapitals | · | Tage | = | # |
| 25,604 EUR | · | 71 | = | 1817,8 = 1818 |
| 41,30 EUR | · | 43 | = | 1775,9 = 1776 |
| 37,04 EUR | · | 29 | = | 1074,2 = 1074 |

③ Addition der Zinszahlen.

④ Berechnung des Zinsteilers: $\frac{360}{\text{Zinssatz}}$

⑤ Die Zinsen werden nach der kaufmännischen Zinsformel berechnet: Zinsen $= \frac{\#}{\text{Zinsteiler}}$

1 Diese Vorgehensweise entspricht der Vorgabe der Aufgabenstelle für kaufmännische Abschluss- und Zwischenprüfungen (ZPA, Geschäftsführung IHK Köln).

## Übungsaufgabe

150 1. Errechnen Sie die Zinszahlen bei den nachfolgenden Fällen!

| | | | |
|---|---|---|---|
| 1.1 | 160,00 EUR vom 17. April – 30. Juni | 1.2 | 270,60 EUR vom 18. Aug. – 27. Dez. |
| | 380,00 EUR vom 1. Mai – 17. Aug. | | 867,20 EUR vom 6. Okt. – 30. Okt. |
| | 1460,00 EUR vom 11. Nov. – 30. Dez. | | 5232,50 EUR vom 2. Jan. – 29. Febr. |
| | 4230,80 EUR vom 28. Jan. – 5. April | | 1989,00 EUR vom 27. Sept. – 1. Juni |

2. Am 2. Mai bezahlen wir folgende Liefererrechnungen:

Rechnung 1: 4150,00 EUR, fällig am 12. März
Rechnung 2: 1720,00 EUR, fällig am 19. März
Rechnung 3: 510,00 EUR, fällig am 1. April

Berechnen Sie die Summe der Zinszahlen!

3. Wie viel EUR betragen die Zinsen, wenn folgende Zinszahlen und Zinssätze gegeben sind? Benutzen Sie, wo immer möglich, bequeme Zinsteiler!

| | | | |
|---|---|---|---|
| 3.1 | # 4680 bei $7^1/_2$ % | 3.2 | # 2920 bei $5^1/_2$ % |
| | # 14760 bei 7 % | | # 9109 bei 8 % |
| | # 840 bei $1^1/_4$ % | | # 3732 bei 9 % |
| | # 4120 bei 4 % | | # 2040 bei $6^2/_3$ % |

4. Welchen EUR-Betrag einschließlich $8^1/_2$ % Zinsen muss ein Kaufmann am 30. Dezember an die Bank zurückzahlen, wenn die nachfolgenden Kredite zu diesem Zeitpunkt zur Rückzahlung fällig werden?

4800,00 EUR, aufgenommen am 15. Februar
15600,00 EUR, aufgenommen am 1. Juli
8500,00 EUR, aufgenommen am 15. Oktober
3750,00 EUR, aufgenommen am 10. November

5. Der Kunde Franz Freund OHG schuldet uns aus Lieferungen von Waren folgende Beträge:

seit dem 10. April 3251,40 EUR
seit dem 30. April 740,30 EUR
seit dem 18. Mai 2460,50 EUR

Entsprechend unseren Zahlungsbedingungen sind bei Zahlungsverzug 6 % Verzugszinsen zu bezahlen. Für Mahngebühren werden einschließlich 19 % USt 16,82 EUR in Rechnung gestellt. Für die Zinsberechnung ist die BGB-Zinsformel vereinbart. Es liegt kein Schaltjahr vor.

Welchen EUR-Betrag muss die Freund OHG einschließlich Verzugszinsen und Mahngebühren überweisen, wenn sie die Gesamtschuld am 1. Juli begleicht?

6. Wegen Zahlungsschwierigkeiten haben wir um Stundung mehrerer Rechnungen beim Lieferer gebeten.

1980,40 EUR, fällig am 16. Juli
6431,50 EUR, fällig am 12. August
3945,30 EUR, fällig am 13. September
590,10 EUR, fällig am 1. Oktober

Wie viel EUR beträgt der Gesamtbetrag einschließlich $4^4/_5$ % Verzugszinsen, wenn wir den Betrag am 15. Oktober überweisen?

7. Ein Kaufmann zahlt auf sein privates Sparkonto folgende Beträge ein:

   2500,00 EUR am 15. September
   3100,00 EUR am 17. November
   5500,00 EUR am 1. Dezember

   Der Zinssatz beträgt $3^1/_2$ %.

   Wie viel EUR beträgt das Sparguthaben am 31. Dezember?

8. Ein Kaufmann hat liquide Mittel[1] als Termingeld zu 6 % angelegt:

   8000,00 EUR am 12. April
   12000,00 EUR am 1. Mai
   15000,00 EUR am 15. Juni

   Die Bank berechnet die Zinsen nach der Euro-Zinsformel.

   Berechnen Sie das Guthaben am 30. August!

9. Wir haben einem Kunden eine Rechnung über 2400,00 EUR gestundet. Bei der Berechnung der Verzugszinsen haben wir eine Zinszahl von 360 errechnet.

   Für wie viele Tage wurden Verzugszinsen berechnet?

10. Ein Möbelhaus liefert an einen Kunden Waren für

    898,40 EUR am 3. Februar, Ziel 30 Tage
    570,70 EUR am 10. Februar, Ziel 60 Tage
    1040,30 EUR am 1. März, Ziel 14 Tage
    740,00 EUR am 29. März, zahlbar sofort

    Der Kunde zahlt am 5. Juli per Scheck den Gesamtbetrag einschließlich 4,5% Verzugszinsen.

    Über welchen EUR-Betrag lautet der Scheck?

11. Ein Industriebetrieb kauft bei seinem Rohstofflieferer zu folgenden Bedingungen ein:

    1. Rohstofflieferungen bis zu einem Betrag von 500,00 EUR sind sofort zu bezahlen.
    2. Rechnungen über diesen Betrag hinaus werden jeweils zu folgenden Terminen fällig: 31. März; 30. Juni; 30. September; 31. Dezember
    3. Bis zum jeweils fälligen Termin sind die Rechnungsbeträge mit 6 % zu verzinsen.
    4. Für jede Quartalsabrechnung sind pauschal 15,00 EUR an Auslagen zusätzlich zu entrichten.

    Das Industrieunternehmen bezog während eines Quartals folgende Rohstoffe:

| Kaufdatum | Rohstoffwert | Kaufdatum | Rohstoffwert |
|---|---|---|---|
| 14. April | 1500,00 EUR | 20. Mai | 3000,00 EUR |
| 27. April | 2400,00 EUR | 10. Juni | 1800,00 EUR |

    Wie viel EUR hat das Industrieunternehmen zum Schluss des 2. Quartals am 30. Juni an seinen Lieferer zu bezahlen?

12. Der Teilhaber Groß von der Groß & Klein OHG hat im Laufe des Geschäftsjahres folgende Privatentnahmen getätigt:

| | | | | | |
|---|---|---|---|---|---|
| 15. Jan. | 1 500,00 EUR | 30. März | 2000,00 EUR | 30. Nov. | 5500,00 EUR |
| 2. Febr. | 4 000,00 EUR | 24. Aug. | 1600,00 EUR | | |

    Nach dem Gesellschaftsvertrag sind Privatentnahmen mit 8 % zu verzinsen. Aufgrund des Gesellschaftsvertrags werden die Zinsen mit der BGB-Zinsformel berechnet. Es liegt kein Schaltjahr vor.

    Wie viel EUR an Zinsen muss Groß am 31. Dez. an die Gesellschaft entrichten?

1 Liquide Mittel: flüssige Mittel, z.B. Bargeld, Guthaben auf dem Bankkonto.

### 3.2.4.5 Verschiedene Aufgaben zur Zinsrechnung

**151** 1. Eine Rechnung über 9600,00 EUR, fällig am 28. März, wird am 10. Mai einschließlich Verzugszinsen mit 9667,20 EUR bezahlt.

Wie viel Prozent Verzugszinsen wurden berechnet?

2. Ein Kaufmann nimmt bei seiner Bank am 1. März ein Darlehen in Höhe von 9500,00 EUR auf. Vereinbarter Zinssatz: 10,5 %.

Wie viel EUR betragen die Kreditzinsen bei der Abrechnung am 30. Juni?

3. Wir haben am 15. April bei unserer Hausbank einen Kredit in Höhe von 12240,00 EUR in Anspruch genommen. Die Bank berechnet 8 % Zinsen. Der Rückzahlungsbetrag einschließlich der Zinsen betrug 12389,60 EUR.

An welchem Tag haben wir den Kredit zurückgezahlt?

4. Zum Kauf eines neuen Lkw nimmt ein Kaufmann am 15. März ein Darlehen zu 9 % bei seiner Bank auf. Er zahlt es am 21. September zurück. Für das Darlehen muss er 1209,00 EUR an Zinsen bezahlen. Die Bank berechnet die Zinsen nach der Euro-Zinsformel.

Wie viel EUR betrug der Kredit?

5. Ein Großhändler hat zur Modernisierung seiner Geschäftsräume vor 8 Monaten ein Darlehen in Höhe von 36000,00 EUR zu 8 % Zinsen aufgenommen. 3 Monate nach der Kreditaufnahme hat er einen Teil des Darlehens in Höhe von 12000,00 EUR zurückgezahlt.

Wie viel EUR sind heute, am Ende der Kreditlaufzeit, an die Bank einschließlich der Zinsen zu zahlen?

6. Ein Kaufmann legt auf seinem Sparkonto folgende Beträge zu einem Zinssatz von 3 % an:

| | | | | | |
|---|---|---|---|---|---|
| am 18. Jan. | 3617,00 EUR | am 30. März | 3784,00 EUR | am 13. Nov. | 6712,00 EUR |
| am 25. Febr. | 1223,70 EUR | am 28. Juni | 157,30 EUR | | |

Wie viel EUR betragen die zu erwartenden Zinserträge und wie viel EUR beträgt das Guthaben einschließlich der Zinsen am Ende des Jahres?

7. Wir haben einem Kunden eine Rechnung über 3600,00 EUR gestundet. Bei der Berechnung der Verzugszinsen haben wir eine Zinszahl von 540 errechnet.

Für wie viele Tage wurden Verzugszinsen berechnet?

8. Ein Rechnungsbetrag über 15300,00 EUR ist am 12. Febr. fällig. Am Fälligkeitstag können nur 6750,00 EUR gezahlt werden. Der Restbetrag wird am 24. April einschließlich 9,5 % Verzugszinsen überwiesen. Für die Berechnung der Zinsen ist die BGB-Zinsformel vereinbart. Es liegt kein Schaltjahr vor.

Wie viel EUR betragen die Verzugszinsen?

9. Ein Kaufmann nahm für die Zeit vom 15. Jan. bis 15. April ein Darlehen zu einem Zinssatz von 7,5 % auf. Bei der Rückzahlung des Darlehens zahlte er 240,00 EUR Zinsen.

9.1 Für wie viele Tage wurde das Darlehen aufgenommen?

9.2 Wie viel EUR betrug das Darlehen?



17 Speth u.a. ISBN 978-3-8120-0260-8

10. Ein Kaufmann nimmt einen Kredit in Höhe von 30 000,00 EUR für 6 Monate auf. Seine Bank unterbreitet ihm folgendes Angebot:

- 2 % Bearbeitungsgebühr (Disagio) von der Kreditsumme. Das Disagio wird bei der Auszahlung des Kredits einbehalten.
- 8 % Zinsen, fällig bei Rückzahlung des Kredits.
- 85,00 EUR Auslagen, fällig bei Rückzahlung des Kredits.

10.1 Wie viel EUR erhält der Kaufmann ausbezahlt?

10.2 Wie viel EUR betragen die Zinsen bei Rückzahlung des Kredits?

10.3 Wie viel EUR sind am Ende der Kreditlaufzeit insgesamt zurückzuzahlen?

11. Die Moll GmbH nimmt bei ihrer Bank ein Darlehen in Höhe von 20000,00 EUR zu $8^1/_2$ % auf, ein zweites Darlehen zu 9 %. Die Zinsen entrichtet sie halbjährlich für beide Darlehen zusammen. Für das erste Halbjahr hat sie 1930,00 EUR Zinsen zu zahlen.

Wie viel EUR beträgt das zweite Darlehen?

12. Von unserem Lieferer erhalten wir folgende Zahlungsbedingungen: Zahlbar innerhalb 20 Tagen netto oder innerhalb 8 Tagen mit 2 % Skonto.

12.1 Welchem Jahreszinsfuß entspricht der Skonto?

12.2 Der Rechnungsbetrag für einen Wareneinkauf beträgt 1580,00 EUR. Wie viel EUR sparen wir bei Ausnutzung des Skontos, wenn wir für die Zahlung einen Bankkredit in Höhe von $8^3/_4$ % in Anspruch nehmen müssen?

13. Ein Kaufmann verkaufte am 25. August Waren zum Preis von 2800,00 EUR. Auf Wunsch des Kunden vereinbarte er Ratenzahlung mit folgenden Bedingungen:

Anzahlung bei Lieferung 300,00 EUR, der Rest ist mit 5 Raten von je 500,00 EUR zu begleichen. Die Raten sind zu folgenden Zeitpunkten fällig:

1. Rate am 15. Sept.
2. Rate am 5. Okt.
3. Rate am 15. Nov.
4. Rate am 5. Dez.
5. Rate am 15. Jan. n. J.

Für nicht rechtzeitig bezahlte Raten werden 8,5 % Verzugszinsen berechnet.

Nach der pünktlichen Überweisung der 1. Rate stellte der Kunde die Zahlungen ein. Das daraufhin eingeleitete kaufmännische Mahnverfahren brachte keinen Erfolg. Jetzt will der Kaufmann einen Mahnbescheid beantragen.

Welchen Gesamtbetrag fordert er einschließlich 21,00 EUR Gerichtskosten und 8,50 EUR Auslagen, wenn der Mahnbescheid auf den 17. März ausgestellt werden soll?

14. Ein Kaufmann erhält von einem Lieferer eine Warenrechnung über 12450,00 EUR, fällig am 15. Mai. Da der Kaufmann erst am 15. Juli über liquide Mittel verfügt, muss er den obigen Betrag fremdfinanzieren.

Bei der Bank kann der Kaufmann einen Kredit zu einem Zinssatz von 8 % in Anspruch nehmen, Limit 10000,00 EUR.

Berechnen Sie die Zinsen, wenn die Bank $1^1/_2$ % Überziehungszinsen verlangt! Die Bank berechnet die Zinsen nach der Euro-Zinsformel.

15. Ein Kunde zahlt eine Rechnung über 5520,00 EUR, fällig am 13. April. Am 3. Juli zahlt der Kunde einschließlich Zinsen 5624,26 EUR durch Banküberweisung. Für die Zinsberechnung ist die BGB-Zinsformel vereinbart. Es liegt ein Schaltjahr vor.

Wie viel Prozent Verzugszinsen haben wir berechnet?

## 3.3 Personalwirtschaft

### 3.3.1 Aufbau der Lohn- und Gehaltsabrechnung

Die Lohn- und Gehaltsabrechnung vollzieht sich in drei Stufen: (1) Ermittlung des Arbeitsentgeltes (Gesamtentgelt), (2) Ermittlung des Nettoentgeltes, (3) Ermittlung des Auszahlungsbetrages.

#### (1) Ermittlung des Arbeitsentgelts (Bruttoentgelts)

Zum Arbeitsentgelt (Arbeitslohn) gehören alle Einnahmen, die dem Arbeitnehmer aus dem Dienstverhältnis zufließen. Es ist gleichgültig in welcher Form oder unter welcher Bezeichnung die Einnahmen gewährt werden. Neben **Geldbeträgen** können dem Arbeitnehmer auch **Sachwerte** (freie Kost und Wohnung oder Waren) zugeflossen sein. Welcher Wert für derartige Sachbezüge anzusetzen ist, richtet sich nach besonderen Verordnungen bzw. orientiert sich am Marktpreis. Neben den Sachbezügen zählen auch sogenannte **geldwerte Vorteile,** z. B. die kostenlose Zurverfügungstellung eines Geschäftswagens, zum Arbeitsentgelt. Dem Arbeitnehmer werden dann die ersparten Aufwendungen, die für ein eigenes Auto dieses Typs anfallen, als Arbeitslohn hinzugerechnet.

#### (2) Ermittlung des Nettoentgelts

Zieht man vom steuer- und sozialversicherungspflichtigen Bruttoentgelt die vom Arbeitnehmer zu tragende Lohn- und Kirchensteuer, den zurzeit erhobenen Solidaritätszuschlag und den Arbeitnehmeranteil an den Sozialversicherungsbeiträgen (Kranken-, Renten-, Pflege- und Arbeitslosenversicherung) ab, erhält man das Nettoentgelt.

#### (3) Ermittlung des Auszahlungsbetrags

Das Nettoentgelt stellt nicht zwangsläufig auch den Auszahlungsbetrag dar. In vielen Fällen wird das Nettoentgelt um bestimmte Abzugsbeträge gekürzt. Als Abzugsbeträge können z. B. infrage kommen: vermögenswirksame Anlagen, Verrechnung von Vorschüssen, Kostenanteil für das Kantinenessen, Mietverrechnung für eine Werkswohnung, evtl. auch Lohnpfändungen.

In schematischer Darstellung erhalten wir folgendes **Abrechnungsschema**:

| | |
|---|---|
| Ermittlung des Bruttoentgelts[1] | Addition von Gehalt, Überstundenvergütungen, Urlaubsgeld, Sachwerte, geldwerte Vorteile |
| – Steuern[2] | Lohnsteuer, Solidaritätszuschlag, Kirchensteuer |
| – Sozialversicherungsbeiträge[3] | Kranken-, Pflege-, Renten- und Arbeitslosenversicherung (unter Berücksichtigung der Beitragsbemessungsgrenzen) |
| Nettoentgelt | |
| – sonstige Abzüge | Verrechnung von Vorschüssen, Kantinenessen, Lohnpfändung, vermögenswirksamen Leistungen |
| Auszahlungsbetrag | |

1 Das Arbeitsentgelt wird im Folgenden nicht berechnet, sondern jeweils vorgegeben.

2 Vgl. hierzu die Ausführungen auf S. 260f.

3 Zur Berechnung der Sozialversicherungsbeiträge siehe S. 262f.

## 3.3.2 Berechnung der Lohnsteuer, des Solidaritätszuschlags und der Kirchensteuer

### (1) Lohnsteuer und Solidaritätszuschlag

Nach dem Einkommensteuergesetz sind alle inländischen natürlichen Personen – von einer bestimmten Einkommenshöhe ab – zur Zahlung von Steuern aus dem Einkommen verpflichtet. Die Lohnsteuer ist eine Sonderform der Einkommensteuer. Besteuert werden dabei die **Einkünfte aus nichtselbstständiger Arbeit**. Die **Höhe der Lohn- bzw. Einkommensteuer** wird bestimmt durch die **Höhe des Bruttolohns** bzw. **-gehalts,** den **Familienstand,** die **Anzahl der Kinder** und durch bestimmte **Freibeträge.** Auf die Lohnsteuer wird derzeit ein Solidaritätszuschlag von 5,5 % erhoben.

Die **Feststellung der Lohnsteuer, der Kirchensteuer und des Solidaritätszuschlags** erfolgt mithilfe von **Lohnsteuertabellen,** aus denen die entsprechenden Beträge abgelesen werden können. Die allgemeine Lohnsteuertabelle enthält sechs **Lohnsteuerklassen,** in denen die persönlichen Verhältnisse des Arbeitnehmers berücksichtigt werden.

**Übersicht über die Lohnsteuerklassen**

| Steuerklasse | Personenkreis | Pauschbeträge u. Freibeträge[1] | EUR[2] |
|---|---|---|---|
| I | Arbeitnehmer, die (1) ledig oder geschieden sind; (2) verheiratet sind, aber von ihrem Ehegatten dauernd getrennt leben, oder wenn der Ehegatte nicht im Inland wohnt; (3) verwitwet sind. | Grundfreibetrag<br>Arbeitnehmer-Pauschbetrag | 8 004,00<br>1 000,00 |
| II | Arbeitnehmer der Steuerklasse I, wenn in ihrer Wohnung mindestens 1 Kind gemeldet ist, für das ein Kinderfreibetrag gewährt wird. | Grundfreibetrag<br>Arbeitnehmer-Pauschbetrag | 8 004,00<br>1 000,00 |
| III | **Verheiratete** Arbeitnehmer, von denen nur ein Ehegatte in einem Dienstverhältnis steht, und verwitwete Arbeitnehmer für das Kalenderjahr, in dem der Ehegatte verstorben ist, sowie für das folgende Kalenderjahr. | Grundfreibetrag<br>Arbeitnehmer-Pauschbetrag | 16 008,00<br>1 000,00 |
| IV | **Verheiratete** Arbeitnehmer, wenn **beide** Ehegatten Arbeitslohn beziehen. | Grundfreibetrag<br>Arbeitnehmer-Pauschbetrag | 8 004,00<br>1 000,00 |
| V | Auf Antrag verheiratete Arbeitnehmer, die unter die Lohnsteuerklasse IV fallen würden, bei denen jedoch ein Ehegatte nach Steuerklasse III besteuert wird. | Arbeitnehmer-Pauschbetrag | 1 000,00 |
| VI | Arbeitnehmer, die aus **mehr** als einem Arbeitsverhältnis (von verschiedenen Arbeitgebern) Arbeitslohn beziehen. | | |

Neben den in der Lohnsteuertabelle schon eingearbeiteten Pausch- und Freibeträgen kann der Steuerpflichtige noch **zusätzliche** Freibeträge in die Lohnsteuerkarte eintragen lassen.

1 Aus Vereinfachungsgründen wird nur die wichtigste Pauschale und der wichtigste Freibetrag angeführt.

2 Stand Januar 2011.

**Auszug aus der Lohnsteuertabelle**

## MONAT 1 920,– *

| Lohn/ Gehalt Versorgungs-Bezug bis € | Abzüge an Lohnsteuer, Solidaritätszuschlag (SolZ) und Kirchensteuer (8%, 9%) in den Steuerklassen | | | | | | | | | | | | | | | | | | | | | | | | |
|---|---|---|---|---|---|---|---|---|---|---|---|---|---|---|---|---|---|---|---|---|---|---|---|---|---|
| | I–VI | | | | | I, II, III, IV | | | | | | | | | | | | | | | | | | | |
| | | | ohne Kinderfreibeträge | | | | | mit Zahl der Kinderfreibeträge . . . | | | | | | | | | | | | | | | | | |
| | | | | | | | | 0,5 | | | 1 | | | 1,5 | | | 2 | | | 2,5 | | | 3 | | |
| | | LSt | SolZ | 8% | 9% | | LSt | SolZ | 8% | 9% | SolZ | 8% | 9% | SolZ | 8% | 9% | SolZ | 8% | 9% | SolZ | 8% | 9% | SolZ | 8% | 9% |
| 1 937,99 | I,IV | 211,16 | 11,61 | 16,89 | 19,— | I | 211,16 | 7,45 | 10,84 | 12,20 | — | 5,23 | 5,88 | — | 0,84 | 0,95 | — | — | — | — | — | — | — | — | — |
| | II | 182,41 | 10,03 | 14,59 | 16,41 | II | 182,41 | 5,51 | 8,68 | 9,77 | — | 3,42 | 3,84 | — | — | — | — | — | — | — | — | — | — | — | — |
| | III | 32,50 | — | 2,60 | 2,92 | III | 32,50 | — | — | — | — | — | — | — | — | — | — | — | — | — | — | — | — | — | — |
| | V | 430,83 | 23,69 | 34,46 | 38,77 | IV | 211,16 | 9,50 | 13,82 | 15,55 | 7,45 | 10,84 | 12,20 | 3,71 | 7,96 | 8,96 | — | 5,23 | 5,88 | — | 2,85 | 3,20 | — | 0,84 | 0,95 |
| | VI | 459,33 | 25,26 | 36,74 | 41,33 | | | | | | | | | | | | | | | | | | | | |
| 1 940,99 | I,IV | 211,83 | 11,65 | 16,94 | 19,06 | I | 211,83 | 7,49 | 10,90 | 12,26 | — | 5,28 | 5,94 | — | 0,88 | 0,99 | — | — | — | — | — | — | — | — | — |
| | II | 183,08 | 10,06 | 14,64 | 16,47 | II | 183,08 | 5,65 | 8,74 | 9,83 | — | 3,46 | 3,89 | — | — | — | — | — | — | — | — | — | — | — | — |
| | III | 32,83 | — | 2,62 | 2,95 | III | 32,83 | — | — | — | — | — | — | — | — | — | — | — | — | — | — | — | — | — | — |
| | V | 431,66 | 23,74 | 34,53 | 38,84 | IV | 211,83 | 9,54 | 13,88 | 15,61 | 7,49 | 10,90 | 12,26 | 3,85 | 8,02 | 9,02 | — | 5,28 | 5,94 | — | 2,89 | 3,25 | — | 0,88 | 0,99 |
| | VI | 460,33 | 25,31 | 36,82 | 41,42 | | | | | | | | | | | | | | | | | | | | |
| 1 943,99 | I,IV | 212,58 | 11,69 | 17,— | 19,13 | I | 212,58 | 7,53 | 10,95 | 12,32 | — | 5,32 | 5,99 | — | 0,91 | 1,02 | — | — | — | — | — | — | — | — | — |
| | II | 183,75 | 10,10 | 14,70 | 16,53 | II | 183,75 | 5,78 | 8,79 | 9,89 | — | 3,50 | 3,93 | — | — | — | — | — | — | — | — | — | — | — | — |
| | III | 33,33 | — | 2,66 | 2,99 | III | 33,33 | — | — | — | — | — | — | — | — | — | — | — | — | — | — | — | — | — | — |
| | V | 432,66 | 23,79 | 34,61 | 38,93 | IV | 212,58 | 9,57 | 13,93 | 15,67 | 7,53 | 10,95 | 12,32 | 3,98 | 8,07 | 9,08 | — | 5,32 | 5,99 | — | 2,93 | 3,29 | — | 0,91 | 1,02 |
| | VI | 461,33 | 25,37 | 36,90 | 41,51 | | | | | | | | | | | | | | | | | | | | |

Der Arbeitnehmer hat dem Arbeitgeber eine **Lohnsteuerkarte** vorzulegen. Diese wurde letztmalig für das Jahr 2010 von den Gemeinden ausgestellt. Der Arbeitnehmer ist verpflichtet, die Lohnsteuerkarte unmittelbar seinem Arbeitgeber einzureichen. Am Ende des Jahres erhält der Arbeitnehmer vom Arbeitgeber eine **Lohnsteuerbescheinigung** mit den Angaben über Bruttoverdienst und einbehaltene Abzüge (Lohnsteuer, Solidaritätszuschlag und Kirchensteuer). Sie dient dann dem Arbeitnehmer im Falle der Einkommensteuerveranlagung als Nachweis über die gezahlten Abzüge (Lohnsteuer, Solidaritätszuschlag und Kirchensteuer).

Seit 2011 wird die Lohnsteuerkarte stufenweise durch ein **elektronisches Verfahren zur Erhebung der Lohnsteuer** ersetzt. Bis zum Jahr 2012 werden nach und nach in einer Datenbank beim Bundeszentralamt für Steuern (BZSt) „**E**lektronische **L**ohn**S**teuer**A**bzugs-**M**erkmale" (kurz: **ELStAM**) gesammelt.

Die **Lohnsteuerkarte 2010** behält auch noch **für das Jahr 2011** ihre Gültigkeit. Im Falle eines Arbeitsplatzwechsels nimmt der Arbeitnehmer die Karte mit. Für Eintragungen und Änderungen ist seit 2011 ausschließlich das Finanzamt zuständig. Ab dem **Jahr 2012** ist allein die Finanzverwaltung dafür zuständig, dem Arbeitgeber die notwendigen Merkmale für die Besteuerung des Arbeitnehmers zu übermitteln. Alle Daten werden dann beim **Bundeszentralamt für Steuern (BZSt)** gespeichert. Sobald jemand eine Arbeitsstelle antritt und lohnsteuerpflichtig ist, fragt der Arbeitgeber beim BZSt nach den notwendigen Daten, um sie dann in das Lohnkonto des Beschäftigten zu übernehmen. Die Arbeitnehmer müssen bei Beginn des Arbeitsverhältnisses lediglich ihre **steuerliche Identifikationsnummer** und das Geburtsdatum angeben.

### (3) Kirchensteuer

Die Kirchensteuer erheben die Kirchen von ihren Mitgliedern. Die Veranlagung erfolgt durch die Finanzämter, an die auch die Zahlungen zu leisten sind. Bei den Arbeitnehmern wird die Kirchensteuer zusammen mit der Lohnsteuer und dem Solidaritätszuschlag vom Arbeitgeber einbehalten und abgeführt. Zurzeit beträgt die Kirchensteuer 8 % bzw. 9 % (je nach Bundesland)[1] von der zu zahlenden Lohn- bzw. Einkommensteuer, die sich nach Abzug des Kinderfreibetrags vom Bruttolohn ergibt.

1 In Baden-Württemberg und Bayern beträgt der Kirchensteuersatz 8%, in den übrigen Bundesländern beträgt er 9%.

**Beispiel:**

Edda Meyer, Montanstr. 2, 13407 Berlin ist Angestellte bei der Lampenfabrik Franz Kraemer OHG. Sie bezieht für den Monat Juli ein Bruttogehalt in Höhe von 1940,00 EUR. Sie ist ledig (Lohnsteuerklasse I) und hat keine Kinder. Konfession: röm.-kath.

| | |
|---|---|
| Bruttogehalt | 1940,00 EUR |
| Lohnsteuer lt. LSt.-Tabelle (Klasse I, ohne Kinder) | 211,83 EUR |
| Solidaritätszuschlag | 11,65 EUR |
| Kirchensteuer 9 % | 19,06 EUR. |

Die Angestellte hat insgesamt 242,54 EUR an Steuern zu entrichten. (Siehe Auszug aus der Lohnsteuertabelle auf Seite 261!)

### 3.3.3 Berechnung der Sozialversicherungsbeiträge

Die Sozialversicherung ist eine gesetzliche Versicherung (Pflichtversicherung), der ca. 90 % der Bevölkerung angehören. Sie soll die Versicherten vor finanzieller Not bei Krankheit **(gesetzliche Krankenkasse)**, bei Arbeitslosigkeit **(gesetzliche Arbeitsförderung)**, bei Pflegebedürftigkeit **(soziale Pflegeversicherung)** und bei Erwerbsunfähigkeit, meistens aus Altersgründen **(gesetzliche Rentenversicherung)**, schützen.

Außer der **Unfallversicherung**, die der Arbeitgeber allein zu tragen hat, müssen Arbeitnehmer und Arbeitgeber je 50 % der Beiträge zur Kranken-, Pflege-,[1] Renten- und Arbeitslosenversicherung zahlen. Die Beiträge für jeden Sozialversicherungszweig werden bis zur jeweiligen Beitragsbemessungsgrenze über einen festen Prozentsatz vom jeweiligen Bruttoverdienst berechnet. Über die Beitragsbemessungsgrenze hinaus werden keine Beiträge zur jeweiligen Sozialversicherung erhoben.[2]

Derzeit gelten für die Sozialversicherung folgende monatliche Beitragssätze bzw. **Beitragsbemessungsgrenzen** (seit 1. Januar 2011):[3]

| | | | In den alten Bundesländern | In den neuen Bundesländern |
|---|---|---|---|---|
| Krankenversicherung:* | 15,5 % | Beitragsbemessungsgrenze:[4] | 3712,50 EUR | 3712,50 EUR |
| Pflegeversicherung: | 1,95 % | Beitragsbemessungsgrenze:[4] | 3712,50 EUR | 3712,50 EUR |
| Rentenversicherung: | 19,9 % | Beitragsbemessungsgrenze: | 5500,00 EUR | 4800,00 EUR |
| Arbeitslosenversicherung: | 3,0 % | Beitragsbemessungsgrenze: | 5500,00 EUR | 4800,00 EUR |

* Der Beitragssatz zur Krankenversicherung in Höhe von 15,5 % gilt **bundeseinheitlich.** Er enthält einen **Arbeitnehmersonderbeitrag** von 0,9 %. An diesem Beitrag ist der **Arbeitgeber nicht beteiligt,** d. h., der Arbeitgeberanteil zur Krankenversicherung beträgt 7,3 % und der Arbeitnehmeranteil beträgt 8,2 %.

---

1 In Sachsen beträgt der Arbeitnehmeranteil für Versicherte mit Kindern 1,475 % bzw. für kinderlose Versicherte (über 23 Jahre) 1,725 % und der Arbeitgeberanteil 0,475 %

2 Die Höhe und die Aufteilung der geleisteten Beiträge wird vom Arbeitgeber für jeden Abrechnungszeitraum auf einem **Beitragsnachweis** dokumentiert und an die zuständigen Krankenkassen weitergeleitet. Der Beitragsnachweis ist rechtzeitig, **spätestens zwei Arbeitstage vor Fälligkeit der SV-Beiträge** zu übermitteln. Zusätzlich sind die vom Arbeitgeber aufzubringenden Beiträge zu den **Unterstützungs- bzw. Ausgleichskassen (U1/U2/U3)** vermerkt. Neben den Umlagen zur Lohnfortzahlung im Krankheitsfall (U1) und zum Mutterschaftsgeld (U2) betrifft dies die Insolvenzgeldumlage (U3).

3 Die Beitragssätze für die Sozialversicherung bzw. die Beitragsbemessungsgrenzen werden jährlich neu festgelegt. Informieren Sie sich bitte über die derzeit geltenden Beitragssätze und Bemessungsgrenzen.

4 Die bundesweit geltende Versicherungspflichtgrenze für die gesetzliche Krankenversicherung und Pflegeversicherung beträgt 4125,00 EUR.

**Sonderregelungen zur Finanzierung der Pflegeversicherung**

Für alle kinderlosen Pflichtversicherten erhöht sich der Beitrag zur Pflegeversicherung um 0,25 % des beitragspflichtigen Einkommens. Für diesen Personenkreis beträgt daher der Beitragssatz 1,225 %. An dieser Erhöhung ist der **Arbeitgeber nicht beteiligt**. Ausgenommen von diesem Beitragszuschlag sind Personen, die das 23. Lebensjahr noch nicht vollendet haben und Personen, die vor dem 1. Januar 1940 geboren wurden.

**Beispiel 1:**

Die kinderlose Angestellte Edda Meyer erhält ein Bruttogehalt in Höhe von 1940,00 EUR.

**Aufgaben:**

Berechnen Sie

1. den Arbeitnehmeranteil zum Sozialversicherungsbeitrag,
2. den Arbeitgeberanteil zum Sozialversicherungsbeitrag!

**Lösungen:**

| | | |
|---|---|---|
| Bruttogehalt | | 1 940,00 EUR |
| Krankenversicherung: 14,6 % (7,3 % AN-Anteil) | 141,62 EUR | |
| Sonderbeitrag für Arbeitnehmer: 0,9 % | 17,46 EUR | |
| Pflegeversicherung: 1,95 % (0,975 % AN-Anteil) | 18,92 EUR | |
| Sonderbeitrag für kinderlose Arbeitnehmer: 0,25 % | 4,85 EUR | |
| Rentenversicherung: 19,9 % (9,95 % AN-Anteil) | 193,03 EUR | |
| Arbeitslosenversicherung: 3,0 % (1,5 % AN-Anteil) | 29,10 EUR | |
| 1. Arbeitnehmeranteil | 404,98 EUR | |
| 2. Arbeitgeberanteil (404,98 EUR – 22,31 EUR) | 382,67 EUR | |

**Beispiel 2:**

Der Abteilungsleiter Peter Sonnenschein arbeitet in Hannover, ist verheiratet und hat ein Kind. Er verdient 5 920,00 EUR. Herr Sonnenschein ist in der gesetzlichen Krankenkasse versichert.

**Aufgaben:**

Berechnen Sie

1. den Arbeitnehmeranteil zu den Sozialversicherungsbeiträgen,
2. den Arbeitgeberanteil zu den Sozialversicherungsbeiträgen!

**Lösungen:**

| | | |
|---|---|---|
| Bruttogehalt | | 5 920,00 EUR |
| Krankenversicherung: 7,3 % (von 3 712,50 EUR) | 271,01 EUR | |
| Sonderbeitrag für Arbeitnehmer: 0,9 % (von 3 712,50 EUR) | 33,41 EUR | |
| Pflegeversicherung: 0,975 % (von 3 712,50 EUR) | 36,20 EUR | |
| Rentenversicherung: 9,95 % (von 5 500,00 EUR) | 547,25 EUR | |
| Arbeitslosenversicherung: 1,5 % (von 5 500,00 EUR) | 82,50 EUR | |
| 1. Arbeitnehmeranteil | 970,37 EUR | |
| 2. Arbeitgeberanteil (970,37 EUR – 33,41 EUR) | 936,96 EUR | |

Die Lohnabrechnung erfolgt heute in der Regel mithilfe eines EDV-Programms. In dieses EDV-Programm werden die Beitragssätze der Sozialversicherung eingegeben. Das Programm rechnet dann die entsprechenden Sozialversicherungsbeiträge für jede Gehaltshöhe automatisch aus. Die Arbeitnehmeranteile zur Sozialversicherung werden zusammen mit den Arbeitgeberanteilen vom Arbeitgeber an die zuständigen Krankenkassen abgeführt, welche die entsprechenden Beiträge an die Träger der Renten- und Arbeitslosenversicherung weiterleiten.

**Merke:**

- Arbeitnehmer unterliegen mit ihren Einkünften aus nichtselbstständiger Arbeit der **Lohnsteuer.**
  - Die Höhe der Lohnsteuer richtet sich nach den persönlichen Daten des Arbeitnehmers.
  - Die Lohnsteuer, der Solidaritätszuschlag und gegebenenfalls die Kirchensteuer werden bei der Lohnzahlung einbehalten und an das Finanzamt abgeführt.
- Die **Kirchensteuer** erheben die Kirchen von ihren Mitgliedern. Die **Höhe der Kirchensteuer** hängt von der **Höhe der Lohnsteuer** ab. Sie wird zusammen mit der Lohnsteuer einbehalten und an das Finanzamt abgeführt, das die Weiterleitung an die Kirchen vornimmt.
- Die **Sozialversicherung** ist eine **gesetzliche Pflichtversicherung.** Die Beiträge für den Arbeitnehmer werden vom Arbeitgeber einbehalten und zusammen mit dem Arbeitgeberanteil an die zuständige Krankenkasse abgeführt.

## Übungsaufgaben

**152** 1. Ein verheirateter Mitarbeiter, dessen Ehefrau nicht berufstätig ist, erhält ein Bruttogehalt von 1 984,20 EUR. Er hat ein Kind und ist kirchensteuerpflichtig mit 9 %.

**Aufgabe:**

Erstellen Sie die Gehaltsabrechnung für den Mitarbeiter (Steuerklasse III/1) unter Verwendung des abgedruckten Auszugs aus der Lohnsteuertabelle und der Beitragssätze zur Sozialversicherung lt. S. 262!

| Lohn/ Gehalt | **Abzüge an Lohnsteuer, Solidaritätszuschlag (SolZ) und Kirchensteuer (8%, 9%) in den Steuerklassen** | | | | | | | | | | | | | | | | | | | | | | | | |
|---|---|---|---|---|---|---|---|---|---|---|---|---|---|---|---|---|---|---|---|---|---|---|---|---|---|
| | **I–VI** | | | | | **I, II, III, IV** | | | | | | | | | | | | | | | | | | | |
| | | | **ohne** Kinderfreibeträge | | | | | **mit** Zahl der Kinderfreibeträge . . . | | | | | | | | | | | | | | | | | |
| | | | | | | | | **0,5** | | | **1** | | | **1,5** | | | **2** | | | **2,5** | | | **3 **** | | |
| bis €* | | LSt | SolZ | 8% | 9% | | LSt | SolZ | 8% | 9% | SolZ | 8% | 9% | SolZ | 8% | 9% | SolZ | 8% | 9% | SolZ | 8% | 9% | SolZ | 8% | 9% |
| **1 982,99** | I,IV | 221,66 | 12,19 | 17,73 | 19,94 | I | 221,66 | 8,– | 11,64 | 13,09 | – | 5,94 | 6,68 | – | 1,35 | 1,52 | – | – | – | – | – | – | – | – | – |
| | II | 192,75 | 10,60 | 15,42 | 17,34 | II | 192,75 | 6,50 | 9,46 | 10,64 | – | 4,05 | 4,55 | – | 0,02 | 0,02 | – | – | – | – | – | – | – | – | – |
| | III | 38,66 | – | 3,09 | 3,47 | III | 38,66 | – | – | – | – | – | – | – | – | – | – | – | – | – | – | – | – | – | – |
| | V | 444,83 | 24,46 | 35,58 | 40,03 | IV | 221,66 | 10,06 | 14,64 | 16,47 | 8,– | 11,64 | 13,09 | 5,63 | 8,73 | 9,82 | – | 5,94 | 6,68 | – | 3,46 | 3,89 | – | 1,35 | 1,52 |
| | VI | 473,83 | 26,06 | 37,90 | 42,64 | | | | | | | | | | | | | | | | | | | | |
| **1 985,99** | I,IV | 222,41 | 12,23 | 17,79 | 20,01 | I | 222,41 | 8,03 | 11,69 | 13,15 | – | 5,98 | 6,73 | – | 1,38 | 1,55 | – | – | – | – | – | – | – | – | – |
| | II | 193,41 | 10,63 | 15,47 | 17,40 | II | 193,41 | 6,54 | 9,51 | 10,70 | – | 4,09 | 4,60 | – | 0,05 | 0,05 | – | – | – | – | – | – | – | – | – |
| | III | 39,16 | – | 3,13 | 3,52 | III | 39,16 | – | – | – | – | – | – | – | – | – | – | – | – | – | – | – | – | – | – |
| | V | 445,83 | 24,52 | 35,66 | 40,12 | IV | 222,41 | 10,10 | 14,69 | 16,52 | 8,03 | 11,69 | 13,15 | 5,76 | 8,78 | 9,88 | – | 5,98 | 6,73 | – | 3,50 | 3,93 | – | 1,38 | 1,55 |
| | VI | 474,66 | 26,10 | 37,97 | 42,71 | | | | | | | | | | | | | | | | | | | | |
| **1 988,99** | I,IV | 223,08 | 12,26 | 17,84 | 20,07 | I | 223,08 | 8,07 | 11,74 | 13,21 | – | 6,03 | 6,78 | – | 1,42 | 1,59 | – | – | – | – | – | – | – | – | – |
| | II | 194,08 | 10,67 | 15,52 | 17,46 | II | 194,08 | 6,57 | 9,56 | 10,76 | – | 4,13 | 4,64 | – | 0,08 | 0,09 | – | – | – | – | – | – | – | – | – |
| | III | 39,50 | – | 3,16 | 3,55 | III | 39,50 | – | – | – | – | – | – | – | – | – | – | – | – | – | – | – | – | – | – |
| | V | 446,66 | 24,56 | 35,73 | 40,19 | IV | 223,08 | 10,14 | 14,75 | 16,59 | 8,07 | 11,74 | 13,21 | 5,90 | 8,84 | 9,94 | – | 6,03 | 6,78 | – | 3,54 | 3,98 | – | 1,42 | 1,59 |
| | VI | 475,66 | 26,16 | 38,05 | 42,80 | | | | | | | | | | | | | | | | | | | | |

2. Ein Mitarbeiter erhält einschließlich vermögenswirksamer Leistung des Arbeitgebers (monatlich 36,00 EUR) einen Bruttolohn von 3610,00 EUR; Lohnsteuerklasse II/1. Abzüge: Vermögenswirksame Sparleistung 36,00 EUR, Lohnpfändung 110,00 EUR, Wareneinkauf im Betrieb 90,00 EUR zuzüglich 19% USt, Miete für Geschäftswohnung 360,00 EUR.

**Aufgabe:**

Berechnen Sie den Auszahlungsbetrag für den Mitarbeiter! Die Kirchensteuer beträgt 9%.

**3 647,99* MONAT**

Abzüge an Lohnsteuer, Solidaritätszuschlag (SolZ) und Kirchensteuer (8%, 9%) in den Steuerklassen

| Lohn/Gehalt bis €* | I–VI | | ohne Kinderfreibeträge | | | I, II, III, IV | | mit Zahl der Kinderfreibeträge . . . 0,5 | | | 1 | | | 1,5 | | | 2 | | | 2,5 | | | 3 ** | | |
|---|---|---|---|---|---|---|---|---|---|---|---|---|---|---|---|---|---|---|---|---|---|---|---|---|---|
| | | LSt | SolZ | 8% | 9% | | LSt | SolZ | 8% | 9% | SolZ | 8% | 9% | SolZ | 8% | 9% | SolZ | 8% | 9% | SolZ | 8% | 9% | SolZ | 8% | 9% |
| 3 608,99 | I,IV | 659,50 | 36,27 | 52,76 | 59,35 | I | 659,50 | 30,83 | 44,84 | 50,45 | 25,64 | 37,30 | 41,96 | 20,71 | 30,13 | 33,89 | 16,04 | 23,34 | 26,25 | 11,63 | 16,92 | 19,03 | 7,47 | 10,87 | 12,23 |
| | II | 622,– | 34,21 | 49,76 | 55,98 | II | 622,– | 28,86 | 41,98 | 47,23 | 23,77 | 34,58 | 38,90 | 18,94 | 27,55 | 30,99 | 14,36 | 20,90 | 23,51 | 10,05 | 14,62 | 16,44 | 5,58 | 8,71 | 9,80 |
| | III | 381,66 | 20,99 | 30,53 | 34,34 | III | 381,66 | 16,83 | 24,49 | 27,55 | 12,81 | 18,64 | 20,97 | 0,03 | 12,97 | 14,59 | – | 7,86 | 8,84 | – | 3,49 | 3,92 | – | – | – |
| | V | 1 025,50 | 56,40 | 82,04 | 92,29 | IV | 659,50 | 33,51 | 48,75 | 54,84 | 30,83 | 44,84 | 50,45 | 28,20 | 41,02 | 46,15 | 25,64 | 37,30 | 41,96 | 23,14 | 33,66 | 37,87 | 20,71 | 30,13 | 33,89 |
| | VI | 1 058,91 | 58,24 | 84,71 | 95,30 | | | | | | | | | | | | | | | | | | | | |
| 3 611,99 | I,IV | 660,41 | 36,32 | 52,83 | 59,43 | I | 660,41 | 30,87 | 44,91 | 50,52 | 25,68 | 37,36 | 42,03 | 20,75 | 30,19 | 33,96 | 16,08 | 23,40 | 26,32 | 11,66 | 16,97 | 19,09 | 7,51 | 10,92 | 12,29 |
| | II | 622,91 | 34,26 | 49,83 | 56,06 | II | 622,91 | 28,91 | 42,05 | 47,30 | 23,81 | 34,64 | 38,97 | 18,98 | 27,61 | 31,06 | 14,41 | 20,96 | 23,58 | 10,08 | 14,67 | 16,50 | 5,71 | 8,76 | 9,86 |
| | III | 382,33 | 21,02 | 30,58 | 34,40 | III | 382,33 | 16,87 | 24,54 | 27,61 | 12,85 | 18,69 | 21,02 | 0,16 | 13,02 | 14,65 | – | 7,90 | 8,89 | – | 3,53 | 3,97 | – | – | – |
| | V | 1 026,58 | 56,46 | 82,12 | 92,39 | IV | 660,41 | 33,56 | 48,82 | 54,92 | 30,87 | 44,91 | 50,52 | 28,25 | 41,09 | 46,22 | 25,68 | 37,36 | 42,03 | 23,19 | 33,73 | 37,94 | 20,75 | 30,19 | 33,96 |
| | VI | 1 060,08 | 58,30 | 84,80 | 95,40 | | | | | | | | | | | | | | | | | | | | |
| 3 614,99 | I,IV | 661,33 | 36,37 | 52,90 | 59,51 | I | 661,33 | 30,92 | 44,98 | 50,60 | 25,73 | 37,43 | 42,11 | 20,80 | 30,26 | 34,04 | 16,12 | 23,46 | 26,39 | 11,71 | 17,03 | 19,16 | 7,54 | 10,98 | 12,35 |
| | II | 623,83 | 34,31 | 49,90 | 56,14 | II | 623,83 | 28,95 | 42,12 | 47,38 | 23,86 | 34,71 | 39,05 | 19,02 | 27,67 | 31,13 | 14,44 | 21,01 | 23,63 | 10,12 | 14,72 | 16,56 | 5,83 | 8,81 | 9,91 |
| | III | 383,– | 21,06 | 30,64 | 34,47 | III | 383,– | 16,91 | 24,60 | 27,67 | 12,88 | 18,74 | 21,08 | 0,30 | 13,08 | 14,71 | – | 7,94 | 8,93 | – | 3,57 | 4,01 | – | – | – |
| | V | 1 027,66 | 56,52 | 82,21 | 92,48 | IV | 661,33 | 33,61 | 48,90 | 55,01 | 30,92 | 44,98 | 50,60 | 28,29 | 41,16 | 46,30 | 25,73 | 37,43 | 42,11 | 23,23 | 33,80 | 38,02 | 20,80 | 30,26 | 34,04 |
| | VI | 1 061,16 | 58,36 | 84,89 | 95,50 | | | | | | | | | | | | | | | | | | | | |

153 Ein leitender Angestellter erhält ein Bruttogehalt von 4395,00 EUR einschließlich 36,00 EUR monatlich vermögenswirksame Leistung. Lohnsteuerklasse III/3. Anlässlich seines 10-jährigen Dienstjubiläums erhält der Angestellte eine Sonderzahlung von 250,00 EUR.[1] Abzüge: Vermögenswirksame Sparleistung 36,00 EUR, Tilgung und Zinsen für ein Arbeitgeberdarlehen 450,00 EUR, einbehaltener Vorschuss 500,00 EUR.

**Aufgabe:**

Berechnen Sie den Auszahlungsbetrag für den Angestellten! Die Kirchensteuer beträgt 8%.

**MONAT 4 608,–***

Abzüge an Lohnsteuer, Solidaritätszuschlag (SolZ) und Kirchensteuer (8%, 9%) in den Steuerklassen

| Lohn/Gehalt bis €* | I–VI | | ohne Kinderfreibeträge | | | I, II, III, IV | | mit Zahl der Kinderfreibeträge . . . 0,5 | | | 1 | | | 1,5 | | | 2 | | | 2,5 | | | 3 ** | | |
|---|---|---|---|---|---|---|---|---|---|---|---|---|---|---|---|---|---|---|---|---|---|---|---|---|---|
| | | LSt | SolZ | 8% | 9% | | LSt | SolZ | 8% | 9% | SolZ | 8% | 9% | SolZ | 8% | 9% | SolZ | 8% | 9% | SolZ | 8% | 9% | SolZ | 8% | 9% |
| 4 646,99 | I,IV | 1 027,75 | 56,52 | 82,22 | 92,49 | I | 1 027,75 | 50,21 | 73,04 | 82,17 | 44,16 | 64,23 | 72,26 | 38,36 | 55,80 | 62,77 | 32,82 | 47,74 | 53,71 | 27,54 | 40,06 | 45,06 | 22,51 | 32,75 | 36,84 |
| | II | 984,33 | 54,13 | 78,74 | 88,58 | II | 984,33 | 47,92 | 69,70 | 78,41 | 41,96 | 61,04 | 68,67 | 36,26 | 52,74 | 59,33 | 30,82 | 44,83 | 50,43 | 25,63 | 37,29 | 41,95 | 20,70 | 30,12 | 33,88 |
| | III | 653,50 | 35,94 | 52,28 | 58,81 | III | 653,50 | 31,35 | 45,60 | 51,30 | 26,89 | 39,12 | 44,01 | 22,56 | 32,82 | 36,92 | 18,37 | 26,72 | 30,06 | 14,30 | 20,80 | 23,40 | 5,26 | 15,06 | 16,94 |
| | V | 1 439,– | 79,14 | 115,12 | 129,51 | IV | 1 027,75 | 53,33 | 77,58 | 87,27 | 50,21 | 73,04 | 82,17 | 47,15 | 68,58 | 77,15 | 44,16 | 64,23 | 72,26 | 41,23 | 59,97 | 67,46 | 38,36 | 55,80 | 62,77 |
| | VI | 1 472,50 | 80,98 | 117,80 | 132,52 | | | | | | | | | | | | | | | | | | | | |
| 4 649,99 | I,IV | 1 028,91 | 56,59 | 82,31 | 92,60 | I | 1 028,91 | 50,27 | 73,12 | 82,26 | 44,22 | 64,32 | 72,36 | 38,42 | 55,88 | 62,87 | 32,87 | 47,82 | 53,79 | 27,59 | 40,14 | 45,15 | 22,56 | 32,82 | 36,92 |
| | II | 985,50 | 54,20 | 78,84 | 88,69 | II | 985,50 | 47,98 | 69,79 | 78,51 | 42,02 | 61,12 | 68,76 | 36,32 | 52,83 | 59,43 | 30,87 | 44,91 | 50,52 | 25,68 | 37,36 | 42,03 | 20,75 | 30,19 | 33,96 |
| | III | 654,16 | 35,97 | 52,33 | 58,87 | III | 654,16 | 31,39 | 45,66 | 51,37 | 26,94 | 39,18 | 44,08 | 22,60 | 32,88 | 36,99 | 18,40 | 26,77 | 30,11 | 14,33 | 20,85 | 23,45 | 5,40 | 15,12 | 17,01 |
| | V | 1 440,25 | 79,21 | 115,22 | 129,62 | IV | 1 028,91 | 53,40 | 77,67 | 87,38 | 50,27 | 73,12 | 82,26 | 47,21 | 68,67 | 77,25 | 44,22 | 64,32 | 72,36 | 41,28 | 60,05 | 67,55 | 38,42 | 55,88 | 62,87 |
| | VI | 1 473,66 | 81,05 | 117,89 | 132,62 | | | | | | | | | | | | | | | | | | | | |

1 Jubiläumszuwendungen gehören in vollem Umfang zum steuerpflichtigen Arbeitslohn.

### 3.3.4 Buchung von Personalaufwendungen

#### 3.3.4.1 Buchung der Grundfälle bei Lohn- und Gehaltszahlungen

Die erforderlichen Buchungen lassen sich mithilfe der nachfolgenden Fragen ableiten. Hierbei gehen wir von der Entgeltabrechnung von Frau Edda Meyer, Angestellte der Lampenfabrik Franz Kraemer OHG für den Monat Juli aus.

| Arbeitgeberanteil an der Sozialversicherung | Name | Bruttogehalt | Abzüge | | | Abzüge insgesamt | Nettogehalt (Auszahlungsbetrag) |
|---|---|---|---|---|---|---|---|
| | | | Lohnst./ Sol.-Zuschl. | Kirchensteuer | Sozialversicherung | | |
| 382,67 | Edda Meyer | 1940,00 | 223,48 | 19,06 | 404,98 | 647,52 | 1292,48 |

Aufwendungen des Arbeitgebers

Abzuführende Beträge (Verbindlichkeiten)
- an das Finanzamt
- an die zuständige Krankenkasse

Auszahlungsbetrag

#### (1) Welche Aufwendungen erwachsen der Lampenfabrik monatlich für diese Mitarbeiterin?

Für Frau Meyer hat die Lampenfabrik folgende Beträge aufzuwenden:

| | |
|---|---|
| Personalkosten (Bruttogehalt) | 1940,00 EUR |
| + Sozialversicherungsbeiträge (Arbeitgeberanteil) | 382,67 EUR |
| | 2322,67 EUR |

Diese beiden Aufwandsposten müssen auf entsprechenden Aufwandskonten in unserer Buchführung gebucht werden: das **Bruttogehalt** auf dem Konto **6300 Gehälter,** der **Arbeitgeberanteil zur Sozialversicherung** auf dem Konto **6410 Arbeitgeberanteil zur Sozialversicherung.**

#### (2) Welche Abzüge werden einbehalten?

An **Lohnsteuer, Solidaritätszuschlag und Kirchensteuer** werden 242,54 EUR (211,83 EUR + 11,65 EUR + 19,06 EUR) einbehalten. Solange die einbehaltenen Steuern nicht an das Finanzamt abgeführt sind, stellen sie für das Unternehmen Verbindlichkeiten dar. Die Buchung erfolgt auf dem Konto **4830 Verbindlichkeiten gegenüber Finanzbehörden.**

Die **einbehaltenen Sozialversicherungsbeiträge** umfassen 404,98 EUR. Sie müssen an die zuständige Krankenkasse weitergeleitet werden. Solange dies noch nicht erfolgt ist, stellen die einbehaltenen Sozialversicherungsbeiträge ebenso wie der Arbeitgeberanteil Verbindlichkeiten dar. Die Buchung erfolgt auf dem Konto **2640 Sozialversicherungs-Beitragsvorauszahlung.**

#### (3) Welcher Betrag wird monatlich an Frau Meyer ausbezahlt?

Frau Meyer erhält das Nettogehalt in Höhe von 1292,48 EUR ausgezahlt. In Höhe dieses Betrages erfolgt bei der Gehaltsauszahlung ein Abgang auf dem Zahlungskonto. Bei Bankzahlung, wie wir annehmen wollen, bedeutet das eine Habenbuchung auf dem Bankkonto.

## (4) Zu welchem Zeitpunkt sind die entsprechenden Beträge zu begleichen?

Die Sozialversicherungsbeiträge (Arbeitnehmeranteil und Arbeitgeberanteil) hier in Höhe von 787,65 EUR (Arbeitgeberanteil 382,67 EUR + Arbeitnehmeranteil 404,98 EUR), sind spätestens zum drittletzten Bankarbeitstag des laufenden Monats fällig. Damit der Zahlungszeitpunkt eingehalten werden kann und Säumniszuschläge vermieden werden, bedeutet das praktisch, dass die Berechnung der voraussichtlichen Beitragsschuld und die Zahlungsanweisung schon einige Tage vor diesem Fälligkeitstag erfolgen müssen. Bei sich ändernden Berechnungsgrundlagen (Änderungen des Personalbestandes, der Arbeitsstunden, der Arbeitstage, der Lohnsätze usw.) im Laufe des Monats, wie das in größeren Betrieben üblich ist, weicht die Berechnung der voraussichtlichen Beitragsschuld von der tatsächlichen Schuld ab. Eine erforderliche Nachverrechnung (Nachzahlung oder Überzahlung) wird bei der nächsten Abrechnung vorgenommen. Unproblematisch erweist sich die Ermittlung der fälligen Beitragsschuld in den Fällen, bei denen sich die Abrechnungsgrundlagen nicht verändern. In diesen Fällen, von denen wir der Einfachheit halber hier ausgehen, kann auch die fällige Beitragsschuld in der korrekten Höhe ermittelt werden.

## (5) Wie sind die einzelnen Beträge bei der Lohn- und Gehaltsabrechnung zu buchen?

Die **Buchung der abzuführenden Sozialversicherungsbeiträge** am drittletzten Bankarbeitstag des laufenden Monats erfolgt über das **Konto 2640 Sozialversicherungs-Beitragsvorauszahlung.**

Bei den nachfolgenden Buchungen gehen wir von unserem Beispiel der Gehaltsabrechnung von Frau Edda Meyer aus.

Es ergeben sich folgende Buchungen:[1]

| | |
|---|---|
| **Zum drittletzten Bankarbeitstag des laufenden Monats:** | Zahlung der fälligen Sozialversicherungsbeiträge. |
| **Am Monatsende:** | Buchung des Bruttogehaltes mit Auszahlung des Nettogehaltes, Verrechnung des Arbeitnehmeranteils zur Sozialversicherung und der Erfassung der einbehaltenen und abzuführenden Beträge an das Finanzamt. |
| | Buchung des Arbeitgeberanteils zur Sozialversicherung mit Verrechnung des bereits bezahlten Arbeitgeberanteils zur Sozialversicherung. |
| **Am 10. des folgenden Monats:** | Zahlung der einbehaltenen Lohnsteuer, der Kirchensteuer und des Solidaritätszuschlags. |

1 Alle Zahlungen erfolgen durch Banküberweisung.

**Buchungssätze:**

| Nr. | Konten | Soll | Haben |
|---|---|---|---|
| 1. | 2640 SV-Beitragsvorauszahlung | 787,65 | |
| | an 2800 Bank | | 787,65 |
| 2. | 6300 Gehälter | 1940,00 | |
| | an 2800 Bank | | 1292,48 |
| | an 2640 SV-Beitragsvorauszahlung | | 404,98 |
| | an 4830 Verbindlichkeiten gegenüber Finanzbehörden | | 242,54 |
| | 6410 AG-Anteil zur Sozialversicherung | 382,67 | |
| | an 2640 SV-Beitragsvorauszahlung | | 382,67 |
| 3. | 4830 Verbindlichkeiten gegenüber Finanzbehörden | 242,54 | |
| | an 2800 Bank | | 242,54 |

**Erläuterungen:**

- Die Sozialversicherungsbeiträge werden spätestens bis zum drittletzten Bankarbeitstag des laufenden Monats und damit vor der eigentlichen Gehaltsbuchung der Krankenkasse gemeldet und durch Bankeinzug bezahlt. Die Vorauszahlung der Sozialversicherungsbeiträge (787,65 EUR) wird auf dem **Konto 2640 Sozialversicherungs-Beitragsvorauszahlung erfasst (Sollbuchung).**
- Zusammen mit der Gehaltsbuchung werden die einbehaltenen Sozialversicherungsbeiträge der Arbeitnehmer (404,98 EUR) sowie der Arbeitgeberanteil zur Sozialversicherung (382,67 EUR) mit dem **Konto 2640 Sozialversicherungs-Beitragsvorauszahlung verrechnet (Habenbuchung).**

## Übungsaufgaben[1]

**154**

**Gehaltsliste Monat Juni**

| Bruttogehälter | LSt, Sol.-Zuschlag und Kirchensteuer | Sozialversicherung | Banküberweisung | Arbeitgeberanteil |
|---|---|---|---|---|
| 25440,00 | 3869,00 | 5145,24 | 16425,76 | 4916,28 |

Bilden Sie die Buchungssätze:

1. für die Überweisung der Sozialversicherungsbeiträge in Höhe von 10061,52 EUR,
2. für die Zahlung der Gehälter und für die Erfassung des Arbeitgeberanteils zur Sozialversicherung!

**155**

1. Das Bruttogehalt eines Mitarbeiters beträgt 2980,00 EUR. Der Arbeitnehmeranteil zur Sozialversicherung beträgt 602,71 EUR, die Lohnsteuer, der Solidaritätszuschlag und die Kirchensteuer betragen 278,04 EUR. Der Arbeitgeberanteil zur Sozialversicherung beträgt 575,89 EUR.

   Bilden Sie die Buchungssätze für obige Angaben!

2. Wir zahlen einbehaltene Abzüge (Lohnsteuer, Solidaritätszuschlag und Kirchensteuer) in Höhe von 4670,00 EUR sowie die fällige Einkommensteuer des Geschäftsinhabers in Höhe von 3120,80 EUR durch Banküberweisung.

   Bilden Sie die Buchungssätze für die Geschäftsvorfälle!

1 Bei diesen und allen folgenden Übungsaufgaben werden bei der Buchung der Personalkosten nur die Buchungen für den laufenden Monat durchgeführt. Für die Zahlung der einbehaltenen Steuerbeträge und der Solidaritätszuschläge im folgenden Monat wird gegebenenfalls ein gesonderter Geschäftsvorfall formuliert. Bei allen Gehaltsbuchungen erfolgen die Zahlungsvorgänge durch Banküberweisung.

**156** Ein Filialleiter erhält ein monatliches Grundgehalt von 3200,00 EUR. Sofern seine Verkaufserlöse 25000,00 EUR übersteigen, erhält er vom Mehrbetrag 3% Umsatzprovision, die im Folgemonat ausbezahlt wird.

Im Oktober beträgt sein Umsatz 51400,00 EUR.

1. Berechnen Sie den Auszahlungsbetrag für November, wenn folgende Abzüge anfallen: Lohnsteuer, Solidaritätszuschlag und Kirchensteuer 1041,75 EUR. Der Arbeitnehmeranteil zur Sozialversicherung beträgt 790,28 EUR!
2. Bilden Sie die Buchungssätze für die Gehaltsabrechnung. Der Arbeitgeberanteil zur Sozialversicherung beträgt 757,20 EUR.
3. Beschreiben Sie die Auswirkungen eines Steuerfreibetrages auf der Lohnsteuerkarte für den Steuerpflichtigen bei seiner Gehaltsabrechnung!

**157** **Gehaltsliste Monat Oktober**

| Bruttogehälter | Lohnsteuer/ Sol.-Zuschlag | Kirchensteuer | Sozial-versicherung | Gesamt-abzüge | Auszahlung Bank |
|---|---|---|---|---|---|
| 30390,00 | 4686,00 | 393,00 | 6146,38 | 11225,38 | 19164,62 |

Bilden Sie die Buchungssätze bei einem Arbeitgeberanteil zur Sozialversicherung in Höhe von 5872,87 EUR!

**158** Bilden Sie für die Eisenwarengroßhandlung David Otto KG die Buchungssätze aufgrund folgender Angaben!

| | | |
|---|---|---|
| 1. Bruttogehalt | | 2680,00 EUR |
| – Lohnsteuer/Solidaritätszuschlag | 179,33 EUR | |
| – Kirchensteuer | 6,53 EUR | |
| – Sozialvers.-Beitr./Arbeitnehmeranteil | 542,03 EUR | 727,89 EUR |
| = Auszahlungsbetrag | | 1952,11 EUR |
| Der Arbeitgeberanteil zur Sozialversicherung beträgt | | 517,91 EUR |
| 2. Bruttolöhne | | 85600,00 EUR |
| – Lohnsteuer, Solidaritätszuschlag und Kirchensteuer | 25680,00 EUR | |
| – Sozialvers.-Beitr./Arbeitnehmeranteil | 17312,60 EUR | 42992,60 EUR |
| = Auszahlungsbetrag | | 42607,40 EUR |
| Der Arbeitgeberanteil zur Sozialversicherung beträgt | | 16542,20 EUR |
| 3. Wir überweisen per Bank die einbehaltenen Steuerbeträge und Solidaritätszuschläge (siehe Fälle 1 u. 2) | | 25865,86 EUR |
| 4. Wir überweisen per Bank den Beitrag an die Berufsgenossenschaft | | 2150,00 EUR |

**159** Die Prokuristin Frieda Fleißig hat ein Bruttogehalt von 4773,40 EUR. Sie ist röm.-kath., unterliegt der Lohnsteuerklasse I und erhält einen Kinderfreibetrag.

1. Erstellen Sie die Gehaltsabrechnung aufgrund der abgedruckten Lohnsteuertabelle! Zu den Abzügen für die Sozialversicherung vergleichen Sie bitte die Angaben auf S. 262.
   (Die Kirchensteuer beträgt 9 %.)

2. Berechnen Sie den Arbeitgeberanteil zur Sozialversicherung!

3. Bilden Sie die Buchungssätze zu der erstellten Gehaltsabrechnung (Banküberweisung)!

**MONAT 4 770,–***

| Lohn/ Gehalt | Abzüge an Lohnsteuer, Solidaritätszuschlag (SolZ) und Kirchensteuer (8%, 9%) in den Steuerklassen | | | | | | | | | | | | | | | | | | | | | | | | |
|---|---|---|---|---|---|---|---|---|---|---|---|---|---|---|---|---|---|---|---|---|---|---|---|---|---|
| | I–VI | | | | | I, II, III, IV | | | | | | | | | | | | | | | | | | | |
| | | | ohne Kinderfreibeträge | | | | | mit Zahl der Kinderfreibeträge . . . | | | | | | | | | | | | | | | | | |
| | | | | | | | | 0,5 | | | 1 | | | 1,5 | | | 2 | | | 2,5 | | | 3 | | |
| bis €* | | LSt | SolZ | 8% | 9% | | LSt | SolZ | 8% | 9% | SolZ | 8% | 9% | SolZ | 8% | 9% | SolZ | 8% | 9% | SolZ | 8% | 9% | SolZ | 8% | 9% |
| 4 772,99 | I,IV | 1 212,16 | 66,66 | 96,97 | 109,09 | I | 1 212,16 | 61,10 | 88,88 | 99,99 | 55,69 | 81,01 | 91,13 | 50,47 | 73,41 | 82,58 | 45,41 | 66,06 | 74,31 | 40,54 | 58,97 | 66,34 | 35,84 | 52,14 | 58,65 |
| | II | 1 166,41 | 64,15 | 93,31 | 104,97 | II | 1 166,41 | 58,64 | 85,30 | 95,96 | 53,32 | 77,56 | 87,25 | 48,17 | 70,06 | 78,82 | 43,19 | 62,83 | 70,68 | 38,40 | 55,86 | 62,84 | 33,78 | 49,14 | 55,28 |
| | III | 760,16 | 41,80 | 60,81 | 68,41 | III | 760,16 | 37,85 | 55,06 | 61,94 | 33,99 | 49,44 | 55,62 | 30,21 | 43,94 | 49,43 | 26,52 | 38,58 | 43,40 | 22,93 | 33,36 | 37,53 | 19,42 | 28,25 | 31,78 |
| | V | 1 713,16 | 94,22 | 137,05 | 154,18 | IV | 1 212,16 | 63,87 | 92,90 | 104,51 | 61,10 | 88,88 | 99,99 | 58,37 | 84,91 | 95,52 | 55,69 | 81,01 | 91,13 | 53,06 | 77,18 | 86,82 | 50,47 | 73,41 | 82,58 |
| | VI | 1 745,33 | 95,99 | 139,62 | 157,07 | | | | | | | | | | | | | | | | | | | | |
| 4 775,99 | I,IV | 1 213,41 | 66,73 | 97,07 | 109,20 | I | 1 213,41 | 61,16 | 88,97 | 100,09 | 55,76 | 81,10 | 91,24 | 50,53 | 73,50 | 82,68 | 45,47 | 66,14 | 74,41 | 40,59 | 59,05 | 66,43 | 35,90 | 52,22 | 58,74 |
| | II | 1 167,66 | 64,22 | 93,41 | 105,08 | II | 1 167,66 | 58,71 | 85,40 | 96,07 | 53,38 | 77,65 | 87,35 | 48,23 | 70,16 | 78,93 | 43,25 | 62,92 | 70,78 | 38,46 | 55,94 | 62,93 | 33,83 | 49,22 | 55,37 |
| | III | 761,– | 41,85 | 60,88 | 68,49 | III | 761,– | 37,90 | 55,13 | 62,02 | 34,03 | 49,50 | 55,69 | 30,25 | 44,01 | 49,51 | 26,57 | 38,65 | 43,48 | 22,97 | 33,41 | 37,58 | 19,46 | 28,30 | 31,84 |
| | V | 1 714,41 | 94,29 | 137,15 | 154,29 | IV | 1 213,41 | 63,94 | 93,– | 104,63 | 61,16 | 88,97 | 100,09 | 58,44 | 85,01 | 95,63 | 55,76 | 81,10 | 91,24 | 53,12 | 77,27 | 86,93 | 50,53 | 73,50 | 82,68 |
| | VI | 1 746,58 | 96,06 | 139,72 | 157,19 | | | | | | | | | | | | | | | | | | | | |

**160** 1. Von welchem Betrag wird die Kirchensteuer berechnet?

[1] Vom Nettogehalt
[2] Vom Bruttogehalt
[3] Vom Lohnsteuerabzug
[4] Vom Beitrag zur Krankenversicherung
[5] Vom Beitrag zur Rentenversicherung

Übertragen Sie die entsprechende Ziffer als Lösung in Ihr Hausheft!

2. Wer stellt die Lohnsteuerkarte aus?

[1] Arbeitgeber
[2] Das zuständige Finanzamt des Arbeitnehmers
[3] Das zuständige Finanzamt des Arbeitgebers
[4] Die zuständige Gemeindebehörde

Übertragen Sie die entsprechende Ziffer als Lösung in Ihr Hausheft!

## 3.3.4.2 Buchung von Vorschüssen und Sondervergütungen

### (1) Vorschüsse

#### Auszahlung von Vorschüssen

| Geschäftsvorfall | Konten | Soll | Haben |
|---|---|---|---|
| Unser Mitarbeiter Franz Heine erhält einen Gehaltsvorschuss von 200,00 EUR in bar | 2650 Forderungen an Mitarbeiter | 200,00 | |
| | an 2880 Kasse | | 200,00 |

**Erläuterungen:**

Bei der Kasse ergibt sich ein Abgang von 200,00 EUR, daher erfolgt eine Habenbuchung auf dem Kassenkonto. Für die von uns geleistete Vorauszahlung haben wir noch die Gegenleistung in Form der Arbeitsleistung zu „fordern". Insofern ist der hier ausgewiesene Vorschuss eine Forderung besonderer Art. Die Buchung erfolgt auf der Sollseite des **Kontos 2650 Forderungen an Mitarbeiter**.

#### Verrechnung von Vorschüssen

Die Vorauszahlung wird – je nach Vereinbarung – bei der nächsten Gehaltsabrechnung ganz oder teilweise verrechnet.

| Geschäftsvorfall: | | Konten | Soll | Haben |
|---|---|---|---|---|
| Bruttogehalt | 2600,00 EUR | 2640 SV-Beitragsvorausz. | 1049,10 | |
| – LSt, Solidaritätszuschlag und KSt | 150,83 EUR | an 2800 Bank | | 1049,10 |
| – Sozialv.-Beiträge | 536,25 EUR | 6300 Gehälter | 2600,00 | |
| Nettogehalt | 1912,92 EUR | an 2800 Bank | | 1712,92 |
| – Vorschuss | 200,00 EUR | an 4830 Verb. g. Finanzbehörden | | 150,83 |
| Banküberweisung | 1712,92 EUR | an 2640 SV-Beitragsvorausz. | | 536,25 |
| | | an 2650 Ford. an Mitarb. | | 200,00 |
| Der Arbeitgeberanteil an der Sozialversicherung beträgt 512,85 EUR. | | 6410 AG-Anteil z. Sozialversicherung | 512,85 | |
| | | an 2640 SV-Beitragsvorausz. | | 512,85 |

**Erläuterungen:**

Dadurch, dass der Vorschuss bei der Gehaltszahlung abgezogen wird, ist die Forderung an den Mitarbeiter erloschen. Für die Auszahlung auf dem Zahlungskonto (Bank oder Kasse) ergibt sich ein um den Vorschuss geminderter Betrag.

## (2) Sondervergütungen

### Direkte Sondervergütungen („sonstige Bezüge" nach EStG)

Direkte Sondervergütungen sind Vergütungen, die ein Mitarbeiter zusätzlich zu seinem laufenden Arbeitslohn erhält, z. B. Weihnachtsgeld, 13. Monatsgehalt, Urlaubsgeld, Gratifikation, Beihilfe zu einem Kur- oder Sanatoriumsaufenthalt, vermögenswirksame Leistungen[1] u. Ä. Diese „sonstigen Bezüge" stellen zusätzliches Arbeitsentgelt dar, die auf besonderen Lohn- bzw. Gehaltskonten gebucht werden können. Der Einfachheit halber erfassen wir sie zusammen mit den Grundvergütungen auf dem **Konto 6200 Löhne** bzw. **6300 Gehälter.** Sie unterliegen (unter Berücksichtigung von Freigrenzen) der Lohnsteuer, dem Solidaritätszuschlag und der Sozialversicherung.

**Beispiel:**

Wir gewähren einem Mitarbeiter zu seinem laufenden Bruttogehalt in Höhe von 2250,00 EUR eine Gratifikation in Höhe von 750,00 EUR. Abzüge: Lohnsteuer, Solidaritätszuschlag und Kirchensteuer 310,29 EUR. Der Arbeitnehmeranteil zur Sozialversicherung beträgt 618,75 EUR. Die Sozialversicherungsbeiträge sowie die Auszahlung des Gehaltes erfolgen durch Banküberweisung.

**Aufgabe:**

Bilden Sie die Buchungssätze zu den Geschäftsvorfällen bei einem Arbeitgeberanteil zur Sozialversicherung in Höhe von 591,75 EUR!

**Lösung:**

| Konten | Soll | Haben |
|---|---|---|
| 2640 SV-Beitragsvorauszahlung | 1210,50 | |
| an 2800 Bank | | 1210,50 |
| 6300 Gehälter | 3000,00 | |
| an 2800 Bank | | 2070,96 |
| an 4830 Verb. g. Finanzbehörden | | 310,29 |
| an 2640 SV-Beitragsvorauszahlung | | 618,75 |
| 6410 AG-Anteil zur Sozialversicherung | 591,75 | |
| an 2640 SV-Beitragsvorauszahlung | | 591,75 |

### Indirekte Sondervergütungen

Indirekte Sondervergütungen kommen allen Mitarbeitern zugute, z. B. Aufwendungen für betriebliche Fortbildungsmaßnahmen, Belegschaftsveranstaltungen, Betriebsausflüge, betriebliche Sozialeinrichtungen, betriebliche Sportgruppen u. Ä. Diese Aufwendungen stellen keine „sonstigen Bezüge" im Sinne des Einkommensteuergesetzes dar. Sie liegen vielmehr im betrieblichen Interesse. Die Buchung erfolgt in der **Kontengruppe 66 Sonstige Personalaufwendungen.**

1 Vgl. S. 274ff.

**Merke:**

- **Sonstige Bezüge** (direkte Sondervergütungen) buchen wir auf dem Konto **6200 Löhne** bzw. **6300 Gehälter.**
- **Indirekte Sondervergütungen** buchen wir in der Kontengruppe **66 Sonstige Personalaufwendungen.**

## Übungsaufgaben[1]

**161**

**Gehaltsliste Monat Mai**

| Bruttogehalt | LSt, Sol.-Zuschl. und KSt | Sozial-versicherung | Verrechneter Vorschuss | Auszahlungen Bank | Arbeitgeber-anteil |
|---|---|---|---|---|---|
| 31 200,00 | 4 440,00 | 6 314,25 | 2 400,00 | 18 045,75 | 6 033,45 |

Bilden Sie die Buchungssätze lt. Gehaltsliste!

**162**

**Gehaltsliste Monat Juni**

| Bruttogehalt | Urlaubs-geld | Gratifi-kation | LSt, Sol.-Zuschl. und KSt | Sozial-versicherung | Auszahlung Bank | Arbeit-geberanteil |
|---|---|---|---|---|---|---|
| 6 420,00 | 500,00 | 200,00 | 1 080,50 | 1 440,02 | 4 599,48 | 1 382,24 |

Bilden Sie die Buchungssätze lt. vorliegender Gehaltsliste!

**163** Bilden Sie zu folgenden Geschäftsvorfällen die Buchungssätze!

1. Lohnzahlung durch Banküberweisung:

| | |
|---|---|
| Bruttolohn | 2 319,00 EUR |
| – Lohnsteuer, Solidaritätszuschlag und Kirchensteuer | 347,88 EUR |
| – Sozialversicherung | 469,02 EUR |
| – einbehaltener Vorschuss | 100,00 EUR |
| Auszahlungsbetrag | 1 402,10 EUR |
| Der Arbeitgeberanteil zur Sozialversicherung beträgt | 448,15 EUR |

2. Buchen Sie folgende Lohnabrechnung eines Mitarbeiters:

| Brutto-lohn | LSt/SolZ/KiSt | Sozial-versicherung | einbeh. Miete | Grati-fikation | Auszahlung Bank | Arbeit-geberanteil |
|---|---|---|---|---|---|---|
| 3 372,00 | 486,30 | 671,47 | 720,00 | 250,00 | 1 744,23 | 641,12 |

3. Für Vorträge anlässlich einer betrieblichen Weiterbildungsveranstaltung werden für unselbstständige Referenten 1 200,00 EUR Honorarkosten bar bezahlt.

4. Zuschuss des Betriebs für eine Betriebssportveranstaltung 800,00 EUR. Zahlung durch Bankscheck.

1 Alle Zahlungen im Rahmen der Gehaltsbuchungen erfolgen durch Banküberweisung.



18 Speth u.a. ISBN 978-3-8120-0260-8

| | | |
|---|---|---|
| 5. | Bruttolohn | 1 900,00 EUR |
| | – Lohnsteuer, Solidaritätszuschlag und Kirchensteuer | 259,07 EUR |
| | – Sozialversicherung/Arbeitnehmeranteil | 384,28 EUR |
| | Auszahlungsbetrag bar | 1 256,65 EUR |
| | Der Arbeitgeberanteil zur Sozialversicherung beträgt 367,18 EUR. | |
| 6. | Zahlung der Gehälter durch Banküberweisung zum 31. Juli | |
| | Gehälter lt. Gehaltsliste für den Monat Juli | |
| | Bruttogehälter | 75 780,00 EUR |
| | Gratifikationen | 12 000,00 EUR |
| | Lohnsteuer, Solidaritätszuschlag und Kirchensteuer | 14 985,00 EUR |
| | Sozialversicherung der Arbeitnehmer | 17 753,51 EUR |
| | einbehaltene Vorschüsse | 4 100,00 EUR |
| | einbehaltene Mieten | 5 900,00 EUR |
| | Der Arbeitgeberanteil zur Sozialversicherung beträgt 16 963,49 EUR. | |
| 7. | Banküberweisung an die Berufsgenossenschaft für Berufsgenossenschaftsbeiträge | 4 180,00 EUR |
| 8. | Zum 10-jährigen Dienstjubiläum erhält ein Mitarbeiter einen Anerkennungsbetrag bar ausbezahlt<br>Die Lohnsteuer sowie die Sozialversicherungsbeiträge übernimmt das Unternehmen. Diese Beiträge sind bereits gebucht. | 500,00 EUR |
| 9. | Auszahlung eines Gehaltsvorschusses bar an einen Angestellten | 2 000,00 EUR |
| 10. | Ein Auszubildender erhält als Ersatz für die Aufwendungen der Fahrten zur Arbeitsstätte einen bereits versteuerten Zuschuss bar ausbezahlt. | 240,00 EUR |

### 3.3.4.3 Buchung vermögenswirksamer Leistungen

#### (1) Darstellung der Rechtsgrundlagen des 5. VermBG

Wegen der Kompliziertheit des Gesetzes können hier nur die wesentlichen Punkte in vereinfachter und verkürzter Form dargestellt werden.

- **Vermögenswirksame Leistungen** sind Geldleistungen, die der Arbeitgeber für den Arbeitnehmer in Form bestimmter Vermögensbildungen anlegt. Diese Vermögensbildung für Arbeitnehmer wird unter bestimmten Voraussetzungen staatlich gefördert.
- Vermögenswirksame Leistungen sind für den Arbeitnehmer arbeitsrechtlich Bestandteil des Lohns oder Gehalts, sie sind deshalb **lohnsteuer- und sozialversicherungspflichtig.**
- Vermögenswirksame Leistungen sind für den Arbeitgeber Aufwendungen, die im Rahmen der **Lohnabrechnung**[1] getrennt auszuweisen sind.

1 Sind die vermögenswirksamen Leistungen Bestandteil des Tarifvertrags bzw. des Arbeitsvertrags, sind sie auf dem **Konto 6220 Sonstige tarifliche oder vertragliche Aufwendungen** (für Lohnempfänger) bzw. auf dem **Konto 6320 Sonstige tarifliche oder vertragliche Aufwendungen** (für Gehaltsempfänger) zu buchen.

- **Anlagemöglichkeiten für vermögenswirksame Leistungen** sind: Bausparen mithilfe eines Bausparvertrags, Beteiligung an einen Investmentfonds, Beteiligung an einem Unternehmen (z.B. Aktien, Genossenschaftsanteile an einer Genossenschaftsbank), Sparvertrag bei einem Kreditinstitut, Anlage in einer Kapitallebensversicherung, Beteiligung am Mitarbeiterbeteiligungs-Sondervermögen.

- Die **Arbeitnehmersparzulage** beträgt für bestimmte Anlageformen (z.B. Bausparverträge) 9% der vermögenswirksamen Sparleistung, soweit diese 470,00 EUR jährlich nicht übersteigt.[1] Das Einkommen darf während der siebenjährigen Sperrphase nicht größer als 17900,00 EUR (Ehepaare 35800,00 EUR) betragen.

  Die Arbeitnehmersparzulage gilt arbeitsrechtlich nicht als Bestandteil des Lohns oder Gehalts. Sie unterliegt daher weder der Lohnsteuer- noch der Sozialversicherungspflicht. Die Arbeitnehmersparzulage wird auf Antrag des Arbeitnehmers vom zuständigen Finanzamt jährlich auf Antrag festgesetzt und nach Ablauf der für die Anlage geltenden Sperrfrist ausbezahlt.

  Daneben können **zusätzlich** vermögenswirksame Leistungen bis zu einem Höchstbetrag von 400,00 EUR in betriebliche oder außerbetriebliche Beteiligungen (Aktien, Beteiligungen am arbeitgebenden Unternehmen durch stille Beteiligung oder Darlehensgewährung, Beteiligung am Mitarbeiterbeteiligungs-Sondervermögen) getätigt werden. Die darauf gewährte Arbeitnehmersparzulage beträgt 20%. In diesem Fall beträgt die Einkommensgrenze für die Gewährung der Arbeitnehmersparzulage 20000,00 EUR (Ehepaare 40000,00 EUR).

- Vermögenswirksame Leistungen können in **Einzelverträgen,** in **Betriebsvereinbarungen,** in **Tarifverträgen** oder in **bindenden Festsetzungen** vereinbart werden. Sind keine vermögenswirksamen Leistungen vereinbart, kann der Arbeitnehmer verlangen, dass Teile seines Arbeitslohnes vermögenswirksam angelegt werden. Für sie hat er dann ebenfalls einen Anspruch auf die Arbeitnehmersparzulage.

## (2) Buchhalterische Darstellung

**Beispiel:**

| | | | |
|---|---|---|---|
| Bruttogehalt | | | 2275,00 EUR |
| + vermögenswirksame Leistung lt. Tarifvertrag | | | 39,00 EUR |
| = steuer- und sozialversicherungspflichtiges Gehalt | | | 2314,00 EUR |
| Abzüge: | Lohnsteuer | 341,91 EUR | |
| | Solidaritätszuschlag | 11,35 EUR | |
| | Kirchensteuer (9%) | 18,57 EUR | |
| | Sozialversicherung | 477,26 EUR | |
| | vermögenswirksame Sparleistung | 39,00 EUR | 888,09 EUR |
| = | Auszahlungsbetrag per Bank | | 1425,91 EUR |

Der Arbeitgeberanteil zur Sozialversicherung beträgt 456,43 EUR.

**Aufgabe:**

Buchen Sie die Gehaltsabrechnung auf den Konten und bilden Sie dazu die Buchungssätze!

1 Alternativ hierzu können Sparer unter bestimmten Voraussetzungen die **Wohnungsbauprämie** erhalten: Pro Jahr zahlt der Staat 8,8% auf die jährlichen Einzahlungen – höchstens aber 45,06 EUR pro Jahr. Die Einkommensgrenzen liegen bei einem Jahreseinkommen von 25600,00 EUR (Alleinstehende) bzw. 51200,00 EUR (Ehepaare).

## Lösungen:

| S | 6300 Gehälter | | H |
|---|---|---|---|
| 2640/4830/ 2800 | 2 275,00 | | |

| S | 6320 So. tarifl. o. vertragl. Aufwend. | | H |
|---|---|---|---|
| 4860 | 39,00 | | |

| S | 6410 Arbeitgeberanteil zur Sozialversicherung | | H |
|---|---|---|---|
| 2640 | 456,43 | | |

| S | 2640 SV-Beitragsvorauszahlung | | H |
|---|---|---|---|
| 2800 | 933,69 | 6300 | 477,26 |
| | | 6410 | 456,43 |

| S | 4830 Verb. geg. Finanzbeh. | | H |
|---|---|---|---|
| | | 6300 | 371,83 |

| S | 4860 Verbindlichkeiten aus vermögensw. Leistungen | | H |
|---|---|---|---|
| | | 6320 | 39,00 |

| S | 2800 Bank | | H |
|---|---|---|---|
| AB | 3 500,00 | 2640 | 933,69 |
| | | 6300 | 1 425,91 |

**Buchungssätze:**

| Konten | Soll | Haben |
|---|---|---|
| 1. 2640 SV-Beitragsvorauszahlung | 933,69 | |
| an 2800 Bank | | 933,69 |
| 2. 6300 Gehälter | 2 275,00 | |
| 6320 So. tarifl. o. vertr. Aufwend. | 39,00 | |
| an 2800 Bank | | 1 425,91 |
| an 4830 Verb. g. Finanzbehörden | | 371,83 |
| an 2640 SV-Beitragsvorauszahlung | | 477,26 |
| an 4860 Verb. aus vermögensw. Leistungen | | 39,00 |
| 6410 AG-Anteil zur Sozialversicherung | 456,43 | |
| an 2640 SV-Beitragsvorauszahlung | | 456,43 |

**Erläuterungen zur Gehaltsbuchung:**

- Die Zahlung von Gehältern stellt einen Aufwand dar. Die Buchung erfolgt auf dem **Konto 6300 Gehälter.**
- Tarifliche oder vertragliche vermögenswirksame Leistungen stellen direkte Sondervergütungen („sonstige Bezüge") dar. Sie sind auf dem Konto **6320 Sonstige tarifliche oder vertragliche Aufwendungen** zu erfassen.
- Die Vorauszahlung der Sozialversicherungsbeiträge wird auf dem **Konto 2640 Sozialversicherungs-Beitragsvorauszahlung** im Soll gebucht. Die Verrechnung der einbehaltenen Sozialversicherungsbeiträge sowie des Arbeitgeberanteils zur Sozialversicherung erfolgt über die Habenseite des Kontos 2640 Sozialversicherungs-Beitragsvorauszahlung.
- Durch die Einbehaltung der vermögenswirksamen Sparleistung wird der Auszahlungsbetrag gekürzt. Bis zur Weiterleitung an die betreffende Institution (z. B. Bank, Bausparkasse usw.) handelt es sich bei diesem Betrag um eine Verbindlichkeit des Betriebs. Daher: Habenbuchung auf dem **Konto 4860 Verbindlichkeiten aus vermögenswirksamen Leistungen.**
- Die einbehaltenen Abzüge für Lohnsteuer, Solidaritätszuschlag und Kirchensteuer stellen ebenfalls Verbindlichkeiten des Betriebs dar. Daher: Habenbuchung auf dem **Konto 4830 Verbindlichkeiten gegenüber Finanzbehörden.**
- Die Auszahlung des Gehalts erfolgt über die Bank. Daher: Habenbuchung auf dem **Konto 2800 Bank.**

**Merke:**

- Die **vermögenswirksame Leistung des Arbeitgebers** führt für den Arbeitnehmer zu einer Erhöhung des Bruttogehalts (Bruttolohns) und ist damit steuer- und sozialversicherungspflichtig.
- Die **vermögenswirksamen Sparleistungen** werden bei der Lohn- bzw. Gehaltsauszahlung einbehalten und an die entsprechende Stelle weitergeleitet. Bis zur Weiterleitung stellen sie für den Betrieb eine Verbindlichkeit dar.
- Für die vermögenswirksame Sparleistung erhält der Arbeitnehmer, sofern bestimmte Einkommensgrenzen nicht überschritten werden, vom Staat eine steuer- und sozialversicherungsfreie **Arbeitnehmersparzulage,** die je nach Anlageform 9 % oder 20 % beträgt.

## Übungsaufgaben

**164** 1. Bilden Sie die Buchungssätze zu den folgenden Angaben:

**Gehaltsliste Monat Mai**

| Name | Bruttolohn | vermögenswirks. Leist. lt. Tarifvertrag | Lohnsteuer/Sol.-Zuschlag | Kirchensteuer 9 % | Sozialabgaben | vermögenswirks. Sparleist. | Auszahlungsbetrag (Bank) |
|---|---|---|---|---|---|---|---|
| Sonne | 2 860,00 | 20,00 | 539,86 | 33,19 | 578,44 | 39,00 | 1 634,35 |
| Lieb | 2 910,00 | 20,00 | 250,16 | — | 588,55 | 39,00 | 1 996,24 |
| Kramer | 2 070,00 | 20,00 | 300,49 | 25,63 | 418,66 | 39,00 | 1 259,85 |
| Peter | 3 108,00 | 20,00 | 313,29 | 16,88 | 644,76 | 28,00 | 2 081,67 |
| | 10 948,00 | 80,00 | 1 403,80 | 75,70 | 2 230,41 | 145,00 | 7 173,09 |

Der Arbeitgeberanteil zur Sozialversicherung beträgt 2 131,16 EUR.

2. Ein Angestellter erhält einen Gehaltsvorschuss von 350,00 EUR in bar

3.

| | | |
|---|---|---|
| Bruttogehalt | | 2 015,00 EUR |
| + vermögenswirksame Leistung des Betriebs lt. Betriebsvereinbarung | | 12,00 EUR |
| = steuer- und sozialversicherungspflichtiges Gehalt | | 2 027,00 EUR |
| – Abzüge: | | |
| Lohnsteuer, Solidaritätszuschlag u. Kirchensteuer | 526,70 EUR | |
| Sozialversicherung | 418,07 EUR | |
| Vermögenswirksame Sparleistung | 39,00 EUR | 983,77 EUR |
| Auszahlungsbetrag | | 1 043,23 EUR |
| Arbeitgeberanteil zur Sozialversicherung | | 391,72 EUR |

**165** Buchen Sie im Grundbuch eines Handelsbetriebs die folgenden Geschäftsvorfälle!

| | | | |
|---|---|---|---|
| 1. | Barabhebung vom Bankkonto | | 5 000,00 EUR |
| 2. | Wir zahlen eine Lieferantenrechnung mit Bankscheck | | 2 100,00 EUR |
| 3. | Bankbelastungen für | | |
| | 3.1 Reisekosten des Vertreters | | 1 550,00 EUR |
| | 3.2 Einkommensteuer des Geschäftsinhabers | | 850,00 EUR |
| 4. | Wir zahlen die einbehaltenen Steuerbeträge einschließlich des Solidaritätszuschlags durch Banküberweisung | | 1 016,00 EUR |
| 5. | Warenverkauf auf Ziel an verschiedene Großabnehmer netto | | 103 000,00 EUR |
| | + 19 % USt | | 19 570,00 EUR |
| | | | 122 570,00 EUR |
| 6. | Wareneinkauf auf Ziel netto | | 8 700,00 EUR |
| | + 19 % USt | | 1 653,00 EUR |
| | | | 10 353,00 EUR |
| 7. | Wir zahlen eine Liefererrechnung über durch Banküberweisung! | | 3 200,00 EUR |
| 8. | Ein Angestellter erhält einen Vorschuss bar | | 1 500,00 EUR |
| 9. | Für eine verspätete Zahlung stellt uns der Lieferer Zinsen in Rechnung: | | 215,00 EUR |
| 10. | Bruttogehalt | | 2 149,50 EUR |
| | + vermögenswirksame Leistung des Betriebs (tariflich) | | 34,00 EUR |
| | steuer- und sozialversicherungspflichtiges Gehalt | | 2 183,50 EUR |
| | – Abzüge: | | |
| | Lohnsteuer, Solidaritätszuschlag und Kirchensteuer | 71,00 EUR | |
| | Sozialversicherung | 441,61 EUR | |
| | Vermögenswirksame Sparleistung | 34,00 EUR | |
| | Vorschuss | 130,00 EUR | 676,61 EUR |
| | Auszahlungsbetrag durch Banküberweisung | | 1 506,89 EUR |

Der Arbeitgeberanteil zur Sozialversicherung beträgt 421,96 EUR. Die Sozialversicherungsbeiträge werden durch Banküberweisung beglichen.

11. Beantworten Sie folgende Verständnisfragen!

11.1 An wen muss der Arbeitgeber Lohnsteuer, Solidaritätszuschlag und Kirchensteuer sowie die Sozialversicherungsbeiträge abführen?

11.2 Erklären Sie, wie es zu einem Vorsteuerüberschuss kommen kann!

## 3.4 Anlagenwirtschaft

### 3.4.1 Beschaffung von Anlagen

Zum Anlagevermögen zählen die Vermögensposten, die dem Unternehmen **langfristig** dienen. Sie werden nur allmählich verbraucht (z B. Gebäude, Büromaschinen, Fuhrpark). Beim Erwerb werden die Güter des Anlagevermögens mit ihren **Anschaffungskosten** erfasst.

Die **Berechnung der Anschaffungskosten** erfolgt somit nach folgendem Schema:

| | |
|---|---|
| Anschaffungspreis: | Nettopreis ohne Umsatzsteuer |
| – Anschaffungspreisminderungen: | z.B. Rabatte, Skonti, Boni, sonstige Nachlässe. |
| + Anschaffungsnebenkosten: | Typische Beispiele sind: Transport-, Umbau-, Montagekosten, Aufwendungen für Provisionen, Notariats-, Gerichts- und Registerkosten. |
| = Anschaffungskosten | |

**Anmerkung:**

Finanzierungskosten (z.B. Kreditzinsen, Diskont, Gebühren) gehören **nicht** zu den Anschaffungskosten.

**Buchhalterisch** gesehen ist die Anschaffung eines Anlagegutes ein **erfolgsunwirksamer** Vorgang. Es findet lediglich entweder ein **Aktivtausch** statt (z.B. Barkauf eines Autos: Zugang auf dem Konto 0840 Fuhrpark, Abgang auf dem Konto 2880 Kasse) oder eine **Aktiv-Passiv-Mehrung** (z.B. beim Kreditkauf eines Autos: Zugang auf dem Konto 0840 Fuhrpark und Zugang auf dem Konto 4400 Verbindlichkeiten aus Lieferungen und Leistungen).

**Beispiel:**

Kauf von Lagerregalen zu Beginn der Geschäftsperiode gegen Rechnungsstellung. Nettopreis: 19730,00 EUR zuzüglich 19% USt. Die gesondert in Rechnung gestellten Transportkosten in Höhe von 1230,00 EUR zuzüglich 19% USt wurden sofort bar bezahlt.

Die Rechnung für die Regale wird später durch Banküberweisung unter Abzug von 3% Skonto beglichen.

**Aufgaben:**

1. Berechnen Sie die Anschaffungskosten!
2. Buchen Sie die Geschäftsvorfälle auf Konten!
3. Bilden Sie die Buchungssätze:
   3.1 Bei der Anschaffung der Lagerregale,
   3.2 bei der Zahlung:
      3.2.1 der Eingangsrechnung für die Transportkosten bar,
      3.2.2 der Eingangsrechnung für die Lagerregale durch Banküberweisung!

**Lösungen:**

**Zu 1.: Berechnung der Anschaffungskosten**

| | |
|---|---:|
| Anschaffungspreis | 19730,00 EUR |
| – 3% Skonto | 591,90 EUR |
| vorläufige Anschaffungskosten | 19138,10 EUR |
| + Transportkosten | 1230,00 EUR |
| Anschaffungskosten | 20368,10 EUR |

**Zu 2.: Buchung auf Konten**

| S | 0830 Lager- und Transporteinricht. | | H |
|---|---|---|---|
| 4400 | 19 730,00 | 4400 | 591,90 |
| 2880 | 1 230,00 | | |

| S | 2600 Vorsteuer | | H |
|---|---|---|---|
| 4400 | 3 748,70 | 4400 | 112,46 |
| 2880 | 233,70 | | |

| S | 2800 Bank | | H |
|---|---|---|---|
| AB | 40 000,00 | 4400 | 22 774,34 |

| S | 2880 Kasse | | H |
|---|---|---|---|
| AB | 4 780,00 | 0830/2600 | 1 463,70 |

| S | 4400 Verb. a. Lief. u. Leist. | | H |
|---|---|---|---|
| 0830/2600 | 23 478,70 | 0830/2600 | 23 478,70 |
| 2800 | | | |

**Erläuterungen zu den Zahlengrundlagen für die Buchung:**

**Bei der Anschaffung:**

| | |
|---|---|
| Anschaffungskosten | 19 730,00 EUR |
| + 19 % USt | 3 748,70 EUR |
| Verbindlichkeiten | 23 478,70 EUR |

**Aufteilung des Skontobetrages:**

119 % ≙ 704,36 EUR
19 % ≙ x EUR

$$x = \frac{704{,}36 \cdot 19}{119} = 112{,}46 \text{ EUR}$$

**Berechnung des Zahlungsbetrages:**

| | |
|---|---|
| Rechnungsbetrag | 23 478,70 EUR |
| – 3 % Skonto | 704,36 EUR |
| Banküberweisung | 22 774,34 EUR |

| | |
|---|---|
| Skontobetrag brutto | 704,36 EUR |
| – Vorsteuerkorrektur | 112,46 EUR |
| Skontobetrag netto | 591,90 EUR |

**Zu 3.: Buchungssätze**

| Nr. | Geschäftsvorfälle | Konten | Soll | Haben |
|---|---|---|---|---|
| 3.1 | Buchung bei der Anschaffung der Lagerregale | 0830 L.- u. Transporteinr.<br>2600 Vorsteuer<br>an 4400 Verb. a. L. u. L. | 19 730,00<br>3 748,70<br> | <br><br>23 478,70 |
| 3.2.1 | Buchung der Barzahlung der Transportkosten | 0830 L.- u. Transporteinr.<br>2600 Vorsteuer<br>an 2880 Kasse | 1 230,00<br>233,70<br> | <br><br>1 463,70 |
| 3.2.2 | Buchung bei der Zahlung der Rechnung der Trans AG unter Abzug von 3 % Skonto durch Banküberweisung | 4400 Verb. a. L. u. L.<br>an 0830 L.- u. Transporteinr.<br>an 2600 Vorsteuer<br>an 2800 Bank | 23 478,70 | <br>591,90<br>112,46<br>22 774,34 |

**Merke:**

- Beim Erwerb werden Anlagegüter mit den Anschaffungskosten bewertet.
- Anschaffungskosten = Anschaffungspreis + Nebenkosten – Nachlässe
- Spätere Nachlässe werden unmittelbar auf dem entsprechenden Anlagekonto gebucht.
- Spätere Nachlässe machen eine Korrektur der Vorsteuer erforderlich.
- Finanzierungskosten und Folgekosten gehören nicht zu den Anschaffungskosten.
- Gebühren einer Behörde unterliegen nicht der Umsatzsteuer.

## Übungsaufgaben

**Hinweis:** Berechnen Sie zu den Aufgaben 166 bis 168 vor der Buchung jeweils die **Anschaffungskosten!** Bilden Sie anschließend zu allen folgenden Vorgängen die Buchungssätze!

**166** 1. 1.1 Wir kaufen für unsere Büroräume Möbel im Wert von 14500,00 EUR zuzüglich 19 % USt. Der Lieferer räumt uns 10 % Rabatt ein.

1.2 Die Begleichung der Rechnung erfolgt durch Banküberweisung unter Abzug von 2 % Skonto.

2. 2.1 Ein Großhandelsgeschäft kauft eine kleine Verpackungsmaschine zum Nettopreis von 1800,00 EUR zuzüglich 19 % USt. Nach einer Überprüfung der Anlage wird noch ein Zusatzgerät im Wert von 480,00 EUR zuzüglich 19 % USt hinzugekauft.

2.2 Die Zahlung erfolgt in Höhe von 1200,00 EUR bar, über den Restbetrag wird ein Wechsel akzeptiert.

3. 3.1 Wir kaufen ein Kopiergerät im Wert von 4500,00 EUR zuzüglich 19 % USt und erhalten einen Sonderrabatt von 10 %. An Transportkosten fallen 80,00 EUR zuzüglich 19 % USt an. Für die Inbetriebnahme werden Kosten in Höhe von 150,00 EUR zuzüglich 19 % USt berechnet.

3.2 Die Rechnung wird durch Banküberweisung beglichen.

4. Kauf einer Abfüllanlage. Anschaffungspreis 100000,00 EUR, abzüglich 3 % Rabatt. Verpackungskosten 910,00 EUR, Fracht 1080,00 EUR, Fundamentierungskosten 2000,00 EUR, Aufwendungen für eine Sicherheitsprüfung 150,00 EUR. Der Umsatzsteuersatz beträgt 19 %.

**167** 1. Sie sind Mitarbeiter im Großhandelshaus Zentral GmbH und erhalten folgende Eingangsrechnung.

## Maschinenfabrik Weingarten AG

Maschinenfabrik · 88250 Weingarten · Industriestraße 1 – 20

Großhandelshaus Zentral GmbH
Zum Erlenholz
18147 Rostock

**Lieferdatum:** 16.05.20..
**Rechnungsdatum:** 20.05.20..

**Rechnung Nr.** 197/4

| Menge | Bezeichnung | | Gesamtpreis |
|---|---|---|---|
| 1 | Verpackungsautomat MS 100 | | 3140,00 EUR |
| 5 | Zubehörteile | | 420,00 EUR |
| | Transportverpackung | | 240,00 EUR |
| | 4 Stunden Montagearbeiten | | 320,00 EUR |
| | | | 4120,00 EUR |
| | | + 19 % USt | 782,80 EUR |
| | | | 4902,80 EUR |

**Zahlungsbedingungen:** 2 % Skonto innerhalb 14 Tage, 30 Tage Ziel

Sitz der Gesellschaft: Weingarten; Registergericht Weingarten; HRB 99; Steuer-Nr.: 47895/23685

2. Die Zahlung am 20. Mai erfolgt unter Abzug von 2 % Skonto durch Banküberweisung!

**168** 1. 1.1 Wir kaufen einen Geschäftswagen zum Listenpreis von 28500,00 EUR zuzüglich 19 % USt. Die Überführungskosten in Höhe von 680,00 EUR zuzüglich 19 % USt sowie die Zulassungsgebühren in Höhe von 38,00 EUR werden bar bezahlt.

1.2 Die Zahlung der Eingangsrechnung erfolgt durch Bankscheck abzüglich $2\frac{1}{2}$ % Skonto.

1.3 Der Pkw weist Lackschäden auf. Aufgrund unserer Reklamation erhalten wir vom Lieferer in Form einer Gutschrift einen Nachlass von 714,00 EUR (einschließlich 19 % USt).

2. Wir kaufen einen Büroschrank im Wert von 2860,00 EUR zuzüglich 19 % USt. Der Kaufpreis wurde unter Abzug von 3 % Skonto vom Nettopreis sofort bar bezahlt.

3. Zum Ausbau unseres Werkgeländes kaufen wir ein 4500 $m^2$ großes Grundstück zum Preis von 20,00 EUR je $m^2$. An Nebenkosten fallen an: Grunderwerbsteuer 3,5 %, Notariatskosten 6420,00 EUR zuzüglich 19 % USt, Zeitungsinserat 840,00 EUR zuzüglich 19 % USt, Maklergebühren 5200,00 EUR zuzüglich 19 % USt und Erschließungs- und Anliegerkosten 15,00 EUR je $m^2$.

Alle Zahlungen erfolgen durch Banküberweisung.

4. Kauf einer neuen Lagereinrichtung aufgrund folgender Kaufabrechnung:

| | |
|---|---|
| Kaufpreis | 145 000,00 EUR |
| Transport und Montage | 6 300,00 EUR |
| Fundament | 2 300,00 EUR |
| | 153 600,00 EUR |
| + 19 % USt | 29 184,00 EUR |
| Rechnungsbetrag | 182 784,00 EUR |

## 3.4.2 Wertminderungen des Anlagevermögens

### 3.4.2.1 Ursachen der Abschreibung

Anlagegüter wie z. B. ein Gebäude, einen Aktenschrank, eine Maschine, einen Gabelstapler oder einen Lkw nutzt das Unternehmen langfristig. Durch den täglichen Gebrauch verlieren diese Güter an Wert (abnutzbare Güter[1]). Um ihren Wert auf dem Schlussbilanzkonto richtig darstellen zu können, ist ein bestimmter Betrag als **Wertminderung von den Anschaffungskosten** abzuschreiben (Abgang auf der Habenseite des betreffenden Anlagegutes). Die Gegenbuchung zu dieser Wertminderung erfolgt auf dem Aufwandskonto **6520 Abschreibungen auf Sachanlagen.** Da die Wertminderung immer nur geschätzt werden kann (lediglich beim Verkauf des Anlagegutes könnte der Wertverlust genau festgestellt werden), ist der auf dem Schlussbilanzkonto ausgewiesene Rest-Vermögenswert ebenfalls nur ein Schätzwert.

**Merke:**

Durch die **Abschreibung** werden die Anschaffungskosten (aufgrund der geschätzten jährlichen Wertminderung) auf die Jahre der Nutzung als Aufwand verteilt.[2]

Für die Bemessung der Höhe der Abschreibung können folgende Gründe eine Rolle spielen:

| | |
|---|---|
| **Gebrauch** | Jeder Gebrauchsgegenstand hat eine begrenzte Lebensdauer, die u. a. von der Häufigkeit der Nutzung abhängt. Je häufiger ein Gegenstand genutzt wird, desto schneller verschleißt er und desto mehr verliert er an Wert. Ein Auto, das 100 000 km gefahren wurde, ist weniger wert als das sonst gleiche Auto, das nur 50 000 km gefahren wurde. |
| **Technischer Fortschritt** | In unserer durch hohe Technisierung und starken Konkurrenzdruck gekennzeichneten Wirtschaft werden die Produkte immer weiter verbessert. Sobald ein verbessertes Produkt auf den Markt kommt, verliert das alte Produkt schlagartig an Wert. |

1 Nicht abnutzbare Gegenstände des Anlagevermögens sind zum Beispiel Beteiligungen, unbebaute Grundstücke und der Wert des Grund und Bodens bebauter Grundstücke. Da unbebaute Grundstücke im Allgemeinen im Wert nicht sinken, ist eine planmäßige Abschreibung darauf nicht erlaubt. Bei bebauten Grundstücken ist daher immer nur vom Gebäudewert abzuschreiben.

2 Die Abschreibungen werden bei der Kalkulation der Erzeugnisse als Kosten in den Verkaufspreis eingerechnet. Beim Verkauf der Erzeugnisse kommt damit die Abschreibung wieder in Form von Geldmitteln zurück. Sofern die Geldmittel nicht anders verwendet werden, stehen sie dem Unternehmen wieder für den Kauf von Anlagegütern zur Verfügung. Anlagegüter können unter dieser Bedingung teilweise über Abschreibungsrückflüsse finanziert werden.

| | |
|---|---|
| **Wirtschaftliche Überholung** | Geht die Nachfrage nach einem Gut aufgrund neuer Erfindungen oder aufgrund des Modewechsels zurück, so hat das wertmindernde Rückwirkungen sowohl auf die Güter selbst als auch auf die zu ihrer Herstellung benötigten Maschinen. |
| **Natürlicher Verschleiß** | Selbst wenn ein Gegenstand überhaupt nicht genutzt würde und auch die übrigen Ursachen der Abschreibung nicht infrage kämen, würde z.B. durch Witterungseinflüsse (Wechsel von Wärme und Kälte, Nässe und Trockenheit) eine wertmindernde Veränderung des Gegenstandes eintreten. |

Infolge der Abschreibung vermindern sich die Anschaffungskosten jährlich um die mit der Abschreibung erfassten Wertminderung, sodass sich der Buchwert von Jahr zu Jahr verringert.

Anschaffungskosten – Abschreibung = Buchwert

### 3.4.2.2 Berechnung der Abschreibung

Eine genaue Berechnung der Höhe der Abschreibung ist angesichts der verschiedenen Ursachen der Wertminderung kaum möglich. Man ist dabei immer auf Schätzungen angewiesen. Da aber die Berechnung der Höhe der Abschreibung Auswirkungen auf die Vermögens- und Ertragslage eines Unternehmens hat, machen Handels- und Steuerrecht aufgrund ihrer verschiedenen Interessenlage unterschiedliche Vorgaben.

#### 3.4.2.2.1 Abschreibung nach Handelsrecht

Nach § 253 II HGB sind die Anschaffungskosten um planmäßige Abschreibungen zu vermindern. Der Plan muss die Anschaffungskosten auf die Geschäftsjahre verteilen, in denen der Vermögensgegenstand voraussichtlich genutzt werden kann. Eine besondere Berechnungsmethode schreibt das Handelsrecht nicht vor. Unter Beachtung der Grundsätze ordnungsmäßiger Buchführung (GoB) muss die gewählte Berechnungsmethode aber zu einer sinnvollen, nicht willkürlichen Verteilung der Anschaffungskosten auf die Nutzungsdauer führen.

Aufgrund dieser relativ offengehaltenen Berechnungsvorgaben sind handelsrechtlich folgende Berechnungsmethoden denkbar:

#### (1) Berechnung der Abschreibung nach der linearen Methode

Bei der linearen Abschreibung wird ein jährlich gleichbleibender Betrag von den **Anschaffungskosten** des Anlagegutes abgeschrieben. Auf diese Weise werden die gesamten Anschaffungskosten gleichmäßig auf die Nutzungsdauer verteilt. Nach Ablauf der Nutzungsdauer ist der Buchwert gleich null.

**Beispiel:**

Die Anschaffungskosten eines Kombiwagens zu Beginn der Geschäftsperiode betragen 30000,00 EUR. Es wird eine Nutzungsdauer von sechs Jahren angenommen. In diesem Fall beträgt der jährliche Abschreibungsbetrag 5000,00 EUR und der Abschreibungssatz $16\,^2/_3\,\%$.

**Aufgabe:**

Führen Sie rechnerisch die Abschreibung über die gesamte Laufzeit durch!

**Lösung:**

| | | |
|---|---|---|
| | Anschaffungskosten | 30000,00 EUR |
| – | $16^2/_3\,\%$ Abschreibung 1. Jahr | 5000,00 EUR |
| | Buchwert Ende 1. Jahr | 25000,00 EUR |
| – | $16^2/_3\,\%$ Abschreibung 2. Jahr | 5000,00 EUR |
| | Buchwert Ende 2. Jahr | 20000,00 EUR |
| – | $16^2/_3\,\%$ Abschreibung 3. Jahr | 5000,00 EUR |
| | Buchwert Ende 3. Jahr | 15000,00 EUR |
| – | $16^2/_3\,\%$ Abschreibung 4. Jahr | 5000,00 EUR |
| | Buchwert Ende 4. Jahr | 10000,00 EUR |
| – | $16^2/_3\,\%$ Abschreibung 5. Jahr | 5000,00 EUR |
| | Buchwert Ende 5. Jahr | 5000,00 EUR |
| – | $16^2/_3\,\%$ Abschreibung 6. Jahr | 5000,00 EUR |
| | Buchwert Ende 6. Jahr | 0,00 EUR |

$$\text{Jährlicher Abschreibungsbetrag} = \frac{\text{Anschaffungskosten}}{\text{Nutzungsdauer}}$$

$$\text{Jährlicher Abschreibungssatz} = \frac{100\,\%}{\text{Nutzungsdauer}}$$

Bei der linearen Abschreibung geht man davon aus, dass sich das Wirtschaftsgut gleichmäßig abnutzt. Ein eventuell höherer Wertverlust durch technische oder wirtschaftliche Überholung oder infolge eines unterschiedlich hohen Verschleißes durch unterschiedliche Nutzung in den verschiedenen Nutzungsjahren wird dabei nicht berücksichtigt.

**Die lineare Abschreibungsmethode hat insbesondere folgende Vorteile:**

- einfache und nur einmalige Berechnung des Abschreibungsbetrags;
- gute Vergleichbarkeit der aufeinanderfolgenden Erfolgsrechnungen;
- gleichmäßige Aufwandsbelastung bzw. Belastung der Kostenrechnung mit Abschreibungen.

## (2) Berechnung der Abschreibung nach der degressiven Methode

Bei der degressiven Abschreibung wird die Abschreibung durch einen gleichbleibenden Prozentsatz auf den jeweiligen Buchwert (Restbuchwert) ermittelt. Da der Buchwert von Jahr zu Jahr geringer wird, werden bei einem gleichbleibenden Prozentsatz auch die Abschreibungsbeträge von Jahr zu Jahr geringer.

**Beispiel:**

Die Anschaffungskosten eines Kombiwagens zu Beginn der Geschäftsperiode betragen 30000,00 EUR. Die betriebsgewöhnliche Nutzungsdauer beträgt 6 Jahre.

**Aufgaben:**

1. Wie viel EUR betragen bei degressiver Abschreibung die jährlichen Abschreibungsbeträge im Laufe der Nutzungsdauer, wenn von einem Abschreibungssatz von 25 % ausgegangen wird?
2. Berechnen Sie die Abschreibungsbeträge, wenn im vierten Nutzungsjahr von der degressiven zur linearen Abschreibung übergegangen wird!

**Lösung:**

| | Zu 1.: degressive Abschreibung | | Zu 2.: Übergang zur linearen Abschreibung |
|---|---|---|---|
| Anschaffungskosten | 30000,00 EUR | | |
| – 25 % Abschreibung 1. Jahr | 7500,00 EUR | | |
| Buchwert Ende 1. Jahr | 22500,00 EUR | | |
| – 25 % Abschreibung 2. Jahr | 5625,00 EUR | | |
| Buchwert Ende 2. Jahr | 16875,00 EUR | | |
| – 25 % Abschreibung 3. Jahr | 4218,75 EUR | | |
| Buchwert Ende 3. Jahr | 12656,25 EUR | → | 12656,25 EUR |
| – 25 % Abschreibung 4. Jahr | 3164,06 EUR | | 4218,75 EUR |
| Buchwert Ende 4. Jahr | 9492,19 EUR | | 8437,50 EUR |
| – 25 % Abschreibung 5. Jahr | 2373,05 EUR | | 4218,75 EUR |
| Buchwert Ende 5. Jahr | 7119,14 EUR | | 4218,75 EUR |
| – Abschreibung 6. Jahr (Restwert) | 7119,14 EUR | | 4218,75 EUR |
| Buchwert Ende 6. Jahr | 0,00 EUR | | 0,00 EUR |

Wie man an der Lösung des Beispiels erkennt, verbleibt im letzten Jahr der Nutzungsdauer noch ein relativ hoher Abschreibungsbetrag, mit dem die Erfolgsrechnung belastet wird. Um diesen Nachteil zu vermeiden, kann zu einem **beliebigen Zeitpunkt** ein **Wechsel zur linearen Abschreibung** vorgenommen werden.

Dadurch wird dann der vorhandene Restwert gleichmäßig auf die noch verbleibende Nutzungsdauer verteilt. Angenommen, der Wechsel findet am Ende des vierten Jahres (also nach der dritten Abschreibung) statt, ergibt sich für die Restlaufzeit der drei Jahre folgende Berechnung für die jährlichen Abschreibungsbeträge: 12656,25 EUR : 3 = 4218,75 EUR.

**Für die degressive Abschreibungsmethode sprechen folgende Argumente:**

- Die degressive Abschreibung geht von der Überlegung aus, dass der Wertverlust eines Wirtschaftsgutes in den ersten Nutzungsjahren wesentlich höher ist als in den Folgejahren.
- Dem Risiko, dass durch den technischen Fortschritt das Wirtschaftsgut schnell an Wert verlieren kann, wird durch die anfangs hohe Abschreibung entsprochen.
- Durch die Addition der jährlich abnehmenden Abschreibungsbeträge mit den jährlich ansteigenden Wartungs- und Reparaturaufwendungen (durch die Abnutzung des Wirtschaftsgutes) wird eine etwa gleichmäßige Gesamtbelastung der Erfolgs- und Kostenrechnung in den einzelnen Jahren erreicht.

### (3) Buchung der Abschreibung nach erbrachten Leistungseinheiten

Wenn es praktisch möglich ist, kann bei beweglichen Wirtschaftsgütern des Anlagevermögens die Abschreibung auch aufgrund der im Geschäftsjahr erbrachten Leistungseinheiten (z. B. Stückzahl, Maschinenlaufstunden, gefahrene Kilometer) berechnet werden. Voraussetzung dafür ist, dass

- der Umfang der insgesamt möglichen Leistungseinheiten (LE) geschätzt werden kann und
- die auf den Abschreibungszeitraum entfallenden Leistungseinheiten nachgewiesen werden können.

Dabei ergeben sich folgende Berechnungen:

$$\text{Abschreibungsbetrag je Leistungseinheit} = \frac{\text{Anschaffungskosten}}{\text{mögliche Gesamtleistungseinheiten}}$$

$$\text{Jährlicher Abschreibungsbetrag} = \text{Menge der jährlichen LE} \cdot \text{Abschreibungsbetrag je LE}$$

## Übungsaufgaben

**169** 1. Die Anschaffungskosten für einen Warenautomaten zu Beginn der Geschäftsperiode betragen 6550,00 EUR.

1.1 Berechnen Sie den jährlichen Abschreibungsbetrag bei linearer Abschreibung und einer angenommenen Nutzungsdauer von fünf Jahren!

1.2 Versuchen Sie eine Formulierung, in der das Wesen der Abschreibung zum Ausdruck kommt!

2. Ein zu Beginn der Geschäftsperiode angeschaffter Kleintraktor wird am Ende des 3. Nutzungsjahres linear mit jährlich 930,00 EUR abgeschrieben, Abschreibungssatz: $12\frac{1}{2}$ %.

Berechnen Sie die Anschaffungskosten für den Kleintraktor!

**170** 1. Die Anschaffungskosten für die Ladeneinrichtung zu Beginn der Geschäftsperiode betragen 35000,00 EUR. Die betriebsgewöhnliche Nutzungsdauer beträgt 8 Jahre.

1.1 Führen Sie rechnerisch die degressive Abschreibung mit einem Abschreibungssatz von 20 % ohne Übergang zur linearen Abschreibung über die gesamte Laufzeit durch!

1.2 Führen Sie rechnerisch die degressive Abschreibung mit einem Abschreibungssatz von 20 % mit Übergang zur linearen Abschreibung nach dem vierten Jahr über die gesamte Laufzeit durch!

2. Ein zu Beginn der Geschäftsperiode angeschaffter Gabelstapler wird mit 15 % degressiv abgeschrieben. Sein Buchwert beträgt am Ende des 2. Jahres (nach der Abschreibung) 16545,25 EUR.

Wie viel EUR betragen die Anschaffungskosten?

3. Die Anschaffungskosten einer Stanzmaschine zu Beginn der Geschäftsperiode betragen 180180,00 EUR. Die Gesamtleistung wird während der Nutzungsdauer von 14 Jahren vom Hersteller mit 234000 Stanzteilen angegeben.

3.1 Ermitteln Sie die Abschreibung in den ersten vier Jahren bei folgenden Jahresleistungen: 1. Nutzungsjahr: 16000 Stück, 2. Nutzungsjahr: 18400 Stück, 3. Nutzungsjahr 21900 Stück, 4. Nutzungsjahr 11500 Stück.

3.2 Was spricht betriebswirtschaftlich für eine Abschreibung nach Leistungseinheiten?

4. Für eine Verpackungsmaschine liegen folgende Informationen vor:

| | |
|---|---|
| Anschaffungskosten: | 15 300,00 EUR |
| betriebliche Nutzungsdauer: | 13 Jahre |
| geschätzte Gesamtkapazität: | 2 448 000 Teile |
| geschätzte Maschinenleistung im 1. Nutzungsjahr: | 194 195 Teile |
| geschätzte Maschinenleistung im 2. Nutzungsjahr: | 210 480 Teile |
| geschätzte Maschinenleistung im 3. Nutzungsjahr: | 244 100 Teile |

**Aufgaben:**

Erstellen Sie einen Abschreibungsplan für die ersten drei Nutzungsjahre

4.1 nach der linearen Abschreibung,

4.2 nach der degressiven Abschreibung bei einem Abschreibungssatz von 15 % sowie

4.3 nach der Abschreibung nach erbrachten Leistungseinheiten!

### 3.4.2.2.2 Abschreibung nach dem Steuerrecht

#### (1) Abschreibungsmethoden

Als Abschreibungsmethode ist prinzipiell nur die **lineare Abschreibungsmethode** erlaubt sowie – bei beweglichen Wirtschaftsgütern des Anlagevermögens – die **Abschreibung nach Maßgabe der Leistungen** (nach erbrachten Leistungseinheiten), sofern dies wirtschaftlich begründet ist und der Steuerpflichtige den auf das einzelne Jahr entfallenden Umfang der Leistung nachweisen kann.

**Beachte:**

Die **degressive Abschreibung** ist **steuerrechtlich nicht erlaubt.**

#### (2) Beginn der Abschreibung abnutzbarer Anlagegüter im Jahr der Anschaffung

Die Abschreibung beginnt mit der **Anschaffung des Anlagegutes.** Wird ein Anlagegut im Laufe des Geschäftsjahres angeschafft, kann in diesem Jahr die **Abschreibung nur zeitanteilig** verrechnet werden, wobei allerdings in der Praxis monatsgenau gerechnet wird und der Monat der Anschaffung mitgezählt wird.

**Beispiel:**

Kauf von Lagerregalen am 30. September 2000 im Wert von 20 000,00 EUR. Nutzungsdauer: 14 Jahre (Abschreibungssatz von 7,14 %). Eine Abschreibung auf die Lagerregale ist im Anschaffungsjahr nur für 4 Monate möglich.[1]

$$\text{Abschreibung} = \frac{20000 \cdot 7{,}14 \cdot 4}{100 \cdot 12} = \underline{\underline{476{,}00 \text{ EUR}}}$$

1 Nach Ablauf von 14 Jahren fehlen noch 8 Monate an Abschreibungen. Diese Abschreibungszeit wird im 15. Jahr nachgeholt. Die Abschreibungszeit für die Lagerregale läuft somit vom September 2000 bis einschließlich August 2014.

## Übungsaufgabe

**171** 1. Am 9. Juni 20.. wurde eine computergesteuerte Wasserenthärtungsanlage im Werk installiert. Die Anschaffungskosten betrugen 24624,00 EUR. Die Nutzungsdauer beträgt zwölf Jahre. Es wird linear abgeschrieben.

Ermitteln Sie den Restbuchwert zum Ende des 8. Nutzungsjahres!

2. Die Anschaffungskosten für ein am 17. Oktober 20.. gekauftes Reinigungsgerät betragen 4200,00 EUR. Die Nutzungsdauer wird auf sieben Jahre geschätzt. Der Abschreibungssatz beträgt 20 %.

Erstellen Sie die Abschreibungstabelle für die gesamte Nutzungsdauer bei degressiver Abschreibung mit Übergang zur linearen Abschreibung nach dem dritten Jahr!

3. Die Anschaffungskosten für einen am 15. Juli 20.. gekauften Großrechner betragen 42000,00 EUR. Die Nutzungsdauer wird auf 7 Jahre geschätzt.

3.1 Erstellen Sie die Abschreibungstabelle für die gesamte Nutzungsdauer bei linearer Abschreibung!

3.2. Warum ist die lineare Abschreibung für den Kaufmann sinnvoll?

4. Die Anschaffungskosten für einen am 15. September 20.. gekauften Personalcomputer betragen 3528,00 EUR.

4.1 Ermitteln Sie den Bilanzwert des Computers per 31. Dezember 20.., bei einer Nutzungsdauer von drei Jahren!

4.2 Wodurch unterscheiden sich die lineare und degressive Abschreibung?

5. Eine Werkzeugfabrik kauft zu Beginn des Geschäftsjahres eine neue Stanzmaschine mit einer Nutzungsdauer von acht Jahren. Nach dreimaliger linearer Abschreibung in der Buchführung wird sie mit den fortgeführten Anschaffungskosten in Höhe von 23000,00 EUR ausgewiesen.

**Aufgaben:**

5.1 Wie viel EUR betrugen die Anschaffungskosten?

5.2 Wie viel EUR beträgt die jährliche Abschreibung?

### 3.4.2.3 Buchung der Abschreibung

Die Wertminderung des Anlagevermögens stellt einen betrieblichen Aufwand dar. Er wird buchhalterisch auf dem **Konto 6520 Abschreibungen auf Sachanlagen** erfasst.

**Beispiel:**

Die Anschaffungskosten für eine EDV-Anlage zu Beginn der Geschäftsperiode betragen 21000,00 EUR. Am Ende der Geschäftsperiode werden 7000,00 EUR abgeschrieben.

**Aufgaben:**

1. Buchen Sie die Abschreibung auf Konten und schließen Sie die betreffenden Konten ab!
2. Bilden Sie die Buchungssätze!



19 Speth u.a. ISBN 978-3-8120-0260-8

**Lösungen:**

**Zu 1.: Buchung auf den Konten und Abschluss der Konten**

| S | 0860 Büromaschinen | | H |
|---|---|---|---|
| AB | 21 000,00 | 6520 | 7 000,00 |
| | | 8010 | 14 000,00 |
| | 21 000,00 | | 21 000,00 |

| S | 6520 Abschreib. auf Sachanlagen | | H |
|---|---|---|---|
| 0860 | 7 000,00 | 8020 | 7 000,00 |

| S | 8010 SBK | | H |
|---|---|---|---|
| 0860 | 14 000,00 | | |

| S | 8020 GuV | | H |
|---|---|---|---|
| 6520 | 7 000,00 | | |

**Zu 2.: Buchungssätze**

| Geschäftsvorfälle | Konten | Soll | Haben |
|---|---|---|---|
| Buchung der Abschreibung | 6520 Abschr. a. Sachanlagen | 7 000,00 | |
| | an 0860 Büromaschinen | | 7 000,00 |
| Buchungen beim Abschluss | 8010 SBK | 14 000,00 | |
| | an 0860 Büromaschinen | | 14 000,00 |
| | 8020 GuV | 7 000,00 | |
| | an 6520 Abschr. a. Sachanlagen | | 7 000,00 |

**Erläuterungen:**

Für die erfolgswirksame Erfassung der jährlichen Abschreibungen auf das abnutzbare Anlagevermögen richten wir das Aufwandskonto **6520 Abschreibungen auf Sachanlagen** ein. Das Abschreibungskonto erfasst am Jahresende den festgestellten Abnutzungsbetrag als Aufwand. Dieser erscheint auf der **Sollseite.**

Die **Gegenbuchung** erfolgt direkt auf dem entsprechenden **Anlagekonto auf der Habenseite,** in unserem Fall auf dem Konto 0860 Büromaschinen. Dort bewirkt sie, dass der entsprechende Anlageposten auf den jeweils gültigen **Zeitwert** fortgeschrieben wird.

**Merke:**

- Abschreibungen sind betrieblicher Aufwand und mindern den Gewinn.
- Buchungssatz: Abschreibungen auf Sachanlagen an Anlagekonto
- Anschaffungskosten – Abschreibung = (Rest-)Buchwert

## Übungsaufgaben

**172** Wir kaufen (für die Warenauslieferung) zu Beginn des Geschäftsjahres einen Pkw für netto 27996,00 EUR zuzüglich 19% USt. Anzahlung 15000,00 EUR bar, 8000,00 EUR werden mit Bankscheck beglichen und der Rest ist in 3 Monaten zur Zahlung fällig.

1. Bilden Sie den Buchungssatz beim Kauf!
2. Bilden Sie den Buchungssatz für die Abschreibung am Ende des ersten Geschäftsjahres! Es wird linear abgeschrieben. Die Nutzungsdauer beträgt 8 Jahre.

**173** Kauf eines kleinen Betonmischers für 9000,00 EUR zuzüglich 19% USt. Datum der Anlieferung: 15. August 20..., Nutzungsdauer: 6 Jahre.

1. Berechnen Sie die Abschreibung über die gesamte Nutzungsdauer nach dem linearen Abschreibungsverfahren!
2. Buchen Sie die Abschreibung am Ende des 3. Jahres auf Konten und schließen Sie die Konten über das SBK und über das GuV-Konto ab!

**174** Wir kaufen zu Beginn des Geschäftsjahres einen Pkw zum Anschaffungspreis von 48500,00 EUR gegen Bankscheck. Der Autohändler gewährt uns einen Rabatt von 8% sowie 2% Skonto. Die Überführungskosten betragen 410,00 EUR, die Kosten für die Zulassung 118,40 EUR. Beide Beträge sind Nettowerte.

1. Wie viel EUR beträgt der jährliche Abschreibungsbetrag bei linearer Berechnung und einer angenommenen Nutzungsdauer von sechs Jahren?
2. 2.1 Richten Sie folgende Konten ein:
   0840 Fuhrpark, 6520 Abschreibungen auf Sachanlagen, 8010 SBK, 8020 GuV!

   2.2 Tragen Sie die Anschaffungskosten auf dem Fuhrparkkonto als Anfangsbestand vor und buchen Sie die Abschreibung im ersten Jahr! Schließen Sie anschließend die Konten ab!

## 3.4.2.4 Geringwertige Anlagegüter (geringwertige Wirtschaftsgüter)

### 3.4.2.4.1 Bewertung geringwertiger Anlagegüter nach Steuerrecht

#### (1) Grundlegendes

**Merke:**

**Geringwertige Anlagegüter (Wirtschaftsgüter)** sind Vermögensgegenstände, die **abnutzbar, beweglich** und **selbstständig nutzbar** sind und bestimmte **Wertgrenzen** nicht übersteigen.

Hinsichtlich der Bewertung sogenannter geringwertiger Wirtschaftsgüter haben die Steuerpflichtigen ein **Wahlrecht,** das **für jedes Wirtschaftsjahr einheitlich** in Anspruch genommen werden muss. Die Entscheidung über das Verfahren muss er spätestens bei der Aufstellung des Jahresabschlusses treffen.

| Geringwertige Anlagegüter (Wirtschaftsgüter) | | | |
|---|---|---|---|
| **Bewertungswahlrechte** (wirtschaftsjahrbezogen) | **Verfahren nach § 6 II EStG** | **Verfahren nach § 6 II a EStG (Sammelpostenverfahren)** | |
| **Wertgrenzen** für AK oder HK eines Wirtschaftsgutes | **bis 410,00 EUR**[1] | **bis 150,00 EUR**[1] | **über 150,00 EUR**[1] **bis 1 000,00 EUR**[1] |
| **Bewertung** | 1. Buchung als Aufwand bzw. Vollabschreibung<br>**oder**<br>2. Aktivierung des Anlagegutes und Abschreibung über die betriebsgewöhnliche Nutzungsdauer. | 1. Wirtschaftsgüter bis 150,00 EUR können aus Vereinfachungsgründen ohne Dokumentationspflicht sofort als Aufwand gebucht werden.<br>**oder**<br>2. Aktivierung des Anlagegutes und Abschreibung über die betriebsgewöhnliche Nutzungsdauer. | ■ Erfassen **aller** in diese Wertgrenzen fallenden geringwertigen Wirtschaftsgüter des Wirtschaftsjahres in **einem Sammelposten.**<br>■ **Pflicht** zur linearen Abschreibung des Sammelpostens im Jahr der Anschaffung und den folgenden vier Wirtschaftsjahren mit jeweils einem Fünftel. |
| **Dokumentationspflichten** | Bei **AK oder HK über 150,00 EUR**: Vermerk des **Anschaffungs- bzw. Herstellungstages** in einem laufend zu führenden **Verzeichnis,** falls diese Angaben nicht aus der Buchführung hervorgehen.<br>Bei **AK oder HK bis 150,00 EUR**: Die Anlagegüter können aus Vereinfachungsgründen ohne Dokumentationspflicht sofort als Aufwand gebucht werden. | keine | Nur buchmäßige Erfassung. |

## (2) Verfahren nach § 6 II EStG

Entscheidet sich ein Steuerpflichtiger mit Gewinneinkünften für dieses Verfahren, dann hat er die **Wahl,** ob er seine selbstständig nutzbaren beweglichen Wirtschaftsgüter mit Anschaffungs- oder Herstellungskosten bis 410,00 EUR ohne USt **im Jahr der Anschaffung**

- sofort **als Aufwand bucht oder** diese
- auf dem entsprechenden **Aktivkonto bucht** und über die **betriebsgewöhnliche Nutzungsdauer** abschreibt.

Ein Verzicht auf die Vollabschreibung kann vor allem bei neu gegründeten Unternehmen oder in Zeiten geringer Erträge betriebswirtschaftlich sinnvoll sein.

1 Es handelt sich um Nettowerte, d.h., die abziehbare Vorsteuer bleibt außer Ansatz.

**Beispiel:**

**I. Geschäftsvorfall:**

Barkauf eines Bürostuhls zum Nettopreis von 405,80 EUR zuzüglich 19% USt.

**II. Aufgaben:**

1. Das Unternehmen erfreut sich einer sehr guten Geschäftslage. Welches Bewertungswahlrecht sollte es ausüben?
2. Bilden Sie den Buchungssatz für den Geschäftsvorfall! Es wird ein Verzeichnis geführt.

**Lösungen:**

**Zu 1.: Entscheidung**

Bei ausreichenden Erträgen führt die sofortige Buchung als Betriebsausgabe zu der steuerlich günstigsten Wahl.

**Zu 2.:**

| Geschäftsvorfall | Konten | Soll | Haben |
|---|---|---|---|
| Barkauf eines Bürostuhls zum Nettopreis von 405,80 EUR zuzüglich 19% USt. | 6800 Büromaterial<br>2600 Vorsteuer<br>an 2880 Kasse | 405,80<br>77,10 | <br><br>482,90 |

**Erläuterung:**

- Neben der sofortigen Aufwandsbuchung ist es auch möglich, alle Anlagegüter bis zu einem Wert von netto 410,00 EUR während des Jahres zunächst auf einem **Sammelkonto** zu erfassen und den **Gesamtbetrag** am Jahresende **abzuschreiben.** Die sofortige Aufwandsbuchung bzw. die Buchung auf einem Sammelkonto mit vollständiger Abschreibung am Jahresende wirkt sich in gleicher Weise auf den Unternehmenserfolg aus.
- Es ist auch möglich, den Barkauf des Bürostuhls auf dem **Konto 0870 Büromöbel und sonstige Geschäftsausstattung** zu aktivieren und über die **betriebsgewöhnliche Nutzungsdauer** abzuschreiben.

| Geschäftsvorfälle | Konten | Soll | Haben |
|---|---|---|---|
| Barkauf eines Bürostuhls zum Nettopreis von 405,80 EUR zuzüglich 19% USt. Die Nutzungsdauer beträgt 13 Jahre. | 0870 Büromöbel<br>2600 Vorsteuer<br>an 2880 Kasse | 405,80<br>77,10 | <br><br>482,90 |
| Abschreibung auf 0870 Büromöbel am Bilanzstichtag 31,22 EUR. | 6520 Abschr. a. Sachanlagen<br>an 0870 Büromöbel | 31,22 | <br>31,22 |

**Beachte:**

Wählt das Unternehmen das Verfahren nach § 6 II EStG, dann **müssen** alle Wirtschaftsgüter, deren **Nettoanschaffungskosten** mehr als 410,00 EUR ausmachen, im **Anlageverzeichnis** ausgewiesen und auf die **betriebsgewöhnliche Nutzungsdauer** verteilt werden.

## (3) Verfahren nach § 6 II a EStG (Sammelpostenverfahren)

### Anlagegüter bis zu Anschaffungskosten in Höhe von 150,00 EUR

Betragen die **Anschaffungskosten** eines selbstständig nutzbaren beweglichen Wirtschaftsgutes des Anlagevermögens **nicht über 150,00 EUR netto** (der abziehbare Vorsteuerabzug bleibt außer Ansatz), so **können** die Anlagegüter sofort **als Aufwand gebucht werden.**

**Beispiel:**

**I. Geschäftsvorfall:**

Barkauf einer Schreibtischlampe zum Nettopreis von 148,50 EUR zuzüglich 19 % USt.

**II. Aufgaben:**

1. Buchen Sie den Geschäftsvorfall auf Konten!
2. Bilden Sie den Buchungssatz!

**Lösungen:**

**Zu 1.: Buchung auf den Konten**

| S | 6800 Büromaterial | | H |
|---|---|---|---|
| 2880 | 148,50 | | |

| S | 2600 Vorsteuer | | H |
|---|---|---|---|
| 2880 | 28,22 | | |

| S | 2880 Kasse | | H |
|---|---|---|---|
| AB | 1 500,00 | 6800/2600 | 176,72 |

**Zu 2.: Buchungssatz**

| Geschäftsvorfall | Konten | Soll | Haben |
|---|---|---|---|
| Barkauf einer Schreibtischlampe zum Nettopreis von 148,50 EUR zuzüglich 19 % USt. | 6800 Büromaterial<br>2600 Vorsteuer<br>an 2880 Kasse | 148,50<br>28,22 | <br><br>176,72 |

**Erläuterung:**

Es ist auch möglich, den Barkauf der Schreibtischlampe auf dem Konto **0870 Büromöbel und sonstige Geschäftsausstattung** zu buchen und über die betriebsgewöhnliche Nutzungsdauer abzuschreiben.

### Anlagegüter mit Anschaffungskosten über 150,00 EUR bis 1000,00 EUR

Betragen die **Anschaffungskosten** für ein einzelnes abnutzbares bewegliches Wirtschaftsgut, das einer selbstständigen Nutzung fähig ist, über **150,00 EUR, aber nicht mehr als 1 000,00 EUR** netto, so ist ein **Sammelposten** zu bilden **(Konto 0790 GWG-Sammelposten Anlagen und Maschinen** oder **0890 GWG-Sammelposten BGA).** Dieser Sammelposten wird pauschal mit 20 % pro Jahr abgeschrieben (also über einen 5-Jahres-Zeitraum). Dabei ist es unerheblich, in welchem Monat im laufenden Geschäftsjahr die einzelnen Wirtschaftsgüter erworben werden.

Die Abschreibung erfolgt über das Konto **6540 Abschreibungen auf GWG-Sammelposten.** Scheidet ein Wirtschaftsgut aus dem Sammelposten aus (z. B. durch nachträgliche Entnahme, Veräußerung oder Verlust), so beeinflusst dies den Wert des Sammelpostens nicht. Für jedes Geschäftsjahr ist ein Sammelposten zu bilden.

**Beispiel:**

Im Laufe des Geschäftsjahres wurden folgende geringwertige Vermögensgegenstände gegen Banküberweisung gekauft:

- am 10. März ein Faxgerät für 498,00 EUR zuzüglich 19 % USt,
- am 17. Mai ein Notebook für 652,00 EUR zuzüglich 19 % USt,
- am 9. September ein Bürostuhl für 420,00 EUR zuzüglich 19 % USt und
- am 15. Dezember ein PC für 990,00 EUR zuzüglich 19 % USt.

**Aufgaben:**

1. Buchen Sie die Geschäftsvorfälle bei der Anschaffung auf dem Konto 0890 Sammelposten der Betriebs- und Geschäftsausstattung!
2. Berechnen Sie die Abschreibung am Jahresende nach den steuerrechtlichen Vorgaben!
3. Buchen Sie die Abschreibung auf den Konten und bilden Sie den Buchungssatz!
4. Schließen Sie die Konten 0890 und 6540 ab!

**Hinweis:** Führen Sie die Konten 0890, 6540, 8010 und 8020!

**Lösungen:**

**Zu 2.:** 2 560,00 EUR : 5 Jahre = 512,00 EUR/Jahr

**Zu 1./3. und 4.:**

S 0890 Sammelp. der BGA H

| | | | |
|---|---|---|---|
| 2800 | 498,00 | 6540 | 512,00 |
| 2800 | 652,00 | 8010 | 2 048,00 |
| 2800 | 420,00 | | |
| 2800 | 990,00 | | |
| | 2 560,00 | | 2 560,00 |

S 6540 Abschr. auf Sammelp. H

| | | | |
|---|---|---|---|
| 0890 | 512,00 | 8020 | 512,00 |

S 8010 SBK H

| | | | |
|---|---|---|---|
| 0890 | 2 048,00 | | |

S 8020 GuV H

| | | | |
|---|---|---|---|
| 6540 | 512,00 | | |

| Geschäftsvorfall | Konten | Soll | Haben |
|---|---|---|---|
| Buchung der Abschreibung | 6540 Abschr. auf Sammelp.<br>an 0890 Sammelp. der BGA | 512,00 | 512,00 |

**Beachten Sie:**

Das Unternehmen hat auch die Möglichkeit, Wirtschaftsgüter zwischen 150,00 EUR und 1 000,00 EUR im **Anlageverzeichnis** zu erfassen und über die **betriebsgewöhnliche Nutzungsdauer abzuschreiben.** In diesem Fall kann es für andere geringwertige Wirtschaftsgüter im Bereich von 150,00 EUR bis 1 000,00 EUR **keinen Sammelposten** mehr bilden.

### 3.4.2.4.2 Bewertung geringwertiger Anlagegüter nach Handelsrecht

Das **Einkommensteuergesetz** regelt lediglich die **Bewertung geringwertiger Wirtschaftsgüter** nach dem **Steuerrecht.** Es sagt nichts darüber aus, wie geringwertige Wirtschaftsgüter in der **Handelsbilanz** zu behandeln sind. Derzeit werden in der betriebswirtschaftlichen Literatur folgende Bewertungsmöglichkeiten nach Handelsrecht als unstrittig angesehen:

- Der nach § 6 IIa EStG mögliche Sofortabzug von Anschaffungs- oder Herstellungskosten bis einschließlich 150,00 EUR stimmt mit dem Vorsichtsprinzip überein. Wirtschaftsgüter mit Anschaffungs- oder Herstellungskosten von bis zu 150,00 EUR dürfen auch in der Handelsbilanz sofort abgeschrieben werden.
- Die Übernahme der vom Steuerrecht geforderten **Sammelposten** für geringwertige Wirtschaftsgüter, deren Anschaffungs- oder Herstellungskosten mehr als 150,00 EUR netto, aber nicht mehr als 1000,00 EUR netto betragen [§ 6 II a EStG], in die Handelsbilanz **ist möglich,** wenn der Sammelposten – bezogen auf das Gesamtvermögen – von **untergeordneter Bedeutung** ist.
- Ist der **Sammelposten** – bezogen auf das Gesamtvermögen – **wesentlich,** so ist seine Übernahme in die Handelsbilanz – mit der linearen Abschreibung über einen Zeitraum von fünf Jahren – **nicht möglich,** weil es dadurch zu einer Überbewertung des Anlagevermögens kommen kann.[1]

**Beispiel:**

Kauf eines PCs im Wert von netto 980,00 EUR. Die betriebsgewöhnliche Nutzungsdauer beträgt drei Jahre. Der PC wird nach drei Jahren auch tatsächlich entsorgt. Würde der PC weiterhin – wie das Steuerrecht es vorschreibt – in der Bilanz ausgewiesen (Wert im 4. Jahr 40% von 980,00 EUR = 392,00 EUR), so kommt es zu einer Überbewertung des Anlagevermögens. Dies widerspricht dem in § 252 I, Nr. 4 HGB niedergelegten Vorsichtsprinzip. Handelsrechtlich muss daher der PC als geringwertiges Wirtschaftsgut aktiviert und (bei linearer Abschreibung) mit jährlich 326,67 EUR abgeschrieben werden.

### 3.4.2.4.3 Verkauf geringwertiger Anlagegüter

Beim Verkauf geringwertiger Wirtschaftsgüter ergeben sich, je nach Wahl des **Bewertungsverfahrens,** der **gewählten Bewertung** sowie der Höhe der **Anschaffungs- oder Herstellungskosten** bzw. des Restbuchwertes unterschiedliche Buchungen.

| **Geringwertige Anlagegüter (Wirtschaftsgüter)** | | | |
|---|---|---|---|
| **Bewertungswahlrechte** (wirtschaftsjahrbezogen) | **Verfahren nach § 6 II EStG** | | **Verfahren nach § 6 IIa EStG Sammelpostenverfahren** |
| **Buchung** | **Vollabschreibung**<br>Der Veräußerungserlös ist als **sonstiger Ertrag** zu vereinnahmen. (Konto 5410 sonstige Erlöse) | **Aktivierung und Abschreibung über die betriebsgewöhnliche Nutzungsdauer**<br>Je nach Restbuchwert kann sich ein **sonstiger Aufwand,** ein **sonstiger Ertrag** oder ein **Ausgleich** ergeben[2]. | Der Veräußerungserlös ist als **sonstiger Ertrag** zu vereinnahmen (Konto 5410 sonstige Erlöse).<br>Der **Sammelposten** bleibt unverändert bestehen. |

1 Zu der Frage, wann ein Bilanzposten als „wesentlich" einzustufen ist, sind generelle Aussagen nicht möglich.

2 Zu Einzelheiten siehe S. 298ff.

## Übungsaufgaben

**175** Wir kaufen am 5. Januar ein Autotelefon Modell „Konsul", für 155,33 EUR, abzüglich 10% Sonderrabatt zuzüglich 19% USt gegen Barzahlung. Die betriebsgewöhnliche Nutzungsdauer beträgt 5 Jahre.

**Aufgabe:**

Ermitteln Sie den Wertansatz nach Steuerrecht und bilden Sie den Buchungssatz für den Geschäftsvorfall am 5. Januar!

**176** Wir kaufen am 15. Februar einen PC für 2300,00 EUR zuzüglich 19% USt und einen Drehstuhl für 236,00 EUR zuzüglich 19% USt auf Ziel.

Ermitteln Sie den Wertansatz für diese Anlagegüter! Legen Sie das Verfahren nach § 6 II EStG zugrunde. Das Unternehmen hat sich dafür entschieden, Beträge bis 410,00 EUR netto als Aufwand zu buchen.

**Aufgabe:**

Bilden Sie die Buchungssätze für die beiden Geschäftsvorfälle!

**177** Am 30. April kauft ein Industriebetrieb zwei Schredder zum Preis von insgesamt 831,00 EUR zuzüglich 19% USt gegen Banküberweisung. Der Lieferant gewährt 5% Rabatt.

Am 7. Juni kauft der Industriebetrieb ein Lagerregal zum Preis von 783,20 EUR zuzüglich 19% USt und am 15. November drei Bohrmaschinen im Wert von insgesamt 1290,00 EUR zuzüglich 19% USt jeweils gegen Banküberweisung. Legen Sie das Sammelpostenverfahren nach § 6 II a EStG zugrunde.

**Aufgaben:**

1. Buchen Sie die Geschäftsvorfälle bei der Anschaffung auf dem Konto 0890 Sammelposten der Betriebs- und Geschäftsausstattung!
2. Berechnen Sie die Abschreibung am Jahresende nach den steuerrechtlichen Vorgaben, buchen Sie die Abschreibung auf den Konten und bilden Sie den Buchungssatz für die Abschreibung!
3. Schließen Sie die Konten 0890 Sammelposten der Betriebs- und Geschäftsausstattung und 6540 Abschreibungen auf Sammelposten ab!
4. Am 10. Januar des folgenden Geschäftsjahres wird eine Bohrmaschine während einer Ausstellung gestohlen. Am 20. März wird eine Bohrmaschine zum Preis von 178,50 EUR zuzüglich 19% USt bar verkauft. Bilden Sie den Buchungssatz!

**178** Die Herbert Breher GmbH kauft am 15. August folgende Anlagegüter zur Neuausstattung eines Großraumbüros:

5 Schreibtische zu je 1200,00 EUR, 5 PCs zu je 950,00 EUR, 5 Schreibtischlampen zu je 145,00 EUR und 5 Bürosessel zu je 640,00 EUR jeweils zuzüglich 19% USt. Die Nutzungsdauer der Schreibtische wird mit 13 Jahren festgelegt.

**Aufgaben:**

1. Ermitteln Sie die Wertansätze für diese Anlagegüter, wenn diese steuerrechtlich anerkannt werden sollen. Das Unternehmen legt für die Bewertung § 6 II a EStG zugrunde.
2. In welcher Situation wäre es für das Unternehmen sinnvoll, die Abschreibungen über die voraussichtliche betriebsgewöhnliche Nutzungsdauer der Anlagegüter zu verteilen?
3. Welche Auswirkungen treten ein, wenn das Unternehmen, das die geringwertigen Anlagegüter gewöhnlich nach § 6 II a EStG erfasst, ein Anlagegut im Wert von 129,00 EUR zuzüglich 19% USt über das betreffende Anlagekonto bucht und über die betriebsgewöhnliche Nutzungsdauer abschreibt?

## 3.4.3 Verkauf gebrauchter Anlagegüter

### (1) Berechnung des Buchwertes

Durch die Nutzung des Anlagegutes tritt eine Wertminderung ein. Sie wird durch die Abschreibung am Ende des Geschäftsjahres erfasst. Wird das Anlagegut während des Geschäftsjahres verkauft, so ist zunächst über eine **zeitanteilige Abschreibung** der Buchwert zu ermitteln. Zeitanteilig heißt, das **Anlagegut ist bis zu seinem Ausscheiden aus dem Betriebsvermögen abzuschreiben,** wobei der **Monat des Ausscheidens nicht berücksichtigt** wird.[1]

**Beispiel:**

Ein betriebseigener Pkw hat am 1. Januar des laufenden Geschäftsjahres einen Buchwert von 12500,00 EUR. Die Abschreibung erfolgt jährlich mit 6000,00 EUR. Der Pkw wird am 15. Oktober des gleichen Jahres verkauft.

**Aufgabe:**

Wie viel EUR beträgt der Buchwert des Pkw zum Zeitpunkt des Verkaufs?

**Lösung:**

| | |
|---|---|
| Buchwert des Pkw am 1. Januar | 12500,00 EUR |
| – Abschreibung für 9 Monate ($^9/_{12}$) | 4500,00 EUR |
| Buchwert am Verkaufstag | 8000,00 EUR |

### (2) Buchung der Umsatzsteuer

Der Verkauf von Anlagegütern stellt ein sogenanntes Hilfsgeschäft dar und ist damit umsatzsteuerpflichtig. Die Umsatzsteuer wird vom erzielten Nettoverkaufspreis berechnet. Um die USt leicht feststellen zu können, werden in der Praxis **alle** umsatzsteuerpflichtigen Vorgänge auf Erlöskonten gebucht. So wird auch der Verkauf von Anlagegütern zunächst auf dem **Erlöskonto 5410 Sonstige Erlöse** gebucht und erst danach mit dem **betroffenen Anlagekonto** und den Konten **5460 Erträge aus dem Abgang von Vermögensgegenständen (Nettoerträge: Erlös – Buchwert)** bzw. **6960 Verluste aus dem Abgang von Vermögensgegenständen** verrechnet. Diese Vorgehensweise ist EDV-gerecht. Sie vereinfacht die Umsatzsteuerverprobung und die Erstellung der Umsatzsteuererklärung.

### (3) Vergleich zwischen Buchwert und Nettoverkaufserlös

Der erzielte Nettoverkaufspreis kann mit dem errechneten Buchwert übereinstimmen (1. Fall). Häufiger wird der Fall auftreten, dass der erzielte Nettoverkaufspreis höher (2. Fall) bzw. niedriger liegt als der Buchwert (3. Fall).

**Merke:**

- Ist der erzielte **Nettoverkaufspreis höher** als der errechnete **Buchwert,** entsteht für das Unternehmen ein **Ertrag.** Er ist auf dem Konto **5460 Erträge aus dem Abgang von Vermögensgegenständen** zu buchen.

1 **Hinweis zur Berechnung der zeitanteiligen Abschreibung**
Grundsätzlich gilt: Bei der **Anschaffung** und beim Verkauf zählt der Anschaffungsmonat bzw. der Verkaufsmonat bei der Berechnung der Abschreibung **mit** (siehe S. 288!).

- Ist der erzielte **Nettoverkaufspreis niedriger** als der errechnete **Buchwert,** entsteht für das Unternehmen ein **Aufwand.** Er ist auf dem Konto **6960 Verluste aus dem Abgang von Vermögensgegenständen** zu buchen.

## (4) Buchungen beim Ausscheiden von Anlagegegenständen

### 1. Fall: Der Nettoverkaufspreis entspricht dem Buchwert

**Beispiel:**

Ein betriebseigener Pkw weist unter Berücksichtigung der zeitanteiligen Abschreibung am Verkaufstag einen Buchwert von 8000,00 EUR auf. Wir verkaufen den Pkw bar zum Buchwert von 8000,00 EUR zuzüglich 19 % USt.

| | |
|---|---|
| Erzielter Nettoverkaufspreis | 8000,00 EUR |
| – errechneter Buchwert | 8000,00 EUR |
| Buchgewinn/Buchverlust | 0,00 EUR |

**Aufgaben:**

1. Stellen Sie den Geschäftsvorfall auf den Konten dar!
2. Bilden Sie die Buchungssätze beim Verkauf des Pkws!

**Lösungen:**

**Zu 1.: Buchung auf den Konten**

| S | 0840 Fuhrpark | | H |
|---|---|---|---|
| AB | 8000,00 | 5410 | 8000,00 |

| S | 5410 Sonstige Erlöse | | H |
|---|---|---|---|
| 0840 | 8000,00 | 2880 | 8000,00 |

| S | 2880 Kasse | | H |
|---|---|---|---|
| 5410/4800 | 9520,00 | | |

| S | 4800 Umsatzsteuer | | H |
|---|---|---|---|
| | | 2880 | 1520,00 |

**Zu 2.: Buchungssätze**

| Geschäftsvorfälle | Konten | Soll | Haben |
|---|---|---|---|
| Buchung des Anlageverkaufs | 2880 Kasse | 9520,00 | |
| | an 5410 Sonstige Erlöse | | 8000,00 |
| | an 4800 Umsatzsteuer | | 1520,00 |
| Ausbuchung des Buchwertes | 5410 Sonstige Erlöse | 8000,00 | |
| | an 0840 Fuhrpark | | 8000,00 |

**Erklärung:**

- Der Verkauf des Pkw stellt einen umsatzsteuerpflichtigen Erlös dar. Aus diesem Grund ist zunächst auf dem Konto 5410 Sonstige Erlöse zu buchen.
- Durch den Verkauf scheidet der Pkw aus dem Vermögensbestand aus. Demzufolge muss der Bestand auf dem Konto 0840 Fuhrpark ausgebucht werden. Dies geschieht dadurch, dass der Wert auf dem Konto 5410 auf das Konto 0840 Fuhrpark umgebucht wird.
- In der Praxis erfolgt diese Umbuchung erst nach der Umsatzsteuerverprobung.

## 2. Fall: Der Nettoverkaufspreis ist höher als der Buchwert

**Beispiel:**

Ein betriebseigener Pkw weist unter Berücksichtigung zeitanteiliger Abschreibung am Verkaufstag einen Buchwert von 8000,00 EUR auf. Wir verkaufen den Pkw bar für 8500,00 EUR zuzüglich 19 % USt.

| | |
|---|---|
| Erzielter Nettoverkaufspreis | 8500,00 EUR |
| – errechneter Buchwert | 8000,00 EUR |
| Buchgewinn | 500,00 EUR |

**Aufgaben:**

1. Stellen Sie den Geschäftsvorfall auf den Konten dar!
2. Bilden Sie die Buchungssätze beim Verkauf des Pkw!

**Lösungen:**

**Zu 1.: Buchung auf den Konten**

S 0840 Fuhrpark H

| S | | | H |
|---|---|---|---|
| AB | 8000,00 | 5410 | 8000,00 |

S 5410 Sonstige Erlöse H

| S | | | H |
|---|---|---|---|
| 0840/5460 | 8500,00 | 2880 | 8500,00 |

S 2880 Kasse H

| S | | | H |
|---|---|---|---|
| 5410/4800 | 10115,00 | | |

S 5460 Erträge a.d. Abgang von Vermögensgegenständen H

| S | | | H |
|---|---|---|---|
| | | 5410 | 500,00 |

S 4800 Umsatzsteuer H

| S | | | H |
|---|---|---|---|
| | | 2880 | 1615,00 |

**Zu 2.: Buchungssätze**

| Geschäftsvorfälle | Konten | Soll | Haben |
|---|---|---|---|
| Buchung des Anlageverkaufs | 2880 Kasse<br>an 5410 Sonstige Erlöse<br>an 4800 Umsatzsteuer | 10115,00 | <br>8500,00<br>1615,00 |
| Ausbuchung des Buchwertes und Erfassung des Ertrags aus dem Anlageverkauf | 5410 Sonstige Erlöse<br>an 0840 Fuhrpark<br>an 5460 Ertr. a. d. Abgang v. Vermögensgegenständen | 8500,00 | <br>8000,00<br>500,00 |

**Erklärung:**

- Der Verkauf des Pkw stellt einen umsatzsteuerpflichtigen Erlös dar, der zunächst auf dem Konto 5410 Sonstige Erlöse zu erfassen ist.
- Durch den Verkauf scheidet der Pkw aus dem Vermögensbestand aus. Demzufolge muss der Bestand auf dem Konto 0840 Fuhrpark in Höhe von 8000,00 EUR ausgebucht werden.
- Der Abgang auf dem Anlagekonto 0840 Fuhrpark kann nicht höher liegen als der Restbuchwert. Der Nettoverkaufserlös von 8500,00 EUR muss daher aufgeteilt werden. Der über den Restbuchwert (8000,00 EUR) hinausgehende Betrag von 500,00 EUR stellt einen Ertrag dar und wird auf dem Ertragskonto 5460 Erträge aus dem Abgang von Vermögensgegenständen gebucht.

## 3. Fall: Der Nettoverkaufspreis ist niedriger als der Buchwert

**Beispiel:**

Ein betriebseigener Pkw weist unter Berücksichtigung zeitanteiliger Abschreibung am Verkaufstag einen Buchwert von 8000,00 EUR auf. Wir verkaufen den Pkw bar für 7000,00 EUR zuzüglich 19 % USt.

| | |
|---|---|
| Erzielter Nettoverkaufspreis | 7000,00 EUR |
| – errechneter Buchwert | 8000,00 EUR |
| Buchverlust | 1000,00 EUR |

**Aufgaben:**

1. Stellen Sie den Geschäftsvorfall auf den Konten dar!
2. Bilden Sie die Buchungssätze beim Verkauf des Pkw!

**Lösungen:**

**Zu 1.: Buchung auf den Konten**

S — 0840 Fuhrpark — H

| S | | H | |
|---|---|---|---|
| AB | 8000,00 | 5410/6960 | 8000,00 |

S — 5410 Sonstige Erlöse — H

| S | | H | |
|---|---|---|---|
| 0840 | 7000,00 | 2880 | 7000,00 |

S — 2880 Kasse — H

| S | | H | |
|---|---|---|---|
| 5410/4800 | 8330,00 | | |

S — 6960 Verluste aus dem Abgang von Vermögensgegenständen — H

| S | | H | |
|---|---|---|---|
| 0840 | 1000,00 | | |

S — 4800 Umsatzsteuer — H

| S | | H | |
|---|---|---|---|
| | | 2880 | 1330,00 |

**Zu 2.: Buchungssätze**

| Geschäftsvorfälle | Konten | Soll | Haben |
|---|---|---|---|
| Buchung des Anlageverkaufs | 2880 Kasse | 8330,00 | |
| | an 5410 Sonstige Erlöse | | 7000,00 |
| | an 4800 Umsatzsteuer | | 1330,00 |
| Ausbuchung des Buchwertes und Erfassung des Verlustes aus dem Anlageverkauf | 5410 Sonstige Erlöse | 7000,00 | |
| | 6960 Verluste aus dem Abgang v. Vermögensgegenst. | 1000,00 | |
| | an 0840 Fuhrpark | | 8000,00 |

**Erklärung:**

- Der Verkauf des Pkw stellt einen umsatzsteuerpflichtigen Erlös dar, der zunächst auf dem Konto 5410 Sonstige Erlöse zu erfassen ist.
- Durch den Verkauf scheidet der Pkw aus dem Vermögensbestand aus. Demzufolge muss der Bestand auf dem Konto 0840 Fuhrpark in Höhe von 8000,00 EUR ausgebucht werden. Dadurch, dass das Konto 5410 über das Konto 0840 Fuhrpark abgeschlossen wird, werden 7000,00 EUR ausgebucht.
- Der restliche Betrag von 1000,00 EUR auf dem Konto 0840 Fuhrpark stellt einen Aufwand (Verlust) dar. Er wird über das Konto 6960 Verluste aus dem Abgang von Vermögensgegenständen gebucht.

**Merke:**

- Der **Verkauf von Anlagegütern** stellt einen **umsatzsteuerpflichtigen Erlös** dar und ist daher auf dem Erlöskonto **5410 Sonstige Erlöse** zu buchen.
- Das Erlöskonto wird in Höhe des Buchwertes über das jeweils betroffene Anlagekonto ausgebucht. Beim Verkauf kann ein **Buchgewinn** oder ein **Buchverlust** entstehen.
- Ein **Buchgewinn** wird vom **Ertragskonto 5460** erfasst.
- Ein **Buchverlust** wird vom **Aufwandskonto 6960** erfasst.

## Übungsaufgaben

**179** Ein Kombiwagen hat unter Berücksichtigung der zeitanteiligen Abschreibung am Verkaufstag einen Restbuchwert von 7 200,00 EUR. Der Verkauf erfolgt bar, und zwar

| | |
|---|---|
| 1.1 zum Preis von | 7 200,00 EUR |
| + 19 % USt | 1 368,00 EUR |
| | 8 568,00 EUR |
| 1.2 zum Preis von | 8 100,00 EUR |
| + 19 % USt | 1 539,00 EUR |
| | 9 639,00 EUR |
| 1.3 zum Preis von | 6 000,00 EUR |
| + 19 % USt | 1 140,00 EUR |
| | 7 140,00 EUR |

1. Stellen Sie jeweils zu 1.1, 1.2 und 1.3 den gesamten Vorgang auf Konten dar! Bilden Sie die Buchungssätze für den Verkaufsvorgang, die Ausbuchung des Buchwerts und die Erfassung des dabei entstandenen zusätzlichen Ertrags bzw. Aufwands!
2. Warum erfasst die Praxis die Erlöse aus Anlageverkäufen zunächst immer auf einem Erlöskonto?

**180** Ein Warenautomat mit Anschaffungskosten zu Beginn des Geschäftsjahres in Höhe von 7 500,00 EUR und einer Nutzungsdauer von 5 Jahren, wird linear abgeschrieben. Nach dreimaliger Abschreibung wird der Warenautomat zu Beginn des 4. Nutzungsjahres für 2400,00 EUR zuzüglich 19 % USt gegen Bankscheck verkauft.

1. Wie lautet der Buchungssatz für die jährliche Abschreibung?
2. Wie viel EUR wurden bis zum Verkauf des Warenautomaten insgesamt abgeschrieben?
3. Errechnen Sie den Veräußerungsgewinn bzw. -verlust beim Verkauf des Warenautomaten!
4. Bilden Sie die Buchungssätze für den Verkauf des Warenautomaten, die Ausbuchung des Buchwerts und die Erfassung des dabei entstandenen zusätzlichen Ertrags bzw. Aufwands!

181

DURCHSCHRIFT | EUR | **Quittung**

Betrag 190,40

Nr. | Inclusive 19 % MwSt./Betrag 30,40

Betrag in Worten Einhundertneunzig ----

von Altmetallhandel K. Töll, Tübingen

für Eisenregale (Schrott)

dankend erhalten

Datum/Ort 05.02.20.. Tübingen

Buchungsvermerke

Stempel/Unterschrift des Empfängers
Papiergroßhandlung
Tiermann OHG
Tübingen
i. V. Meyer

Zweckform Quittung

1. Bilden Sie den Buchungssatz aus Sicht der Papiergroßhandlung Tiermann OHG für die vorliegende Quittung!

   (Die Eisenregale waren voll abgeschrieben und standen mit einem Erinnerungswert[1] von 1,00 EUR in der Buchführung.)

2. Bilden Sie die Buchungssätze für die Ausbuchung des Buchwerts und die Erfassung des dabei entstandenen zusätzlichen Ertrags bzw. Aufwands!

182 Eine Verpackungsmaschine hat am 1. Januar einen Buchwert von 15000,00 EUR. Es wurden jährlich 5400,00 EUR abgeschrieben. Die Verpackungsmaschine wird am 15. Mai des gleichen Jahres gegen Bankscheck verkauft.

1. Berechnen Sie den Buchwert am Veräußerungstag!
2. Bilden Sie den Buchungssatz für die Erfassung der zeitanteiligen Abschreibung!
3. Bilden Sie die Buchungssätze für den Verkauf der Verpackungsmaschine für

   3.1 16400,00 EUR zuzüglich 19 % USt

   3.2 12500,00 EUR zuzüglich 19 % USt

   sowie für die Ausbuchung des Buchwerts und die Erfassung des dabei entstandenen zusätzlichen Ertrags bzw. Aufwands!

183 **I. Anfangsbestände:**

0700 Technische Anlagen und Maschinen 400000,00 EUR; 0840 Fuhrpark 290000,00 EUR; 2000 Rohstoffe 180000,00 EUR; 2030 Betriebsstoffe 70000,00 EUR; 2200 Fertige Erzeugnisse 80000,00 EUR; 2400 Forderungen aus Lieferungen und Leistungen 75000,00 EUR; 2800 Bank 92000,00 EUR; 3000 Eigenkapital 537000,00 EUR; 4250 Langfristige Bankverbindlichkeiten 420000,00 EUR; 4400 Verbindlichkeiten aus Lieferungen und Leistungen 200000,00 EUR; 4800 Umsatzsteuer 30000,00 EUR.

1 Die in der manuellen Buchführung übliche Abschreibung auf einen **Erinnerungswert** von 1,00 EUR, wenn das Wirtschaftsgut nach Ablauf der Nutzungsdauer noch weiter genutzt wird, ist in der als Nebenbuchhaltung betriebenen computerunterstützten Anlagenbuchführung nicht üblich. Hier wird auch bei Weiternutzung des Wirtschaftsguts mit der letzten Rate auf den Restbuchwert von 0,00 EUR abgeschrieben.

**II. Anfangsbestände der Kundenkonten (offene Postenliste der Debitoren):**

| Kd.-Nr. | Debitoren | Betrag |
|---|---|---|
| 2407<br>2408 | Innovation AG<br>Weyermann & Söhne KG | 35 000,00 EUR<br>40 000,00 EUR |

**III. Anfangsbestände der Liefererkonten (offene Postenliste der Kreditoren):**

| Lief.-Nr. | Kreditoren | Betrag |
|---|---|---|
| 4407<br>4408 | Blitz-Spedition GmbH<br>Franz Meyer e. Kfm. | 120 000,00 EUR<br>80 000,00 EUR |

**IV. Kontenplan:**

0700, 0840, 2000, 2030, 2200, 2400, 2407, 2408, 2600, 2800, 3000, 4250, 4400, 4407, 4408, 4800, 5000, 5202, 6000, 6030, 6200, 6520, 8010, 8020

**V. Geschäftsvorfälle:**

| Beleg-Nr. | | | |
|---|---|---|---|
| | 1. Eingangsrechnungen | | |
| 20 | 1.1 Kauf von Rohstoffen bei Franz Meyer e. Kfm. | | |
| | auf Ziel | 20 000,00 EUR | |
| | + 19 % USt | 3 800,00 EUR | 23 800,00 EUR |
| 21 | 1.2 Kauf von Betriebsstoffen bei der Blitz-Spedition GmbH | | |
| | auf Ziel | 5 000,00 EUR | |
| | + 19 % USt | 950,00 EUR | 5 950,00 EUR |
| | 2. Ausgangsrechnungen | | |
| 22 | 2.1 Verkauf von Erzeugnissen an die Innovation AG | | |
| | auf Ziel | 229 000,00 EUR | |
| | + 19 % USt | 43 510,00 EUR | 272 510,00 EUR |
| 23 | 2.2 Verkauf von Erzeugnissen an die Weyermann & Söhne KG | | |
| | auf Ziel | 112 500,00 EUR | |
| | + 19 % USt | 21 375,00 EUR | 133 875,00 EUR |
| 24 | 2.3 Rücksendungen von Erzeugnissen der Innovation AG | | |
| | (Beleg 22) | 13 000,00 EUR | |
| | + 19 % USt | 2 470,00 EUR | 15 470,00 EUR |
| | 3. Lastschriftanzeigen der Bank | | |
| 25 | 3.1 Banküberweisung an Franz Meyer e. Kfm. als Teilzahlung (Beleg 20) | | 16 000,00 EUR |
| 26 | 3.2 Wir zahlen Löhne durch Banküberweisung | | 78 000,00 EUR |
| 27 | 3.3 Banküberweisung an die Blitz-Spedition GmbH (Beleg 21) | | 5 950,00 EUR |
| | 4. Gutschriftanzeigen der Bank | | |
| 28 | 4.1 Banküberweisung der Innovation AG | | 55 000,00 EUR |
| 29 | 4.2 Banküberweisung der Weyermann & Söhne KG | | 120 000,00 EUR |

**VI. Abschlussangaben:**

Beleg-Nr.

| | | |
|---|---|---|
| 30 | 5. Passivierung der Zahllast | |
| | 6. Schlussbestände lt. Inventur | |
| 31 | Rohstoffe | 160 000,00 EUR |
| 32 | Betriebsstoffe | 50 000,00 EUR |
| 33 | Fertige Erzeugnisse | 72 000,00 EUR |
| | 7. Abschreibungen auf | |
| 34 | 0700 Technische Anlagen und Maschinen | 80 000,00 EUR |
| | 0840 Fuhrpark | 47 000,00 EUR |

**VII. Aufgaben:**

Führen Sie das Grundbuch, das Hauptbuch und das Debitoren- und Kreditorenbuch für den Industriebetrieb mit den angegebenen Zahlenwerten!

**184** **I. Summen:**

| | | Soll | Haben |
|---|---|---|---|
| 0510 | Bebaute Grundstücke | 120 000,00 EUR | |
| 0530 | Betriebsgebäude | 180 000,00 EUR | 14 000,00 EUR |
| 0700 | Technische Anlagen und Maschinen | 35 000,00 EUR | 1 400,00 EUR |
| 0840 | Fuhrpark | 20 000,00 EUR | 2 000,00 EUR |
| 0870 | Büromöbel und sonstige Geschäftsausstattung | 28 000,00 EUR | 5 200,00 EUR |
| 2280 | Waren | 81 000,00 EUR | |
| 2400 | Forderungen a. Lief. u. Leist. | 192 350,00 EUR | 114 450,00 EUR |
| 2600 | Vorsteuer | 19 310,00 EUR | 17 000,00 EUR |
| 2880 | Kasse | 620 300,00 EUR | 613 400,00 EUR |
| 3000 | Eigenkapital | | 279 180,00 EUR |
| 3001 | Privatkonto | 1 400,00 EUR | |
| 4400 | Verbindlichkeiten a. Lief. u. Leist. | 703 950,00 EUR | 734 600,00 EUR |
| 4800 | Umsatzsteuer | 21 700,00 EUR | 28 380,00 EUR |
| 5100 | Umsatzerlöse für Handelswaren | 326 000,00 EUR | 670 600,00 EUR |
| 5101 | Erlösberichtigungen | 9 000,00 EUR | |
| 6080 | Aufwendungen für Waren | | |
| 6081 | Bezugskosten | 3 100,00 EUR | |
| 6082 | Nachlässe | | 5 400,00 EUR |
| 6520 | Abschreibungen auf Sachanlagen | | |
| 6600/6800 | Zusammenfassung betr. Aufwendungen | 120 000,00 EUR | |
| 7510 | Zinsaufwendungen | 4 500,00 EUR | |
| | | 2 485 610,00 EUR | 2 485 610,00 EUR |

**II. Abschlussangaben:**

1. Warenschlussbestand lt. Inventur: 77 000,00 EUR
2. Abschreibungen auf:
   0530 Betriebsgebäude: 3 320,00 EUR
   0700 Technische Anlagen und Maschinen: 12 000,00 EUR
   0840 Fuhrpark: 4 000,00 EUR
   0870 Büromöbel und sonstige Geschäftsausstattung: 6 840,00 EUR

**III. Aufgaben:**

Übertragen Sie die Summen auf Konten und führen Sie für einen Handelsbetrieb den Jahresabschluss durch!



20 Speth u.a. - ISBN 978-3-8120-0260-8

# Themenkreis 4: Statistik

## 4.1 Allgemeines zur Betriebsstatistik

Die Betriebsstatistik ist ein besonderer Teil des Rechnungswesens. Ihr fällt die Aufgabe zu, betriebliche oder auch außerbetriebliche Zahlen zu erfassen, aufzubereiten und auszuwerten. Sie kann organisatorisch gesehen ihre Aufgaben als selbstständige betriebliche Abteilung (zentralisiert) oder aber in den einzelnen Abteilungen (dezentralisiert) durchführen. Die statistische Abteilung kann mit Zahlenmaterial arbeiten, das von anderen Abteilungen erstellt wurde (Sekundärmaterial), oder aber mit Zahlenmaterial, das von ihr neu erstellt wurde (Primärmaterial). Um bestimmte Einsichten zu gewinnen, bedient sich die Betriebsstatistik verschiedener Rechenverfahren. Zur besseren Veranschaulichung werden die ermittelten Ergebnisse in tabellarischer oder grafischer Form dargestellt.

## 4.2 Übliche Rechenverfahren der Betriebsstatistik

### 4.2.1 Verhältniszahlen

#### (1) Überblick

Von Verhältniszahlen spricht man, wenn absolute Zahlenwerte zueinander in Beziehung gesetzt werden. Verhältniszahlen dienen in der Praxis der Verbesserung von Vergleichsmöglichkeiten.

**Beispiel:**

Zur Beantwortung der Frage, ob sich der Eigenkapitaleinsatz gelohnt hat, muss der Unternehmensgewinn zum eingesetzten Eigenkapital ins Verhältnis gesetzt werden. Durch die ermittelte Verhältniszahl (Eigenkapitalrentabilität) kann man jetzt das erzielte Ergebnis mit den Renditen bei anderen Kapitaleinsatzmöglichkeiten vergleichen.

Je nachdem, in welchem Zusammenhang Verhältniszahlen errechnet werden, unterscheidet man Gliederungs-, Beziehungs- und Messzahlen.

#### (2) Gliederungszahlen

Gliederungszahlen sind **Verhältniszahlen,** bei denen **Teilgrößen** auf eine **Gesamtgröße** bezogen werden, beispielsweise der Umsatz eines Werks zum Umsatz des gesamten Unternehmens oder der Betriebsgewinn zum Unternehmensgewinn. Das Ergebnis wird allgemein als Prozentzahl angegeben. Sie gibt das Verhältnis eines Teils zum Ganzen an bzw. sie drückt aus, wie sich die gesamte Einheit aufgliedern lässt.

**Beispiel:**

Ein Unternehmen beschäftigt weltweit 53000 Mitarbeiter, davon 2862 in den neuen Bundesländern.

**Aufgabe:**

Wie viel Prozent beträgt der Anteil der Mitarbeiter in den neuen Bundesländern?

**Lösung:**

53000 Mitarbeiter ≙ 100 %
2862 Mitarbeiter ≙ x %

$$x = 100 \cdot \frac{2862}{53000} = \underline{\underline{5{,}4\,\%}}$$

## (3) Beziehungszahlen

Beziehungszahlen drücken das **Verhältnis zweier verschiedenartiger statistischer Größen** aus, zwischen denen ein sinnvoller sachlicher Zusammenhang besteht, wie z.B. das Verhältnis von Gewinn und Eigenkapital. Der sachliche Zusammenhang besteht darin, dass das Eigenkapital maßgeblich an der Erwirtschaftung des Gewinns beteiligt ist.

**Beispiel:**

Der Gewinn eines Unternehmens beträgt in diesem Jahr 186000,00 EUR, das durchschnittlich eingesetzte Eigenkapital 2790000,00 EUR.

**Aufgabe:**

Berechnen Sie die Verzinsung des Eigenkapitals!

**Lösung:**

2790000,00 EUR ≙ 100 %
186000,00 EUR ≙ x %

$$x = \frac{100 \cdot 186000}{2790000} = \underline{\underline{6^2/_3\,\%}}$$

## (4) Messzahlen (Indexzahlen)

Messzahlen sind Verhältniszahlen, bei denen die einzelnen Zahlenwerte einer gleichartigen Zahlenreihe auf eine **Basiszahl** bezogen werden. Die Basiszahl ist immer 100 %. Aufgrund von Messzahlen kann man die Entwicklung der einzelnen Zahlen über einen bestimmten Zeitraum hinweg verfolgen.

**Beispiel:**

Ein Unternehmen hatte in den letzten 5 Jahren folgende Umsätze:

| Jahre | Umsätze | Messzahlen |
|---|---|---|
| 1. Jahr | 2,45 Mio. EUR | 100 % |
| 2. Jahr | 2,62 Mio. EUR | 106,9 % |
| 3. Jahr | 2,73 Mio. EUR | 111,4 % |

| Jahre | Umsätze | Messzahlen |
|---|---|---|
| 4. Jahr | 2,69 Mio. EUR | 109,8 % |
| 5. Jahr | 3,12 Mio. EUR | 127,3 % |

**Aufgabe:**

Wie entwickelte sich der Umsatz des zweiten Jahres gemessen an dem Umsatz des ersten Jahres?

**Lösung:**

Beispiel für die Berechnung der Messzahl für das 2. Jahr

2,45 Mio. EUR ≙ 100 %
2,62 Mio. EUR ≙ x %

$$x = \frac{100 \cdot 2{,}62}{2{,}45} = \underline{\underline{106{,}9\,\%}}$$

**Ergebnis:** Der Umsatz im 2. Jahr ist verglichen mit dem 1. Jahr um 6,9 % gestiegen.

## 4.2.2 Durchschnittszahlen (Mittelwerte)

### (1) Überblick

In vielen Fällen ist es nicht sinnvoll, in anderen Fällen gar nicht möglich, alle Einzelinformationen zu kennen. In einer Besprechung über die Altersstruktur der Mitarbeiter eines Betriebs interessiert zum Beispiel nicht das Alter jedes einzelnen Mitarbeiters, sondern die Anzahl der Mitarbeiter verschiedener Altersgruppen. Des Weiteren kann es wichtig sein, die Anzahl der Mitarbeiter zu kennen, für die bestimmte Rechtsvorschriften gelten. Auch hier sind Gruppen zu bilden, z.B. Gruppen der Auszubildenden, der Schwerbehinderten, der Teilzeitbeschäftigten usw. Von Interesse kann aber auch das Durchschnittsalter der Belegschaft sein.

Die statistische Verarbeitung der Daten kann also dazu führen, dass aus Einzelwerten Mittel- bzw. Durchschnittswerte zu errechnen sind. Dabei gilt, dass Mittelwerte so auszuwählen sind, dass sie die Reihe der Einzelwerte optimal repräsentieren. Unter diesem Aspekt kann man verschiedene Arten von Mittelwerten unterscheiden. Von besonderer Bedeutung sind: das arithmetische Mittel, der Modalwert und der Zentralwert.

### (2) Arithmetische Mittel (Durchschnittswert)

Das arithmetische Mittel ergibt sich, indem man die **Summe der Werte** durch die **Anzahl der Werte dividiert.**

**Beispiel:**

In einem Handwerksbetrieb erhalten die 13 Mitarbeiter folgende Löhne:

1450,00 EUR; 1750,00 EUR; 3250,00 EUR; 1500,00 EUR; 1600,00 EUR; 1500,00 EUR; 1600,00 EUR; 1700,00 EUR; 1750,00 EUR; 1600,00 EUR; 1720,00 EUR; 1650,00 EUR; 1940,00 EUR

**Aufgabe:**

Wie viel EUR beträgt der durchschnittliche Monatslohn der Mitarbeiter?

**Lösung 1:**

1450,00 EUR
1750,00 EUR
3250,00 EUR
1500,00 EUR
1600,00 EUR
1500,00 EUR
1600,00 EUR
1700,00 EUR
1750,00 EUR
1600,00 EUR
1720,00 EUR
1650,00 EUR
1940,00 EUR

23010,00 EUR : 13 = 1770,00 EUR

**Ergebnis:** Der Durchschnittslohn beträgt 1770,00 EUR.

Da hier alle Einzelwerte addiert wurden, spricht man bei dieser Berechnungsmethode vom **einfachen arithmetischen Mittel.**

Bei der Betrachtung der Einzelwerte (Löhne) fällt auf, dass einige Mitarbeiter einen gleich hohen Lohn beziehen, d.h., dass einige Einzellöhne mehrfach im Gesamtlohn enthalten sind. Diese Überlegung führt zu einer vereinfachenden Berechnungsmethode des arithmetischen Mittels.

**Lösung 2:**

| Höhe des Lohns | Häufigkeit | Produkt |
|---|---|---|
| 1450,00 EUR | 1 | 1450,00 EUR |
| 1500,00 EUR | 2 | 3000,00 EUR |
| 1600,00 EUR | 3 | 4800,00 EUR |
| 1650,00 EUR | 1 | 1650,00 EUR |
| 1700,00 EUR | 1 | 1700,00 EUR |
| 1720,00 EUR | 1 | 1720,00 EUR |
| 1750,00 EUR | 2 | 3500,00 EUR |
| 1940,00 EUR | 1 | 1940,00 EUR |
| 3250,00 EUR | 1 | 3250,00 EUR |
| | 13 | 23010,00 EUR |

Ø Lohn = 23010,00 EUR : 13 = 1770,00 EUR

**Ergebnis:** Der Durchschnittslohn beträgt 1 770,00 EUR.

Bei dieser Art der Berechnung gehen die Einzellöhne mit ihrer Häufigkeit bzw. ihrem „Gewicht" in den Gesamtlohn ein. Man spricht hier vom **gewogenen arithmetischen Mittel**. Rechnerisch führt diese Methode zum gleichen Ergebnis wie die einfache arithmetische Mittelung.

Bei kritischer Betrachtung der vorliegenden Ergebnisse stößt man auf die Tatsache, dass das arithmetische Mittel mit 1 770,00 EUR errechnet wurde, obwohl 11 der in die Rechnung einbezogenen Werte kleiner sind als der Mittelwert. Trotz korrekter Berechnung ist das arithmetische Mittel in diesem Fall kein optimaler Repräsentant der Lohnreihe.

## (3) Modalwert

Hierbei handelt es sich um den in der Zahlenreihe vorkommenden **häufigsten Wert.** Diesem Mittelwert liegt die statistische Tatsache zugrunde, dass bei vielen Zahlenreihen die mittleren Werte gehäuft auftreten.

Um den Modalwert zu bestimmen, müssen die Zahlenwerte zunächst nach ihrer Größe geordnet werden. Bezogen auf das vorgegebene Beispiel ergibt sich dann folgendes Ergebnis:

| Zahlenwert (Lohnhöhe) | 1450,00 | 1500,00 | 1600,00 | 1650,00 | 1700,00 | 1720,00 | 1750,00 | 1940,00 | 3250,00 |
|---|---|---|---|---|---|---|---|---|---|
| Häufigkeit | 1 | 2 | 3 | 1 | 1 | 1 | 2 | 1 | 1 |

↑ **Modalwert** (1600,00)

**Ergebnis:** Der am häufigsten auftretende Wert (Modalwert) ist der Betrag von 1600,00 EUR.

## (4) Zentralwert (Median)

Der Zentralwert liegt genau in der **Mitte einer geordneten Merkmalsreihe.** Bezogen auf das vorgegebene Beispiel ergibt dies folgendes Ergebnis:

| Ordnungs-nummer: | Zahlenwerte (Lohnhöhe) |
|---|---|
| 1 | 1450,00 |
| 2 | 1500,00 |
| 3 | 1500,00 |
| 4 | 1600,00 |
| 5 | 1600,00 |
| 6 | 1600,00 |
| 7 | 1650,00 ← Zentralwert |
| 8 | 1700,00 |
| 9 | 1720,00 |
| 10 | 1750,00 |
| 11 | 1750,00 |
| 12 | 1940,00 |
| 13 | 3250,00 |

**Ergebnis:** Der Zentralwert ist 1650,00 EUR.

**Anmerkung:** Bei einer **geraden Anzahl** von Zahlenwerten wird das arithmetische Mittel der mittleren Zahlenwerte genommen.

**Beispiel:**

Bei 6 Überprüfungen einer Maschine wurden folgende Mengen an fehlerhaften Produkten festgestellt:

| Ordnungsnummer: | 1. | 2. | 3. | 4. | 5. | 6. |
|---|---|---|---|---|---|---|
| fehlerhafte Produkte: | 3 | 6 | 7 | 9 | 12 | 13 |

**Aufgabe:**

Berechnen Sie den Zentralwert!

**Lösung:**

$$\text{Zentralwert} = \frac{7 + 9}{2} = \underline{\underline{8}}$$

**Ergebnis:** Der Zentralwert beträgt 8 fehlerhafte Produkte.

## Übungsaufgaben

**185** 1. Die Gewinnentwicklung eines Unternehmens der vergangenen 11 Jahre ist den folgenden Tabellen zu entnehmen:

| Jahr | 01 | 02 | 03 | 04 | 05 |
|---|---|---|---|---|---|
| Gewinn in EUR | 58900,00 | 72100,00 | 99700,00 | 69500,00 | 58200,00 |

| Jahr | 06 | 07 | 08 | 09 | 10 | 11 |
|---|---|---|---|---|---|---|
| Gewinn in EUR | 95300,00 | 107900,00 | 100400,00 | 110500,00 | 88394,00 | 89000,00 |

1.1 Wie viel EUR beträgt der durchschnittliche Gewinn der vergangenen 11 Jahre?

1.2 Beurteilen Sie die Aussagekraft dieses arithmetischen Mittelwertes!

1.3 Wie viel EUR beträgt der Zentralwert?

2. Einem Unternehmen liegen für den Monat September folgende Aufträge vor:

17 Aufträge mit einem Auftragswert von 1400,00 EUR je Auftrag
9 Aufträge mit einem Auftragswert von 7300,00 EUR je Auftrag
12 Aufträge mit einem Auftragswert von 3500,00 EUR je Auftrag
20 Aufträge mit einem Auftragswert von 9200,00 EUR je Auftrag

2.1 Wie viel EUR beträgt die durchschnittliche Auftragssumme?

2.2 Beurteilen Sie die Aussagekraft dieser Werte!

3. Ein Unternehmen hatte in den letzten 5 Geschäftsjahren folgende Gewinnentwicklung:

| Geschäftsjahr | Gewinn |
|---|---|
| 1 | 150200,00 EUR |
| 2 | 155457,00 EUR |
| 3 | 168244,00 EUR |
| 4 | 142690,00 EUR |
| 5 | 153204,00 EUR |

Wie entwickelte sich der Gewinn gemessen an dem Gewinn des ersten Geschäftsjahres?

**186** Ein Industrieunternehmen stellt dem Umsatz die Vertriebskosten gegenüber. Folgende Entwicklung wird festgestellt:

| Geschäftsjahr | Umsatz | Vertriebskosten |
|---|---|---|
| 1 | 621400,00 EUR | 87617,40 EUR |
| 2 | 845700,00 EUR | 116706,60 EUR |
| 3 | 770000,00 EUR | 107800,00 EUR |
| 4 | 891500,00 EUR | 128376,00 EUR |

1. Ermitteln Sie das Verhältnis von Vertriebskosten zum Umsatz in Prozenten!
2. Wie entwickelte sich der Vertriebskostenanteil der Geschäftsjahre 2–4 gemessen an dem Vertriebskostenanteil des 1. Geschäftsjahres?

## Zur Wiederholung

**187** Sie sind Mitarbeiter der PETRA AG, Bachstraße 4, 89073 Ulm. Es liegen folgende Geschäftsvorfälle vor, die Sie als Sachbearbeiter zu bearbeiten haben.

1. Die Rechnung des Autohauses Werner OHG (Anlage 1) ist eingegangen. Für die Versicherung des Geschäftswagens liegt ein Überweisungsauftrag vor (Anlage 2).

   Bilden Sie die Buchungssätze zu dem Sachverhalt!
2. Beim Rechnungsausgleich durch Banküberweisung ist die Aktennotiz (Anlage 3) zu berücksichtigen. Bilden Sie den Buchungssatz!
3. Zum Begleichen der Rechnung des Autohauses Werner OHG ist es erforderlich, einen Kredit bei der Sparkasse Ulm aufzunehmen. Der Zinssatz beträgt 13,6%.

   Ist es bei diesem Sachverhalt sinnvoll, den angebotenen Skonto auszunutzen? Begründen Sie Ihre Entscheidung rechnerisch!

4. Die Nutzungsdauer des Geschäftswagens wird mit sechs Jahren angesetzt.

4.1 Ermitteln Sie den Buchwert zum 31. Dezember des Anschaffungsjahres!

4.2 Machen Sie einen begründeten Vorschlag zur Abschreibungsart, wenn aufgrund des Einsatzes im Außendienst eine hohe Kilometerleistung des Fahrzeugs zu erwarten ist!

**Anlage 1**

*Autohaus Werner OHG*

Autohaus Werner OHG · Dieselstraße 14 · 89079 Ulm

PETRA AG
Bachstraße 4
89073 Ulm

Betriebs-Nr. 13625305
Auftrags-Nr.
Kunden-Nr.
Abn.-Gr.
Telefon
0731 52566/6837
Telefax
0731 65356
Ulmer Volksbank (BLZ 500 000 04)
Kto.-Nr. 431 801 002

| Amtl. Kennzeichen | Ty Modell | Fahrzeug-Ident-Nr. | Zulassungstag | Annahmetag | km-Stand | KD-Meister |
|---|---|---|---|---|---|---|
| | 4A2084 | WAUZZZ4AZRN042867 | | | 11 | |

**Rechnung Nr. 11471** 18.03.20..

Gemäß unserer Lieferbedingungen erhielten Sie am 15.03..20.. folgendes Fahrzeug

| | |
|---|---|
| Astra 1.6 „Königsblau" | 14665,00 EUR |
| Klimaanlage | 1230,00 EUR |
| | 15895,00 EUR |
| zuzüglich Umsatzsteuer 19 % | 3020,05 EUR |
| | 18915,05 EUR |

Mit freundlichen Grüßen

Autohaus Werner OHG

Sitz der Unternehmung: Ulm Registergericht: Ulm; HRA 1718 Steuer-Nr. 73501/09931

**Anlage 2**

Überweisungsauftrag an **500** 000 **04**

Ulmer Volksbank

Begünstigter: Name, Vorname/Firma (max. 27 Stellen)
Versicherung AG Berlin

Konto-Nr. des Begünstigten
344455688

Bankleitzahl
600 700 70

Kreditinstitut des Begünstigten
Deutsche Bank Berlin

EUR

Betrag: Euro, Cent
471,20---------------

Kunden-Referenznummer - Verwendungszweck, ggf. Name und Anschrift des Überweisenden - (nur für Begünstigten)
Kfz-Versicherung 89098856

noch Verwendungszweck (insgesamt max. 2 Zeilen à 27 Stellen)
UL - BS 843

Kontoinhaber: Name, Vorname/Firma, Ort (max. 27 Stellen, keine Straßen- oder Postfachangaben)
PETRA AG, Bachstraße 4, 89073 Ulm

Konto-Nr. des Kontoinhabers
413795

20

20. März 20.. i. A. Ludwig

Datum, Unterschrift

**Anlage 3**

## Aktennotiz

| | | | |
|---|---|---|---|
| An: | Buchhaltung | Kopien an: | |
| Von: | Geschäftsleitung Ludwig | | |
| Datum: | 20.03.20.. | | |
| Betreff: | Zahlung Pkw-Rechnung vom 18.03.20.. Autohaus Werner OHG mit Bankscheck | | |

**Bei Bezahlung beachten!**

x Pkw UL – AX 411 wird in Zahlung gegeben! Verkaufspreis wie vereinbart 4100,00 EUR zuzüglich 19 % Umsatzsteuer!

x Buchwert des Pkw UL – AX 411 2000,00 EUR.

x Skonto ausnutzen! (2 %) innerhalb 10 Tagen; Zahlungsziel 30 Tage

## 4.3 Möglichkeiten der optischen Veranschaulichung statistischer Auswertungen durch grafische Darstellungen (Einsatz eines Grafikprogramms)

### (1) Problemstellung

**Beispiel:**

Die Kosten- und Leistungsrechnung eines Möbelgroßhandelsgeschäfts liefert die folgenden verdichteten Informationen über den Umsatz des ersten Halbjahres getrennt nach Monaten und Artikelgruppen:

| | Türen | Tische | Betten | Stühle | Summen |
|---|---|---|---|---|---|
| Januar | 2500 | 3400 | 1200 | 1800 | 8900 |
| Februar | 2400 | 3000 | 1150 | 1400 | 7950 |
| März | 2200 | 3100 | 1000 | 1900 | 8200 |
| April | 2600 | 3300 | 1200 | 1500 | 8600 |
| Mai | 3100 | 3900 | 1400 | 1700 | 10100 |
| Juni | 3200 | 3700 | 1500 | 1900 | 10300 |
| Summen | 16000 | 20400 | 7450 | 10200 | 54050 |

Die Zahlen sind bereits in Tabellenform aufbereitet und lassen sich in dieser Form relativ leicht erfassen. Es ist jedoch erwiesen, dass Zahlenmaterial noch besser erfasst werden kann, wenn eine optische Aufbereitung erfolgt. In diesem Zusammenhang hat die Statistik verschiedene Darstellungstechniken entwickelt.

Wesentliche Unterschiede in der Art der Darstellung ergeben sich aus dem Zweck:

- Soll die Abhängigkeit zwischen verschiedenen Werten veranschaulicht werden, so wählt man Darstellungen, die auf der Basis eines Koordinatensystems erstellt werden. Allgemein kann dabei zwischen unabhängigen und abhängigen Größen unterschieden werden. In unserem Fall sind die Monate die unabhängigen Größen, von denen die anderen Werte (Umsätze) abhängen. Üblicherweise werden die unabhängigen Größen an der waagerechten Achse (Abszisse) des Koordinatensystems eingetragen, während die abhängigen Werte an der senkrechten Achse (Ordinate) eingezeichnet werden.
- Will man die Zusammensetzung eines Wertes aus verschiedenen Teilwerten veranschaulichen, so werden häufig Darstellungen benutzt, bei der eine Gesamtfläche in Teilflächen aufgeteilt wird. In unserem Fall könnte man z.B. den Gesamtumsatz eines Monats, aufgeteilt nach Artikelgruppen, darstellen. Derartige Darstellungen lassen sich heute mühelos mithilfe des Computers und eines entsprechenden Grafikprogramms erstellen. Sofern die Schule über die erforderlichen Voraussetzungen verfügt, sollten sie genutzt werden.

### (2) Linien- oder Kurvendiagramm

Dieses Diagramm soll den Zusammenhang zwischen unabhängigen Größen (z.B. Monate) und abhängigen Werten (z.B. Umsätze) demonstrieren (**rechnerische Grundlage** sind **Beziehungszahlen**). Die Zuordnung der Werte erfolgt über Punkte im Koordinatensystem, die durch eine Linie miteinander verbunden werden. Diese Art der Darstellung wirkt immer dann anschaulich, wenn zu jeder unabhängigen Größe ein oder zwei abhängige Werte existieren. Sind mehrere Werte von einer unabhängigen Größe abhängig, so verliert der Betrachter leicht den Überblick. Die Abbildungen a) und b) verdeutlichen diesen Sachverhalt. Liniendiagramme sind gut geeignet, die Entwicklung der abhängigen Werte darzustellen. Zeitreihen und Trends werden häufig mit Liniendiagrammen veranschaulicht.

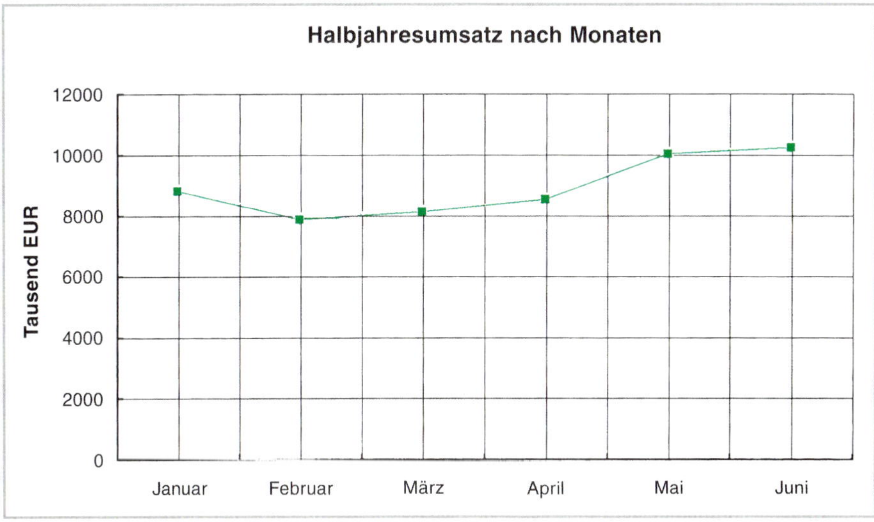


**Abbildung a**

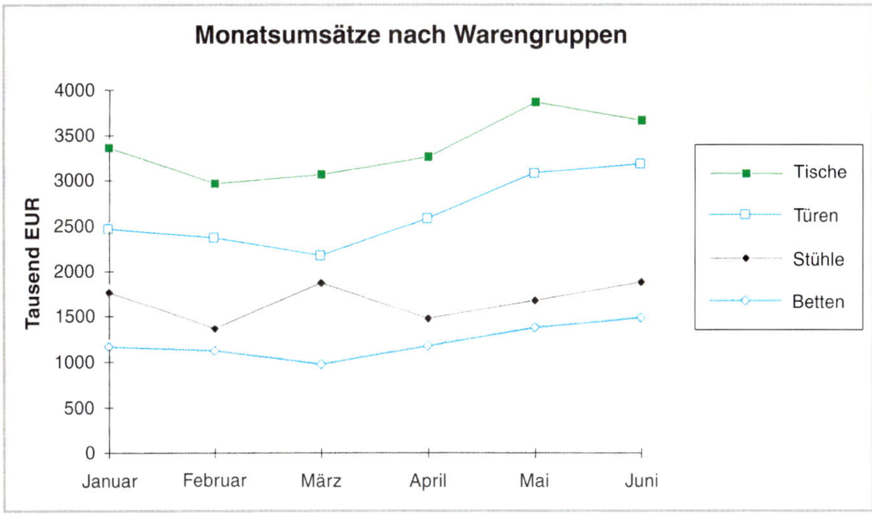


**Abbildung b**

Liniendiagramme sind auch dazu geeignet, **Indexzahlen** zu veranschaulichen. Um die Umsatzentwicklung, bezogen auf den Monat Januar, darzustellen, sind die entsprechenden Indexzahlen auszurechnen. Die Umsatzentwicklung stellt sich danach wie folgt dar:

| Januar | Februar | März | April | Mai | Juni |
|---|---|---|---|---|---|
| 100 % | 89,33 % | 92,13 % | 96,63 % | 113,48 % | 115,73 % |

**Rechenbeispiel: Monat März**

8 900,00 EUR ≙ 100 %
8 200,00 EUR ≙ x %

$$x = \frac{100 \cdot 8200}{8900} = \underline{\underline{92,13\,\%}}$$

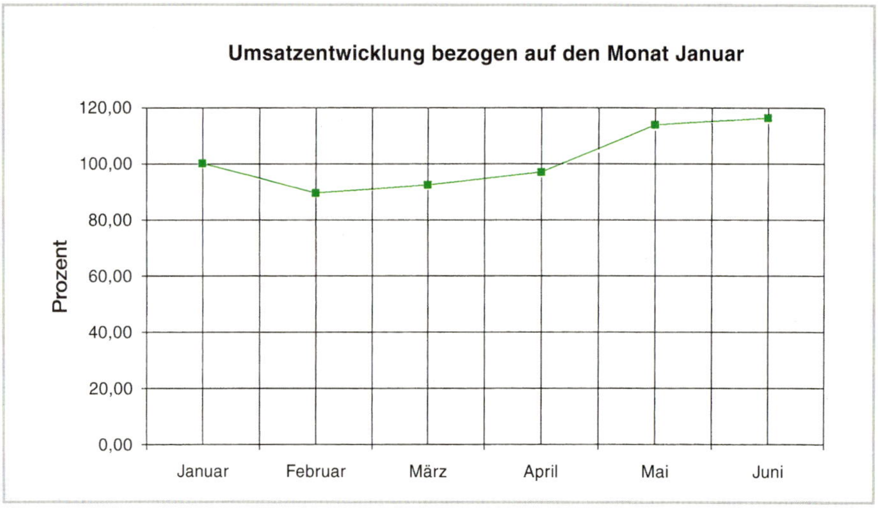


**Abbildung c**

## (3) Säulendiagramm[1]

Im Falle mehrerer abhängiger Werte bedient man sich häufig der Darstellungsweise des Säulendiagramms (siehe Abb. d). Die Höhe der abhängigen Werte wird hierbei durch die Höhe rechteckiger Säulen im Koordinatensystem dargestellt. Durch unterschiedliche Schraffur der Säulen ist es möglich, eine größere Anzahl von abhängigen Werten in einer Zeichnung darzustellen.

**Rechnerische Grundlage** sind auch hier **Beziehungszahlen.**

1 Sind die Säulen horizontal angeordnet, spricht man vom **Balkendiagramm**.

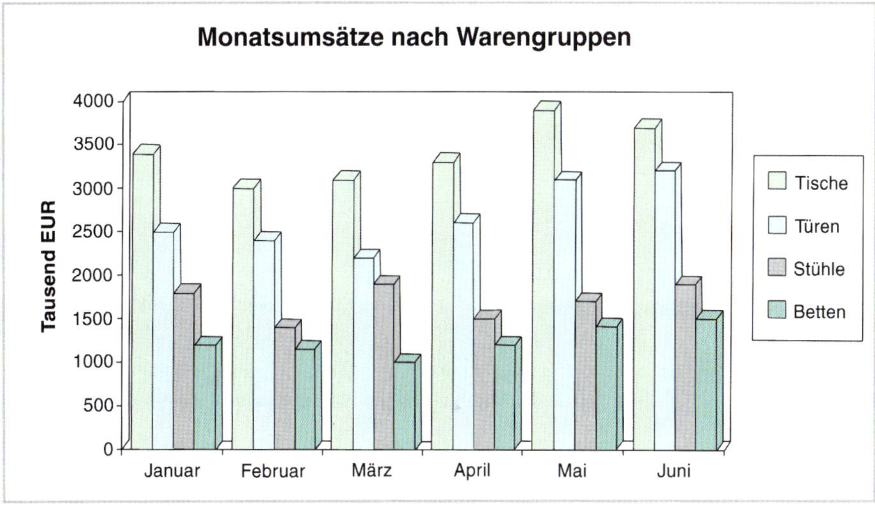


**Abbildung d**

**Merke:**

**Linien-, Säulen- und Kurvendiagramme** sind dazu geeignet, **Beziehungs- und Indexzahlen** zu veranschaulichen.

## (4) Kreisdiagramm

Interessieren nicht unbedingt die absoluten Zahlen, sondern der Aufbau eines Wertes aus anderen Werten, so wählt man häufig das Kreisdiagramm (Tortendiagramm) zur Veranschaulichung (Abb. e und f). Die Gesamtfläche eines Kreises stellt dann einen Gesamtwert dar (z. B. Halbjahresumsatz), die einzelnen Sektoren des Kreises zeigen an, aus welchen Einzelwerten (z. B. Monatsumsatz) sich der Gesamtwert zusammensetzt. Die Größe der einzelnen Sektoren lässt sich leicht mithilfe der Dreisatzrechnung ermitteln, wenn wir uns klar machen, dass jeder Kreis einen Winkel von 360° umschließt. Jeder Sektor muss also den Winkel beinhalten, der dem Anteil des Teils am Gesamtwert entspricht. Unter dem Gesichtspunkt der **Rechenverfahren** handelt es sich hierbei um **Gliederungszahlen.**

Die Aufteilung der Halbjahresumsätze nach den anteiligen Monatsumsätzen soll durch Abb. e verdeutlicht werden.

**Rechenbeispiel:**

Der Halbjahresumsatz beträgt 54050,00 TEUR, der Umsatz im Januar beträgt 8900,00 TEUR.

**Aufgaben:**

Berechnen Sie den Umsatzanteil des Monats Januar am Halbjahresumsatz 1. in Grad und 2. in Prozent!

**Lösungen:**

**Berechnung in Grad:**

54 050,00 TEUR ≙ 360°
8 900,00 TEUR ≙ x °

$$x = \frac{360 \cdot 8900}{54\,050{,}00}$$

$$x = 59{,}28°$$

**Berechnung in Prozent:**

54 050,00 TEUR ≙ 100 %
8 900,00 TEUR ≙ x %

$$x = \frac{100 \cdot 8900}{54\,050{,}00}$$

$$x = 16{,}47\ \%$$

Der Sektor, der dem Monat Januar entspricht, muss also insgesamt 59,28° ausmachen. Zusätzlich werden die Anteile im Allgemeinen auch in Prozenten angegeben.

Auf die gleiche Weise können die Winkel für die anderen Monate berechnet werden. Die verschiedenen Sektoren können zur besseren Veranschaulichung durch unterschiedliche Schraffur gekennzeichnet werden. Häufig werden neben Kreisdiagrammen zusätzlich zu den absoluten Zahlen die entsprechenden Prozentsätze angegeben. Hierdurch wird der Informationsgrad des Diagrammes erheblich erhöht.

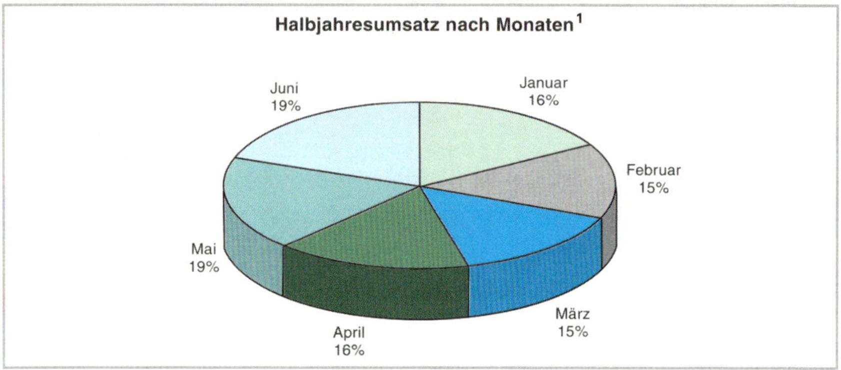


**Abbildung e**

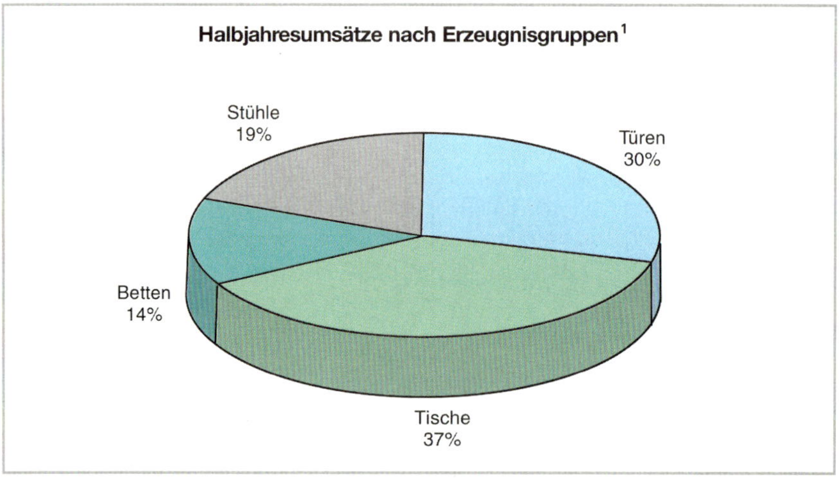


**Abbildung f**

1 Prozentsätze sind gerundet.

## (5) Gestapeltes Säulendiagramm

Die unterschiedlichen Aussagen von Säulen- und Kreisdiagramm werden durch das gestapelte Säulendiagramm (Abb. g) miteinander verbunden. Hierbei werden die einzelnen Säulen mittels unterschiedlicher Schraffur in Teilflächen zerlegt. Jede Teilfläche steht jetzt für einen Einzelwert, der zusammen mit den übrigen Einzelwerten den Gesamtwert (Säulen) ergibt.

**Rechnerische Grundlage** sind **Gliederungszahlen.**

**Merke:**

**Kreisdiagramme** und **gestapelte Säulendiagramme** sind dazu geeignet, **Gliederungszahlen** zu veranschaulichen.

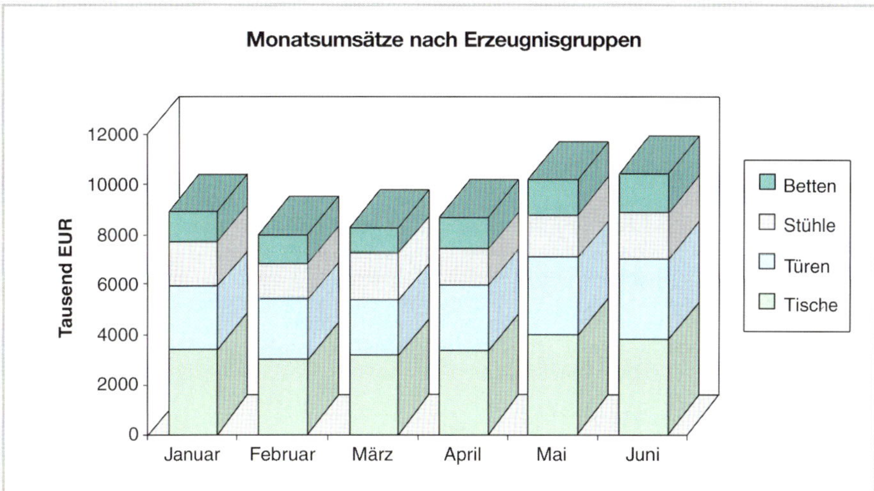


**Abbildung g**

**Merke:**

Das in einem Unternehmen gewonnene Zahlenmaterial kann durch Diagramme anschaulich und aussagekräftig dargestellt werden. In Abhängigkeit von der Struktur des Zahlenmaterials und vom Zweck der Darstellung können verschiedene **Diagrammarten** zur Anwendung kommen.

- **Linien- oder Kurvendiagramm**
  - dient häufig zur Veranschaulichung von Zeitreihen,
  - zeigt Trends relativ deutlich,
  - ist sinnvoll, wenn die Anzahl der abhängigen Werte überschaubar ist.
- **Säulendiagramm**
  - die absolute Höhe der Einzelwerte wird hervorgehoben,
  - ist auch bei mehreren abhängigen Werten noch überschaubar.

- **Kreisdiagramm (Tortendiagramm)**
  - wird eingesetzt, wenn die Struktur eines Gesamtwertes dargestellt werden soll,
  - eignet sich nicht zur Darstellung von Zeitreihen.
- **Gestapeltes Säulendiagramm**
  - ermöglicht die Darstellung der Entwicklung eines Gesamtwertes bei gleichzeitiger Betrachtung der in dem Gesamtwert enthaltenen Einzelwerte.

## (6) Hinweise für den Einsatz von Grafikprogrammen

Die Softwareindustrie bietet eine Reihe verschiedener Produkte an, die jedoch meist nach ähnlichen Gesichtspunkten funktionieren. Einige Programme sind in Tabellenkalkulationsprogrammen integriert, andere können Daten aus Tabellenkalkulationsprogrammen importieren, erlauben aber auch die getrennte Eingabe von Daten zwecks grafischer Darstellung. Wenn man mit solchen Programmen arbeitet, stellt man fest, dass einige Fachbegriffe in fast allen Programmen Verwendung finden. Diese Fachbegriffe sind kurz zu erläutern:

| | |
|---|---|
| **Rubriken** | Sie werden die unabhängigen Werte genannt. Im Koordinatensystem sind das in der Regel die x-Werte. Die Rubrikenachse ist also die Achse, an der die unabhängigen Werte abgetragen werden. |
| **Größen** | Sie sind die jeweils abhängigen Werte. Im Koordinatensystem sind dies in der Regel die y-Werte. Somit ist die Größenachse diejenige Achse, an der die abhängigen Werte abgetragen werden. |
| **Datenreihen** | Sie werden die Gruppen von „verwandten" Werten genannt, die entweder als x- oder y-Werte darzustellen sind. Jede Datenreihe besteht aus einzelnen **Datenpunkten.** |
| **Legenden** | Sie werden als Zeichenerklärungen immer dann benötigt, wenn mehr als eine abhängige Datenreihe zu veranschaulichen ist. |

Mithilfe des einführenden Beispiels und der daraus entwickelten Abbildungen wollen wir die Begriffe nachvollziehen:

In **Abbildung a** wird lediglich eine abhängige Datenreihe veranschaulicht. Sie besteht aus den Datenpunkten [8.900, 7.950, 8.200, 8.600, 10.100 und 10.300].

Diese Datenreihe wird aus der letzten Tabellenspalte gebildet. Die erste Tabellenspalte stellt die Datenreihe dar, die die Rubriken (d.h. die x-Achse) beschreibt. Da lediglich eine abhängige Datenreihe zu veranschaulichen ist, wird keine Legende benötigt.

In den **Abbildungen b, d und g** werden jeweils 4 abhängige Datenreihen zusammen veranschaulicht. Die einzelnen Datenreihen werden jeweils aus den Spalten der Tabelle gebildet. Aus der ersten Tabellenspalte werden (wie oben) die Rubriken gebildet. Die notwendige Legende wird aus den Spaltenüberschriften gebildet.

Die **Abbildungen e und f** (Kreisdiagramme) veranschaulichen jeweils eine abhängige Datenreihe. Die Abbildung e entspricht dabei im Aufbau der Abbildung a. Mithilfe von Grafikprogrammen lässt sich mit wenigen Befehlen die Darstellungsart sehr einfach verändern. Die abhängige Datenreihe in Abbildung f wird aus der untersten Tabellenzeile gebildet. Die Rubriken werden diesmal aus der 1. Tabellenzeile übernommen.

## Übungsaufgaben

Die folgenden Aufgaben eignen sich für den Einsatz eines Grafikprogramms.

**188** Die Südfrüchte Dortmund GmbH hat für 20.. die unten stehende Umsatzentwicklung und -verteilung festgehalten.

Sie sind aufgefordert, im Rahmen der Präsentation des Jahresabschlusses die entsprechenden Zahlen grafisch aufzubereiten.

**Südfrüchte Dortmund GmbH – Umsatzliste 20..**

| | 1. Quartal | 2. Quartal | 3. Quartal | 4. Quartal | Jahresumsatz |
|---|---|---|---|---|---|
| Mango | 4500,00 EUR | 6000,00 EUR | 8000,00 EUR | 12000,00 EUR | 30500,00 EUR |
| Bananen | 23850,00 EUR | 17000,00 EUR | 22560,00 EUR | 24890,00 EUR | 88300,00 EUR |
| Papaya | 2600,00 EUR | 7800,00 EUR | 5400,00 EUR | 6700,00 EUR | 22500,00 EUR |
| Orangen | 78000,00 EUR | 85000,00 EUR | 77900,00 EUR | 95700,00 EUR | 336600,00 EUR |
| Zitronen | 45900,00 EUR | 43800,00 EUR | 56900,00 EUR | 51500,00 EUR | 198100,00 EUR |
| Summen: | 154850,00 EUR | 159600,00 EUR | 170760,00 EUR | 190790,00 EUR | 676000,00 EUR |

1. Übernehmen Sie die Daten in Ihr Grafikprogramm!
2. Die Geschäftsleitung wünscht:
   2.1 Ein **Säulendiagramm** über die **Umsatzentwicklung** von **Mangofrüchten, Bananen und Zitronen.**
   2.2 Ein **gestapeltes Säulendiagramm** zur Veranschaulichung der **Umsatzentwicklung aller Fruchtarten.**
   2.3 Ein **Kreisdiagramm** zur Veranschaulichung der **Verteilung** des Jahresumsatzes auf die **verschiedenen Fruchtarten.**

   Erstellen Sie die gewünschten Diagramme, benutzen Sie aussagefähige Diagrammtitel, Achsenbezeichnungen und Legenden!

**189** Stellen Sie die folgenden Zahlenwerte in einem Linien- oder Kurvendiagramm dar:

1. Über die Entwicklung der Mitarbeiterzahl in einem Industrieunternehmen liegen folgende Daten vor:

| | 1977 | 1983 | 1989 | 1995 | 2010 |
|---|---|---|---|---|---|
| Anzahl der Mitarbeiter | 160400 | 104200 | 83000 | 69000 | 55000 |

2. 2.1 Der Umsatz eines Unternehmens verlief wie folgt:

| Umsatz in TEUR | | | | |
|---|---|---|---|---|
| 06 | 07 | 08 | 09 | 10 |
| 3000 | 3300 | 3860 | 4000 | 4140 |

   2.2 Der Unternehmer möchte auch die prozentuale Steigerung des Umsatzes, bezogen auf das Jahr 06, veranschaulichen.

   Rechnen Sie die Veränderung des Umsatzes, gemessen an dem Umsatz des Jahres 06, in Prozent aus und zeichnen Sie das entsprechende Linien- oder Kurvendiagramm!



21 Speth u.a. - ISBN 978-3-8120-0260-8

3. Von je 100,00 EUR Warenwert entfallen derzeit auf die Verpackung folgende Beträge:

| Nahrungsmittel | Glas | chemische Erzeugnisse | Feinkeramik Porzellan | Möbel | Bekleidung |
|---|---|---|---|---|---|
| 5,90 | 2,70 | 2,30 | 2,10 | 0,80 | 0,40 |

Stellen Sie die Werte in einem Säulendiagramm dar!

**190** Ein Großhändler stellt den Umsatz seiner drei Abteilungen für das vergangene Jahr zusammen! Es ergeben sich folgende Zahlenwerte:

| Monate | Abteilung I | Abteilung II | Abteilung III |
|---|---|---|---|
| Januar | 10500,00 EUR | 14800,00 EUR | 5300,00 EUR |
| Februar | 25300,00 EUR | 30200,00 EUR | 10500,00 EUR |
| März | 12700,00 EUR | 17000,00 EUR | 8200,00 EUR |

1. Rechnen Sie die jeweiligen Gesamt-Monatsumsätze aus!
2. Berechnen Sie den Prozent-Anteil der einzelnen Abteilungen am gesamten Monatsumsatz!
3. Stellen Sie die Monatsumsätze der drei Abteilungen in einem gemeinsamen Säulendiagramm dar!

**191** Von einem Hunderteuroschein, den der Facheinzelhandel derzeit von seiner Kundschaft einnimmt, verbleiben als noch zu versteuernder Gewinn 3,90 EUR. Der übrige Teil verteilt sich wie folgt:

| Wareneinsatz | Löhne, Gehälter | Umsatzsteuer | Miete | Sonstiges |
|---|---|---|---|---|
| 61,50 EUR | 12,00 EUR | 10,70 EUR | 3,20 EUR | 8,70 EUR |

Stellen Sie die Zahlenwerte in einem Kreisdiagramm dar!

**192** Ein Industrieunternehmen arbeitet im Außenhandel mit 3 Vertretern. Im vergangenen Quartal erreichten die 3 Vertreter folgende Ergebnisse:

| 2. Quartal | Vertreter Abel | | Vertreter Bebel | | Vertreter Cebel | |
|---|---|---|---|---|---|---|
| | Kunden | Umsatz | Kunden | Umsatz | Kunden | Umsatz |
| April | 28 | 159460 EUR | 17 | 161670 EUR | 22 | 126104 EUR |
| Mai | 32 | 136320 EUR | 29 | 124990 EUR | 27 | 165240 EUR |
| Juni | 46 | 281520 EUR | 21 | 90720 EUR | 25 | 150750 EUR |
| | 106 | 577300 EUR | 67 | 377380 EUR | 74 | 442094 EUR |

Stellen Sie
1. den Gesamtumsatz der 3 Vertreter in einem Kreisdiagramm dar;
2. die Monatsumsätze der 3 Vertreter in einem gestapelten Säulendiagramm dar;
3. den Umsatz je Kunde und Monat für jeden Vertreter in getrennten Liniendiagrammen dar!

# Themenkreis 5: Arbeiten mit einem Finanzbuchhaltungsprogramm

## 5.1 Computergestütztes Arbeiten mit einem Finanzbuchhaltungsprogramm

### 5.1.1 Vergleich zwischen der konventionellen Buchführung und der Arbeit mit einem Finanzbuchhaltungsprogramm

#### (1) Problemstellung

Zwischen dem theoretischen Buchführungsunterricht in der Schule und der Buchführung der Praxis klafft zwangsläufig eine Lücke. Auch bei allem Bemühen um Annäherung an die Praxis kann dieses Auseinanderklaffen zwischen Theorie und Praxis zwar gemindert, nicht aber völlig beseitigt werden. Die Schule kann niemals das vollständige Abbild der Praxis darstellen. Dazu fehlt es in der Schule sowohl an den praktischen Abläufen mit den täglich ein- und ausgehenden Belegen als auch an der zeitlichen Ausdehnung zwischen dem Beginn und dem Ende einer Geschäftsperiode. In einem schulischen Lehrgang kann nicht die ganze Komplexität der Praxis dargeboten werden, sondern sie kann immer nur kleine Ausschnitte darstellen. Das gilt sowohl in zeitlicher als auch in inhaltlicher Hinsicht. Dennoch ist die Schule sehr wohl in der Lage, das für die Praxis der Buchführung notwendige Grundwissen zu vermitteln, was auch von Schülern, die später in der Buchführungspraxis tätig sind, immer wieder bestätigt wird. Oft bedarf es für den Übergang in die Praxis nur kurzer Einarbeitungsphasen.

Für den hier anstehenden Vergleich zwischen konventioneller und rechnergestützter Buchführung muss daher zunächst der Übergang von der schulischen Buchführung zur konventionellen Buchführung der Praxis gefunden werden.

Im **theoretischen** Buchführungsunterricht lernt man hauptsächlich:

- Ausgewählte und verbal (umgangssprachlich) beschriebene Geschäftsvorfälle mithilfe eines **überbetrieblichen Kontenrahmens** (z.B. des Schulkontenrahmens) **formfrei** als **Buchungssätze** zu kontieren und
- auf **T-Konten** seitengerecht einzutragen.
- Bei Geschäftsvorfällen mit Kunden und Lieferern, z.B. Kauf und Verkauf von Waren, begnügt man sich in der Regel mit der Verwendung der Sammelkonten Forderungen bzw. Verbindlichkeiten und **trennt nicht** weiter nach einzelnen **Personen,** die in der Fachsprache **Debitoren** und **Kreditoren** genannt werden.
- Buchführungsabschlüsse dienen in erster Linie der Kontrolle, ob die Eintragungen seitengerecht und vollständig erfolgt sind.

#### (2) Vorgehensweise in der Praxis bei konventioneller Buchführung

Die manuelle (konventionelle) Buchführung in Form einer Übertragungs- oder auch Durchschreibebuchführung ist heute nur noch in kleinen Betrieben anzutreffen. Die folgende Darstellung der Arbeitsabläufe ist auf der Grundlage der schulischen Buchführungskenntnisse durchaus nachvollziehbar. Dabei gehen wir von einer bestehenden Buchführung und einem vorgegebenen Kontenplan aus.

① Zu Beginn einer Geschäftsperiode sind die Endbestände der Vorperiode als Anfangsbestände auf den entsprechenden Konten vorzutragen.

② Die mit Beginn der Geschäftstätigkeit anfallenden Belege, aus denen die zu buchenden Geschäftsvorfälle hervorgehen, werden gesammelt.

③ Je nach Umfang werden die Belege täglich oder wöchentlich zum Zwecke der Buchung nach Belegkreisen (Ausgangsrechnungen, Eingangsrechnungen, Kassenberichte mit den dazugehörigen Belegen, Bankauszüge usw.) geordnet.

④ Die nicht routinemäßig zu buchenden Belege werden vorkontiert, d.h., es wird vorab festgelegt, wie (auf welchen Konten) der jeweilige Beleg zu buchen ist. Zu diesem Zweck wird auf den Beleg ein Buchungsschema gestempelt, in das die erforderliche Buchung eingetragen wird.

⑤ Danach beginnt der eigentliche Buchungsvorgang, bei dem die entsprechenden Buchungen auf der Grundlage der Belege und ihrer Vorkontierung im Grundbuch und auf den Konten des Hauptbuches durchgeführt werden. Ob das in einem oder in zwei Arbeitsgängen erfolgt, hängt von der Art der Buchführung ab (Durchschreibebuchführung oder Übertragungsbuchführung).

⑥ Nach der Buchung werden die Belege nach dem für den Betrieb festgelegten Ordnungsschema abgelegt.

### (3) Hervorhebung der Unterschiede zwischen konventioneller und rechnergestützter Buchführung

Der oben für die konventionelle Buchführung geschilderte Ablauf gilt grundsätzlich auch bei einer rechnergestützten Buchführung. Die wesentlichen Unterschiede zwischen einer konventionellen und einer rechnergestützten Buchführung ergeben sich in Bezug auf die Sicherheit (Fehlerhäufigkeit) und Schnelligkeit bei der Verarbeitung der Daten. Das betrifft besonders die zwischenzeitlichen Abstimmungsarbeiten und die Aufstellung des Jahresabschlusses. Es betrifft ferner das Mahnwesen, den Zahlungsverkehr sowie den Verkehr mit Behörden (Steuererklärungen). Außerdem ergeben sich erhebliche Unterschiede bei der Aktualisierung und der Auswertung der Daten.

- Bei manueller Buchführung treten häufig Berechnungsfehler (Additionsfehler, falsche Berechnungen bei Umsatzsteuerkorrekturen und beim Skonto), Eingabefehler (Zahlendreher, vergessene Gegenbuchung) oder Übertragungsfehler auf. Durch die Fehlersuche können die intervallmäßigen Abstimmungsarbeiten (meist monatlich) erheblichen Zeitaufwand erfordern. Bei einer rechnergestützten Buchführung sind derartige Fehler so gut wie ausgeschlossen, da das System sicher rechnet und bei falschen Eingaben im Allgemeinen eine Fehlermeldung anzeigt.
- Die zeitraubenden Abstimmungsarbeiten fallen bei einer rechnergestützten Buchführung weg, da das System automatische Abstimmungen vornimmt.
- Gewünschte Zwischenergebnisse (z.B. Umsatzstatistik) müssen bei einer konventionellen Buchführung durch zeitraubende Rechen- und Schreibarbeiten erstellt werden. Bei einer rechnergestützten Buchführung sind derartige Ergebnisse über einen entsprechenden Befehl in Sekundenschnelle verfügbar.

- Auch die Aufstellung des Jahresabschlusses nimmt bei einer konventionellen Buchführung viel Zeit in Anspruch. Bei einer rechnergestützten Buchführung wird der Jahresabschluss über entsprechende Befehle automatisch erstellt.
- Ebenso nehmen Mahnungen an Kunden und die Aufstellung turnusmäßiger Steuererklärungen (Umsatzsteuer- oder Lohnsteuererklärungen) bei konventioneller Buchführung viel Zeit und Arbeitskraft in Anspruch. Mit der entsprechend ausgestatteten Software übernimmt der Computer diese Arbeiten sicher und schnell.
- Die Möglichkeiten der Auswertung von Zwischen- und Abschlussergebnissen sind bei einer rechnergestützten Buchführung wesentlich größer, da jede Art von Statistik ohne nennenswerten Zeitaufwand durchgeführt werden kann.
- Ein besonderer Vorteil bei einer rechnergestützten Buchführung ergibt sich auch durch die hohe Aktualität der gewünschten Daten. Während man bei manueller Tätigkeit auf die gewünschten Daten eine Zeit lang warten muss, sind sie bei rechnergestützter Buchführung sozusagen sofort verfügbar, was in unserer schnelllebigen Zeit bei ständig wechselnden Wirtschaftsdaten von großem Vorteil sein kann.
- Eine manuelle Buchführung verursacht wegen der erforderlichen Arbeitskräfte relativ hohe und wiederkehrende Personalkosten. Bei einer rechnergestützten Buchführung fallen wesentlich weniger Personalkosten an. Allerdings entstehen entsprechende Anschaffungs- und Wartungskosten. Im Ergebnis dürfte aber eine rechnergestützte Buchführung trotzdem kostengünstiger sein.

**Merke:**

In übersichtlicher Darstellung ergeben sich folgende Unterschiede:

**Buchführung**

| **konventionell** | **rechnergestützt** |
|---|---|
| relativ hohe Fehlerhäufigkeit; | Fehlerhäufigkeit gering; |
| zeitraubende Abstimmungsarbeiten; | zeitraubende Abstimmungsarbeiten entfallen; |
| zeitraubende Abschlussarbeiten; | automatische Erstellung der Abschlussarbeiten; |
| zeitraubende Erstellung von Mahnbriefen und turnusmäßigen Steuererklärungen; | automatische Erstellung von Mahnbriefen und turnusmäßigen Steuererklärungen; |
| Warten auf die gewünschten Daten; | Daten sofort verfügbar; |
| Auswertungsmöglichkeiten begrenzt; | unbegrenzte Auswertungsmöglichkeiten; |
| relativ hohe Personalkosten. | Einsparung von Personalkosten. |

## 5.1.2 Voraussetzungen zur Nutzung eines Finanzbuchhaltungsprogramms[1]

### (1) Einrichtungsarbeiten

#### Überblick

Wie wir im vorangegangenen Kapitel erfahren haben, erspart der Einsatz der Finanzbuchhaltungssoftware Arbeitszeit und damit Kosten. Um in den Genuss der Ersparnis zu gelangen, müssen jedoch einmalig umfangreiche Einrichtungsarbeiten vorgenommen werden. Zunächst muss das Finanzbuchhaltungsprogramm auf dem entsprechenden Computer installiert werden. Dies geschieht häufig durch den Verkäufer der Software oder mithilfe eines im Kaufumfang enthaltenen Installationsprogramms. Nach dieser Grundinstallation, die in allen Unternehmen auf gleiche bzw. ähnliche Weise vorzunehmen ist, muss die Finanzbuchhaltung für das entsprechende Unternehmen eingerichtet werden. Dazu müssen die Daten eingegeben werden, die über einen längeren Zeitraum – meist über mehrere Geschäftsperioden – konstant bleiben und ständig verwendet werden. In der Fachsprache der Wirtschaftsinformatik sprechen wir von Stammdaten, die wir in verschiedene Kategorien einteilen können:

#### Stammdaten, die das Buch führende Unternehmen betreffen

(Firma, Bankverbindungen, Steuernummern etc.)

Das Buch führende Unternehmen wird in der EDV-FIBU häufig als Mandant oder Firma bezeichnet. Die unten stehenden Ausdrucke zeigen einen Firmenstamm innerhalb der „Lexware buchhalter"-Software.

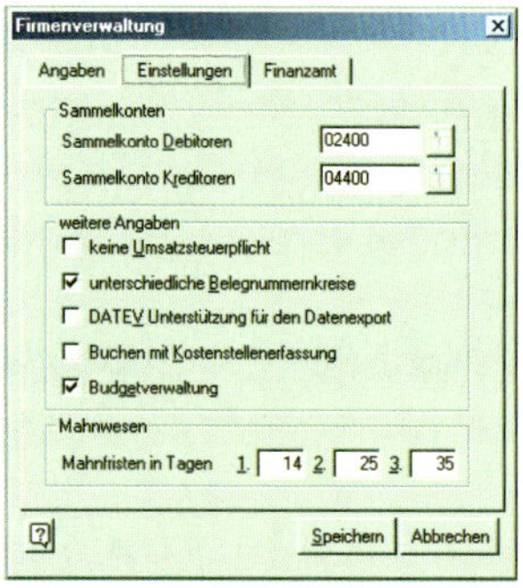


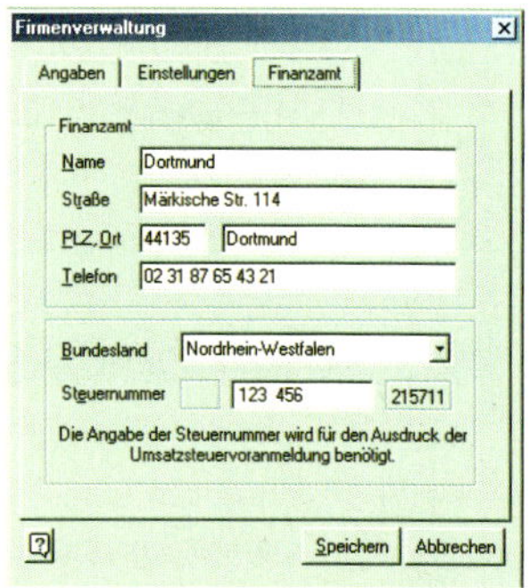


Firmenstamm

#### Stammdaten der zu verwendenden Konten

In einer praxisgerechten EDV-FIBU besteht die Notwendigkeit, drei verschiedene Kontenbereiche einzurichten:

- **Sachkonten,**
- **Debitorenkonten und**
- **Kreditorenkonten.**

---

1 Die folgenden Ausführungen beziehen sich auf die in den Schulen kostenlos erhältliche Software „Lexware buchhalter". Sie sind vom Grundsatz her auch auf andere Finanzbuchhaltungsprogramme übertragbar.

## (2) Einrichten der Konten

Die Lexware buchhalter-Software ermöglicht die Nutzung des mitgelieferten „Schulkontenrahmens Industrie", der bereits bei der Firmeninstallation ausgewählt werden kann.

### Sachkonten

Neben der fünstelligen Kontonummer werden die Kontobezeichnung, die Zuordnung zu einer Kategorie und zu einer Kontoart festgelegt. Über diese Zuordnungen kann beim Buchen leicht auf die Konten zugegriffen werden. Unter Kontoeigenschaften wird die Zuordnung zu einer Umsatzsteuerart vorgenommen. Die Registerpunkte Auswertung, BWA und Budget ermöglichen, die Konteninhalte individuell für Bilanz, GuV und betriebswirtschaftliche Auswertungen (BWA) einzusetzen.

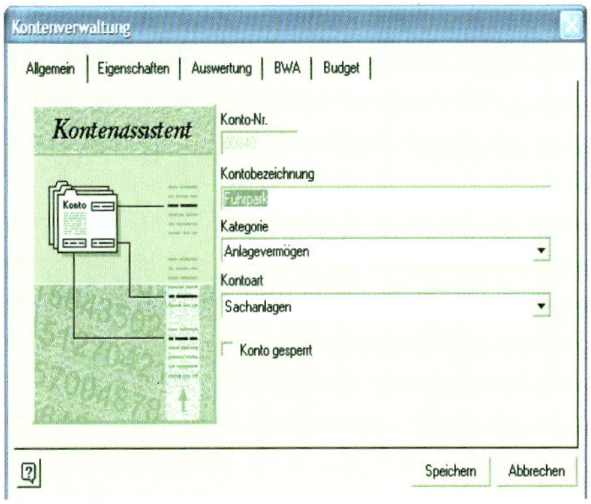


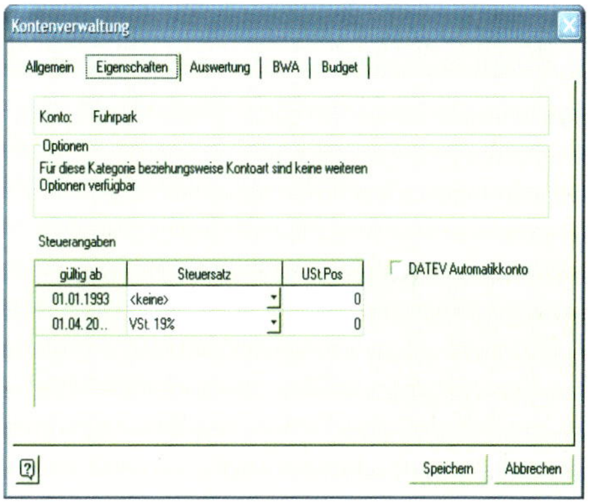


### Debitorenkonten (Kundenkonten)

Für jeden Kunden ist ein entsprechender Stammsatz einzurichten. Die Kundennummer entspricht dabei der Kontonummer in der Finanzbuchhaltung.

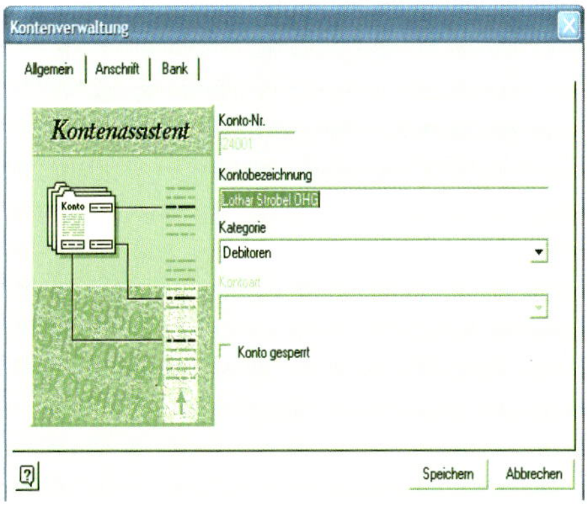


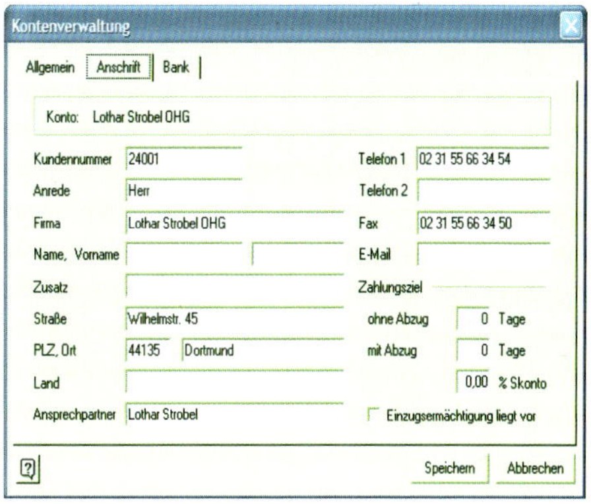

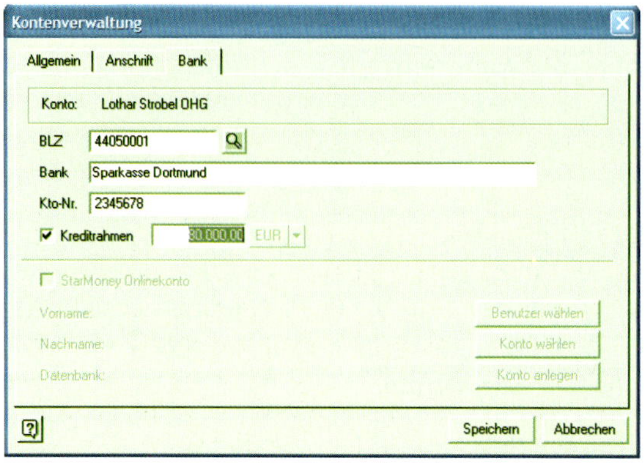


## Kreditorenkonten (Lieferantenkonten)

Für jeden Lieferanten ist ebenfalls ein entsprechender Stammsatz einzurichten. Die Lieferantennummer ist auch hier gleichzeitig die Kontonummer in der Finanzbuchhaltung.

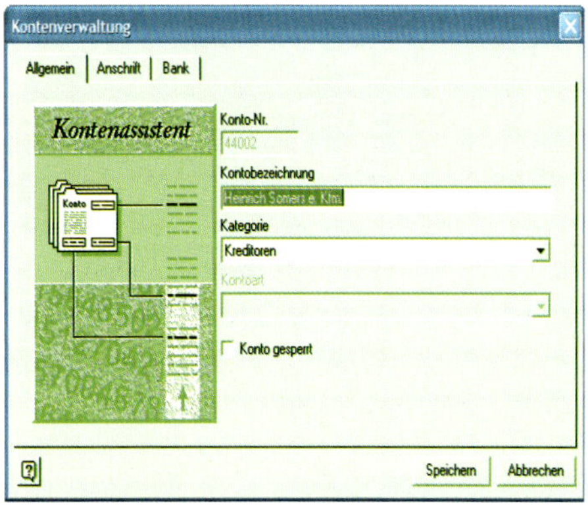


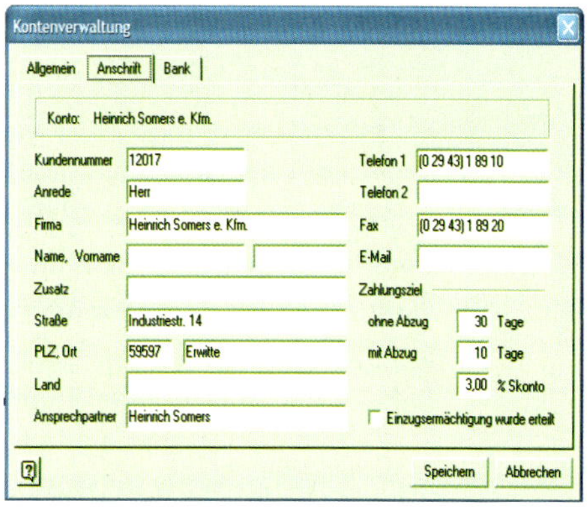


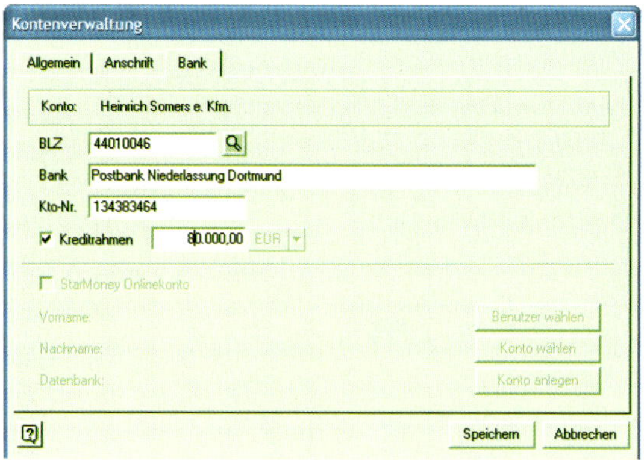

## 5.1.3 Arbeiten mit dem Finanzbuchhaltungsprogramm am Beispiel eines Geschäftsgangs

### 5.1.3.1 Beispielaufgabe

**I. Sachverhalt**

Die Industrieunternehmung Friedrich Kurz e.Kfm., Basaltbetonwerke, 58313 Herdecke, hat sich auf Produktion und Absatz von Pflastersteinen, Pflasterplatten, Rabatten- und Palisadensteinen sowie Pflanzringen und Mauerabdeckungen spezialisiert. Zur Abrundung des Sortiments werden kunstvoll gestaltete Vogeltränken, Pflanztröge und Tierfiguren aus Stein als Handelswaren angeboten. In der Produktion werden hauptsächlich Zement, Sand, Hochofenasche und diverse Farbzusatzstoffe als Rohstoffe eingesetzt. Zum Kundenkreis gehören Gartenbaubetriebe, Baustoffhändler und private Hausbesitzer.

Wir steigen in die laufende Buchhaltung zum 25. Juni 20.. ein. Die Saldovorträge sind aus der unten stehenden Saldenliste zu übernehmen. Der Rohstoffeinkauf wird nach dem aufwandsrechnerischen Verfahren gebucht.

**Saldovorträge**

| Konto | Bezeichnung | Sollbetrag | Habenbetrag |
|---|---|---|---|
| 0700 | Technische Anlagen | 460 000,00 | |
| 0840 | Fuhrpark | 120 000,00 | |
| 0860 | Büromaschinen | 80 000,00 | |
| 2000 | Rohstoffe | 20 000,00 | |
| 2400 | Forderungen aus Lieferungen und Leistungen* | 18 921,00 | |
| 2600 | Vorsteuer | 4 064,00 | |
| 2800 | Guthaben bei Kreditinstituten (Bank) | 20 400,00 | |
| 2880 | Kasse | 2 500,00 | |
| 3000 | Eigenkapital | | 528 989,00 |
| 3001 | Privatkonto | 6 000,00 | |
| 4250 | Langfristige Bankverbindlichkeiten | | 128 000,00 |
| 4400 | Verbindlichkeiten aus Lieferungen u. Leistungen** | | 30 226,00 |
| 4800 | Umsatzsteuer | | 12 544,00 |
| 5000 | Umsatzerlöse für eigene Erzeugnisse | | 76 444,00 |
| 5001 | Erlösberichtigungen | | |
| 6000 | Aufwendungen für Rohstoffe | 12 600,00 | |
| 6002 | Nachlässe | | |
| 6300 | Gehälter | 26 595,00 | |
| 6700 | Mieten, Pachten | 5 123,00 | |
| 9000 | Saldovorträge | | |
| | Kontrollsummen | 776 203,00 | 776 203,00 |

* Die Forderungen setzen sich wie folgt zusammen:

| | |
|---|---|
| Forderung aus AR 012 vom 19.06.20.., Kunde Bernd Schütz KG: | 11543,00 |
| Forderung aus AR 013 vom 22.06.20.., Kunde Lothar Strobel OHG: | 7378,00 |
| Summe der Forderungen: | 18921,00 |

** Die Verbindlichkeiten setzen sich wie folgt zusammen:

| | |
|---|---|
| Verbindlichkeit aus ER 007 vom 22.06.20.., Lieferer Jost Knapper e.Kfm. | 8211,00 |
| Verbindlichkeit aus ER 008 vom 22.06.20.., Lieferer Heinrich Somers e.Kfm. | 22015,00 |
| Summe der Verbindlichkeiten: | 30226,00 |

## II. Geschäftsvorfälle

Siehe Belege 1 bis 11

## III. Abschlussangaben zum 30. Juni 20..

1. Das Privatkonto ist abzuschließen!
2. Die Zahllast ist zu passivieren!
3. Die Umsatzerlöse sind um die Erlösberichtigungen zu korrigieren!
4. Die Aufwendungen für Rohstoffe sind um die Nachlässe zu korrigieren!
5. Der Verbrauch an Rohstoffen ist noch um die Bestandsveränderung zu korrigieren.*

Schlussbestand an Rohstoffen: 19500,00 EUR

*** Hinweis:**
Die Bestandsveränderung an Rohstoffen ergibt sich aus der Differenz von Anfangs- und Schlussbestand.

## IV. Belege

(1) Quittung Privatentnahme
(2) Barverkauf
(3) Rechnung an Bernd Schütz KG
(4) Rechnung von Jost Knapper e.Kfm.
(5) Rechnung von Heinrich Somers e.Kfm.
(6) – (11) Kontoauszug der Volksbank Dortmund e.G.

**Beleg 1**

Quittung

EUR Betrag 500,00

Nr. 2712

inclusive % MwSt./Betrag

Betrag in Worten: fünfhundert ----

von: Geschäftskasse

für: private Zwecke entnommen

dankend erhalten

Datum/Ort: 29.06.20.. Herdecke

Buchungsvermerke

Stempel/Unterschrift des Empfängers: Fritz Kurz

**Beleg 2**

# Friedrich Kurz e. Kfm.
Basaltbetonwerke
Herdecke

FRIEDRICH KURZ E. KFM. • ALBERT EINSTEINWEG 15 • 58313 HERDECKE

**Barverkauf Nr.:** 123
**Rechnungsdatum:** 29. Juni 20..
**Lieferdatum:** 29. Juni 20..

| Pos. | Menge | Bezeichnung | Einzelpreis | Gesamtbetrag |
|---|---|---|---|---|
| 1 | 20 qm | Öko-Basament Steine 19/20/8 cm | 20,00 | 400,00 |

| | |
|---|---|
| | **400,00** |
| 19% Umsatzsteuer | 76,00 |
| Rechnungsbetrag | **476,00** |

Betrag dankend erhalten.

**58313 Herdecke**
**Albert Einsteinweg 15**
**Telefon: 0 23 30 59 35 35**
**Telefax: 0 23 30 59 35 39**

**Volksbank Dortmund eG**
**Kto-Nr.: 100 108 800**
**BLZ: 441 600 14**

Sitz der Unternehmung: Herdecke, Registergericht: Herdecke, HRA 1225 Steuer-Nr.: 348/7007/4001

**Beleg 3**

**Friedrich Kurz e. Kfm.**

Basaltbetonwerke
Herdecke

FRIEDRICH KURZ E. KFM. • ALBERT EINSTEINWEG 15 • 58313 HERDECKE

Baustoffhandlung
Bernd Schütz KG
Südflügelweg 18
44165 Dortmund

| | |
|---|---|
| Rechnungsdatum: | 29. Juni 20.. |
| Kunden Nr.: | 24002 |
| Lieferdatum: | 25. Juni 20.. |
| Rechnung Nr.: | 020 |

| Pos. | Menge | Bezeichnung | Einzelpreis | Gesamtbetrag |
|---|---|---|---|---|
| 1 | 600 qm | Designer-Rustika Pflaster rot | 50,00 | 30.000,00 |
| 2 | 200 qm | Betonplatten Basalt grau | 25,00 | 5.000,00 |
| 3 | 125 Stück | Mauerwinkel (eisenbewehrt) Sichtbeton | 75,00 | 10.000,00 |
| | | | Summe | **45.000,00** |
| | | | 19% Umsatzsteuer | 8.550,00 |
| | | | **Rechnungsbetrag** | **53.550,00** |

58313 Herdecke
Albert Einsteinweg 15
Telefon: 0 23 30 59 35 35
Telefax: 0 23 30 59 35 39

Volksbank Dortmund eG
Kto-Nr.: 100 108 800
BLZ: 441 600 14

Sitz der Unternehmung: Herdecke, Registergericht: Herdecke, HRA 1225 Steuer-Nr.: 348/7007/4001

**Beleg 4**

# Jost Knapper e. Kfm.
# Rhein/Ruhr Sand
# 44135 Dortmund

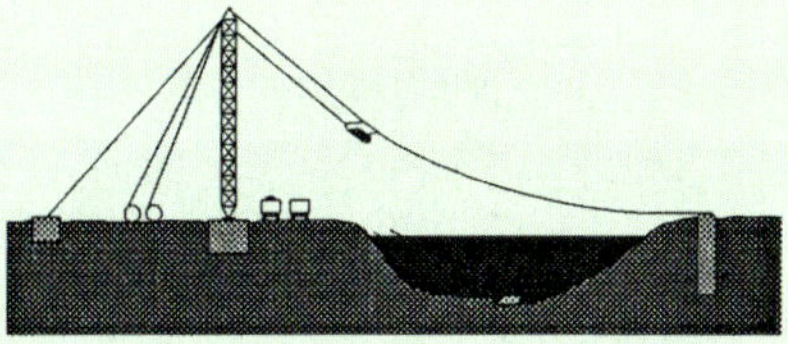

KNAPPER E.KFM. • RHEIN/RUHR SAND • APOLLOSTR. 11 • 44135 DORTMUND

Friedrich Kurz e. Kfm.
Basaltbetonwerke
Albert Einsteinweg 15
58313 Herdecke

## Rechnung

**Rechnungsdatum:** 28. Juni 20..
**Kunden Nr.:** 4711
**Lieferdatum:** 25. Juni 20..
**Rechnungs Nr.:** 2512

**ER 010**

| **Menge** | **Bezeichnung** | **Einzelpreis** | **Gesamtbetrag** |
|---|---|---|---|
| 500 m³ | Spezial Lippesand | 8,40 | 4.200,00 |
| 1000 m³ | Hochofenschlacke | 1,60 | 1.600,00 |
| | | | **5.800,00** |
| | | 19% Umsatzsteuer | 1.102,00 |
| | | **Rechnungsbetrag** | **6.902,00** |

Jost Knapper e. Kfm., Rhein/Ruhr Sand, Apollostr 11, 44135 Dortmund, ☎ 02 31 12 36 75
Bankverbindung: Sparkasse Dortmund, Kto: 7 65 43 21, Bankleitzahl: 441 500 01,
Sitz der Unternehmung: Dortmund; Registergericht: Dortmund, HRA 3456
Steuer-Nr.: 370/1245/3760

**Beleg 5**

# Zementwerke
# Heinrich Sommers e. Kfm.
# Erwitte

ZEMENTWERKE SOMERS E .KFM. • INDUSTRIESTR. 14 • 59597 ERWITTE

Friedrich Kurz e. Kfm.
Basaltbetonwerke
Albert Einsteinweg 15
58313 Herdecke

25. Juni 20..

## Rechnung

ER 011

**Kunden Nr.**: 12017
**Rechnungs Nr.**: 02923
**Ihre Auftrags Nr.**: 19123
**Lieferdatum**: 20. Juni 20..

Wir lieferten Ihnen

100 t Portland Zement

| | |
|---|---|
| Einzelpreis: | 53,75 |
| Gesamtpreis | 5.375,00 |
| Rabatt: 20% | 1.075,00 |
| Netto Warenwert | 4.300,00 |
| 19% Umsatzsteuer | 817,00 |
| Rechnungsbetrag: | 5.117,00 |

Zahlbar innerhalb von 30 Tagen netto Kasse.
Bei Zahlung innerhalb von 10 Tagen 3% Skonto

**Heinrich Somers e. Kfm.**
**Industriestr. 14**
**59597 Erwitte**
**☎ 0 29 43 1 89 10**

**Bankverbindung: Postbank**
**Niederlassung Dortmund**
**Kto-Nr.: 13 43 83-464**
**BLZ: 440 100 46**

**Sitz der Unternehmung: Erwitte; Registergericht: Meschede, HRA 8976**
**Steuer-Nr.: 390/1356/1247**

**Belege (6) bis (11)**

Der Bankverkehr wird, wie es heute allgemein üblich ist, durch die unten stehenden Kontoauszugsblätter dokumentiert. Gesonderte Belege existieren nicht.

| | | | | | | Kontonummer | erstellt am | Auszug | Blatt |
|---|---|---|---|---|---|---|---|---|---|
| | Dortmunder Volksbank e.G. | BLZ: 441 600 14 | | | | 100108800 | 30.06.20.. | 28 | 1 |

| | | | | | | |
|---|---|---|---|---|---|---|
| | Alter Kontostand | | | | | 20 400,00 + |
| (6) | 29.06. | 300007 | 27.06. | Gehälter<br>Empfänger: lt. Liste | Sammelüberweisung | 9 000,00 – |
| (7) | 30.06. | 300100 | 30.06. | Tilgung<br>Darlehen 100108813 | Lastschrift | 2 000,00 – |
| (8) | 30.06. | 300102 | 28.06. | Büromiete Juni<br>Empfänger: Immobilien Meister | Überweisung | 1 500,00 – |
| (9) | 30.06. | 300103 | 29.06. | Re-Nr. 012 vom 19. Juni<br>Auftraggeber: Schütz Baustoffhandlung Dortmund | Gutschrift | 11 543,00 + |
| (10) | 30.06. | 300104 | 29.06. | Re-Nr. 013 vom 22. Juni abzgl. 221,34 Skonto<br>Auftraggeber: Strobel Dortmund | Gutschrift | 7 156,66 + |
| (11) | 30.06. | 300105 | 30.06. | Re vom vom 22. Juni abzgl. 660,45 Skonto<br>Empfänger: Zementwerke Somers, Erwitte | Überweisung | 21 354,55 – |
| | Neuer Kontostand | | | | | 5 245,11 + |

Friedrich Kurz e.Kfm.
Basaltbetonwerke
Albert Einsteinweg 15
58313 Herdecke

**Kontoauszug**

Bitte Rückseite beachten.

## V. Aufgaben:

1. Richten Sie die Buchführung für Friedrich Kurz e.Kfm., Basaltbetonwerke ein!
2. Übernehmen Sie die Saldovorträge zum 25. Juni 20.. !
3. Kontieren Sie die Belege!
4. Buchen Sie die Belege in der Finanzbuchhaltung!
5. Drucken Sie die vorläufigen Saldenlisten aus!
6. Bereiten Sie den Periodenabschluss zum 30. Juni vor!
7. Drucken Sie Journal, Kontenblätter, GuV-Rechnung und die Bilanz aus!
8. Führen Sie den Periodenabschluss zum 30. Juni 20.. durch!

### 5.1.3.2 Lösung der Beispielaufgabe

## (1) Rücksicherung der Firmenstammdaten

Wir gehen in unserem Beispiel von einem bereits eingerichteten Finanzbuchhaltungsprogramm aus. Um das Beispiel mit dem Programm zu bearbeiten, benötigen wir die Stammdaten einer Unternehmung. Im Menü Datei wählen wir, wie unten dargestellt, den Punkt

**Datensicherung**

**Rücksicherung**

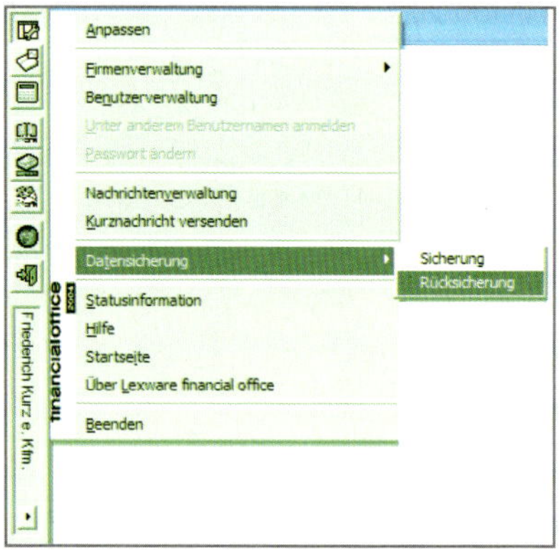


Auf der CD zum Lösungsheft[1] befindet sich im Verzeichnis **FIBU\Kurz** eine Datensicherung mit dem Namen **Start.zip.**

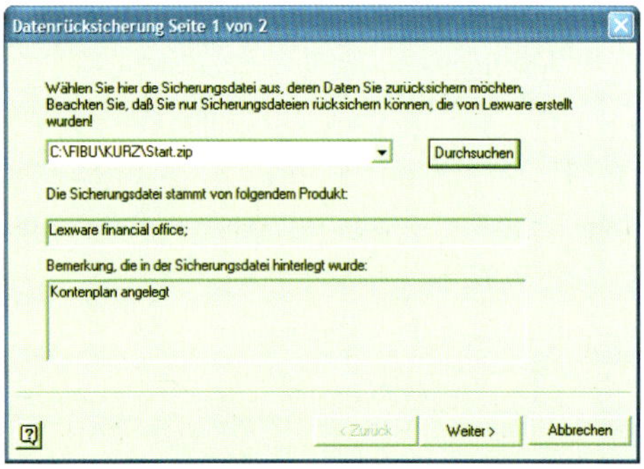


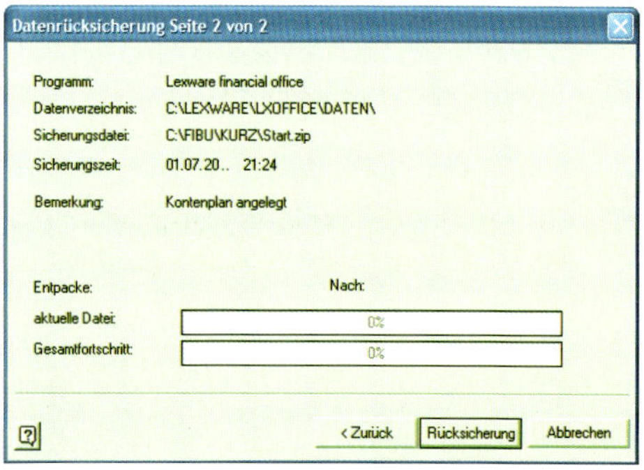


Nach erfolgter Rücksicherung muss mit dem Menüpunkt

**Datei**

**Wechseln**

**Firma ...**

unbedingt die rückgesicherte Firma aktiviert werden.

---

1 Die CD enthält im Ordner Lbh Datenbestände für Lexware buchhalter und im Ordner FO Datenbestände für Lexware financial office.

## (2) Erfassung der Saldovorträge

Wie wir gezeigt haben, erfolgt die Einrichtung der für die EDV-FIBU benötigten Konten im Rahmen der Stammdatenanlage. Das hat den großen Vorteil, dass diese Daten nach einmaliger Anlage dauerhaft zur Verfügung stehen. Während wir bei der konventionellen Buchführung der Anfangsbestände der Bestandskonten direkt auf die Konten eintragen konnten, müssen wir sie im Rahmen der EDV-FIBU zunächst buchen. Da wir eine laufende Buchhaltung übernehmen, deren Anfangsbestände zum Jahresbeginn unbekannt sind, benutzen wir anstelle des Kontos 8000 EBK das Konto 9000 Saldovorträge.

Lexware buchhalter kennt **drei Arten der Buchungserfassung**:

| | |
|---|---|
| **Dialogbuchungen** | Jede Buchung wird direkt in das System übernommen. |
| **Stapelbuchungen** | Die Buchungen werden zunächst im Buchungsstapel erfasst. Sie können dann später noch bearbeitet werden (ändern und löschen). Die Übernahme in das System erfolgt erst nach ausdrücklicher Freigabe durch den Benutzer. |
| **Einnahmen/ Ausgaben-Buchungen** | Bei dieser besonderen Art der Stapelbuchungen wird zunächst ein Finanzkonto ausgewählt, danach können die dem ausgewählten Konto zugehörigen Ein- und Ausgaben im Stapel erfasst werden. Diese Art eignet sich besonders für Buchführungen, bei denen die Geschäftsfälle nach Belegkreisen geordnet sind. |

Für unser **Einführungsbeispiel** wählen wir die Buchungsart **Stapelbuchungen**.

Die Buchungsmaske Stapelbuchungen ist beinahe selbsterklärend. Da die Konten 2400 Forderungen aus Lieferungen und Leistungen und 4400 Verbindlichkeiten aus Lieferungen und Leistungen nicht direkt bebucht werden dürfen, sind die Saldovorträge auf den entsprechenden Debitoren- und Kreditorenkonten zu erfassen.



22 Speth u.a. - ISBN 978-3-8120-0260-8

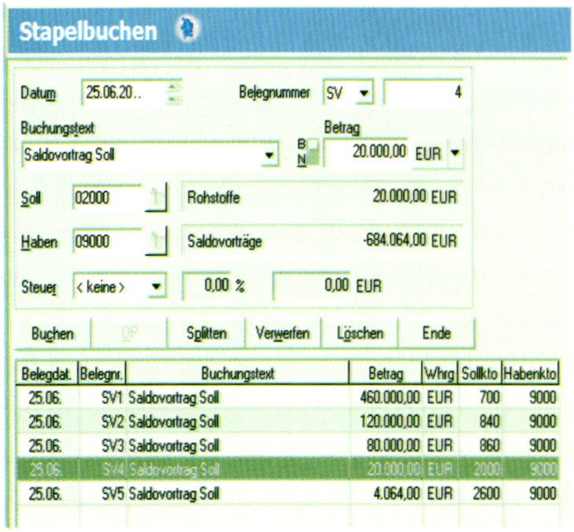


Wie wir sehen, protokolliert Lexware buchhalter unsere Stapelbuchungen. Durch „Anklicken" einer Buchung kann diese wieder aktiviert werden. Sie steht uns dann für Korrekturzwecke zur Verfügung.

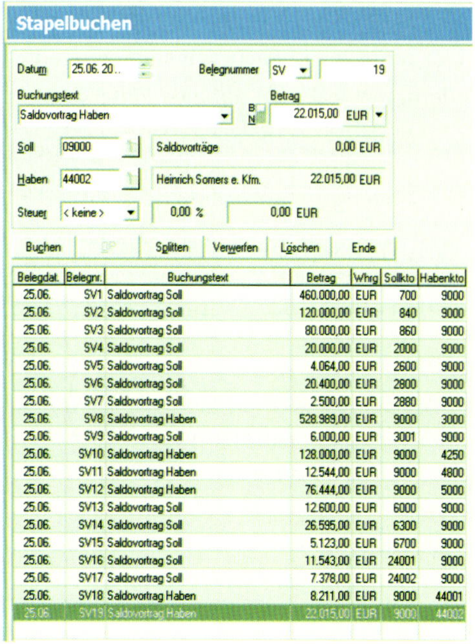


Nach Betätigung des Schaltknopfes ENDE kann der Stapel in das System übernommen werden. Lexware buchhalter fragt, ob die Buchungen in das Journal übernommen werden sollen und meldet anschließend Vollzug.

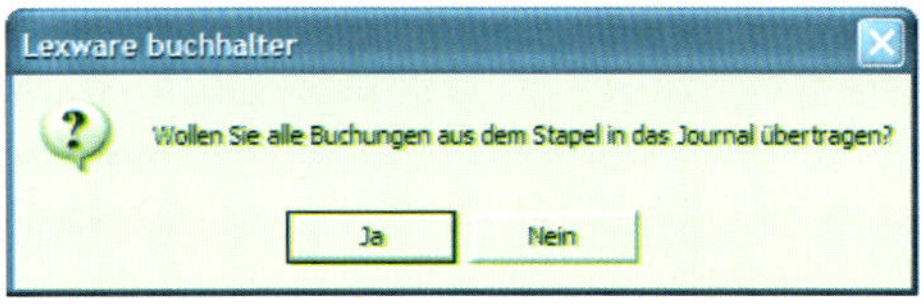


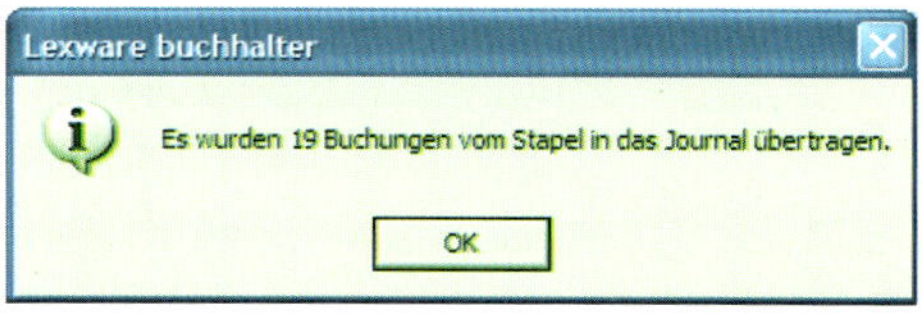

## (3) Erfassung der Belegbuchungen

Der Beleg Nr. 1 beschreibt eine Privatentnahme.

Hierbei ist lediglich auf zwei unterschiedlichen Sachkonten ohne Berücksichtigung von Vor- und Umsatzsteuer zu buchen. Diese Art ist uns von den Saldovortragsbuchungen her bekannt und muss nicht weiter erläutert werden.

Der Beleg Nr. 2 beinhaltet einen Barverkauf.

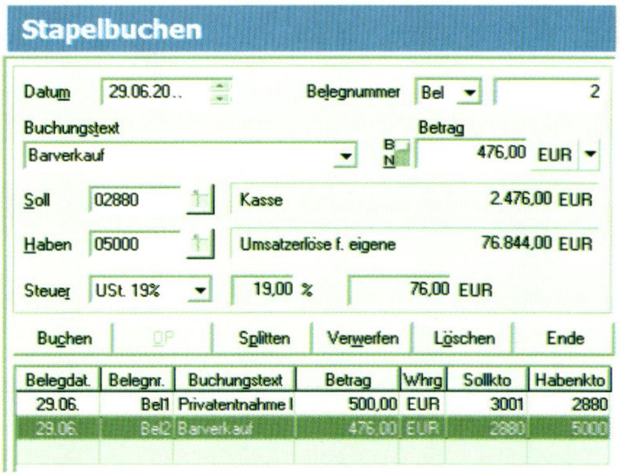


Bei dem Konto 5000 Umsatzerlöse ist der Umsatzsteuersatz 19% hinterlegt. Nach Einstellung des Schalters neben dem Betrag (B ≙ Bruttobetrag, N ≙ Nettobetrag) rechnet das Programm den Umsatzsteueranteil heraus und weist ihn bei der Übernahme in das Journal dem Konto 4800 Umsatzsteuer zu.

Der Beleg Nr. 3 enthält eine Ausgangsrechnung.

Hier ist die Buchung ähnlich wie beim Beleg Nr. 2. Anstelle des Kassenkontos wird das Debitorenkonto 24002 Schütz KG als Sollkonto angegeben.

Die Belege 4 und 5 enthalten jeweils eine Eingangsrechnung.

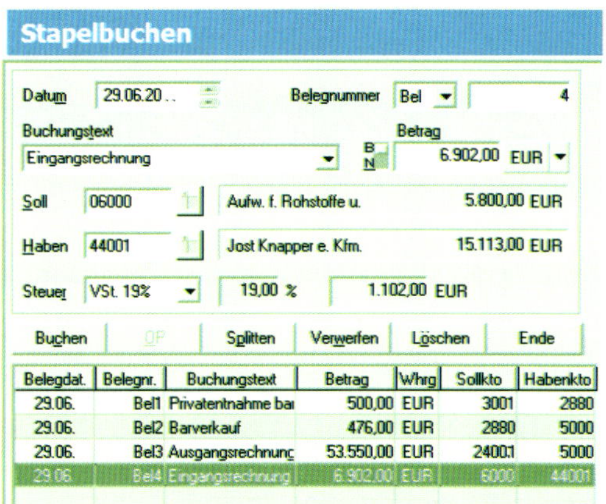


Bei dem Konto 6000 Aufwendungen für Rohstoffe ist der Vorsteuersatz 19 % hinterlegt. Nach Einstellung des Schalters neben dem Betrag (B ≙ Bruttobetrag, N ≙ Nettobetrag) rechnet das Programm den Vorsteueranteil heraus und weist ihn bei der Übernahme in das Journal dem Konto 2600 Vorsteuer zu.

Vor der Erfassung der durch den Kontoauszug der Volksbank dokumentierten Geschäftsfälle beenden wir den Buchungsstapel und übernehmen die getätigten Buchungen in das Journal.

Für die Buchung des Kontoauszugs bietet sich die Buchungsart Einnahmen/Ausgaben-Buchungen an. Wir wählen:

Im Folgefenster wählen wir das Konto 2800 Guthaben bei Kreditinstituten (Bank).

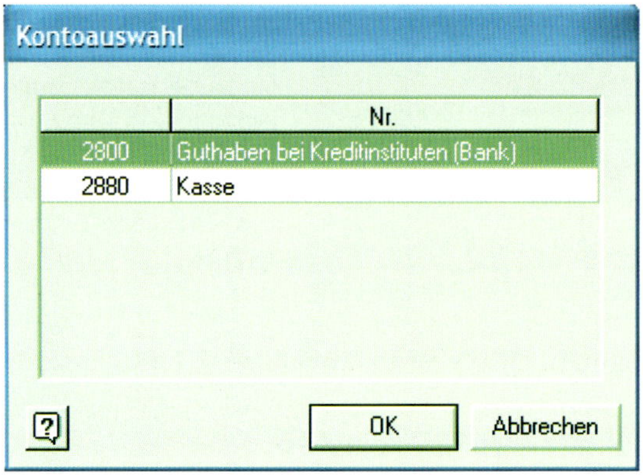


Die Positionen (6) (Gehaltszahlung), (7) (Darlehenstilgung) und (8) (Mietzahlung) dokumentieren jeweils eine Ausgabe vom Konto 2800 Bank. Vor- oder Umsatzsteuer fallen in diesen Fällen nicht an.

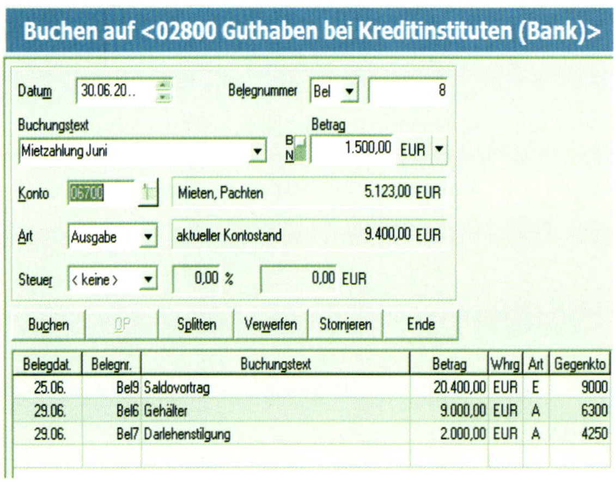


Die gewählte Buchungsart (Einnahmen-/Ausgaben) erleichtert die Buchungserfassung, indem neben dem Betrag lediglich das entsprechende Gegenkonto und die Art der Transaktion (Ausgabe/Einnahme) einzugeben ist. Außerdem wird der aktuelle Kontostand zu jeder Buchung angezeigt.

Die Buchungen können nicht wie die zuvor getätigten Stapelbuchungen bearbeitet werden. Falls eine Fehlbuchung erfolgt ist, muss diese markiert werden und mithilfe der Schaltfläche Stornieren zurückgenommen werden. Lexware buchhalter führt dann eine „Umkehrbuchung“ durch, die im Journal und in den Kontenblättern dokumentiert wird.

Der Beleg Nr. 9 beinhaltet eine Kundenzahlung ohne Skontoabzug.

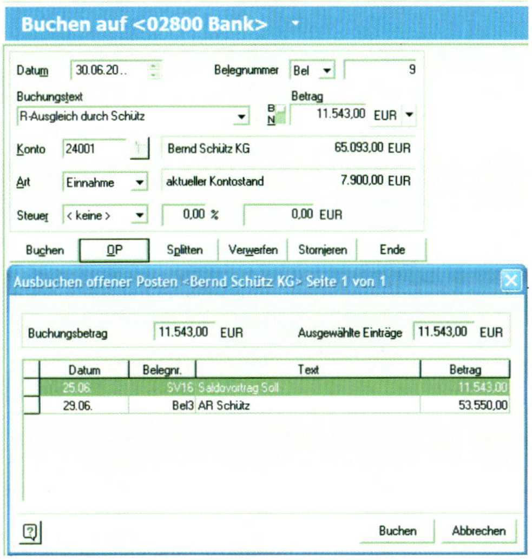


Die Finanzbuchhaltung verfügt über eine sogenannte „Offene Posten Verwaltung". Bei einer Zahlung (Habenbuchung bei Debitoren bzw. Sollbuchung bei Kreditoren) kann mit dem Schaltknopf OP eine Liste der dem jeweiligen Kunden bzw. Lieferanten zugehörigen unbezahlten Rechnungen eingeblendet werden. Durch Markierung der gewünschten Rechnung wird sichergestellt, dass die im Zahlungsbetreff genannte Rechnung auch buchhalterisch ausgeglichen wird.

Im nebenstehenden Beispiel ist lediglich die als Saldovortrag gebuchte Ausgangsrechnung an den Kunden Bernd Schütz KG noch nicht bezahlt. Nach der Buchung ist das Debitorenkonto Schütz KG ausgeglichen.

Der Beleg Nr. 10 beschreibt eine Kundenzahlung mit Skontoabzug.

Wie wir dem Bildschirmausdruck unten links entnehmen können, hat Lexware buchhalter festgestellt, dass der Zahlungsbetrag nicht mit der ursprünglichen Forderungshöhe übereinstimmt (siehe Bildschirmausdruck unten rechts).

Wir wählen mithilfe der Optionsschaltfläche: Ausbuchen des Differenzbetrages. In der Eingabemaske geben wir das Konto 5001 Erlösberichtigungen als Gegenkonto an. Lexware buchhalter wird dann die entsprechenden Buchungen vornehmen.

Der Beleg Nr. 11 beschreibt eine Zahlung an den Lieferanten Somers mit Skontoabzug. Wir benutzen auch in diesem Fall die „Offenen Posten Verwaltung“. Da die Arbeitsschritte mit dem vorherigen Fall vergleichbar sind, wurde unten links nur der letzte Schritt dargestellt. Es ergibt sich danach die unten rechts dargestellte Situation. Der Ausdruck zeigt deutlich, wie Lexware buchhalter die Aufteilung der Zahlungsbeträge vorgenommen hat.

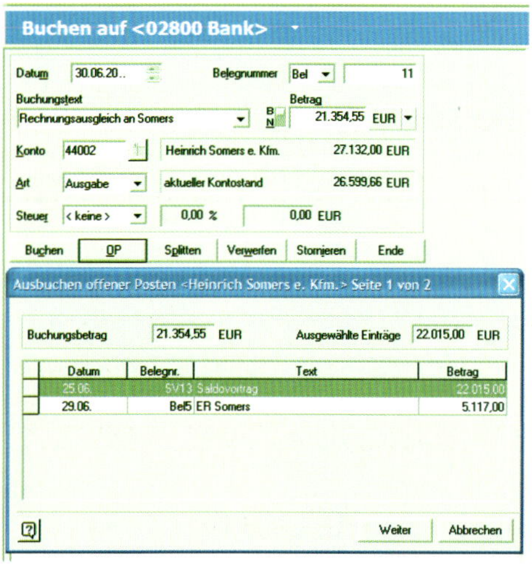


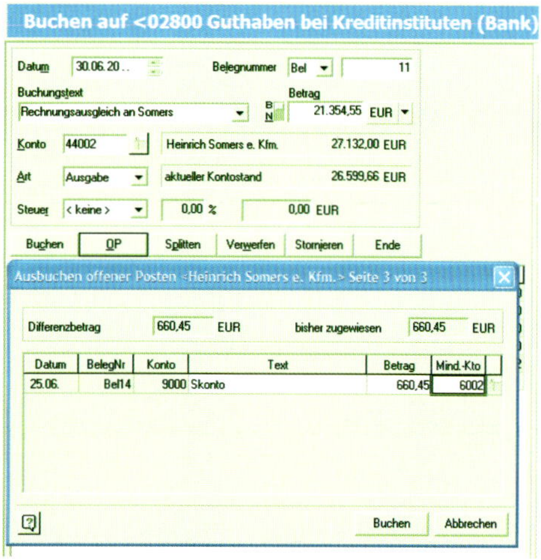


Durch Beenden des Buchungsstapels übernehmen wir die Buchungen in das Journal. Damit werden die Buchungen gleichzeitig auf die Hauptbuchkonten übernommen. Bevor wir weiterarbeiten, lassen wir uns die Saldenlisten für Sachkonten, Debitoren und Kreditoren ausdrucken.

Wir wählen den Menübefehl:

**Berichte**

**Summen und Salden**

und erhalten die folgenden Auswertungen:

## Vorläufige Summen- und Saldenliste Sachkonten Juni 20..

| | | Letzte | Eröffnungs-bilanzwerte | | Summe für Juni 20.. | | Summe per 30.06.20.. | | Saldo per 30.06.20.. | |
|---|---|---|---|---|---|---|---|---|---|---|
| Konto | Kontobezeichnung | Buchung | Aktiva | Passiva | Soll | Haben | Soll | Haben | Soll | Haben |
| 00700 | Technische Anlagen und Maschinen | 25.06. | 460.000,00 | | | | | | 460.000,00 | |
| 00840 | Fuhrpark | 25.06. | 120.000,00 | | | | | | 120.000,00 | |
| 00860 | Büromaschinen | 25.06. | 80.000,00 | | | | | | 80.000,00 | |
| **Summe Imm. Vermögensgegenstände u. Sachanlagen** | | | **660.000,00** | | | | | | **660.000,00** | |
| 02000 | Rohstoffe | 25.06. | 20.000,00 | | | | | | 20.000,00 | |
| 02400 | Forderung a. Lieferung u. Leistung | 30.06. | 18.921,00 | | 53.550,00 | 18.921,00 | 53.550,00 | 18.921,00 | 53.550,00 | |
| 02600 | Vorsteuer | 30.06. | 4.064,00 | | 1.919,00 | 105,45 | 1.919,00 | 105,45 | 5.877,55 | |
| 02800 | Bank | 30.06. | 20.400,00 | | 18.699,66 | 33.854,55 | 18.699,66 | 33.854,55 | 5.245,11 | |
| 02880 | Kasse | 29.06. | 2.500,00 | | 476,00 | 500,00 | 476,00 | 500,00 | 2.476,00 | |
| **Summe Umlaufvermögen und Rechnungsabgrenzung** | | | **65.885,00** | | **74.644,66** | **53.381,00** | **74.644,66** | **53.381,00** | **87.148,66** | |
| 03000 | Eigenkapital Einzelkaufleute | 25.06. | | 528.989,00 | | | | | | 528.989,00 |
| 03001 | Privatkonto | 29.06. | 6.000,00 | | 500,00 | | 500,00 | | 6.500,00 | |
| **Summe Eigenkapital und Rückstellungen** | | | **6.000,00** | **528.989,00** | **500,00** | | **500,00** | | **6.500,00** | **528.989,00** |
| 04250 | Langfristige Bankverbindlichkeiten | 30.06. | | 128.000,00 | 2.000,00 | | 2.000,00 | | | 126.000,00 |
| 04400 | Verbindlichkeiten a. Lieferung u. Leistung | 30.06. | | 30.226,00 | 22.015,00 | 12.019,00 | 22.015,00 | 12.019,00 | | 20.230,00 |
| 04800 | Umsatzsteuer | 30.06. | | 12.544,00 | 35,34 | 8.626,00 | 35,34 | 8.626,00 | | 21.134,66 |
| **Summe Verbindlichkeiten und PRAP** | | | | **170.770,00** | **24.050,34** | **20.645,00** | **24.050,34** | **20.645,00** | | **167.364,66** |
| 05000 | Umsatzerlöse f. eigene Erzeugnisse | 29.06. | | 76.444,00 | | 45.400,00 | | 45.400,00 | | 121.844,00 |
| 05001 | Erlösberichtigungen | 30.06. | | | 186,00 | | 186,00 | | 186,00 | |
| **Summe Erträge** | | | | **76.444,00** | **186,00** | **45.400,00** | **186,00** | **45.400,00** | **186,00** | **121.844,00** |
| 06000 | Aufwendungen für Rohstoffe | 28.06. | 12.600,00 | | 10.100,00 | | 10.100,00 | | 22.700,00 | |
| 06002 | Nachlässe | 30.06. | | | | 555,00 | | 555,00 | | 555,00 |
| 06300 | Gehälter | 29.06. | 26.595,00 | | 9.000,00 | | 9.000,00 | | 35.595,00 | |
| 06700 | Mieten, Pachten | 30.06. | 5.123,00 | | 1.500,00 | | 1.500,00 | | 6.623,00 | |
| **Summe Betriebliche Aufwendungen** | | | **44.318,00** | | **20.600,00** | **555,00** | **20.600,00** | **555,00** | **64.918,00** | **555,00** |
| 09000 | Saldovorträge | 25.06. | | | | | | | | |
| **Summe** | | | | | | | | | | |
| **Summe** | | | **776.203,00** | **776.203,00** | **119.981,00** | **119.981,00** | **119.981,00** | **119.981,00** | **818.752,66** | **818.752,66** |

## Vorläufige Summen- und Saldenliste Debitoren Juni 20..

| | | Letzte | Eröffnungs-bilanzwerte | | Summe für Juni 20.. | | Summe per 30.06.20.. | | Saldo per 30.06.20.. | |
|---|---|---|---|---|---|---|---|---|---|---|
| Konto | Kontobezeichnung | Buchung | Aktiva | Passiva | Soll | Haben | Soll | Haben | Soll | Haben |
| 24001 | Bernd Schütz KG | 30.06. | 11.543,00 | | 53.550,00 | 11.543,00 | 53.550,00 | 11.543,00 | 53.550,00 | |
| 24002 | Lothar Strobel OHG | 30.06. | 7.378,00 | | | 7.378,00 | | 7.378,00 | | |
| **Summe** | | | **18.921,00** | | **53.550,00** | **18.921,00** | **53.550,00** | **18.921,00** | **53.550,00** | |

## Vorläufige Summen- und Saldenliste Kreditoren Juni 20..

| | | Letzte | Eröffnungs-bilanzwerte | | Summe für Juni 20.. | | Summe per 30.06.20.. | | Saldo per 30.06.20.. | |
|---|---|---|---|---|---|---|---|---|---|---|
| Konto | Kontobezeichnung | Buchung | Aktiva | Passiva | Soll | Haben | Soll | Haben | Soll | Haben |
| 44001 | Jost Knapper e. Kfm. | 28.06. | | 8.211,00 | | 6.902,00 | | 6.902,00 | | 15.113,00 |
| 44002 | Heinrich Somers e. Kfm. | 30.06. | | 22.015,00 | 22.015,00 | 5.117,00 | 22.015,00 | 5.117,00 | | 5.117,00 |
| **Summe** | | | | **30.226,00** | **22.015,00** | **12.019,00** | **22.015,00** | **12.019,00** | | **20.230,00** |

## (4) Abschlussvorbereitung

Wie in den Abschlussangaben (siehe Seite 330) vorgegeben, sind noch die Umbuchungen vorzunehmen. Hierbei ist zu beachten, dass die Steuerautomatik bei allen vorbereitenden Abschlussbuchungen ausgeschaltet wird.

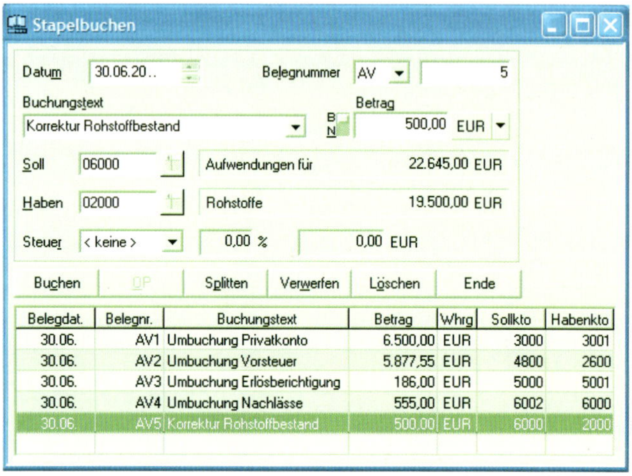


## (5) Abschlussdokumente

Mithilfe des Menübefehls:

**Berichte**

**Auswertungen**

**Bilanz**

können wir nun die folgenden Abschlussdokumente erstellen.

**Friedrich Kurz e. Kfm. Basaltbetonwerke, Albert Einsteinweg 15, 58313 Herdecke**

### Gewinn- und Verlustrechnung Juni 20.. in EUR

| | | | | |
|---|---|---|---|---|
| **Ergebnis der gewöhnlichen Geschäftstätigkeit** | | | | |
| Umsatzerlöse | | | 121.658,00 | |
| 05000 Umsatzerlöse f. eigene Erzeugnisse | | 121.658,00 | | |
| Materialaufwand | | | -22.645,00 | |
| 06000 Aufw. f. Rohstoffe u. Fertigungsmaterial | | -22.645,00 | | |
| Personalaufwand | | | -35.595,00 | |
| 06300 Gehälter | | -35.595,00 | | |
| Sonstige betriebl. Aufwendungen | | | | |
| **Andere betriebl. Aufwendungen** | | **-6.623,00** | | |
| 06700 Mieten, Pachten | -6.623,00 | | | |
| Summe Sonstige betriebl. Aufwendungen | | | -6.623,00 | |
| **Summe Ergebnis der gewöhnlichen Geschäftstätigkeit** | | | | **56.795,00** |
| **Überschuss** | | | | **56.795,00** |

Friedrich Kurz e. Kfm. Basaltbetonwerke, Albert Einsteinweg 15, 58313 Herdecke

## Bilanz Aktiva Juni 20.. in EUR

| | | | | |
|---|---|---|---|---|
| **A. Anlagevermögen** | | | | |
| I. Sachanlagen | | | | |
| **1. technische Anlagen und Maschinen** | | **460.000,00** | | |
| 00710 Anlagen der Materiallagerung | 460.000,00 | | | |
| **2. andere Anlagen, Betriebs- und Geschäftsausstattung** | | **200.000,00** | | |
| 00840 Fuhrpark | 120.000,00 | | | |
| 00860 Büromaschinen u. Kommunikationsanl. | 45.000,00 | | | |
| 00870 Büromöbel u. sonstige Geschäftsausst. | 35.000,00 | | | |
| Summe I. Sachanlagen | | | 660.000,00 | |
| **Summe A. Anlagevermögen** | | | | **660.000,00** |
| **B. Umlaufvermögen** | | | | |
| I. Vorräte | | | | |
| **1. Roh-, Hilfs- und Betriebsstoffe** | | **19.500,00** | | |
| 02000 Rohstoffe/Fertigungsmaterial (Bestand) | 19.500,00 | | | |
| Summe I. Vorräte | | | 19.500,00 | |
| II. Forderungen und sonstige Vermögensgegenstände | | | | |
| **1. Forderungen aus Lieferungen und Leistungen** | | **53.550,00** | | |
| 02400 Forderung a. Lieferung u. Leistung | 53.550,00 | | | |
| Summe II. Forderungen und sonstige Vermögensgegenstände | | | 53.550,00 | |
| IV. Kassenbestand, Guthaben b. Kreditinstituten, Postgiro | | | 7.721,11 | |
| 02800 Bank | | 5.245,11 | | |
| 02880 Kasse | | 2.476,00 | | |
| **Summe B. Umlaufvermögen** | | | | **80.771,11** |
| **Summe Aktiva** | | | | **740.771,11** |

## Bilanz Passiva Juni 20.. in EUR

| | | | |
|---|---|---|---|
| **A. Eigenkapital** | | | |
| I. Eigenkapital | | 522.489,00 | |
| 03000 Eigenkapital Einzelkaufleute | 522.489,00 | | |
| II. Jahresüberschuß/Jahresfehlbetrag | | 56.795,00 | |
| **Summe A. Eigenkapital** | | | **579.284,00** |
| **C. Verbindlichkeiten** | | | |
| 1. Verbindlichkeiten gegenüber Kreditinstituten | | 126.000,00 | |
| 04250 Langfristige Bankverbindlichkeiten | 126.000,00 | | |
| 2. Verbindlichkeiten aus Lieferungen u. Leistungen | | 20.230,00 | |
| 04400 Verbindlichkeiten a. Lieferung u. Leistung | 20.230,00 | | |
| 3. Sonstige Verbindlichkeiten | | 15.257,11 | |
| 04800 Umsatzsteuer | 15.257,11 | | |
| **Summe C. Verbindlichkeiten** | | | **161.487,11** |
| **Summe Passiva** | | | **740.771,11** |

**Schlussbemerkung**

Der vorliegende Jahresabschluss zum 30. Juni 20.. wurde, ausgehend von der Vorjahresbilanz, aus den Büchern des Unternehmens unter Beachtung der gesetzlichen Vorschriften und unter Anwendung zulässiger Bewertungsmethoden aufgestellt.

Er schließt mit einer Bilanzsumme von 740771,11 EUR und weist ein Jahresergebnis in Höhe von 56795,00 EUR aus.

Alle Finanzkonten sind durch entsprechende Auszüge zum 30. Juni 20.. nachgewiesen.

44149 Dortmund, *30. Juni 20..*

*Friedrich Kurz*

## 5.2 Beleggeschäftsgang

**193** **I. Sachverhalt**

Bei **Rudolf Walterbeck e. Kfm., Papierfabrik,** Brügmannstr. 101, 44135 Dortmund;
**Bankverbindungen:** Volksbank Dortmund, Kto.-Nr.: 100 108 800, BLZ: 441 600 14;
Postbank Niederlassung Dortmund, Kto.-Nr.: 1 343 83-464, BLZ: 440 100 46

handelt es sich um einen kleinen Papierhersteller mit den **Warengruppen:**

Druckpapiere, Korrespondenzpapiere, Kunststoffpapiere/Folien und Recyclingpapiere.

In der Finanzbuchhaltung werden die folgenden Bücher geführt:

- **Grundbuch**
  für die Erfassung aller Buchungen in zeitlich geordneter Folge
- **Hauptbuch**
  für die Darstellung der Sachkonten
- **Kontokorrentbuch**
  für die Darstellung der Personenkonten

In der Kontokorrentbuchhaltung werden die Ein- und Ausgangsrechnungen als „offene Posten-Buchhaltung" gepflegt.

Die Buchungsbelege werden nach Belegkreisen sortiert und bearbeitet; hierzu hat die Buchhaltung folgende Belegkreise festgelegt:

1. Eingangsrechnungen (Kreditoren)
2. Ausgangsrechnungen (Debitoren)
3. Kasse
4. Bankverkehr Bank 01 (Volksbank Dortmund e. G.)[1]
5. Bankverkehr Bank 02 (Postbank Niederlassung Dortmund)[1]

**II. Saldenliste Sachkonten zum 25. März 20..**

| Konto | Bezeichnung | Sollbetrag | Habenbetrag |
|---|---|---|---|
| 0510 | Bebaute Grundstücke | 300 000,00 | |
| 0530 | Betriebsgebäude | 1 256 000,00 | |
| 0700 | Technische Anlagen und Maschinen | 345 600,00 | |
| 0840 | Fuhrpark | 95 600,00 | |
| 0860 | Büromaschinen | 144 550,00 | |
| 2000 | Rohstoffe | 68 400,00 | |
| 2200 | Fertige Erzeugnisse | 150 700,00 | |
| 2400 | Forderungen a. Lief. u. Leist. | 47 778,50 | |
| 2600 | Vorsteuer | 6 225,00 | |
| 2800 | Bank | 35 848,70 | |
| 2880 | Kasse | 1 250,00 | |
| | | | |

1 Diese Angabe ist nur von Bedeutung, wenn der Beleggeschäftsgang mithilfe eines Finanzbuchhaltungsprogramms bearbeitet wird.

| Konto | Bezeichnung | Sollbetrag | Habenbetrag |
|---|---|---|---|
| 3000 | Eigenkapital | | 2025555,00 |
| 3001 | Privatkonto | 1702,00 | |
| 4250 | Langfristige Bankverbindlichkeiten | | 50145,00 |
| 4400 | Verbindlichkeiten a. Lief. u. Leist. | | 103173,00 |
| 4800 | Umsatzsteuer | | 13347,00 |
| 4830 | Verbindlichk. gegenüber den Finanzbehörden | | 6730,00 |
| 5000 | Umsatzerlöse für eigene Erzeugnisse | | 499800,00 |
| 5202 | Bestandsveränderungen an fertigen Erzeugnissen | | |
| 6000 | Aufwendungen für Rohstoffe | 203700,00 | |
| 6050 | Aufwendungen für Energie | 2685,80 | |
| 6300 | Gehälter | 28620,00 | |
| 6520 | Abschreibungen auf Sachanlagen | | |
| 6700 | Mieten, Pachten | 4200,00 | |
| 6750 | Kosten des Geldverkehrs | 150,00 | |
| 6800 | Büromaterial | 1240,00 | |
| 6821 | Postgebühren | | |
| 6822 | Telefon | 2460,00 | |
| 6870 | Werbung | 1700,00 | |
| 6900 | Versicherungsbeiträge | 340,00 | |
| 7030 | Kraftfahrzeugsteuer | | |

**III. Personenkonten:**

Die Personenkonten weisen folgende Salden und offene Posten aus:

**Debitorenkonten:**

| **Konto-Nr.** | **Name** | **Straße**<br>**PLZ Ort** | **OP-Nr.**<br>**OP-Betrag** |
|---|---|---|---|
| 2401 | Merkur Verlag Rinteln<br>GmbH & Co. KG | Ritterstr. 24<br>31737 Rinteln | Diverse<br>25287,50 EUR |
| 2402 | Wolfgang Döhmann e. Kfm.<br>Unternehmensberatung | Herbeder Str. 54<br>58455 Witten | Diverse<br>16065,00 EUR |
| 2403 | Ralf Weybeck e. Kfm.<br>EDV-Systembetreuung | Seydlitzstr. 42<br>44263 Dortmund | Diverse<br>6426,00 EUR |
| | | Summe Debitoren | 47778,50 EUR |

**Kreditorenkonten:**

| Konto-Nr. | Name | Straße<br>PLZ Ort | OP-Nr.<br>OP-Betrag |
|---|---|---|---|
| 4401 | Karl Ranzauer e. Kfm.<br>Forstbetrieb, Sägewerk | Hamburger Str. 124<br>58583 Lüdenscheid | Diverse<br>77 647,50 EUR |
| 4402 | WAZ<br>Anzeigenverwaltung | Postfach<br>45123 Essen | Diverse<br>4 998,00 EUR |
| 4403 | F & P<br>Computertechnik GmbH | Reinoldistr. 17 – 19<br>44135 Dortmund | Diverse<br>20 527,50 EUR |
| | | Summe Kreditoren | 103 173,00 EUR |

**IV. Belege:**

Die nachfolgend dargestellten Belege, die nach den oben aufgeführten Belegkreisen sortiert sind, dokumentieren die Geschäftsvorfälle vom 25. März 20.. bis zum 31. März 20..

**V. Aufgaben:**

1. Richten Sie die Buchführung für Rudolf Walterbeck e. Kfm., Papierfabrik ein!
2. Übernehmen Sie die Saldovorträge zum 25. März 20..!
3. Bilden Sie zu den Belegen die Buchungssätze!
4. Buchen Sie die Belege in der Finanzbuchhaltung!
5. Bereiten Sie den Periodenabschluss zum 31. März 20.. unter Berücksichtigung folgender Abschlussangaben vor:

| | |
|---|---|
| 5.1 Schlussbestand an fertigen Erzeugnissen | 171 950,00 EUR |
| 5.2 Schlussbestand an Rohstoffen nach Abschluss der Bezugskosten | 45 800,00 EUR |
| 5.3 Abschreibungen auf | |
| – 0530 Betriebsgebäude | 29 120,00 EUR |
| – 0700 Technische Anlagen und Maschinen | 34 560,00 EUR |
| – 0840 Fuhrpark | 19 050,00 EUR |
| – 0860 Büromaschinen | 14 455,00 EUR |
| 5.4 Abschluss der Vor- und Umsatzsteuer | |
| 5.5 Abschluss des Privatkontos | |

6. Führen Sie den Periodenabschluss zum 30. Juni 20.. durch!
7. Erstellen Sie die Schlussbilanz und die Gewinn- und Verlustrechnung!

**Hinweise:**

Der vorliegende Beleggeschäftsgang kann auch mithilfe eines Finanzbuchhaltungsprogramms bearbeitet werden. Für diesen Fall ist zu beachten:

1. Da Kasse und Banken in unterschiedlichen Belegkreisen gebucht werden, ist es sinnvoll, das Konto „Geldtransit“ (Konto 2809) zur Erfassung der Transaktionen zwischen den Belegkreisen zu führen.
2. Nach der Buchung der Belege in der Finanzbuchhaltung sind die vorläufigen Saldenlisten auszudrucken!
3. Nachdem die vorbereitenden Arbeiten zum Periodenabschluss abgeschlossen sind, sind Journal, Kontenblätter, GuV-Rechnung und die Bilanz auszudrucken!

## IV. Belege: Belegkreis 1 (Eingangsrechnungen)

1.1

# Karl Ranzauer e. Kfm. Lüdenscheid

**Forstbetrieb, Sägewerk**

RANZAUER SÄGEWERK E. KFM. • HAMBURGER STR. 124 • 58583 LÜDENSCHEID

Papierfabrik
Rudolf Walterbeck e. Kfm.
Brügmannstr. 101
44135 Dortmund

## Rechnung

| | |
|---|---|
| **Kunden Nr.:** | 12017 |
| **Rechnungs Nr:** | 02923 |
| **Ihre Auftrags Nr:** | 19123 |
| **Lieferdatum:** | 15. 03. 20.. |
| **Rechnungsdatum:** | 25. 03. 20.. |

Wir lieferten Ihnen

10 Festmeter Bruchholz, Fichte und Kiefer

| | |
|---|---|
| Netto-Warenwert: | 2 582,52 EURO |
| 19% Umsatzsteuer: | 490,68 EURO |
| Rechnungsbetrag: | 3 073,20 EURO |

Zahlbar innerhalb von 30 Tagen netto Kasse.
Bei Zahlung innerhalb von 10 Tagen 3% Skonto.

Sitz der Unternehmung: Lüdenscheid;
Karl Ranzauer e. Kfm.
Hamburger Str. 124
58583 Lüdenscheid
☎ 02351 518910

Registergericht: Lüdenscheid, HRA 6589
Bankverbindung: Deutsche Bank
Niederlassung Lüdenscheid
Konto Nr.: 6 789 000
Bankleitzahl: 450 700 02

Steuer-Nr.: 360/3460/1001

1.2

BLATT 1

## ANZEIGENRECHNUNG

Westdeutsche Allgemeine
Neue Ruhr Zeitung / Neue Rhein Zeitung
Westfälische Rundschau · Westfalenpost

ZEITUNGS GRUPPE WAZ

WAZ, 45123 Essen, Tel. 0201 / 8040

Papierfabrik
Rudolf Walterbeck e. Kfm.
Brügmannstraße 101
44135 Dortmund

| Ersch.-Datum Tag | M | J | Ausgabe | Manuskript Nr | Rubrik | Sp | Höhe | Größe | Preis EUR | Cent | Rechn.-Brutto-Betrag EUR | Cent | Ausgaben- u. Kunden-Rabatt % | % | EUR | Cent | % | EUR | Cent | Off.-Geb. EUR | Cent | Rechn.-Netto-Betrag EUR | Cent |
|---|---|---|---|---|---|---|---|---|---|---|---|---|---|---|---|---|---|---|---|---|---|---|---|
| 19 | 02 | .. | 125 | 4053616 | 007 | 20 | 78 | 156 | 4 | 40 | 686 | 40 | | | | | | | | | | 343 | 20 |
| | | - | | Sonder-Rabatt | | | | | | | | | | 5000 | 343 | 20 | | | | | | | |

**Bankverbindungen:**
Westfalenbank AG Bochum
(BLZ 430 200 00), Kto.-Nr. 62 556 6
Sparkasse Essen
(BLZ 360 501 05), Kto.-Nr. 269 373

**Postbank:**
Essen (BLZ 360 100 43), Kto.-Nr. 184 22-430

Rechnungs-Datum 25.02.20..

| Ber. W | Ihre Auftrags-Nummer | Kunden-Nr | Rechnungs-Nr |
|---|---|---|---|
| 311 | | 25350000 | 4155138 |

Bitte bei Zahlungen unbedingt angeben

| | |
|---|---|
| Ges. Rech. Netto | 343,20 |
| Mehrwertsteuer | 65,21 |
| Gesamtbetrag | 408,41 |

**Zahlungsbedingungen:**
Zahlbar 14 Tage nach Rechnungsdatum ohne Abzug. 2% Skonto bei Vorauszahlung und Zahlungseingang innerhalb von 10 Tagen nach Rechnungsdatum auf Einzelrechnungsbeträge über EUR500,00 sowie bei Bankeinzugsverfahren.

Bei Insolvenzen, Vergleichen oder im Falle einer Klage entfällt jeglicher Nachlass. Ausgabe und Rubrik sind auf der Rückseite angegeben.

WIRTSCHAFTLICH IM WESTEN WERBEN

1.3

F & P
COMPUTERTECHNIK GMBH

F & P Computertechnik · Reinoldistr. 17-19 · 44135 Dortmund

Papierfabrik
Rudolf Walterbeck e. Kfm.
Brügmannstraße 101
44135 Dortmund

Ihre Zeichen/Ihre Nachricht vom | Unsere Zeichen/Unsere Nachricht vom | ☎ 02 31/52 35 35 | 44135 Dortmund

25. März 20..

**RECHNUNG Nr. 65090**

Lieferdatum: 18. 03. 20..

| Menge | Bezeichnung | Einzelpreis | Gesamtpreis |
|---|---|---|---|
| 2 | F & P PC | 1300,00 | 2 600,00 |
| 2 | Monitor, 17" | 490,00 | 980,00 |
| 2 | Streamer Archive | 164,50 | 329,00 |
| | | | 3 909,00 |
| | | + 19 % USt | 742,71 |
| | | | 4 651,71 |

Registergericht Dortmund, HRB 8382
Geschäftsführer: Gerhard Fraßa

Bankverbindung:
Stadtsparkasse Dortmund 001 071 750 (BLZ 440 501 99)

Steuer-Nr.: 381/2340/4680

## Belegkreis 2 (Ausgangsrechnungen)

2.1

*Papierfabrik*
**Rudolf Walterbeck e. Kfm., Dortmund**

RUDOLF WALTERBECK e. Kfm. · BRÜGMANNSTR. 101 · 44135 DORTMUND

Merkur Verlag GmbH & Co. KG
Ritterstr. 24
31737 Rinteln

Rechnungsdatum: 25. März 20..
Lieferdatum: 20. März 20..

**Rechnung Nr. 23081**

| Pos. | Menge | Bezeichnung | Einzelpreis in EUR | Gesamtbetrag in EUR |
|---|---|---|---|---|
| 1 | 10.000 Bogen | IDEM-CB-80 Black Copy weiß 43,0 x 61,0 | 14,45 %Bogen | 1 445,00 |
| 2 | 10.000 Bogen | IDEM-CFB-53 Black Copy weiß 43,0 x 61 | 12,19 %Bogen | 1 219,00 |
| 3 | 10.000 Bogen | IDEM-CB-90 Black Copy weiß 43,0 x 61,0 | 15,83 %Bogen | 1 583,00 |
| | | | | 4 247,00 |
| | | | 19% Umsatzsteuer | 806,93 |
| | | | **Rechnungsbetrag** | 5 053,93 |

Sitz der Gesellschaft:
44135 Dortmund
Brügmannstr. 101
Telefon: 0231 593535
Telefax: 0231 593539

RG Dortmund:
HRA 2020
Steuer-Nr.:
340/3142/4610

Dortmunder Volksbank e. G.
Kto-Nr.: 100108800
BLZ: 44160014

Postbank Dortmund
Kto-Nr.: 134383-464
BLZ: 44010046

2.2

# Papierfabrik
**Rudolf Walterbeck e. Kfm., Dortmund**

RUDOLF WALTERBECK e. Kfm. · BRÜGMANNSTR. 101 · 44135 DORTMUND

Unternehmensberatung
Wolfgang Döhmann e. Kfm.
Herbeder Str. 54
58455 Witten

Rechnungsdatum: 25. März 20..
Lieferdatum: 20. März 20..

**Rechnung Nr. 23082**

| Pos. | Menge | Bezeichnung | Einzelpreis in EUR | Gesamtbetrag in EUR |
|---|---|---|---|---|
| 1 | 1.000 Bogen | Salamander holzfrei ledergeprägt Umschlagkarton silbergrau 70,0 x 100,0 | 155,30 % Bogen | 1 553,00 |
| 2 | 5.000 Bogen | 100 RC Script satiniert aus 100% Altpapier altweiß 43,0 x 61 | 5,69 % Bogen | 284,50 |
| 3 | 500 Bogen | Senator leinengeprägt Porzellankarton weiß 61,0 x 86,0 | 85,40 % Bogen | 427,00 |
| | | | | 2 264,50 |
| | | 19% Umsatzsteuer | | 430,26 |
| | | **Rechnungsbetrag** | | 2 694,76 |

Sitz der Gesellschaft: 44135 Dortmund, Brügmannstr. 101, Telefon: 0231 593535, Telefax: 0231 593539
RG Dortmund: HRA 2020, Steuer-Nr.: 340/3142/4610
Dortmunder Volksbank e. G., Kto-Nr.: 100108800, BLZ: 44160014
Postbank Dortmund, Kto-Nr.: 134383-464, BLZ: 44010046

2.3

# Papierfabrik
**Rudolf Walterbeck e. Kfm., Dortmund**

RUDOLF WALTERBECK e. Kfm. · BRÜGMANNSTR. 101 · 44135 DORTMUND

EDV-Systembetreuung
Ralf Weybeck e. Kfm.
Seydlitzstr. 42
44263 Dortmund

Rechnungsdatum: 25. März 20..
Lieferdatum: 20. März 20..

**Rechnung Nr. 23083**

| Pos. | Menge | Bezeichnung | Einzelpreis in EUR | Gesamtbetrag in EUR |
|---|---|---|---|---|
| 1 | 30.000 Blatt | Primatcolor matt Offset chlorfrei gebleicht grün 61,0 x 86,0 | 20,00 % Blatt | 6 000,00 |
| | | | | 6 000,00 |
| | | 19% Umsatzsteuer | | 1 140,00 |
| | | **Rechnungsbetrag** | | 7 140,00 |

Sitz der Gesellschaft: 44135 Dortmund, Brügmannstr. 101, Telefon: 0231 593535, Telefax: 0231 593539
RG Dortmund: HRA 2020, Steuer-Nr.: 340/3142/4610
Dortmunder Volksbank e. G., Kto-Nr.: 100108800, BLZ: 44160014
Postbank Dortmund, Kto-Nr.: 134383-464, BLZ: 44010046

**Belegkreis 3 (Kasse)**

**Kassenbuchblatt Nr. 12**

**Monat: März 20..** **12. Kalenderwoche**

| Beleg Nr. | Beleg Datum | Text | Einnahmen in EUR | Ausgaben in EUR |
|---|---|---|---|---|
| 31 | 26. März 20.. | Tanken DO-BE 44 | | 73,50 |
| 32 | 28. März 20. | Postwertzeichen | | 130,00 |
| 33 | 28. März 20. | Barabhebung Bank | 1 500,00 | |
| 34 | 28. März 20. | Barverkauf | 446,25 | |
| 35 | 30. März 20. | Miete | | 700,00 |
| 36 | 31. März 20. | Bareinzahlung Bank | | 1 000,00 |
| Datum: *31. März 20..* | | | | |
| | | Summen | 1 946,25 | 1 903,50 |
| Unterschrift *Treu* | | Anfangsbestand | 1 250,00 | |
| | | Schlussbestand | | 1 292,75 |
| | | Kontrollsummen | 3 196,25 | 3 196,25 |

3.1

**Quittung**

Für *Fa. Walterbeck*

| Menge | Produkt | EUR | Cent |
|---|---|---|---|
| | SUPER PLUS bleifrei | | |
| | SUPER bleifrei | 73 | 50 |
| | BENZIN bleifrei | | |
| | SUPER | | |
| | SUPER DIESEL | | |
| | EXXON MIX | | |
| | ESSO ULTRA Synthetic Oil | | |
| | ESSO ULTRA Oil | | |
| | ESSO ULTRA Diesel Oil | | |
| | ESSO SUPER Oil X | | |
| | ESSO SUPER Diesel Oil | | |
| | | | |
| | Bruttoverkaufspreis | 73 | 50 |
| | Umsatzsteuer 19% | | |
| | Nettoverkaufspreis | | |

Betrag erhalten

*[Unterschrift]*

*26. März 20..*

Datum, Stempel, Unterschrift

3.3

**QUITTUNG**

Konto-Nr. *100108800* EUR *1500,00*

Name des Kontoinhabers *Rudolf Walterbeck e. Kfm.*

Von der DORTMUNDER VOLKSBANK eG empfing ich heute den Betrag von

*eintausendfünfhundert —*

was ich hiermit bescheinige.

Dortmund, den *28. März 20..* *R. Walterbeck*

Unterschrift

10/92 ZV 87 22

Eingerahmtes Feld bitte nicht beschriften

3.2

```
Deutsche Post AG
44135 Dortmund
82571613 3655        28.März 20..

130,00 EUR

Postwertzeichen ohne Zuschlag
Vielen Dank für Ihren Besuch.
Ihre Deutsche Post AG
```



23 Speth u.a. - ISBN 978-3-8120-0260-8

3.4

# Papierfabrik

**Rudolf Walterbeck e. Kfm., Dortmund**

RUDOLF WALTERBECK e. Kfm. · BRÜGMANNSTR. 101 · 44135 DORTMUND

EDV-Systembetreuung
Ralf Weybeck e. Kfm.
Seydlitzstr. 42
44263 Dortmund

44135 Dortmund, 28. März 20..

Lieferdatum: 28. März 20..

**Barverkauf Nr. 192**

| Pos. | Menge | Bezeichnung | Einzelpreis in EUR | Gesamtbetrag in EUR |
|---|---|---|---|---|
| 1 | 50.000 Blatt | Kompass Copy Offset chlorfrei gebleicht holzfrei weiß 21,0 x 29,7 | 0,75 % Blatt | 375,00 |
| | | | | 375,00 |
| | | | 19% Umsatzsteuer | 71,25 |
| | | | | 446,25 |

Es gelten unsere umseitigen Lieferungs- und Zahlungsbedingungen.

Betrag dankend erhalten
Seelig

Sitz der Gesellschaft: 44135 Dortmund, Brügmannstr. 101, Telefon: 0231 593535, Telefax: 0231 593539
RG Dortmund: HRA 2020, Steuer-Nr.: 340/3142/4610
Dortmunder Volksbank e. G., Kto-Nr.: 100108800, BLZ: 44160014
Postbank Dortmund, Kto-Nr.: 134383-464, BLZ: 44010046

3.5

**Quittung**

EUR
Betrag: 700,00
Nr.
inclusive % MwSt./Betrag
Betrag in Worten: siebenhundert ----
von: Walterbeck e.Kfm.
für: Garagenmiete März
dankend erhalten
Datum/Ort: 30.03.20.. Dortmund
Buchungsvermerke
Stempel/Unterschrift des Empfängers
K. Kluge

3.6

**DORTMUNDER VOLKSBANK** eG Dortmund — **Kassenbeleg**

**Einzahlung**
auf das nebenstehende Konto

Anbei erhalten Sie zur Gutschrift auf das o. a. Konto

| EUR | Cent |
|---|---|
| – 1 000 | 00 |

Nr. 1001088 00
Walterbeck
Name des Kontoinhabers

R. Walterbeck
Unterschrift des Einzahlers

Dortmund, den 31. März 20..

Name: eigene Einzahlung

10/92 ZV 87-2 1

Eingerahmtes Feld nicht beschriften (1)

**Belegkreis 4 (Bankverkehr Volksbank Dortmund)**

Der Bankverkehr wird, wie es heute allgemein üblich ist, durch die unten stehenden Kontoauszugsblätter dokumentiert. Das Konto wird in Euro geführt.

| | Kontonummer | erstellt am | Auszug | Blatt |
|---|---|---|---|---|
| Dortmunder Volksbank e.G. BLZ: 441 600 14 | 100108800 | 29.03.20.. | 16 | 1 |

| | | | | | | |
|---|---|---|---|---|---|---|
| | Alter Kontostand | | | | | 28 780,00 + |
| 4.1 | 27.03. | 300007 | 27.03. | Re-Nr. 4155138<br>Empfänger: WAZ Essen | Überweisung | 408,41 – |
| 4.2 | 28.03. | 300102 | 28.03. | Auszahlung | Barauszahlung | 1 500,00 – |
| 4.3 | 29.03. | 300103 | 29.03. | Miete März 20..<br>Empfänger: Immobilien Meister | Lastschrift | 600,00 – |
| | Neuer Kontostand | | | | | 26 271,59 + |

Papierfabrik
Rudolf Walterbeck e. Kfm.
Brügmannstr. 101
44135 Dortmund

**Kontoauszug**

Bitte Rückseite beachten.

| | Kontonummer | erstellt am | Auszug | Blatt |
|---|---|---|---|---|
| Dortmunder Volksbank e.G. BLZ: 441 600 14 | 100108800 | 31.03.20.. | 17 | 1 |

| | | | | | | |
|---|---|---|---|---|---|---|
| | Alter Kontostand | | | | | 26 271,59 + |
| 4.4 | 30.03. | 300104 | 30.03. | Re-Nr. 23083 vom 25. März 20..<br>Auftraggeber: Ralf Weybeck | Gutschrift | 7 140,00 + |
| 4.5 | 30.03. | 300105 | 31.03. | Eigene Einzahlung | Bareinzahlung | 1 000,00 + |
| 4.6 | 31.03. | 300108 | 31.03. | Re-Nr. 65090 vom 22. März 20..<br>Empfänger: F&P Dortmund | Lastschrift | 4 651,71 – |
| 4.7 | 31.03. | 300109 | 31.03. | Tilgungsrate März 20..<br>Kreditkonto 100 109 222 | Lastschrift | 5 000,00 – |
| 4.8 | 31.03. | 300110 | 31.03. | Re-Nr. 23042 vom 24. März 20..<br>Auftraggeber: Wolfgang Döhmann | Gutschrift | 5 175,00 + |
| | Neuer Kontostand | | | | | 29 934,88 + |

Papierfabrik
Rudolf Walterbeck e. Kfm.
Brügmannstr. 101
44135 Dortmund

**Kontoauszug**

Bitte Rückseite beachten.

## Belegkreis 5 (Bankverkehr Postbank Dortmund)

Bitte beachten Sie die Hinweise auf der Rückseite.

**Kontoauszug in EUR** — Kontonummer 0134383464 — Auszug 3 — Datum 25.03.20.. — Blatt 1 — Postbank

| Vorgang / Buchungsinformation | PN-Nummer | Buchung | Wertstellung | Umsatz in EUR |
|---|---|---|---|---|
| · Lastschrift Telekom<br>Fernmeldekonto 237800002380 | 114 | 25.03. | 25.03. | 315,45– |
| · Lastschrift<br>Finanzamt Dortmund<br>Kfz-Steuer DO-BE 44 | 114 | 25.03. | 25.03. | 830,00– |
| · Lastschrift Anlage | 117 | 25.03. | 25.03. | 847,60– |
| · Entgelte usw. Anlage | 117 | 25.03. | 25.03. | 22,50– |

150 / 01 / 012036 / 015 — 1,10
403298 – 1 – 1 – T

| | |
|---|---|
| Zahlungseingänge | 0,00+ |
| Zahlungsausgänge | 2.015,55– |
| Alter Kontostand | 7.068,70+ |
| Neuer Kontostand | 5.053,15+ |

Papierfabrik
Rudolf Walterbeck e. Kfm.
Brügmannstr. 101
44135 Dortmund

| | |
|---|---|
| Zinssatz für Dispositionskredit: | 9,75% |
| Zinssatz für geduldete Überziehung: | 13,25% |
| Dispositionskredit in EUR: | 5.000,00 |

Postbank Dortmund — Privatkunden Tel: 0180 3040500* Fax: 0180 3040800* · 7x24 Stunden — direkt@postbank.de — www.postbank.de
44131 Dortmund — Geschäftskunden Tel: 0180 4440400** Fax: 0180 3040999* · 7x24 Stunden — business@postbank.de
BLZ 440 100 46 — * 9 Cent/Min. **20 Cent/Anruf · dt. Festnetz; Mobiltarif max. 42 Cent/Min. oder 60 Cent/Anruf — firmenkunden@postbank.de — USt.-IdNr. DE169824467

---

Bitte beachten Sie die Hinweise auf der Rückseite.

Kontonummer 0134383464 — Anlage 1 — Datum 25.03.20.. — Blatt 1 — Postbank

| Vorgang / Buchungsinformation | PN-Nummer | Buchung | Wertstellung | Umsatz in EUR |
|---|---|---|---|---|

· Buchungsbestätigung

Gemäß Ihrem Auftrag haben wir am 25.03.20.. überwiesen

| | |
|---|---|
| Betrag | : EUR 847,60 |
| Zahlungsempfänger | : HDI Hannover |
| Kontonummer | : 5405 72-305 |
| Bankleitzahl | : 25010030 |
| Verwendungszweck | : Kfz-Haftpflicht |
| Referenz-Nr. | : 122032102365 |

Ihre Postbank

Postbank Dortmund — Privatkunden Tel: 0180 3040500* Fax: 0180 3040800* · 7x24 Stunden — direkt@postbank.de — www.postbank.de
44131 Dortmund — Geschäftskunden Tel: 0180 4440400** Fax: 0180 3040999* · 7x24 Stunden — business@postbank.de
BLZ 440 100 46 — * 9 Cent/Min. **20 Cent/Anruf · dt. Festnetz; Mobiltarif max. 42 Cent/Min. oder 60 Cent/Anruf — firmenkunden@postbank.de — USt.-IdNr. DE169824467

---

Bitte beachten Sie die Hinweise auf der Rückseite.

Kontonummer 0134383464 — Anlage 2 — Datum 25.03.20.. — Blatt 1 — Postbank

| Vorgang / Buchungsinformation | PN-Nummer | Buchung | Wertstellung | Umsatz in EUR |
|---|---|---|---|---|
| · Zinsen, Porto und Entgelte für das abgelaufene Quartal | | | | |
| Kontoführungsentgelt | | | | 22,50– |
| Gesamtsumme für Konto | 0134383464 per 31.03. | | | 22,50– |

Postbank Dortmund — Privatkunden Tel: 0180 3040500* Fax: 0180 3040800* · 7x24 Stunden — direkt@postbank.de — www.postbank.de
44131 Dortmund — Geschäftskunden Tel: 0180 4440400** Fax: 0180 3040999* · 7x24 Stunden — business@postbank.de
BLZ 440 100 46 — * 9 Cent/Min. **20 Cent/Anruf · dt. Festnetz; Mobiltarif max. 42 Cent/Min. oder 60 Cent/Anruf — firmenkunden@postbank.de — USt.-IdNr. DE169824467

# Anhang 1: Warenbuchungen nach dem bestandsrechnerischen Verfahren

## 1 Buchungen beim Einkauf von Werkstoffen und Handelswaren[1]

Das **bestandsrechnerische Verfahren** ist dann anzuwenden, wenn die eingekauften Werkstoffe und Handelswaren zunächst auf Lager genommen werden. In diesem Fall stellen die Werkstoffe und Handelswaren Vermögen dar und müssen daher auf einem **Vermögenskonto (Aktivkonto)** gebucht werden.

Es stehen die folgenden Bestandskonten zur Verfügung:

- 2000 Rohstoffe
- 2010 Vorprodukte
- 2020 Hilfsstoffe
- 2030 Betriebsstoffe
- 2280 Waren

**Beispiele:**

| Nr. | Geschäftsvorfälle | Konten | Soll | Haben |
|---|---|---|---|---|
| 1. | Einkauf von Rohstoffen auf Ziel 10500,00 EUR zuzüglich 19% USt | 2000 Rohstoffe<br>2600 Vorsteuer<br>an 4400 Verb. a. Lief. u. Leist. | 10500,00<br>1995,00 | <br><br>12495,00 |
| 2. | Einkauf von Hilfsstoffen bar 5250,00 EUR zuzüglich 19% USt | 2020 Hilfsstoffe<br>2600 Vorsteuer<br>an 2880 Kasse | 5250,00<br>997,50 | <br><br>6247,50 |
| 3. | Einkauf von Betriebsstoffen gegen Bankscheck 1750,00 EUR zuzüglich 19% USt | 2030 Betriebsstoffe<br>2600 Vorsteuer<br>an 2800 Bank | 1750,00<br>332,50 | <br><br>2082,50 |
| 4. | Einkauf von Handelswaren auf Ziel 4350,00 EUR zuzüglich 19% USt | 2280 Waren<br>2600 Vorsteuer<br>an 4400 Verb. a. Lief. u. Leist. | 4350,00<br>826,50 | <br><br>5176,50 |

## 2 Erfassung des Werkstoffverbrauchs

Die Verbrauchsermittlung kann auf indirektem und direktem Wege erfolgen.

### (1) Indirekte Verbrauchsermittlung (Inventurverfahren)

**Beispiel:**[2]

Anfangsbestand auf dem Konto 2000 Rohstoffe 35000,00 EUR, Zieleinkauf von Rohstoffen insgesamt 80000,00 EUR, Schlussbestand an Rohstoffen lt. Inventur 50000,00 EUR.

**Aufgaben:**

1. Berechnen Sie den Verbrauch von Rohstoffen!
2. Stellen Sie den Buchungsablauf auf Konten dar und bilden Sie die Buchungssätze!

---

1 Das bestandsrechnerische Verfahren betrifft nur den Einkaufsbereich.

2 Die dargestellten Buchungen bei der Beschaffung und der Verbrauchserfassung von Rohstoffen gelten selbstverständlich in gleicher Weise auch für den Einkauf und die Verbrauchserfassung von Hilfsstoffen, Betriebsstoffen, Vorprodukten und Handelswaren.

**Lösungen:**

**Zu 1.: Berechnung des Verbrauchs von Rohstoffen**

| | | |
|---|---|---|
| | Anfangsbestand an Rohstoffen | 35000,00 EUR |
| + | Zieleinkäufe von Rohstoffen | 80000,00 EUR |
| | Zwischensumme | 115000,00 EUR |
| – | Schlussbestand an Rohstoffen lt. Inventur | 50000,00 EUR |
| = | Verbrauch von Rohstoffen | 65000,00 EUR |

**Zu 2.: Buchungsablauf**

**Buchungen auf den Konten**

| Soll | 2000 Rohstoffe | | Haben |
|---|---|---|---|
| AB | 35000,00 | 8010 | 50000,00 |
| 4400 | 80000,00 | 6000 | 65000,00 |
| | 115000,00 | | 115000,00 |

| Soll | 6000 Aufw. f. Rohstoffe | | Haben |
|---|---|---|---|
| 2000 | 65000,00 | 8020 | 65000,00 |

2.1 / 2.2 / 2.3

| Soll | 8010 SBK | | Haben |
|---|---|---|---|
| 2000 | 50000,00 | | |

| Soll | 8020 GuV | | Haben |
|---|---|---|---|
| 6000 | 65000,00 | | |

**Buchungssätze:**

Der Übersicht wegen gehen wir davon aus, dass der Rohstoffeinkauf bereits gebucht ist. Die Buchungen beziehen sich daher nur auf den Verbrauch von Rohstoffen und den Abschluss der beiden Rohstoffkonten.

| Nr. | Geschäftsvorfälle | Konten | Soll | Haben |
|---|---|---|---|---|
| 2.1 | Buchung des durch Inventur ermittelten Schlussbestands von 50000,00 EUR | 8010 SBK<br>an 2000 Rohstoffe | 50000,00 | <br>50000,00 |
| 2.2 | Ermittlung und Buchung des auf dem Konto 2000 Rohstoffe verbleibenden Saldos von 65000,00 EUR | 6000 Aufw. f. Rohstoffe<br>an 2000 Rohstoffe | 65000,00 | <br>65000,00 |
| 2.3 | Abschluss des Kontos 6000 Aufwendungen für Rohstoffe | 8020 GuV<br>an 6000 Aufw. f. Rohstoffe | 65000,00 | <br>65000,00 |

**Merke:**

Bei der **indirekten Verbrauchsermittlung** wird zuerst der Schlussbestand ermittelt und gebucht. Der danach verbleibende Saldo auf dem Werkstoffkonto stellt den **Werkstoffverbrauch** dar.

Anfangsbestand + Zugänge – Schlussbestand lt. Inventur = Abgänge (Verbrauch)

## (2) Direkte Verbrauchsermittlung (Skontrationsmethode)

Bei der direkten Verbrauchsermittlung wird der Verbrauch an Werkstoffen jeweils sofort beim Übergang der Rohstoffe und Fertigteile vom Lager in den Fertigungsbetrieb gebucht. Die Erfassung erfolgt aufgrund von Entnahmescheinen, ohne die der Lagerverwalter keine Werkstoffe für die Fertigung bzw. Handelswaren für den Verkauf ausgibt.

**Beispiel:**

Anfangsbestand auf dem Konto 2000 Rohstoffe 35000,00 EUR, Zieleinkauf von Rohstoffen 80000,00 EUR, Verbrauch von Rohstoffen lt. Materialentnahmescheinen 65000,00 EUR.

**Aufgaben:**

1. Berechnen Sie den Schlussbestand!
2. Stellen Sie den Buchungsablauf auf Konten dar und bilden Sie die Buchungssätze!

**Lösungen:**

**Zu 1.: Berechnung des Schlussbestands**

| | | |
|---|---|---|
| | Anfangsbestand an Rohstoffen | 35000,00 EUR |
| + | Zieleinkäufe von Rohstoffen | 80000,00 EUR |
| | Zwischensumme | 115000,00 EUR |
| – | Abgänge (Verbrauch) von Rohstoffen | 65000,00 EUR |
| = | Errechneter Schlussbestand an Rohstoffen | 50000,00 EUR |

**Zu 2.: Buchungsablauf**

**Buchungen auf den Konten**

| Soll | 2000 Rohstoffe | | Haben |
|---|---|---|---|
| AB | 35000,00 | 6000 | 65000,00 |
| 4400 | 80000,00 | 8010 | 50000,00 |
| | 115000,00 | | 115000,00 |

| Soll | 6000 Aufw. f. Rohstoffe | | Haben |
|---|---|---|---|
| 2000 | 65000,00 | 8020 | 65000,00 |

2.1 2.2 2.3

| Soll | 8010 SBK | | Haben |
|---|---|---|---|
| 2000 | 50000,00 | | |

| Soll | 8020 GuV | | Haben |
|---|---|---|---|
| 6000 | 65000,00 | | |

**Buchungssätze**

| Nr. | Geschäftsvorfälle | Konten | Soll | Haben |
|---|---|---|---|---|
| 2.1 | Rohstoffverbrauch lt. Materialentnahmescheinen 65000,00 EUR | 6000 Aufw. f. Rohstoffe<br>an 2000 Rohstoffe | 65000,00 | <br>65000,00 |
| 2.2 | Abschluss des Kontos 2000 Rohstoffe (errechneter Schlussbestand 50000,00 EUR) | 8010 SBK<br>an 2000 Rohstoffe | 50000,00 | <br>50000,00 |
| 2.3 | Abschluss des Kontos 6000 Aufwendungen für Rohstoffe (65000,00 EUR) | 8020 GuV<br>an 6000 Aufw. f. Rohstoffe | 65000,00 | <br>65000,00 |

**Merke:**

Bei der **direkten Verbrauchsermittlung** wird der jeweilige Verbrauch direkt bei der Entnahme vom Lager gebucht. Der verbleibende Saldo auf dem Werkstoffkonto stellt dann den **Schlussbestand** dar, der durch die Inventur überprüft wird.

Anfangsbestand + Zugänge – Verbrauch lt. Entnahmescheinen = Schlussbestand

## Übungsaufgaben

**Hinweis:** Buchen Sie alle nachfolgenden Aufgaben nach dem bestandsrechnerischen Verfahren!

**194**

| | | | |
|---|---|---|---|
| 1. | Wir kaufen Handelswaren auf Ziel netto | 1350,00 EUR | |
| | + 19 % USt | 256,50 EUR | 1606,50 EUR |
| 2. | Kauf von Rohstoffen gegen Bankscheck netto | 3198,00 EUR | |
| | + 19 % USt | 607,62 EUR | 3805,62 EUR |
| 3. | Kauf von Fremdbauteilen bar netto | 7479,00 EUR | |
| | + 19 % USt | 1421,01 EUR | 8900,01 EUR |
| 4. | Wir verkaufen Handelswaren bar netto | 10391,20 EUR | |
| | + 19 % USt | 1974,33 EUR | 12365,53 EUR |
| 5. | Verkauf von Erzeugnissen auf Ziel netto | 6220,00 EUR | |
| | + 19 % USt | 1181,80 EUR | 7401,80 EUR |
| 6. | Kauf von Hilfsstoffen gegen Rechnung netto | 917,00 EUR | |
| | + 19 % USt | 174,23 EUR | 1091,23 EUR |
| 7. | Banküberweisung an einen Lieferer zum Ausgleich der Rechnung (vgl. Fall 6) | | 1091,23 EUR |
| 8. | Kauf von Betriebsstoffen bar netto | 778,00 EUR | |
| | + 19 % USt | 147,82 EUR | 925,82 EUR |

**195** **I. Anfangsbestände:**

2000 Rohstoffe 112500,00 EUR; 2020 Hilfsstoffe 45000,00 EUR; 2030 Betriebsstoffe 22500,00 EUR.

**II. Kontenplan:**

2000, 2020, 2030, 6000, 6020, 6030, 8010, 8020.

**III. Geschäftsvorfälle:**

1. Einkauf von Rohstoffen auf Ziel 23625,00 EUR
2. Bareinkauf von Betriebsstoffen 3525,00 EUR.
3. Einkauf von Hilfsstoffen auf Ziel 11700,00 EUR.
4. Verbrauch von Betriebsstoffen aufgrund von Entnahmescheinen 4500,00 EUR.

**IV. Schlussbestände lt. Inventur:**

2000 Rohstoffe 60000,00 EUR; 2020 Hilfsstoffe 37500,00 EUR.

**V. Aufgaben:**

1. Richten Sie die drei Werkstoffkonten, die entsprechenden Aufwandskonten und die entsprechenden Abschlusskonten ein und tragen Sie die vorgegebenen Anfangsbestände ein!
2. Bilden Sie zu den vier Geschäftsvorfällen die Buchungssätze und tragen Sie die entsprechenden Werte auf den Konten ein, wobei die Gegenkonten zu den Werkstoffeinkäufen angegeben, aber nicht eingerichtet werden sollen!
3. Buchen Sie die angegebenen Schlussbestände und die ermittelten Verbrauchswerte für die Konten 2000 Rohstoffe und 2020 Hilfsstoffe!
4. Ermitteln Sie für die Betriebsstoffe den Schlussbestand und buchen Sie diesen!
5. Schließen Sie die Werkstoff-Aufwandskonten über das GuV-Konto ab!

**196** Einzelne Konten in einem Industriebetrieb weisen die folgenden Werte auf:

| S | 2000 Rohstoffe | H |
|---|---|---|
| AB | 85910,00 | |
| 4400 | 78650,00 | |

| S | 6000 Aufw. für Rohstoffe | H |
|---|---|---|
| 2000 | 92500,00 | |

| S | 2010 Vorprodukte | H |
|---|---|---|
| AB | 22425,00 | |
| 4400 | 7835,00 | |

| S | 6010 Aufw. für Vorprodukte | H |
|---|---|---|
| | | |

| S | 2020 Hilfsstoffe | H |
|---|---|---|
| AB | 48650,00 | |
| 2880 | 36280,00 | |

| S | 6020 Aufw. für Hilfsstoffe | H |
|---|---|---|
| | | |

**Schlussbestände lt. Inventur:**

2010 Vorprodukte 12950,00 EUR
2020 Hilfsstoffe 50730,00 EUR

Schließen Sie die Konten über die entsprechenden Abschlusskonten ab!

# 3 Besonderheiten bei der Beschaffung von Werkstoffen und Handelswaren beim bestandsrechnerischen Verfahren

## 3.1 Buchhalterische Behandlung von Sofortnachlässen

Nachlässe, die sofort bei Rechnungsstellung gewährt werden, vermindern den Anschaffungspreis. Sie erscheinen in der Buchführung nicht. Gebucht wird der verminderte Einkaufspreis (Anschaffungskosten).

| Geschäftsvorfälle | | Konten | Soll | Haben |
|---|---|---|---|---|
| 1. Wareneinkauf auf Ziel | 2000,00 EUR | | | |
| – 10 % Mengenrabatt | 200,00 EUR | | | |
| | 1800,00 EUR | 2280 Waren | 1800,00 | |
| + 19 % USt | 342,00 EUR | 2600 Vorsteuer | 342,00 | |
| | 2142,00 EUR | an 4400 Verb. a. L. u. L. | | 2142,00 |
| 2. Kauf von Rohstoffen auf Ziel | 1400,00 EUR | | | |
| – 20 % Sonderrabatt | 280,00 EUR | | | |
| | 1120,00 EUR | 2000 Rohstoffe | 1120,00 | |
| + 19 % USt | 212,80 EUR | 2600 Vorsteuer | 212,80 | |
| | 1332,80 EUR | an 4400 Verb. a. L. u. L. | | 1332,80 |

**Merke:**

**Sofortnachlässe,** die der Lieferer gewährt, werden **nicht gebucht.** Sie sind nicht Bestandteil der zu buchenden **Anschaffungskosten.**

## 3.2 Buchung von Bezugskosten

Die Bezugskosten, die dem Käufer zusätzlich in Rechnung gestellt werden, sind Bestandteil der Anschaffungskosten. Sie können direkt auf dem jeweiligen Stoffkonto bzw. Warenkonto gebucht werden. Um die Bezugskosten für die Kalkulation leichter erfassen zu können, werden sie jedoch zunächst auf einem gesonderten Konto erfasst. Man will wissen, wie hoch der reine Warenwert und wie hoch die Nebenkosten sind.

Der Kontenrahmen sieht für das Konto Waren und für jedes Werkstoffkonto ein gesondertes Bezugskostenkonto vor. Beim bestandsrechnerischen Verfahren sind diese Konten bei dem entsprechenden Bestandskonto in der Kontenklasse 2 eingefügt.

2001 Bezugskosten (für Rohstoffe)
2011 Bezugskosten (für Vorprodukte)
2021 Bezugskosten (für Hilfsstoffe)
2031 Bezugskosten (für Betriebsstoffe)
2281 Bezugskosten (für Waren)

| Geschäftsvorfälle | | Konten | Soll | Haben |
|---|---|---|---|---|
| Buchung der Bezugskosten | | | | |
| 1. Wareneinkauf auf Ziel, | | | | |
| netto | 1 500,00 EUR | 2280 Waren | 1 500,00 | |
| + Verpackung | 50,00 EUR | 2281 Bezugskosten | 200,00 | |
| + Fracht | 150,00 EUR | 2600 Vorsteuer | 323,00 | |
| | 1 700,00 EUR | an 4400 Verb. a. L. u. L. | | 2 023,00 |
| + 19 % USt | 323,00 EUR | | | |
| | 2 023,00 EUR | | | |
| 2. Kauf von Vorprodukten | | | | |
| auf Ziel netto | 850,00 EUR | 2010 Vorprodukte | 850,00 | |
| + Verpackung | 40,00 EUR | 2011 Bezugskosten | 110,00 | |
| + Fracht | 70,00 EUR | 2600 Vorsteuer | 182,40 | |
| | 960,00 EUR | an 4400 Verb. a. L. u. L. | | 1 142,40 |
| + 19 % USt | 182,40 EUR | | | |
| | 1 142,40 EUR | | | |
| Abschluss der verschiedenen Bezugskostenkonten über das jeweilige Hauptkonto | | 2280 Waren | 200,00 | |
| | | an 2281 Bezugskosten | | 200,00 |
| | | 2010 Vorprodukte | 110,00 | |
| | | an 2011 Bezugskosten | | 110,00 |

**Merke:**

- Das Konto Bezugskosten stellt ein Unterkonto des jeweiligen Werkstoffkontos bzw. Warenkontos dar.
- Das Konto Bezugskosten wird über das jeweilige Hauptkonto abgeschlossen.

## 3.3 Rücksendungen an den Lieferer

**Ausgangssituation:** Folgende Eingangsrechnung für einen Einkauf von Handelswaren auf Ziel wurde bereits bei uns gebucht.

| | |
|---|---|
| Warenwert | 15 000,00 EUR |
| + 19 % USt | 2 850,00 EUR |
| Rechnungsbetrag | 17 850,00 EUR |

**Problemfall:** Von der Warenlieferung senden wir Ware an den Lieferer zurück (Falschlieferung). Warenwert 500,00 EUR zuzüglich 19 % USt.

**Aufgaben:**

1. Buchen Sie den Problemfall auf Konten!
2. Bilden Sie den Buchungssatz!

**Lösungen:**

**Zu 1.: Buchung auf den Konten**

| S | 2280 Waren | | H |
|---|---|---|---|
| 4400 | 15 000,00 | 4400 | 500,00 |

| S | 4400 Verbindl. a. Lief. u. Leist. | | H |
|---|---|---|---|
| 2280/2600 | 595,00 | 2280/2600 | 17 850,00 |

| S | 2600 Vorsteuer | | H |
|---|---|---|---|
| 4400 | 2 850,00 | 4400 | 95,00 |

**Zu 2.: Buchungssatz**

| Geschäftsvorfall | Konten | Soll | Haben |
|---|---|---|---|
| Von der bereits gebuchten Warenlieferung schicken wir Waren zurück:<br>Nettowert 500,00 EUR<br>+ 19 % USt 95,00 EUR<br>Bruttowert 595,00 EUR | 4400 Verbindl. a. L. u. L.<br>an 2280 Waren<br>an 2600 Vorsteuer | 595,00 | <br>500,00<br>95,00 |

**Erklärungen zum Problemfall:**

Durch die Warenrücksendung nimmt der ursprünglich gebuchte Bruttowert der Eingangsrechnung um den Bruttowert der Rücksendung ab. Daher erfolgt eine **Sollbuchung auf dem Konto 4400 Verbindlichkeiten aus Lieferungen und Leistungen** in Höhe von 595,00 EUR.

Auch der ursprünglich auf dem Bestandskonto gebuchte Warenwert für die Handelswaren nimmt ab, und zwar um den Nettowert der Rücksendung in Höhe von 500,00 EUR. Deshalb erfolgt eine entsprechende **Habenbuchung auf dem Konto 2280 Waren.**

Da sich durch die Rücksendung die ursprüngliche Berechnungsgrundlage für die Umsatzsteuer um 500,00 EUR gemindert hat, muss auch die ursprünglich ausgewiesene Vorsteuer um den darauf entfallenden Anteil von 95,00 EUR korrigiert werden. Daher erfolgt eine **Habenbuchung auf dem Konto 2600 Vorsteuer**.

Die **Rücksendung von Werkstoffen** wird in der gleichen Weise gebucht:

| Geschäftsvorfall | Konten | Soll | Haben |
|---|---|---|---|
| Rücksendung beschädigter Rohstoffe<br>an den Lieferer. Warenwert 2 100,00 EUR<br>+ 19 % USt 399,00 EUR<br>2 499,00 EUR | 4400 Verbindl. a. L. u. L.<br>an 2000 Rohstoffe<br>an 2600 Vorsteuer | 2 499,00 | <br>2 100,00<br>399,00 |

## 3.4 Nachträgliche Preisänderungen bei Eingangsrechnungen

### (1) Überblick

Neben den Preisänderungen, die sofort bei Rechnungserteilung berücksichtigt werden, gibt es im Einkaufsbereich auch Preisänderungen, die **nach** der Buchung einer Eingangsrechnung auftreten. Als nachträglich gewährte Preisnachlässe kommen infrage:

- Preisnachlass des Lieferers aufgrund unserer Reklamationen **(Mängelrüge),**
- Gewährung eines Umsatzbonus durch den Lieferer **(Liefererboni),**
- Inanspruchnahme von Skonto bei der Zahlung **(Liefererskonti).**

Gewährt uns der Lieferer nachträglich einen Preisnachlass, so mindert dies die bereits gebuchten Anschaffungskosten der Werkstoffe bzw. Handelswaren. Die Preisnachlässe können direkt auf die betreffenden Bestandskonten gebucht werden. Um die Nachlässe später noch feststellen zu können, werden sie jedoch zunächst auf einem Unterkonto des betreffenden Bestandskontos gebucht. Beim bestandsrechnerischen Verfahren sind diese Konten bei den entsprechenden Bestandskonten in der Kontenklasse 2 einzurichten.

2002 Nachlässe (für Rohstoffe)
2012 Nachlässe (für Vorprodukte)
2022 Nachlässe (für Hilfsstoffe)
2032 Nachlässe (für Betriebsstoffe)
2282 Nachlässe (für Waren)

### (2) Buchung einer Lieferergutschrift wegen Mängelrüge

Gewährt uns der Lieferer aufgrund unserer Mängelrüge **nachträglich** einen Preisnachlass, so mindert dies die Anschaffungskosten der eingekauften Werkstoffe bzw. Handelswaren, die Höhe der Vorsteuer und die Verbindlichkeiten.

**Ausgangssituation:** Folgende Eingangsrechnung für einen Einkauf von Handelswaren wurde bereits bei uns gebucht: Warenwert 1 200,00 EUR zuzüglich 19 % USt!

**Problemfall:** Aufgrund unserer Reklamation erhalten wir vom Lieferer eine Gutschrift über 300,00 EUR zuzüglich 19 % USt.

**Aufgaben:**

1. Buchen Sie den Problemfall auf Konten und schließen Sie das Konto 2282 ab!
2. Bilden Sie die Buchungssätze!

**Lösungen:**

**Zu 1.: Buchung auf den Konten und Abschluss des Kontos 2282**

| S | 2280 Waren | | H |
|---|---|---|---|
| 4400 | 1 200,00 | 2282 | 300,00 |

| S | 2282 Nachlässe | | H |
|---|---|---|---|
| 2280 | 300,00 | 4400 | 300,00 |

| S | 2600 Vorsteuer | | H |
|---|---|---|---|
| 4400 | 228,00 | 4400 | 57,00 |

| S | 4400 Verbindl. a. Lief. u. Leist. | | H |
|---|---|---|---|
| 2282/2600 | 357,00 | 2280/2600 | 1 428,00 |

**Zu 2.: Buchungssätze**

| Geschäftsvorfall | Konten | Soll | Haben |
|---|---|---|---|
| Wir erhalten eine Gutschrift aufgrund unserer Reklamation in Höhe von 300,00 EUR zuzüglich 19 % USt. | 4400 Verbindl. a. L. u. L.<br>an 2282 Nachlässe<br>an 2600 Vorsteuer | 357,00 | <br>300,00<br>57,00 |
| Abschluss des Unterkontos 2282 Nachlässe | 2282 Nachlässe<br>an 2280 Waren | 300,00 | <br>300,00 |

## (3) Buchung von Liefererboni

Um treue Kunden zu belohnen, gewähren Lieferer beim Erreichen einer bestimmten Umsatzhöhe häufig Umsatzrückvergütungen. Dieser nachträgliche Preisnachlass wird Umsatzbonus (kurz: Bonus) genannt. Der Bonus ist somit ein Mengen- oder Treuerabatt. Die uns von Lieferern gewährten Boni mindern nachträglich die Anschaffungskosten der eingekauften Werkstoffe bzw. Handelswaren und werden damit ebenfalls auf dem Konto Nachlässe gebucht. Durch die nachträgliche Preisminderung muss die erfasste Vorsteuer um den auf den Bonus entfallenden Steueranteil korrigiert werden.

| Geschäftsvorfall | Konten | Soll | Haben |
|---|---|---|---|
| Der Rohstoff-Lieferer gewährt uns einen Umsatzbonus in Form folgender Gutschrift<br>Umsatzrückvergütung (Bonus) 700,00 EUR<br>+ 19 % USt 133,00 EUR<br>Gutschriftsbetrag 833,00 EUR | 4400 Verbindl. a. L. u. L.<br>an 2002 Nachlässe<br>an 2600 Vorsteuer | 833,00 | <br>700,00<br>133,00 |

**Merke:**

Gutschriften des Lieferers aufgrund einer Mängelrüge sowie Umsatzboni des Lieferers werden auf dem Unterkonto Nachlässe des betreffenden Bestandskontos auf der Habenseite gebucht. Beide Fälle führen daher zum gleichen Buchungssatz.

## (4) Liefererskonti

Werden Liefererrechnungen unter Skontoabzug gezahlt, ist der Skonto auf dem Unterkonto **„Nachlässe"** zu erfassen, das dem entsprechenden Werkstoff- oder Warenkonto zugeordnet ist.

- Werden z. B. **Liefererrechnungen für Rohstoffeinkäufe** mit Skontoabzug gezahlt, ist der Skonto auf dem Unterkonto **2002** zu erfassen.
- Werden z. B. **Liefererrechnungen für Einkäufe von Handelswaren** mit Skontoabzug gezahlt, ist der Skonto auf dem Unterkonto **2282** zu buchen.

**Beispiel:**

| | |
|---|---|
| Wir bezahlen eine Liefererrechnung für Rohstoffe über | 5950,00 EUR |
| unter Abzug von 2% Skonto | – 119,00 EUR |
| Banküberweisung | 5831,00 EUR |

**Aufgaben:**

1. Buchen Sie den Geschäftsvorfall auf Konten und schließen Sie das Konto 2002 Nachlässe ab!
2. Bilden Sie die Buchungssätze!

**Lösungen:**

**Zu 1.: Buchung auf den Konten und Abschluss des Kontos 2002**

| S | 2000 Rohstoffe | | H |
|---|---|---|---|
| 4400 | 5000,00 | 2002 | 100,00 |

| S | 4400 Verbindlichkeiten a.Lief.u.Leist. | | H |
|---|---|---|---|
| 2600/2800/ 2002 | 5950,00 | 2000/2600 | 5950,00 |

| S | 2600 Vorsteuer | | H |
|---|---|---|---|
| 4400 | 950,00 | 4400 | 19,00 |

| S | 2800 Bank | | H |
|---|---|---|---|
| AB | 7500,00 | 4400 | 5831,00 |

| S | 2002 Nachlässe | | H |
|---|---|---|---|
| 2000 | 100,00 | 4400 | 100,00 |

**Zu 2.: Buchungssätze**

| Geschäftsvorfälle | Konten | Soll | Haben |
|---|---|---|---|
| **Zahlung der Eingangsrechnung mit Skontoabzug** | | | |
| Wir bezahlen eine Liefererrechnung für Rohstoffe über 5950,00 EUR | 4400 Verbindl. a. L. u. L. | 5950,00 | |
| unter Abzug von | an 2800 Bank | | 5831,00 |
| 2% Skonto 119,00 EUR | an 2002 Nachlässe | | 100,00 |
| durch Banküberweisung 5831,00 EUR | an 2600 Vorsteuer | | 19,00 |
| **Abschluss des Unterkontos 2002 Nachlässe** | 2002 Nachlässe | 100,00 | |
| | an 2000 Rohstoffe | | 100,00 |

**Zur Berechnung der Steuerberichtigung:**

Der Skontoabzug in Höhe von 119,00 EUR stellt eine nachträgliche Preisminderung dar, die eine Korrektur der ursprünglich gebuchten Vorsteuer nach sich ziehen muss. Da der Skontobetrag vom Bruttowert der Eingangsrechnung berechnet wird, ist der Korrekturbetrag in diesem Skontobetrag enthalten (Skonto ≙ 119%).

## Übungsaufgaben

**Hinweis:** Buchen Sie alle nachfolgenden Aufgaben nach dem bestandsrechnerischen Verfahren!

**197** Ein Industrieunternehmen erhält für einen Rohstoffeinkauf folgende Rechnung:

| | |
|---|---|
| Listeneinkaufspreis | 1 250,00 EUR |
| – 25 % Liefererrabatt | 312,50 EUR |
| | 937,50 EUR |
| – 3 % Jubiläumsrabatt | 28,13 EUR |
| | 909,37 EUR |
| + 19 % USt | 172,78 EUR |
| Rechnungspreis | 1 082,15 EUR |

Bilden Sie den Buchungssatz für die vorliegende Eingangsrechnung!

**198** Einer Möbelgroßhandlung liegt folgende Eingangsrechnung vor:

| | |
|---|---|
| 5 Bürotische zu je 950,00 EUR | 4 750,00 EUR |
| – 20 % Händlerrabatt | 950,00 EUR |
| | 3 800,00 EUR |
| + Fracht | 320,00 EUR |
| + Verpackung | 90,00 EUR |
| + Transportversicherung | 47,50 EUR |
| | 4 257,50 EUR |
| + 19 % USt | 808,93 EUR |
| Rechnungsbetrag | 5 066,43 EUR |

Bilden Sie den Buchungssatz für die vorliegende Eingangsrechnung!

**199** Buchen Sie für einen Industriebetrieb die folgenden Geschäftsvorfälle im Grundbuch!

1. Der Lieferer sendet uns eine Gutschrift für zurückgesandte Hilfsstoffe zu:

| | |
|---|---|
| Warenwert | 350,00 EUR |
| + 19 % USt | 66,50 EUR |
| Gutschrift | 416,50 EUR |

2. Unser Betriebsstoffe-Lieferer gewährt uns am Jahresende einen Bonus in Höhe von 820,00 EUR zuzüglich 19 % USt.

3. Formulieren Sie zu dem folgenden Buchungssatz den Geschäftsvorfall!

| | |
|---|---|
| 4400 Verbindl. a. Lief. u. Leist. | 172,55 EUR |
| an 2010 Vorprodukte | 145,00 EUR |
| an 2600 Vorsteuer | 27,55 EUR |

4. Wir senden Leihverpackung für Rohstoffe zurück und erhalten eine Gutschrift von 85,00 EUR zuzüglich 19 % USt.

5. Wir senden Fertigteile wegen Beschädigung zurück:

| | | |
|---|---|---|
| Warenwert | 4 120,00 EUR | |
| + 19 % USt | 782,80 EUR | 4 902,80 EUR |

6. 6.1 Das Industrieunternehmen erhält von einem Lieferer eine Rechnung über bezogene Betriebsstoffe in Höhe von 1 760,00 EUR zuzüglich 19 % USt.

   6.2 Am Zahlungstermin begleicht das Unternehmen die Rechnung unter Abzug von 2 % Skonto mit Bankscheck.

7. 7.1 Das Industrieunternehmen erhält von einem Lieferer eine Rechnung über bezogene Handelswaren in Höhe von 4150,00 EUR zuzüglich 19% USt.

   7.2 Am Zahlungstermin begleicht das Unternehmen die Rechnung unter Abzug von 3% Skonto mit Banküberweisung.

**200** Bilden Sie zu den nachfolgenden vier Geschäftsvorfällen die Buchungssätze!

1. Wir kaufen Betriebsstoffe im Gesamtwert von 2150,00 EUR zuzüglich 19% USt gegen Rechnung.
2. Nach Buchung und Überprüfung der Sendung wird ein Teil der Betriebsstoffe wegen Qualitätsmängeln zurückgesandt, netto 430,00 EUR.
3. Wir kaufen Hilfsstoffe auf Ziel lt. ER 689 im Warenwert von 2900,00 EUR zuzüglich 19% USt.
4. Einen Teil der bereits gebuchten Hilfsstoffe senden wir wegen Beschädigung zurück. Warenwert 480,00 EUR zuzüglich 19% USt.
5. Wie ist der Geschäftsvorfall „Rücksendungen von Handelswaren an den Lieferer" zu buchen?

| | | |
|---|---|---|
| [1] | 4400 Verbindl. a. Lief. u. Leist. | an 2280 Waren<br>an 4800 Umsatzsteuer |
| [2] | 4400 Verbindl. a. Lief. u. Leist. | an 2280 Waren<br>an 2600 Vorsteuer |
| [3] | 2280 Waren<br>2600 Vorsteuer | an 4400 Verbindl. a. Lief. u. Leist. |

Übertragen Sie die entsprechende Ziffer als Lösung in Ihr Hausheft!

**201**

**EINKAUFSFACHVERBAND BAYERN GMBH** 85221 DACHAU, ISARSTRASSE 15 – 18

Fahrrad-Center
Fritz Schnell e.Kfm.
Kantstraße 25
35394 Gießen

Eingegangen am
9. Juli 20..
Fritz Schnell

Sehr geehrter Herr Schnell,

wir bestätigen die Rücksendung von zwei Rennrädern wegen Qualitätsmangel

| | |
|---|---|
| Warenwert | 995,80 EUR |
| 19% USt | 189,20 EUR |
| Gesamtwert | 1185,00 EUR |

Bitte nehmen Sie eine entsprechende Verrechnung in Ihrer Buchführung vor.

Mit freundlichen Grüßen

ppa. Dreher

Sitz der Gesellschaft: Dachau    Registergericht Dachau, HRB 51    Steuer-Nr.: 220/3456

Bilden Sie den Buchungssatz für die Warenrücksendung aus der Sicht des Fahrrad-Centers Fritz Schnell e.Kfm.!

**202** Am Monatsende ergeben sich bei einem Industriebetrieb folgende Werte:

| S | 2000 Rohstoffe | H |
|---|---|---|
| AB | 81 400,00 | |

| S | 6000 Aufwendungen für Rohstoffe | H |
|---|---|---|
| | | |

| S | 2001 Bezugskosten | H |
|---|---|---|
| Su | 2 100,00 | |

| S | 2002 Nachlässe | H |
|---|---|---|
| | Su | 1 700,00 |

Der Inventurbestand der Rohstoffe beträgt 21 500,00 EUR.

1. Richten Sie zusätzlich die Konten 8010 SBK und 8020 GuV ein, schließen Sie die Konten ab und bilden Sie die Buchungssätze!
2. Wie viel EUR beträgt der Rohstoffverbrauch?

**203** Bilden Sie die Buchungssätze aus der Sicht der Sprinz GmbH!

1. Für die Eingangsrechnung!
2. Für die Zahlung innerhalb von 8 Tagen unter Abzug von 2 % Skonto per Bankscheck.

**Keramik Werkstatt · 56235 Ransbach-Baumbach**

Glasfabrik Sprinz GmbH
Erfurter Str. 10 – 14
10825 Berlin

**Rechnung**

| Kd.-Nr. | L.-Datum | R.-Nr. | R.-Datum |
|---|---|---|---|
| 11 737 | 20.07.20.. | 0727 | 27.07.20.. |

Ihr Auftrag vom 27. Juni 20.. Restlieferung Versand unfrei

| Art.-Nr. | Artikel-Bezeichnung | Menge | E-Preis | EUR-Betrag |
|---|---|---|---|---|
| 55 | Brottopf flach | 1 | 98,50 | 98,50 |
| 54 | Brottopf neu | 1 | 78,50 | 78,50 |
| 27 | Käseglocke | 1 | 40,50 | 40,50 |
| 19 | Seidel mit Deckel | 1 | 34,50 | 34,50 |
| 14 | Becher | 12 | 5,00 | 60,00 |
| 60 | Krügchen | 12 | 4,50 | 54,00 |

| Warenwert | Fracht | Verpackung | EUR-Betrag | MWSt % | MWSt EUR | Rechn.-Betrag |
|---|---|---|---|---|---|---|
| 366,00 | 20,90 | 7,20 | 394,10 | 19 | 74,88 | 468,98 |

Zahlbar innerhalb von 8 Tagen mit 2 % Skonto oder 30 Tage rein netto

Sie sparen 9,38

Sitz der Gesellschaft: Ransbach-Baumbach Registergericht: Ransbach-Baumbach, HRB 510 St.-Nr.: 771/5081 224



24 Speth u.a. - ISBN 978-3-8120-0260-8

# Anhang 2: Beleggeschäftsgänge zur Vorbereitung auf die schriftliche Abschlussprüfung

## 1 Modellunternehmen

Der schriftlichen Abschlussprüfung zum Bürokaufmann/zur Bürokauffrau wird bundeseinheitlich das Modellunternehmen Heinrich KG zugrunde gelegt.

### 1.1 Daten des Modellunternehmens[1]

| | |
|---|---|
| **Firma**<br>**Geschäftszweck**<br>**Geschäftssitz**<br>**Registergericht** | Heinrich KG<br>Herstellung und Vertrieb von Büromöbeln und Bürozubehör<br>Rahlstedter Str. 144, 22143 Hamburg<br>Amtsgericht Hamburg HRA 1101<br>Steuernummer: 27/430/0027<br>USt.-Id.-Nummer: DE 686093911<br>Die Heinrich KG ist Mitglied des Arbeitgeberverbandes.<br>Der Tarifvertrag findet Anwendung. |
| **Gesellschafter** | Komplementärin: Gerda Heinrich<br>Kommanditistin: Monika Heinrich<br>Kommanditist: Peter Heinrich |
| **Telefon – Telefax**<br>**Homepage**<br>**E-Mail** | ☎ 040 6724-0 Fax: 040 6724-587<br>www.hamburg.heinrich.de<br>info@hamburg.heinrich.de |
| **Bankverbindung** | Hamburger Sparkasse<br>Kto.-Nr. 1 120 239 908<br>BLZ 200 505 50<br>Hamburger Volksbank eG<br>Kto.-Nr. 64 069-754<br>BLZ 201 900 03 |
| **Mitarbeiter/-innen** | 230 Beschäftigte, davon 10 Auszubildende<br>Ein Betriebsrat und eine Jugend- und Auszubildendenvertretung sind eingerichtet. |
| **Auszug aus dem Absatzprogramm** | **Produktionsprogramm (Eigene Erzeugnisse)**<br>▪ Schreibtische<br>▪ Rollcontainer<br>▪ Konferenztische<br>▪ Aktenschränke, -regale<br>▪ Bürostühle<br>▪ Konferenzstühle<br>Produktgruppe 1<br>Echtholz in den Ausführungen Buche, Ahorn und Eiche<br>Produktgruppe 2<br>Kunststoffbeschichtung in verschiedenen Farben<br>**Dienstleistungen**<br>▪ Montage der gelieferten Möbel<br>▪ Entsorgung von Altmöbeln<br>**Handelswaren**<br>▪ Aktenvernichter<br>▪ Schreibtischlampen<br>▪ Flipcharts<br>▪ Telefonschwenkarme<br>▪ Pinnwände<br>▪ PC-/TV-/Hifi-Möbel |

1 Quelle: ZPA Nord-West (leicht modifiziert).

| | |
|---|---|
| **Fertigungsart** | Einzel- und Serienfertigung, Reihen- und Werkstättenfertigung |
| **Stoffe/Vorprodukte** | |
| Rohstoffe | Holz, Edelstahlbleche, Aluminium-, Kunststoff- und Glasteile |
| Hilfsstoffe | Schrauben, Nägel, Kleinteile, Farben, Kitt, Stoffe |
| Betriebsstoffe | Strom, Wasser, Heizöl, Gas, Schmierstoffe |
| Vorprodukte | Türschlösser, Türknöpfe, Griffe aus Holz und Kunststoff |
| **Geschäftsjahr** | 1. Januar bis 31. Dezember |

## 1.2 Auszug aus dem Kontenplan der Heinrich KG

**Debitoren**

2401 Gertrud Brandt KG, Hamburg
2402 Junges Wohnen GmbH, Bremen
2403 Möblix GmbH, Berlin
2404 Westmoor KG, Blomberg
2405 Büroausstatter Winter OHG, München
2406 Brandes GmbH & Co. KG, Leipzig
2407 Innovation AG, Dresden
2408 Weyermann & Söhne KG, Lenningen
2409 Bleibtreu GmbH, Mönchengladbach
2499 Sonstige Kunden

**Kreditoren**

4401 Bernhard Müller OHG, Buchloe
4402 Lenz KG, Nürnberg
4403 Naturholz AG, Augsburg
4404 Voth Maschinenbau OHG, Altdorf
4405 Schraubenspezialist Müller e.K., Braunlage
4406 Holzschutz-, Lack- und Leimwerke AG, Berlin
4407 Blitz-Spedition GmbH, Rellingen
4408 Franz Meyer e.K., Hamburg
4409 Bürotec GmbH, Berlin
4499 Sonstige Lieferanten und Dienstleister

**Bankverbindungen**

2800 Hamburger Sparkasse
2850 Hamburger Volksbank

**Kapital**

3000 Kapital Gerda Heinrich
    3001 Privatkonto Gerda Heinrich
3070 Kapital Peter Heinrich
3080 Kapital Monika Heinrich

Die übrigen Konten stimmen mit dem in diesem Lehrbuch verwendeten Kontenrahmen überein.

# 2 Beleggeschäftsgänge

Zur Vorbereitung auf die Prüfung werden im Folgenden fünf Beleggeschäftsgänge mit dem Modellunternehmen Heinrich KG vorgegeben. Für alle fünf Beleggeschäftsgänge gilt die nachfolgende Aufgabenstellung.

**Aufgaben:**

1. Formulieren Sie auf der Grundlage der Belege den jeweils zugrunde liegenden Geschäftsvorfall!
2. Bilden Sie die Buchungssätze für die Heinrich KG, Rahlstedter Str. 144, 22143 Hamburg!

## 2.1 Beleggeschäftsgang I: Beschaffungswirtschaft (Belege 1–7)

**Beleg 1**

**Naturholz AG Augsburg**

Naturholz AG · Lindenstraße 15 · 86153 Augsburg

Eingang 20. . – 06 – 27

Heinrich KG
Rahlstedter Str. 144
22143 Hamburg

**Bitte stets angeben:**

| | |
|---|---|
| Rechnungsdatum: | 25.06.20.. |
| Rechnungs-Nr.: | 345376 |
| Kunden-Nr.: | 4711 |
| Lieferdatum: | 24.06.20.. |

Rechnungs-Nr. H 345 376

| Pos. | Menge | Bezeichnung | Einzelpreis | Gesamtbetrag in EUR |
|---|---|---|---|---|
| 1 | 46 | Spanplatten 19 mm | 40,25 | 1 851,50 |
| | | – 20 % Liefererrabatt | | 370,30 |
| | | | | 1 481,20 |
| | | – 5 % Jubiläumsrabatt | | 74,06 |
| | | | | 1 407,14 |
| | | + 19 % USt | | 267,36 |
| | | | | 1 674,50 |

Zahlungsziel: 20 Tage ab Rechnungsdatum. Bei Zahlung innerhalb von 7 Tagen ab Rechnungsdatum 2 % Skonto

Sitz der Gesellschaft:
86153 Augsburg
Telefon: 0821 347681
Telefax: 0821 347682

RG Augsburg
HRB 15237
Steuer-Nr.:
231/3456/4612

Volksbank Augsburg
Kto.-Nr. 123 897 900
BLZ: 720 900 00

Sparkasse Augsburg
Kto.-Nr. 135 231 650
BLZ: 720 500 00

**Beleg 2**

BERNHARD MÜLLER OHG
METALLWARENFABRIK

Bernhard Müller OHG · Waldkauzstr. 1 · 86804 Buchloe

Eingang 20.. – 06 – 28

Heinrich KG
Rahlstedter Str. 144
22143 Hamburg

Lieferdatum: 22.06.20..
Datum: 26.06.20..
Kunden-Nr.: 333

Rechnungs-Nr. Me 109262

| Pos. | Menge | Bezeichnung | Einzelpreis | Gesamtbetrag in EUR |
|---|---|---|---|---|
| 1 | 500 | Bürotischgestelle Typ 2a | 85,00 | 42500,00 |
| | | + Fracht | | 1200,00 |
| | | + Verpackung | | 370,00 |
| | | + Transportversicherung | | 637,50 |
| | | | | 44707,50 |
| | | + 19% USt | | 8494,43 |
| | | | | 53201,93 |

Zahlungsbedingungen: 2% Skonto innerhalb 14 Tage, 30 Tage Ziel

Sitz der Gesellschaft: 86804 Buchloe, Telefon: 08241 23457, Telefax: 08241 23458
RG Kaufbeuren, HRA 5664
VR Bank Kaufbeuren, Kto.-Nr. 45 87 22
Kreis- u. Stadtsparkasse Buchloe

**Beleg 3**

BERNHARD MÜLLER OHG
METALLWARENFABRIK

Bernhard Müller OHG · Waldkauzstr. 1 · 86804 Buchloe

Eingang 20.. – 07 – 02

Heinrich KG
Rahlstedter Str. 144
22143 Hamburg

| Ihr Zeichen, Ihre Nachricht vom | Unser Zeichen, unsere Nachricht vom | Datum |
|---|---|---|
| ri/ka 28.06.20.. | mü/fe | 30.06.20.. |

Sehr geehrte Frau Heinrich,

in der Rechnung vom 26. Juni 20.. haben wir versehentlich keinen Mengenrabatt gewährt.

Selbstverständlich erhalten Sie den vereinbarten Rabatt nachträglich per Gutschrift:

| | | |
|---|---|---|
| 20% Mengenrabatt vom Warenwert | 42500,00 EUR: | 8500,00 EUR |
| | + 19% USt | 1615,00 EUR |
| | Gutschrift | 10115,00 EUR |

Entschuldigen Sie bitte unser Versehen.

Mit freundlichen Grüßen

B. Müller

Sitz der Gesellschaft: 86804 Buchloe, Telefon: 08241 23457, Telefax: 08241 23458
RG Kaufbeuren, HRA 5664, Steuer-Nr.: 44/566/11
VR Bank Kaufbeuren, Kto.-Nr. 45 87 22, BLZ: 734 600 46
Kreis- u. Stadtsparkasse Buchloe, Kto.-Nr. 89 12 34, BLZ: 734 500 00

**Beleg 4**

# Naturholz AG Augsburg

Naturholz AG · Lindenstraße 15 · 86153 Augsburg

Eingang 20. . – 07 – 02

Heinrich KG
Rahlstedter Str. 144
22143 Hamburg

| Ihr Zeichen, Ihre Nachricht vom | Unser Zeichen, unsere Nachricht vom | Datum |
|---|---|---|
| ri/ka 27.06.20.. | um/he | 29.06.20.. |

Sehr geehrte Damen und Herren,

wir bestätigen die Rücksendung von acht Spanplatten 19 mm wegen Qualitätsmangel:

| | |
|---|---|
| Warenwert 8 Spanplatten 19 mm à 40,25 EUR | 322,00 EUR |
| + 19 % USt | 61,18 EUR |
| Gesamtwert | 383,18 EUR |

Bitte nehmen Sie eine entsprechende Verrechnung in Ihrer Buchführung vor.

Mit freundlichen Grüßen
ppa. Franzelt

Sitz der Gesellschaft: RG Augsburg Volksbank Augsburg Sparkasse Augsburg
86153 Augsburg
Telefon: 0821 347681
Telefax: 0821 347682

**Beleg 5**

Blitz -Spedition GmbH
Umzüge Logistik Transporte

Blitz Spedition GmbH · Postfach 341278 · 25462 Rellingen

Eingang 20. . – 06 – 25

Heinrich KG
Rahlstedter Str. 144
22143 Hamburg

**Bitte stets angeben:**

| | |
|---|---|
| Kunden-Nr.: | 234-8 |
| Rechnungs-Nr.: | 5679 |
| Rechnungsdatum: | 23.06.20.. |

| Ihr Zeichen, Ihre Nachricht vom | Unser Zeichen, unsere Nachricht vom | Datum |
|---|---|---|
| ge/ho 08.06.20.. | kü/ge | 23.06.20.. |

**Rechnung**

Gemäß Ihrem Auftrag vom 8. Juni 20.. lieferten wir Ihnen einen Fräsautomaten von Ihrem Lieferanten, der Voth Maschinenbau OHG Altdorf:

| | |
|---|---|
| Transportkosten, netto | 1 300,00 EUR |
| + 19 % USt | 247,00 EUR |
| Gesamtbetrag | 1 547,00 EUR |

Zahlungsziel: 20 Tage ab Rechnungsdatum.
Bei Zahlung innerhalb von 7 Tagen ab Rechnungsdatum 2 % Skonto.

| | | | |
|---|---|---|---|
| Sitz der Gesellschaft: | RG Pinneberg | VR Bank Pinneberg | Hamburger Sparkasse |
| 25462 Rellingen | HRB 15237 | Filiale Rellingen | Filiale Rellingen |
| Telefon: 04101 2323 | Steuer-Nr.: | Kto.-Nr. 23 12 56 | Kto.-Nr. 235 231 150 |
| Telefax: 04101 2324 | 23/678 | BLZ: 221 914 05 | BLZ: 200 505 50 |

**Beleg 6**

**schindele**
rundum gut versorgt und mobil

✓ Mineralöle/Kraft- und Schmierstoffe
✓ Heizöle/Brennstoffe
✓ Landwirtschaftsservice
✓ Reifen-Fachmarkt
✓ LKW- und PKW-Waschanlagen
✓ Zweirad-Fachmarkt

Schindele Handels GmbH & Co. KG · Buchenhof 17 · 22605 Hamburg

**24-h-Tankstellen in:**
Buxtehude
Bremen
Elmshorn
Flensburg
Itzehoe
Kiel
Lübeck

Heinrich KG
Rahlstedter Str. 144
22143 Hamburg

**Bitte stets angeben:**

| | |
|---|---|
| Rechnung | 545352 |
| Kunden-Nr. | 18506 |
| Datum | 15.06.20.. |

| Artikel-Bezeichnung/-nummer | MwSt | Menge | Preis | Nettobetrag in EUR |
|---|---|---|---|---|
| Lieferschein 356804 | | | | |
| Leistungsdatum: 15.06.20.. entspricht dem Rechnungsdatum | | | | |
| Heizöl leicht | | | | |
| 7510007 | 1 | 2509,00 | 0,46 | 1154,14 |
| incl. gesetzl. Bevorratungsbeitrag | | 0,35 | | |
| Gefahrgut-Verordnungspauschale | | | | |
| 7999999 | 1 | 1,00 | 10,00 | 10,00 |
| | | | Nettowarenwert | 1164,14 |
| | | | MwSt 19 % | 221,19 |
| | | | Rechnungsbetrag | 1385,33 |

Zahlbar bis 20.06. ohne Abzug bei uns eingehend.

Bei verspätetem Zahlungseingang müssen wir die üblichen Verzugszinsen berechnen. Hierfür bitten wir um Verständnis.

Sitz der Gesellschaft:
22605 Hamburg
Telefon: 040 32271
Telefax: 040 32272

**Beleg 7**

MICHAELTEUBNER

Heizungsinstallation - Wartung und Reperaturen

Michael Teubner e.K. · Hamburger Str. 18 · 25335 Elmshorn

Heinrich KG
Rahlstedter Str. 144
22143 Hamburg

**Bitte stets angeben:**

| | |
|---|---|
| Rechnungsdatum: | 25.06.20.. |
| Leistungsdatum: | 23.06.20.. |
| Kunden-Nr.: | 1356 |

Rechnungs-Nr. 8732

| Pos. | Menge | Bezeichnung | Einzelpreis | Gesamtbetrag in EUR |
|---|---|---|---|---|
| | | Wartung Heizungsanlage im Bürogebäude in der Rahlstedter Str. 144 | | |
| 1 | 3 | Gesellenstunden | 51,80 | 155,40 |
| | | + 19 % USt | | 29,53 |
| | | Rechnungsbetrag | | 184,93 |

Zahlung in 8 Tagen ab Rechnungsdatum.

Sitz der Gesellschaft:
25335 Elmshorn
Telefon: 04121 7914-35

Steuer-Nr.:
25/336/34873
USt.-Id.-Nr.:

Bankverbindung:
Sparkasse Elmshorn
Kto.-Nr. 48 127 065

Michael Teubner e.K.
Eigentumsvorb. nach § 449 BGB

## 2.2 Beleggeschäftsgang II: Absatzwirtschaft (Belege 8–12)

**Beleg 8**

# Heinrich KG
Büromöbel und Bürozubehör

Heinrich KG · Rahlstedter Str. 144 · 22143 Hamburg

Möbelhaus Westmoor KG
Deichhausweg 28
32825 Blomberg

| Bestell-Nr. | Bestelldatum | Lieferschein-Nr. | Telefon | Fax |
|---|---|---|---|---|
| 2654 | 02.06.20.. | 56432-04 | 040 6724-556 | 040 6724-587 |

**Bei Zahlung unbedingt angeben:**
Rechnungsdatum: 08.06.20..
Kunden-Nr.: 2505
Rechnungs-Nr.: 2254/03

Wir berechnen für unsere Lieferung vom 04.06.20..

| Artikel-Nr. | Menge (Stück) | Artikelbezeichnung | Einzelpreis EUR | Gesamtbetrag EUR |
|---|---|---|---|---|
| 1235 | 15 | Aktenschrank FT, verglast | 168,80 | 2532,00 |

| | |
|---|---|
| Warenwert (netto) | 2532,00 |
| 5 % Rabatt | 126,60 |
| Rechnungsbetrag (netto) | 2405,40 |
| 19 % USt | 457,03 |
| Rechnungsbetrag | 2862,43 |

Zahlungsbedin

Hamburger Spark
BLZ 200 505 50
Kto.-Nr. 1 120 239

**Beleg 9**

# Heinrich KG
Büromöbel und Bürozubehör

Heinrich KG · Rahlstedter Str. 144 · 22143 Hamburg

Büroausstatter Winter OHG
Schmedererweg 8
81541 München

| Bestell-Nr. | Bestelldatum | Lieferschein-Nr. | Telefon | Fax |
|---|---|---|---|---|
| 2892 | 02.06.20.. | 58229-02 | 040 6724-556 | 040 6724-587 |

**Bei Zahlung unbedingt angeben:**
Rechnungsdatum: 10.06.20..
Kunden-Nr.: 5421
Rechnungs-Nr.: 2245/11

Wir berechnen für unsere Lieferung vom 04.06.20..

| Artikel-Nr. | Menge (Stück) | Artikelbezeichnung | Einzelpreis EUR | Gesamtbetrag EUR |
|---|---|---|---|---|
| 7799 | 30 | Schreibtischlampe Typ Xenon 007 | 47,50 | 1425,00 |

| | |
|---|---|
| Warenwert (netto) | 1425,00 |
| – 7 % Rabatt | 99,75 |
| Rechnungsbetrag (netto) | 1325,25 |
| 19 % USt | 251,80 |
| Rechnungsbetrag | 1577,05 |

Zahlungsbedingungen ab Rechnungsdatum: bis 10 Tage 2 % Skonto, bis 30 Tage netto Kasse.

| | | |
|---|---|---|
| Hamburger Sparkasse | Hamburger Volksbank eG | Amtsgericht Hamburg, HRA 1101 |
| BLZ 200 505 50 | BLZ 201 900 03 | Steuer-Nr.: 27/430/0027 |
| Kto.-Nr. 1 120 239 908 | Kto.-Nr. 64069-754 | USt.-Id.-Nr.: DE 686093911 |

**Beleg 10**

# Heinrich KG

## Büromöbel und Bürozubehör

Heinrich KG · Rahlstedter Str. 144 · 22143 Hamburg

Innovation AG
Am Winkel 19
01109 Dresden

| Bestell-Nr. | Bestelldatum | Lieferschein-Nr. | Telefon | Fax |
|---|---|---|---|---|
| 2210 | 10.06.20.. | 212/22 | 040 6724-556 | 040 6724-587 |

**Bei Zahlung unbedingt angeben:**

Rechnungsdatum: 16.06.20..
Kunden-Nr.: 3355
Rechnungs-Nr.: 7788/99

Wir berechnen für unsere Lieferung vom 16.06.20..

| Artikel-Nr. | Menge (Stück) | Artikelbezeichnung | Einzelpreis EUR | Gesamtbetrag EUR |
|---|---|---|---|---|
| 1032 | 5 | Konferenztische Top 1 | 1312,00 | 6560,00 |
| | | Warenwert (netto) | | 6560,00 |
| | | + Furnierzuschlag „Mahagoni" | | 500,00 |
| | | | | 7060,00 |
| | | – 10 % Rabatt | | 706,00 |
| | | | | 6354,00 |
| | | + Zustellkosten | | 480,00 |
| | | | | 6834,00 |
| | | + 19 % USt | | 1298,46 |
| | | Rechnungsbetrag | | 8132,46 |

Zahlungsbedingungen ab Rechnungsdatum: bis 10 Tage 2 % Skonto, bis 30 Tage netto Kasse.

Hamburger Sparkasse
BLZ 200 505 50
Kto.-Nr. 1 120 239 908

Hamburger Volksbank eG
BLZ 201 900 03
Kto.-Nr. 64069-754

Amtsgericht Hamburg, HRA 1101
Steuer-Nr.: 27/430/0027
USt.-Id.-Nr.: DE 686093911

**Beleg 11**

inno:vation

Innovation AG · Am Winkel 19 · 01109 Dresden

Heinrich KG
Rahlstedter Str. 144
22143 Hamburg

Dresden, 20.06.20..

Rechnungs-Nr. 7788/99

Aufgrund eines Furnierfehlers – „Eiche" statt „Mahagoni" – senden wir einen Konferenztisch, Artikel-Nr. 1032, zurück. Bitte nehmen Sie eine entsprechende Verrechnung in Ihrer Buchhaltung vor.

Innovations AG
i. A. Meyerling

**Beleg 12**

# Heinrich KG

Büromöbel und Bürozubehör

Heinrich KG · Rahlstedter Str. 144 · 22143 Hamburg

Büroausstatter Winter OHG
Schmedererweg 8
81541 München

| Bestell-Nr. | Bestelldatum | Lieferschein-Nr. | Telefon | Fax |
|---|---|---|---|---|
| | | | 040 6724-556 | 040 6724-587 |

**Bonusgutschrift**

Auf die gelieferten Schreibtischlampen – Rechnung 2245/11 vom 10.06.20.. – gewähren wir einen Umsatzbonus von 4 %.

| | |
|---|---|
| Bonus | 53,01 EUR |
| + 19 % Umsatzsteuer | 10,07 EUR |
| Gutschrift | 63,08 EUR |

| | | |
|---|---|---|
| Hamburger Sparkasse | Hamburger Volksbank eG | Amtsgericht Hamburg, HRA 1101 |
| BLZ 200 505 50 | BLZ 201 900 03 | Steuer-Nr.: 27/430/0027 |
| Kto.-Nr. 1 120 239 908 | Kto.-Nr. 64069-754 | USt.-Id.-Nr.: DE 686093911 |

## 2.3 Beleggeschäftsgang III: Zahlungsverkehr (Belege 13–20)

**Beleg 13**

**Beleg für Kontoinhaber**/Einzahler-Quittung

Name und Sitz des Kreditinstituts des Überweisenden: 

Bankleitzahl: 201 900 03

Hamburger Volksbank eG

Begünstigter: Name, Vorname/Firma (max. 27 Stellen): Naturholz AG, Lindenstr. 15, 86153 Augsburg

Konto-Nr. des Begünstigten: 123897900

Bankleitzahl: 720 900 00

Kreditinstitut des Begünstigten: Volksbank Augsburg

EUR

Betrag: Euro, Cent: 1674,50

Kunden-Referenznummer - Verwendungszweck, ggf. Name und Anschrift des Überweisenden - (nur für Begünstigten): Ihre Rechnung vom 25. Juni 20..

noch Verwendungszweck (insgesamt max. 2 Zeilen à 27 Stellen): Rechnung-Nr. H 345376

Kontoinhaber/Einzahler: Name, Vorname/Firma, Ort (max. 27 Stellen, keine Straßen- oder Postfachangaben): Heinrich KG, 22143 Hamburg

Konto-Nr. des Kontoinhabers: 64069-754

II

20.07.20.. G. Heinrich

**Beleg 14**

MUSIK Randlinger & Jell

Musik Randlinger & Jell · 83123 Amerang · Kammer 12

Frau
Gerda Heinrich
Weidendamm 12
21109 Hamburg

| | |
|---|---|
| Rechnungsdatum: | 12.06.20.. |
| Kunden-Nr.: | 13483 |
| Steuer-Nr.: | 156 173 41503 |
| USt-Id-Nr.: | DE 228 486 140 |
| Lieferdatum: | 12.06.20.. |

Rechnung-Nr. 2214

| Pos. | Menge | Bezeichnung | Einzelpreis EUR | Gesamtbetrag EUR |
|---|---|---|---|---|
| 1 | 1,00 | Yamaha P-140 E-Piano | 1 149,00 | 1 149,00 |
| 2 | 1,00 | Keyboardständer 1890 The Rick silver | 59,00 | 59,00 |
| | | Gesamtbetrag | | 1 208,00 |

Der Gesamtbetrag setzt sich aus netto 1015,13 EUR zuzüglich 19 % USt. = 192,87 EUR zusammen.

Die Lieferung des Pianos erfolgte an die Privatadresse Weidendamm 12, 1. Stock.

Besuchen Sie auch unsere Internetadresse unter www.musikrandlinger.de.

Musik Randlinger & Jell 83123 Amerang Kammer 12 Tel.: 08075 8239 Fax: 08075 9752 Sparkasse Amerang Kto.-Nr. 962787 (BLZ 711 526 80)
Ust.Id-Nr.: DE 228486140 IBAN: DE 52711526800000962787 SWIFT-BIC: BYLADEM 1 WSB www.musikrandlinger.de
E-Mail: info@musikrandlinger.de Gerichtsstand Traunstein. Die Ware bleibt bis zur vollständigen Bezahlung Eigentum der Firma.

---

**Beleg für Kontoinhaber**/Einzahler-Quittung

Name und Sitz des Kreditinstituts des Überweisenden

Bankleitzahl: 200 505 50

Haspa
Hamburger Sparkasse

Begünstigter: Name, Vorname/Firma (max. 27 Stellen)
Musik Randlinger & Jell, Kammer 12, 83123 Amerang

Konto-Nr. des Begünstigten: 962787

Bankleitzahl: 711 526 80

Kreditinstitut des Begünstigten: Sparkasse Amerang

EUR

Betrag: Euro, Cent: 1208,00

Kunden-Referenznummer - Verwendungszweck, ggf. Name und Anschrift des Überweisenden - (nur für Begünstigten)
Rechnung-Nr. 2214 vom 12.06.20..

noch Verwendungszweck (insgesamt max. 2 Zeilen à 27 Stellen)

Kontoinhaber/Einzahler: Name, Vorname/Firma, Ort (max. 27 Stellen, keine Straßen- oder Postfachangaben)
Heinrich KG, 22143 Hamburg

Konto-Nr. des Kontoinhabers: 1120239908

II

14.06.20.. G. Heinrich

**Beleg 15**

## Quittung

EUR

Betrag 500,00

Nr.

inclusive % MwSt./Betrag

Betrag in Worten fünfhundert--------------

von Gerda Heinrich:

für Barentnahme für private Zwecke

dankend erhalten

Datum/Ort 12. Juni 20..

Buchungsvermerke

Stempel/Unterschrift des Empfängers

**Heinrich KG**

J. Heinrich

**Beleg 16**

201 900 03

**Hamburger Volksbank eG**

**Scheck-Einreichung**

zum Einzug und zur Gutschrift E. v.

Datum: 20. Juni 20..

Unterschrift des Einreichers: Krämer

| | Schecknummer | Konto-Nummer oder Name des Scheck-Ausstellers | Bankleitzahl bezogenes Kreditinstitut | Betrag |
|---|---|---|---|---|
| 1 | 4 302 314 | 137481 Westmoor | 285 622 97 | 2862,43 |
| 2 | | | | |
| 3 | | | | |
| 4 | | | | |

**Bitte alle Schecks mit dem Vermerk »Nur zur Verrechnung« versehen.**

Stück: 01

EUR

Gesamtbetrag: Euro, Cent: 2862,43

Kontoinhaber: Name, Vorname/Firma, Ort (max. 27 Stellen): Heinrich KG Hamburg

Konto-Nr. des Zahlungsempfängers: 64069-754

V

89

Mehrzweckfeld | X | Konto-Nr. | X | Betrag | X | Bankleitzahl | X | Text

408 699 02.2002

89H

*Bitte dieses Feld nicht beschriften und nicht bestempeln*

**Beleg 17**

**Empfangsbescheinigung**
über die Einzahlung auf eigenes Konto

für Kontoinhaber
Fa. Heinrich KG, Hamburg

Kontonummer
1 120 239 908

450,00

Hamburger Sparkasse

B0710 10.06.20..EIN *** 450,00+ GV0245 0000121196/113756

Für den Einzahlungstag und den Betrag ist der Maschinendruck maßgebend. 2

**Beleg 18**

| | | |
|---|---|---|
| **Beleg für Kontoinhaber**/Einzahler-Quittung<br>Name und Sitz des Kreditinstituts des Überweisenden | 200 505 50<br>Bankleitzahl | Haspa<br>Hamburger Sparkasse |

Begünstigter: Name, Vorname/Firma (max. 27 Stellen)
Finanzamt Hamburg

Konto-Nr. des Begünstigten: 123490200
Bankleitzahl: 200 000 00

Kreditinstitut des Begünstigten
Sparkasse Hamburg

EUR | Betrag: Euro, Cent: 1620,00

Kunden-Referenznummer - Verwendungszweck, ggf. Name und Anschrift des Überweisenden - (nur für Begünstigten)
Kfz-Steuer Lkw HH-ME 109

noch Verwendungszweck (insgesamt max. 2 Zeilen à 27 Stellen)

Kontoinhaber/Einzahler: Name, Vorname/Firma, Ort (max. 27 Stellen, keine Straßen- oder Postfachangaben)
Heinrich KG, Rahlstedter Str. 144, 22143 Hamburg

Konto-Nr. des Kontoinhabers
1120239908

II

12.06.20.. J. Heinrich

**Beleg 19**

# Heinrich KG

## Büromöbel und Bürozubehör

**Buchungsanweisung**

– Entnahme für private Zwecke –

| | |
|---|---|
| Schreibtisch Future 2010 | 360,00 EUR |
| + 19 % Umsatzsteuer | 68,40 EUR |
| | 428,40 EUR |

Hamburg, 24.06.20…

J. Heinrich
Unterschrift

**Beleg 20**

**Peter Henze e. K. – Handelsvertretung**

Peter Henze e.K. · Ansberger Str. 16 · 25336 Elmshorn

Heinrich KG
Rahlstedter Str. 144
22143 Hamburg

Eingang 20. . – 06 – 25

Name: Frau Mertens
Telefon: 04121 423222-02
Telefax: 04121 423222-08

| Bei Zahlung bitte stets angeben: | | |
|---|---|---|
| Kunden-Nr. | Rechnungs-Nr. | Rechnungsdatum |
| 420 | 1205 | 24.06.20.. |

## Abrechnung Vertriebsprovision

Für den Monat Mai erlaube ich mir zu berechnen:

4 % Provision von 140 000,00 EUR Umsatz laut gesonderter Aufstellung:

| | |
|---|---|
| Provision, netto | 5 600,00 EUR |
| 19 % Umsatzsteuer | 1 064,00 EUR |
| | 6 664,00 EUR |

Bitte überweisen Sie den Betrag innerhalb von zehn Tagen ab Rechnungsdatum.

Peter Henze e.K.
Postfach 1128, 25330 Elmshorn
Internet: www.peterhenze.de
Steuer-Nr.: 25/135/37437
USt.-Id.-Nr.: DE 657219438

Bankverbindungen:
Sparkasse Elmshorn
Kto.-Nr. 68 327 000
BLZ 221 500 00

Vereins- u. Westbank AG Hamburg
Kto.-Nr. 392 452
BLZ 200 300 00

Amtsgericht Elmshorn, HRA 17840
Eigentumsvorbehalt nach § 449 BGB
Gerichtsstand für beide Teile: Elmshorn

## 2.4 Beleggeschäftsgang IV: Personalwirtschaft (Belege 21–24)

**Beleg 21**

Beleg für Kontoinhaber/Einzahler-Quittung

Name und Sitz des Kreditinstituts des Überweisenden

Bankleitzahl: 201 900 03

Hamburger Volksbank eG

Begünstigter: Name, Vorname/Firma (max. 27 Stellen)
Finanzamt Hamburg

Konto-Nr. des Begünstigten: 123490200

Bankleitzahl: 200 000 00

Kreditinstitut des Begünstigten: Sparkasse Hamburg

EUR Betrag: Euro, Cent: 15280,44

Kunden-Referenznummer - Verwendungszweck, ggf. Name und Anschrift des Überweisenden - (nur für Begünstigten)
Lohn- und Kirchensteuer, Soli.-Zuschlag Mai 20..

noch Verwendungszweck (insgesamt max. 2 Zeilen à 27 Stellen)
Steuer-Nr. 27/430/0027

Kontoinhaber/Einzahler: Name, Vorname/Firma, Ort (max. 27 Stellen, keine Straßen- oder Postfachangaben)
Heinrich KG,

Konto-Nr. des Kontoinhabers: 64069-754

**Beleg 22**

**Ausgabebeleg**

Kassenbeleg-Nr.

| | | | | |
|---|---|---|---|---|
| netto | € | 700 | Ct | 00 |
| USt ____ % | | | Ct | |
| gesamt | € | 700 | Ct | 00 |

Ausgezahlt wurden an
Frau
Anna Böhm
im Hause

| Tausender | Hunderter | Zehner | Einer | Ct wie oben |
|---|---|---|---|---|
| --------------- | Sieben | --------------- | --------------- | |

Freie Felder durchstreichen

für Gehaltsvorschuss für Juli 20..

zulasten

Ort Hamburg

Datum 12.06.20..

Buchungsvermerke

Gesamtbetrag dankend erhalten

Böhm

Unterschrift des Empfängers

**Beleg 23**

Beleg für Kontoinhaber/Einzahler-Quittung

Name und Sitz des Kreditinstituts des Überweisenden

Bankleitzahl: 201 900 03

Hamburger Volksbank eG

Begünstigter: Name, Vorname/Firma (max. 27 Stellen)
Berufsgenossenschaft Hamburg

Konto-Nr. des Begünstigten: 66456321

Bankleitzahl: 200 100 10

Kreditinstitut des Begünstigten: Sparkasse Hamburg

EUR Betrag: Euro, Cent: 3160,00

Kunden-Referenznummer - Verwendungszweck, ggf. Name und Anschrift des Überweisenden - (nur für Begünstigten)
Beitrag April/Mai 20..

noch Verwendungszweck (insgesamt max. 2 Zeilen à 27 Stellen)

Kontoinhaber/Einzahler: Name, Vorname/Firma, Ort (max. 27 Stellen, keine Straßen- oder Postfachangaben)
Heinrich KG, Rahlstedter Str. 144, 22143 Hamburg

Konto-Nr. des Kontoinhabers: 64069-754

04.06.20.. J. Heinrich

**Beleg 24**

| Monat/Jahr | Personal-Nr. | Werk | Abteilung | Kostenst. | Schicht | Pers.-Kreis | Name | Anschrift | Blatt |
|---|---|---|---|---|---|---|---|---|---|
| 06.20.. | 8 | | 04 | | | | LENA MEYER | Rembrandtstr. 14<br>21077 Hamburg | |

| Lohnsteuer | Kirchensteuer | SV-Kz | Kasse | Freibetrag monatlich | Freibetrag jährlich | Geburtsdatum | Eintrittsdatum |
|---|---|---|---|---|---|---|---|
| 1 | RK | 121 | DAK/WA | | | 20.11.1988 | 01.08.20.. |

| Lohn-/Gehaltsart | Zuschl. % | Stunden | Tarifl./Std. | ÜZ/Std. | Zul./Std. | Grundlohn/-gehalt | Steuerpfl. Zuschläge | Steuerfreie Zuschläge | Bezugs-/Abzugsart | Betrag |
|---|---|---|---|---|---|---|---|---|---|---|
| AUSHILFSLOHN | | | | | | 1940,00 | | | | |
| | | | | | | 1940,00 | | | | |

| Tage | | | |
|---|---|---|---|
| 30 | 30 | 30 | 30 |

| Steuerbrutto | Berlinpfl. Brutto | Gesamtbrutto |
|---|---|---|
| | | 1940,00 |

| Krankenvers.-Brutto | Rentenvers.-Brutto | Arbeitslosenvers.-Brutto | Lohnsteuer | Kirchensteuer | Krankenvers. | Rentenvers. | Arbeitslosenvers. | Netto | Bezüge/Abzüge | Auszahlung |
|---|---|---|---|---|---|---|---|---|---|---|
| 1940,00 | 1940,00 | 1940,00 | 257,50* | 21,96 | 196,43** | 193,03 | 32,01 | 1239,07 | | 1239,07 |

**Bis einschließlich zum Abrechnungsmonat aufgelaufene Jahressummen:**

| Steuerbrutto | Berlinpfl. Brutto | Gesamtbrutto | Lohnsteuer | Kirchensteuer | Bezüge/Abzüge | Netto |
|---|---|---|---|---|---|---|
| 1940,00 | | 1940,00 | 257,50 | 21,96 | | 1239,07 |

| Krankenvers.-Brutto | Rentenvers.-Brutto | Arbeitslosenvers.-Brutto | Berlinzulage | | Verm.-Bildung | Sparzulage |
|---|---|---|---|---|---|---|
| 1940,00 | 1940,00 | 1940,00 | | | | |

| Krankenvers.-Beitrag | Rentenvers.-Beitrag | Arbeitslosenvers.-Beitrag | SV-Beitrag gesamt | Urlaubsanspruch Tarif / Rest Vorjahr neu zur Verf. | Schicht-frei-zeit / Alters-frei-zeit / Gesamt zur Verf. | Schwerbehindert Rest Vorjahr neu zur Verf. |
|---|---|---|---|---|---|---|
| 196,43 | 193,03 | 32,01 | 421,47 | | | |

| Krankenvers.-Tage | Rentenvers.-Tage | Arbeitslosenvers.-Tage | Gesamtstunden |
|---|---|---|---|
| 30 | 30 | 30 | |

Lohn und Gehalt wurde überwiesen auf BLZ/Bank/Konto:
bar ausbezahlt

Vermögensbildung wurde überwiesen auf Vertrags-Nr./Bank

Heinrich KG
Rahlstedter Str. 144
22143 Hamburg

* Einschließlich des Solidaritätszuschlags.

** Der Beitrag für die Pflegeversicherung zuzüglich des Sonderbeitrags für kinderlose Versicherte von 0,25% und der allgemeine Sonderbeitrag für alle Versicherten von 0,9% sind hier im Beitrag für die Krankenversicherung enthalten und werden zusammen mit dem Krankenversicherungsbeitrag an die Krankenkasse abgeführt.

## 2.5 Beleggeschäftsgang V: Anlagenwirtschaft (Belege 25–28)

**Beleg 25**

**Voth Maschinenbau OHG, Altdorf**

Voth Maschinenbau OHG · Industriestraße 1 – 20 · 72655 Altdorf

Heinrich KG
Rahlstedter Str. 144
22143 Hamburg

**Lieferdatum:** 18.06.20..

**Rechnung Nr.** 197/4 — **Rechnungsdatum:** 22.06.20..

| Menge | Bezeichnung | Gesamtpreis |
|---|---|---|
| 1 | Fräsautomat<br>Typ 37-AC | 15 200,00 EUR |
| | Transportverpackung | 1 400,00 EUR |
| | | 16 600,00 EUR |
| | + 19 % USt | 3 154,00 EUR |
| | | 19 754,00 EUR |

**Zahlungsbedingungen:** 2 % Skonto innerhalb 14 Tage, 30 Tage Ziel

Sitz der Gesellschaft: Altdorf; Registergericht Nürnberg; HRA 99; Steuer-Nr.: 47895/23685

**Beleg 26**

**Beleg für Kontoinhaber**/Einzahler-Quittung

Name und Sitz des Kreditinstituts des Überweisenden

Bankleitzahl: 200 505 50

Haspa
Hamburger Sparkasse

Begünstigter: Name, Vorname/Firma (max. 27 Stellen)
Voth Maschinenbau OHG, 72655 Altdorf, Industriestr. 1-20

Konto-Nr. des Begünstigten: 345677

Bankleitzahl: 611 500 20

Kreditinstitut des Begünstigten
Kreissparkasse Esslingen-Nürtingen

EUR

Betrag: Euro, Cent: 19358,92

Kunden-Referenznummer - Verwendungszweck, ggf. Name und Anschrift des Überweisenden - (nur für Begünstigten)
Rechnung vom 22.06.20.. abzüglich 2% Skonto

noch Verwendungszweck (insgesamt max. 2 Zeilen à 27 Stellen)
Rechnungs-Nr. 197/4

Kontoinhaber/Einzahler: Name, Vorname/Firma, Ort (max. 27 Stellen, keine Straßen- oder Postfachangaben)
Heinrich KG, Hamburg

Konto-Nr. des Kontoinhabers: 1120239908

II

29.06.20.. *J. Heinrich*

**Beleg 27**

# AUTOHAUS SIGEL GMBH & CO. KG

Autohaus Sigel GmbH & Co. KG · Waterloostr. 8 · 28201 Bremen

Heinrich KG
Rahlstedter Str. 144
22143 Hamburg

**Bitte stets angeben:**

| | |
|---|---|
| Lieferdatum: | 22.06.20.. |
| Rechnungsdatum: | 26.06.20.. |
| Kunden-Nr.: | 1199 |
| Rechnungs-Nr.: | 3456 |

**Rechnung**

| Pos. | Menge | Artikelbezeichnung | Einzelpreis in EUR | Betrag in EUR |
|---|---|---|---|---|
| 34 | 2 | Pkw | 23 200,00 | 46 400,00 |
| | | Sonderausstattung: | | |
| | | Radio-Navigations-System | 2 000,00 | 4 000,00 |
| | | Anhängevorrichtung | 529,00 | 1 058,00 |
| | | | | 51 458,00 |
| | | + 19 % USt | | 9 777,02 |
| | | | | 61 235,02 |

Zahlungsbedingungen: 2 % Skonto innerhalb 14 Tage, 30 Tage Ziel.

Sitz der Gesellschaft:
28201 Bremen
Telefon: 0421 6914
Telefax: 0421 29950

RG Bremen
HRA 621 060
Steuer-Nr.:
91223/08076

Bremische Volksbank
Kto.-Nr. 56 43 77
BLZ: 291 900 24



25 Speth u.a. - ISBN 978-3-8120-0260-8

**Beleg 28**

# NACHBAUR

TV – HIFI – VIDEO

Nachbaur · Weitblick 3 · 21075 Hamburg

Heinrich KG
Rahlstedter Str. 144
22143 Hamburg

Weitblick 3
21075 Hamburg
Telefon: 040 37849
Telefax: 040 88177

Hamburg, den 7. Juni 20..

**Rechnung**

1019831/0
Bei Zahlung bitte angeben.

| | | | |
|---|---|---|---|
| Fabrikat: | WISI | | |
| Gerät: | SAT-Antenne | Type: OR 49 | |
| | SAT-Antenne | OR 49 spezial | 420,00 EUR |
| | Bürolampe | | 84,00 EUR |
| | | | 504,00 EUR |
| | zuzüglich 19 % MwSt. | | 95,76 EUR |
| | Gesamtsumme | | 599,76 EUR |

Wir danken Ihnen für Ihren Auftrag.

*Betrag dankend erhalten.*
*Hamburg, den 07. 06. 20..*
*H. Nachbaur*

Die Lieferung erfolgt aufgrund der Allgemeinen Geschäftsbedingungen des Radio- und Fernsehtechniker-Handwerks und des Radio- und Fernseh-Einzelhandels. Die gelieferte Ware bleibt bis zur vollen Bezahlung Eigentum der Firma.

**Hinweis:** Die Buchung der geringwertigen Anlagegüter erfolgt nach dem Sammelpostenverfahren [§ 6 II a EStG].

**Beleg 29**

# Heinrich KG

Büromöbel und Bürozubehör

**Buchungsanweisung**

| Datum:<br>31. 12. 20.. | Beleg-Nr.:<br>0815 | Heinrich KG |
|---|---|---|
| für: anteilige Jahresabschreibung für Lieferwagen Sprinter, HH–FW 190<br>Abschreibung auf 6 Monate $^{6}/_{12}$ von $16^{2}/_{3}$ % aus 30 000,00 EUR<br>= 2 500,00 EUR | | |

# Stichwortverzeichnis